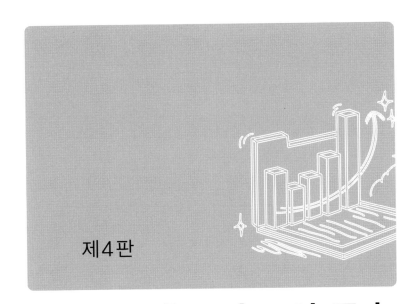

MICROECONOMICS

제4판

미시경제학

신봉호

博英社

제4판 서문

이 책이 출판된 지 어느덧 20년이 흘렀다. 그동안 독자 여러분이 보내준 성원과 사랑, 그리고 질책에 감사한다. 이 책을 처음 쓸 때 나의 목표는 가장 정확하고 좋은 미시경제학 교과서를 쓰는 것이었다. 세 번째로 개정(제4판)하는 지금은 이 책이 산업사회를 넘어서 지식사회를 이해하고 지식시대에 적응하는 데 도움이 되었으면 하는 보다 현실적인 바람을 갖는다.

이번 개정판은 총 21장으로 기존 구성보다 두 장이 줄었다. 세 장을 덜어내고 한 장을 새롭게 추가하였다. 추가한 장은 지식시대에 혁신과 경쟁력의 원천이 될 전문화(specialization)와 협력(collaboration)에 대한 논의이다. 이번 개정에서 크게 달라진 점은 다음 몇 가지로 요약할 수 있다.

첫째, 전문화와 교환의 원리를 새로운 장(제2장)으로 추가하였다. 전문화와 교환은 국부의 원천이다. 지식시대에도 전문화와 협력의 원리는 더욱 강화될 것이다. 협력 없이는 전문화가 무의미함을 강조하였다. 관련하여 전문화의 이익을 실현하는 생산 조직으로서 기업의 본질(제8장 1절)에 관한 논의를 보강하였다. 기업을 팀생산의 이익을 실현하기 위한 계약의 집합으로 보는 관점과 거래비용 절약을 위한 생산조직으로 보는 거래비용 접근법을 설명하였다.

둘째, 새로운 영역의 소비자 행동이론과 공유재 이론에 관한 논의를 보완하였다. 소비자 행동이론(제5장 7절)에서 기존 신고전파 수요이론의 한계를 지적하면서 초미시 이론, 거래비용 경제학 그리고 행태 경제학의 선택이론을 설명하였다. 공유재에 관한 새로운 연구 경향을 반영하기 위해 공유재 이론(제19장 3절)에 관한 논의를 보강하였다. 공유재에 관한 새로운 연구는 기존의 해법과 다른 제3의 대안으로서 공동체 자치와 구속력 있는 계약을 해법으로 제시하였다.

셋째, 생산이론과 불확실성이론 그리고 자본이론은 축소하였다. 특히, 생산이론은 비용이론으로 충분히 대체 가능하며, 생산이론이 기반하고 있는 수확체감의 법칙은 IT 혁명 이후의 현실경제를 제대로 설명하지 못하고 있다. IT 혁명 이후의 생산물은 대체로 한계생산비가 0에 가깝다. 불확실성이론과 자본이론은 축소하여 부록으로 재편집하였다. 불확실성이론은 학부 수준에서 조금 난해한 부분이 있어 핵심적인 부분만 소비자행동이론(제5장 부록)에 발췌하여 정리하였다. 자본이론도 자본서비스 수요 이론 중심으로 완전경쟁 노동시장(제15장)에 부록으로 정리하였다.

넷째, 게임이론과 완전경쟁요소시장 이론은 재구성하였다. 게임이론(제14장)은 내쉬균형과 죄수의 딜레마의 틀 속에서 단순하게 재구성하였다. 내쉬균형과 죄수의 딜레마가 왜 중요한지를 공유의 비극과 같은 현실 사례를 가지고 설명하였다. 게임 이론은 가장 광범위하고 빠른 속도로 연구가 진행되고 있는 분야이다. 이러한 분야일수록 범위를 좁히고 핵심원리에 초점을 맞추면 보다 많은 것을 배울 수 있다. 완전경쟁요소시장 이론(제15장)도 노동시장 중심으로 재구성하였다. 노동시장에서 임금과 고용량의 결정원리를 이해하면 다른 생산 요소시장의 작동원리도 이해할 수 있다.

마지막으로, 경제학의 생각방식(part 1)을 강조하였다. 경제학의 핵심 개념과 핵심원리, 경제학의 설명방식, 그리고 분석도구에 초점을 맞추었다. IT혁명 이후 그리고 제4차 산업혁명 시대에 기존 지식의 반감기는 점차 짧아지고 있다. '무엇을' 말하는 지엽적인 지식은 중요하지 않다. 오직 생각하는 방식과 핵심원리를 얼마나 이해하고 있느냐에 따라 우리의 배울 수 있는 능력과 적응능력이 결정된다. '어떻게'와 '왜'가 중요하다.

이 책은 총 21장으로 구성되어 있다. 1장부터 11장 그리고 19장, 총 열두 장은 경제학의 생각방식, 수요와 공급 이론 그리고 시장실패 이론으로 미시경제학의 핵심 부분이며 미시경제원론에 해당되는 부분이다. 미시경제학을 한 학기 동안 강의하려는 분은 이 열두 장을 기본으로 하고 나머지 12장부터 18장 그리고 20, 21장 중에서 강조하고자 하는 분야를 선택해서 다룰 수 있다고 생각한다. 경제원론 미시분야를 강의할 경우 핵심부분 열두 장을 중심으로 강의한다면 학생들이 경제학의 기본원리와 경제학의 생각방식을 깊게 이해할 수 있을 것이다.

제4판이 나오기까지 많은 분들이 수고해 주었다. 특히 서울시립대학의 경제학부와 경영학부 학생들은 오류와 분명치 못한 부분을 지적해 주었다.

이 책의 출판을 맡아주신 박영사의 안종만 회장, 편집을 맡아주신 김명희, 강민정 님에게도 감사한다.

2018년 1월

글쓴이 씀

제3판 서문

개정판을 쓴 지도 어느덧 10년이 흘렀다.

초판을 쓰면서 가장 정확하고 좋은 미시경제학 교과서를 쓰겠다고 작정했다. 개정판(1999년)을 내면서 단순히 책의 오류를 계속 수정·보완해 나갈 수 있으면 하는 작은 바람이 대신했다. 이제 제3판을 내면서 한국경제의 근원적 고민과 과제를 이해하고 해결하는 데 도움이 되었으면 하는 보다 절실한 바람이 자리했다. 현실문제를 해결하는 데 도움이 되지 않는 이론은 그것이 진리를 밝혀준다고 해도 쓸모가 별로 없기 때문이다.

그 동안 나는 수 년에 걸쳐 정부에서 정책수립을 하는 데 참여하였다. 그 과정에서 한국경제의 실상(實像)을 대학 강단에 있었을 때보다 훨씬 잘 볼 수 있었다. 적지 않은 중소기업인을 만나고 근로자를 만났다. 시민운동가를 만났다. 한국경제는 일자리 위기와 중소기업 경쟁력 위기의 양대 위기를 만성적 질환처럼 앓고 있다는 것을 몸으로 느꼈다. 대부분의 미시경제학 교과서가 그리는 세상과 현실의 모습은 너무도 달랐다.

개정판을 쓸 당시까지도 이론의 기여와 한계에 대한 평가, 핵심 기초개념 및 이론에 대한 정확한 설명, 그리고 기존 이론을 이해할 수 있는 사례제시를 비교적 충분하게 했다고 자부했었다. 특히, 이론의 기여와 한계에 대한 평가부분은 대부분의 국내 교과서가 아직도 제대로 다루지 않고 있는 미답의 영역이다.

그러나 현실의 한국경제에 대한 정부에서의 나의 경험은 개정판(대부분의 다른 교과서를 포함하여)이 세 가지 측면에서 잘못되었거나 미흡하다고 생각하게 되었다.

첫째, 현실 경제를 설명하는 이론의 초점이 잘못 설정되었다. 개정판은 대부분의 미시경제학 교과서에서와 같이 미시경제학의 초점이 완전경쟁이론과 완전경쟁체제에 맞추어져 있다. 시장실패는 예외적인 상황의 일이고 정부개입으로 얼마든지 해결가능한 것으로 믿고 있다. 그러나 일자리 위기를 겪고 있는 한국경제나 2008년 금융위기를 경험한 미국경제의 현실은 시장실패의 영역이 본질이자 핵심임을 말해 주고 있다.

둘째, 설득력 있고 흥미있는 사례설명을 하지 못했다. 주로 선진국의 사례로 설명하고 한국경제의 사례로 설명하지 못했다. 이론은 현실을 설명해 주는 수단이다. 그러므로 한국적 현실과 한국의 담론과 동떨어진 이론과 사례는 책 읽는 사람들에게 도움과 흥미를 주기 힘들 것이다.

셋째, 미시경제학의 이론 중 일부 이론은 지식시대의 시장과 기업을 설명하는 데 심각한 한계가 있음을 지적하지 못했다. 지식시대하에서 미시경제이론의 상당부분은 침몰하게 될 것이다. 특히, 완전경쟁시장이론은 쓸모 없게 될 지 모른다. 기존의 기업 및 시장이론은 피터 드러커(Peter Drucker)가 갈파했듯이 이윤극대화 가설에 입각한 산업시대의 이론이다. 근로자는 기계와 마찬가지로 생산수단일 뿐이다. 지식시대의 지식근로자(knowledge worker)는 단순 근로자가 아니다. 경영자와 같이 혁신의 파트너이자 기업 경쟁력의 원천이다. 기존 기업이론은 지식시대의 현실을 설명하는 데 실패할 것이다.

나는 이러한 개정판 및 기존의 교과서들의 오류 및 한계를 극복하고 독자들이 이론을 보다 쉽게 가슴으로 이해할 수 있도록 다음 세 가지 점을 강조하면서 제3판을 집필하였다.

첫째, 시장실패를 강조하였다. 보이지 않는 손이 사회적 관점에서 바람직한 자원배분을 달성하는 데 실패하거나 아예 존재하지 않는다는 전제하에서 시장경제를 설명하려 하였다. 한국경제의 일자리 위기, 중소기업의 경쟁력 위기, 그리고 미국의 금융위기 등은 보이지 않는 손이 존재하지 않거나 위력을 상실했다는 실증적 증거이다. 물론 시장실패는 새로운 얘기가 아니다. 새삼 중요해진 이론이다. 완전경쟁시장이론의 한계를 강조하고(제11장), 시장실패의 의미를 강조하였다(제21장). 독점적 경쟁시장이론 및 비대칭정보이론의 유용성을 부각하였다(제13장, 제22장).

둘째, 한국경제 사례로 이론을 설명하려 노력하였다. 아직도 미흡하지만 다른 교과서에서는 보기 힘든 시도라고 생각한다. 이론이 뿌리 내리고 있는 미국과 영국경제의 사례를 아는 것도 중요하지만 이론을 적용할 한국경제의 현실을 잘 알지 못하면 이론의 소용은 반감될 것이다. 이 책에서 제시된 사례를 통해서 한국경제의 현실과 위기에 대한 이해가 더욱 깊어질 수 있을 것으로 믿는다.

마지막으로, 지식시대의 시장과 기업을 설명하는 데 심각한 한계가 있는 이론을 지적하고 지식시대를 설명할 수 있는 이론과 사례를 소개하였다. 이윤극대화 가설의 재비판(제8장), 독점적 경쟁시장이론의 산업내 무역 사례(제13장), 비대칭정보이론의 사례(제22장) 등은 이 범주에 속한다.

제3판을 준비하면서 많은 분의 도움을 받았다.

이 책의 출판을 맡아주신 박영사의 안종만 회장, 박영사의 편집부에서 일하시는 분들, 그 중에서도 특히 편집의 전 과정에서 열과 성의를 다하여 일해 주신 김양형 편집위원께 깊이 감사드린다. 덕분에 이해하기 쉽고 정확한 글이 되었다. 그리고 표지를 디자인해 주신 이선주 과장께도 감사드린다. 대학원생 연가연과 서영웅이 원고정리와 교정 같은 시간집약적인 일을 맡아 고생해 주었다. 고마운 마음을 전한다.

2010년 9월

신 봉 호

개정판 서문

초판이 출판된 지 2년이 되었다. 그 동안 독자 여러분이 보내준 성원과 사랑, 그리고 질책에 감사한다. 많은 독자들이 초판의 분량이 다소 방대하다는 점을 지적해 주었고, 몇몇 교수님들과 일부 독자들은 초판의 오류와 미흡한 점을 날카롭게 지적해 주었다. 2년 만에 또다시 개정판을 내게 된 것은 초판에 대한 독자들의 이러한 비판을 제대로 수용하는 것이 저자의 의무라고 생각했기 때문이다.

본디 문재(文才)가 없는 저자로서는 초판을 쓰면서 멋진 글을 쓰겠다는 생각은 아예 해 본 바 없이, 정확성에 가장 큰 비중을 두었다. 책을 내놓고 다시 돌아보니 독자들의 지적이 아니고라도 볼 때마다 새록새록 허술한 부분들이 눈에 띄었다. 부끄럽다. 아직은 오류를 발견하고 수정할 수 있는 힘이 있다는 데 작은 안도감을 느낀다.

사실 초판을 쓰면서 내심 가장 정확하고 좋은 책을 쓰겠다는 욕심을 갖고 있었다. 2년 만에 개정판을 내면서 그런 욕심이 사라진 자리에 죽는 날까지 이 책의 오류를 발견하고 계속 수정·보완해 나갈 수 있었으면 하는 작은 바람이 대신 자리했다.

개정판은 기본 골격을 그대로 유지하면서 초판의 단점을 극복하는 데 목표를 두었다. 삭제와 보완에 초점을 맞추었다. 개정된 부분의 특징은 다음 두 가지로 요약될 수 있다.

첫째, 비대칭정보이론(제22장), 소비자행동이론(제4장), 게임이론(제15장), 시장의 실패(제21장)를 수정·보완하였다. 그 중에서도 비대칭정보이론의 역선택문제와 게임이론에 주력하였다. 역선택문제는 독자의 이해를 쉽게 하기 위해 기존의 수요·공급이론의 틀 속에서 설명했으며 게임이론도 쉽게 이해될 수 있도록 틀을 재구성하고 일부분은 삭제하였다. 소비자행동이론에서는 수요법칙의 현실설명력을 사례로써 설명하였다.

둘째, 초판에서 독립된 장으로 다루었던 기업의 목표에 관한 틀을 제거하였다. 그 중 꼭 필요하다고 생각되는 부분은 기업의 본질(제8장)에 편입하고 나머지는 삭제하였다.

　이와 같은 수정작업을 통해 개정판은 초판에 비해 더욱 간결하고 알찬 내용을 담게 되었다. 물론 아직도 미흡한 부분이 많고 오류도 더러 있을 것이다. 이러한 문제는, 저자가 IMF경제위기하의 한국경제 구조개혁을 추진하는 DJ정부에 참여하고 있는 입장이라, 개정판의 수정작업에 충분한 시간을 배려할 수 없었다는 데에 부분적으로 기인한다. 어찌 됐든 本書의 부족함은 독자들의 관심 속에서 추후 저자가 해결해야 할 과제라 생각한다.

　개정판이 나오기까지 많은 분들이 수고해 주었다. 특히 성균관대학교의 김용관 교수와 서울시립대학교의 곽태운 교수는 초판의 오류와 보완해야 할 사항을 일일이 지적해 주셨다. 두 분의 학문에 대한 열의와 저자에 대한 따스한 애정에 감사드린다.

　서울시립대학교 경제학부 학생들, 고려대학교 고시반 학생들과 서울대학교 법학과 학생들은 분명치 못한 부분과 오류를 지적해 주었다. 강의를 통해 本書의 오류와 한계를 실제적으로 체험할 수 있었던 것이 개정판을 내는 데 큰 도움이 되었다.

　그리고 대학원생 최병철 군과 전미나 양, 학부의 김성환 군은 개정된 부분의 표현과 문맥이 논리적이고 쉽게 이해될 수 있는 것인지 꼼꼼이 확인해 주었다.

　이 책의 출판을 맡아주신 박영사의 안종만 사장, 편집을 해 주신 이주형 씨에게도 감사한다. 무엇보다 문장력이 없어 딱딱하고 다소 방대한 초판본을 읽어 준 많은 독자들에게 진심으로 감사드린다.

1999년 1월 31일
저　　자 씀

서 문

이 책은 기존의 미시경제학 교과서에 대한 도전장이다.

저자가 본서의 집필 여부를 두고 고심하던 몇 년 전에도 이미 우리말로 된 미시경제학 교과서들이 적지 않게 나와 있었다. 당시에 저자는 이렇게 범람하는 미시경제학 교과서 시장에 새로운 상품을 내놓는다는 것이 매우 위험하고 부질없는 일이라고 생각하였다. 그럼에도 불구하고 본 교재를 쓰려고 작심했던 것은 이들 기존의 교재들이 안고 있는 나름대로의 한계를 보았기 때문이다.

기존의 교재들은 다음 몇 가지 유형의 한계를 갖고 있다.

첫째, 많은 교과서가 사전에서 용어해설하는 방식으로 기본 개념을 설명하고 있다. 물론 기초 개념을 비교적 알기 쉽게 설명하고 있는 교과서가 전혀 없는 것은 아니지만 그 설명방식이 평면적이라는 느낌을 받았다. 평면적인 사전식 설명방식으로는 경제학적 사고가 어떤 것인지 알기 어렵다. 경제학의 기본 개념을 사전식으로 설명하려고 한다면 독자들을 암기 위주로 오도하기 쉽다.

둘째, 대부분의 교재들은 최근에 개발된 미시경제이론들을 제대로 다루지 않고 있다. 예컨대, 최신 이론이라고 할 수 있는 게임이론과 비대칭정보이론은 극소수의 교과서에서만 다루어지고 있을 뿐이다. 교과서는 확립된 최신 이론을 소개하는 데 충실해야 한다. 그래야만 학문의 발전과 변화를 느낄 수 있고 그것을 바탕으로 경제학도들이 최첨단 학문분야에 접근할 수 있다.

셋째, 기존의 교재들은 미시경제학 교과서가 다루어야 할 기본적인 주제를 다루고 있지 않다. 예컨대, 기업의 본질을 다룬 기업이론과 정부의 행동원리를 설명하는 정부행동에 관한 이론은 기존의 국내 미시경제학 교과서에서 거의 찾아볼 수 없다. 정부는 소비자, 생산자와 더불어 3대 경제주체의 하나로서 반드시 다루어져야 한다.

넷째, 일부의 교과서들은 적지 않은 오류를 범하고 있다. 예컨대, 기회비용과 매몰비용, 균형 등의 기본 개념에 관한 오해도 적지 않다. 교과서라면 마땅히 기본 개념에 관한 오류가 없도록 각별히 유의해야 할 것이다.

저자는 기존 교재들의 이러한 한계를 극복해 보고자 다음 몇 가지 점에 특별히 유의하여 본서를 집필하였다.

첫째, 경제학적 사고와 기본 개념의 의미를 단순히 설명하는 데 그치지 않고 기본 개념이 왜 필요한지, 또 그러한 기본 개념들이 어떻게 활용되고 있는지를 보여 주기 위해 각별히 유의하였다. 예를 들면, 여러 탄력성의 개념을 사전식으로 설명하지 않고 그것이 왜 필요한가를 설명하였다.

둘째, 경제이론을 소개하는 과정에서 평면적인 사전식 설명방식을 지양하고 입체적·상대적 설명방식을 지향하였다. 이를 위해 본서는 경제이론의 내용이 무엇인가를 설명하는 데 만족하지 않고 그 이론의 등장 배경, 기본 생각, 현실 적용의 예, 그리고 이론의 장점과 한계를 다룸으로써, 이론을 입체적으로 이해하고 다른 이론들과의 연관관계에서 이론을 상대적으로 파악하려 하였다. 특히, 현시선호이론과 응용(제5장), 불확실성하의 선택(제7장), 완전경쟁시장(제12장), 독점시장(제13장), 과점시장(제15장) 그리고 게임이론과 전략적 행동(제16장)에서 이러한 점을 강조하였다.

셋째, 게임이론과 전략적 행동(제16장), 비대칭정보이론(제23장) 등과 같은 최신 경제이론들을 체계적으로 그리고 심도 있게 다루고 있다. 기존의 많은 교과서들이 이들 이론을 아예 다루고 있지 않거나, 충분히 다루지 못하고 있다는 점을 감안할 때 이 점은 본서의 또 하나의 특징이라고 할 수 있다.

넷째, 경제학의 기본적인 주제로서 미시경제학 교과서가 마땅히 다루어야 할, 그러나 기존의 교재들이 다루지 못한 기업의 본질(제8장) 그리고 정부행동과 정부실패(제24장)를 다루고 있다. 이러한 이론의 소개는 본서의 기여라고 자부하고 싶다.

대부분의 미시경제학 교과서들은 기업의 본질과 존재이유에 대한 설명을 하지 않은 채 기업을 단순한 비용극소화나 이윤극대화의 주체로서만 파악하고 있다. 그러나 이러한 접근방식으로는 현실에 존재하는 기업의 행동을 설명하기가 쉽지 않다. 본서는 기업이라는 인위적인 조직체가 왜 생겨났는지에 관한 보다 근본적인 질문을 제기하여 그것에 대한 분석을 토대로 기업의 행동을 설명하고 있다.

정부의 행동원리에 대한 설명도 마찬가지이다. 대부분의 미시경제학 교재들은 정부가 어느 계층의 편도 들지 않고 사회후생을 극대화하는 중립적인 의사결정을 한다고 정부의 행동을 가정하고 있다. 그러나 이러한 접근방식으로는 현실의 정부행동, 나아가서 국민경제의 자원배분을 제대로 이해할 수 없는 것은 너무도 자명하다. 본서는 공공선택의 기본 이론에 입각하여 정부의 행동원리를 먼저 분석한 다음 그것을 토대로 현실의 정치적 의사결정을 설명하고 있다.

다섯째, 기존의 미시경제학 교과서에서 다루는 주제의 폭과 수준을 제고시켰다. 특히 후생경제이론(제21장)과 시장실패(제22장) 등을 다룬 장은 기존의 교과서보다 다양한 주제와 예를 제시하고 있다.

마지막으로, 기존 교재들의 오류를 과감히 지적하였다. 본서에서 '주의할 것은…', '…점에 유의하기 바란다', '어떤 교과서에서는 …' 등의 표현들이 나오는데 그것은 기존 교과서들의 오류를 강조하기 위한 것이다.

본서는 경제학원론의 미시경제이론편을 제대로 이해한 독자라면 쉽게 읽을 수 있도록 만들었다. 그러나 경제학원론을 공부하지 않았다 하더라도 기초 개념에 대한 논의부터 시작하고 있으므로 몇 개의 장을 제외한다면 어렵지 않게 읽을 수 있으리라고 생각한다. 다만, 현시선호이론과 응용(제5장), 불확실성하의 선택(제7장) 그리고 비대칭정보이론(제23장)의 후반부는 경제학과의 高學年들을 대상으로 쓰여졌다.

저자는 영국에서 석사과정으로 있는 동안 워터슨(Michael Waterson) 교수로부터 산업조직론을 배웠다. 그리고 미국에서 박사과정을 이수하는 동안 실버버그(Eugene Silberberg) 교수로부터 경제학의 방법론과 미시경제이론을 배우고 박사학위 논문지도를 받았다. 이 책에서 다루어진 내용과 설명방식 중에는 이 분들의 가르침이 많이 담겨 있음을 밝혀 둔다.

본서를 저술하는 과정에서 많은 분들의 도움을 받았다.

서울시립대학교의 郭泰雲 교수, 安喆遠 교수 그리고 李根植 교수에게 감사의 뜻을 표한다. 이 분들은 章의 체계와 불분명한 부분을 개선할 수 있는 좋은 제언을 아끼지 않았다. 李秉河, 鄭光錫 두 제자의 도움은 저작의 전 과정에 걸쳐 막대하였다. 이들은 일반독자의 입장에서 모든 원고를 읽고 설명이 명쾌하지 못한 곳을 지적해 주었다. 이 밖에도 김미란, 김현석, 연종엽, 諸賢 諸君의 도움도 빼놓을 수 없다. 누구보다도 감사해야 할 대상은 서울시립대학교 경제학과의 제자들이다. 저자는 이들을 통해서 어떻게 해야 핵심을 보다 명쾌하게 전달할 수 있는지를 배웠다.

복잡한 원고를 깨끗이 정리하기 위해 지루하고 귀찮은 타이핑 작업을 애정을 가지고 수행해 준 朴孝淑 양에게도 특별한 감사를 보낸다. 그리고 비봉출판사 하경화 씨의 세심하고 정성어린 편집과 조판과정에서의 조언에 감사한다. 마지막으로 이 책을 출판할 수 있도록 도와주신 비봉출판사의 朴琪鳳 사장님께 고마움을 드린다.

본서는 앞에서 강조한 몇 가지 점에서 學界에 기여할 것으로 자부하고 싶다. 본서를 집필하면서 나름대로 의욕도 많았고 적지 않은 시간과 열정을 투입하였다. 그럼에도 불구하고 집필을 완료한 시점에서 되돌아보니 여러 가지로 미흡한 점이 눈에 띈다. 미비점은 앞으로 계속 수정·보완해 갈 것이다. 이 책을 읽는 모든 분들의 아낌없는 질책과 조언을 바라마지 않는다.

1996년 1월

申 鳳 浩

_CONTENTS

PART 1 미시경제학의 개관

PART 2 소비자 행동이론

04 CHAPTER 선호와 효용

05 CHAPTER 소비자 행동이론: 전통적 접근방법

06 CHAPTER 현시선호이론과 응용

07 CHAPTER 시장수요이론

PART **3** 기업 및 비용이론

08 기업의 본질
CHAPTER

09 CHAPTER 비용이론

PART 4 시장조직이론

10 완전경쟁시장
CHAPTER

11 CHAPTER 독점시장

12 CHAPTER 독점적 경쟁시장

□ 부 록

13 과점시장
CHAPTER

PART 5 요소시장

PART 6 일반균형이론과 후생경제학

18 후생경제이론
CHAPTER

20 CHAPTER 비대칭정보이론

21 <small>CHAPTER</small> 정부행동과 정부실패

PART **1**

미시경제학의 개관

개 요__

제1편의 목적은 경제학의 생각방식을 설명하는 것이다. 이를 위해 경제학의 핵심원리와 경제학에서 상용되는 분석도구를 설명한다. 제1장에서 경제학적 생각방식과 비경제학적 사고의 차이가 무엇인가를 밝힌다. 제2장에서는 국부의 원천이라고 할 수 있는 전문화와 교환의 이익을 논의한다. 제3장에서는 경제학의 기본적 분석도구를 소개한다. 경제학에서는 핵심 경제원리를 잘 이해하고 분석도구를 잘 사용하면 복잡한 경제문제도 명료하게 이해할 수 있고 간단하게 분석해 낼 수 있다. 기본적 분석도구를 설명하는 또 다른 목적은 앞으로 전개될 분석의 기초를 튼튼히 하기 위함이다.

CHAPTER **01**

경제학의 생각방식

이 장은 희소성은 어떤 사회나 개인도 직면하는 경제문제로서 그로 인해 선택과 경쟁이 피할 수 없는 우리의 운명이 된다는 기본명제로부터 출발한다. 이 기본명제에 입각하여 선택의 원리는 무엇인가, 경제체제의 기본문제는 무엇인가를 설명한다. 마지막으로 경제학의 설명방법과 미시경제학의 성격을 논한다. 경제학의 설명방법은 경제학이 어떤 현상의 인과관계를 어떻게 설명하는가에 관한 경제학의 방법론에 관한 주제이다. 경제학의 설명방법을 보여 줄 수 있는 몇 가지 예를 제시하고자 한다.

1.1
희소성과 선택

우리들의 삶은 선택(選擇)의 연속이라고 해도 과언이 아니다. 오늘 점심은 무엇을 먹을 것인가, 어떤 과목을 수강신청할 것인가, 어떤 직장을 택할 것인가, 누구를 배우자로 택할 것인가 등등 우리의 행동은 선택으로 이루어져 있다. 왜 우리들은 선택하지 않으면 안 되는가. 여러 가지 대안들 중에서 하나만을 선택해야 하는 운명의 비극은 어디에서 비롯되는가?

만일 우리가 에덴(Eden)의 동산에서 살고 있다면 선택할 필요가 없을 것이다. 그러나 우리는 에덴동산이 아닌 속세에 살고 있다. 어느 누구라도 자신이 원하는 모든 것을 할 수 없다. 우리가 가지고 있는 돈, 시간, 능력과 재물은 모든 것을 할 수 있을 만큼 충분하지 않기 때문이다. 모든 것을 다 할 수 없고 모든 경험을 다 해 볼 수 없다. 선택의 필요성은 기본적으로 인간의 욕망은 무한한 데 반하여 그것을 충족시키는 데 필요한 자원이 유한하기 때문에 발생한다. 사용가능한 재화량이 우리의 욕구를 충족시키기에 충분하지 않을 때 경제학에서는 희소성(稀少性)이 존재한다고 말한다. 결국 선택을 하지 않을 수 없는 우리 운명의 비극은 희소성에 기인한다.

희소성은 어떤 사회나 어떤 개인도 직면하는 일반적인 경제문제이다. 아무리 부유한 개인이나 사회라도 무한한 욕구를 충족시킬 수 있을 만큼 자원을 충분히 가지고 있는 것은 아니다. 빚더미에 쌓인 재벌과 적자재정에 허덕이는 미국경제는 희소성이 일반적 현상임을 잘 말해 주고 있다. 물론 모든 재화가 다 희소한 것은 아니다. 예를 들면 공기는 희소하지 않다.[1]

'희소(稀少)하다'는 말이 곧 '유한(有限)하다'는 말은 아니다. 사람들이 원하는 물량에 비해서 사용할 수 있는 자원이 상대적으로 부족하다는 말이다. 쓰레기, 공해 물질 등은 유한하지만 희소하지는 않다. 사람들이 쓰레기를 갖고 싶어 하지 않기 때문이다. 그러므로 어떤 재화가 희소한 재화인지 아닌지는 시대나 상황에 따라 달라진다. 페니실린이 발명되기 이전까지 곰팡이는 백해무익

희소성

사용가능한 재화량이 사람들의 욕구를 충족시키기에 충분하지 않음

---

1 그러나 맑은 공기는 희소한 재화이다. 왜냐하면 맑은 공기를 만드는 것은 비용이 드는 일이기 때문이다.

한 존재였다. 희소하지 않았다. 그러나 폐렴의 치료제로서 페니실린이 발명된 후 곰팡이는 희소한 자원이 되었다.

희소성은 경제학을 비롯한 모든 사회과학의 존재 이유이다. 재화와 용역을 사람들이 원하는 대로 얼마든지 만들어 낼 수 있다면 당연히 선택이란 단어조차 필요 없게 된다. 예를 들어 시간이란 재화가 무한하다고 해 보자. 그러면 사람들은 수강신청이나 인생계획에 신경쓸 필요가 없을 것이다. 시간이 무한한 만큼 모든 과목을 다 들을 수 있고, 어떤 체험이든 다 해 볼 수 있기 때문이다. 희소성이 없는 사회는 모든 구성원의 욕구가 완벽하게 실현되는 지상낙원이다. 따라서 희소성이 없는 사회에서는 경제학을 비롯한 모든 사회과학이 존재 이유를 잃게 된다. 재화가 희소(稀少)하기 때문에 선택(選擇)의 필요성이 생기고, 선택이라는 행동의 원리나 법칙을 다루는 경제학도 탄생하였다. 우리가 선택을 떠나서는 살 수 없는 것은 욕망을 충족시킬 수 있는 수단, 즉 자원이 제한되어 있는 탓이다.

이와 같이 희소성 때문에 선택은 피할 수 없는 우리의 숙명이 된다. 경제학을 비롯한 사회과학과 뒤에서 설명할 경제체제의 기본문제가 발생하는 것도 바로 이 희소성 때문이다. 인간사회에서의 치열한 경쟁 역시 희소성에서 기인하는 어쩔 수 없는 인간의 운명인 것이다.

1.2 희소성과 기회비용

1.1절에서 재화의 희소성과 선택이 밀접한 관계를 갖고 있음을 보았다. 희소성이 존재하는 한 우리는 모든 것을 다 가질 수 없다. 주어진 시간이 희소하기 때문에 우리는 하루 시간을 어떻게 사용할지 고민하고 계획을 짠다. 용돈이 희소하기 때문에 제한된 돈으로 무엇을 할까하고 궁리한다. 국가가 도로 건설에 예산을 많이 사용하면 복지 예산이 그만큼 줄어들 수밖에 없다. 희소성 때문에, 우리는 무엇을 선택할 때 그 대가로 또 다른 무엇인가를 하지 못하게 된다. 선택에는 필연적으로 희생이 따른다. 공짜로 할 수 있는 일은 아무 것도 없다. 결국 대가를 치르지 않고서는 어떠한 선택도 할 수 없는 우리 운명의 비

극은 희소성에 기인한다.

올바른 의사결정을 하기 위해서는 자신이 하고 있는 선택의 대가가 무엇인지를 정확히 알아야 한다. 경제학에서는 선택의 대가를 기회비용(opportunity cost)이라고 정의한다. 기회비용이란 어떤 재화를 선택(구입)하기 위해서 포기해야 하는 다른 재화를 말한다. 포기해야 하는 다른 재화란 선택되지 못한 대상들 중에서 차선의 대안 혹은 대안의 경제적 가치를 말한다. 차선의 대안이란 포기한 선택들 중에서 최고 가치를 지닌 대안이다. 올바른 선택을 위해서는 선택의 득(得)과 실(失)을 잘 따져 보아야 할 것이다. 선택의 실이 기회비용이다. 일상생활에서의 구입비용이나 관련 경비는 기회비용이 아니다.

지금 여러분이 주어진 1시간 동안 경제학 공부, 데이트, 연극관람의 3가지 대안 중에서 무엇을 선택할까 망설이고 있다고 하자. 선택의 우선순위가 경제학 공부, 데이트, 연극관람의 순으로 되어 있다면 여러분은 당연히 경제학 공부를 선택할 것이다. 이때 1시간 동안의 경제학 공부의 기회비용은 무엇일까? 선택가능했던 전체 대안들 중 차선의 대안, 즉 데이트이다. 따라서 경제학 공부의 기회비용은 1시간의 데이트가 된다.

기회비용의 개념은 개인의 선택에는 물론이고 국민경제의 선택에도 적용된다. 경제 성장과 형평한 분배가 서로 충돌할 때 분배 정책을 선택한다는 것은 성장 정책의 희생이라는 대가를 치르게 된다. 인플레이션과 실업률이 서로 충돌할 때 실업률을 낮추면 인플레이션의 대가를 치르게 된다.

기회비용
선택가능한 모든 대상들 중에서 차선의 대안

1.3
경제체제의 기본문제

1.3.1 경제체제의 기본문제와 희소성

희소성은 일반적 현상으로서 거의 모든 자원과 재화에 나타난다. 재화가 희소하므로 어떠한 사회든지 희소한 재화를 그 구성원에게 나누어 줄 수 있는 배분방식(配分方式)을 갖고 있어야 한다. 자원 역시 희소하므로 어떠한 사회든지 희소한 자원으로 무엇을 얼마나 만들 것인지 결정할 수 있는 준칙을 갖고 있어야 한다. 어떠한 기준에 입각하여 희소한 재화를 사회의 구성원에게 나누어 줄 것인지, 그리고 희소한 자원으로 무슨 재화를 어떠한 생산방법으로 얼마나 만들 것인지를 결정해야 하는 문제는, 수렵 경제체제, 봉건 경제체제, 자본주의 경제체제, 사회주의 경제체제에 이르기까지 모든 시대와 사회에 걸쳐 나타나기 때문에, 이것을 경제체제의 기본문제라고 한다.[2]

경제체제의 기본문제는 생산(生産)과 분배(分配)의 두 가지 문제로 나누어 볼 수 있다. 생산문제(生産問題)란 희소한 자원으로 무엇을 얼마나 어떠한 생산방식으로 만들 것인지를 결정하는 준칙을 말하며, 분배문제(分配問題)란 만들어진 최종재를 누가 소비할 것인지를 결정하는 준칙을 말한다. 경제체제의 기본문제를 해결할 수 있는 준칙은 사회구성원의 가치관, 기술수준, 제도 및 관습, 산업의 발달 정도 등에 따라 달라질 것이다. 예컨대, 자본주의 경제체제의 준칙은 시장의 가격체계이고, 사회주의 경제체제의 준칙은 중앙정부의 의사결정이다.

> **경제체제의 기본문제**
> 생산문제와 분배문제

1.3.2 희소성과 경쟁

희소성은 앞에서 말했듯이 모든 시대와 사회의 경제체제에 걸쳐 나타나는 피할 수 없는 현실이다. 희소성이 있는 한 어떤 사회든지 나름대로의 배분기준이 필요하다. 그 기준에 입각하여 희소한 재화를 배분하는 과정에서 구성원들 간의 경쟁이 벌어지게 된다. 여기서 경쟁(競爭)이란, 주어진 법질서하에서 특정 재화를 두 사람 이상이 동시에 갖고자 원할 때 각자가 추구하는 과정을 말한다.

경쟁은 잔혹하고 파괴적일 수도 있고 우아하고 생산적일 수도 있다. 경쟁이 어떠한 양상을 띠는가 하는 것은 경쟁의 틀, 즉 경쟁질서(競爭秩序)가 어떠한 것이냐에 따라 달라진다. 경쟁의 틀이 어떻게 짜이느냐에 따라 무법천지나 이전투구와 같이 추악한 경쟁이 벌어질 수도 있고, 패한 후에도 깨끗이 승복하고 승자를 존중하는 아름다운 경쟁이 존재할 수도 있다. 경제학의 중요한 목표

---

2 경제체제의 기본문제는 모든 시대와 모든 사회의 경제체제에 걸쳐 나타나기 때문에 경제학에서 얻어진 많은 경제법칙들은 모든 경제체제에 적용될 수 있는 일반적인 것이라 할 수 있다.

중의 하나는 효율적 경쟁체계를 구축하는 것이다. 그러기 위해서는 경쟁의 대가와 혜택을 비교해 보아야 할 것이다.

이상의 논의에서 보았듯이 희소성과 경제체제의 기본문제, 그리고 경쟁은 불가분의 관계에 있다. 선택과 경쟁은 피할 수 없는 우리의 숙명이다. 사회가 선택할 수 있는 것은 오직 경쟁방법, 즉 경쟁질서뿐이다. 이제 자본주의체제 곧 시장경제라는 경쟁질서는 경제체제의 기본문제를 어떻게 해결하고 있는지 살펴보자.

1.3.3 시장경제하의 자원배분 조정

시장경제하에서 자원배분이 이루어지는 과정은 도저히 이해가 안 될 정도로 복잡하다. 국민경제는 수많은 가계와 기업들로 이루어져 있다. 기업은 누구를 고용하고 무엇을 생산하고 어떻게 고객을 창조하고 고객가치를 더 높일 것인가를 스스로 결정한다. 협력업체로부터 원료와 부품을 적절히 공급받고 유통업체와 거래한다. 기업에서 생산된 물건은 시골과 외딴섬의 구석구석까지 배분되고 있다. 가계는 어떤 상품을 구입할 것인지 어떤 직장에서 일할지를 자기책임하에 결정한다. 가계와 기업은 시장을 통해서 상호 거래한다. 희소한 생산요소를 어떻게 배분하여 어떤 기업이 무슨 재화를 얼마만큼 생산(生産)하고 어떤 가계가 얼마만큼 소비할 것인지에 관한 의사결정을 자원배분(resource allocation)이라고 한다.

자원배분의 결정방식은 경제체제에 따라서 달라진다. 자본주의체제에서 누가 얼마만큼 생산하고 소비해야 한다고 명령하는 사람은 존재하지 않는다. 외딴섬에 사는 어부에게 하루하루의 노동시간과 어획량을 설정해 주는 사람은 따로 없다. 어부 자신이 무슨 생선을 얼마쯤 잡을 것인지 결정할 뿐이다. 명령자가 없음에도 불구하고 생산 및 소비는 적절히 조정되고 있다. 이러한 조화로운 조정과정은 실로 경이로운 것이다.

시장경제에서 거래(자원배분에 관한 의사결정)를 조정하는 것은 바로 가격이다. 신호등이 자동차의 흐름을 조절하듯이 가격은 자원과 재화의 흐름을 조정한다. 판매자는 가격을 보고 시장에 공급량을 결정한다. 소비자도 가격을 보고 구입량을 결정한다. 시장경제에서 자원배분을 명령하는 자는 바로 가격이라는 신호등이다. 반면에 사회주의체제하에서는 중앙정부의 명령에 의해서 자원배분이 행해진다.

시장경제에서 기업과 가계가 상호작용하는 과정에서 국부(國富) 창조가 극대화된다. 상호작용 과정에서 '보이지 않는 손'(invisible hand)이 작동하여 생산자는 고객의 가치를 창조한다. 소비자도 '보이지 않는 손'에 이끌리어 결과적으로 생산자의 이윤을 창조한다. 이때 '보이지 않는 손'은 경제활동을 조정하는 이기심과 가격이다. 이기심은 경제활동을 조정하는 엔진이고 가격은 경제활동의 신호 역할을 한다. 가격은 고객이 평가하는 그 재화의 화폐적 가치를 반영할 뿐만 아니라 상품 생산의 기회비용을 반영한다. 시장가격보다 낮은 비용으로 생산할 수 있는 기업은 이윤을 추구하여 그 재화를 생산한다. 시장가격보다 더 높게 평가하는 고객은 그 재화를 소비한다. 기업과 가계가 상호작용하는 과정에서 거래당사자 간의 상호 교환의 이익이 발생한다. 모두가 자신의 사적 이익을 추구하는 과정에서 국부를 창조한다. 이것이 바로 시장경제에서의 거래 혹은 교환의 본질이다.

본서에서는 시장경제에서 보이지 않는 손의 운동법칙과 위력을 살펴볼 것이다. 그리고 보이지 않는 손이 만들어낸 시장성과가 바람직하지 못한 경우 이른바 시장실패(market failure)를 집중적으로 분석할 것이다.

1.4
경제학이란 무엇인가

경제학이란 인간의 선택행위를 다루는 선택(選擇)의 학문(science of choice)이다. 앞에서 설명했듯이, 선택은 희소성의 결과이다. 지금 독자 여러분이 앞으로 한 시간 동안 무엇을 해야 가장 좋을까 하고 고민하고 있다고 하자. 한 시간 동안 산보를 할 수도 있고, 오페라나 연극을 관람할 수도 있고, 데이트를 즐길 수도 있다. 무엇을 선택하든지 나름대로의 장·단점이 있을 것이다. 이러한 상황에서 독자 여러분은 어떠한 방식으로 의사결정을 하겠는가? 경제학은 사람들이 어떠한 원리에 의해서 어떻게 선택하고 행동하는지를 설명하는 학문이다. 이러한 의미에서 경제학은 선택의 학문인 것이다.

경제학은 사회과학(social science)의 한 분야이다. 사회과학은 인간의 행동을 다루는 학문이다. 경제학은 자연현상이 아닌 인간들의 행동이 만들어 내는 사회적 사건을 다루는 학문이므로 '사회'과학이다. 실업, 인플레이션, 임금수준의 변동추이, 마늘파동, 담합, 이권추구 행위, 범죄와 부정부패 등 사회적 사건의 예는 얼마든지 많다.

경제학은 인간의 행동에 관한 단순한 가정 위에 구축된 일반적인 분석틀을 사용하여 현실에서 일어나는 개별적 사건을 설명하고 미래를 예측하기 때문에 과학의 한 분야에 해당한다. 과학이란 가치판단을 배제하고 일반적 원칙(一般的 原則)에 입각해서 관찰가능한 현상 및 사건들을 설명하는 것이다. 여러 가지 현상 및 사건 중에는 애증의 심리상태처럼 관찰이 불가능한 경우도 많다. 그러나 소득 혹은 상품가격의 변화와 같이 객관적으로 입증가능한 사건은 관찰이 가능하다. 객관적으로 입증이 가능한 사건을 관찰가능한 현상 및 사건이라 한다.

경제학이 현상을 일반적 원칙에 입각해서 설명한다는 것은 특수한 상황에서만 성립하는 특수원칙으로 현상을 설명하지 아니한다는 것을 의미한다. 예를 들어 뉴튼(Newton)의 만유인력(萬有引力) 법칙은 시공을 초월하여 모든 시점, 모든 장소에서 성립한다. 과학이란 이처럼 여러 가지 현상들에 대해서 일반적으로 성립하는 운동법칙을 찾아 내는 것이다. 일반성이 결여된 법칙은 자의적(ad hoc) 이론으로 전혀 쓸모가 없다. 특정한 나라에 그 나라만의 경제이론이 있고 다른 나라에 또 다른 경제이론이 있는 것이 아니다. 어떤 사람이 자주 발생하는 어떤 현상을 매번 다른 원리에 의해서 설명한다면 이러한 설명방식에 입각해서 미래에 대한 믿을 만한 예측을 끌어낼 수 없을 것이다.

과학이란 가치판단을 배제한다. 따라서 과학은 규범적 문장이 아닌 실증적 문장으로 표현되어야 한다. 실증적 문장(實證的 文章)이란 사실에 대한 논술이다. 반면에 규범적 문장(規範的 文章)은 어떤 개인의 주관적 가치판단을 내포한 언급이다. 예컨대 '한국사회의 모습은 어떠어떠해야 한다'라거나 '낙태수술은 합법적으로 인정되어야 한다'와 같은 문장 속에는 도덕적 가치판단이 내재해 있다. 우리는 도덕적 가치판단이 포함되어 있는 이러한 문장을 규범적 문장이라고 한다. 실증적 문장이란 위와 같은 규범적 요소가 전혀 포함되어 있지 않은 문장이다. 객관적 사실에 대한 기술이 곧 실증적 문장인 것이다. 예컨대

"휘발유 값이 인상되면 운전자들의 주행거리는 감소할 것이다" 혹은 "토지보유세를 강화하면 지가는 하락할 것이다"라는 기술은 실증적 문장이다.

독자 여러분은, 경제학이 과학이라면 도대체 왜 경제예측은 경제연구소마다 다른가? 경제성장 및 물가에 대한 예측은 왜 정확하지 않은가? 왜 경제학자마다 부동산 투기 대책이 다른가?라고 의아하게 생각할 수도 있다. 그러나 경제학자들간에 의견의 차이가 있다고 해서 경제학이 과학이 아닌 것은 아니다. 모든 과학이 그렇듯이 과학의 발전은 서로 다른 견해들간의 논쟁을 통해서 이루어져 왔다. 어떤 학문의 영역에서 상반되는 견해가 존재하는 것은 그 학문이 비과학적이어서가 아니라 그 학문이 아직 발전단계에 있기 때문이다. 경제학자마다 경제문제 자체의 본질과 현실, 즉 테이터(data)의 성격에 대한 이해가 다르고, 개인의 철학관, 인생관의 차이로 인해서 추구하는 목표 및 사회의 모습도 다르다. 그로 인해 이견(異見)이 존재하는 것이다.

경제학은 마케팅이나 회계학과 달리 직접적인 이재(理財)의 수단은 아니다. 경제학은 돈 버는 방법을 직접 가르쳐 주지는 않는다. 어떤 조건을 갖춘 사람이 고소득자가 되는지를 설명해 주는 경제학에 관한 지식이 이재에 어느 정도 도움이 되는 것은 사실이지만, 그것이 경제학의 주목적은 아니다.

이상의 경제학의 본질에 관한 논의는 경제학을 왜 배우는가에 대한 해답을 제시하려는 것이다. 경제학을 배우는 궁극적인 이유는 경제행위의 이면(裏面)에 숨어 있는 경제법칙을 이해하고 보다 바람직한 사회를 건설해 보려는 데 있다. 예를 들면, 최저임금제도는 단순노동자들에게 과연 도움이 되는 것일까? 우루과이라운드의 체결은 국내 실업을 증가시킬 것인가? 전세가격 규제는 세입자들에게 도움이 되는 것일까? 등과 같은 현실 경제현상의 문제에 대한 해답을 구하기 위해서 우리는 경제학을 배우는 것이다.

주의할 것은 개인의 행동을 분석하는 것이 경제학의 궁극적 목표는 아니라는 점이다. 앞서 말했듯이 경제학은 궁극적으로 사회현상에 관심을 갖는다. 경제학은 사회현상을 설명하기 위한 하나의 수단으로서 개인의 행동에 관심을 가질 뿐이다. 예컨대, 개별소비자를 분석하는 것은 시장에서의 소비자들의 행동을 이해하기 위한 것이지 개별소비자의 행동을 예측하기 위한 것이 아니다.

1.5
경제학의 설명방법: 경제학의 방법론

일반적으로 개인의 선택(행동)은 크게 보아 개인의 선택을 제한하고 있는 제약조건(制約條件)과 개인의 선호(選好)에 의해서 달라진다. 제약조건이란 소득, 가격, 법률 등을 말한다. 선택에 영향을 미치는 제약조건을 안다고 해서 개인의 행동을 완전히 설명할 수 있는 것은 아니다. 소득수준이 동일한 사람이라도 어떤 사람은 음악회를 선택하고 어떤 사람은 연극구경을 선택할 수 있기 때문이다.

왜 동일한 상황(제약조건)에서 개인들은 서로 달리 행동하는가? 그것은 개인의 선택은 제약조건 이외에도 관찰불가능한 요인에 의하여 달라질 수 있기 때문이다. 이 관찰불가능한 요인을 선호(選好)라고 부른다. 선호는 관찰이 불가능하므로 우리는 선호를 예측하지 않는다. 선호를 예측해 봐야 무의미하기 때문이다.

그러면 사람들의 기호가 서로 다를진대, 통상적으로 나타나는 소비행위를 어떻게 설명할 수 있을까? 복잡한 상황하에서 어떻게 선택을 체계적으로 설명할 수 있을까? 이를 위해서 어떠한 선호를 가졌든간에 소비자 선호는 불변이거나 최소한 서서히 변하는 것이라고 가정한다. 선호가 불변이라고 전제해 두면 선택의 변화를 환경요인의 변화로써만 설명할 수 있다.

경제학의 설명방법은 선호가 일정하다는 가정하에 환경요인의 변화로써 개인의 행동을 설명하는 것이다. 개인의 선호가 선택에 영향을 미치는 것은 분명하지만, 그것은 객관화할 수 없는 관찰불가능한 변수이다. 경제학에서는 관찰이 가능한 제약조건의 변화로만 어떤 현상을 설명한다.

제약조건에는 가격, 소득, 기술, 시간과 같은 경제적 요인들은 물론 법률, 소유권제도의 발달 정도, 관습, 도덕 등의 비경제적 요인도 포함된다.

이상의 논의는 다음과 같이 공식화(公式化)할 수 있다.

선호
개인의 선택에 영향을 미치는 관찰불가능한 변수

경제학의 설명방법
선호가 불변이라는 전제하에서 제약조건의 변화로써 선택의 변화를 설명

제약조건
개인의 선택에 영향을 미치는 요인

(1.5.1)　　$X = f\{a,\ b\}$

여기서 X: 선택(행동)　　a: 선호

b: 제약조건　　f: 선택함수

관찰이 불가능한 선호의 변화로 선택의 변화를 설명하는 것은 경제학적인 설명방법이 아니다. 예를 들면, 특정 상품의 가격(제약조건)이 상승하면 수요량이 감소한다. 이를 소비자의 선호가 달라져서 수요량이 변한다고 설명하는 것은 경제학적 설명이 아니다. 선호에 입각한 설명방법은 검증이 불가능하기 때문이다. 경제학자들은 경제주체들이 상황(제약조건)의 변화에 어떤 방향으로 반응(선택)할 것인지를 설명한다. 예를 들어 보자.

예 I 한국은 연간 2,100시간의 초장시간 과로근로국가이다.

2015년 한국의 연간 평균 근로시간은 2,100시간이다. 미국은 1,824시간, 일본은 1,789시간, 영국은 1,669시간, 독일은 1,443시간이다. 한국 근로자는 미국이나 일본 근로자보다 연간 650시간이나 더 일을 하고 있다.

사회학자라면 한국 국민의 근면성 등 문화적 요인으로 이러한 차이를 설명하려 할지 모른다. 그러나 이러한 설명은 근본적으로 '한국인이 일을 좋아한다' 라는 선호의 차이로 설명한 것이다. 한국인의 일에 대한 선호가 다른 나라 사람들의 선호와 다르다고 전제하고 있다. 이것은 경제학적 설명이 아니다.

경제학은 선호의 차이로 설명하지 않고 노동의 가격인 임금률의 차이로써 설명한다. 즉, 한국의 초과근무 임금률이 상대적으로 높기 때문에 근무시간이 많아진다고 설명한다.[3] 이와 같이 경제학은 임금률이라는 환경요인의 차이로써 한국인의 장시간 과로근로 현상을 설명한다.

예 II 일본에서는 고래(古來)로부터 분재(盆栽)기술이 발달하고 최근에는 좁은 공간을 한껏 활용할 수 있는 공간활용 산업이 발달하고 있다.

비경제학자들이라면 이러한 현상은 '일본인이 작은 것을 좋아하기 때문이다. 그들은 화분에 담긴 꽃을 좋아하고 트랜지스터와 같은 소형 라디오를 좋아한다' 라고 설명할 것이다. 이 설명은 일본인의 선호가 다른 나라 사람들과 다르다고 전제하고 있다. 우리는 이러한 전제조건이 사실인지 아닌지의 여부를 알 수 없다. 경제학자들은 선호의 차이로 설명하지 않고 제약조건의 차이로써 설명한다. 즉, 일본은 인구밀도가 높아서 공간의 가격이 다른 나라에 비해서 비싸다. 따라서 공간절약적인 기술 및 제품들에 대한 수요가 높고 이 수요를 충족시키기 위해서 분재기술이 개발되었다. 이와 같이 경

---

3 우리나라의 초과근무시간 임금률은 정상근무시간 임금률의 1.5배이다. 반면에 OECD 선진국의 초과근무는 특별한 경우를 제외하고 일반적으로 법에 의해 실질적으로 제한되어 있다.

제학은 공간가격이라는 환경제약의 차이에 입각하여 일본인들의 행동을 설명한다.

 18세기 산업혁명 당시 영국의 생산성은 세계 최고였다. 그런데 19세기에 이미 미국이 영국의 생산성을 추월하였다.

19세기에 이미 미국의 생산성은 영국의 생산성을 크게 앞질렀다. 특히, 미국에서 인력을 대체할 새로운 기계가 많이 발명되었다. 미국의 투자율도 높아졌다.

비경제학자라면 이러한 현상은 미국인의 청교도 정신과 개척 정신(new frontier spirit) 때문이라고 그 이유를 설명할 것이다. '미국인은 근검절약하고 창의적이다' 라고 설명할 것이다. 이 설명 역시 미국인의 선호가 다른 나라 사람들과 다르다고 전제하고 있다. 이것 또한 경제학적 설명이 아니다.

경제학은 선호의 차이로 설명하지 않고 제약조건, 임금의 차이로써 설명한다. 즉, '미국과 영국의 임금 차이 때문에 생산성 격차가 역전되었고 미국의 투자율이 영국 투자율을 앞질렀다' 라고 설명한다.

19세기에 미국은 넓은 토지를 갖고 있었지만 노동력이 부족했다. 반면 영국은 상대적으로 토지는 좁고 노동력은 많았다. 따라서 미국의 임금이 영국보다 높았다. 미국의 임금이 더 높았기 때문에 노동을 대체할 수 있는 트랙터와 같은 발명품에 대한 수요가 미국에서 더 높았고 결국 새로운 기계가 발명되었다.

요컨대, 인구부족에 기인하는 고임금이 미국의 생산성을 끌어 올렸다. 이와 같이 경제학은 노동의 가격, 즉 임금이라는 환경제약의 차이에 입각하여 영·미(英·美)간 생산성 격차의 역전을 설명한다

 어떤 사회의 범죄율이 증가하였다.

사회학이라면 범죄 증가의 원인을 개인의 비정상적인 동기(심리적 요인)로써 설명할 것이다. 그러나 경제학은 이것을 소득수준, 고용률, 범인 검거확률, 형량, 소득수준 등 제약조건의 변화로써 설명한다.

1.6
미시경제학과 거시경제학

경제학은 크게 미시경제학과 거시경제학으로 나뉜다. 미시경제학이나 거시경제학이나 모두 경제주체의 의사결정을 다룬다는 점에서는 공통점을 갖지만, 분석의 목표와 대상은 서로 다르다. 미시경제학은 개별경제주체 및 개별시장을 분석의 대상으로 하는 데 반해, 거시경제학은 국민경제 전체를 분석의 대상으로 하고 있다. 미시경제학은 개별경제주체들의 행동원리와 소비자와 생산자로 구성되는 개별시장에서 가격이 어떻게 결정되는지에 주된 관심을 갖고 있다. 반면에 거시경제학은 GNP, 일반물가수준, 국민경제 내의 총고용수준, 이자율수준 등의 총량변수(總量變數, aggregate variables)가 어떻게 결정되는지에 주된 관심을 갖는다. 이는 분석대상의 차이에서 기인한 것이다. 이러한 분석대상의 차이는 흔히 나무와 숲의 관계에 비유되기도 한다.

미시경제학은 생산물시장에서 상품의 가격 및 거래량 그리고 노동시장에서의 임금과 고용량이 어떻게 결정되는지를 분석한다. 그래서 미시경제학을 흔히 가격이론(price theory)이라고도 한다.[4]

미시경제학에서 다루는 가격은 절대가격(絶對價格)이 아니라 특정한 상품의 상대가격(相對價格)을 말한다. 상대가격이란 상품과 상품간의 절대가격의 비율을 의미한다. 이것은 거시경제학에서 다루는, 국민경제 전체의 평균물가수준을 반영하는 일반물가수준과 구별되어야 한다. 마찬가지로 미시경제학에서 다루는 임금이나 고용량도 특정한 노동시장에서의 노동의 상대가격과 고용량을 말하는 것으로서 거시경제학에서 다루는 국민경제 전체의 평균임금수준이나 국민경제 전체의 총고용수준과는 다르다.

특정한 개별시장에서의 가격의 결정요인을 보다 명확히 설명하기 위해서는 각 개별시장을 구성하는 소비자와 생산자들의 행위에 대한 분석이 선행되어야 한다. 따라서 미시경제학은 소비자, 생산자, 노동자, 관료, 정치가 등의 개별경제주체들을 분석의 주요 대상으로 삼고, 이들 경제주체들의 행동이 상황의 변화에 따라 어떻게 달라지는지를 연구한다. 소비자와 생산자는 물건을

---

[4] 물론 미시경제학을 가격이론이라고 부르는 것이 정확한 말은 아니다. 가격 이외에 자원배분도 미시경제학의 주요 관심 대상이기 때문이다.

얼마나 사고 팔 것인지, 노동자는 얼마나 일할 것인지, 관료나 정치가는 정책변수를 어떻게 결정하는지가 분석의 주요 대상이 된다.

　개별경제주체들을 분석의 주요 대상으로 삼는 미시경제학은 그 적용범위가 계속 확장되고 있다. 전통적으로 미시경제학의 영역으로 여겨지지 않았던 문제들, 예컨대 지금까지 정치학이나 행정학에서만 다루어 왔던 정치가의 정책결정문제, 법학에서 주로 다루어 왔던 법률행위 당사자들간의 계약문제, 그리고 각종 제도와 조직의 존재 및 변천 이유, 심리학이나 사회학의 문제로 치부해 왔던 결혼의 문제 등에 이르기까지 미시경제학의 분석도구는 널리 사용되고 있다.

　물론 미시경제학적 설명이 여타의 사회과학을 대체할 만큼 위력을 보이고 있다고 단언할 수는 없다. 다만, 이들 분야에 미시경제학에서 상용되는 분석도구를 도입했을 때 정치학자들이나 법학자들이 설명하지 못했던 정책결정과 제도 존재의 이유를 설명할 수 있다는 점은 사실이다. 본서는 이러한 미시경제학의 영역확장을 반영하기 위하여 정부의 실패를 독립된 장(제23장)으로 다루고 있다. 이처럼 폭넓은 적용범위로 인하여 경제학은 사회과학의 제왕(帝王)이라고 불리기도 한다.

　지금까지 논의한 바와 같이 미시경제학과 거시경제학의 구분은 그 분석목표와 대상에 의한 것일 뿐 이들이 본질적으로 다른 것은 아니다. 미시경제학은 각 개별시장을 분석하고 거시경제학은 전체시장을 생산물시장, 화폐시장, 노동시장, 증권시장 등의 몇 종류의 시장으로 나누어 분석한다. 이는 양자의 구별이 본질적이라기보다 정도의 문제임을 말해 주고 있다. 게다가 양자 모두 국민경제를 분석의 대상으로 삼기 때문에 서로 밀접한 관련을 갖지 않을 수 없다. 케인즈혁명(Keynes revolution) 이후 거시경제학이 미시경제학과 전혀 다른 체계를 갖는 상이한 학문체계로 인식된 적도 있었다. 그러나 최근의 이론들은 종래의 거시경제이론을 미시경제이론에 입각하여 재구축하는 방향으로 전개되고 있다. 이러한 과정을 거쳐 재구축된 거시경제이론을, 미시경제이론에 바탕을 둔 거시경제이론(macroeconomics of microfoundation)이라 한다. 이러한 경제학의 최근 조류는 미시경제학과 거시경제학이 상호보완적 관계에 있으며, 미시경제학이 중요하다는 것을 말해 주고 있다.

POINTWORD 핵심 용어

1. 희소성
2. 기회비용
3. 선택의 학문
4. 경제체제의 기본문제
5. 시장경제체제
6. 경제학의 설명방법
7. 미시경제학
8. 거시경제학
9. 가격이론
10. 미시경제이론에 바탕을 둔 거시경제이론

요약 SUMMARY

❶ 재화의 부존량 혹은 생산량이 사람들의 욕구를 충족시키기에 충분하지 않을 때 희소성이 존재한다고 하며, 이러한 희소성의 존재로 인해 선택의 문제가 대두된다.

❷ 경제학이란 관찰가능한 사회적 현상 및 사건들을 가치판단을 배제하고 일반적인 원칙에 입각하여 설명하는 사회과학의 일종이며, 인간의 선택 행위를 다루는 학문이다.

❸ 기회비용이란 포기한 선택들 중에서 최고 가치를 지닌 대안이다. 최선의 선택을 위해서는 선택의 득과 실을 잘 따져 보아야할 것이다. 선택의 실이 기회비용이다.

❹ 어떠한 기준에 입각하여 희소한 자원을 사회의 구성원에게 나누어 줄 것인가 하는 분배의 문제와, 희소한 자원으로 어떤 재화를 어떠한 생산방법으로 얼마나 만들 것인가 하는 생산의 문제를 합쳐 경제체제의 기본문제라고 한다. 각 경제체제는 이러한 기본문제를 해결할 수 있는 경쟁의 질서를 갖고 있다. 시장경제하에서의 자원배분에 관한 의사결정은 거래의 이익 여부를 판단하는 데 핵심정보인 가격에 의해 이루어진다.

❺ 경제학의 설명방법은 선호가 일정하다고 가정하고 제약조건의 변화로 개인의 행동을 설명하는 것이다.

❻ 경제학은 분석의 대상과 목표에 따라 미시경제학과 거시경제학으로 구분된다. 미시경제학은 개별경제주체 및 개별시장을 분석대상으로 하고 개별시장에서의 가격결정원리에 관심을 갖는다. 거시경제학은 국민경제 전체를 대상으로 하여 총량변수들의 결정원리에 주된 관심을 갖는다.

_연습문제 QUESTION

01 경제학의 설명방법이란?

02 희소성이란? 희소하지 않은 재화의 예를 들어 보라.

03 몇 년 전만 해도 찾기 힘들었던 간편식사(fast food)를 판매하는 곳이 늘고 있다. 이러한 현상을 경제학적으로 설명하라(그래프로 설명해도 좋음).

04 "교회에 가 보면 장년층보다는 노년층이, 남자보다는 여자가 더 많은 경향이 있다." 이러한 경향이 사실이라고 가정하고 경제원리에 입각해서 왜 이러한 현상이 발생하는지를 간략히 설명하라.

05 10부제가 의무적으로 시행되던 당시 "10부제 위반 승용차를 보면 고급 승용차가 소형 승용차보다 훨씬 많았다." 그 이유를 경제학적으로 설명하라.

CHAPTER

02

전문화와
교환의 이익

이 장에서는 전문화와 교환이 발생하는 이유 및 그 원리를 알아본다. 그리고 전문화를 위해서 협력이 필수 불가결함을 논의한다. 전문화와 교환은 국부의 원천이자 기업 및 개인의 경쟁력의 원천이다. 전문화와 교환의 원리를 이해하면 현실의 복잡해 보이는 거래의 원리를 보다 쉽게 이해할 수 있다. 특히, 개인의 직업 및 기업 핵심역량의 결정, 납품업체 및 외주업체와 기업 간(inter-firm) 거래의 원리를 이해할 수 있다. 나아가서 국제 무역과 지역 간(interregional) 거래의 원리도 이해할 수 있다.

우리는 일상생활에서 많은 종류의 생활용품과 서비스를 사용한다. 커피를 마시고 아침식사를 한다. 옷을 차려입고 구두를 신고 집을 나선다. 스마트폰으로 음악을 들으면서 지하철을 탄다. 우리가 사용하는 생활용품 중에서 자신이 직접 생산하는 물건은 거의 없다. 대부분 다른 사람이 만든 것이며 시장에서 구입한다. 대부분의 사람들은 한 가지 일을 하면서 그 일에서 번 돈으로 자신이 필요한 물건을 구입한다. 외딴 산골의 농부도 마찬가지이다. 막걸리나 옷을 스스로 만들지 않는다. 기업도 마찬가지이다. 주력 상품은 한두 가지이다. 기업도 자신이 필요한 다양한 원료, 부품 그리고 노동을 시장이나 협력사로부터 구입한다. 요컨대 가계나 기업이나 할 것 없이 모두가 이웃을 이용하고 자신은 특정한 일에 전문화한다.

사람들이 특정한 일에 전문화한 뒤 서로 교환하면 생산이 늘어나고 결국 모두가 이득을 볼 수 있다. 전문화의 이익은 교환과 협력을 통해서 실현된다. 교환과 협력이 없으면 전문화는 무의미하다. 전문화 그리고 교환과 협력이 국부의 원천이라 것은 아담 스미스(Adam Smith)의 통찰이다. 전문화의 이익이 교환과 협력을 통해서 실현된다는 아담 스미스의 통찰을 직접 들어보자. 국부론(1776년)의 설명이다.

살림을 해 본 사람이면 누구나 알고 있는 진리가 있다.
밖에서 더 싸게 살 수 있는 물건을 절대로 집에서 만들지 말라.

아담 스미스의 통찰은 남보다 못하는 일은 하지 말고 남보다 잘하는 일에 전문화하고 이웃 사람과 교환하면 모두에게 이득이 된다는 것이다. 스미스의 통찰은 사실 우리가 이미 실행하고 있다. 우리 집에서의 하루를 생각해 보자. 집안 청소, 세탁, 밥하고 빵 굽기, 김치 담그고 반찬 만들기, 컴퓨터 수리, 아이 공부 보아주기, 건강관리, 자동차 관리 등 다양한 일이 있다. 하지만 우리가 직접 행하는 일은 많지 않다. 대부분 상품이나 일은 시장에서 구입하면서 살아간다.

과연 전문화와 협력을 하는 교환경제가 자급자족 경제보다 나을까? 이에 대한 해답을 이해하기 위해 먼저 분석 도구인 생산가능곡선을 이해하고 전문화의 결정요인을 살펴보자.

2.1
생산가능곡선과 기회비용

논의를 단순화하기 위해 세상에는 물고기(X)와 감(Y) 두 종류의 재화만 존재하고 철수와 영수 두 사람만 살고 있다고 하자. 두 사람은 물고기를 잡고 감을 따서 자급자족하면서 살고 있다. 생산 수단은 노동(L)뿐이고, 노동가능시간은 하루 8시간이다.

철수와 영수의 시간당 생산력은 [표 2-1-1]과 같다. 철수는 한 시간에 물고기 20마리를 잡거나 감을 30개 딸 수 있다. 영수는 한 시간에 물고기 60마리를 잡거나 감을 40개 딸 수 있다. 영수는 철수보다 물고기 잡기는 3배, 감 따기는 1.3배 잘한다.

[표 2-1-1] 시간당 생산량

사람\생산물	물고기(X)	감(Y)
철수	20	30
영수	60	40

이제 철수와 영수의 생산가능곡선을 그려보자. 두 사람 모두 하루 8시간 노동이 가능하다. 8시간을 어떻게 사용하느냐에 따라 감과 물고기의 생산가능한 조합은 달라진다. 철수가 8시간 동안 감만 생산한다면 감 240개를 생산할 수 있다. 이때 물고기는 한 마리도 잡을 수 없다. 즉, 물고기 생산량은 0마리이다. [그림 2-1-1]에 A점으로 나타나 있다. 반면에 8시간 동안 물고기만 생산한다면 물고기 160마리를 생산할 수 있다. 이때 감 생산량은 0이다 [그림 2-1-1]에 C점으로 나타나 있다. 철수가 8시간을 반으로 나누어 물고기도 잡고 감도 딴다면 물고기 80마리, 감 120개를 딸 수 있다. 이 생산 조합은 그림의 B점이다. A점, B점, C점을 연결하면 [그림 2-1-1]과 같은 직선을 얻을 수 있다. 이 곡선을 생산가능곡선(production possibility curve)이라고 부른다. 생산가능곡선(production possibility curve)은 주어진 자원을 효율적으로 사용할 때 생산가능한 재화의 조합을 보여준다. 이때 주어진 자원은 8시간의 노동을 말한다. 희소성 원리 때문에 생산가능곡선은 마이너스(–)기울기를 갖는다.

[그림 2-1-1] 생산가능곡선: 철수

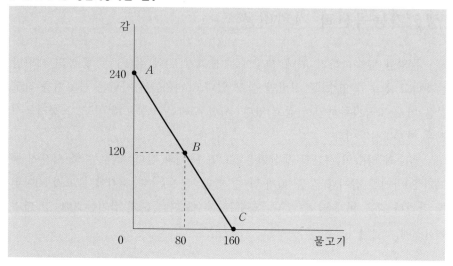

생산가능곡선의 기울기(절댓값)는 물고기 생산의 기회비용을 나타낸다.[1] 물고기 한 마리를 더 생산하기 위해 철수가 포기해야 하는 감 생산량(감소량)을 나타낸다. 철수의 생산가능곡선은 직선이다. 생산가능곡선상의 모든 점에서 기울기의 절댓값이 항상 1.5라는 것은 물고기 한 마리를 더 잡기 위한 철수의 기회비용이 감 1.5개로 일정하다는 것을 의미한다.

철수의 생산가능곡선을 구했던 것과 동일한 방식으로 영수의 생산가능곡선을 그릴 수 있다. 영수 혼자서 8시간 동안 감만 생산한다면 감 320개를 생산할 수 있다. 이때 물고기는 한 마리도 잡을 수 없다. 즉, 물고기 생산량은 0마리이다. [그림 2-1-2]에 A점으로 나타나 있다. 반면에 8시간 동안 물고기만 생산한다면 물고기 480마리를 생산할 수 있다. 이때 감 생산량은 0이다. [그림 2-1-2]에 C점으로 나타나 있다. 철수가 8시간을 반으로 나누어 물고기도 잡고 감도 딴다면 물고기 240마리와 감 160개를 생산할 수 있을 것이다. 이 생산 조합은 그림의 B점으로 나타나 있다. A점, B점, C점을 연결하면 [그림 2-1-2]와 같은 영수의 생산가능곡선을 얻을 수 있다.

철수와 영수의 생산가능곡선을 비교해 보면 두 가지 점에서 차이가 있다.

---

1 생산가능곡선 기울기의 절댓값은 두 생산물 X, Y 간의 한계전환율(marginal rate of transformation; MRT)이라고도 한다. 한계변환율은 X재 생산의 기회비용(opportunity cost)이다.

[그림 2-1-2] 생산가능곡선: 영수

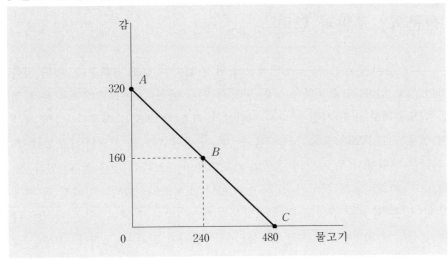

첫째, 생산가능곡선의 기울기의 절댓값을 비교해 보면 철수는 $1.5\left(=\dfrac{30}{20}\right)$인데 영수는 $0.67\left(=\dfrac{40}{60}\right)$이다. 이는 영수의 물고기 생산의 기회비용이 철수보다 더 낮다는 것을 의미한다. 이때 영수는 물고기 생산에 비교우위(comparative advantage)가 있다고 한다. 반면, 철수는 감 생산에 비교우위가 있다. 둘째, 생산가능곡선의 위치를 보면 영수의 생산가능곡선이 철수의 생산가능곡선보다 바깥쪽에 위치한다. 영수의 X축 절편 값은 480으로 철수의 X축 절편 값 160보다 크다. 또한 영수의 Y축 절편 값은 320으로 철수의 Y축 절편 값 240보다 크다. 이는 영수가 철수보다 감 따는 데에나 물고기 잡는 데 모두 생산능력이 절대적으로 우위에 있음을 말한다. 이때 영수는 물고기 생산이나 감 생산에 절대우위(absolute advantage)가 있다고 한다.

2.2
전문화, 교환과 협력

희소성의 원리는 모든 선택에는 공짜가 없다는 것을 말해준다. 어떤 일을 하면 그로 인해 하지 못하는 일이 반드시 있기 마련이다. 그런데 똑같은 물건을 만드는데도 어떤 사람은 다른 사람보다 더 많은 희생을 치른다. 앞의 예에서 철수는 영수보다 물고기 생산을 할 때 더 많은 대가를 치른다. [표 2-1-1]과 같은 상황에서 두 사람의 생산의 기회비용이 다르다는 것을 알 수 있다. 이와 같이 기회비용의 차이가 있을 경우 아담 스미스의 통찰은 '밖에서 더 싸게 살 수 있는 물건을 절대로 집에서 만들지 말라. 밖에서 살 수 있는 가격이 나의 생산의 기회비용보다 싸면 그 물건은 생산하지 말라'는 것이다. 지붕을 잘 고치는 사람은 지붕을 고치는 데에 전문화하고 맥주를 잘 만드는 사람은 맥주 만드는 일에 전념하라는 뜻이다. 이는 기업과 개인이 무슨 일을 직접 생산할 것인가, 그리고 무엇을 시장에서 구입할 것인가에 관한 생산의 전문화와 교환의 원리를 말해주고 있다. 전문화와 교환을 하면 모든 개인이 전문화하기 전보다 모두가 더 많은 물량을 소비할 수 있다.

전문화와 협력의 이익

기회비용 차이가 있을 경우 교환을 전제로 전문화하면 전문화와 협력 (cooperative specialization)의 이익이 발생할 수 있다. 개별 경제 주체는 다른 사람과 비교해 자신이 가장 잘하는 일에 전문화하면 자급자족 경제하에서보다 전체적으로 생산량이 늘어나고 모두가 더 많은 재화를 소비할 수 있다. 전문화와 협력의 이익의 원천이 무엇인지를 다음 예를 가지고 살펴보자.

두 사람의 생산력을 비교해 보면 영수는 철수보다 감 따기는 1.3배, 물고기 잡기는 3배 잘한다. 하지만 생산의 기회비용을 비교해 보면 영수는 두 가지 일을 모두 잘하지 않는다. 물고기(X) 생산의 기회비용을 비교해 보면 철수는 $1.5\left(=\frac{30}{20}\right)$인데 영수는 $0.67\left(=\frac{40}{60}\right)$이다. 반면 감($Y$) 생산의 기회비용을 비교해 보면 철수는 철수는 $0.67\left(=\frac{20}{30}\right)$인데 영수는 $1.5\left(=\frac{60}{40}\right)$이다. 생산의 기회비용을

[표 2-1-2] 시간당 생산량과 생산의 기회비용

사람\시간당 생산량	물고기(X)	감(Y)	X재 생산 기회비용	Y재 생산 기회비용
철수	20	30	$1.5 = \frac{30}{20}$	$0.67 = \frac{20}{30}$
영수	60	40	$0.67 = \frac{40}{60}$	$1.5 = \frac{60}{40}$

비교해 보면 철수는 감(Y) 따기를 상대적으로 잘하고 영수는 물고기(X) 잡기를 상대적으로 잘한다는 것을 확인할 수 있다. 이는 [표 2-1-2]의 마지막 두 개 열(列)에서 보듯이 X재 생산의 기회비용이 Y재 생산의 기회비용이 역수라는 데에 기인한다.

이제 자급자족 경제에서보다 전문화했을 경우 생산량이 증가할 수 있는지를 알아보자.

자급자족 경제에서 철수는 물고기 100마리(다섯 시간의 노동)와 감 90개(세 시간의 노동)를, 영수는 물고기 360마리(여섯 시간의 노동)와 감 80개(두 시간의 노동)를 생산해서 소비하고 있다고 하자. 자급자족 경제에서 두 사람의 생산물의 합을 구해보면 물고기 460마리와 감 170개이다.

이제 각자 자신이 상대적으로 잘하는 일에 전문화를 한다고 하자. [표 2-1-2]에서 보았듯이 생산의 기회비용을 비교해 보면 철수는 감(Y) 따기를, 영수는 물고기(X) 잡기를 상대적으로 잘한다는 것을 확인할 수 있다. 전문화했을 때 두 사람의 생산량을 구해 보자. 철수가 8시간을 모두 감 따는 데에 투입하면 감 240개를 딸 수 있다. 반면 영수가 8시간을 모두 물고기 잡는 데에 전문화하면 물고기 480마리를 잡을 수 있다. 전문화했을 때의 두 사람의 생산량은 물고기 480마리와 감 240개이다. 전문화로 인해 물고기 생산량은 20(=480-460)마리, 감 생산량은 70(=240-170)개가 늘었다. 이는 바로 전문화의 이익을 말해준다.

이 예는 각자가 상대적으로 잘하는 일에 전문화를 하면 자급자족하에서보다 생산량이 늘어날 수 있다는 것을 보여준다. 전문화의 원리는 비교우위의 원리(principle of comparative advantage)로서 생산의사 결정의 핵심원리이다. 비교우위의 원리는 각자 기회비용이 낮은 일에 전문화하면 전체 생산량이 늘어나 모두가 더 많은 소비를 할 수 있다는 것을 말해준다.

전문화의 이익 실현을 위한 교환과 상호 협력

전문화를 하면 생산량이 증대된다는 사실을 알고 누군가가 다음과 같은 전문화와 협력을 제안했다고 하자.[2] 제안자는 자급자족 경제에서 철수와 영수의 생산점을 모두 알고 있다. 철수는 물고기 100마리와 감 90개를, 영수는 물고기 360마리와 감 80개를 생산해서 소비하고 있다. 철수는 감 생산에 전문화하고 영수는 물고기 생산에 전문화하면 감 240개와 물고기 480마리가 생산되어 물고기 생산량은 20마리, 감 생산량은 70개가 늘어난다는 점을 제안자는 알고 있다.

이때 전문화와 협력이 일어날까? 가능성은 교환조건에 달렸다. 제안자가 전문화 후에 두 사람이 모두 다 행복해질 수 있는 교환조건을 제시한다면 전문화는 이루어질 것이다. 두 사람 중 어느 한 사람이라도 자급자족하에서 보다 불행해지면 그 사람은 이 제안을 거부할 것이 자명하기 때문이다.

두 사람에게 다음과 같은 전문화와 협력을 위한 교환조건이 제안되었다. 철수는 감(Y) 따기에 전문화하고 영수는 물고기(X) 생산에 전문화한다. 전문화 후 철수는 영수에게 감(Y) 110개를 제공하고 그 대가로 영수는 철수에게 물고기(X) 110마리를 제공한다. 즉 교환조건은 $110X = 110Y$이다.

이 제안을 철수와 영수는 수락할까?

제안 수락 여부를 알아보기 위해 수락 후 이들의 소비 가능조합을 생각해 보자. 철수는 감에 전문화하고 생산된 감 240개 중 110개를 영수에게 주어야 하므로 감 130개를 소비할 수 있다. 대신 물고기 110마리를 받으므로 철수는 물고기 110마리와 감 130개를 소비할 수 있다. 이는 자급자족 경제하에서 자신의 소비수준인 감 90개와 물고기 100마리보다 감은 40개, 물고기는 10마리만큼 많다. 따라서 철수는 이 제안에 찬성할 것이다. 마찬가지로 영수도 제안 수락 후 이들의 소비 가능조합을 생각해 보면 영수는 물고기 생산에 전문화 후 생산된 물고기 480마리 중 110마리를 영수에게 주고 대신 감 110개를 받는다. 따라서 영수의 소비수준은 물고기 370마리와 감 110개이다. 이는 자급자족 경제하에서 영수의 소비수준인 물고기 360마리와 감 80개보다 물고기는 10마리, 감은 30개만큼 많다. 따라서 영수도 이 제안에 찬성할 것이다. 결국 이 제안은

---

2 제안자는 당사자인 철수와 영수 두 사람 중 한 사람일 수도 있고, 제3자일 수도 있다.

채택되고 전문화와 협력적 교환이 이루어질 것이다.

이상의 논의는 전문화와 협력의 두 가지 원리를 말해준다. 첫째, 전문화를 하면 전체 생산량이 늘어난다. 교환과 상호협력을 통해서 늘어난 생산량을 이용하여 모든 사람이 함께 전문화의 이익을 나눌 수 있다. 둘째, 전문화의 방향을 결정하는 것은 기회비용이다. 기회비용이 낮은 쪽을 생산하고 기회비용이 높으면 바깥에서 구입하는 것이 협력과 전문화의 원리이다.

국제 무역, 지역 간(interregional) 거래, 납품업체 및 외주업체 등 기업 간(interfirm) 거래, 개인 간 거래 및 교환은 모두 이러한 협력과 전문화의 원리에 입각하여 이루어지고 있다. 잭 웰치가 G.E. 사업분야 구조조정을 주도하면서 사업분야의 선정 기준으로 세계 1위 혹은 2위가 아닌 사업은 폐기하라는 것이나 빌 게이츠(Bill Gates)가 핵심 역량을 보유한 사업이 아니면 모두 외주하라는 말은 이러한 협력과 전문화의 원리를 잘 말해주고 있다. 성공하는 개인의 직업 선택, 시간과 돈의 투자 원리도 '잘하는 일을 하고 잘하는 것을 더 잘하게!'이다. 장점을 강화하는 것이 올바른 투자 방향이다.

2.3
시장경제에서의 전문화와 협력

이제 전문화와 협력을 중재하는 제안자가 없다고 하자. 대신 물고기와 감을 사고 팔 수 있는 시장이 개장되었다. 물고기(X) 가격과 감(Y) 가격은 1000원으로 동일하다. 따라서 시장에서는 $1X=1Y$ 조건으로 교환된다.

이러한 시장경제에서 영수와 철수는 무엇을 얼마나 생산할까? 지금까지 살던 대로 '필요한 것은 자신이 생산하는' 자급자족을 채택할까? 아니면 상대적으로 잘하는 일에 전문화할까?

먼저 영수는 어떤 결정을 할까? 영수의 물고기 생산의 기회비용은 감 0.67개이다. 즉, 물고기 한 마리를 얻으려면 감 0.67개를 포기해야 한다. 그런데 시장에서 물고기 한 마리를 구입하려면 감 1개를 포기해야 한다. 따라서 영수는 물고기를 직접 생산하는 것이 이익이다. 물고기 한 마리를 잡을 때마다 감 0.33개만큼 이익이 생긴다. 물고기는 얼마든지 시장에서 팔 수 있다. 따라

[그림 2-2-1] 전문화와 교환의 이익: 철수

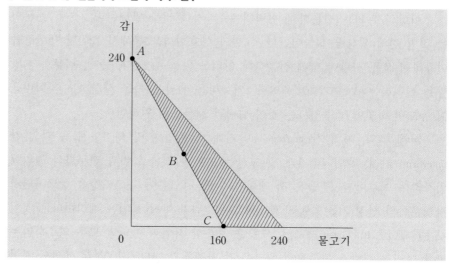

[그림 2-2-2] 전문화와 교환의 이익: 영수

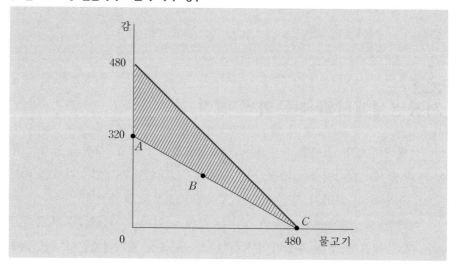

서 물고기 생산에 전문화하고 감을 전혀 따지 않은 것이 영수의 최선의 전략이다. 마찬가지로 감 따기에 전문화하고 물고기를 전혀 잡지 않은 것이 철수의 최선의 전략이다.[3] 두 사람의 최선의 전략은 모두 '완전 특화'이다.

---

3 반대로 영수가 감에 전문화하고 철수가 물고기 생산에 전문화하는 경우를 생각해 보라. 이는 총생산량도 감소하고 두 사람 모두에게 손해가 되는 전략이다. 이러한 전략은 채택되지 않을 것이다. 그 이유를 각자 확인해 보가 바란다.

이상의 논의를 그래프로 설명해 보자.

철수는 감 생산에 전문화하면 [그림 2-2-1]의 A점에서 생산한다. 그 후 물고기를 $P_X=P_Y$로 팔면 철수의 소비가능곡선은 그림의 보란색 직선이 된다. 마찬가지로 영수도 물고기 생산에 전문화하면 [그림 2-2-2]의 C점에서 생산한다. 그 후 감을 $P_X=P_Y$로 팔면 영수의 소비가능곡선은 그림의 파란 직선이 된다. 전문화 후 소비가능곡선은 자급자족시의 생산가능곡선보다 바깥에 위치한다.[4] 두 그림에서 빗금 친 영역은 전문화와 교환으로 인해 더 넓어진 선택가능 영역이다. 이는 시장경제하에서 전문화가 발생하면 교환을 통해 두 사람 모두 소비수준이 높아진다는 점을 보이고 있다.

이상의 논의로부터 시장경제하에서 전문화의 존재 이유와 전문화의 결정요인을 알 수 있다. 지금까지 우리는 생산에서 전문화가 일어나면 총생산량이 증가하는 것을 보았다. 전문화의 이익은 기회비용의 차이에 기인한다.[5] 기회비용이 낮은 물건에 전문화할 때 시장경제 하에서의 총생산량은 자급자족경제보다 늘어난다. 시장경제에서 전문화의 방향을 결정하는 것은 가격이다. 시장가격보다 낮은 재화로 생산을 하는 사람, 즉 상대적으로 기회비용이 낮은 사람이 그 재화 생산에 전문화한다. 결국 전문화 그리고 교환과 협력은 국부(國富)의 원천이 된다.

---

4 자급자족 시의 생산가능곡선은 자급자족 시의 소비가능곡선이다.

5 어떤 물건을 만들거나 서비스를 제공하는 데에 기회비용이 낮을 때 그 물건이나 서비스 생산에 비교우위가 있다고도 말한다.

2.A
생산가능곡선_한계비용 체증

국민경제의 생산가능곡선을 생각해 보자.

국민경제의 생산가능곡선은 [그림 2-A-1]에서 보듯이 원점에 대해서 오목한 형태를 띤다. 오목한 형태는 X재 생산의 기회비용이 점차 증가한다는 사실을 반영하고 있다. 물론 기회비용은 체감할 수도 일정할 수도 있다. 기회비용이 일정하다면 생산가능곡선은 [그림 2-1-1]에서 보듯이 직선이다. 하지만 대부분의 경우 특히 여러 명으로 구성된 국민경제의 기회비용은 체증한다고 알려져 있다. 왜 그럴까?

100명이 살고 있는 국민경제가 있다고 하자. 100명의 기회비용이 각각 다르다고 하자. 모두가 감을 따면 생산가능곡선의 A점이 생산될 것이다. 이제 물고기 생산량을 조금씩 늘려보자. 물고기 생산량을 늘리면 당연히 감 생산량이 조금씩 줄어들 것이다. 100명 중에서 누가 맨 처음에 감 따기를 포기하고 물고기를 잡을까? 물고기 생산의 기회비용이 낮은 사람부터 차례로 투입될 것

[그림 2-A-I] 생산가능곡선: 한계비용 체증

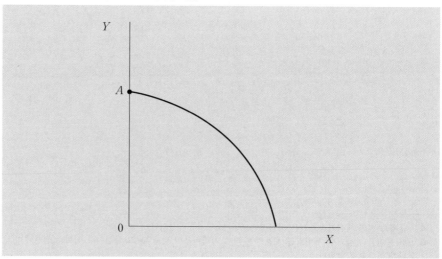

이다. 물고기 생산의 기회비용이 낮은 사람은 물고기 한 마리를 잡을 때 포기해야 할 감 생산량이 적다는 뜻이다. 기회비용이 높아지면 포기해야 할 감 생산량이 많아진다. 따라서 물고기 생산량이 늘어나면 생산가능곡선의 기울기의 절댓값이 커진다.

　　[그림 2 – A – 1]은 기회비용이 다를 경우 기회비용이 낮은 자원부터 차례로 활용해야 한다는 전문화의 원리를 말해주고 있다. 이 원리를 기회비용체증의 원리(principle of increasing opportunity cost)라고 한다. 이는 '감을 딸 때는 항상 아래쪽에 달려 있는 감부터 따라'는 과일 수확 원칙의 합리성을 설명해준다. 감나무 아래쪽에 달린 감은 내가 잘할 수 있는 일이다. 이러한 원리는 성과를 추구하는 모든 경제주체에 적용된다.

POINTWORD **핵심용어**_

1. 생산가능곡선 2. 기회비용
3. 전문화의 이익 4. 비교우위
5. 절대 우위 6. 교환조건
7. 기회비용 체증의 원리

_요약 SUMMARY

❶ 사람들이 특정 상품이나 서비스에 전문화한 뒤 서로 교환하면 생산이 늘어나고 결국 모두에게 이득이 될 수 있다. 전문화의 이익은 교환과 협력을 통해서 실현된다.

❷ 생산가능곡선은 주어진 자원을 효율적으로 사용할 때 생산가능한 재화의 조합을 보여준다. 희소성 원리 때문에 생산가능곡선은 마이너스(−)기울기를 갖는다. 생산가능곡선의 기울기(절댓값)는 X축에 물고기 생산량을, Y축에 감을 나타냈을 때 물고기 생산의 기회비용을 나타낸다.

❸ 전문화의 이익은 기회비용의 차이에 기인한다.[6] 기회비용이 낮은 물건에 전문화할 때 시장경제하에서의 총생산량은 자급자족경제보다 늘어난다.

❹ 기회비용이 낮은 쪽을 생산하고 기회비용이 높으면 바깥에서 구입하는 것이 전문화와 협력의 방법이다. 국제 무역, 지역 간(interregional) 거래, 납품업체 및 외주업체 등 기업 간(interfirm) 거래, 개인 간 거래 및 교환은 모두 협력과 전문화의 원리에 입각하여 이루어지고 있다.

❺ 시장경제에서 전문화의 방향을 결정해 주는 신호는 가격이다. 시장가격보다 낮은 재화로 생산을 하는 사람, 즉 상대적으로 기회비용이 낮은 사람이 그 재화 생산에 전문화한다. 따라서 결국 전문화 그리고 교환과 협력은 국부(國富)의 원천이 된다.

---

6 어떤 물건을 만들거나 서비스를 제공하는 데에 기회비용이 낮을 때 그 물건이나 서비스 생산에 비교우위가 있다고도 말한다.

_연습문제 QUESTION

01 철수와 영수의 시간당 생산력은 다음 표와 같을 때 두 사람의 생산가능곡선을 그려라. 단, 하루 노동시간은 8시간이다.

사람/시간당 생산량	물고기 (X)	감 (Y)
철수	3	1
영수	4	2

02 (i) 문제 01에서 철수와 영수의 물고기 생산의 기회비용은?
   (ii) 누가 물고기 생산에 비교우위를 가지는가?

03 (i) 문제 01에서 전문화 후에 두 사람이 모두 다 행복해 질 수 있는 교환조건은?
   (ii) 교환비율이 $\frac{1}{2}$ 즉, $2X = 1Y$일 때 누가 교환의 이익을 더 많이 차지하는가?

04 (i) 문제 01의 철수와 영수 두 사람으로 이루어진 국민경제의 생산가능곡선을 그려라.
   (ii) 1인 생산가능곡선과 차이점은? 한계비용에 대한 시사점을 말하라.

05 "시장경제는 전문화를 촉진한다." 이 명제를 생산가능곡선상에서 그래프로 설명하라.

CHAPTER

03

분석의 도구

바둑을 둘 때 맥과 형태의 급소에 눈을 뜨게 되면 바둑이 훨씬 더 재미있어진다. 어부가 낚시나 그물을 사용하면 어획량이 급증한다. 우리의 일상생활이나 게임에서와 같이 경제학에서도 기본적인 분석도구를 잘 사용할 수 있게 되면 복잡해 보이는 경제문제도 매우 간단하게 분석해 낼 수 있다. 분석도구는 어떤 현상을 설명하고 이해하는 데 사용되는 기본개념과 분석기법들을 말한다.

이 장에서는 경제학에서 상용되는 기본적인 분석도구를 설명한다. 우회생산을 통해서 생산력을 크게 증가시킬 수 있듯이, 독자 여러분도 경제학의 기본적인 분석도구를 제대로 습득함으로써 경제학을 더 쉽게 이해할 수 있을 것이다.

3.1
이론과 모형

3.1.1 이론의 역할

우리는 현실에서 수많은 경제현상을 목격한다. 그러나 현상의 단순한 집적(集積)만으로는 현상들이 왜 나타나는지를 설명할 수 없다. 어떤 사건들간의 상관관계(相關關係)가 크다고 해서 그 사이에 당연히 인과관계(因果關係)가 성립하는 것은 아니다. 예컨대 '저녁 노을이 지면 다음날 날씨가 맑다'는 현상을 두고 저녁 노을 때문에 다음날 날씨가 맑을 것이라고 단정할 수는 없는 것이다. 어떤 현상들의 상관관계만으로 인과관계를 찾아 낼 수 없다면 도대체 서로 다른 경제현상들의 발생원인을 어떻게 설명할 수 있을까?

등산객이 지도를 이용함으로써 목표지점에 보다 쉽게 당도하듯이, 경제학에서는 이론 혹은 모형(模型)이라는 분석도구를 이용하여 경제현상들의 발생원인을 보다 쉽게 설명할 수 있다. 이론(理論)이란 현실을 단순화·추상화(抽象化)해서 특정한 사실 혹은 현상들이 어떻게 연결되어 있는지를 그럴 듯하게 설명하는 것이다. 현실을 단순화·추상화하기 위해서는 어떤 현상의 결정요인으로 중요하다고 생각되는 경제변수 위주로 현실을 묘사하고 그 밖의 경제변수들은 무시해야 한다. 특정한 경제현상들의 인과관계를 파악할 목적으로 현실을 단순화하고 추상화하여 중요한 경제변수들간의 인과관계(因果關係)로 묘사하는 것이 바로 이론이나 경제모형이다.

달리 표현하면, 이론이란 관찰된 사실 혹은 현상들의 표면에 작동하는 과정, 예컨대 가격인하와 수요량증대라는 두 가지 현상이 어떻게 연결되어 있는지에 관한 그럴 듯한 시나리오(scenario)이다.

3.1.2 이론의 구성

이론은 현실을 단순화 혹은 추상화시켜 주는 일련의 가정(假定)과 이 가정들로부터 추론된 명제(命題)로 구성된다. 예컨대 지구가 둥글다는 가설을 주장하는 이론을 생각해 보자. 우선 지구가 둥글다고 가정하자. 그리고 빛이 직진

한다고 가정하자. 이 두 가지 가정하에서 '선박이 먼 바다에서 입항할 때면 배의 꼭대기부터 보이기 시작하고 서서히 몸체가 드러나면서 맨 나중에 물밑 부분이 모습을 드러낸다'는 명제를 도출할 수 있다.

이론을 구성하는 과정에서 '단순화'를 하는 이유는 현실세계가 너무도 복잡하기 때문이다. 현실의 복잡한 특성을 사실대로 모두 다 고려한다면 운동법칙을 결코 찾아 낼 수 없을 것이다. 복잡한 사실로부터 어떤 운동법칙을 찾아 내기 위해서는 어떤 현상을 설명하는 데 중요하지 않은 요인들은 과감히 제거하고 중요한 결정요인들만을 중심으로 현실을 추상화 혹은 단순화해야 한다.

그렇다면 모형이나 이론을 개발할 때 어느 수준까지 단순화해야 할까? 가장 이상적인 단순화의 정도가 정해져 있는 것은 아니다. 분석하고자 하는 사람의 목표가 어디에 있느냐에 따라 강조되어야 할 변수들이 달라질 수 있다.

예를 들어, 어떤 등산객이 자가용으로 서울을 출발하여 초행길인 지리산의 피아골로 등산을 떠났다고 하자. 이 등산객은 우선 도시가 잘 나와 있는 지도를 이용하여 구례를 찾아가야 할 것이다. 구례에 도착할 때까지는 고속도로와 국도만 나와 있는 지도로도 충분하다. 도로의 폭, 도로면의 사정, 신호등의 유무, 가로등의 상태 등과 같은 정보까지 알려 주는 상세한 지도는 필요 없다. 그러나 구례에 당도한 이후 피아골에 이르기 위해서는 지리산에 관한 상세한 지도가 필요할 것이다.

이와 마찬가지로, 컴퓨터시장에서 컴퓨터가격의 추이에 관심이 있는지, 국민경제의 일반물가수준(즉, 평균물가수준)에 관심이 있는지에 따라서 단순화의 정도는 당연히 달라져야 한다. 컴퓨터의 가격결정요인을 설명하려면 당연히 컴퓨터시장의 수요자들의 특성과 컴퓨터 제조기술의 특성을 알아야 하겠지만, 국민경제 전체의 평균물가수준 추이를 알고 싶은 경우라면 무수히 많은 생산물시장 가운데 하나에 불과한 컴퓨터 시장의 수요자와 공급자의 특성은 무시해도 좋을 것이다.

이론은 일련의 사실이 어떻게 관련되어 있는지에 대한 최소한 한 가지의 명제를 갖고 있다. 명제는 'A사건이 발생하면 B사건이 일어난다'는 형식을 띤다. 예컨대 '사과값이 떨어지면 사람들은 사과를 더 많이 구입할 것이다' 혹은 '짠 음식을 많이 먹으면 고혈압에 걸린다'는 것과 같은 명제의 형식을 취하는 것이다.

이론은 현실을 추상화한 것일 뿐 현실 자체는 아니다. 그러므로 이론은 반드시 현실로부터 검증(檢證)을 받아야 한다. 예컨대 음식을 짜게 먹으면 고혈압에 걸린다는 명제를 어떤 의학자가 발표했다고 하자(즉, 짠 음식이 고혈압을 유발시키는 과정을 이론에 의해서 그럴 듯하게 설명했다고 하자). 그러나 그럴 듯하게 설명했다고 해서 이론이 주장하는 명제가 진리가 되는 것은 아니다. 이 명제가 거짓이 아니라는 결론을 도출하기 위해서는 현실의 데이터(data)를 가지고 검증해 보아야 한다.

이론의 명제와 현실의 데이터가 일치할 때 비로소 그 이론은 인정받을 수 있다. 그러나 명제와 현실의 데이터가 일치한다고 해서 이 이론이 진리로 입증된 것은 아니라는 데 주의해야 한다.[1] 명제와 데이터의 일치는 이 명제를 주장하는 이론이 거짓으로 판명되지 않았다는 것만을 말해 줄 뿐이다. 지구가 둥글다는 가설을 주장하는 이론의 경우를 보자. 그 이론의 명제(선박 입항시 배의 꼭대기 부분부터 보인다)가 사실과 일치한다고 해도 지구가 둥글다는 가설이 사실로 입증되지는 않는다. 지구가 둥근 대신 평평하고 빛이 직진(直進)하는 것이 아니라 곡진(曲進)하는 경우에도 선박 입항시 배의 꼭대기부터 보인다는 명제를 도출할 수 있기 때문이다. 만일 현실의 데이터가 이론의 명제와 일치하지 않는다면 그 이론은 재구축되어야 할 것이다.

3.1.3 이론의 평가

그러면 이론의 적합성(適合性)은 어떤 기준에 의해 판단되어야 할까? 앞서 말했듯이 모든 경제이론은 현실을 추상화(抽象化)·단순화시킨 일련의 가정과 명제로 구성된다. 따라서 모든 경제이론은 엄밀하게 말할 때 오류를 범하고 있다. 왜냐하면 어떤 이론이든 현실의 모든 측면을 고려하고 있지는 않기 때문이다. 그러므로 어떤 가정의 현실성 여부에 따라서 이론이나 모형의 적합성에 대한 평가를 행해서는 안 된다. 하나의 이론이나 모형의 적합성은 그 이론이 갖는 현실설명력(現實說明力)과 미래예측력(未來豫測力)에 의해서 평가해야 한다.

---

1 우리는 무엇이 진리인지를 알아 낼 수 없다. 우리는 무엇이 진리가 아닌지를 알아 낼 수 있을 뿐이다. 이에 관한 상세한 논의는 포퍼(Karl Popper)의 'A Discovery of Scientific Knowledge'를 참조하라.

달리 말해서, 이론이나 모형의 예측 결과가 현실의 데이터와 얼마나 정확히 일치하느냐가 이론의 적합성에 관한 궁극적 평가의 기준이 된다. 현실의 데이터와 이론의 예측 결과의 일치 정도는 통계학 혹은 계량경제학의 기법들을 이용하여 알아 낼 수 있다.

만일 현실설명력이 엇비슷한 두 가지 이론이 있다면 그 때는 가정의 현실성 여부에 따라 이론의 우수성이 판단되어야 할 것이다. 가정이란 이론이 적용가능한 상황을 말해 주는데, 그 적용가능한 상황이 우리의 현실과 가까울수록 보다 적합한 모형으로 인정받는 것은 당연할 것이다.

일부 가정들은 관찰이 불가능할 수도 있다. 예컨대 소비자이론에서 효용(함수)이라는 개념은 직접적인 관찰이 불가능한 개념이다. 그러나 가정이 관찰불가능하다고 해서 그 모형이 무용(無用)해지는 것은 아니다. 모형의 유용성은 현실설명력과 미래예측력에 있기 때문이다. 다만 이 경우에도 관찰가능한 개념을 사용해서 동일한 가설을 도출해 내는 모형이 있다면 그것이 보다 우수한 이론으로 평가받아야 할 것이다.

이론은 여러 가정들로부터 추론을 함으로써 현상에 대한 예측을 가능케 하는 수단이다. 그러나 논리 전개과정에서 오류나 계산상의 실수로 잘못된 결론을 도출하는 경우가 있을 수 있다. 예컨대 그 가정들이 논리적으로 서로 일관성(consistency)이 없고 상충될 수 있을 것이다. 논리적으로 모순을 안고 있는 이론은 이론으로서의 필요조건을 갖추지 못했기 때문에 실격이라고 할 수 있다. 이론이 이론으로서 인정받기 위해서는 마땅히 최소한의 논리적 타당성을 갖추어야 한다.

이외에 모형에 대한 또 다른 평가의 기준은 모형을 적용할 수 있는 상황의 범위, 즉 일반성(generality)의 정도이다. 모든 과학의 궁극적 목표는 일반이론을 정립하는 것이다. 어떤 이론이 특정 시대와 특정 국가에서 발생되었던 사건 하나만을 설명해 준다면 이 이론은 결코 유용한 모형이 될 수 없다. 한국의 정치가만을 설명하는 모형보다는 세계의 정치가들을 일반적으로 설명하고 그 이론의 틀 속에서 한국 정치가들의 행동을 설명해 내는 모형이 보다 우수한 정치이론이다. 일반성이 유용성을 결정하는 중요한 기준이 되는 것은 특수성(peculiarity)에 입각한 이론은 미래의 예측에 아무런 도움이 되지 않기 때문이다. 그러나 모형이 일반성을 띨수록 그 설명력이나 예측의 정확도는 떨어질 가능성이 크다. 어떤 이론이 일반적인 것이 되려면, 많은 세부사항(어떤 경우에는 상당히 중요한 변수들)을 무시해야만 한다. 예컨대 전세계 정치가의 일반적 행동 원리를 설명하려면 한국 정치가들이 직면하는 한국의 역사·제도 등의 특수상황은 무시해야 할 것이다. 그 결과 정치가의 행동에 관한 일반이론은 한국 정치가의 행동을 정확하게 예측하지 못할 가능성이 높다.

3.2
최적상태와 균형상태

최적상태(最適狀態)란 개별경제주체가 주어진 제약조건하에서 최선의 의사결정을 함으로써 자신의 목표를 실현시키고 있는 상황을 말한다. 어떤 시점에서 어떤 개인이 최적이 아닌 상태에 놓여 있다면 그는 의사결정을 수정할 것이다. 따라서 최적이 아닌 상태는 지속되는 힘을 갖지 못한다. 오직 최적상태만이 지속되는 내재적 힘을 갖는다. 그래서 경제학은 최적상태를 분석의 대상으로 삼는다. 최적화(最適化)는 수리적으로는 극대화(極大化, maxmization)와 극소화(極小化, minimization)를 통칭하는 것으로서, 제약조건하에서 최선의 선택을 찾아 내기 위한 개념이라고 할 수 있다.

균형(均衡, equilibrium)이란 물리학에서 빌려 온 개념으로, 변하지 않고 지속되는 상태를 말한다. 먼저 물리학적 균형의 개념을 설명해 보자. [그림 3-2-1]에서 보듯이, 그릇의 바닥에 구슬이 있는 경우, 이 구슬은 균형상태에 있다고 한다. 이 상태는 외부적 충격이 없는 한 현재의 상태를 유지하는 힘을 갖고 있다. [그림 3-2-2]도 균형상태에 있다. 외부적 충격이 없는 한 이 상태 역시 불안하나마 유지되는 힘을 갖고 있다.

그러나 그릇의 경사면에 구슬이 있는 [그림 3-2-3]의 경우는 균형상태가 아니다. 이 상태는 외부적 충격이 없더라도 유지되지 않는다. 구슬이 곧장 미끄러져 내려올 것이기 때문이다.

균형상태는 안정적 균형(stable equilibrium)과 불안정적 균형(unstable equilibrium) 두 가지로 나눌 수 있다. 전자(前者)는 외부적 충격이 있더라도 충분한 시간을 허용하면 다시 균형상태로 복원된다. 그러나 후자(後者)는 외부적 충격이

[그림 3-2-1] 안정적 균형

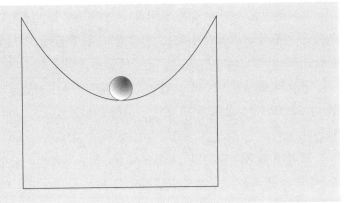

[그림 3-2-2] 불안정적 균형

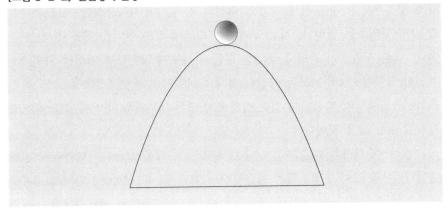

[그림 3-2-3] 불 균 형

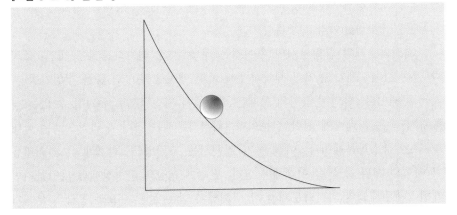

있을 경우 충분한 시간을 허용해도 균형상태로 돌아올 수 없다.

경제학에서도 이와 같은 물리적 균형의 개념을 원용한다. 경제학에서 균형이란 외부적 교란요인이 없는 한 그대로 유지되려는 경향을 갖는 상태를 말한다.

균형의 정의에 비추어 보면 개인의 최적상태는 개별경제주체의 차원에서 볼 때 일종의 균형상태이다. 개인이 최적상태에 있다면 그의 행동은 변화하지 않는다.

그러나 개별경제주체의 차원에서 볼 때는 최적이고 균형상태인 상황이라도 시장 차원 혹은 국민경제 차원에서 볼 때는 균형상태가 아닐 수 있다. 개별경제주체들간의 최적상태가 동시에 성립될 수 없을 수도 있기 때문이다. 많은 사람들이 내년에 주택값이 상승할 것이라고 예상하고 있다고 하자. 이러한 상황(현재의 주택가격수준)에서 개인의 최선의 선택, 즉 최적상태는 지금 주택을 더 많이 구입하는 일이다. 지금 구입하여 내년에 팔면 이익을 얻을 수 있는 것이다. 다른 사람들이 주택의 구입을 지금 서두르지 않는다면 개인적 차원에서 가능한 일이다. 그러나 모든 사람이 현재의 가격에서 주택구입량을 늘릴 수 있을까? 공급물량이 제한되어 있는 상황에서 모든 사람들이 동시에 수요량을 증가시킬 수는 없을 것이다.

만일, 주택가격이 충분히 상승한 후라면 주택공급물량은 모자라지 않을 것이다. 이와 같이 구입물량과 공급물량이 같아지는 가격하에서만 개별경제주체들의 최적상태가 동시에 성립될 수 있다. 이러한 상태는 개별경제주체들 차원에서뿐만 아니라 시장 차원 혹은 국민경제 차원에서도 균형상태이다. 이렇게 모든 개별경제주체들의 최적상태가 성립될 수 있는 상태를 경제학에서는 시장균형(市場均衡)이라고 부른다.

최적화문제와 균형문제의 차이점은 무엇일까? 최적화문제는 개인, 조직과 같은 경제주체가 주어진 제약하에서 어떤 행동을 취하면 좋을 것인가를 따지는 문제이다. 반면에 균형의 문제는 시장에서 지속적으로 유지될 수 있는 상품가격 혹은 거래량에 관한 질문이다. 최적화문제는 통상 수리적으로는 극대화 혹은 극소화문제이다. 이를 풀기 위해서는 총·평균·한계개념, 기회비용과 혜택의 개념 등을 잘 이해해야 한다. 반면에 시장의 균형상태를 파악하려면 개별경제주체들의 최적화문제를 잘 이해해야 함은 물론 수요와 공급의 분석기

균형
외부적 교란요인이 없는 한 그대로 유지되려는 경향을 갖는 상태

시장균형
모든 개별경제주체들의 최적상태가 양립가능한 상태

법을 사용할 줄 알아야 한다. 시장에서의 가격결정 및 자원배분을 경제학의 기본문제라고 한다면, 수요와 공급은 경제문제를 분석할 수 있는 기본적 도구라 할 수 있다. 이제 경제학의 분석도구로 상용되는 기회비용과 수요와 공급이라는 기본개념을 차례로 살펴보기로 하자.

3.3
수요와 공급

19세기의 저명한 역사학자이자 수필가인 토마스 칼라일(T. Carlyle)은 "경제학자를 만들어 내기란 아주 쉬운 일이다. 앵무새에게 '수요'와 '공급'을 말하도록 가르치기만 하면 된다"고 말했다.[2] 칼라일은 경제학에서 수요와 공급이 중심적 역할을 수행하고 있음을 예리하게 지적한 것이다.

경제학은 인간의 선택을 생산측면과 소비측면으로 나누어 분석한다. 예컨대 기업인은 소비자로서 백화점에서 물건을 구입하기도 하고 생산자로서 원재료를 구입해서 제품을 만들어 팔기도 할 것이다. 경제학에서 인간의 행동을 생산활동과 소비활동으로 분리시키는 것은 경제학이 사람을 분석하는 것이 아니라 사람들의 선택을 분석하기 때문이다. 수요이론(수요법칙)은 소비자의 선택을 다루고, 공급이론(공급법칙)은 생산자의 선택을 다룬다.

수요–공급의 법칙은 거시경제학에서나 미시경제학에서나 흔히 사용된다. 거시경제학에서 일반물가수준, 이자율 혹은 임금수준의 결정을 분석할 때 수요–공급법칙이 필요하다. 미시경제학에서 경쟁적 시장에서의 가격 및 거래량이 어떻게 결정되는지 그리고 가격기구가 어떻게 작동하는지 설명할 때에도 역시 수요–공급법칙이 사용된다.

수요–공급법칙은 정부의 정책효과 분석에도 사용된다. 정부는 각종 형태로 시장에 개입한다. 전세가격이나 이자율규제, 석유와 같은 생활필수품에 대한 가격통제정책 등이 그 좋은 예이다. 많은 경우 이러한 가격규제는 경제정의란 미명하에 여론을 배경으로 현실화된다. 반대쪽에서는 규제의 폐해를 소리

---

2 E. Mansfield, *Microeconomics*, 7th ed.(New York: Norton, 1991)의 p.18에서 인용.

높이 외친다. 어느 쪽의 주장이 옳은지는 분명하지 않다. 정부의 가격규제효과를 정확히 분석하기 위해서 먼저 자유방임하의 시장경제, 즉 가격기구가 어떻게 작동하는지를 알아야 할 것이다. 이를 위해서 경제학은 수요와 공급이라는 분석도구를 사용한다.

우리의 일상생활에서도 수요와 공급이라는 용어는 흔하게 사용되고 있다. 고추가 풍년일 경우 공급이 증가하여 고추값이 폭락했다고 하고, 자동차 재고량이 늘면 공급이 증가했다고 한다. 또 바캉스철에 피서지의 숙박비가 비싼 것은 수요가 증가했기 때문이며, 금융기관의 금리가 규제되고 있을 때에 사채금리가 공금리보다 비싼 것은 공금리를 적용받는 자금에 대한 수요가 크기 때문이라고 말한다. 그러나 일상생활에서 사용되는 수요와 공급이란 개념이 반드시 정확한 것은 아니다. 수요와 공급의 개념을 보다 명확히 정의해 보자.

3.3.1 수   요

수요량

가격, 소득 등의 일정 조건하에서 일정 기간 동안에 소비자가 기꺼이 구입하고자 하는 양(量)

우선 '수요량(需要量)'이란 개념을 정의해 보자. 수요량은 가격, 소득 등의 일정 조건하에서 일정 기간 동안에 소비자가 기꺼이 구입하고자 하는 양을 말한다. 여기서 '기꺼이 구입하고자 하는 양'이란 소비자가 구입하고자 하는 의사와 구매능력을 모두 가지고 있는 소비량이다.

수요량과 실제 구입량은 다른 개념이다. 수요량은 기꺼이 구입하고자 하는 수량을 말할 뿐 실제로 구입한 수량을 말하지는 않는다. 만일 정부가 어떤 정보 서비스를 공짜로 국민들에게 공급한다면 수요량은 매우 클 것이다. 그러나 실제 구입량(소비자들의 이용량)은 지극히 낮은 수준에 불과할 것이다. 생산자가 소비자가 원하는 물량을 공급하지 않는다면 구입은 불가능할 것이다. '데이터베이스시장의 거래규모가 얼마나 되는가?'라는 질문은 수요량이 아니라 소비자들의 구입량(정확히 말하면 구입액)을 묻는 질문이다.

수요량은 상품의 가격, 소득, 다른 상품의 가격, 소비자의 기호 등의 요인에 따라 달라진다. '내년도 서울시의 청소사업을 위한 청소차량 및 인력수요가 얼마나 되지?'라고 묻는 경우, 이것은 수요량이 여러 가지 요인에 의해 달라질 수 있음을 이해하지 못하고 고정된 것으로 오해하고 있는 데에서 비롯된 것이다. 청소차량이나 인력수요는 고정되어 있지 않고 차량의 임대료, 인건비 등에 따라 달라진다.

수요량의 개념을 명확히 이해하기 위해서 컴퓨터시장의 가격과 수요량간의 관계를 생각해 보자. 컴퓨터가격이 매우 싸다면 수요량은 증가할 것이고, 비싸지면 수요량은 감소할 것이다. 컴퓨터가격이 비쌀 경우 일부 소비자들은 구입하려 했던 계획을 포기할 것이기 때문이다. 이상의 논의는 수요량은 고정된 것이 아니고 가격에 따라 달라진다는 것을 말해 주고 있다.

수요계획표

소비자들의 수요량이 가격에 따라 달라진다는 것은 시장수요계획표(market demand schedule)를 이용하여 쉽게 나타낼 수 있다. 시장수요계획표란, 수요량에 영향을 주는 다른 결정요인들은 변함이 없다는 전제하에서, 일정 기간 동안(예컨대 1년 동안) 가격변화에 따라 해당 시장 내에 있는 전체 소비자들이 기꺼이 사고자 하는 수요량이 어떻게 달라지는지를 나타낸다.

우리는 이 표를 통해 각 상품가격하에서 전체 소비자들의 예정구입량을 파악할 수 있다. 예를 들어, 컴퓨터의 시장수요계획표가 [표 3-3-1]과 같다고 하자. 이 표를 살펴보면, 컴퓨터가격이 한 대당 114만원일 때의 연간 컴퓨터 수요량은 650만대, 컴퓨터가격이 113만원일 때의 연간 컴퓨터 수요량은 660만대가 된다.

[표 3-3-1]의 시장수요계획표를 그래프로 나타내면 시장수요곡선(market demand curve)이 된다. [그림 3-3-1]은 컴퓨터의 시장수요곡선(市場需要曲線)을 나타낸다. 그래프의 세로축에는 컴퓨터의 가격(P)을, 가로축에는 일정 기간 동안의 컴퓨터의 수요량(Q)을 표시하였다. 시장수요곡선은 다른 조건이 불변이라는 전제하에서 일정 기간 동안의 해당 상품의 가격과 시장수요량의 관계를 나타낸다.

[그림 3-3-1]을 보면 컴퓨터시장의 수요곡선은 우하향한다는 것을 알 수 있다. 달리 말하자면, 컴퓨터가격이 하락함에 따라 수요량이 증가한다. 이와 같이 상품값이 떨어지면 그 상품의 수요량이 늘어난다는, 즉 가격과 수요량이 반비례 관계에 있다는 사실은 거의 모든 재화에 해당된다.[3]

시장수요곡선
다른 조건이 불변이라는 가정하에서 일정 기간 동안의 해당 상품의 가격과 시장수요량의 관계를 나타내는 곡선

---

3 예외적인 경우에는 수요곡선이 우하향하지 않을 수도 있다. 이 점은 제4장에서 설명하겠다.

에 의존하게 된다. 타자기의 가격이 싸지면 상대적으로 비싼 컴퓨터 대신에 타자기를 사용하려는 경향이 높아지므로, 컴퓨터의 수요량은 타자기의 가격이 싸지면 감소하게 된다.

그러므로 [그림 3-3-3]에서와 같이 타자기의 가격이 상승하면 컴퓨터의 시장수요곡선은 우측으로 이동하게 된다(반면에 타자기의 가격이 하락하면 컴퓨터의 수요곡선은 좌측으로 이동하게 된다).

3.3.2 공   급

공급곡선은 생산자들, 즉 기업들의 행동을 반영한다. 수요함수에서 그랬듯이 공급량과 공급계획표, 공급곡선의 순으로 생산자 행동에 관한 기본개념을 정의해 보기로 한다.

공급량

생산물의 가격, 생산요소의 가격 등이 일정한 상태하에서 일정 기간 동안에 판매자가 기꺼이 판매하고자 하는 양

공급량이란 생산물의 가격, 생산요소의 가격 등이 일정한 상태하에서 일정 기간 동안 판매자가 기꺼이 판매하고자 하는 수량을 말한다.

여기서 '기꺼이 판매하고자 하는 양'이란 생산자가 수요가 있을 경우 판매할 자발적 의사, 배달 능력을 모두 갖추고 있는 양을 말한다. 공급량의 개념에서도 주의할 것은 공급량과 실제거래량은 구별되어야 한다는 점이다.

공급량은 그 생산물의 가격 및 생산요소들의 가격, 생산기술 등의 요인에 따라 달라진다. 공급자들의 공급량이 가격에 따라 달라진다는 것은 시장공급계획표(market supply schedule)로써 나타낼 수 있다. 예를 들어 컴퓨터 제조회사의 컴퓨터 시장공급계획표가 [표 3-3-2]와 같다고 하자. 컴퓨터가격이 한 대당 108만원이라면 공급량이 650만대, 대당 109만원이라면 670만대 등의 컴퓨터가 공급될 것이다.

시장공급곡선

다른 조건이 불변이라는 가정하에서 일정 기간 동안의 해당 상품의 가격과 시장공급량의 관계를 나타내는 곡선

시장공급계획표를 가격과 공급량 평면에 그래프로 표시하면 시장공급곡선(market supply curve)을 얻을 수 있다. [그림 3-3-4]는 [표 3-3-2]를 공급량-가격 평면에 표현하고 있다. [그림 3-3-4]는 가로축에 컴퓨터의 공급량을, 세로축에 컴퓨터의 가격을 표시하였다.

시장공급곡선은 다음과 같은 두 가지의 중요한 특성을 지닌다.

첫째, 시장공급곡선은 우상향(右上向)한다. 즉, 컴퓨터가격이 상승하면 컴퓨터 제조회사 전체의 공급물량은 증가하는 경향을 띤다. 컴퓨터가격이 상승

[표 3-3-2] 컴퓨터의 시장공급계획표

가격(만원/대)	공급량(만대)
105	630
108	650
109	670
110	700
111	710
112	730
113	740
114	750

[그림 3-3-4] 시장공급곡선

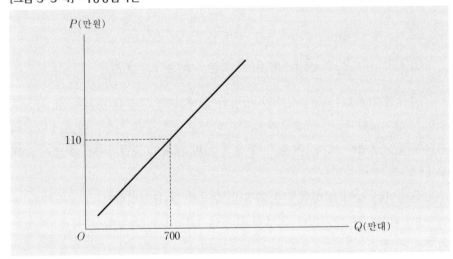

하면 단위당 마진폭이 커질 것이고, 이에 따라 개별기업은 보다 많은 컴퓨터를 생산하고자 할 것이다. 컴퓨터 제조회사들은 생산량을 증대시키기 위해 생산설비를 늘리고, 이미 채용된 노동자에게 잔업을 요청하거나 부족한 인력을 타 산업으로부터 끌어들여 공급물량을 늘릴 수 있을 것이다.

둘째, 시장공급곡선의 위치는 기술수준, 요소가격수준 그리고 생산기간 등에 의해 달라진다. 예를 들어 컴퓨터산업의 인건비가 상승한다면 [그림 3-3-5]에서 보듯이 시장의 공급곡선은 S_0에서 S_1으로 이동한다.

[그림 3-3-5] 인건비상승과 공급곡선의 이동

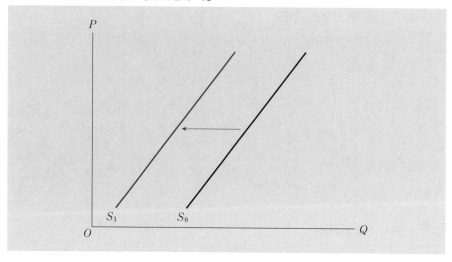

3.3.3 수요와 공급의 상호작용: 시장의 균형

지금까지 우리는 균형상태가 어떠한 상태인지, 그리고 수요와 공급이 무엇인지 살펴보았다. 이제 수요와 공급이라는 분석도구를 사용하여 시장에서의 가격결정을 설명해 보자. 이를 위해 우선 어떤 재화의 균형가격을 설명해 보도록 하자.

균형이란 앞서 설명했듯이 외부적 충격이 없다면 변하지 않는 상태를 말한다. 따라서 균형가격이란 외부적 충격이 없다면 변함 없이 유지될 수 있는 가격을 말한다.

균형가격이 아닐 경우에는 그 가격을 변화시키려는 힘이 시장 내부에 작용하므로 계속 유지될 수 없다. 균형가격의 의미를 이해하기 위해서 구체적으로 컴퓨터시장의 예를 들어 보자. [그림 3-3-6]은 [그림 3-3-1]의 컴퓨터의 시장수요곡선과 [그림 3-3-4]의 컴퓨터의 시장공급곡선을 동시에 결합시켜 놓은 것이다. 이제 컴퓨터의 단위당 시장가격이 105만원이라고 하자. 이 경우 시장에서 어떤 일이 일어날까?

가격이 105만원일 경우 기업들은 630만대를 공급하고자 하는 데 비해, 소비자들은 750만대를 구입하고자 한다. 따라서 기업이 시장에 내다 팔고자 하는 컴퓨터는 날개돋친 듯이 팔릴 것이고, 소비자들 중 일부는 컴퓨터를 구입할 래야 구입할 수가 없게 된다. 이와 같이 구입할 의사를 갖고 있으면서도 구입하지 못한 수요량을 초과수요(excess demand)라고 한다. 이 경우 초과수요량은 120(=750−630)만대이다. 초과수요의 존재는 상품의 가격을 상승시키는 압력으로 작용한다. 보다 구체적으로 말하자면, 구입하지 못한 소비자들은 프리미엄을 지급하고라도 구입하려 할 것이다. 이러한 상황에서는 다른 교란요인이 생기지 않더라도 가격은 현재의 수준에 머물러 있을 수 없다.

반대로 시장가격이 114만원으로 주어진다면, 기업의 공급량은 750만대로 수요량인 650만대를 능가하게 된다. 따라서 컴퓨터는 다 팔리지 않고 재고가 쌓이게 된다. 증가된 재고량을 초과공급(excess supply)이라고 한다. 이 경우 초과공급량은 100(=750−650)만대이다. 초과공급은 초과수요와 반대로 가격을 하락시키는 힘으로 작용한다. 재고가 쌓여 가는 공급업자는 가격을 인하시켜 재고를 줄이려 할 것이기 때문이다.

이처럼 어떤 가격에서 초과공급이 있거나 초과수요가 존재할 경우 그 가격은 계속 유지될 수 없으며, 이 때의 가격은 균형상태를 가져다 주지 못한다. 그런데 만약 시장가격이 110만원으로 주어진다면 이 가격에서는 수요량과 공급량이 일치한다. 그러므로 초과공급이나 초과수요는 사라지고, 다른 외부적 교란요인이 없는 한 이 가격은 계속 유지될 수 있다. 따라서 110만원은 균형가격(equilibrium price)이 된다. 물론 이 가격에서 거래량, 즉 균형거래량은 그림에

균형가격

외부적 충격이 없다면 유지될 수 있는 가격으로서 수요량과 공급량이 일치되는 가격, 혹은 초과수요도 초과공급도 존재하지 않는 가격

[그림 3-3-6] 컴퓨터의 균형가격 및 균형거래량

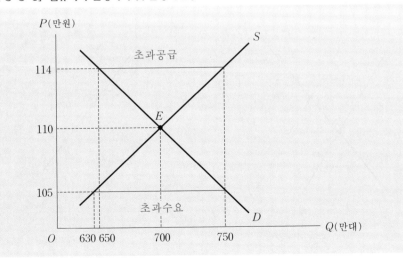

서 보는 바와 같이 700만대이다. 110만원과 700만대는 외부적 충격이 없는 한 유지되는 경향을 지니므로 각각 균형가격과 균형거래량이 된다. 균형가격과 균형거래량은 [그림 3-3-6]의 E점으로 나타나 있다.

3.3.4　균형가격의 변화

소득수준이 상승하거나 대체재의 가격이 상승한다고 하자. 이 경우 [그림 3-3-7]의 (a)에서 보는 바와 같이 수요곡선은 D에서 D'로 이동한다. 균형점은 E점에서 E'로 움직이게 된다. 새로운 균형가격과 균형거래량은 모두 증가되었다. 반대로 대체재의 가격이 하락할 경우 수요곡선은 왼쪽 방향으로 이동한다(즉 수요가 감소한다). 새로운 균형가격과 균형거래량은 모두 떨어지게 될 것이다.

현실에서 가격은 상승하기도 하고 하락하기도 한다. 균형가격의 변동요인을 설명하기 위해서 경제학에서는 수요곡선을 따라서 나타나는 수요량의 변화와 수요곡선의 이동으로 인한 수요의 변화를 구분한다. [그림 3-3-7]의 (b)는 컴퓨터가격이 P_1에서 P_2로 하락하면 수요곡선을 따라 수요량이 달라진다. 이러한 수요곡선상의 변화를 수요량의 변화(change in the quantity demanded)라 한

수요량의 변화
해당 상품가격의 변화로 인한 소비자의 의도된 구입량의 변화

[그림 3-3-7] 수요의 증가와 수요량의 증가

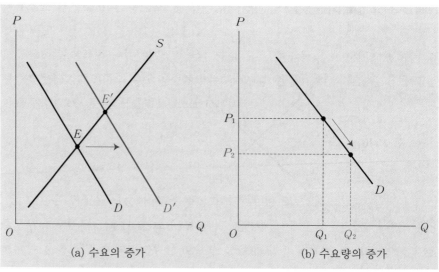

(a) 수요의 증가　　(b) 수요량의 증가

다. 반면에 컴퓨터가격 이외의 다른 요인이 바뀌면 앞서의 (a)처럼 수요곡선 자체가 왼쪽이나 오른쪽으로 이동한다. 이러한 수요곡선의 이동을 수요의 변화(change in demand)라고 한다.

[그림 3-3-7]의 (b)의 경우 의도하는 구입량이 Q_1에서 Q_2로 증가한 것은 컴퓨터가격의 하락 때문이고, [그림 3-3-7]의 (a)에서 의도하는 구입량의 변화는 수요곡선의 이동 때문에 발생한다.

이상의 논의로부터 '일정 수준의 공금리하(公金利下)에서 자금(資金)의 수요가 공급보다 크다'라는 일상적인 표현은 수요와 수요량을 구분하지 못한 것으로서, '자금의 수요량이 공급량보다 크다'라고 수정해야 정확하다는 것을 알 수 있다. 그러나 성수기의 피서지에서 '수요의 증대로 숙박료가 비싸졌다'는 표현은 정확하다. 계절의 변화로 인해 수요곡선이 이동했기 때문이다.

인건비나 생산부품과 같은 생산요소의 가격이 하락할 경우, [그림 3-3-8]에서 보듯이 생산물의 공급은 증가하고 따라서 공급곡선은 오른쪽으로 이동한다. 이와 같이 생산요소가격의 하락으로 공급이 증가하면 균형가격은 하락하지만 균형거래량은 늘어난다. 반대로 요소가격이 상승하는 경우 공급곡선은 왼쪽으로 이동하게 되고, 따라서 균형가격은 상승하며 균형거래량은 감소하게 된다.

수요의 변화
해당 상품가격 이외의 다른 요인의 변화로 인한 소비자의 의도된 구입량의 변화

[그림 3-3-8] 공급의 증가에 따른 균형점의 이동

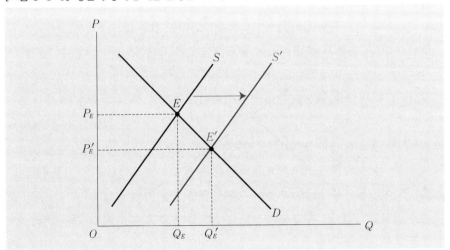

3.4
응용예

[응용 예 I] 양도세 부담은 누가하나?

정부가 양도세를 부과했을 때 소비자와 생산자 중 누가 얼마만큼 조세를 부담하느냐의 문제를 수요와 공급곡선을 이용하여 분석해 보자.

양도소득에 대해 부과되는 일정률의 세금을 양도세(讓渡稅)라고 한다. [그림 3-4-1]에서 D와 S곡선은 양도세가 부과되기 전의 X재, 예컨대 주택에 대한 수요곡선과 공급곡선이다. 초기의 균형가격은 P_0, 균형거래량은 Q_0이다.

이제 X재에 대해 양도세가 도입되었다. 분석의 편의상 주택가격에 상관없이 양도소득은 같고 따라서 양도세액도 백만원으로서 동일하다고 하자. 이 경우 공급곡선은 S에서 S'로 평행이동한다. S곡선은 백만원만큼 위쪽으로 이동한다. 왜냐하면 주택보유자들은 이전보다 양도세액만큼 주택가격을 더 받고 팔고 싶어할 것이기 때문이다.

양도세가 도입된 이후 균형점은 E_0에서 E_1으로 이동한다. 새로운 균형상태에서 소비자가격은 P_1이고, 생산자가격은 $P_2(=P_1-100만원)$이다. 초기 균형상태와 비교했을 때 소비자가격은 P_0에서 P_1으로 상승하고 생산자가격은

[그림 3-4-1] 양도세의 도입과 균형점의 이동

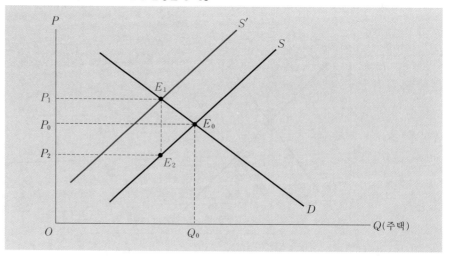

[그림 3-4-2] 조세의 전가

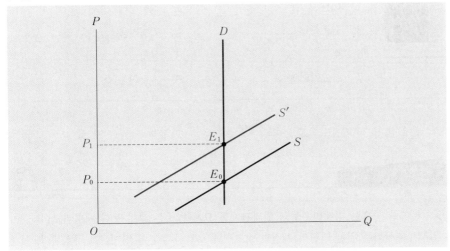

P_0에서 P_2로 떨어졌다. 이는 단위당 양도세 100만원 중 소비자에게 전가된 부분은 $P_1 - P_0$이고 생산자에게 전가된 부분은 $P_0 - P_2$임을 의미한다.

이상의 논의는 몇 가지 중요한 점을 말해 주고 있다. 첫째, 100만원의 양도세가 부과되었음에도 주택가격은 100만원만큼 오르지 않는다. 둘째, 양도세의 부과로 인해 기존의 주택보유자의 주택 판매금액은 줄었다. 반면, 소비자가격(P_1)은 오히려 양도세부과 이전의 가격(P_0)보다 상승하였다.

일정한 조세가 부과되었을 때 소비자와 생산자 중 누가 더 많이 부담하느냐는 수요곡선과 공급곡선의 기울기에 따라 결정된다. [그림 3-4-2]처럼 수요곡선이 극단적으로 수직인 경우를 생각해 보자. 생산자에게 단위당 100만원의 양도세가 부과되면 공급곡선은 S에서 S'로 이동하고 새로운 균형점은 E_0에서 E_1으로 이동한다. 소비자가격은 P_0에서 $P_1(=P_0+100만원)$으로 상승한다. 이 경우 단위당 소비자의 조세부담액은 100만원이다. 생산자가격은 여전히 P_0로 불변이다. 양도세액 전액을 소비자가 부담한 것이다. 이 예는 수요곡선의 기울기가 가파를수록 소비자의 조세부담이 늘어난다는 것을 시사한다. 마찬가지로 공급곡선의 기울기가 가파를수록 공급자의 조세부담이 증가함을 보일 수 있다.

POINTWORD 핵심용어	1. 이론	2. 최적상태
	3. 균형상태	4. 기회비용
	5. 수요	6. 공급
	7. 수요량의 변화	8. 수요의 변화

_요약 SUMMARY

❶ 이론이란 중요한 경제변수들의 인과관계를 묘사해 주는 그럴 듯한 시나리오이다. 이론은 추상화를 위한 일련의 가정과 이 가정들로부터 추론된 명제들로 구성된다. 이론의 적합성은 현실설명력과 미래예측력, 가정의 현실성, 논리적 일관성에 의해 판단된다.

❷ 균형상태는 외부적 교란요인이 없는 한 그대로 유지되려는 경향을 갖는 상태이다. 불균형상태로부터 균형상태로의 복원력(復原力) 여부에 따라 안정적 균형과 불안정적 균형으로 나눈다.

❸ 최적상태란 개별경제주체가 주어진 제약조건하에서 최선의 의사결정을 함으로써 자신의 목표를 실현하고 있는 상황이다. 시장균형이란 모든 개별주체들의 최적상태가 동시에 성립될 수 있는 상태를 말한다.

❹ 기회비용이란 선택가능한 모든 대상들 중에서 차선의 대안을 말한다. 생산의 기회비용은 생산가능곡선상의 접선의 기울기로 나타난다. 경제행위의 합리적 결정은 반드시 기회비용에 입각하여 이루어진다는 원칙을 기회비용의 법칙이라고 한다.

❺ 수요량이란 가격, 소득 등의 일정한 조건하에서 일정 기간 동안에 소비자가 기꺼이 구입하고자 하는 양을 말하며, 수요란 일정 기간 동안에 가격과 수요량간의 관계를 나타낸다. 수요는 수요계획표 혹은 수요곡선으로 나타낼 수 있다.

❻ 해당 재화의 가격변화로 인해 소비자가 기꺼이 구입하고자 하는 양이 달라질 때 수요량의 변화가 있다고 말한다. 반면에 해당 재화의 가격 이외의 다른 요인들(소비자의 소득과 선호, 다른 상품의 가격, 해당 재화의 미래가격에 대한 예상, 인구수 등)의 변화로 인해 소비자가 기꺼이 구입하고자 하는 양이 달라질 때 수요의 변화가 있다고 한다. 수요의 변화는 수요곡선 자체의 이동을 의미한다.

❼ 공급량이란 상품가격, 생산요소가격 등이 일정한 조건하에서 일정 기간 동안에 공급자가 기꺼이 판매하고자 하는 물량을 말한다. 공급이란 일정 기간 동안에 가격과 공급량간의 관계를 나타낸다. 공급은 공급계획표 혹은 공급곡선으로 나타낼 수 있다.

❽ 공급량의 변화는 해당 재화의 가격변화로 인해 야기되는 공급곡선상의 이동을 말하고, 공급의 변화란 해당 재화의 가격 이외의 요인들(생산기술, 요소가격, 기간의 길이 등)의 변화에 의한 공급곡선 자체의 이동이다.

❾ 수요량과 공급량이 일치되는 가격, 또는 초과수요도 초과공급도 존재하지 않을 때의 가격을 균형가격이라 하고, 이 때의 거래량을 균형거래량이라 한다. 불변으로 가정했던 가격 이외의 경제변수들이 변하면 수요나 공급곡선이 이동하고, 이에 따라 균형가격 및 거래량도 달라진다.

_연습문제 QUESTION

01 종가세(從價稅, ad valorem tax)는 상품가격을 기준으로 부과되는 정률세(定率稅)이
다. 10%의 종가세가 생산자에게 부과되었다고 하자.
(a) 종가세 부과 이후의 새로운 균형을 그림으로 나타내 보라.
(b) 종가세의 귀착을 설명하라.
(c) 수요곡선과 공급곡선의 기울기의 차이가 조세부담액에 미치는 영향은?

02 물품세(物品稅)가 부과되었다. 물품세란 상품 단위당 일정액이 부과되는 거래세이
다. 물품세가 부과되기 이전의 초기 균형상태는 [그림 3-4-1]과 동일하다.

① 100원의 물품세가 공급자에게 부과되었다.
② 100원의 물품세가 소비자에게 부과되었다.

①과 ②를 실시한 이후 균형가격과 생산자 및 소비자의 조세부담액을 비교 설명하라.

03 정부가 전세계약금에 대한 등기를 (주택소유주의 비용으로) 의무화함으로써 전세
입주자들을 보호하고자 한다. 이러한 제도의 도입이 전세시장에 미치는 영향을 그
림을 그려서 분석하라.

04 전량을 수입에 의존하고 있는 석유에 수입쿼터제를 도입했다고 하자. 수입쿼터가
효율성에 미치는 영향을 그림으로 설명하라.

05 다음은 어느 경제신문의 사설의 일부이다. 이 사설은 아파트 건축비 인상문제를 다
루고 있다.

'… 그러나 과거의 경험에 따르면 주택공급의 확대는 주택가격이 상승할 때
더욱 촉진되어 왔으며 또 대량의 주택공급은 부동산가격 상승의 유인이 되어
왔다. 주택공급이 증가되면 주택가격이 내린다는 이론은 불행하게도 한번도
실증되지 못했다.'

위의 밑줄 친 부분의 내용에 유의하면서 위의 사설을 비판적으로 평하라.

06 한국경제의 메커니즘을 다루는 경우 '저농산물가격'(또는 저곡가정책)이란 용어가
자주 쓰인다. 이 말의 경제학적 의미는?

PART **2**

소비자 행동이론

개 요__

시장경제 내에서 소비자들은 노동시장에서의 시간배분(노동과 여가)과 상품시장에서의 지출배분이라는 두 가지 문제에 직면한다. 전자는 노동시장에서 몇 시간 동안 노동을 하여 얼마의 소득을 올릴 것인가 하는 문제이고, 후자는 벌어들인 소득으로 어떤 상품을 몇 개나 살 것인가 하는 문제이다. 본편에서는 두 번째 문제, 즉 소비자들의 상품선택에 관한, 소위 수요이론을 논의한다.

수요이론은 소비자가 선택의 결과를 정확히 알고 있는가 아닌가에 따라 확실성하(確實性下)의 소비자 행동이론과 불확실성하(不確實性下)의 소비자 행동이론으로 나누어진다. 제4장부터 제5장까지는 확실성하의 소비자 행동이론을, 제5장의 부록에서는 불확실성하의 소비자 선택이론을 다룬다. 확실성하의 수요이론은 제3편에서 다루는 생산 및 비용이론과 함께 가격의 결정요인 분석에 핵심적 역할을 한다. 불확실성하의 소비자 선택에 관한 이론은 소비자의 보험선택과 자산선택 등을 설명해 준다.

수요이론은 소비자의 선택기준과 제약이 무엇인가에 대한 논의로 시작된다. 제4장과 제5장은 전통적 접근방식으로 소비자의 선택기준과 제약을 논의하고 개별소비자행동을 설명한다. 제6장은 현시선호이론(顯示選好理論)이라는 비전통적 접근방식에 따라 개별소비자행동을 설명한다. 제7장은 개별소비자의 수요로부터 시장수요를 도출하고 그 특징을 살펴본다.

CHAPTER 04

선호와 효용

경제학의 접근방법(제 1 장)에서 이미 언급했듯이, 모든 경제주체는 주어진 제약하에 자신의 목표를 극대화(혹은 최적화)한다. 따라서 소비자 행동을 설명하기 위해서는 소비자의 목표와 제약조건이 분석가능하도록 묘사되어야 한다. 본장은 우선 소비자의 목표 및 선택기준의 묘사방법을 다룬다. 소비자의 목표 및 선택기준은 선호에 대한 가정으로 나타낼 수 있다. 소비자의 선호는 효용함수 혹은 무차별곡선으로 묘사할 수 있다.

4.1
선호에 대한 가정

우리는 소비자 행동을 설명하기 위하여 이론 혹은 모형을 사용한다. 모형은 현실의 중요한 특성만을 간추린 일종의 스케치라 할 수 있다.

전통적인 소비자 선호이론은 선호에 대한 다음의 몇 가지 가정에 입각하여 선호를 묘사하고 있다. 이들 가정은 선호의 스케치이다.

완 전 성

완전성(完全性, completeness)은 서로 다른 상품조합 A와 B가 있을 때 소비자가 둘 중 어느 쪽을 더 좋아하는지, 아니면 동일한 정도로 좋아하는지 비교할 수 있다는 것이다. 이 가정은 상품조합들에 대한 비교가능성(比較可能性)을 말한다. 완전성의 가정은 임의의 서로 다른 두 개의 상품조합들에 대해서 소비자가 어느 쪽을 더 좋아하는지를 판단할 수 있어야 함을 의미한다.

자신이 어느 쪽을 더 좋아하는지 알지 못하면 최선의 선택이 불가능하다. 그러므로 이 가정은 선택문제를 다루는 데 필수적으로 필요한 조건이다.

그러나 현실에 있어 이 가정이 항상 충족되는 것은 물론 아니다. 예컨대, 어떤 직업을 택해야 되는지, 지금 이 순간 A와 B 중 어느 일을 해야 하는지 모를 수 있다. 또 가위 바위 보를 할 때에도 무엇을 내는 것이 최선인지 확실하지 않다.

이 행 성

이행성(移行性, transitivity)은, A, B, C 세 개의 상품조합이 있을 때 어떤 소비자가 A를 B보다 좋아하고 B를 C보다 좋아한다면, 이 소비자는 A, C 중에서 반드시 A를 더 좋아해야 한다는 것이다.

이를 이해하기 위해서 어떤 소비자가 이행성을 충족시키지 않는 선호를 갖고 있다고 생각해 보자. 즉, 어떤 사람이 A를 B보다 좋아하고, B를 C보다 좋아하고, C를 A보다 좋아한다고 하자. 이 사람에게 "A, B, C 중에서 어느 것을 선택하겠소?"하고 누군가가 물었을 때, 이 소비자는 대답할 수 없을 것이다. 이것은 선호가 순환하기 때문이다. 소비자가 선택할 수 있기 위해서는 선호에 일관성(一貫性)이 있어야 한다. 이를 우리는 이행적인 선호라고 한다.

물론 이행성의 가정이 현실에 있어서 항상 성립하는 것은 아니다. 특히 청소년의 선호는 나이가 어릴수록 이행적이지 않다는 연구결과가 나와 있다.[1]

대체가능성

대체가능성(代替可能性)은 소비자에게 A 상품조합과 동일한 정도로 만족을 주는 상품조합 B가 존재한다는 것을 의미한다. 건축자재로 석재 대신 목재를 쓸 수 있고, 난방연료로 석유 대신 가스를 사용할 수 있다. 석재와 목재, 석유와 가스 등은 모두 대체재라 할 수 있다. 대체가능하다면 소비자의 선택은 가격의 변화에 따라 달라진다. 예컨대 배값이 지나치게 비싸지면 배 대신 사과를 구입할 것이다.

상품의 대체가능성은 소비자 선호의 다양성에서 비롯되며 무차별곡선의 존재를 시사한다. 즉 소비자가 특정한 수준의 만족을 얻기 위한 방법(혹은 상품의 조합)은 다양하다는 것이다. 이는 소비자가 주어진 만족(효용)수준을 달성한다는 전제하에서 한 단위의 어떤 재화를 더 얻기 위하여 다른 재화를 일정한 정도까지는 포기할 용의가 있음을 시사한다.

경제주체가 어떤 재화 1단위를 얻기 위해서 포기하고자 하는 다른 재화의 양을 앞에서 설명하였듯이 기회비용(opportunity cost)이라고 부른다. 대체가능한 상품의 기회비용은 유한한 값이 된다. 대체가능성은 교환을 가능하게 하고 결국 시장을 성립시킨다. 이렇게 볼 때, '대체가능성'이라는 가정은 근대경제학에서 대단히 중요한 역할을 하고 있음을 알 수 있다.

대체가능성의 가정은 특정한 소비자의 특정한 상품에 대해서는 성립하지 않을 수 있다. 대체가 불가능한 상품이 있다면 소비자들은 그 상품을 가격과는 상관없이 구입해야 할 것이다.[2] 대체성이 전혀 없는 재화가 존재한다면 앞에서

---

1 Arnold A. Weinstein(1968)은 선호의 이행성(일관성)이 나이의 함수라는 실험결과를 보고했다. 대체로 실험 대상의 80% 이상은 일관성을 보여 주었다. 그리고 이행적인 선호를 갖는 사람들의 비율은 나이에 따라 증가한다는 결과도 얻었다. A.A. Weinstein, "Transitivity of Preferences": A Comparison among Age Groups, "J. P. E" V. 76, p. 310.

2 물론 물건값이 너무 비싸면 전혀 구입하지 않게 될 것이다. 그러나 논의의 전개를 단순하게 하기 위하여 이러한 극단적 상황을 제외시키자.

말한 대로 소비자는 그 재화의 미소한 가격수준의 변화에 대해 전혀 반응하지 않을 것이다. 그러나 평균적 소비자들 대부분은 상품가격의 변화에 대해서 반응하는 것이 현실이라고 전제한다면, 대부분의 상품에 대해서 대체성의 가정이 성립한다고 보아도 무방할 것이다.

한계가치 체감

한계가치 체감
어떤 재화를 더 많이 가질 때 그 재화로부터 얻는 한계가치는 체감한다.

한계가치(marginal value) 체감(遞減)이란 어떤 재화를 더 많이 가질수록 그 재화로부터 얻는 총만족은 증대하지만 한계단위(마지막 한 단위)의 사용가치, 즉 한계가치는 체감함을 말한다. 여기서 한계가치란 실물단위로 표현된 가치를 말한다.

한계가치 체감의 가정을 이해하기 위해 [표 4-1-1]을 살펴보자.

표의 2열(列)로부터 7열까지는 소비자가 동일한 정도로 만족을 느끼는 맥주와 쌀의 조합을 나타낸다.

예를 들어 맥주 0단위와 쌀 100단위를 소비할 때나 맥주 1단위와 쌀 90단위를 소비할 때나 이 소비자가 느끼는 만족은 같다. 세 번째 행(行)에서는 맥주 1단위의 한계가치를 쌀 단위로 나타내고 있다. 맥주 첫 단위의 한계가치는 쌀 10단위이고 맥주의 두 번째 단위의 한계가치는 쌀 9단위이다.

이처럼 맥주의 한계가치가 맥주의 소비량이 늘어남에 따라 감소한다고 가정한 것이 바로 한계가치 체감의 가정이다. 독자 여러분은 한계가치 체감이 한계효용 체감을 의미하는 것이 아님에 주의하기 바란다.

[표 4-1-1] 한계가치 체감

맥주	0	1	2	3	4	5
쌀	100	90	81	73	67	62
한계가치		10	9	8	6	5

다다익선

두 개의 상품조합 A, B가 있을 때, 다른 조건은 동일한데 A에만 어느 한 종류의 상품(사과)이 더 많이 포함되어 있다고 하자. 다다익선(多多益善)은 소비자가 A를 B보다 좋아한다는 것을 의미한다. 이 가정은 "많으면 많을수

[그림 4-1-1] 다다익선

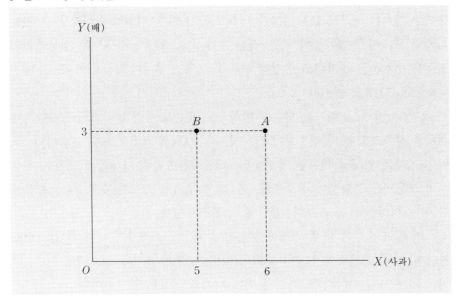

록 좋다"는 가정으로 단조성(單調性, monotonicity)의 가정이라고 불리운다.

[그림 4-1-1]은 다다익선의 가정을 그래프로 보이고 있다. 그림의 X축
은 사과를, Y축은 배를 나타낸다. 따라서 A점 (6, 3)은 사과 6개, 배 3개로 구
성된 상품조합을, B점 (5, 3)은 사과 5개, 배 3개로 구성된 상품조합을 나타
낸다. A점은 B점보다 사과만 1개 더 많다. 다다익선은 소비자가 A점을 B점
보다 선호함을 의미한다.

물론 모든 재화에 대해 단조성이 항상 성립하는 것은 아니다. 단조성이란
모든 재화가 공해와 같은 악재(惡財)가 아니라 만족을 증진시켜 주는 호재(好
財)라는 가정이다.

선호의 연속성

상품조합 A가 상품조합 B보다 선호된다고 하자. 이 때 A와 아주 가까
이 있는 모든 상품조합이 역시 B보다 선호된다. 이를 가리켜 소비자의 선호는
연속적이라고 한다.[3]

---

3 선호의 연속성은 연속인 효용함수의 존재를 위해서 필요한 기술적 가정이다.

선호의 연속성의 의미를 보다 명확히 이해하기 위해서 다음과 같은 불연속적인 선호를 생각해 보자. [그림 4-1-2]는 X와 Y 평면상에 나타낼 수 있는 X재와 Y재의 조합가능한 모든 점들 중에서 소비자가 선택하는 상품조합의 점들을 선호하는 순서대로 연결해 놓은 곡선의 일부이다(사실상 이 곡선들은 전체로 보면 곡선으로 연결되어 있다).

그림에서 이 소비자는 화살표 방향으로 곡선을 따라 내려오면서 아래쪽에 위치한 상품조합을 더 선호한다고 하자. 즉, 그림의 B를 C보다 선호한다. 또 이 소비자는 위쪽에 위치한 곡선상의 모든 상품조합을 아래쪽에 위치한 곡선상의 모든 상품조합보다 선호한다. 즉, 그림의 A를 B보다 선호한다. 종합하면 이 소비자는 A를 B보다, B를 C보다 선호한다.

이제 A와 C가 매우 가까이 있다고 하자. 이 소비자가 A를 B보다 선호한다면, 그리고 연속인 선호를 갖고 있다면, C 또한 B보다 선호해야 한다. 그러나 이는 사실이 아니다. 따라서 이 소비자의 선호는 불연속이다.

이해를 돕기 위하여 극단적인 예를 들어 보자. 한 소비자가 X재에 절대적인 가치를 두어서 X재 한 단위를 포기하는 대신 Y재를 아무리 많이 얻게 되어도 이전과 같은 만족을 느끼지 못한다고 하자. 이것을 그림으로 설명하기 위해 우선 [그림 4-1-2]에서 A와 B를 통과하는 수직선을 그어 보자. C점은

[그림 4-1-2] 불연속적인 선호

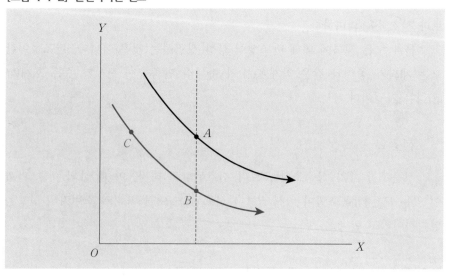

수직선 왼편에 놓인다. 이 소비자는 선호체계에서 X 재의 양이 우선이므로 수직선 왼편에 놓인 어떠한 점들보다 B 점을 선호할 것이다. 따라서 B 보다는 A 를, C 보다는 B 를 선호한다. 이 때 C 점이 A 점에 무한히 가까워지더라도 이러한 선호는 유지되므로 이 소비자의 선호가 불연속임을 알 수 있다. 이러한 선호는 우리가 사전에서 단어를 찾을 때의 상황과 같아서 사전식 선호체계(lexicographic ordering)로 불리기도 한다.

이상에서 수요이론의 토대를 형성하는 몇 가지 기본가정의 의미와 그 현실성을 살펴보았다. 이러한 가정들은 큰 무리는 없지만 항상 성립하는 법칙은 아니다. 오직 이론의 전개를 위하여, 우리가 원하는 결과(현실에 나타나는 소비자들의 행동)를 도출하기 위하여 필요한 가정일 뿐이다.

4.2
선호와 효용함수

앞에서 소비자의 선호에 대해 완전성, 이행성과 대체가능성 등 6개의 가정을 설명하였다. 선호에 관한 이러한 가정들이 모두 충족된다면 소비자의 선호를 효용함수로 나타낼 수 있다. 선호를 어떻게 효용함수로 나타낼 수 있는지 살펴보자.

완전성의 가정이 충족될 때에 소비자는 임의의 두 개의 상품조합 중에서 어느 쪽을 더 좋아하는지 혹은 같은 정도로 좋아하는지 판단할 수 있다.

이행성의 가정이 충족되면 소비자는 여러 개의 상품조합 중에서 가장 좋아하는 조합부터 서열을 매길 수 있게 된다. 소비자가 상품조합 A 보다도 상품조합 B 를, 상품조합 B 보다도 상품조합 C 를 선호한다고 하자. 이러한 소비자의 선호를 함수로 표현하기 위해서는 보다 선호되는 상품조합의 함수값이 덜 선호되는 상품조합의 함수값보다 커야 할 것이다.

예컨대, 다음의 함수(U)가 존재한다고 하자. $U(A)=3$, $U(B)=6$, $U(C)=10$. 여기서 3, 6, 10의 함수값은 선호의 우선순위를 반영하고 있다. 함수값의 대소를 비교해 봄으로써 우리는 C, B, A 순으로 선호되고 있음을 알 수 있다.

효용함수

선호체계를 함수 값의 크기로 나타 내 주는 함수

이와 같이 선호체계를 함수값의 크기로 나타내 주는 함수를 효용함수(utility function)라고 한다. 각각의 상품조합을 대입했을 때, 이 함수가 취하는 값이 곧 각 상품조합에서 소비자가 얻는 효용(utility)의 크기라고 해석할 수 있다.

효용의 크기를 선호의 '순위'(順位, order)로만 해석해야지 선호의 '강도' (intensity)로 해석해서는 안 된다는 점에 유의해야 한다. 예컨대 $U(A)=3$이고, $U(B)=6$이라는 사실은 이 소비자가 B를 A보다 좋아한다는 것을 말해 줄 뿐, B를 A보다 2배만큼 좋아한다는 것을 말해 주지는 않는다. 이러한 해석은 지금 논의하고 있는 효용이란, 절대적 크기는 의미가 없고 오직 순위만이 의미를 갖는 서수적 효용(序數的 效用, ordinal utility)[4]임을 반영하고 있다.

이상의 논의는 특정한 소비자의 선호체계를 반영해 주는 효용함수가 무수히 많을 수 있음을 시사한다. 이를 이해하기 위해 상품조합 A, B, C에 대한 함수값이 다음과 같은 새로운 효용함수 V가 있다고 하자: $V(A)=10$, $V(B)=15$, $V(C)=400$. 이 경우 함수 V도 선호의 우선순위를 정확히 반영하고 있다. 따라서 V도 효용함수이다.

이상의 논의에서 볼 수 있는 것처럼 소비자의 선호가 완전성, 이행성, 연속성 등 6개의 가정을 모두 충족한다면 효용함수가 만들어질 수 있다. 선호에 관한 모든 가정과 정보는 효용함수에 포함된다. 따라서 이하에서는 선호의 연속성 등의 가정이 충족되었다고 가정하고, 연속인 효용함수를 분석도구로 사용하기로 한다. 선호체계를 효용함수나 무차별지도로 나타내면 분석이 매우 편리해진다. 그래프 분석과 수리적 분석이 가능해지기 때문이다.

4.3
선호와 무차별곡선

앞에서 우리는 완전성과 이행성의 가정이 충족되면 소비자가 여러 개의 상품조합 중에서 가장 좋아하는 조합부터 서열을 매길 수 있음을 보았다. 따라서 선호에 대한 모든 가정들이 충족되면 임의의 상품조합이 주어져 있을 때 소

---

4 이는 기수적 효용(基數的 效用)에 대한 개념으로, 본장의 마지막 절에서 상세히 다룬다.

비자가 그 상품조합과 동일한 정도로 선호하는 상품조합들을 모두 식별해 낼 수 있을 것이다. 이렇게 동일한 정도로 선호되는 상품조합들을 상품공간에 표현한 것을 무차별곡선(indifference curve)이라 한다.

무차별곡선
동일한 정도로 선호되는 상품조합들을 상품공간에 나타낸 곡선

[그림 4-3-1]은 무차별곡선을 나타내고 있다. 가로축과 세로축에 각각 X 재와 Y 재의 수량 x, y를 표시하고, $A=(x^A, y^A)$, $B=(x^B, y^B)$, $C=(x^C, y^C)$ 등이 모두 서로 동일한 정도로 선호되는 상품조합이다. 이 경우 A, B, C점을 연결한 곡선(U^0)이 바로 무차별곡선이다.

상품공간에 무차별곡선은 무수히 많이 그릴 수 있다. 예컨대, 점 D와 E 가 서로 무차별한 상품조합이라면 점 D와 점 E를 통과하는 U^1도 무차별곡선이다. 이러한 무차별곡선들로 이루어진 등고선(等高線) 모양의 그래프를 무차별지도(indifference map)라고 한다.

이제 무차별지도를 이용하여 어떻게 선호를 나타낼 수 있는지 살펴보자. 소비자가 상품조합 A보다 상품조합 D를, 상품조합 D보다도 상품조합 F를 선호한다고 하자. 이러한 소비자의 선호를 무차별지도상에 표현하기 위해서는 보다 선호되는 상품조합을 통과하는 무차별곡선이 위쪽에 위치해야 할 것이다. 그리고 보다 위쪽에 위치한 무차별곡선에 보다 높은 효용지수(效用指數)를 부여한다. 예컨대, A를 통과하는 무차별곡선에는 효용지수 3을, D를 통과하

[그림 4-3-I] 무차별곡선

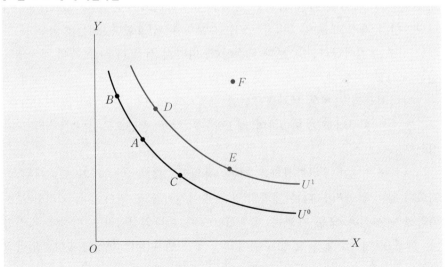

는 무차별곡선에는 효용지수 5를 부여한다.

지금까지 무차별지도를 이용하여 선호를 어떻게 나타낼 수 있는가를 살펴보았다. 이제 절을 바꿔 무차별곡선의 성질을 알아보자.

4.4
무차별곡선의 성질

선호에 대한 가정들은 무차별곡선의 성질을 시사한다. 선호에 대한 여러 가정들이 무차별곡선의 성질에 어떻게 반영되고 있는지를 살펴보기로 하자.

완전성 혹은 비교가능성의 가정은 무차별곡선의 존재를 암시하고 있다. 동일한 정도로 선호되는 상품조합을 알면 당연히 무차별곡선을 그릴 수 있다. 완전성의 가정이 충족되지 않는 경우 상품조합 A와 B가 무차별한지 아닌지를 알 수 없기 때문에 무차별곡선을 그리는 것은 불가능하게 된다.

이행성의 가정은 다다익선(혹은 단조성) 가정과 함께 무차별곡선이 교차할 수 없다는 것을 시사하고 있다. 이를 이해하기 위해 [그림 4-4-1]에서 보듯이 A점에서 서로 다른 두 개의 무차별곡선이 교차한다고 가정해 보자. 따라서 소비자는 A와 B, 그리고 A와 C를 동일한 정도로 좋아하고 있다. 이 때 이행성의 조건에 의해 C와 B를 동일한 정도로 좋아한다고 추론할 수 있다. 그러나 다다익선의 가정 때문에 소비자는 B를 C보다 더 선호한다. 이는 C와 B를 동일한 정도로 좋아한다는 추론과 모순된다. 따라서 서로 다른 두 개의 무차별곡선은 교차할 수 없다.

다다익선의 가정은 무차별곡선의 기울기와 효용의 증가방향을 시사한다. 무차별곡선은 우하향(右下向)하며 제1상한의 북동 방향으로 갈수록 만족도가 커진다.

무차별곡선이 우하향한다는 것은, 동일한 정도로 만족하기 위해서는 한 재화의 양이 많아지면 다른 재화의 양은 적어져야 함을 의미한다. 이러한 무차별곡선의 성질은 모든 재화는 호재(好財), 즉 다다익선이라는 가정에 기인한다. 예를 들어, X재가 호재(好財)이고 Y재가 악재(惡財)(예컨대 공해물질)라면 무차별곡선은 우하향하지 않고 양(+)의 기울기를 갖는다.

무차별곡선이 북동 방향으로 갈수록 만족수준이 증가하는 것은 다른 재화의 양을 일정하게 유지하고 한 재화의 양을 늘려 주면 더 큰 만족을 얻게 된다는 것을 의미한다. 이러한 성질 역시 다다익선의 가정에서 비롯된다는 것을 쉽게 이해할 수 있다.

[그림 4-4-1] 무차별곡선의 교차가능성

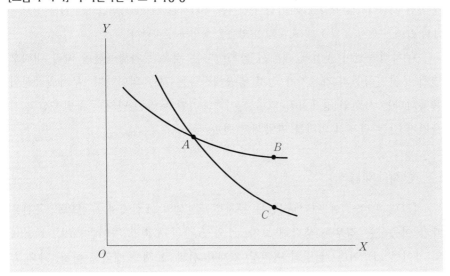

[그림 4-4-2] 무차별곡선의 볼록성

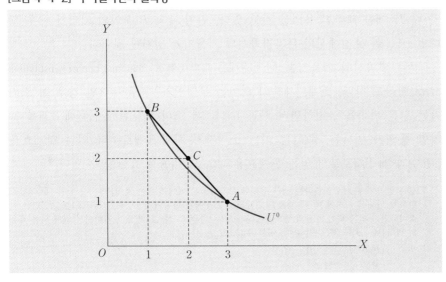

한계가치 체감의 가정은 무차별곡선의 볼록성을 시사한다. 무차별곡선의 볼록성은 소비자가 다양성을 더 선호함을 의미한다. 예를 들어 [그림 4-4-2]에서 보인 바와 같이 $A(X=3, Y=1)$, $B(X=1, Y=3)$, $C(X=2, Y=2)$의 3개의 상품조합이 있다고 하자. A와 B는 동일한 무차별곡선상에 있다. 이러한 상황에서 볼록한 무차별곡선은 소비자가 극단의 선택인 A나 B보다 A와 B의 내분점인 C를 더 좋아함을 의미한다(C점을 통과하는 무차별곡선을 생각하라. C에는 A나 B에 비해서 X와 Y가 고루 섞여 있음을 확인하기 바란다).

무차별곡선이 원점에 대해서 볼록하다는 것은 무차별곡선을 따라 내려오면서 무차별곡선의 기울기가 점차 평평해진다는 것을 의미한다. 무차별곡선이 볼록하다는 사실의 경제학적 의미를 이해하려면 우리는 먼저 무차별곡선의 기울기가 갖는 경제적 의미를 파악해야 한다.

한계대체율

[그림 4-4-3]에 나타나 있는 무차별곡선상의 A점에서 B점으로 곡선을 따라 이동하는 경우를 생각해 보자. A와 B간의 X좌표 차이는 ΔX, Y좌표의 차이는 ΔY이다. 설명의 편의상 X재를 사과, Y재를 배라고 하자. A와 B는 동일한 무차별곡선상에 위치하므로 소비자는 사과의 소비량이 ΔX만큼 늘어난 대가로 배를 ΔY만큼 포기할 용의가 있다. 즉 이 소비자는 사과 ΔX개와 배 ΔY개를 교환할 용의를 갖고 있다. 만일 A와 B 사이의 거리가 매우 짧다면 $\dfrac{\Delta Y}{\Delta X}$는 A점에서의 무차별곡선의 기울기와 일치할 것이다.

한계대체율
동일한 만족수준을 유지하면서 X재 1단위를 더 소비하기 위해서 포기할 수 있는 Y재의 양

무차별곡선의 기울기를 한계대체율(限界代替率, marginal rate of substitution: MRS)이라고 한다. 한계대체율의 의미는 무엇인가? $MRS=3$일 경우 이 소비자는 같은 만족을 유지하면서 사과 1개를 더 소비하기 위해서는 배 3개를 포기할 용의가 있다는 것이다. 이는 소비자가 사과 1개로부터 얻는 한계효용(MU_X)과 배 1개로부터 얻는 한계효용(MU_Y)의 비율로 표현할 수 있다.[5]

---

[5] 같은 만족 수준을 유지한다는 것은 동일한 무차별곡선 위에 있다는 것이므로, 사과 한 개를 더 소비하기 위해서 기꺼이 배 세 개를 포기해도 총효용에는 변함이 없다. 즉, 사과(X)를 ΔX만큼 더 소비하면서 얻게 되는 효용의 변화분($\Delta X \cdot MU_X$)과 배(Y)를 ΔY만큼 포기하면서 잃게 되는 효용의 변화분($-\Delta Y \cdot MU_Y$)이 같다. 이를 수식으로 표현하면

$$\Delta X \cdot MU_X = -\Delta Y \cdot MU_Y$$

$$\frac{MU_X}{MU_Y} = -\frac{\Delta Y}{\Delta X}$$

[그림 4-4-3] 한계대체율

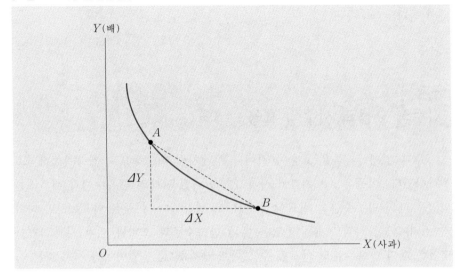

$$(4.4.1) \quad MRS = -\frac{\varDelta Y}{\varDelta X} = \frac{MU_X}{MU_Y}$$

식 (4.4.1)은 한계대체율의 보다 깊은 의미를 말해 주고 있다. $\frac{MU_X}{MU_Y}$ 는 X재의 한계효용을 Y재 단위로 나타낸 것이다. $MRS_{XY}=3$이란 사과(X)의 한계효용은 배 3단위와 같다는 뜻이다.

이제 한계대체율의 체감이 무엇을 의미하는지 생각해 보자. 한계대체율의 체감은 무차별곡선을 따라 내려오면서 한계대체율이 점차 감소함을 말한다. 이는 사과의 소비량이 늘어남에 따라 사과의(배 단위로 표현된) 한계효용, 즉 사과의 한계가치(marginal value)가 체감함을 의미한다. 주의할 것은, 한계대체율의 체감(혹은 한계가치의 체감)과 한계효용 체감은 전연 별개라는 점이다. 한계대체율(MRS)이 체감하면 무차별곡선은 원점에 대해서 볼록하다. 그러나 한계효용(MU)이 체감하지 않아도 무차별곡선은 볼록할 수 있다. X재 소비량이 늘어남에 따라 Y재의 한계효용이 X재의 한계효용보다 더 큰 폭으로 증가할 경우에도 무차별곡선은 볼록할 수 있기 때문이다.

무차별곡선의 성질은 다른 교과서에서 나열하고 있듯이 무차별곡선 자체

이다. 이것이 바로 무차별곡선의 기울기인 한계대체율(MRS)이다.

의 성질이 아니고 선호에 대한 가정을 반영하고 있을 뿐이라는 점에 특히 유의
해야 한다.

4.5
기수적 효용과 서수적 효용

초기 경제학자들은 효용이 길이나 무게처럼 기수적으로 계측가능하다고
생각하였다. 이들은 소비자 I이 사과 3개를 먹었을 때의 만족수준과 배 5개를
먹었을 때의 만족수준을 비교할 수 있다고 생각했다. 이들은 한 걸음 더 나아
가 소비자 I이 사과 3개를 먹었을 때의 만족수준과 소비자 Ⅱ가 사과 3개를
먹었을 때의 만족수준도 비교할 수 있다고 생각했다. 동일인이건 서로 다른 사
람이건간에 만족수준의 대소는 물론 만족의 강도까지 비교가능하다고 믿었던
것이다. 예컨대, 철수의 효용수준 5와 영희의 효용수준 10이라는 사실로부터
다음과 같은 결론을 내렸다.

i) 영희는 철수보다 행복하다. ii) 영희는 철수보다 2배만큼 행복하다. iii)
이들 모두의 효용수준의 합은 15이다.

이와 같이 만족의 절대적 수준은 물론 선호의 강도(효용수준의 차이)까지
반영하는 효용을 기수적(cardinal) 효용이라고 한다. 길이나 무게 등은 기수적
지수의 예이다. 벤담의 최대다수의 최대행복이라는 사회적 의사결정의 기준은
기수적 효용에 입각해 있다고 볼 수 있다.

그러나 근대경제학자들은 효용의 계측가능성에 대해 회의를 품게 되었다.
이들은 어떤 대상을 다른 대상보다 더 좋아하는가에 대한 정보만으로도 선택
이 가능하며 얼마만큼 더 좋아하는지는 알 필요가 없다는 것을 인식하게 되었
다. 이처럼 효용의 절대적 수준 및 선호의 강도(효용수준의 차이)에는 의미를 부
여하지 않으면서 오직 선호의 서열만을 말해 주는 지수(指數)를 서수적(ordinal)
효용이라 한다. 서수적 효용에서는 오직 서열만이 의미를 갖기 때문에 앞에서
지적하였듯이 특정 소비자의 선호체계를 나타내는 효용함수가 유일하지 않고
무수히 많다.

기수적 효용

효용의 절대적 수
준과 효용수준의
차이를 모두 나타
내 주는 지수

서수적 효용

선호의 서열만을
나타내 주는 지수

| 예 | 소비자 I은 *A*상품조합보다 *B*상품조합을 더 좋아한다고 하자. 소비자의 효용의 크기가 각각 다음과 같다. |

$$U^I(A)=5 \qquad U^I(B)=15$$

우선 U^I이 기수적 효용이라고 하자. 효용의 크기에 관한 정보들은 상품 B의 효용이 A의 3배라는 것을 말해 주고 있다.

그러나 만일 U^I이 서수적 효용이라면 B의 효용이 A보다 더 크다는 사실만이 중요할 뿐이지 5나 15라는 효용의 절대적 크기는 의미가 없다. 만약 $V^I(A)=10$, $V^I(B)=37$이라고 하자. 이 경우 V^I이라는 함수도 A와 B에 관한 선호의 서열을 제대로 반영해 주고 있다. 따라서 V^I도 이 소비자의 선호를 나타내 주는 효용함수이다. 이처럼 서수적 효용에서는 동일한 선호체계를 나타내 주는 효용함수가 유일하지 않고 여러 종류일 수 있다.

기수적 효용은 서수적 효용보다 훨씬 더 많은 정보를 요구한다. 다행히도 확실성의 세계에서 수요이론을 전개하는 데에는 서수적 효용함수로도 충분하다. 후술하겠지만 불확실성의 세계에서는 효용함수의 기수적 특성을 필요로 한다.

POINTWORD 핵심 용어_

1. 완전성	2. 이행성
3. 대체가능성	4. 한계가치 체감
5. 다다익선	6. 효용의 연속성
7. 효용함수	8. 무차별곡선
9. 한계대체율	10. 기수적 효용
11. 서수적 효용	

_요약 SUMMARY

❶ 소비자의 선택을 분석하기 위해서는 다음과 같은 선호에 관한 가정이 필요하다.

　① 완전성—임의의 서로 다른 두 개의 상품조합에 대해서 소비자가 어느 쪽을 더 좋아하는지 판단할 수 있다.

　② 이행성—A, B, C 세 개의 상품조합이 있을 때 어떤 소비자가 A를 B보다 좋아하고, B를 C보다 좋아한다면 이 소비자는 A, C 중에서 반드시 A를 더 좋아해야 한다.

　③ 대체가능성—소비자에게 A상품조합과 동일한 정도로 만족을 주는 B상품조합이 존재한다.

　④ 한계가치 체감—어떤 재화를 더 많이 가질수록 한계단위로부터 얻는 사용가치가 체감한다.

　⑤ 다다익선—어떤 상품조합 A, B가 있을 때 한 상품의 양은 동일한데, 다른 한 종류의 상품이 B상품조합보다 A상품조합에 더 많이 포함되어 있으면, 소비자는 A를 B보다 더 좋아한다.

　⑥ 선호의 연속성—상품조합 A가 상품조합 B보다 선호될 때, A와 아주 가까이에 있는 모든 상품조합 또한 B보다 선호되고, 또한 B와 아주 가까이 있는 모든 상품조합보다 역시 A가 선호된다.

❷ 선호에 관한 위의 가정들이 충족될 때 소비자의 선호는 효용함수로 나타낼 수 있다. 효용함수는 선호체계를 효용지수로 나타내 주는 함수이다.

❸ 동일한 정도로 선호되는 상품조합들을 상품평면에 표시한 것을 무차별곡선이라 하고, 이러한 무차별곡선들로 이루어진 등고선 모양의 그래프를 무차별지도라 한다.

❹ 무차별곡선의 성질은 선호에 관한 가정에서 도출된다. 무차별곡선의 성질과 그 성질이 도출되는 선호에 관한 가정은 다음과 같다.

　① 무차별곡선은 존재한다. — 완전성(비교가능성)

　② 무차별곡선은 교차하지 않는다. — 이행성, 다다익선

　③ 무차별곡선의 기울기는 음(–)이며 북동 방향에 위치한 무차별곡선일수록 효용이 크다. — 다다익선

　④ 무차별곡선은 원점에 대해 볼록하다. — 한계가치 체감

❺ 한계대체율이란 동일한 효용수준을 유지하면서 X재 한 단위를 더 소비하기 위하여 포기해야 하는 Y재의 소비량을 말하며, 이는 무차별곡선의 기울기와 일치한다. 무차

별곡선이 원점에 대해 볼록한 것은 한계대체율(한계가치)이 체감하기 때문이다. 즉, X재의 소비량이 점차 늘어남에 따라 Y재로 표현된 X재의 한계효용이 체감한다.

❻ 만족의 절대적 수준은 물론 선호의 강도까지 반영하는 효용을 기수적 효용이라 한다. 서수적 효용이란 효용의 절대적 수준 및 선호의 강도에는 의미를 부여하지 않고 오직 선호의 서열만을 나타내는 효용이다.

_연습문제 QUESTION

01 어떤 소비자가 A를 B보다, B를 C보다 더 좋아한다. 또 C를 A보다 더 좋아한다고 한다. 이 소비자의 선호는 어떤 가정을 충족시키고 있지 않는가. 이로 인해서 발생하는 문제는?

02 철수는 효용함수 U=X+Y로 표현되는 선호체계를 가지고 있다. 동일한 선호체계를 나타내는 또 다른 효용함수 형태를 만들어 보아라. 이 동일한 선호를 나타내는 다른 함수 형태가 여러 가지 있을 수 있다는 것은 무엇을 의미하는가?

03 이행성과 다다익선의 가정을 이용하여 무차별곡선이 교차할 수 없음을 보여라.

04 다음 표는 한 소비자에게 동일한 효용수준(U)을 제공하는 X재와 Y재의 여러 조합을 보여 준다. 효용은 기수적 효용이라 하자. (a)부터 (e)의 명제가 옳은지 그른지 판별하여라.

U=1		U=4		U=16	
X	Y	X	Y	X	Y
1	1	1	2	1	4
2	1/2	2	1	2	2
4	1/4	4	1/2	4	1

(a) X재의 소비량이 일정할 때 Y재의 소비량이 증가할수록 Y재의 한계효용은 체감한다.

(b) Y재의 소비량이 일정할 때 X재의 소비량이 증가할수록 X재의 한계효용은 체감한다.

(c) X재의 소비가 늘어날수록 Y재에 대한 X재의 한계대체율은 체감한다.

(d) 위와 같은 선호는 무차별곡선이 원점에 대하여 볼록함을 의미한다.

(e) X재의 소비가 증가됨에 따라 Y재의 한계효용은 상승한다.

(f) (a)와 (e)로부터 한계효용체감과 한계대체율체감의 관계를 추론하라.

CHAPTER

05

소비자 행동이론: 전통적 접근방법

*경제학*의 생각방식(제 1 장)에서 이미 언급했듯이 모든 경제주체는 주어진 제약하에 자신의 목표를 극대화(혹은 최적화)한다. 따라서 소비자 행동은 소비자의 목표와 소비자가 직면하는 제약조건이 무엇이냐에 따라 달라질 것이다.

본장에서는 소비자가 직면하는 제약조건을 분석이 가능하도록 묘사한 뒤 전통적 접근방식, 소위 무차별곡선접근이론(서수적 접근법)에 입각하여 소비자 행동법칙을 분석한다.

5.1
소비자의 제약조건

소비자의 선택을 제약하는 요인은 법률, 도덕, 관습, 소득수준, 그리고 상품의 가격 등 얼마든지 많다. 이렇게 많은 요인들 중에서 관찰가능하고 단기간에도 쉽게 변동하는 것은 소득이나 상품의 가격이다. 소득이나 상품의 가격과 같은 경제적 요인이 소비자의 선택을 제한한다는 사실을 예산제약식으로 나타낼 수 있다.

5.1.1 예산제약식

소비자가 일정한 소득(M) 내에서 사과(X)와 배(Y)를 구입하려 한다. 사과 및 배의 가격은 각각 시장에서 P_X, P_Y로 주어져 있다. 이 때 개인이 구입할 수 있는 사과와 배의 양을 (X_0, Y_0)라고 할 때 소비자의 지출금액은 $P_X X_0 + P_Y Y_0$ 이다. 따라서 소득수준이 M인 소비자가 구매할 수 있는 상품조합 (X, Y)는 다음 부등식(不等式)으로 나타낼 수 있다.

(5.1.1) $P_X X + P_Y Y \leq M$　　혹은

(5.1.1′) $Y \leq -\dfrac{P_X}{P_Y} X + \dfrac{M}{P_Y}$

이 부등식을 만족시키는 X, Y의 조합들이 바로 [그림 5-1-1]의 빗금친 부분을 구성하고 있으며, 우리는 이를 예산집합(budget set) 혹은 기회집합(opportunity set)이라고 부른다.

다다익선의 가정이 충족된다면 소비자의 예산제약식 (5.1.1′)는 다음의 등식으로 성립한다.[1]

예산집합
소득과 각 상품의 가격이 주어져 있을 때 소비자가 선택할 수 있는 상품조합의 집합

(5.1.2) $P_X X + P_Y Y = M$

이 식을 Y에 대하여 풀면 다음 식을 얻는다.

---

1 저축이 존재한다면 예산제약식은 등호로 성립하지 않는다. 그러나 저축이 0이 아닌 경우라도 M을 지출총액으로 정의하면 예산제약식은 등식으로 성립한다.

[그림 5-1-1] 예산선

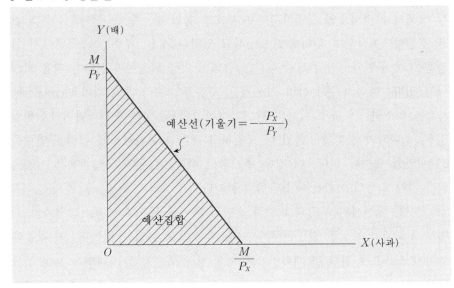

$$(5.1.2')\quad Y=-\frac{P_X}{P_Y}X+\frac{M}{P_Y}$$

예산제약식은 [그림 5-1-1]에서 보는 것과 같이 기울기가 $-\dfrac{P_X}{P_Y}$ 이며, Y 축 절편이 $\dfrac{M}{P_Y}$ 인 직선이 되는데 이 직선을 예산선(budget line) 혹은 가격선이라 고 부른다. 따라서 예산선은 주어진 소득을 전부 사용했을 때 구입할 수 있는 상품조합의 자취로 정의될 수 있다.

이제 예산집합과 예산선의 경제적 의미를 생각해 보자.

첫째, 예산집합 내에는 예산선 및 예산선 아래에 위치한 모든 점들이 포 함되어 있다. 이는 상품을 무한히 작은 단위로 쪼개서 구매할 수 있다는 암묵 적인 가정을 반영하고 있다. 왜냐하면 상품단위가 불연속적일 경우 예산집합 내에 있는 모든 점들을 선택할 수 없기 때문이다. 예컨대, 냉장고와 같은 내구 재(耐久財)는 1.5개나 2.5개를 구입할 수 없다. 그러나 냉장고 자체가 아니라 냉 장고로부터 창출되는 서비스를 구입(냉장고를 임대)한다고 생각하면 이 가정은 무리가 없다. 냉장고라는 내구재의 단위는 불연속적이지만 냉장고 서비스의 양은 연속적이다. 예컨대 냉장고의 수명 10년 중 1년 동안 냉장고 서비스를 소 비했을 경우 냉장고 $\dfrac{1}{10}$ 개를 구입한 것으로 간주할 수 있다.

예산선

주어진 소득을 전 부 지출했을 때 구입할 수 있는 상품조합의 집합

둘째, 예산선의 기울기가 가지는 의미를 생각해 보자. 예산선의 기울기는 두 상품의 가격비율인 상대가격에 −부호를 붙인 값, 즉 $-\dfrac{P_X}{P_Y}$ 로서 음의 값을 갖는다. 예산선이 우하향(右下向)하고 있다는 것은, 주어진 소득하에서 한 상품을 더 구입하려면 반드시 다른 상품의 구입량을 줄여야 한다는 점을 반영하고 있다. 따라서 예산선의 기울기는 X 상품의 구입의 기회비용(opportunity cost)을 의미한다.[2] 가령 사과의 단위가격이 2만원, 배의 단위가격이 1만원일 경우, 소비자가 사과를 1단위 더 구입하고 싶다면 불가피하게 배의 구입량을 2단위만큼 줄여야 한다. 이 경우 추가적인 사과 1단위의 구입비용은 이것을 얻기 위해 희생해야 하는 배 2단위의 값이다.

셋째, 예산선의 X 축과 Y 축의 절편의 의미를 생각해 보자. [그림 5-1-1]에서 X 축과 Y 축상의 절편은 각각 $\dfrac{M}{P_X}$, $\dfrac{M}{P_Y}$ 으로 나타나 있는데, 이 값들은 주어진 소득으로 전부 한 재화만을 구입할 때 구입가능한 최대량을 보여 주고 있다. $M=50$, $P_X=2$, $P_Y=1$ 일 경우 X 축의 절편은 25, 그리고 Y 축의 절편은 50이 된다.

5.1.2 예산선의 이동

소득의 변화

상품가격은 불변인 상황에서 소득만 M 에서 M' 로 증가했다고 하자. 두 상품의 가격에 아무런 변화가 없으므로 새로운 예산선의 기울기는 초기 예산선의 기울기와 같다. 다만 전체소득으로 한 상품만 구입할 때 살 수 있는 사과와 배의 최대량은 각각 $\dfrac{M}{P_X}$, $\dfrac{M}{P_Y}$ 에서 $\dfrac{M'}{P_X}$, $\dfrac{M'}{P_Y}$ 로 증가할 것이다. 그러므로 소득만 증가하는 새로운 상황에서는 [그림 5-1-2]의 (a)에서 보는 바와 같이 X 축과 Y 축의 절편이 소득의 증가비율만큼 증가하고 예산선은 위쪽으로 평행이동하게 된다. 반면에 소득이 떨어지면 예산선은 아래쪽으로 평행이동하게 된다.

---

2 여기서 구입의 기회비용이라고 표현한 것은 소비의 기회비용과 구별하기 위해서이다. 소비의 기회비용에는 X 재 구입비용은 물론 X 재 1단위에 대한 소비시간의 기회비용까지를 포함시켜야 한다.

[그림 5-1-2] 소득과 가격의 변화와 예산선

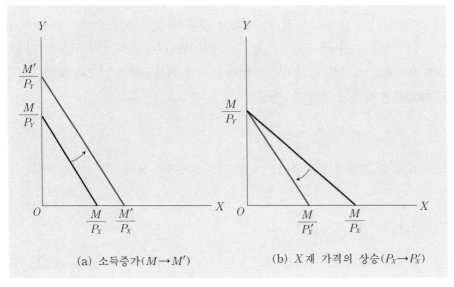

(a) 소득증가($M \rightarrow M'$)　　　(b) X재 가격의 상승($P_X \rightarrow P_X'$)

가격의 변화

　　다른 변수는 불변인 상태에서 X재(사과) 가격만 P_X에서 P_X'로 상승했다고 하자. 소득(M)과 Y재(배)의 가격(P_Y)에는 변화가 없으므로 Y절편값은 $\dfrac{M}{P_Y}$으로 불변이다. 그러나 모든 소득을 사과에 지출할 때 구입할 수 있는 사과량은 $\dfrac{M}{P_X}$에서 $\dfrac{M}{P_X'}$으로 줄어들게 된다. 따라서 [그림 5-1-2]의 (b)에서 보는 바와 같이 예산선은 Y절편$\left(\dfrac{M}{P_Y}\right)$을 회전축으로 하여 시계방향으로 회전하게 된다. 즉, 사과값이 상승하면 예산선은 동일한 Y절편을 가지면서 가격변동 이전보다 가파른 경사를 보이게 된다. 만약 X재 가격이 하락한 경우라면 예산선은 시계반대방향으로 회전하여 경사가 보다 완만해질 것이다.

　　이제 소득수준은 불변이면서 두 상품의 가격이 동시에 같은 비율로 올라 $\dfrac{P_X'}{P_Y'}\left(=\dfrac{P_X}{P_Y}\right)$가 되었다고 하자. 이 때 두 상품의 가격상승으로 인해 두 절편은 각각 $\dfrac{M}{P_X'}$, $\dfrac{M}{P_Y'}$으로 작아진다. 새로운 가격비율$\left(\dfrac{P_X'}{P_Y'}\right)$은 두 가격이 같은 비율로 상승했다고 가정했으므로 초기의 가격비율$\left(\dfrac{P_X}{P_Y}\right)$과 동일하다. 따라서 예산선은 원점을 향해 평행이동한다. 이것은 소득이 감소한 경우와 동일하다.

소득과 모든 상품가격의 비례적 변화: 0차동차성

만일 X재, Y재의 가격 및 소득이 모두 동일한 비율로 증가하여 각각 M', P_X', P_Y'가 되면 예산선은 어떻게 이동할까? 이를 알아보기 위해 가격 및 소득이 3배로 올랐을 때의 예산집합과 초기의 예산집합을 비교해 보자. 초기의 예산선은 다음과 같이 쓸 수 있다.

(5.1.2) $P_X X + P_Y Y = M$

가격 및 소득이 모두 3배로 오른 새로운 상황에서의 예산선은 다음과 같이 쓸 수 있다.

(5.1.3) $3P_X X + 3P_Y Y = 3M$

식 (5.1.2)와 (5.1.3)은 결국 같은 것이다. 따라서 이들이 동일한 직선임을 쉽게 확인할 수 있다. 이처럼 가격 및 소득이 일정한 비율로 변하면 예산선은 변하지 않는다는 사실은, 소비자 역시 이 같은 비례적인 변화에는 반응하지 않는다는 것을 시사하고 있다. 이 같은 성질을 가리켜 '수요는 가격 및 소득에 대해 0차동차성(0次同次性)을 지닌다'고 말한다. 직관적으로 보아도 이 결론은 타당해 보인다. 왜냐하면 X재, Y재의 가격이 3배로 오르고 소득도 3배로 오르면 실질소득과 상대가격은 불변이므로 소비자의 예산선은 변하지 않는다. 따라서 소비자들의 행동도 변하지 않을 것이다.

0차동차성
모든 상품의 가격과 소득이 비례적으로 변할 때 수요는 달라지지 않는다.

5.2 소비자균형 : 최적선택

지금까지 소득 및 상품가격들이 주어지면 소비자의 제약조건, 즉 예산선(혹은 소비가능집합)이 결정된다는 것을 보았다. 이제 소비자선택을 설명하려면 소비자의 제약조건과 선택기준 혹은 효용함수를 동시에 고려하여야 한다.

5.2.1 소비자의 최적조건

소비자의 최적행동을 설명하기 위해 예산선과 소비자의 선호를 나타내 주는 무차별곡선을 결합시켜 보자. 앞에서 설명한 선택기준(선호에 대한 가정들 혹은 앞서 열거된 무차별곡선의 성질: 우하향, 원점에 대해 볼록 등)을 가진 소비자가 주어진 예산집합 내에서 최대 만족을 얻으려면 원점에서 가장 멀리 떨어진 무차별곡선상의 한 점을 선택해야 할 것이다. 이와 같은 선택점은 바로 [그림 5-2-1]의 T점이다. T점에서의 효용수준은 U_2이다. T점에서는 무차별곡선과 예산선이 접하고 있으므로 한계대체율과 예산선의 기울기가 일치한다. 즉 $MRS_{XY} = \dfrac{P_X}{P_Y}$이다.

그런데 소비자는 X재를 X_1만큼 소비하고 Y재를 Y_1만큼 소비하는 K점도 선택할 수 있다. 그러나 K점에서는 최대효용을 얻을 수 없다. 왜냐하면 K점에서는 $MRS_{XY} > \dfrac{P_X}{P_Y}$이기 때문이다. R점은 U_2보다 높은 효용을 주지만 예산선 밖에 있으므로 선택이 불가능하다.

이상의 논의로부터 소비자의 효용극대화는 다음 조건이 충족될 때 달성됨을 알 수 있다.

[그림 5-2-1] 소비자균형

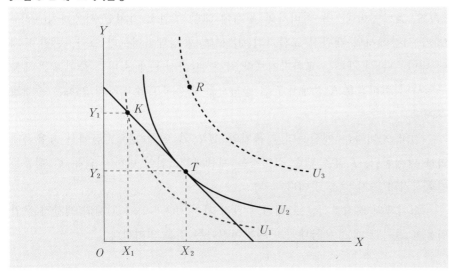

$$(5.2.1) \quad MRS_{XY} = \frac{P_X}{P_Y}$$

$$(5.2.2) \quad Y = -\frac{P_X}{P_Y}X + \frac{M}{P_Y}$$

첫 번째 식은 균형점에서 한계대체율과 예산선의 기울기가 일치해야 한다는 것을 말한다. 두 번째 식은 식 (5.1.2)에서 도출된 것으로 균형점이 예산선상에 위치해야 함을 말한다.

5.2.2 최적조건의 경제적 의미

최적조건의 경제적 의미

재화의 주관적 사용가치와 객관적 교환가치가 일치할 때 효용극대화는 달성된다.

한계대체율(MRS)이란 소비자가 동일한 만족수준을 유지하면서 X재 1단위를 얻기 위해 포기할 수 있는 Y재의 최대량, 혹은 소비자가 동일한 만족수준을 유지한다는 조건하에서 추가적인 X재 1단위의 가치(혹은 X재의 한계효용)를 Y재 단위로 나타낸 것이다. 반면, 예산선의 기울기는 5.1절에서 말했듯이 X재 구입의 기회비용을 나타낸다.

이제 최적조건의 경제적 의미를 이해하기 위해 소비자 균형점이 아닌 K점을 먼저 생각해 보자. K점에서 MRS와 X재의 상대가격을 비교해 보면 $MRS_{XY} > \frac{P_X}{P_Y}$이다. 즉 소비자의 X재에 대한 주관적 가치인 사용가치(使用價值)가 시장에서의 객관적 교환가치(交換價值)인 상대가격보다 크다. 반면 Y재에 대한 주관적 가치는 교환가치보다 작다. 따라서 Y재 소비를 줄이고 X재를 구입하면 소비점은 K점에서 T점 방향으로 이동하고 소비자의 만족은 증대될 것이다.

결국 소비자는 예산선의 기울기와 MRS가 일치하는 T점에서 효용극대화를 달성한다. T점을 택한 소비자는 예산제약조건이 변하지 않는 한 행동을 변화시키려 하지 않을 것이다.

소비자의 최적조건은 X재의 주관적 가치(사용가치)와 X재의 객관적 구입비용이 일치할 때 효용극대화가 이루어진다는 것을 의미한다.

5.2.3 교환의 이익: 소비자잉여

소비자가 [그림 5-2-2]의 T점을 선택함으로써 얻는 이익은 얼마나 될까? 이를 알아보기 위해 소비자의 초기점을 K점이라고 하자. 그림에서 보듯이 K점의 좌표는 (X_1, Y_1)이고 T점의 좌표는 (X_2, Y_2)이다. X재와 Y재가 거래되는 시장이 있을 경우 소비자는 K점에서 T점으로 옮겨갈 수 있다. (Y_1-Y_2)만큼 Y재를 팔고 (X_2-X_1)만큼 X재를 구입함으로써 효용수준을 U_1에서 U_2로 증대시킬 수 있는 것이다. 이 때 교환의 이익은 효용단위로 나타낸다면 (U_2-U_1)이다.

그러나 우리는 효용을 직접 측정할 수 없다. 어떻게 하면 교환의 이익을 계측가능한 단위로 나타낼 수 있을까? 이러한 논의의 핵심은 과연 효용수준의 변화를 관찰가능한 척도로써 측정할 수 있느냐에 있다.

가장 일반적인 방법은 효용의 변화를 화폐단위로 나타내는 방법이다. 효용변화의 크기를 화폐단위로 나타내기 위해, 소비자에게 세금을 어느 정도 부과해야(혹은 소비자로부터 얼마의 소득을 빼앗아 오면) 소비자의 후생수준이 초기와 같아지는가를 계산한다. 산정된 조세가 부과된 후 소비자의 후생수준이 초기와 같다는 것은 소비자가 교환에 참여함으로써 조세액만큼의 이익을 보았음을 의미한다.

[그림 5-2-2] 교환의 이익

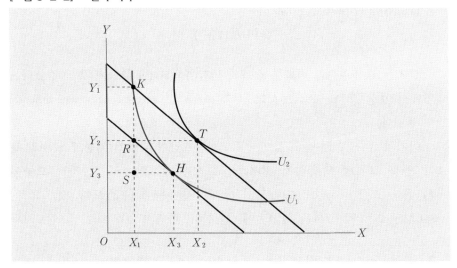

따라서 이 조세액을 후생수준 변화의 대변수(代變數, proxy)로 쓸 수 있다. 이를 보다 구체적으로 살펴보기 위해 [그림 5-2-2]를 보자.

초기의 가격체계는 P_X, P_Y이다. 소비자에게 시장거래를 허용하면서 초기 상태와 효용수준이 같아지도록 정액세(定額稅)인 인두세(人頭稅)를 부과하기로 하자. 이는 소비자의 선택점이 무차별곡선 U_1상에 있어야 함을 의미한다. 시장 거래가 허용되고 조세가 부과된 상황에서 소비자는 한계대체율이 $\dfrac{P_X}{P_Y}$와 일치 되는 H점(X_3, Y_3)을 선택할 것이다.

얼마의 조세가 부과되면 소비자는 H점을 택할까? 이를 위해 H점의 구 입비용과 K점(X_1, Y_1)의 구입비용을 비교해 보자. 먼저 K점의 구입비용(M_K) 은 다음과 같이 표현된다.

(5. 2. 3) $P_X X_1 + P_Y Y_1 = M_K$

또, H점을 선택했을 때 구입비용(M_H)은 다음과 같이 쓸 수 있다.

(5. 2. 4) $P_X X_3 + P_Y Y_3 = M_H$

H점과 K점의 구입비용의 차이$(M_K - M_H)$는 바로 $P_X(X_1 - X_3) + P_Y(Y_1 - Y_3)$로서 이 금액만큼을 조세로 부과하면 된다. 따라서 교환의 이익, 즉 교환으 로 인한 후생수준의 변화폭(ΔW)은 다음과 같이 나타낼 수 있다.

(5. 2. 5) $\Delta W = M_K - M_H$
$$= P_X(X_1 - X_3) + P_Y(Y_1 - Y_3)$$

후생변화의 소 득보상척도

부과되어야 할 조 세로 표현된 효용 수준의 변화

ΔW는 효용수준의 변화를 소득의 변화(부과되어야 할 조세)로 측정했다는 의미에서 후생변화의 소득보상척도(所得補償尺度, income-compensating measure) 라고 불린다.

여기서 $X_1 - X_3$는 음의 값이고, $Y_1 - Y_3$는 양의 값이기 때문에 ΔW의 부 호가 언뜻 보기에 명확하지 않을 것 같지만, [그림 5-2-2]에서 보듯이 $|P_X(X_1 - X_3)| = P_Y \cdot RS$이고,[3] RS의 길이는 $Y_1 - Y_3$보다 작으므로, $|P_X(X_1 - X_3)| < |P_Y(Y_1 - Y_3)|$이 성립한다. 따라서 $\Delta W > 0$이며 이는 교환

---

3 이 등식은 SH만큼의 X재를 구입한 돈으로 RS만큼의 Y재를 구입할 수 있음을 의미한다.

의 이익이 존재한다는 것을 의미한다.

5.3
가격의 변화와 소비자 선택

제약조건들 중에서 특정 재화의 가격변화가 소비자균형에 미치는 영향을
살펴보자.

5.3.1 가격 – 소비곡선

[그림 5-3-1]에서는 X재의 가격이 하락함에 따라 예산선이 LM으로부
터 LM', 그리고 LM''으로 변화하면서 기울기가 점차 완만해진다. 최초의 예
산선 LM에서는, 소비자는 무차별곡선 I_0 위의 점 R에서 효용의 극대화를 도
모하면서 균형에 도달한다. X재의 가격이 하락하여 예산선이 LM'이 되면,
새로운 균형은 무차별곡선 I_1 위의 점 S에서 이루어진다. 마지막으로, 가격이
더 하락하여 예산선이 LM''이 되면 새로운 균형점은 무차별곡선 I_2 위의 T 점
이 된다. 이렇게 얻어진 균형점들을 연결한 선을 가격–소비곡선(price-consump-

가격 – 소비
곡선

소득은 불변이고
상대가격만 변할
때 얻어지는 소비
자 균형점들의 궤
적을 상품공간에
나타낸 곡선

[그림 5-3-I] 가격–소비곡선: X재 가격이 하락할 때

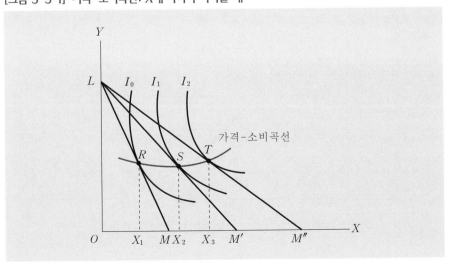

tion curve)이라고 부른다.

5.3.2 수요곡선과 수요법칙

가격–소비곡선은 각 가격수준에서 구입하는 상품조합을 보여 주고 있지만 해당상품의 가격수준과 구입량간의 관계를 직접적으로 보여 주지는 않는다. 이제 해당 상품의 가격과 구입량의 관계를 그래프로 나타내 보자. 이를 위해 [그림 5-3-2]의 가로축은 X재의 구입량, 세로축은 X재의 가격(P_X)으로 잡았다.

이제 [그림 5-3-1]에서 R점은 [그림 5-3-2]에서 R'으로 나타난다. 왜냐하면 R점에서 X재의 상대가격은 LM의 기울기([그림 5-3-2]의 OP_1)이고 이때 X재는 OX_1단위만큼 구매되기 때문이다. 마찬가지로 [그림 5-3-1]의 S점과 T점은 [그림 5-3-2]에서 각각 S'과 T'으로 나타난다. 이렇게 가격변화에 따른 소비자의 최적 선택행위를 가격과 수량공간에 나타낸 곡선을 수요곡선(demand curve)이라고 한다.

통상 수요곡선은 우하향(右下向)한다. 이는 수요법칙을 반영하고 있다. 수요법칙(需要法則, the law of demand)이란 소득과 다른 재화의 가격이 일정할 때

수요곡선

소득과 다른 재화의 가격이 불변일 때, 특정 상품의 수요량과 가격 사이의 관계를 수요량 – 가격평면에 나타낸 곡선

[그림 5-3-2] 수요곡선

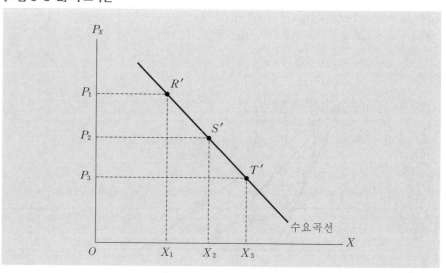

어떤 재화의 가격이 상승하면 그 재화가 열등재가 아닌 한 수요량은 감소하고 가격이 하락하면 수요량은 증가함을 말한다.[4]

수요법칙의 근본정신은 무엇인가? 왜 수요곡선은 우하향하는가? 수요법칙에 관한 보다 정밀한 분석은 5.5절에서 다루기로 하고 여기서는 직관적인 이유만 살펴보기로 한다. X재의 가격이 상승하면 소비자는 값이 올라간 X재 대신 상대적으로 싸진 다른 재화를 사용하게 되므로 비싸진 X재의 수요량은 감소하게 된다. 이처럼 상대가격의 변화로 인한 수요량의 변화를 대체효과(substitution effect)라고 한다. 예컨대 전기 사용료가 인상되면 사람들은 가전제품 사용시간을 줄이고 전기 이외의 원료, 이를테면 석유를 사용하는 전열기의 사용시간을 늘려갈 것이다.

상품가격의 변화는 상대가격의 변화 이외에도 실질소득(혹은 실질구매력)의 변화 효과를 갖는다. 사람들은 어떤 재화의 값이 인상되면 자기의 실질구매력이 감소되었음을 느끼고 구매량을 종전보다 줄이려는 경향을 갖는다.

주택의 평당 임대료가 월 1만원에서 3만원으로 올랐다고 해 보자. 이 경우 동일한 주택규모에서 생활하자면 평당 월 2만원의 비용이 더 소요된다. 한 가계가 30평형 주택에서 생활을 하고 있다면 월 60만원의 추가 비용부담이 생긴다. 따라서 주택임대료의 인상은 60만원의 감봉 혹은 조세인상 조치라고 볼 수 있다. 이렇게 실질소득이 변화함으로써 나타나는 소비량의 변화를 소득효과(income effect)라고 부른다.

결국 어떤 재화의 상품가격이 떨어지면 대체효과에 의해서 수요량이 늘어난다. 그러나 다른 한편 소득효과로 인해 구매량이 감소할 수도 있기 때문에 수요곡선을 우하향하게 하는 기본적인 힘은 대체효과에 있다고 볼 수 있다.[5] 이렇게 볼 때 수요법칙은 상품간 대체가능성의 또 다른 표현이라고 해석할 수 있다.

 예 I　외환위기와 수요법칙

1997년 11월 한국경제는 외환위기를 맞았다. 외환보유고가 40억 달러에 불과하였다. 1997년 외채 만기도래분이 약 800억 달러인 것에 비하면 한국의 금고는 텅 비어 있

---

4 '그 재화가 열등재가 아닌 한'의 단서 조항에 대해서는 '5.5 대체효과와 소득효과'를 다룰 때 설명한다.

5 가격하락시 실질소득은 증가한다. 이 때 구매량이 감소하는 재화를 열등재라고 한다.

었다.

외환위기의 근본적 원인으로 흔히 재벌에 의해 통제되는 관치금융과 한국경제에 대한 신뢰상실을 꼽는다.[6] 1997년에 들어서면서 금융부실과 기업부실이 급격히 증가하였다. 특히, 일반 시중은행과 종합금융회사의 부실이 급증하였다. 한보철강 등 대기업이 줄도산하고 기아자동차는 부도가능성으로 흔들렸다.

해외투자자들은 재벌의 무분별한 과투자와 한국의 지속적인 무역적자를 보고 한국경제의 미래를 신뢰할 수 없었다. 국내외 투자자들은 한국에서 투자자금과 융자금을 회수하고 싶었다. 한마디로 달러를 한국에서 빼내서 미국이나 유럽으로 가져가고 싶었다.

그러나 이와 같은 관치금융과 재벌의 과투자 이외에 원화의 과대평가 역시 외환위기의 중요한 요인 중의 하나였다. 1997년 10월 환율은 달러당 약 900원선이었으나 그로부터 두 달 후 환율은 1,900원대까지 치솟았다. 외환사정이 다소 안정된 1998년 6월 환율은 1,300원대였다. 이러한 환율추이는 97년 10월 당시 원화는 과대평가되고 달러는 과소평가되었음을 말해 준다.

달러가 과소평가되고 있었다는 것은 달러의 상대가격이 낮았다는 것을 의미한다. 달러가 상대적으로 쌌기 때문에 한국인들은 달러수요를 늘렸다. 달러 수요의 증대는 한국은행 달러의 고갈로 나타났다. 한국의 달러수요 증대는 다양한 형태로 나타났다. 첫째, 일반국민은 해외여행을 즐겼고 해외유학과 해외 어학연수가 늘어났다. 달러가 쌌던 97년 11월 해외여행 및 증여수지는 1억 4,600만 달러의 적자를 보였다. 달러가 비쌌던 97년 12월 해외여행 및 증여수지는 약 16억 달러의 흑자를 기록하였다. 둘째, 해외 현지에서 활동하는 수출기업은 달러를 한국에 송환하는 것을 꺼려하였다.[7]

이러한 논의는 외환위기의 배후에도 수요법칙이 작용하고 있다는 것을 말해 준다.

 품질 좋은 사과는 산지로부터 먼 곳에서 잘 팔린다

뉴욕을 다녀온 씨애틀의 주부가 씨애틀의 한 신문사에 항의전화를 하였다. 씨애틀에서 보기 힘든 씨애틀산 고품질사과가 뉴욕에서 더 많이 팔리고 있는 걸 보았는데 도대체 어떻게 된 일이냐는 것이었다.[8] 이러한 현상은 흔히 유통상의 문제로 오해되기 쉽다. 지금부터 이 사례에 숨어 있는 경제원칙을 알아보자.

왜 이러한 일이 일어났을까? 분석을 위해 고품질사과의 산지가격은 400원이고 저

---

6 외환위기의 직접적 원인은 1997년 7월 태국의 외환위기였다. 태국의 외환위기가 아시아 경제에 전염된 것이다. 당시 한국경제는 1995년 금융시장의 개방으로 아시아 국가들과 국제금융시장에서 신흥시장 펀드(Emerging Maket Fund)를 통해 서로 밀접하게 연결되어 있었다.

7 현지기업이 달러를 보유하려 한 것은 경상수지가 지속적으로 적자인 상황에서 원화는 평가절하될 수밖에 없다는 예상도 중요한 역할을 하였다. 1990년 이래 1997년까지 줄곧 경상수지는 적자를 벗어나지 못했다.

8 씨애틀은 사과의 주산지로 유명한 워싱턴 주의 최대도시이다.

품질사과는 200원이라고 하자. 뉴욕까지의 단위당 수송비가 100원이다. 이 경우 뉴욕에서의 고품질사과 가격은 500원, 저품질사과는 300원이 된다. [표 5-3-1]은 품질별로 산지가격과 뉴욕가격이 어떻게 다른지를 보이고 있다.

표에서 보듯이 뉴욕에서는 저품질사과에 대한 고품질사과의 상대가격이 1.7이고 산지인 씨애틀에서는 2이다. 뉴욕에서 고품질사과가 상대적으로 더 싸진 것은 품질에 상관없이 동일한 운송비가 들었기 때문이다. 고품질사과의 뉴욕상대가격이 씨애틀상대가격보다 낮기 때문에 뉴욕에서의 고품질사과 수요량이 씨애틀보다 많아진다. 따라서 다른 조건이 같다면 원산지인 씨애틀보다 뉴욕에서 고품질사과가 많이 판매되는 경향을 보이는 것이다.

요컨대, 고품질상품이 산지가 아닌 먼 곳에서 팔리고 있는 현상은 유통경로상의 문제가 아닌, 상대가격의 차이, 즉 수요법칙에 기인한다.

[표 5-3-1] 품질별 사과가격

품 질 소비자가격	고품질(H)	저품질(L)	상대가격$\left(\dfrac{P_H}{P_L}\right)$
산 지 가 격	400원	200원	2
단위당 수송비	100원	100원	
뉴 욕 가 격	500원	300원	1.7

5.3.3 다른 재화의 가격변화: 대체재, 보완재

승용차에 대한 수요는 예컨대 휘발유 가격이나 택시요금의 변화에 따라 달라질 것이다. 휘발유 가격의 인상은 승용차 수요를 떨어뜨릴 것이다. 반면 택시요금의 인상은 승용차 수요를 증가시킬 것이다. 이제 다른 상품가격과 특정상품의 수요와의 관계를 그래프로 나타내 보자.

[그림 5-3-3]의 (a)에서처럼 다른 재화의 가격(P_Y)이 상승함에 따라 수요가 늘어나는 재화를 대체재(代替財)라 하고 (b)의 경우와 같이 수요가 감소하는 재화를 보완재(補完財)라고 한다.

[그림 5-3-3]의 (a)와 (b)는 통상의 수요곡선이 아님에 주목하기 바란다. 세로축에 승용차 가격(P_X)이 아닌 다른 상품의 가격(P_Y)이 나타나 있다. 앞의 예에서 승용차와 휘발유는 보완재이고 승용차와 택시는 대체재이다. 그러나 냉장고가격 상승은 승용차 수요에 별로 영향을 미치지 못할 것이므로 냉장고

대체재
다른 상품의 가격이 상승(하락)할 때 수요량이 증가(감소)하는 재화

보완재
다른 상품의 가격이 상승(감소)할 때 수요량이 감소(증가)하는 재화

[그림 5-3-3] 대체재와 보완재

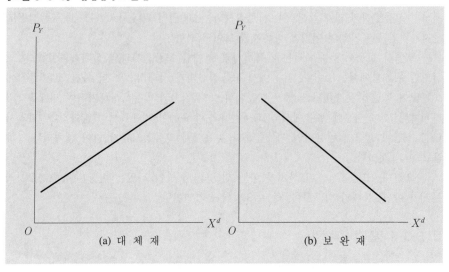

독립재

다른 상품의 가격이 상승(하락)할 때 수요량이 변하지 않는 재화

와 승용차는 대체재도 보완재도 아닌 독립재(獨立財)라고 할 수 있다.

다른 상품의 가격변화가 수요곡선에 미치는 영향을 그래프로 나타내면 [그림 5-3-4]와 같다.

P_Y가 100원에서 200원으로 상승함에 따라 X재 수요곡선은 D_0에서 D_1으로 이동한다. Y재 가격의 상승으로 X재의 수요가 증가한다는 것은 이들이 대체재임을 반영한다.

이상의 논의로부터 다음과 같이 대체재와 보완재 및 독립재를 정의할 수 있다.

$$\text{대체재}: \frac{\Delta X^d}{\Delta P_Y} > 0$$

$$\text{보완재}: \frac{\Delta X^d}{\Delta P_Y} < 0$$

$$\text{독립재}: \frac{\Delta X^d}{\Delta P_Y} = 0$$

여기서 ΔP_Y는 Y재 가격의 변화를, ΔX^d는 X재 수요량의 변화를 나타낸다.

특히 대체재 및 보완재를 정의함에 있어 분자의 단위가 수량임에 주의해

[그림 5-3-4] 대체재 가격의 변화와 수요곡선의 이동

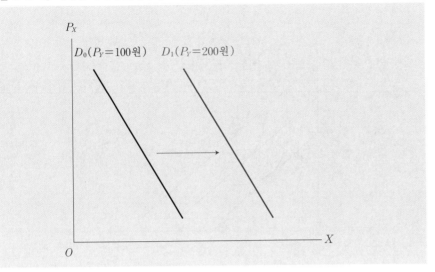

주기 바란다. 혹자는 대체재를 $\dfrac{\Delta MU_X}{\Delta Y}<0$인 재화로 정의하기도 하지만 이는 잘못이다.[9] 왜냐하면 MU_X, 즉 X재의 한계효용은 측정할수 없기 때문이다.

5.4
소득의 변화와 소비자 선택

소득변화가 특정상품의 구입량에 미치는 영향만을 분석하기 위하여 상품 가격은 불변이라고 가정하자.

5.4.1 소득 – 소비곡선

앞절에서 설명하였듯이, 소득이 증가하면 예산선은 바깥쪽으로 평행이동 한다.

[그림 5-4-1]에서 LM이 반영하는 소득하에서 소비자는 무차별곡선

소득–소비 곡선

상품가격이 일정 할 때 소득수준에 따라 달라지는 소 비자 균형점의 자 취를 상품공간에 나타낸 곡선

---

9 $\dfrac{\Delta MU_X}{\Delta Y}$란 Y재 1단위를 추가로 소비할 때 X재의 한계효용(MU_X)의 변화분을 말한다.

[그림 5-4-I] 소득-소비곡선

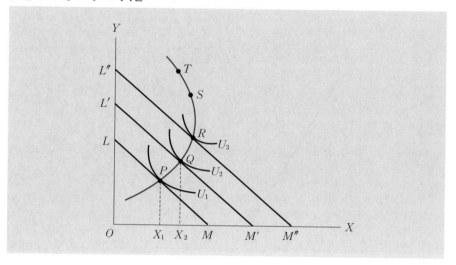

U_1 상의 P 점에서 균형을 이루어 X 재를 OX_1 단위만큼 소비한다. 이제 소득이 $L'M'$ 로 표시되는 수준으로 증가되면 소비자는 무차별곡선 U_2 상의 Q 점에서 새로운 균형을 이룬다. 다시 소득이 $L''M''$ 의 수준으로 변하면 새로운 균형은 무차별곡선 U_3 상의 R 점에서 이루어진다. 이 때 소비자는 점 $P \rightarrow Q \rightarrow R$ 로 이동함에 따라 보다 큰 만족을 얻는다.

소득이 변함에 따라 달라지는 소비자 균형점들을 연결한 선이 바로 소득-소비곡선(income-consumption curve)이다. 이 곡선은 상품가격은 변하지 않고 소득수준만 달라질 때 효용을 극대화하려는 소비자가 구매하는 상품조합의 자취를 보여 준다.

소득이 변하면 대개 상품구매량이 달라진다. 대부분의 재화는 소득이 증가하면 그 수요량도 증가하고, 소득이 감소하면 그 수요량도 감소한다. 그러나 소득-소비곡선은 [그림 5-4-1]의 ST 구간에서처럼 음(-)의 기울기를 가질 수도 있다. 이 경우 소득이 증가함에도 불구하고 X 재의 수요량은 감소하고 있다.[10]

---

10 소득이 증가할 때 소비량이 감소하는 재화를 열등재(inferior goods)라고 한다. '열등재'에 대해서는 5.5절에서 다룬다.

5.4.2 엥겔곡선

소득–소비곡선은 각 소득수준에서 효용을 극대화하는 상품들의 구입량(상품조합)은 보여 주지만, 소득수준과 특정상품의 구입량간의 관계는 직접적으로 보여 주고 있지 않다. 소득–소비곡선에서 소득수준은 가로축이나 세로축에 명시적으로 나타나 있지 않지만 예산선의 가로축 절편이나 세로축 절편값을 통해서 간접적으로 알 수 있다.

이제 소득수준과 상품구입량간의 관계를 그래프를 이용하여 명시적으로 나타내 보자. 이를 위해 가로축을 소득, 세로축을 X재(예컨대 음식물)의 구입량으로 하면 [그림 5-4-2]와 같은 곡선이 그려진다. 이처럼 소득과 특정상품의 소비량간의 관계를 나타내 주는 곡선을 엥겔곡선(Engel curve)이라고 한다.[11]

이제 엥겔곡선과 소득소비곡선의 관계를 명확히 이해하기 위하여 엥겔곡선이 어떻게 도출될 수 있는지를 생각해 보자.

[그림 5-4-1]의 초기 균형점 P에서 소득은 $P_X \cdot OM$(혹은 $P_Y \cdot OL = M_1$)이다. $P_X \cdot OM$의 소득에서 X재는 OX_1단위만큼 구매된다. 이 소득 – 소비의 조합은 [그림 5-4-2]에서 한 점으로 표시될 수 있다. [그림 5-4-1]에서 예산선

엥겔곡선

특정한 상품의 구매량과 소득수준의 관계를 나타내 주는 곡선

[그림 5-4-2] 엥겔곡선

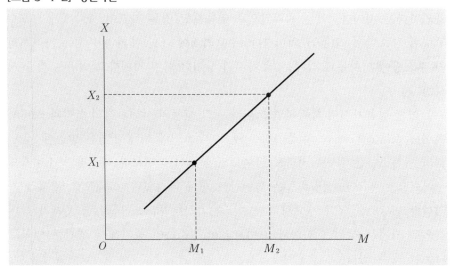

---

11 엥겔(Christian Lorenz Ernst Engel)은 19세기 독일의 통계학자이다.

이 LM에서 $L'M'$으로 이동하면 소득은 $P_X \cdot OM'(=M_2)$으로 증가하고 소비는 OX_2로 증가한다. 이와 같이 소득–소비곡선상의 한 점은 엥겔곡선의 한 점을 구성한다. 모든 소득수준에 대해 이러한 과정을 반복하여 나타난 점들을 연결하면 [그림 5–4–2]에서와 같은 엥겔곡선이 만들어진다.

엥겔곡선은 가계의 지출패턴을 분석하는 데 매우 중요하게 사용된다. 엥겔곡선으로부터 지출탄력성을 계산할 수 있기 때문이다. 그러나 엥겔곡선은 상품의 정의에 따라 곡선의 기울기가 달라진다. 예컨대, '식료품'을 단일상품으로 취급했을 때의 엥겔곡선과 '청량음료'를 단일상품으로 분류했을 때의 엥겔곡선은 서로 다른 모양을 하게 될 것이다.

5.5
대체효과와 소득효과

5.5.1 가격효과의 해부

5.3절에서 살핀 수요법칙은 열등재가 아닌 한 가격이 하락하면 수요량이 증가한다는 것이다. 이는 예외적으로 열등재인 경우 가격이 하락하더라도 수요량이 감소할 수 있음을 의미한다. 수요법칙에 대한 예외의 존재는 가격변화가 수요량에 미치는 효과에는 두 가지의 상이한 힘이 지배하고 있다는 것을 시사한다.

어떤 상품가격이 하락하면 소비자는 그 상품의 상대가격의 하락과 소비자의 실질소득(real income)의 증가라는 두 가지 요인에 의해 영향을 받는다. 금년도의 명목소득은 불변일지라도 금년도의 쌀값이 작년보다 싸졌다면 소비자의 구매력으로 평가한 실질소득은 늘어난 것이나 다름없다. 그러므로 X재의 가격하락으로 인한 X재 수요량의 변화, 즉 가격효과(price effect)는, X재가 상대적으로 싸져서 생기는 변화와 소비자의 실질소득이 증가해서 생기는 변화로 나누어 볼 수 있다.

소비자의 실질소득이 불변인 상태에서 두 상품간의 상대가격의 변화로 인해서 발생하는 효과를 대체효과라고 한다. 반면 상대가격의 변화가 없는 상황에서 실질소득만 변화했을 때 생기는 효과를 소득효과라 한다.

X 재 가격이 하락하면 대체효과에 의하여 X 재 수요량은 늘어난다. 그러나 X 재 가격의 하락으로 인해 실질소득이 늘어난다고 해서 그 소득효과로 X 재 수요량이 반드시 늘어난다고 말할 수는 없다. 소득효과는 상품의 성격에 따라 나타나는 방향이 다를 수 있다. 실질소득의 증가에 따라 수요가 증가하는 재화를 정상재(正常財, normal goods)라 하고, 감소하는 재화를 열등재(劣等財, inferior goods)라고 한다.

X 재가 열등재라면 X 재 가격이 하락할 경우 소득효과와 대체효과는 반대 방향으로 작용한다. 열등재인 X 재 가격이 하락할 경우 대체효과에 의해 수요량은 증가할 것이다. 그러나 X 재 가격의 하락으로 인한 실질소득의 증대는 열등재의 수요량을 감소시킬 것이다. 따라서 실증분석에서 어떤 상품의 가격이 하락했다고 해서 상품의 수요량이 반드시 증가하는 것은 아니다.

지금까지 설명한 바와 같이 가격효과가 대체효과와 소득효과로 구성됨을 [그림 5-5-1]을 통해서 살펴보자. P_X 에서 P_X' 으로 사과값이 하락하면 예산선이 ST 에서 ST' 으로 회전하게 된다. 이에 따라 소비자의 균형점은 A 에서 C 로 이동한다. 이제 가격변화를 상대가격의 변화와 실질소득의 변화로 분해해 보자.

[그림 5-5-1] 대체효과와 소득효과

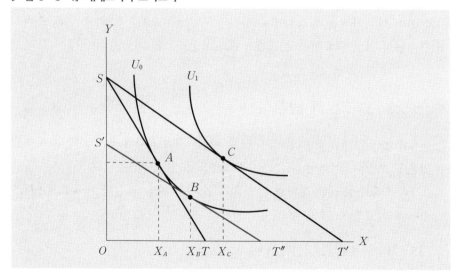

대체효과

먼저 순수한 상대가격의 변화로 인한 대체효과만을 측정하기 위해 실질소득을 초기수준에서 고정시켜 보자. 실질소득을 효용수준으로 해석하면 동일한 실질소득은 동일한 무차별곡선을 의미한다. 따라서 순수한 상대가격의 변화로 인해 소비점은 [그림 5-5-1]의 A점에서 B점으로 이동한다.

초기 균형점 A에서 소비자가 누리던 동일한 효용수준(U_0)을 누리기 위해 소비자는 사과값이 인하된 상대가격하에서 B점을 선택한다.

B점에서는 X재 소비량이 OX_A부터 OX_B로 늘어났다. 이와 같이 같은 효용수준을 유지한다는 전제하에서 소비자가 상대적으로 싸진 재화를 더 많이 구매하고 상대적으로 비싸진 재화를 덜 구매하는 것을 대체효과(substitution effect)라고 한다.

대체효과
동일한 실질소득 하에서 상대가격의 변화로 인한 수요량의 변화

소득효과

이제 소득효과를 분석하기 위해 [그림 5-5-1]의 B점과 C점의 소득수준을 비교해 보자. 이를 위해 C를 선택했을 때의 상대가격하에서 B점이 선택될 수 있는 소득을 계산해 보자. B점을 통과한 직선 $S'T''$가 이를 나타낸다. 따라서 소득이 직선 $S'T''$에서 직선 ST'으로 증가한다면 소비점은 B에서 C로 이동한다. 실질소득의 증가로 인해 X재 구입량은 OX_B로부터 OX_C로 늘어난다. 이와 같이 상대가격을 일정하게 유지시키고서 실질소득의 변화로 인해 소비자의 구매량이 달아지는 것을 소득효과(income effect)라고 한다.

소득효과
일정한 상대가격 하에서 실질소득의 변화로 인한 수요량의 변화

5.5.2 슬러츠키 방정식

지금까지 그래프를 이용하여 가격효과는 대체효과와 소득효과로 분해될 수 있음을 보았다. 이러한 분석은 수식으로도 보일 수 있다.

그래프에서 보았던 것처럼 가격효과(ΔX)는 다음과 같이 대체효과(ΔX^s)와 소득효과(ΔX^m)로 나누어 쓸 수 있다.

(5.5.1) $\Delta X = \Delta X^s + \Delta X^m$

이 식은 수요량의 변화분으로 나타나 있다. 이를 가격변화에 대한 수요량의 변화율로 표현하기 위해 양변을 ΔP_X로 나누면 다음 식을 얻는다.

(5.5.2) $\dfrac{\Delta X}{\Delta P_X} = \dfrac{\Delta X^s}{\Delta P_X} + \dfrac{\Delta X^m}{\Delta P_X}$

식 (5.5.2)의 우변의 첫 번째 항은 실질소득, 즉 효용수준(U_0)을 일정하게 유지시켰을 때 X재 가격의 변화가 X재 수요량을 얼마나 변화시키는가를 보여 준다.

우변의 두 번째 항은 소득효과를 나타낸다. 두 번째 항의 ΔX^m은 소득변화로 인한 수요량의 변화분이다. 가격변화(ΔP_X)로 인한 소득변화분(ΔM)을 ΔP_X로 표현하면 다음과 같다.

(5.5.3) $\Delta M = -X \, \Delta P_X$

이는 예컨대, 초기에 사과(X) 100개를 소비하던 소비자가 사과값이 300원 싸질 경우 절약할 수 있는 지출액, 즉 증가된 소득이 3만원임을 의미한다. 실질소득의 변화분을 표현하는 수식에 음($-$)의 부호가 붙은 것은 X재 가격변화의 방향과 실질소득의 변화 방향이 항상 반대이기 때문이다. 사과값이 떨어지면($\Delta P_X < 0$) 실질소득은 증가한다($\Delta M > 0$).

식 (5.5.3)을 이용해 식 (5.5.2)의 우변의 두 번째 항을 소득변화분(ΔM)으로 표현하면 다음과 같다.

(5.5.4) $\dfrac{\Delta X^m}{\Delta P_X} = -X \dfrac{\Delta X^m}{\Delta M}$

식 (5.5.4)를 식 (5.5.2)에 대입하면 다음 식을 얻는다.

(5.5.5) $\dfrac{\Delta X}{\Delta P_X} = \dfrac{\Delta X^s}{\Delta P_X} - X \dfrac{\Delta X^m}{\Delta M}$

이 식을 슬러츠키 방정식(Slutsky equation)이라고 한다.

슬러츠키 방정식은 두 가지 의미를 지닌다. 첫째, 가격효과가 대체효과와 소득효과의 합으로 표현될 수 있음을 수식으로 보여 주고 있다. 둘째, 5.5.3절에서 논의할 마샬의 수요곡선과 힉스의 보상수요곡선과의 관계를 수식으로 보여 주고 있다. 즉, 식 (5.5.5)의 좌변은 마샬의 수요곡선의 기울기이고, 우변

의 첫 번째 항은 힉스의 수요곡선의 기울기이다. 힉스의 수요곡선의 기울기는
항상 음이지만 마샬의 수요곡선의 기울기는 양이 될 수도 있다. 열등재의 경우
두 번째 항의 값은 양이 되기 때문이다.

5.5.3 보상수요곡선

가격변화로 인한 수요량의 변화를 대체효과와 소득효과로 분해할 수 있다
는 것은 앞서 도출한 수요곡선 외에 또 다른 수요곡선을 정의할 수 있음을 시
사하고 있다. 앞에서 도출한 수요곡선은 가격변화 속에 내재되어 있는 소득효
과까지 포함된 수요량의 변화를 보여 주고 있다. 이는 실질소득의 변화가 포함
된 수요곡선이다.

이제 실질소득이 변하지 않는 조건하에서의 수요곡선, 즉 대체효과만을
반영하는 수요곡선을 생각해 보자. 대체효과만을 고려하려면 실질소득이 일정
하게 유지되어야 한다. 실질소득을 일정하게 유지하기 위해서 가격변화로 인
한 실질소득 변화분만큼 정확히 상쇄시킬 수 있는 보상금(혹은 조세)을 소비자
에게 지급(부과)한다고 가정하자. 가격하락(상승)시 실질소득은 증가(감소)할 것
이므로 소비자에게 지급되어야 할 금액은 마이너스 보상금으로서 사실상 일괄
조세(보조금)의 성격을 띤다. 소득을 증감시켜 실질소득이 초기수준에 머물도
록 하는 것을 소득보상이라고 한다. 이처럼 적절한 금액의 보상금이나 조세로
써 가격변화에 따른 소득효과를 제거하고 대체효과만 있는 수요관계를 나타내
주는 곡선을 우리는 보상수요곡선(補償需要曲線, compensated demand curve)이라
고 부른다. '보상'이라는 수식어가 붙은 것은 보통의 수요곡선과 구별짓고 가
격변화로 인한 실질소득의 변화를 제거했다는 의미이다.[12]

실질소득의 보상이 이루어진 이후에 도출되는 보상수요곡선을 그림을 통
해 설명해 보면 다음과 같다. [그림 5-5-2]에는 보통의 수요곡선이 dd곡선으
로 도출되어 있다. 이는 대체효과와 소득효과를 모두 합친 가격효과를 반영하
고 있다.

보상수요곡선을 도출하기 위해서는 실질소득이 일정해야 한다. 그러자면

보상수요곡선
가격변화에 대한
소득효과를 제거
하고 대체효과만
을 고려한 수요곡
선

---

12 보통의 수요곡선을 '마샬 수요곡선(Marshallian demand curve)', 그리고 보상수요곡선을 '힉스 수
요곡선(Hicksian demand curve)'이라고 부르기도 한다.

[그림 5-5-2] 보상수요곡선의 도출: 정상재의 경우

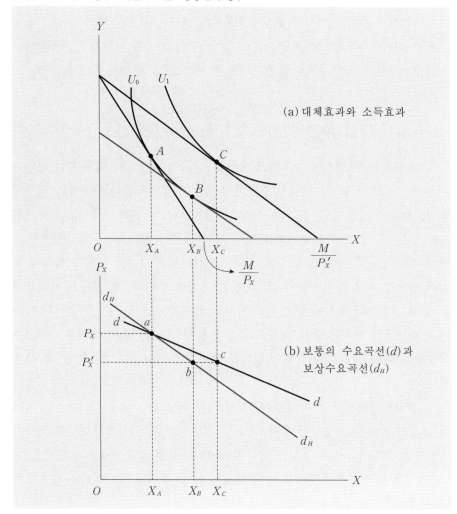

초기 균형점에서 얻는 효용수준을 유지시켜야 한다. 그러므로 사과의 가격이 P_X에서 P'_X으로 낮아졌을 때의 보상수요량은 그림 (a)의 X_B가 되는 것이다. 이 것은 그림 (b)에서 b점으로 나타낼 수 있으며, 이 점과 a점을 잇는 곡선(d_H)이 바로 보상수요곡선이다.

　여기서 이 보상수요곡선의 기울기는 X 재가 정상재인지 아닌지에 따라 달라짐에 유의하기 바란다. X 재가 정상재(正常財)이면 X 재의 가격이 내렸을 때 소득효과는 X 재의 수요량을 더욱 증가시키는 방향으로 작용한다. 따라서 순수

한 대체효과에 의한 수요량(X_B-X_A)은, 가격하락에 의한 수요량의 증가분(X_C-X_A)보다 작아진다. 그러므로 보상수요곡선은 그림에서 보는 바와 같이 통상의 수요함수보다 가파른 기울기를 가지게 된다. 만약 X재를 열등재로 가정한다면 보상수요곡선이 보통 수요곡선보다 완만해지리라는 것을 쉽게 확인할 수 있다.

5.5.4 마샬 수요곡선과 힉스 (보상)수요곡선

왜 우리는 두 개의 수요곡선을 구별하는가? 두 수요곡선의 용도는 어떻게 다른가? 이를 이해하기 위해서 현실에서 발생하는 가격변화의 유형을 생각해 보자. 가격은 기술진보, 중간재 가격의 변화, 수요의 변화 혹은 규제 등으로 인해 변할 수 있다. 가격변화의 유형이 무엇이냐에 따라 소비자의 실질소득은 변할 수도 있고 그렇지 않을 수도 있다. 예컨대 부품 가격의 인하로 컴퓨터 가격이 떨어질 경우 소비자들의 실질소득은 증가할 것이다. 또 정부의 가격규제로 인해 전기요금이 싸졌을 경우도 역시 소비자의 실질소득은 증가한다. 이러한 가격변화의 효과는 모두 소득효과와 대체효과의 합으로 구성된다. 마샬 수요곡선은 이와 같이 실질소득의 변화가 수반된 가격효과를 분석하는 데 사용된다.

그러나 기술진보 없이 정부가 TV에 대한 물품세를 부과함으로써 TV가격이 상승하는 경우를 생각해 보자. 우선 가격인상으로 인한 대체효과에 의하여 소비자들의 소비품목의 구성은 달라질 것이다. 물론 소비자들은 TV를 덜 사고, 예컨대 대체재인 라디오를 더 구입할 것이다. 그러나 국민경제 전체적으로 볼 때 TV가격이 인상되었다고 해서 국민의 실질소득수준이 반드시 떨어졌다고 할 수는 없다.

평균의 소비자의 생활수준은 정부가 물품세로 거둬들인 조세수입으로 무엇을 했느냐에 따라서 달라진다. 만일 물품세의 증가분만큼 다른 조세를 덜 징수한다면 평균적으로 소비자의 가처분소득(조세납부 이후의 소득)은 TV가격의 상승에도 불구하고 불변이다. TV가격의 인상은 다른 세원(稅源)으로부터의 세액감면을 통해서 보상되고 있다. TV의 구입비용은 인상되었지만 소비자의 실질소득은 대체로 불변이라고 말할 수 있는 것이다. 이러한 상황하에서 소비자의 행동을 적절히 설명해 줄 수 있는 수요곡선이 바로 보상수요곡선이다. 물론 정부가 조세수입을 보조금의 형태로 가계에 다시 환원한다고 해도 소비자의 실질소득은 대체로 불변일 것이므로 역시 보상수요곡선을 사용해야 할 것이다. 또 정부가 조세수입을 치안유지나 국방서비스에 사용했다고 하자. 치안이나 국방이 안정될수록 소비자의 만족은 커질 것이다. 그러므로 소비자는 실질적으로 보상받은 것과 다름없다.

이상과 같은 정부의 재정지출정책하에서 특정 상품의 가격인상으로 인한 소비자 행동을 분석할 때는 대체효과만 문제가 된다. 따라서 보상수요곡선, 즉 힉스 수요곡선이 사용되어야 한다.

어떤 정책의 효과를 분석할 때 어떤 수요곡선을 사용하느냐는 문제에 있어 핵심적으로 중요한 점은 소비자들의 실질소득이 변했느냐의 여부이다.

5.5.5 보상수요곡선과 슬러츠키 수요곡선

앞에서 대체효과만을 고려한 수요곡선이 보상수요곡선임을 보았다. 보상수요곡선을 도출할 때 우리는 동일한 효용수준을 동일한 실질소득으로 해석하였다. 이와 같이 실질소득을 효용수준의 관점에서 파악한 것은 힉스(J. R. Hicks)였다. 그러나 효용수준을 객관적으로 측정할 수 없다는 점을 인정한다면 힉스의 실질소득 개념은 분명치 않다고 볼 수 있다.

이러한 힉스의 실질소득의 개념이 갖는 약점을 보완하기 위해 슬러츠키(E. E. Slutsky)는 초기에 선택했던 상품조합을 새로운 가격체계하에서도 구입할 수 있을 때 실질소득수준은 동일하다고 정의하였다. 슬러츠키의 대체효과를 [그림 5-5-3]을 통하여 살펴보자.

초기 가격하의 소비자 균형점은 A이다. [그림 5-5-1]에서 보았듯이 X재 가격의 하락으로 인한 A에서 B로의 이동은 힉스의 대체효과를 나타낸다.

힉스와 달리 슬러츠키의 정의에 의하면 초기 균형점인 A점을 통과하는 파란색으로 나타난 새로운 가격선 AS상의 모든 점들은 실질소득이 동일하다. 그런데 예산선이 이 새로운 가격선 AS로 주어질 경우 소비자는 S점을 선택할 것이다. 이 때 A점에서 S점으로의 이동이 슬러츠키의 대체효과이다.

만일 X재가 정상재라면 X재의 가격하락으로 인한 힉스의 대체효과보다 슬러츠키의 대체효과가 더 커진다. 이는 가격하락시 슬러츠키의 보상액이 힉

[그림 5-5-3] 힉스의 대체효과와 슬러츠키의 대체효과

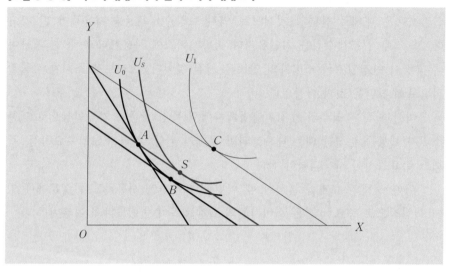

스의 보상액보다 크다는 데에 기인한다. 이는 그림에서 확인할 수 있다. 따라
서 X재가 정상재일 경우 힉스의 보상수요곡선과 슬러츠키의 보상수요곡선을
그리면 [그림 5-5-4]와 같이 나타난다. D_S는 슬러츠키의 보상수요곡선을, D_H
는 힉스의 보상수요곡선을 나타낸다.

[그림 5-5-4] 힉스 보상수요곡선과 슬러츠키 보상수요곡선: 정상재인 경우

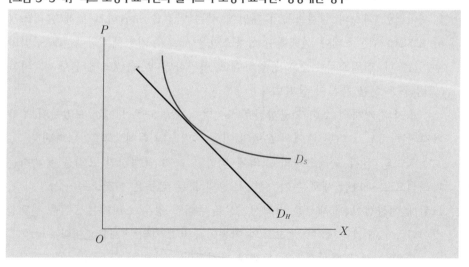

5.6
신고전파 수요이론에 대한 비판과 새로운 영역의 수요이론

지금까지 전통적 소비자 행동이론 즉, 신고전파(neoclassical) 수요이론을 살펴보았다. 전통적 신고전파 수요이론은 수요법칙과 무차별 곡선 접근을 통해 시장에서 일어나는 소비자의 선택을 설명한다. 그러나 신고전파 수요이론은 크게 다음 네 가지 관점에서 비판받고 있다.

상품을 최종재로 인식: 초미시 접근법(micro-micro approach)

신고전파 수요이론은 가계의 시간배분에 관한 선택을 설명하지 못한다. 따라서 여가 및 가사노동에 관한 선택을 설명하지 못한다. 전통적 소비자 행동이론은 임금이 상승하면 왜 세탁기와 청소기가 많이 팔리고, 외식이 늘어나고 김치를 담그는 집이 줄어드는지, 왜 바둑 인구는 감소하는지를 설명할 수 없다. 소득효과를 이용한 설명만으로는 충분하지 않다. 신고전파 수요이론이 시간배분을 제대로 설명하지 못한 것은 상품(goods)을 소비자가 최종적으로 원하는 최종재로 인식하는 데에 기인한다.

상품을 가계의 최종 소비재라고 보는 신고전파 수요이론의 인식은 두 가지 측면에서 설득력이 없다.

첫째, 소비자가 최종적으로 소비하려는 것은 상품(goods)이 아니다. 베커(G. Becker)에 의하면 가계가 시장에서 구입하는 상품(goods)은 그 자체가 목적이 아니고 도구이다. 가계가 궁극적으로 소비하는 것은 가계생산재(commodity)이다. 상품은 가계가 가계생산재를 만들기 위한 재료일 뿐이다. 예컨대 우리는 시장에서 구입하는 침대 자체를 소비하지 않고 수면이란 서비스를 소비한다. 마찬가지로 우리는 쌀과 야채를 소비하지 않고 식사를 소비한다. 랑카스터(K. Lancaster)에 의하면 소비자가 최종적으로 소비하려는 것은 상품(goods)이 아니고 그 상품에 내재된 특성(characteristics)이다. 우리가 오렌지를 먹는 것은 오렌지 자체를 소비하기 위함이 아니고 오렌지 속에 들어있는 비타민 C를 소비하기 위함이다. 특정 지역의 주택을 구입하려는 것은 집 자체가 아니고 좋은 학군으로부터 얻을 수 있는 좋은 교육서비스이다.

둘째, 시장에서 판매하는 상품은 그 자체로 소비되지 않고 시간과 결합되어 소비된다. 쉽게 말해 상품을 소비하는 데는 반드시 시간이 필요하다. 침대를 사용하기 위해서는 수면 시간이 필요하다. 식재료를 가지고 식사를 만드는데에도 시간이 필요하다. 상품 소비에 필요한 시간을 고려하면 그 상품을 소비하는 데 가계가 지출하는 가격은 시장에서의 상품 가격과 크게 달라질 수 있다. 시장에서의 상품 가격은 소비자가 가계생산재를 소비하기 위해 치르는 가격의 일부에 불과하다. 임금이 상승하면 가계가 생산하는 서비스 중에서 시간집약적 가계생산재(times-intensive commodities) 소비는 감소할 것이고 상품집약적 가계생산재(goods-intensive commodities) 소비는 증가할 것이다. 손빨래는 시간집약적 서비스이고 세탁기를 이용한 빨래는 상품집약적 서비스이다. 상품의 선택을 제대로 설명하려면 상품 수요에서 가계생산재나 상품이 지닌 특성에 대한 수요를 먼저 분석해야한다. 이렇게 가계가 최종적으로 소비하는 것은 가계생산재나 상품이 지닌 특성이라고 설명하는 이론을 초미시 접근법(micro-micro approach)이라고 한다. 초미시 접근법에 의하면 가계생산재나 상품이 지닌 특성에 대한 수요가 분석된 후 상품 수요는 파생수요(derived demand)로 도출될 수 있다.

분석대상이 상품 선택에 국한: 거래비용 접근법

신고전파 수요이론은 분석대상이 너무 협소하다. 신고전파 이론은 시장에서의 개인의 상품 선택을 설명할 뿐이다. 신고전파 수요이론의 초점은 상품과 상품 가격이다. 거래비용 접근법(transaction cost approach)을 주장한 코오즈(Ronald Coase)와 윌리엄슨(Oliver Williamson)은 신고전파 수요이론은 '계약 형태나 제도'의 선택을 설명하지 못한다고 비판한다.[13] 신고전파 수요이론은 상품의 선택을 설명하고 있을 뿐 자원배분의 틀을 설명하지 못한다는 것이다. 계약 형태나 사회 제도(사회의 법률이나 관습), 조직의 구조, 시장의 크기, 이념 등은 자원배분의 틀이다. 과수원에서 과일을 따는 노동자에게 급료를 지급하는 노동계약 형태에는 시간급과 실적급 등이 있다. 신고전파 수요이론은 시간급과 실적급이 어떤 경우에 채택되는지를 설명하지 못한다. 왜 아테네의 직접민주

---

13 거래비용(transaction cost)의 정의에 관해서는 8.1을 참고하라.

주의 제도가 대의 민주주의 제도로 바뀌었는지, 왜 영국에서 소유권 제도가 가장 먼저 정립되었는지를 신고전파 이론으로는 설명할 수 없다.

신고전파가 계약과 제도를 설명하지 못한 것은 신고전파의 초점이 오직 시장에서 판매되는 상품에 국한되어 있는 데에 기인한다. 분석대상을 계약 형태나 사회제도, 조직구조로 넓히려면 분석의 초점을 가격보다 거래 비용에 맞출 필요가 있다.

계약 형태나 사회제도를 설명하는 것은 매우 중요하다. 노스(Douglass C. North)에 의하면 거래 비용을 낮추어 주는 소유권 제도나 의회민주주의, 큰 시장과 같은 제도는 지속적이고 빠른 경제성장의 동력이다.

합리적 소비자 가정의 비현실성: 행태경제학

신고전파 수요이론은 합리적 소비자를 가정한다.[14] 그러나 심리학과 경제학을 결합시킨 행태경제학(behavioral economics)은 현실의 소비자는 합리적이지도 않고 이기적이지도 않다는 점을 강조한다.

사이먼(Hebert Simon)에 의하면 인간은 합리적으로 효용 극대화를 추구하는 존재(maximizer)가 아니라 적당한 수준에서 적당한 선택을 하는 만족 추구자(satisfier)로서 행동한다는 것이다. 인간은 때로는 관성에 따라 행동하고 때로는 충동에 의해 행동한다. 대체로 제한된 정보하에서 선택을 한다. 현실에서의 인간은 정보와 능력의 제약하에서 행동해야 하기 때문에 합리적으로 만족을 극대화할 수 없다. 사람들은 다양한 선택 옵션이 주어질 때 오히려 더 부담스러워하고 제한된 옵션을 더 선호하는 경향이 있다. 고급 레스토랑에서 코스 요리를 주문하는데 너무도 많은 메뉴 선택 옵션이 있다면 오히려 귀찮고 당황스러운 것과 같다. 또한, 사람들의 선호는 불변이 아니고 교육이나 경험에 의해 달라진다. 음식도 먹기 전과 먹어 본 후에는 그 음식에 대한 선호나 태도가 달라진다. 요컨대 신고전파 수요이론의 가정과 달리 사람들이 완벽하게 합리적이지 않고 '제한된 합리성(bounded rationality)'을 가지고 선택한다는 것을 말해준다.

---

14 합리적 소비자란 변하지 않는 일관된 선호 그리고 효용 극대화를 추구하는 개인 등을 의미한다. 남에 대한 배려 혹은 시새움 없이 자신의 이익만을 추구하는 이기적 개인을 말한다.

신고전파 소비자 이론은 공평성을 추구하는 개인의 선택을 설명하지 못한다. 인간은 반드시 이기적이지 않기 때문이다. 인간은 이기적이면서도 공평성(fairness)을 추구하는 존재이다. 최후통첩 게임(the ultimate game)이라는 실험은 인간이 이기적인 존재만이 아닌 공평성(fairness)을 추구하는 존재임을 보여준다. 최후통첩 게임은 다음과 같이 설계된다. 두 명으로 팀을 구성한다. 각 팀에게 100$를 배분한다. 팀원 A는 100$를 자기 몫과 상대방 몫으로 나누어 상대방에게 제시한다. 팀원 B는 팀원 A의 제안을 수락하거나 거부한다. 팀원 B가 제안을 수락하면 A의 제안대로 상금은 배분된다. 팀원 B가 제안을 거부하면 두 사람은 한 푼도 받을 수 없다. 그리고 게임은 끝난다. 팀원 A의 제안은 처음이자 최후의 통첩이 된다.

팀별로 팀원 A의 제안은 다양할 것이다. 만일 A가 자신이 99$를 갖고 1$를 B에게 주겠다고 제안할 경우 팀원 B는 어떻게 행동할까? 신고전파 이론에 의하면 팀원 B는 이러한 제안을 수락한다고 예측할 것이다. 팀원 B가 수락하지 않을 경우 한 푼도 받을 수 없기 때문이다. 그러나 실험 경제학자들의 실험결과는 신고전파의 예측과 크게 달랐다. 팀원 B는 아주 적은 금액에 대해서는 수락을 거부했다. 팀원 A도 이것을 알고 1$보다 훨씬 많은 금액을 B에게 제시했다. 대체로 상대에게 30~40$를 제시했다. 99:1로 나누는 것은 용인하기 힘들 정도로 불공평하기 때문에 사람들은 차라리 1$를 안 받더라도 그 제안을 거부하는 쪽을 선택한다.

관찰 불가능한 선호에 대한 가정: 현시선호이론

이론구조상의 문제로 전통적 수요이론은 관찰 불가능한 선호란 개념에 입각하여 구축되어 있다. 무차별곡선으로 묘사되는 선호는 관찰이 불가능하다. 따라서 선호에 대한 신고전파 가정이 얼마나 현실에 부합되는지를 확인해 볼 수 없다. 관찰이 불가능한 가정을 관찰이 가능한 가정으로 대체할 수 있다면 그 이론은 보다 우수한 이론으로 평가받을 수 있다. 가정이 비현실적이라는 문제점에 착안한 것이 바로 6장에서 다룰 사무엘슨(P. Samuelson)의 현시선호이론(顯示選好理論)이다.

5.7
응 용 예

[응용 예 I] 사회복지정책의 효율성 비교

이 절에서는 서수적 효용이론(序數的 效用理論)을 이용해 사회복지정책의 효율성을 평가해 보자. 정부가 생활보호대상자 구호정책을 실시하려 한다. 그 대안으로서 현금을 지급하는 방법과 특정 상품(예컨대 쌀)을 보다 싸게 구입할 수 있는 할인권을 제공해 주는 방법이 있다. 이 두 정책의 효율성을 무차별곡선접근법(서수적 효용이론)을 이용하여 분석해 보자. 두 정책의 효율성을 비교하기 위해 정부의 지원예상액이 어느 정책의 경우에나 동일하다고 하자. 분석의 단순화를 위해 X 재, Y 재 두 재화만 있다고 가정한다. X 재는 쌀이고 Y 재는 소득(화폐)이다.

생활보호대상자의 초기 예산선은 [그림 5-7-1]에서 직선 MN 이다. 이 때 균형점은 E_0 이다. 먼저 할인권을 제공하는 정책, 즉 가격보조정책(價格補助政策)을 생각해 보자.[15] 가격보조정책은 X 재 가격의 실질적인 하락을 의미하므로 예산선은 MN' 로 회전하게 된다. 그러므로 가격보조정책하의 균형점은

[그림 5-7-I] 사회복지제도의 효율성 비교

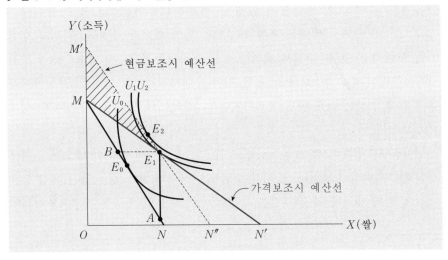

---

15 할인권은 소비자가 원하는 대로 제공된다. 단 할인권은 전매될 수 없다.

E_1이 된다.

이러한 가격보조정책을 수행하는 데 필요한 예산액을 계산해 보자. 이를 위해 E_1점에서 X축에 수선의 발을 내리고 직선 MN과 만나는 점을 A라 하자. E_1점은 A점보다 E_1A만큼 예산이 더 든다. 즉, 현금으로 평가했을 때 E_1점은 A점보다 E_1A만큼 지출액이 크다. 그리고 A점은 초기 예산선 MN 위의 점이므로 A점과 E_0점의 지출액은 같다. 따라서 E_1점의 구입액은 E_0점보다 현금 E_1A만큼 크다. 생활보호대상자가 E_1점을 선택할 때 필요한 지원예산액은 E_1A가 된다.[16]

이제 예산을 현금으로 보조해 주는 경우를 분석해 보자. 지원예산액이 동일하므로 현금보조액은 E_1A이다. 현금보조정책하에서 예산선은 MN에서 $M'N''$로 평행이동한다. 예산선 $M'N''$은 E_1점을 통과한다. 새로운 균형은 E_2점에서 성립하고 효용수준은 U_2이다. E_2점의 효용수준은 가격보조하의 균형점 E_1점보다 높다. 이는 효용수준을 기준으로 볼 때 할인권을 통한 가격보조정책보다 현금보조정책이 더 효율적임을 말해 주고 있다.

그러면, 왜 동일한 예산규모의 정책임에도 불구하고 효율성의 차이가 발생하게 되는가? 그것은 현금보조시 가격보조하에서 선택할 수 없었던 빗금친 $\triangle M'ME_1$만큼 소비자의 선택영역이 늘어났기 때문이다. 물론 $\triangle E_1N''N'$ 영역이 줄어든 것은 사실이지만, 이러한 영역은 E_1점을 선택할 때 선택할 수 있었음에도 불구하고 선택하지 않았던 점들이다. 현금보조시 예산집합은 $\triangle M'ME_1$의 새로운 영역을 포함하고 있을 뿐만 아니라 가격보조하의 균형점 E_1을 포함하고 있다. 여기서 유의할 점은 현금보조정책하의 효용수준이 가격보조정책하의 효용수준보다 더 높은 것이 상대가격체계의 변화 때문이 아니라는 점이다.[17] 이는 다시 한번 강조하지만 $\triangle M'ME_1$의 새로운 선택영역이 생겨난 결과이다.

현금보조정책이 더 효율적임에도 불구하고 현실에 있어서 때로는 가격보조정책이 채택되기도 한다. 소비자 주권을 인정하지 않는 경우 혹은 특정 상품(예컨대 쌀)의 재고량 해소와 같은 특정 정책목표가 있는 경우 가격보조정책이

---

16 이를 X재 단위를 기준으로 계산하면 BE_1이 된다.

17 이를 이해하기 위해 초기가격(예산선 MN의 기울기)이 독점가격이고 가격보조정책 이후의 가격이 경쟁가격일지라도 현금보조정책이 더 효과적임을 확인하라.

선호된다. 예를 들어, 소비자 주권을 상실한 알콜중독자에 대한 생활보호정책으로는 현금보조정책보다 가격보조정책이 보다 바람직할 것이다.

[응용 예 Ⅱ] 시간배분과 노동시장 참여율의 결정

시간배분의 결정

가계의 노동시간량에 관한 의사결정은 가계가 제약된 시간을 어떻게 배분하는지에 관한 문제이다. 가계는 하루 24시간을 노동과 여가로 배분한다. 노동이란 노동시장에서 임금을 받고 행하는 서비스(service)를 말하고, 여가란 노동 이외의 모든 활동으로서 휴식시간은 물론 가사노동, 쇼핑시간, 학교에서의 수업 등을 포함한다. 노동은 여가의 포기를 의미한다. 따라서 노동공급에 관한 분석을 위해서 우리는 가계의 시간제약과 예산제약조건 그리고 선호를 고려해야 한다.

우선 가계의 선호를 살펴보자. 가계의 효용은 여가와 소득의 크기에 따라 달라진다. 소득의 크기는 소비량의 크기를 반영한다. 여가와 소득은 호재(好財)이므로 가계의 무차별곡선은 [그림 5-7-2]에서 보듯이 원점에 대해 볼록하다.

이제 가계의 시간제약조건을 고려해 보자. 가계가 선택가능한 시간을 T라고 하자. 가계는 T시간을 쪼개서 n_0의 여가와 $l_0(=T-n_0)$의 노동시간으로 배분해야 한다 이러한 가계의 시간제약식(時間制約式)은 다음과 같이 나타낼 수 있다.

(5.7.1)　　$n_0+l_0=T$

가계의 시간제약식은 [그림 5-7-2]의 가로축에 나타나 있다. 가로축의 원점에서 오른쪽 방향으로는 여가의 시간이 측정되고, 가로축상의 T점을 원점으로 하여 왼쪽 방향으로는 노동시간이 측정된다.

마지막으로 가계의 예산제약조건을 생각해 보자. 임금이 w일 때 T시간 전부를 노동했을 경우 얻을 수 있는 최대소득은 wT이다.[18] 가계는 wT를 예산 제약으로 하여 여가와 소득을 구입한다고 볼 수 있다. n_0의 여가와 M의 소득을 선택하는 가계의 예산제약식은 다음과 같이 나타낼 수 있다.

---

18 물론 wT는 실제로 번 소득은 아니다. 실제로 번 소득과 구별하기 위해 이용가능한 시간 전부를 노동했을 경우 얻을 수 있는 최대소득을 가상소득(假想所得, full income)이라고 한다.

[그림 5-7-2] 가계의 노동과 여가시간의 선택

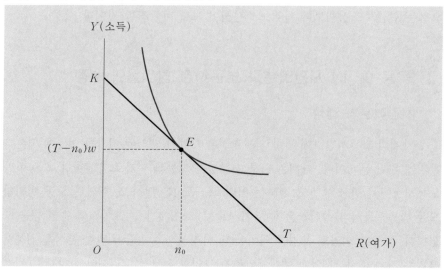

(5.7.2) $M + wn_0 = wT$

여기서 M은 소득으로서 wl_0 혹은 $w(T-n_0)$이다.

[그림 5-7-2]는 예산제약식을 소득-여가 평면에 나타내고 있다. 그림에서 직선 KET는 예산제약식을 나타내고 그 기울기는 $-w$로서 시간당 임금률을 나타낸다.

그림에서 경계선을 포함한 $\triangle KOT$ 내부의 점들은 wT의 가상소득으로 구입할 수 있는 소득과 여가의 조합을 나타내고 있다. 예컨대 Y절편인 K점은 T시간을 전부 노동하여 wT의 소득을 얻고 여가는 전혀 즐기지 않는 경우이다. 또, E점은 $(T-n_0)$시간을 일하여 $wT-wn_0$의 소득을 얻고 wn_0의 비용으로 n_0시간만큼의 여가를 즐긴 경우를 나타내고 있다.

이러한 예산제약식을 갖는 가계의 균형점은 [그림 5-7-2]에서 보는 바와 같이 E점이 된다.

이제 개별가계의 노동공급곡선을 도출해 보자. 이를 위해서 임금이 $w_0 \rightarrow w_1$으로 상승할 때 가계의 노동시간이 어떻게 변하는지를 분석해 보자. 이것은 소비자이론에서 가격-소비곡선을 도출했던 것과 동일한 작업으로서 그 결과는 [그림 5-7-3]에 나타나 있다.

[그림 5-7-3] 임금의 변화에 따른 최적 노동공급량의 변화

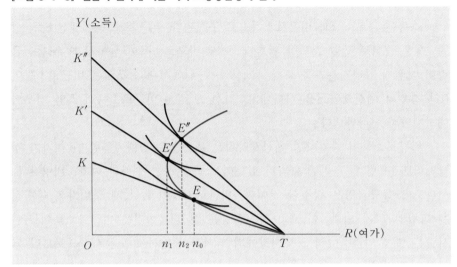

임금이 상승하면 예산선은 R축의 절편을 고정시킨 채 TK에서 TK'로 회전한다. 이에 따라 가계의 소비균형점은 E에서 E'로 이동한다. E와 E' 같은 균형점들을 연결하면 임금-소비곡선을 얻을 수 있다. 임금이 w_0일 때 노동공급량은 $(T-n_0)$이며, w_1일 때는 $(T-n_1)$임을 임금-소비곡선에서 읽을 수 있다.

임금상승은 한편으로는 가계의 실질소득증대를 가져다 주고 다른 한편으로는 여가의 기회비용(즉, 여가의 가격)을 증가시킨다. 실질소득이 증가하면 보통의 경우(여가가 열등재가 아니면) 소득효과에 의해 여가의 구입량이 늘고 따라서 노동공급량은 감소할 것이다. 또 다른 한편으로는, 임금의 상승은 여가의 기회비용의 상승을 의미하므로 대체효과에 의해 상대적으로 비싸진 여가에 대한 소비량(즉, 여가시간)은 감소하고 노동의 공급량은 증가할 것이다. 이와 같이 임금상승의 경우 소득효과와 대체효과는 노동공급량을 반대 방향으로 변화시킨다. 만일 임금상승시 소득효과로 인한 노동공급량의 감소가 대체효과로 인한 노동공급량의 증가를 상쇄시킨다면, 임금상승으로 인해 노동공급량은 결국 감소하게 된다. 이러한 상황은 [그림 5-7-3]에서 임금-소비곡선의 $E'E''$구간에 나타나 있다.

노동시장 참여율의 결정요인

소득은 근로소득과 비근로소득으로 구성된다. 비근로소득은 재산소득, 상속, 혹은 증여로 인한 소득을 말한다. 이제 비근로소득이 높아질 때 노동공급량이 어떻게 달라지는가를 보자. [그림 5-7-4]에서 직선 KT는 비근로소득이 0인 경우의 예산제약식을 나타내고, 직선 $K'T'$은 비근로소득이 I_0인 경우의 예산제약식을 나타낸다.

비근로소득이 증가하면 예산제약식은 위쪽으로 평행이동한다. 여가가 정상재라면 [그림 5-7-4]에 나타나 있듯이 소득의 증가에 따라 여가소비량은 늘어나고 노동공급량은 감소할 것이다. 비근로소득이 I_1일 때 소비자의 균형점은 그림의 T''가 되고, 이 때 노동공급량은 0이다. 이것은 비근로소득이 I_1인 사람은 현행 임금하에서 노동시장에의 참여를 중단하고 노동시장으로부터 퇴장함을 의미한다.

이러한 결과는 부유한 계층의 자녀들 중에 빈둥거리는 유한족(有閑族)들이 많다거나 약사나 의사와 같은 고소득자를 아내로 둔 남편들 중에 실업자들이 많다는 경험을 설명해 주고 있다.

[그림 5-7-4] 노동참여율과 비근로소득간의 관계

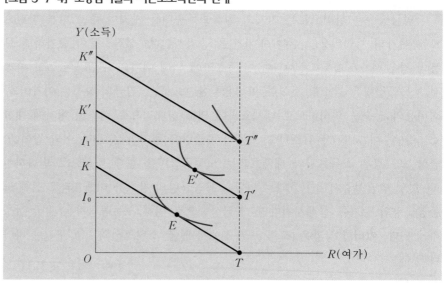

5.A.1
불확실성의 세계

전통적 소비이론은 소비자가 상품의 가격, 품질 및 특성 등을 정확히 알고 있는 것으로 가정하고 있다.

그러나 현실에서 우리는 불확실성하에서 의사결정을 할 수밖에 없는 경우가 많다. 보험에 가입하려 할 경우, 보험가입자는 사고가 발생할 것인지 아닌지를 정확히 알지 못한 상태에서 보험가입 여부와 가입액을 결정해야 한다. 또 파종 시기에 농부는 수확기의 작황을 정확히 알지 못한 상태에서 파종에 관한 의사결정을 해야 한다. 풍작, 흉작은 농부의 행동은 물론 수확기까지의 기상조건에 의해서도 영향을 받는다. 그리고 바둑, 장기, 포커게임이나 전쟁을 할 때 의사결정자는 자신이 선택한 전략의 결과를 정확히 알지 못한 상태에서 전략을 선택해야 한다. 이러한 경우 선택의 결과는 자신의 행동에 의해서만 결정되지 않고 제3의 요인에 의해서 영향을 받는다.[19]

불확실성으로 인해 발생하는 위험이 선택에 중요한 변수로 작용하는 경우(예컨대 복권구입, 주식투자, 사업투자 및 도박 등) 불확실성의 존재를 명시적으로 가정하지 않고서는 현실설명이 불가능해진다. 따라서 불확실성을 고려한 새로운 이론적 도구를 공부할 필요가 있다.

본장에서는 이런 유형의 불확실성하에서 사람들이 어떻게 행동하는가를 분석한다. 지금까지 개발된 불확실성하의 소비자 선택이론에는 상황-선호접근이론(狀況-選好接近理論, state-preference approach)과 기대효용가설(expected utility hypothesis)이라는 두 가지 접근법이 있다.

---

[19] 현실이 이처럼 각종의 불확실성으로 가득차 있는 것은 미지의 세계에 관한 정보를 수집하고 분석하는 데에는 많은 비용이 들기 때문이다.

5.A.2
공정한 게임과 세인트 피터스버그의 역설

공정한 게임(fair game)이란 기대수익과 게임의 참가비가 동일한 도박을 말한다. 즉 게임의 순기대수익이 0인 도박을 의미한다. 실제로 많은 사람들은 공정한 게임을 하지 않는다. 동전 던지기로 앞면이 나오면 100만원을 따고 뒷면이 나오면 100만원을 잃는 도박을 보통사람들은 선택하지 않는 경향을 보인다. 이렇게 보통사람들이 공정한 도박을 택하지 않는다는 것을 잘 보여 주는 예가 세인트 피터스버그 역설(St. Petersberg paradox)이다.

세인트 피터스버그 역설에서의 도박조건은 다음과 같다. 동전던지기 게임에서 뒷면이 계속해서 나오면 그 횟수에 따라 상금이 늘어난다. 그러나 앞면이 나오면 게임은 종료된다. 기대수익은 몇 번만에 처음으로 앞면이 나타나느냐에 따라 결정된다. 뒷면이 $n-1$번 나오고 n번째에 앞면이 처음 나왔다면 상금액은 2^n원이 된다. i번째에서 앞면이 처음 나왔을 때의 상금액을 X_i라 하자. 그러면 $X_1=2$원, $X_2=4$원, $X_3=8$원, $X_n=2^n$원이 된다. i번째 시도에서 앞면이 처음 나올 확률은 $\left(\dfrac{1}{2}\right)^i$이다. 이 게임의 기대상금($E(X)$)은 얼마일까?

$$
\begin{aligned}
E(X) &= \sum 2^i \left(\frac{1}{2}\right)^i \\
&= 2 \cdot \frac{1}{2} + 4 \cdot \frac{1}{4} + 8 \cdot \frac{1}{8} + \cdots + 2^i \cdot \left(\frac{1}{2}\right)^i + \cdots \\
&= 1+1+1+\cdots+1\cdots \\
&= \infty
\end{aligned}
$$

이상의 계산결과에서 알 수 있듯이 이 게임의 기대상금은 무한대(∞)이다.

도박참가자가 기대상금만을 보고 참가 여부를 결정한다면, 도박 참가비가 상당히 비싸다고 해도 이 도박에 참가할 것이다. 그렇지만 실제로는 참가비가 그다지 비싸지 않은 경우에도 이 게임에 응하는 사람은 아무도 없었다. 기대상금기준으로 볼 때 참가자에게 유리한 도박임에도 불구하고 사람들이 선뜻 도박에 참가하려고 하지 않는다는 것은 당시로서는 이해할 수 없는 역설적 현상이었다. 이 역설적 현상을 '세인트 피터스버그 역설(逆說)'이라고 한다.

5.A.3
상황선호접근법

5.A.3.1 상황조건부 상품

경제가 불확실성에 직면해 있다면, 그 결과는 유일한 상황으로 표현되지 않고 복수이거나 무수한 집합으로 나타나, 그 중 어느 것이 실현될 지 알 수 없게 된다. 실현가능한 많은 상황 중 특정 상황을 s라 하고, s가 취할 수 있는 가능성의 범위를 집합 S로 나타내기로 하자. 상황조건부 상품(state contingent commodities)이란 그 S의 범위 안에서 어떤 특정 상황 s가 실현되었을 경우에만 물건의 인도가 행하여진다는 조건으로 상품의 가격이 미리 지급되는 상품이다. 이를테면, 내일이 더울지 선선할지는 누구도 알 수 없다. 그러므로 '내일이 더울 때의 아이스크림'과 '내일이 선선할 때의 아이스크림'은 별개의 상황조건부 상품이다. 물리적 성질로 볼 때 동일한 상품이지만 그것들은 서로 다른 상품인 것이다. 그리고 '내일이 더울 때의 아이스크림'을 샀을 경우, 만약 내일이 선선하다면, 그것에 지불한 가격은 소비자의 관점에서 볼 때 상품을 공급받지 않고 치르는 비용이 된다. 그러나 이 비용은 소비자가 불확실성의 상황하에서(즉 내일 날씨를 알지 못한 상황에서) 날씨가 더울 경우에 대비하고자(불확실성을 제거하고자) 사전에 지불한 대가이다. 화재발생시 보상금 지급을 조건으로 보험가입자는 보험료를 지급하지만 화재가 발생하지 않았을 경우 가입자는 보상금을 지급받지 못하고 보험료만 치른 셈이 된다. 따라서 상황에 따라 상금이 달라지는 복권이나 보험과 같은 상품은 상황조건부 상품이라고 생각할 수 있다.

불확실성하에서 사람들의 선택대상이 되는 것은 이와 같은 상황조건부 상품이다. 불확실성의 세계에서는 물리적 속성, 장소, 시간 및 상황에 따라 상품이 구별된다. 그러므로 존재할 수 있는 상황조건부 상품의 수는 물리적 속성, 재화의 수, 장소의 수, 그리고 모든 상황의 수를 곱한 방대한 양이 된다.

물론 실제로는 이렇게 정의된 모든 상품에 대해서 낱낱이 시장이 존재하는 것은 아니다. 그러나 상황조건부 상품시장이 실제로 존재하는 사례가 적지 않으며 또 급격히 증가하는 추세에 있다. 예컨대 각종 금속, 비철금속 등의 실물시장은 물론이고 외환, 채권, 주식 등 다양한 상황조건부 금융상품이 각종 시장에서 거래되고 있다. 각종 보험시장에서도 다양한 상황조건부 상품이 개발되고 있다.

> **상황조건부 상품**
>
> 특정 상황이 실현되었을 경우에만 거래가 행해지는 조건으로 가격이 미리 지급되는 상품

다음 논의에서 우리의 관심은 이와 같은 상황조건부 상품시장이 개설되어 있을 경우 각 개인의 합리적 경제행동은 어떤 것인가에 있다.

5.A.3.2 상황선호접근법

상황선호접근법은 확실성하의 소비이론과 맥(脈)을 같이한다. 상황선호접근이론은 전통적 소비이론과 마찬가지로 소비자는 예산제약하에서 효용을 극대화한다고 가정한다. 확실성하의 소비이론이 예컨대 오늘의 사과와 오늘의 배 사이의 선택문제를 다룬다면, 상황선호접근이론에서는 비가 왔을 때의 우산과 비가 오지 않았을 때 우산간의 선택문제를 다룬다. 상황선호접근이론에서의 상품은 단순한 상품이 아니고 시간, 장소, 상품의 종류에 따라 달리 정의되는 상황조건부 상품이라는 점이 다를 뿐이다.

상황선호접근법은 계약체결의 시점은 현재이고 계약이행의 시점은 미래인 세계를 상정하고 있다. 이를테면 내년도 유가가 불확실한 상태에서 내년에 공급될 석유를 '계약은 현재에 체결'하고 '거래는 내년에 수행'하는 세계를 상정하는 것이다. 물론 계약조건들(거래가격과 수량 등)은 계약체결의 시점인 현재에 결정되고, 상황조건부 상품에 대한 지불(대금결제)도 현재에 행해진다. 이처럼 상황조건부 상품이 현재에 거래되는 시장을 선물시장(先物市場, future market)이라고 한다. 선물시장은 확실성하에서 상품이 거래되는 현물시장(現物市場, spot market)과 對를 이루는 개념이다.

선물시장
상황조건부 상품이 거래되는 시장

상황조건부 상품시장이 존재할 경우 소비자, 생산자들의 계획 및 행동의 순서는 다음과 같다. 선물시장에서 결정된 미래재의 가격(거래조건)체계하에서 소비자들은 현재 및 미래의 상황별 수요계획을, 생산자들은 공급계획을 수립하고 계약을 체결한다.

설명의 편의상 비가 오는 상황하의 우산(X)과 비가 오지 않는 상황하의 양산(Y)의 두 가지 상황조건부 상품만 존재한다고 하자. 이들의 가격이 각각 100원과 300원, 그리고 소비자의 소득은 1,100원으로 주어져 있다.

이러한 제약하에서 소비자가 비가 오는 상황하의 우산 5개와 비가 오지 않는 상황하의 양산 2개를 구입했다고 하자. 이 두 조건부 상품에 대한 대금결제는 '현재' 이루어진다. 총지출액은 1,100원이다. 이제 시간이 흐른 다음

'미래'에 발생가능했던 상황 중 한 종류의 상황, 예컨대 비가 오는 상황이 실현되면 계약조건에 따라 5개의 우산만이 소비자에게 공급된다. 양산은 비가 오지 않는 상황하에서 공급하기로 계약하였기 때문에 공급되지 않는다.

이러한 세계에서 소비자는 미래에 어떤 상황이 발생할지는 모르지만 미래의 상황별 소비량은 현재의 시점에서 정확히 알고 있다.

이제 두 개의 상황조건부 상품이 존재할 경우 상황선호접근법을 살펴보자. '내일이 더울 때의 아이스크림'을 X_1, '내일이 선선할 때의 아이스크림'을 X_2라 하자. 상황조건부 상품인 X_1, X_2의 가격이 각각 P_1, P_2이고, X_1의 소비량은 x_1, X_2의 소비량은 x_2이다. 소득은 M으로 주어져 있다. 이 때 소비자의 예산제약식은 다음과 같다.

(5.A.3.1) $P_1 \cdot x_1 + P_2 \cdot x_2 = M$

이제 소비자의 선호를 묘사해 보자. 상황 1(내일이 더울 경우)이 발생할 확률이 π_1, 상황 2(내일이 선선할 경우)가 발생할 확률이 π_2라 하자. 상황 1이 발생했을 때의 소비량 x_1과 상황 2가 발생했을 때의 소비량 x_2를 각각 상황조건부 상품으로 간주할 수 있다. 소비자의 효용은 상황 i의 소비량(x_i)에 의존한다. 이 때 소비자의 선호는 다음과 같은 효용함수로 표현된다.

(5.A.3.2) $U = U(x_1, x_2; \pi_1, \pi_2)$

소비자의 효용함수는 [그림 5-A-3-1]에서와 같이 무차별곡선으로 나타낼 수 있다. 소비자의 무차별곡선은 원점에 대해 볼록하다고 하자. 무차별곡선의 볼록성은 서로 다른 두 상황에서 자산액(혹은 소비량)이 크게 달라지는 것보다는 크게 차이가 나지 않는 경우를 좋아하는 선호를 반영하고 있다고 해석할 수 있다. 따라서 볼록한 무차별곡선은 소비자가 위험기피자(危險忌避者)임을 반영하고 있다.

상황선호접근법하의 소비자 선택을 그래프로 나타낸 것이 [그림 5-A-3-1]이다. 소비자균형은 예산선과 무차별곡선이 접하는 E점에서 성립한다. 균형상태에서의 각 상품의 수요량은 (x_1^*, x_2^*)이다.

이상의 분석에서 볼 수 있는 것처럼 상황선호이론은 예산제약하의 효용극대화이론과 모형의 기본구조가 동일함을 알 수 있다. 따라서 상황선호접근법

[그림 5-A-3-I] 상황선호접근이론의 소비자선택

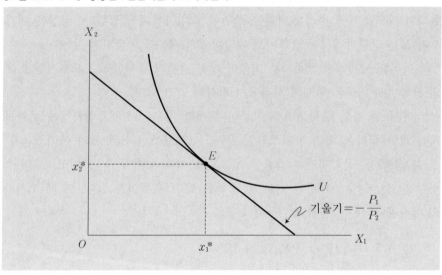

에서 결정된 소비자의 수요함수는 확실성하에서 결정된 수요함수가 지닌 모든
특성을 지니게 된다.[20]

　　상황선호접근법은 전통적 수요이론과 동일한 이론적 구조를 갖고 있지만,
선물시장이 존재하지 않을 경우 현실설명력이 없다. 현실에 있어서, 선물시장
이 존재하는 상품은 곡물, 금융상품, 석유 등 몇 가지에 국한될 뿐이다. 왜 선
물시장이 존재하지 않을까? 시장개설에도 비용이 들기 때문이다. 상황조건부
상품은 정의하기도 어렵고 계약상 분규가 생길 가능성이 크다. 따라서 조건부
상품이 거래(혹은 계약체결)될 수 없는 경우가 흔히 나타난다.

5.A.3.3　상황선호접근법의 응용

　　위험기피자가 위험을 감소시키려고 하는 행동은 보험계약이나 자산선택
(portfolio selection) 등에서 전형적으로 나타난다. 상황선호접근법이 보험계약 문
제의 분석에 어떻게 응용될 수 있는가를 보기로 하자.

---

20 수요법칙이 성립하고 가격과 소득에 대해 0차동차성 등이 성립한다.

보험계약

어떤 개인, 철수는 화재보험에 가입함으로써 효용을 극대화하려고 한다. 화재가 발생할 확률은 π_1, 화재가 발생하지 않을 확률은 $\pi_2(=1-\pi_1)$이다. 화재가 발생했을 때의 재산(W_1)과 화재가 발생하지 않았을 때의 재산(W_2)을 상황조건부 상품으로 간주할 수 있다. 철수의 효용은 상황 i의 자산액(W_i)에 의존하며, 다음과 같이 표현된다.

(5. A. 3. 3) $U = U(W_1,\ W_2;\ \pi_1,\ \pi_2)$

분석의 편의상 철수는 위험기피자라 하자. 따라서 철수의 무차별곡선은 원점에 대해 볼록하다.

이제 예산선을 생각해 보자. 개인의 초기상태는 [그림 5-A-3-2]의 I점 $(I_1,\ I_2)$으로 나타낼 수 있다. 이는 화재가 발생하지 않으면 철수의 재산액은 I_2, 화재가 발생했을 경우 재산액은 I_1이 됨을 의미한다. 초기점인 I가 $45°$선의 위쪽에 위치하고 있다는 것은 화재가 나면 무사고(無事故)일 경우보다 재산액이 줄어든다는 것을 반영한다.

철수가 선택할 수 있는 보험상품의 내용은 다음과 같다. 보험료 q원을 내면 화재시 1원의 보상금이 지급된다. 따라서 k단위의 보험상품을 사려면 철수는 kq원을 지급해야 한다. 즉 kq원의 보험료를 내면 화재시 k원을 보상받게 된다. 이는 무사고시 q원과 사고시 $(1-q)$원을 교환하는 것과 같다.[21] 따라서 철수의 예산선은 I점을 통과하는 기울기 $-\dfrac{q}{1-q}$인 직선 MN이 된다. 직선 MN의 식은 다음과 같다.[22]

(5. A. 3. 4) $qW_1 + (1-q)W_2 = qI_1 + (1-q)I_2$

이 방정식은 초기 부존점이 $(I_1,\ I_2)$로 주어져 있을 때 W_1과 W_2가 어떤 비율로 교환될 수 있는가를 말해 준다. 바로 예산제약식을 나타내고 있다.

철수의 효용극대점은 무차별곡선과 예산선이 접하는 점 E에서 달성될 것이다. 초기점인 I점에서와 같이 예산선의 기울기가 무차별곡선의 기울기인 한

---

21 보험료 q원에 대한 순보상액은 보험료를 뺀 $(1-q)$원이다. 화재가 발생하건 안 하건 보험료는 지급해야 하기 때문이다.
22 점 $I(I_1,\ I_2)$를 통과하면서 기울기가 $-\dfrac{q}{1-q}$인 직선의 식을 구하면 식 (5.A.3.4)가 도출된다.

[그림 5-A-3-2] 최적 보험구입량의 결정

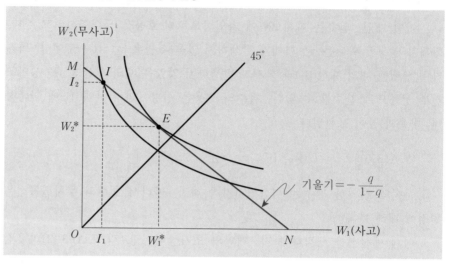

계대체율(MRS)보다 작은 경우 보험구입량을 늘려 주면(즉 예산선을 따라 I점으로 부터 E방향으로 이동하면) 만족을 증진시킬 수 있다. 균형점에서 지급하는 보험료 (최적 보험구입량)는 $I_2-W_2^*$가 되며, 화재발생시 순보상액은 $W_1^*-I_1$이 된다.

5.A.4
기대효용이론

상황선호접근법에서는 선호를 일반적인 효용함수로 묘사한다(식 (5.A.3.2) 를 보라). 그러나 이 일반적인 효용함수는 몇 개의 기본 가정을 추가할 경우 다 음과 같은 특수한 형태의 효용함수로 바꾸어 쓸 수 있다.

(5.A.4.1)　　$U(c_1,\ c_2;\ \pi_1,\ \pi_2)=\pi_1 u(c_1)+\pi_2 u(c_2)$

> 여기서, c_1과 c_2는 각각 상황 1과 2가 실현되었을 때의 상황조건부 소비량

기대효용함수

$(c_1,\ c_2)$의 상황별 소비에서 얻는 효 용의 값이 상황별 기대효용으로 주 어지는 효용함수

위의 효용함수는 불확실성하의 효용을 각 상황조건부 소비 $c_1,\ c_2$의 함수 의 합형(合形)으로 나타내고 있다. 함수 u들의 선형 결합(線形 結合)인 함수 U 가 불확실성하에서의 효용함수이다. 위와 같이 상황별 효용에 대해 선형이고

그 가중치가 그 상황의 발생확률(π_1, π_2)로 주어지는 효용함수 U를 기대효용함수(expected utility function)라고 부른다.

그러면 위의 합형으로 표현된 효용함수의 의미는 무엇일까? $U(c_1, c_2; \pi_1, \pi_2) = \pi_1 u(c_1) + \pi_2 u(c_2)$는 (c_1, c_2)의 상황별 소비에서 얻는 평균효용, 즉 효용의 기대치를 묘사하고 있다. 위 식에서 U와 u의 관계를 이해하기 위해 다음 예를 생각해 보자.

예 $u(c) = c$라고 하자. 이 경우 $U(c_1, c_2; \pi_1, \pi_2) = \pi_1 c_1 + \pi_2 c_2$된다. 이러한 선호를 갖는 무차별곡선을 (c_1, c_2)공간에 그려 보면 음(−)의 기울기를 갖는 직선이 된다. 따라서 이러한 선호체계하에서 c_1과 c_2는 완전 대체재이다.

5.A.4.1 응용 예 I: 위험기피도의 측정 및 보험료 산정

폰 노이만−모겐스턴의 함수를 이용하여 보험상품을 구입하려는 어떤 개인, 철수의 위험에 대한 태도, 즉 위험기피도 혹은 위험애호도를 측정할 수 있다.

x가 나올 확률이 p, y가 나올 확률이 $1-p$인 복권 $L=[x, y; p]$가 있을 때 기대효용이론에 의하면 $U(L)=pu(x)+(1-p)u(y)$인 폰 노이만−모겐스턴 효용함수 $u(\cdot)$가 존재한다.

이제 복권 L(즉 위험이 있는 경우)로부터 느끼는 효용과, 확률 1로써 복권 L의 기대상금을 현찰로 주었을 경우(위험이 전혀 없는 경우)의 효용을 비교해 보자. 이를 위해 복권의 기대상금을 z라 한다. 즉 $z=px+(1-p)y$이다. [그림 5-A-4-1]과 같이 철수의 폰 노이만−모겐스턴 효용함수 $u(\cdot)$가 오목하다고 하자. 이 경우에는 기대효용이론에 의해 복권 L로부터 얻는 효용은 $U(L)$이 되고, 확률 1로써 복권의 기대상금 $z(=px+(1-p)y)$를 현금으로 빋있을 경우 얻을 수 있는 효용은 $u(z)$가 될 것이다. $u(\cdot)$가 오목하다고 했으므로 그림에서 보듯이 다음 부등식이 성립한다.

$$u(z) > U(L) = pu(x) + (1-p)u(y)$$

따라서 만일 철수가 복권 L과, 확률 1로써 x, y의 평균값인 현금 z를 얻는 것 사이에서 선택해야 한다면, 철수는 확실한 z를 선택한다. 이상의 결론은

[그림 5-A-4-I] 위험기피자의 효용함수

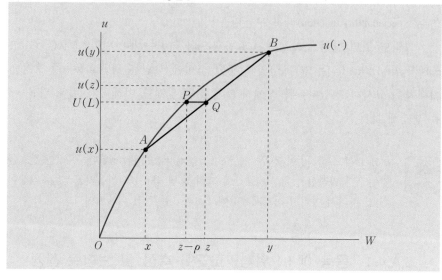

$u(\cdot)$가 오목함수라는 가정하에서 도출된 것이다.

그러나 철수의 폰 노이만-모젠스턴 효용함수 $u(\cdot)$가 [그림 5-A-4-2]와 같이 볼록하다고 가정해 보자. 이 경우 $u(z)$는 $U(L)$보다 작다.

(5. A. 4. 2)　$u(z) < U(L) = pu(x) + (1-p)u(y)$

따라서 철수는 확실한 현금 z보다는 복권 L을 선택할 것이다. 이상의 논의로부터 [그림 5-A-4-1]과 같이 오목한 효용함수를 갖는 개인은 위험기피자(risk averter)로 간주할 수 있고, [그림 5-A-4-2]와 같이 볼록한 효용함수를 갖는 개인은 위험애호자(risk lover)로 볼 수 있다.

이제 위험기피의 정도를 생각해 보자. 이를 위해 철수에게 확률 1로써 얼마의 현금을 주면 복권과 동일한 정도로 선호하겠는지를 물어 본다. 철수가 현금액은 $z' = z - \rho$라고 대답했다고 하자. 이 경우 철수가 $z - \rho$의 확실한 현금과 복권(L)에서 얻는 효용은 동일하므로 다음 등식(等式)이 성립한다.

(5. A. 4. 3)　$u(z-\rho) = pu(x) + (1-p)u(y)$

이 등식은 확실한 결과를 확보할 수 있다면 복권의 기대상금인 z에서 ρ를 기꺼이 지불할 용의가 있음을 나타낸다. ρ는 철수가 위험을 회피하기 위해

[그림 5-A-4-2] 위험애호자의 효용함수

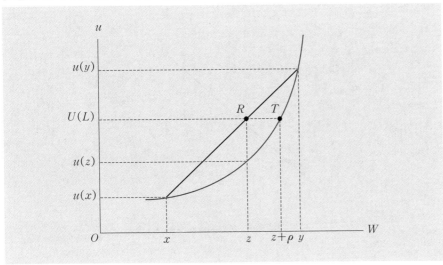

기꺼이 지불하고자 하는 최대 프리미엄(premium)이다. 그것이 이른바 보험료 (insurance premium) 또는 마이너스의 위험프리미엄(negative risk premium)이다. 이 는 [그림 5-A-4-1]에서 선분 PQ의 길이로 표시된다.

한편 위험애호자라면 상황은 반대이다. 위험애호가가 복권과 동일한 정 도로 선호하는 확실한 현금액수는 복권의 기댓값보다 더 클 것이다. 따라서 기 대상금인 z보다 많은 금액의 현금이라야 복권과 동일한 정도로 선호될 것이 다. 그러한 현금액수를 $z+\rho$(단, $\rho>0$)라 하면 다음 등식이 성립한다.

(5. A. 4. 4) $u(z+\rho)=pu(x)+(1-p)u(y)$

식 (5.A.4.4)에서 ρ는 도박에 참가하기 위하여 참가비로서 추가로 지급해 도 좋다고 생각하는 최대금액으로서 양(陽)의 위험프리미엄이다. 그와 같은 위 험프리미엄(risk premium)은 [그림 5-A-4-2]의 선분 RT의 길이로 표시된다. 만일 철수가 위험의 존재 여부에 전혀 무관심하다면, 철수의 태도는 위험중립 적(risk neutral)이고, 그의 효용곡선은 [그림 5-A-4-3]와 같이 직선으로 된다. 그 경우에는 말할 것도 없이 보험료도 위험프리미엄도 0(零)이다.

[그림 5-A-4-1]의 위험기피적인 경우를 [그림 5-A-4-3]의 위험중립적 인 경우와 비교한다면, A와 B를 지나는 효용곡선의 곡률(曲率)이 커질수록 위험

[그림 5-A-4-3] 위험중립자

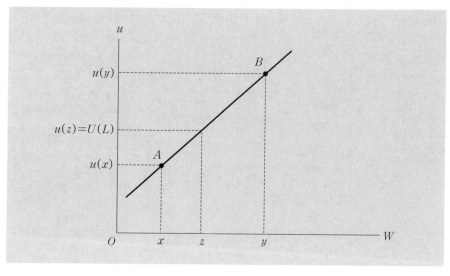

기피의 정도는 커지고, 그것에 대응하여 위험프리미엄도 증가한다. 효용곡선의 곡률은 $u''(x)$에 의존하기 때문에, 애로우(Kenneth J. Arrow)와 프랫(John W. Pratt)은 $\dfrac{-u''(x)}{u'(x)}$ 및 $\dfrac{-xu''(x)}{u'(x)}$ 를 각각 절대적 위험기피도 및 상대적 위험기피도로 정의하였다.[23]

절대적 위험기피도는 재화를 측정하는 단위에 따라 그 크기가 달라진다. 이러한 단점을 보완하기 위해 절대적 척도의 분자에 x를 곱함으로써 상대적 위험기피도는 단위에 무관하도록 만들었다.

5.A.4.2 응용 예 II : 세인트 피터스버그 역설의 설명

베르누이는 위험기피자를 가정하여 세인트 피터스버그의 역설을 설명하였다. 이제 위험기피자를 상정하고서 세인트 피터스버그의 역설이 어떻게 설명될 수 있는지 살펴보기로 하자.

어떤 사람의 효용을 $u=\sqrt{X}$(여기서 X는 상금액)로 나타낼 수 있다고 하자. 이러한 효용함수가 [그림 5-A-4-4]에 그려져 있다. 이 때 $u''<0$이라는 사실

---

23 여기서 $u'(x)=\dfrac{\partial u}{\partial x}$, $u''(x)=\dfrac{\partial u'(x)}{\partial x}$ 이다.

[그림 5-A-4-4] 세인트 피터스버그 역설과 기대효용

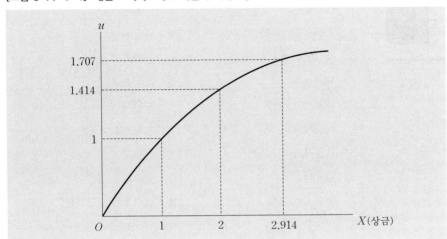

은 이 사람이 위험기피자임을 반영하고 있다.

그림에서 보듯이 상금이 1원일 때 효용은 $\sqrt{1}=1$이고 상금이 2원이면 $\sqrt{2}=1.414$이다. 이제 이 개인의 기대효용을 계산해 보자.[24]

$$E[u(X)]=\left(\frac{1}{2}\right)^1(2^0)^{\frac{1}{2}}+\left(\frac{1}{2}\right)^2(2^2-1)^{\frac{1}{2}}+\left(\frac{1}{2}\right)^3(2^3-1)^{\frac{1}{2}}+\cdots$$
$$=\left(\frac{1}{2}\right)\Big/\left[1-\frac{1}{\sqrt{2}}\right]\fallingdotseq1.707$$

세인트 피터스버그 도박의 기대효용은 1.707이다. 이는 확실한 현금 2.914원의 효용수준과 같다. 왜냐하면 $\sqrt{2.914}=1.707$이기 때문이다. 따라서 그 도박의 가치는 현금 2.914원에 불과하다. 7.2절에서 본 바와 같이 기대상금액은 무한대이었지만 기대효용은 유한한 값으로 나타난다. 효용함수 $\sqrt{X}$를 갖고 있는 사람은 참가금이 3원 이상이면 이 도박에 응하지 않을 것이다.

---

24 초항이 $\frac{1}{2}$이고 공비가 $\frac{1}{\sqrt{2}}$ 인 무한급수의 합이다.

POINTWORD 핵심 용어_

1. 예산선	2. 영차동차성
3. 가격-소비곡선	4. 수요곡선
5. 수요법칙	6. 가격효과
7. 대체효과	8. 소득효과
9. 대체재	10. 보완재
11. 독립재	12. 소득-소비곡선
13. 엥겔곡선	14. 정상재
15. 열등재	16. 슬러츠키 방정식
17. 마샬 수요곡선	18. 슬러츠키 수요곡선
19. 보상수요곡선	20. 상황선호접근이론
21. 공정한 게임	22. 세인트 피터스버그 역설
23. 상황조건부 상품	24. 위험기피자
25. 기대효용이론	26. 절대적 위험기피도
27. 상대적 위험기피도	28. 위험프리미엄

_요약 SUMMARY

❶ 소득이나 각 상품가격 등이 주어져 있을 때 소비자가 선택할 수 있는 상품조합의 집합을 예산집합이라 한다. 예산선은 주어진 소득을 전부 지출했을 때 선택할 수 있는 상품조합의 집합을 말한다. 예산선의 기울기는 두 상품의 가격비율을 반영하며, 각 절편은 모든 소득으로 특정 상품만을 구입했을 때 구입가능한 최대상품량이다.

❷ 소득이 증가할 때 예산선은 소득의 증가비율만큼 위쪽으로 평행이동하며, X재의 가격이 상승하면 Y절편은 동일한 채 예산선은 더 가파르게 된다. 모든 상품의 가격 및 소득이 비례적으로 변화할 경우 예산선은 변하지 않고 따라서 소비자 균형점도 변하지 않는다. 이를 수요의 0차동차성이라 한다.

❸ 소비자의 최적선택조건은 다음과 같다.

1) $MRS_{XY} = \dfrac{P_X}{P_Y}$

2) $Y = -\dfrac{P_X}{P_Y}X + \dfrac{M}{P_Y}$

이는 X재의 주관적 가치(사용가치)와 X재의 객관적 구입비용이 일치하고 주어진 소득을 전부 지출했을 때 소비자의 최적선택이 이루어짐을 의미한다.

❹ 어떤 재화의 교환으로 인한 효용수준의 변화는 소비자에게 부과해야 하는 조세액이나 보조금으로 나타낼 수 있다. 교환 후 소비자의 후생수준이 초기의 후생수준과 같아지도록 하기 위해 부과되어야 할 조세액을 후생변화의 소득보상척도라고 한다.

❺ 가격의 변화에 따라 나타나는 소비자 균형점들을 상품 평면에 나타낸 곡선을 가격-소비곡선이라고 한다. X재의 가격과 수요량 사이의 관계를 가격-수요량 평면에 나타낸 곡선이 X재의 수요곡선이다. X재 가격이 상승할 때 X재가 열등재가 아닌 한 X재의 수요량이 감소하고, 반대로 가격이 하락하면 수요량이 증가하는 현상을 수요의 법칙이라 한다.

❻ Y재의 가격이 상승함에 따라 X재의 수요량이 늘어나면 이들은 대체재이고, X재의 수요량이 줄어들면 보완재이다. 그리고 수요량의 변화가 없으면 독립재이다.

❼ 소득수준의 변화에 따라 나타나는 소비자 균형점들을 상품 평면에 나타낸 곡선을 소득-소비곡선이라 한다. 소득-소비곡선을 소득과 구매량 평면에 나타낸 것을 엥겔곡선이라고 한다.

❽ 상품가격의 변화에 따른 수요량의 변화를 가격효과라 한다. 가격효과는 상대가격의 변화로 인한 대체효과와 실질소득의 변화로 인한 소득효과로 구성된다. 이 때 가격변화의 방향과 수요량의 변화방향이 달리 나타난다는 점에서 대체효과는 항상 음(−)이지만 소득효과는 그 재화가 정상재인가 열등재인가에 따라 달라진다.

❾ 가격변화에 따른 실질소득의 변화를 제거하고 대체효과만에 의한 수요곡선을 보상수요곡선이라고 한다.

❿ 마샬 수요곡선은 실질소득의 변화를 동반한 가격효과를 분석하는 데 사용된다. 보상수요곡선 혹은 힉스 수요곡선은 실질소득의 변화가 수반되지 않는 가격효과를 분석하는 데 적합하다.

⓫ 힉스는 실질소득을 효용수준의 관점에서 파악한다. 슬러츠키는 초기에 선택했던 상품조합을 새로운 상태의 가격하에서도 구입할 수 있을 때 실질소득수준이 동일하다고 정의한다. 슬러츠키의 정의에 따라 실질소득변화분을 보상한 수요곡선을 슬러츠키 보상수요곡선이라 한다. X재가 정상재인 경우 X재의 가격하락으로 인한 슬러츠

키의 대체효과는 힉스의 대체효과보다 크므로 슬러츠키 보상수요곡선의 만곡도가 더 크다.

❷ 슬러츠키 방정식은 가격효과는 대체효과와 소득효과의 합으로 구성된다는 점을 수식으로 표현한 것이다.

❸ 전통적 수요이론은 분석의 대상이 협소하다는 점, 관찰불가능한 선호개념에 입각하고 있다는 점에서 비판을 받고 있다. 첫 번째 약점을 극복하려는 대안이론으로 특성접근법, 가계생산함수접근법 등이 있고, 두 번째 한계를 극복하려는 시도로서 현시선호이론이 있다.

❹ 공정한 게임이란 게임의 기대수익과 참가비용이 일치하는 도박을 말한다. 세인트 피터스버그의 역설은 참가비용에 비해 기대수익이 큰 게임인데도 불구하고 도박에 응하지 않는 상황을 말한다. 이는 기대효용이론에 의해 설명될 수 있다.

❺ 상황조건부 상품이란 어떤 사건의 발생가능성, 즉 상황(state)에 따라 결과가 달라지는 상품을 말한다. 보험상품이나 복권, 선물시장의 선물상품 등이 그 예이다.

❻ 상황조건부 상품공간에 위험기피자의 무차별곡선을 그리면 원점에 대해 볼록한 모양으로 나타난다. 이는 위험기피자의 선호를 반영하고 있다.

❼ 예산제약하의 효용극대화를 가정한다는 점에서 상황선호접근이론은 확실성하의 소비자이론과 맥을 같이한다. 그러나 선택의 대상이 상황조건부 상품이란 점에서 다르다. 상황조건부 상품시장이 존재하여 상황조건부 상품의 가격이 주어진다면 상황조건부 상품에 대한 선택의 문제는 확실성하의 소비자 선택문제와 같아진다.

❽ 위험을 회피하기 위해 기꺼이 지불하고자 하는 최대 프리미엄(premium)을 위험프리미엄(risk premium) 또는 마이너스의 위험프리미엄(negative risk premium)이라고 한다.

_연습문제 QUESTION

01 다음의 사실들이 수요법칙에 부합되는지의 여부를 밝히고 그 이유를 설명하라.

  (a) 석유값은 상승해도 석유사용량은 늘어난다.

  (b) 주택값은 하락해도 거래량은 늘어나지 않는다.

  (c) 고학력의 취업 여성들은 대체로 아이를 적게 낳는 경향이 있다.

02 정부가 통화공급량을 늘리면 인플레이션이 일어난다고 한다. 이를 수요법칙으로 설명해 보라.

03 X 재가 정상재인 경우 마샬의 수요곡선, 힉스의 수요곡선 그리고 슬러츠키의 수요곡선을 그려 보아라.

04 X 재가 열등재인 경우 마샬의 수요곡선, 힉스의 수요곡선 그리고 슬러츠키의 수요곡선을 그려 보아라.

05 한계효용체감의 법칙과 한계대체율체감의 법칙의 차이를 설명하라.

06 어떤 소비자의 월소득은 100만원인데 이 소비자는 소득 중 20만원을 저축하고 나머지 돈으로 단위당 4만원의 쌀과 단위당 4만원의 의료서비스를 구입한다.

  (a) 예산제약식을 쓰고 예산선을 그려 보아라.

  (b) 의료서비스를 단위당 2만원에 구입할 수 있는 쿠폰을 10장 갖고 있다고 하자. 이 쿠폰은 전매가 불가능하다. 예산선을 그려 보아라.

07 어떤 소비자의 수요함수가 다음과 같다.

$$x^d = 10 + \frac{M}{10P_X}$$

소비자의 소득이 400원이고 X 재의 초기 가격은 5 원(즉 $P_X = 5$ 원)이다.

$P_X = 4$ 원으로 하락했을 때

(a) 가격효과에 의한 수요량의 변화분은?

(b) 초기상태의 구입량을 소비자가 $P_X = 4$원일 때도 구매할 수 있기 위해서 얼마만큼의 소득을 보상해 주면 되겠는가?

(c) 실질소득이 초기상태와 같은 상황에서 X 재의 수요량은?

(d) 대체효과와 소득효과를 계산하라.

08 수요는 가격과 소득에 대해 영차동차성을 갖는다. 0차동차성의 경제적 의미는?

09 10부제 시행 이후 서울시내 주요 지점 교통량은 평균 3.9% 감소했지만 출퇴근시간대

에는 오히려 1.6% 늘어난 것으로 나타났다. 단속기간중 시간대별 교통량은 출근시간 대(오전 7-9시)와 퇴근시간대(오후 6-8시)에 10부제 실시 이전보다 각각 1.6%씩 증가하는 기현상이 벌어졌다. 이 현상을 경제학적으로 설명하라.

10 한계효용이론에 관한 다음 질문에 답하라.

   (a) 한계효용이 체감하기 위한 필요조건은 효용이 기수적임을 보여라.

   (b) 한계효용이 체감한다는 가정하에 수요법칙을 도출하라.

   (특정 상품의 가격이 하락하면 해당 상품의 수요량이 증가함을 보여라.)

   (c) 기수적 접근법(한계효용이론)과 서수적 접근법(무차별곡선이론)을 비교 평가하라.

11 $X=M^2$으로 엥겔곡선이 주어져 있다. $M=10$일 때 소득탄력성을 구하라.

12 프랑스산 포도주의 경우 값싸고 품질이 떨어지는 포도주는 주로 자국에서 소비되는 반면 품질이 우수한 제품은 주로 미국 등으로 수출된다. 이러한 현상을 경제학적으로 설명해 보라.

13 외제 자동차들 중에는 저가(저급) 자동차보다 고가(고급) 자동차가 더 많이 관찰된다.

   (a) 이러한 현상(regularity)을 경제법칙에 입각하여 설명하라(단, 분석의 편의를 위하여 저가 자동차와 고가 자동차의 단위당 수송비용은 동일하고 두 재화에 대한 소득-소비곡선은 직선이며 한국 사람들과 외국 사람들의 소득 및 두 종류의 자동차에 대한 선호는 동일하다고 가정한다).

   (b) 위의 현상을 그래프를 이용하여 설명하라.

14 다음과 같은 효용함수를 갖는 소비자가 있다.

$$u=W-\alpha W^2$$

여기서, $\alpha>0$, $0<W<\frac{1}{2\alpha}$, W: 자산액

   (a) 이 소비자는 위험기피자인가, 위험애호가인가?

   (b) 절대적 위험기피도를 구하라.

   (c) 자산액(W)이 증가할 때 위험기피도는 어떻게 달라지는가?

15 시가 W_0인 자산을 갖고 있는 소비자가 있다. 화재시 피해액은 A가 되며 화재의 발생확률은 P이다.

   (a) 소비자가 직면하고 있는 상황을 복권으로 묘사해 보라.

   (b) 확률 1로써 얼마의 현금이 주어지면 이러한 복권과 동일한 정도로 선호되겠는가? 현금액수를 x라 하고 x를 구할 수 있는 식을 구하라.

   (c) 소비자의 효용함수가 $u=\sqrt{W}$이다. $W=90{,}000$, $A=80{,}000$, $P=0.05$라고 하자.

보험료를 R 원 지급하면 A 원의 보험지급액이 지급된다. 이 소비자가 위험을 회피하기 위해 지급할 용의가 있는 최대보험료 R 을 구하라.

16 시가 3억 5천만원의 건물을 갖고 있는 소비자가 있다. 화재시 1억의 손실이 발생한다. 화재발생확률은 P 이다. K 원의 보상금을 받으려면 qK 원의 보험료를 지급해야 한다. 소비자의 효용함수는 다음과 같다.

$$U(W_1, W_2; P) = Pu(W_1) + (1-P)u(W_2)$$

여기서, W_1: 화재발생시 자산액, W_2: 무사고시 자산액

(a) 화재발생시와 무사고시의 자산액을 구하라.

(b) 소비자의 MRS 를 구하라.

(c) 소비자의 예산제약식을 구하고 그려 보아라.

(d) 소비자가 보상액 K 원의 보험에 가입했다고 할 때 보험회사의 이윤을 K, q 및 P 로 나타내 보라.

(e) 보험산업이 완전경쟁적일 경우 장기균형상태에서 q 와 P 의 관계를 구하라.

(f) 보험산업이 완전경쟁적일 경우 소비자의 보험구입량은?

17 1만원이 나올 확률이 30%, 1천원이 나올 확률이 70%인 복권의 판매가격이 3,700원이다. 철수가 위험기피자라면 이 복권을 구입하겠는가?

18 17번 문제에서 철수의 효용함수가 $u = C^2$ 이라면 철수는 이 복권을 구입하겠는가? 단, C 는 복권의 상금이다.

CHAPTER

06

현시선호이론과 응용

전통적 수요이론은 관찰이 불가능한 선호에 대한 가정의 토대 위에서 수요법 칙을 도출한다. 그러나 현실에서 선호에 대한 가정의 충족 여부는 확인할 길이 없다. 현시선호이론은 전통적 소비이론과 이론의 구성을 근본적으로 달리함으로써 기존 이론의 단점을 극복하고자 한다.

본장은 전통적 소비이론의 대체이론이라고 볼 수 있는 현시선호이론을 설명한다. 전반부에서는 현시선호이론이 소비자 행동을 어떻게 설명하고 있는지 살펴본다. 후반부에서는 현시선호이론의 적용 예로서 지수이론을 소개한다. 지수이론은 서로 다른 상태나 경제정책들의 우열을 평가하는 데 사용된다.

6.1
현시선호이론

6.1.1 현시선호이론의 기본 생각

소비자 행동을 설명하는 전통이론에는 제5장에서 보았듯이 한계효용이론 (기수적 접근방법)과, 무차별곡선이론(서수적 접근방법)이 있다. 두 접근법은 동일한 수요법칙을 도출하고 있다. 다만 기수적 접근방법은 한계효용체감과 같은 무리한 가정을 하고 있기 때문에 서수적 접근방법이 소비이론의 정통이론으로서 자리를 굳히고 있다.

서수적 접근방법은 이행성이나 완전성 혹은 한계대체율체감 등 소비자의 선호체계에 대한 일련의 가정하에서 소비자의 행동을 설명하고 있다. 따라서 만일 선호체계의 조건들이 충족되지 않는다면(예를 들어 이행적이지 않다면) 수요법칙을 설명할 수 없게 된다.

그러나 선호에 대한 제가정(諸假定)들이 모두 충족되고 있는지를 확인하는 것은 결코 쉬운 일이 아니다. 선호체계는 기본적으로 관찰이 불가능하기 때문이다.[1]

그러나 어떤 새로운 이론이 기존의 이론과 동일한 설명력을 가지면서 동시에 새로운 이론의 가정들을 관찰할 수 있다면(따라서 그 이론의 적용범위를 보다 명확히 할 수 있다면), 기존 이론은 새로운 이론에 의해 대체되어야 할 것이다.

'관찰이 불가능한 선호나 효용이란 개념 대신 관찰이 가능한 어떤 개념을 이용하여 소비자 행동을 설명할 수 없을까?' 이것이 바로 현시선호이론(顯示選好理論)의 문제의식이라고 할 수 있다. 현시선호이론은 전통적 소비이론과 이론의 구조를 근본적으로 달리함으로써 기존 이론의 단점을 극복하고자 한다. 사무엘슨(P. Samuelson)과 호우다커(H. Houthakker)는 1930년대부터 1940년대까지 소비자들의 구매행위를 관찰하고 행동(선택)원칙에 대한 그럴 듯한 공리(公理, axiom)를 추가하여 소비자들의 행동법칙을 끌어내고 나아가서 소비자 선호를

---

1 물론, 가정이 실제로 충족되는지를 확인할 수 없다고 해서 그 이론이 쓸모없는 것이라고 주장할 수는 없다. 프리드만(M. Friedman)은 이론을 예측력과 설명력에 의해서 평가해야지 가정의 현실성 여부에 의해 평가할 수는 없다고 주장한다.

추론하고자 하였다. 이렇게 볼 때 현시선호이론은 이론구조 측면에서 전통적 수요이론과는 $180°$ 다른 이론이라고 볼 수 있다. 이를 도식화해 보면 다음과 같다.

전 통 이 론: 선호(選好)에 대한 가정 ⟶ 수요법칙 도출
(논리적용)

현시선호이론: 선택(選擇)에 대한 가정 ⟶ 수요법칙 및 선호체계 도출
(논리적용)

현시선호이론의 기본 생각은 매우 간단하다. 상품조합 A와 B 중에서 철수가 A란 상품조합을 선택했다고 하자. 이 사실로부터 우리는 철수가 반드시 A를 B보다 선호한다는 결론을 도출할 수는 없다. 실제로는 B를 더 선호하면서도 예산제약상, 혹은 다른 어떤 이유로 A를 선택한 것일 수도 있다. 그러나 i) B가 A보다 싼 상품조합이었다면(즉 A를 살 금액으로 B를 살 수 있었다면), 그리고 ii) 철수가 만족을 극대화하는 데에 그 목표를 두고 있었다면, 철수의 선택행위로부터 철수는 명백하게 B보다 A를 선호한다는 사실을 추론할 수 있다. 이와 같이 선택점과 선택상황(가격, 소득)에 대한 자료로부터 소비자의 상품조합에 대한 선호의 서열을 매길 수 있고 이러한 서열을 바탕으로 수요법칙과 무차별곡선(혹은 효용함수)을 도출할 수 있다는 것이 현시선호이론의 기본 생각이다.

6.1.2 현시선호의 의미

일반적으로, 어떤 소비자가 B라는 상품조합 대신 A라는 상품조합을 선택했는데, B가 A보다 비싸지 않았다면 그리고 이 소비자가 효용극대화를 목적으로 했다면 우리는 이 소비자가 'B보다 A에 더 강한 선호를 현시(顯示)하였다' 혹은 'A보다 B에 더 약한 선호를 현시하였다' 라고 말한다. 현시선호(revealed preference)의 의미를 그래프로 설명해 보자.

일정한 가격체계하의 예산선이 [그림 6-1-1]의 직선 MN으로 주어져 있다. 상품조합 A와 B는 예산선 MN상에 있다. 이 때 소비자가 상품조합 A를

[그림 6-1-1] 현시선호의 의미

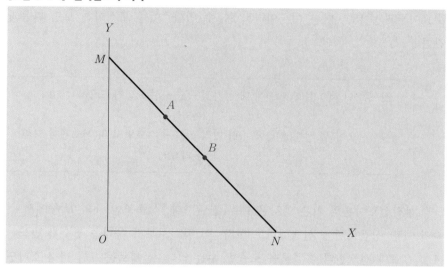

선택했다. 그러면 'A는 B보다 선호됨이 현시되었다'고 말할 수 있다. 뿐만 아니라 선분 MN 위의 A를 제외한 모든 점, 그리고 삼각형 OMN 내부의 모든 점들보다 A를 선호함을 현시하였다고 말할 수 있다.

이제 현시선호의 의미를 수식으로 나타내 보자. 이를 위해 A와 B 두 개의 상품조합의 좌표를 $A=(x_0,\ y_0)$, $B=(x_1,\ y_1)$이라 하자. X재와 Y재의 상품가격이 P_{X_0}, P_{Y_0}로 주어져 있다. 소비자인 철수는 A와 B의 두 개의 상품조합을 모두 구입할 수 있는 상황에서 A를 선택했다. 철수가 A의 구입비용으로 B도 구입할 수 있다는 것을 다음 부등식으로 나타낼 수 있다.

(6.1.1) $\quad P_{X_0}x_0 + P_{Y_0}y_0 \geq P_{X_0}x_1 + P_{Y_0}y_1$

이를 벡터로 다음과 같이 표기하기로 하자.

(6.1.2) $\quad P^0A \geq P^0B$

$\qquad$ 여기서 $P^0 = (P_{X_0},\ P_{Y_0})$

이와 같이 A와 B의 상품조합을 모두 선택할 수 있는 상황에서 A를 선택했을 경우 '상품조합 A가 B보다 현시선호되었다' 라고 말한다.

현시선호는 부등식을 이용하면 다음과 같이 정의된다.

■ 현시선호
(i) P^0하에서 상품조합 A가 선택되고,
(ii) $P^0A \geq P^0B$이면,
A는 B보다 현시선호되었다고 말한다.

6.1.3 약 공 리

그러면 어떤 행동이 관찰될 때 소비자가 효용극대화모형에 따른다고 말할수 있겠는가? 효용을 극대화하는 소비자와 효용극대화를 하지 않는 소비자의행동의 차이점은 무엇일까?

어떤 소비자가 [그림 6-1-2]에 나타난 바와 같이 가격이 P^0일 때 A를선택하고 가격이 P^1일 때 B를 선택했다고 하자. 이 소비자는 가격이 P^0일때는 A와 B를 모두 선택할 수 있었는데 A를 선택했고 가격이 P^1일 때 역시둘 다 선택할 수 있는 상황에서 B를 선택했다. 가격이 P^0에서 P^1으로 바뀜에 따라 소비자의 선택이 A에서 B로 바뀌었다. 소비자의 이러한 행동은 선택의 비일관성을 의미한다. 선호가 불변이고 효용을 극대화하는 소비자라면선택에 일관성이 있어야 할 것이다. 선택의 일관성은 현시선호이론의 약공리(弱公理, the weak axiom of revealed preference: WARP)라는 기본 가정으로 표현될수 있다.

■ 현시선호의 약공리
A, B 두 상품조합이 있을 때, A가 B보다 현시선호되었으면 어떠한상황에서도 B는 A보다 현시선호될 수 없다.

이러한 상황에서 약공리는 $P^1A > P^1B$의 관계가 성립할 수 있을 뿐이지결코 $P^1B \geq P^1A$가 될 수 없음을 말한다.[2] 그 이유는 쉽게 이해할 수 있다.$P^1B \geq P^1A$인 상황에서는 A와 B 어느 것도 선택할 수 있다. $P^1B \geq P^1A$가 성립하는 경우 B를 선택했다 함은 약공리에 위배된다. B는 A보다 현시선호될수가 없다. B가 A보다 현시선호될 수 없다는 말은 어떤 상황에서든 B가 선

---

2 이 공리를 '약' 공리라고 부르는 이유는 뒤에서 설명할 이보다 강한 '강' 공리와 구별하기 위해서이다.

[그림 6-I-2] 일관성이 없는 선택

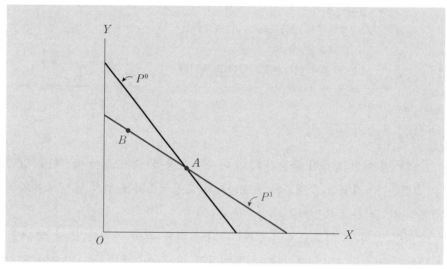

택될 수 없다는 뜻이 아니다. A를 선택할 수 없는 상황에서는 B를 선택할 수 도 있다.

현시선호의 약공리의 의미를 보다 정확히 이해하기 위해 현시선호의 약공 리를 위배하는 선호체계를 생각해 보자.

[그림 6-1-3]에 나타난 소비자는 P^0에서 A를 선택하고 P^1에서 B를 선택 하였다. 이 소비자는 가격이 P^0일 때 A와 B를 선택할 수 있는 상황에서 A 를 선택했다. 그런데 가격이 P^1일 때는 [그림 6-1-3]에서 보듯이 역시 A, B 모두 선택할 수 있었음에도 A가 아닌 B를 선택하였다. 이 소비자는 약공리 를 위배한 소비자이다. 약공리에 위배되는 선호체계를 가진 소비자란, 초기에 선택할 수 있었음에도 불구하고 선택하지 않던 상품조합을, 가격 이외에 변한 것이라고는 아무것도 없는 새로운 상황에서 새삼스럽게 선택하는 사람을 말 한다. 이러한 상황은 X를 사과, Y를 배라고 할 경우 사과값이 비쌀 때(P^0)는 그림의 A점을 선택함으로써 사과를 상대적으로 많이 먹던 사람이 사과값이 P^1으로 떨어진 후에 B점을 선택함으로써 오히려 사과소비량을 줄인 것과 같 은 경우이다.[3]

이상의 논의에서 알 수 있듯이 약공리는 선호가 가격과 같은 환경요인에

---

3 이러한 상황은 수요법칙에 어긋나는 행동을 하는 경우임을 확인하기 바란다.

[그림 6-I-3] 약공리를 위배하는 선호체계

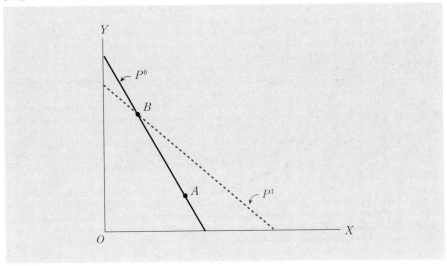

의해 달라져서는 안 된다는 점을 요구하고 있다. 즉 현시선호의 약공리는 소비자의 선택의 일관성을 가정하고 있다. 약공리는 '선호'에 대한 가정이 아니고 관찰가능한 '행동'에 대한 가정임에 다시 한번 주의하기 바란다.

이제 현시선호이론이 약공리에 입각하여 수요함수의 특성을 어떻게 유도해 내는지 살펴보기로 하자.

6.1.4 수요함수의 특성 도출

수요함수의 특성, 특히 대체효과와 가격과 소득에 대한 수요의 영차동차성(零次同次性)을 약공리를 이용하여 도출해 보자.

대체효과

우리는 이미 무차별곡선이론을 이용하여 대체효과는 항상 음(陰)이라는 것을 설명한 바 있다. 여기서는 무차별곡선을 사용하지 않고 현시선호의 약공리를 이용하여 도출해 보자.

[그림 6-1-4]에 나타난 바와 같이 P^0인 경우 $Q^0(X_0, Y_0)$가 선택되었다. 그리고 P^1인 경우 슬러츠키 보상변화(소득보상)가 이루어진 상황에서는 Q^0가

[그림 6-I-4] 대체효과

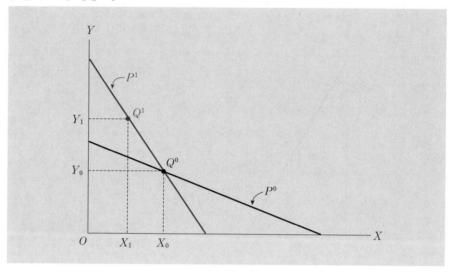

선택되지 않고 $Q^1(X_1,\ Y_1)$이 선택되었다.[4] Q^0보다 Q^1이 현시선호된 것이다. 즉, $Q^1 R Q^0$이다.[5] 소비자의 선택점이 이와 같이 주어진 상황에서 대체효과가 음$(-)$임을 확인해 보자.

가격벡터 P^1에서 슬러츠키 보상이 이루어지므로 P^1에서 선택한 Q^1을 구입하는 데 소요된 비용은 P^1에서 Q^0의 구입비와 정확히 일치한다. 따라서 다음 등식이 성립한다.

(6.1.3) $P^1 Q^1 = P^1 Q^0$

그런데 Q^0보다 Q^1이 현시선호되었으니 $P^1 Q^1 \geq P^1 Q^0$가 성립한다. 그러나 약공리에 의해 $P^0 Q^0 \geq P^0 Q^1$은 성립할 수 없다. 따라서 다음 부등식이 성립한다.

(6.1.4) $P^0 Q^0 < P^0 Q^1$

식 (6.1.3)과 (6.1.4)는 각각 다음과 같이 다시 쓸 수 있다.

---

4 슬러츠키 보상변화는 새로운 가격체계(P^1)하에서 초기의 상품조합(Q^0)을 구입할 수 있는 소득보상을 말한다. 슬러츠키 보상변화 후의 새로운 선택점을 고려하는 것은 대체효과만을 분석하기 위해서이다.
5 $Q^1 R Q^0$는 Q^1이 Q^0보다 현시선호됨을 의미한다.

(6.1.3') $P^1(Q^1-Q^0)=0$

(6.1.4') $-P^0(Q^1-Q^0)<0$

식 (6.1.3')과 (6.1.4')을 더하면 다음 부등식을 얻을 수 있다.

(6.1.5) $(P^1-P^0)(Q^1-Q^0)<0$

식 (6.1.5)의 벡터를 풀어 쓰면 다음과 같다.

(6.1.6) $(\Delta P_X \quad \Delta P_Y)(\Delta X \quad \Delta Y)'$
$$= \Delta P_X \cdot \Delta X + \Delta P_Y \cdot \Delta Y < 0$$

여기서 $\Delta P_X = P_{X_1} - P_{X_0}$ $\quad \Delta P_Y = P_{Y_1} - P_{Y_0}$
$\Delta X = X_1 - X_0$ $\quad \Delta Y = Y_1 - Y_0$

만일 X재의 가격만 변했을 경우(즉, $\Delta P_Y=0$), 이 부등식은 다음과 같이 쓸 수 있다.

(6.1.7) $\Delta P_X \cdot \Delta X < 0$

양변을 $(\Delta P_X)^2$으로 나누면 다음 부등식을 얻는다.

(6.1.8) $\dfrac{\Delta X}{\Delta P_X} < 0$

이는 대체효과가 음(陰)임을 말해 주고 있다. 대체효과가 음(－)임을 도출하는 과정에서 약공리가 어떻게 이용되고 있는지 다시 한번 살펴보기 바란다. 이상의 증명과정은 가격의 변화가 미소하지 않을 경우에도 적용될 수 있다.

수요의 영차동차성

서수적 효용이론(무차별곡선 접근법)에서 수요함수가 가격과 소득에 대해서 영차동차임을 보았다.[6] 영차동차성의 성질을 현시선호이론을 이용하여 도출해 보자.

---

6 서수적 효용이론(무차별곡선 접근법)이란 제4장에서 다룬 소비자행동이론을 말한다.

가격벡터와 소득이 각각 P^0, M^0일 때 X^0가 선택되고 P^1, M^1일 때 X^1이 선택되었다. 영차동차성을 보이기 위해 가격과 소득이 모두 t배가 되는 상황 (즉, $P^1 = t \cdot P^0$, $M^1 = t \cdot M^0$)을 생각해 보자. 이러한 상황에서 영차동차성이 성립하려면 $X^0 = X^1$이어야 한다.

증명은 귀류법(歸謬法)을 이용한다. 증명을 위해 $X^0 \neq X^1$이라고 가정하고 이 가정하에서 어떠한 모순이 발생하는지 확인해 보자. P^1, M^1일 때 X^1이 선택되었으니 다음 등식이 성립한다.

$$P^1 X^1 = M^1$$

그런데 $P^1 = t \cdot P^0$, $M^1 = t \cdot M^0$이므로 다음이 성립한다.

(6.1.9)　$tP^0 X^1 = tM^0$

마찬가지로 P^0, M^0일 때 X^0가 선택되었으니 다음 등식이 성립한다.

(6.1.10)　$P^0 X^0 = M^0$

양변에 t를 곱하면

(6.1.11)　$tP^0 X^0 = tM^0$

식 (6.1.9)와 (6.1.11)로부터 다음 식을 얻는다.

(6.1.12)　$P^0 X^0 = P^0 X^1$

그런데 P^0하에서 최선의 선택은 X^0라는 사실과 식 (6.1.12)로부터 $X^0 R X^1$임을 알 수 있다. 즉 X^0가 X^1보다 현시선호되었다. $X^0 R X^1$이므로 약공리에 의해 $P^1 X^0 > P^1 X^1$이 성립한다. $P^1 = tP^0$를 대입한 뒤 양변을 t로 나누면 다음 부등식을 얻는다.

(6.1.13)　$P^0 X^0 > P^0 X^1$

식 (6.1.12)와 (6.1.13)은 서로 모순된다. 따라서 $X^0 \neq X^1$이라는 가정은 성립하지 않는다. 그러므로 $X^0 = X^1$이고 수요는 가격과 소득에 대해 영차동차이다.

지금까지 약공리만으로 대체효과가 음이고 수요가 소득과 가격에 대해 영차동차(零次同次)임을 보였다. 이러한 수요함수의 성질은 서수적 효용이론에서 도출된 통상의 수요함수(즉 마샬의 수요함수)의 성질과 동일한 것이다.

약공리의 약점

약공리는 선택대상이 두 개일 때 선택의 일관성(一貫性)을 보장해 줄 뿐이다. 선택대상이 세 개 이상일 때 약공리는 모두 충족되지만 선택의 일관성, 즉 이행성(移行性)이 유지되지 않을 수 있다. 만일 이행성이 보장되지 않는다면 소비자의 선택과 약공리로부터 소비자의 선호 혹은 소비자의 효용함수를 도출할 수 없게 된다.

약공리를 충족시키면서 선호의 이행성이 보장되지 않는 경우를 예로 들어 보자. 사과, 배, 감 세 종류의 재화가 있다고 하자. 가격벡터가 P^0, P^1, P^2일 때 X^0, X^1, X^2의 상품조합이 차례로 선택되었다. 세 개의 상품조합과 가격벡터는 다음과 같다.

$$X^0 = (2,\ 2,\ 2) \qquad P^0 = (2,\ 2,\ 2)$$
$$X^1 = (3,\ 1,\ 2) \qquad P^1 = (1,\ 3,\ 2)$$
$$X^2 = (4,\ 1,\ 1.5) \qquad P^2 = (2,\ 1,\ 5.5)$$

우선 X^0와 X^1이 약공리를 충족하는지 확인해 보자. $P^0 X^0 = P^0 X^1 = 12$이므로 $X^0 R X^1$이다. 약공리를 충족시키려면 P^1하에서는 X^1을 구입할 비용으로 X^0를 구입할 수 없음을 보여야 한다. $P^1 X^1 = 10$인데 $P^1 X^0 = 12$이므로 X^0의 구입은 불가능하다.

그러므로 이 소비자의 행동은 X^0와 X^1에 관하여 약공리를 충족한다. 마찬가지 요령으로 우리는 X^0와 X^2, 그리고 X^1와 X^2 역시 약공리를 충족하고 $X^1 R X^2$이고, $X^2 R X^0$임을 보일 수 있다.

이상에서 보듯이 이 소비자의 선호는 임의의 두 개의 상품조합에 대해서는 약공리를 충족하고 있지만 세 개의 상품조합에 대해서는 선택의 일관성을 갖고 있지 못하다. 즉 $X^0 R X^1$이고, $X^1 R X^2$임에도 불구하고 $X^2 R X^0$인 현시선호를 보이고 있다.

6.1.5 강 공 리

세 개 이상의 선택대상이 주어질 경우에도 선호의 이행성, 달리 말해서 선택의 일관성을 보장해 주기 위한 정리가 현시선호의 강공리(the strong axiom of revealed preference: SARP)이다.

> ■ **현시선호의 강공리**
>
> 상품조합 A_1이 A_2보다 현시선호되고 A_2가 A_3보다 현시선호되고……
> A_{k-1}이 A_k보다 현시선호된다면, A_k는 결코 A_1보다 현시선호될 수 없다.

강공리는 약공리의 선택의 일관성을 일반화한 것이라고 볼 수 있다. 약공리는 비교대상이 둘($k=2$)인 경우에 한정되지만 강공리는 비교대상이 k개인 경우에도 선택의 일관성을 보장해 준다. 강공리가 충족되면 소비자의 선택점을 관찰함으로써 무차별곡선, 나아가서 효용함수를 도출할 수 있다.

6.1.6 무차별곡선의 도출

[그림 6-1-5]에서 예산선이 MN으로 주어졌을 때 소비자의 선택점은 A였다. A점을 통과하는 무차별곡선을 도출해 보자. 우선 예산선이 MN으로 주어졌을 때 A를 선택했다는 사실로부터 추론할 수 있는 선호관계를 생각해 보자. 첫째, A점으로부터 북동 방향에 있는 모든 점들은 A점보다 선호된다. 둘째, 예산선 MN의 경계선과 내부에 위치한 어떤 점들보다 A점을 현시선호한다. 이러한 선호관계는 A점을 지나는 무차별곡선은 예산선과 A점으로부터 북동쪽 영역을 통과할 수 없음을 시사한다.

이제 소비자의 또 다른 선택점 B가 관찰되었다고 하자. 이 때의 예산선은 $M'N'$으로 나타났다. 이러한 사실로부터 추론할 수 있는 선호관계는 무엇일까? B점은 $M'N'$의 예산선과 그 내부점 C보다 현시선호되었다. 그런데 A

[그림 6-1-5] 무차별곡선의 도출

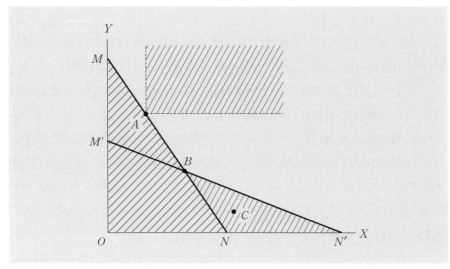

점은 B점보다 현시선호되었다. 이러한 선호관계하에서 강공리가 성립하면 A점은 C점보다 현시선호된다. 그러므로 강공리에 의해 예산선 $M'N'$의 경계선과 내부에 있는 어떤 점들보다 A점이 현시선호되었다고 말할 수 있다. 이는 파란색 빗금이 쳐진 $\triangle BNN'$ 내부의 어떤 점도 A와 동일한 정도로 선호될 수 없음을 시사한다. 따라서 A를 통과하는 무차별곡선은 [그림 6-1-5]에서 파란색 빗금친 영역들을 통과할 수 없다. B와 같은 선택점이 많아질수록 빗금친 영역이 늘어날 것이고 무차별곡선이 통과할 영역은 좁아질 것이다. 논리적으로 선택점이 무한히 많아지면 우하향하는 무차별곡선을 그릴 수 있다. 독자 여러분은 무차별곡선을 도출하는 과정에서 강공리가 사용되고 있음을 다시 한번 확인하기 바란다.

6.1.7 현시선호이론에 대한 평가

사무엘슨(P. Samuelson)은 신고전학파의 수요이론과 달리 선호에 대한 관찰불가능한 모든 개념(효용, 무차별곡선)을 배제하고 관찰된 선택과 행동에 대한 공리(axiom)로부터 개인의 선호(무차별곡선)를 도출하고 있다. 그러나 여기에는 몇 가지 문제가 따른다.

첫째, 선택으로부터 선호를 도출하는 것은 논리의 비약일 수 있다. 선택이 선호를 그대로 반영하는 것은 아니다. 어떤 사람이 연극을 관람했다고 해서 그 사람이 반드시 연극을 좋아한다고 추론할 수 없다. 여자친구가 연극을 좋아한다면 자기의 선호와는 상관없이 연극을 관람할 수도 있기 때문이다.

둘째, 어떤 점을 소비자가 선택했다는 사실은 이미 소비자의 선호를 전제하고 있다. 따라서 사무엘슨의 이론은 일견 행동주의자의 입장에서 선호라는 개념을 배제하고 있는 것 같지만 사실은 관찰불가능한 선호에 입각하고 있는 전통적 신고전파의 입장을 벗어나지 못하고 있다. 사무엘슨의 이론은 시장행동을 관찰함으로써 전통적인 서수적 접근법의 정당성을 입증하고 있다고 보아야 할 것이다. 따라서 우리는 사무엘슨 이론을 서수적 이론의 적합성을 입증할 수 있는 여러 가지 방법 중의 하나로 볼 수 있다.

셋째, 서수적 접근법의 타당성이 현시선호이론에 의해 제고될 수 있는지도 문제이다. 시장행동은 서로 다른 두 시점에서만 관찰이 가능한데 서로 다른 두 시점의 선호가 반드시 같다고 볼 수 없다. 특히 비교시점이 크게 떨어져 있다면 이러한 지적은 더욱 설득력을 갖는다. 선택의 변화가 선호의 차이에서 기인한 것인지 가격 등 상황의 변화에서 기인한 것인지 구분할 수 없기 때문이다.

현시선호이론은 약공리(WARP)와 강공리(SARP)의 가정을 추가할 때 신고전학파의 수요이론과 논리적으로 동등한 결과를 도출할 수 있다는 것이 입증되어 있다. 이렇게 볼 때 현시선호이론 체계는 신고전파 이론을 보완하는 것이라고 할 수 있다. 결론적으로 사무엘슨의 현시선호이론은 신고전파 이론을 극복한 새로운 이론이라기보다는 신고전파 이론의 타당성을 제고시켜 주는 이론이며 신고전학파 이론체계와 보완적 관계를 갖는 것이라고 볼 수 있다.

6.2
지수이론: 현시선호이론의 응용

Q^0와 Q^1의 서로 다른 두 상태가 있을 때 어느 상황에서 소비자의 후생수준이 더 높은지를 파악하려고 한다. 소비자 후생변화에 대한 판정기준이 객관성을 유지하려면 그 판정기준은 관찰가능한 자료, 즉 소비자 행동에 관한 자료

들을 기초로 만들어져야 한다. 우리는 평균적 소비물량을 비교해 보거나 소비자가 소비하고 있는 재화들의 평균적인 가격의 변화를 살펴봄으로써 후생변화를 파악할 수 있다. 첫 번째 방법으로 수량비교를 위한 지표를 수량지수(數量指數, quantity index)라 하고 두 번째 방법으로 상품들의 평균적인 가격변화를 반영하는 지표를 가격지수(價格指數, price index)라 한다.

지수(指數)는, 지역간 혹은 시점별 후생수준의 비교는 물론 각종 경제정책의 우열을 가늠하기 위해 고안된 개념이다. 지수는 무차별곡선 혹은 효용함수에 대한 아무런 정보 없이도 서로 다른 두 시점의 후생변화를 비교가능하게 한다. 지수문제를 보다 구체적으로 고찰하기 위하여 새로운 경제정책을 채택했을 때의 새로운 상황을 P^1이라고 하고 이 때 소비자가 선택할 상품조합을 Q^1이라 하자. 현상유지정책(초기 상태)하의 가격체계를 P^0라 하고 선택된 상품조합을 Q^0라 하자. 이 때 어떠한 가격정책을 채택하는 것이 보다 나을까? 즉, 어떤 가격체계하에서 소비자의 후생수준이 보다 높아질까? 이러한 질문에 객관적인 답을 제공하려는 시도가 바로 지수이론(指數理論)이라고 할 수 있다.

본절에서는 현시선호이론의 적용 예를 중심으로 살펴보기로 한다.

6.2.1 지수이론의 기본 생각

위와 같은 조건을 충족시키는 지수를 어떻게 고안할 수 있는지, 그리고 대표적인 수량지수 및 가격지수들로부터 어떻게 소비자 후생수준을 평가할 수 있는지 그 기본 생각을 살펴보자. 설명의 편의상 상품은 X, Y 두 종류만 존재한다고 가정한다.

우선 다음과 같은 경우를 생각해 보자. $P^1Q^1 \geq P^1Q^0$인 상황에서 소비자는 P^0에서 $Q^0(X_0, Y_0)$를 택하고, P^1에서 $Q^1(X_1, Y_1)$을 택한다고 하자. 이러한 상황은 [그림 6-2-1]에 나타나 있다. 어느 쪽의 후생수준이 더 높을까?

이 소비자는 [그림 6-2-1]에서 자명하듯이 P^1에서 Q^0점을 선택할 수 있었지만 선택하지 않았다. 따라서 P^1에서 Q^1점을 택했을 때의 후생수준이 Q^0보다 높다. 이러한 해석은 소비자가 현시선호이론의 약공리를 준수한다는 전제 위에서 가능하다. 위의 해석이 완전성이나 이행성과 같은 선호에 대한 제약 없

[그림 6-2-1] 약공리와 후생수준의 판정

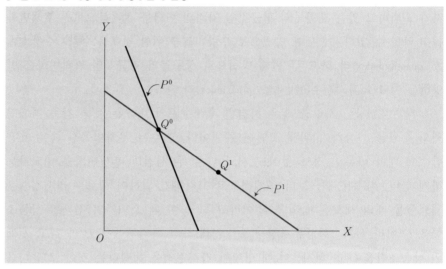

이 성립한다는 점에 유의하기 바란다.

다음으로 [그림 6-2-2]와 같은 경우를 보자.

소비자는 P^0 상황에서 Q^0를 택하고 P^1 상황에서 Q^1을 선택하고 있다. 이 경우에는 Q^1를 택했을 때 Q^0을 택할 수 없었다. 이러한 상황에서는 Q^0보다 Q^1에서 더 행복하다는 결론을 내릴 수 없다. Q^1이 Q^0보다 현시선호되지

[그림 6-2-2] 후생수준에 대한 판정을 내릴 수 없는 경우: $P^0Q^1 > P^0Q^0$, $P^1Q^0 > P^1Q^1$

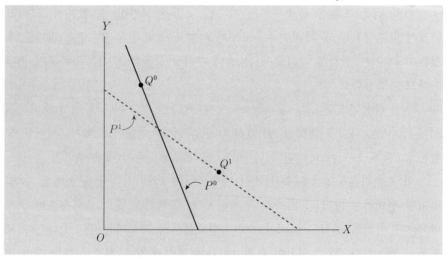

않았기 때문이다. 마찬가지로 Q^0점에서 Q^1점보다 더 행복하다는 결론도 내릴 수 없다. 따라서 이 경우에 관찰된 자료들만으로는 후생수준 변화에 대한 아무런 결론을 내릴 수 없다. [그림 6-2-2]는 선호(효용함수)에 관한 구체적 정보 없이는 소비자의 후생변화에 대해 아무런 결론도 내릴 수 없는 경우가 있다는 것을 보여 준다. 이 그림은 지수이론의 유용성의 한계를 보여 주고 있다.

6.2.2 수량지수

수량지수는 평균소비물량을 나타내 주는 지수이다. 수량지수에는 라스파이레스 수량지수와 파셰 수량지수의 두 가지가 있다.

라스파이레스 수량지수(LaspeyresL quantity index; $\mathcal{L}_Q$)는 기준연도의 가격을 가중치로 사용하여 평균소비물량을 계산하는 수량지수이다. X와 Y, 2재의 경우 라스파이레스 수량지수를 구해 보면 다음과 같다.

> **라스파이레스 수량지수**
> 기준연도의 가격을 가중치로 한 평균소비물량지수

$$(6.2.1) \quad \mathcal{L}_Q \equiv \frac{P_{X_0}X_1 + P_{Y_0}Y_1}{P_{X_0}X_0 + P_{Y_0}Y_0} \equiv \frac{P^0Q^1}{P^0Q^0}$$

기준연도의 가격 대신 비교연도의 가격을 가중치로 사용하여 평균소비물량을 구해 볼 수도 있다. 파셰 수량지수(Paasche quantity index; $\mathcal{P}_Q$)는 기준연도의 가격이 아닌 비교연도(比較年度) 가격을 가중치로 하여 평균소비물량을 계산한다. 파셰 수량지수($\mathcal{P}_Q$)는 다음과 같이 정의된다.

> **파셰 수량지수**
> 비교연도의 가격을 가중치로 한 평균소비물량지수

$$(6.2.2) \quad \mathcal{P}_Q \equiv \frac{P_{X_1}X_1 + P_{Y_1}Y_1}{P_{X_1}X_0 + P_{Y_1}Y_0} \equiv \frac{P^1Q^1}{P^1Q^0}$$

이제 이들 수량지수를 이용하여 후생수준의 변화 방향을 알아보자. 우선, $\mathcal{L}_Q \leq 1$인 경우를 생각해 보자. [그림 6-2-3]에서 $P^0Q^1 \leq P^0Q^0$이다. 가격벡터 P^0는 Q^0를 통과하는 직선 MN의 기울기로 나타나 있다. 위 부등식이 성립한다는 것은 Q^1이 직선 MN의 내부점에 위치함을 의미한다. 이러한 사실과 약공리에 의해 우리는 Q^0보다 Q^1에서 생활수준이 나빠졌다는 것을 알 수 있다.

[그림 6-2-3] Q^0에서의 후생수준이 Q^1보다 높은 경우: $\mathscr{L}_Q \leq 1$

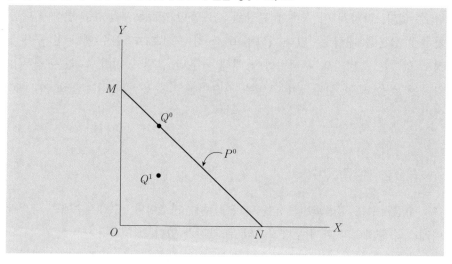

[그림 6-2-4] Q^1에서의 후생수준이 Q^0보다 높은 경우: $\mathscr{P}_Q \geq 1$

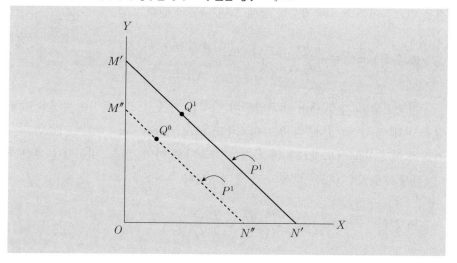

이제 $\mathscr{P}_Q \geq 1$, 즉 $P^1 Q^1 \geq P^1 Q^0$인 경우를 생각해 보자. $P^1 Q^1$을 소득제약으로 하고 가격벡터가 P^1인 예산선이 [그림 6-2-4]에 직선 $M'N'$으로 나타나 있다. Q^0를 P^1의 가격에서 구입할 수 있는 지출액은 Q^0를 통과하면서 직선 $M'N'$에 평행인 직선 $M''N''$이 나타내고 있다. $P^1 Q^1 \geq P^1 Q^0$이므로 직선 $M''N''$이 직선 $M'N'$보다 안쪽에 위치한다. Q^0가 직선 $M'N'$의 안쪽 혹은 경계선에

[그림 6-2-5] 후생수준에 대한 판정이 불가능한 경우: $\mathcal{L}_Q > 1$이고 $\mathcal{P}_Q < 1$

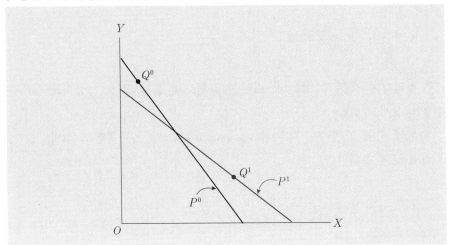

위치하고 있다는 사실과 약공리에 의해 우리는 Q^1에서의 후생수준이 더 높다는 것을 알 수 있다.

이제 $\mathcal{L}_Q > 1$이고 $\mathcal{P}_Q < 1$인 경우를 생각해 보자. 이러한 상황은 [그림 6-2-5]에 나타나 있다. 이러한 상황에서 약공리는 어느 쪽이 더 선호되었는지 말해 주지 않는다. 따라서 앞에서 생활수준변화의 방향을 알 수 없다고 한 [그림 6-2-2]의 경우가 바로 이 경우이다.

6.2.3 가격지수

지금까지는 평균소비물량을 예측함으로써 후생수준을 평가해 보았다. 물량지수를 계산하려면 기준연도와 비교연도의 소비물량을 모두 알고 있어야 한다. 그러나 현실의 데이터를 보면 물량데이터보다 가격데이터기 풍부하나. 가격에 관한 자료가 많을 경우 평균소비물량을 계산하는 것보다 평균가격을 계산해 보는 것이 훨씬 용이할 것이다.

평균가격을 계산할 때 상품별 가격의 가중치로서 기준연도의 소비량을 사용할 수도 있고 비교연도의 소비량을 사용할 수도 있다.

라스파이레스 가격지수(Laspeyres price index; $\mathcal{L}_P$)는 기준연도의 소비량을 가중치로 사용하여 구해진 가격지수이다. X와 Y, 2재의 경우 라이스파이레

라스파이레스 가격지수

기준연도 소비량을 가중치로 한 평균가격지수

스 가격지수를 구해 보면 다음과 같다.

$$(6.2.3) \quad \mathcal{L}_P \equiv \frac{P_{X_1}X_0 + P_{Y_1}Y_0}{P_{X_0}X_0 + P_{Y_0}Y_0} \equiv \frac{P^1Q^0}{P^0Q^0}$$

정의식에서 볼 수 있듯이 $\mathcal{L}_P$는 기준연도의 물량(Q^0)을 가중치로 물가수준을 비교하고 있다.

이에 비해 파셰 가격지수(Paasche price index; $\mathcal{P}_P$)는 비교연도 소비량을 가중치로 하여 구해진다.

파셰 가격지수
비교연도 소비량을 가중치로 한 평균가격지수

$$(6.2.4) \quad \mathcal{P}_P \equiv \frac{P_{X_1}X_1 + P_{Y_1}Y_1}{P_{X_0}X_1 + P_{Y_0}Y_1} \equiv \frac{P^1Q^1}{P^0Q^1}$$

$\mathcal{L}_P > 1$인 경우, 즉 다음 부등식이 성립하는 경우를 생각해 보자.

$$P^1Q^0 > P^0Q^0$$

Q^0를 통과하는 무차별곡선의 모양에 따라서 Q^1을 택했을 때가 더 행복할 수도 혹은 더 불행할 수도 있다. 즉 $\mathcal{L}_P > 1$일 경우 지수의 크기만으로는 후생수준의 변화를 알 수 없다. 마찬가지로 파셰 가격지수의 크기만으로도 후생수준의 변화를 가늠할 수 없다. 이러한 결과는 상식과 일치한다. 즉 가격변화에 관한 정보만으로는 후생변화를 판별할 수 없는 것이다. $\mathcal{L}_P > 1$이란 사실은 기준연도에 구입했던 상품조합을 비교연도에 그대로 구입할 경우 지출액수가 더 높아진다는 것을 말해 줄 뿐이다.

6.2.4 지수이론에 대한 평가

지수이론의 유용성은 후생수준의 변화방향을 평가할 수 있다는 데에 있다. 대부분의 지수이론은 선호에 대한 아무런 가정이나 제약 없이 현시선호이론의 약공리를 적용하고 있다고 볼 수 있다. 다만 지수의 크기로부터 후생수준의 변화에 대한 판단이 항상 가능한 것은 아니다. 경우에 따라서는 판단이 유보되어야 한다. 수량지수를 이용할 경우 직접적으로 후생평가를 할 수 있음에 반하여 가격지수에 관한 자료만으로는 후생평가가 불가능하다. 그런 의미에서 가격지수의 유용성은 수량지수에 비해 상대적으로 떨어진다고 볼 수 있다.

POINTWORD **핵심용어**

1. 현시선호	2. 약공리(WARP)
3. 강공리(SARP)	4. 수량지수
5. 라스파이레스 수량지수	6. 파셰 수량지수
7. 가격지수	8. 라스파이레스 가격지수
9. 파셰 가격지수	

_요약 SUMMARY

❶ 현시선호이론은 소비자의 행동(선택)과 상황(가격, 소득)에 대한 자료로부터 수요함수의 특성들과 소비자의 선호(무차별곡선)를 도출한다. 전통적 수요이론은 선호에 대한 가정으로부터 수요법칙을 도출한다. 반면 현시선호이론은 관찰된 소비자들의 구매행위와 행동(선택)에 관한 공리로부터 수요법칙을 유도한다.

❷ 어떤 소비자가 A와 B의 상품조합을 모두 선택할 수 있는 상황에서 A를 선택했을 경우 '상품조합 A가 B보다 현시선호되었다'라고 말한다.

❸ 현시선호의 약공리란 A, B 두 개의 상품조합이 있을 때 A가 B보다 현시선호되었다면 B는 어떤 상황하에서도 A보다 현시선호될 수 없음을 의미한다. 약공리는 상품조합이 두 개인 경우 소비자의 신택의 일관성을 가정한 것이다. 약공리가 성립하면 대체효과가 음이고, 수요가 소득과 가격에 대해 영차동차임을 유도할 수 있다.

❹ 현시선호의 강공리는, 상품조합 A_1이 A_2보다 현시선호되고 A_2가 A_3보다 현시선호된다면 A_3는 결코 A_1보다 현시선호될 수 없다는 것을 의미한다. 강공리는 세 개 이상의 선택대상이 주어질 경우 선호의 이행성, 즉 선호의 일관성을 보장하기 위한 가정이다. 강공리가 성립하면 무차별곡선을 도출할 수 있다. 결국 현시선호이론은 강공리(SARP)를 추가할 때 신고전학파의 수요이론과 논리적으로 동등한 결과를 도출할 수

있다.

❺ 현시선호이론은 몇 가지 약점을 갖고 있다. 첫째, 선택이 선호를 그대로 반영하는 것은 아니므로 선택으로부터 선호를 도출하는 것은 논리의 비약일 수 있다. 둘째, 소비자의 선택은 이미 소비자의 선호를 전제하고 있다. 따라서 현시선호이론은 사실상 관찰불가능한 선호에 입각하고 있는 전통적 신고전파의 입장을 벗어나지 못하고 있다. 이러한 의미에서 현시선호이론은 서수적 효용이론의 적합성을 입증할 수 있는 여러 가지 방법 중의 하나에 불과하다고 평가할 수 있다.

❻ 지수이론은 수량지수나 가격지수로부터 소비자 후생수준의 변화를 파악하기 위한 이론이다. 지수이론은 선호에 대한 아무런 가정이나 제약 없이 현시선호이론의 약공리를 적용하고 있다고 볼 수 있다. 다만 지수의 크기로부터 후생수준의 변화에 대한 판단이 항상 가능한 것은 아니다.

❼ 수량지수는 평균소비물량을 나타내 주는 지수이다. 수량지수는 가중치를 기준연도의 가격으로 사용하느냐 혹은 비교연도의 가격으로 사용하느냐에 따라 라스파이레스 수량지수와 파셰 수량지수로 나누어진다.

❽ 가격지수는 상품들의 평균물가수준을 반영하는 지표이다. 가격지수는 가중치를 기준연도의 물량으로 사용하느냐 혹은 비교연도의 물량으로 사용하느냐에 따라 라스파이레스 가격지수와 파셰 가격지수로 나누어진다.

❾ 수량지수를 이용할 경우 직접적으로 후생평가를 할 수 있음에 반하여 가격지수에 관한 자료만으로는 후생평가가 불가능하다.

_연습문제 QUESTION

01 현시선호이론과 전통적 이론인 서수적 효용이론간의 관계를 설명하라.

02 아래 그림은 서로 다른 두 시점에서 철수와 영희의 사과(X)와 배(Y)에 대한 선택을
　 나타내고 있다. 그림의 A점은 두 소비자의 초기 선택점을, B점은 말기 선택점을
　 나타낸다. 말기에 사과값이 오르고 배값은 하락했다.

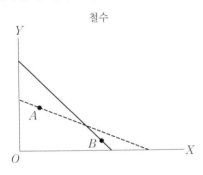
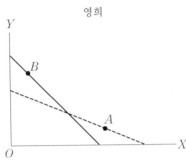

　(a) 현시선호이론의 약공리란?

　(b) 철수와 영희의 선택은 현시선호이론의 약공리를 충족하고 있는가?

　(c) 이들의 소비행태는 수요법칙에 부합하는가?

　(d) (a)부터 (c)는 무엇을 시사하는가?

03 약공리가 위배되는 경우 대체효과가 설명될 수 없음을 보여라.

04 강공리란?

05 현시선호이론을 이용하여 무차별곡선의 도출과정을 그래프로 설명하라.

06 $\mathscr{P}_P \cdot \mathscr{L}_Q = E$임을 증명하라($E$는 명목소득지수).

07 $\mathscr{P}_P < 1$인 경우 Q^0와 Q^1 중 어느 쪽의 후생수준이 더 높은가?

08 지수이론의 장점과 한계는?

CHAPTER 07

시장수요이론

지금까지 개별소비자의 수요곡선을 도출하고 그 특성을 분석하였다. 지금까지의 논의는 본장의 시장수요이론을 도출하기 위한 준비작업이었다고 할 수 있다. 시장수요는 가격결정에 핵심적 역할을 한다. 시장수요의 특성을 파악하면 어느 정도의 가격수준에서 시장 전체의 수요량이 얼마쯤 될 것인지, 혹은 1% 가격이 인상되면 시장의 수요량이 얼마쯤 변동할 것인지 예측이 가능해진다.

본장에서는 먼저 개별수요와 시장수요의 관계를 설명하고 시장수요의 특성을 논의한다.

7.1
시장수요곡선의 도출

지금까지 설명한 수요곡선은 개별수요곡선(個別需要曲線)이다. 그런데 우리가 궁극적으로 관심을 갖고 있는 것은 시장 전체의 수요곡선이다. 왜냐하면 우리의 관심은 시장에서의 가격결정 및 가격변화에 있기 때문이다.

그러면 시장 차원에서의 수요곡선은 어떻게 도출될 수 있을까? 국산 자동차 시장을 생각해 보자. 기본적으로 국산 자동차 수요는 한국 국민들과 해외 바이어(buyer)들의 수요로 구성된다. 따라서 자동차의 시장수요는 이들 모든 경제주체들의 개별수요의 합이다. 일반적으로 시장수요곡선은 시장에 참여하는 모든 개인들의 개별수요곡선의 수평합(水平合)으로 표현된다.

개별수요의 수평합이 무엇을 의미하는지 [표 7-1-1]을 이용하여 설명해 보자. [표 7-1-1]은 4명의 개별수요를 나타내고 있다. 만일 전체시장에 소비자가 이 4명뿐이라면 시장수요량은 이들 수요량을 모두 합한 값으로 마지막 열(列)에 표시된다. 이를 그래프로 표시한 것이 [그림 7-1-1]이다.

그림에서 가격이 8원일 때 A, B, C, D의 개별수요량은 각각 8, 11, 7, 13이다. 그림의 K점은 가격이 8원일 때 시장수요량은 개별수요량의 합인 39개임을 나타낸다. 그림에서 확인할 수 있듯이 시장수요곡선은 개별수요곡선보다

[표 7-1-1] 개별수요와 시장수요

(단위: 원, 개)

단위당 가격	개별수요량				시장수요량
	소비자 A	소비자 B	소비자 C	소비자 D	
1	54	40	30	20	144
2	40	30	25	19	114
3	30	20	18	18	86
4	25	15	13	17	70
5	20	14	13	16	63
6	15	13	11	15	54
7	10	12	9	14	45
8	8	11	7	13	39
9	6	10	5	12	33
10	5	9	3	11	28

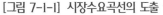

[그림 7-1-1] 시장수요곡선의 도출

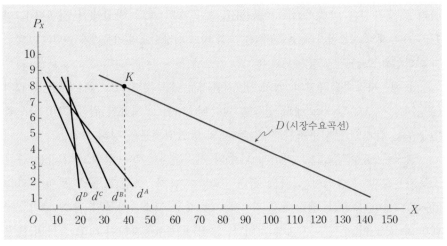

완만하다.

이제 시장수요의 도출과정을 일반화해 보자. 이를 위해 개별소비자 i의 X 재에 대한 수요함수를 $X^i = d^i(P_X; \ P_Y, \ M_i)$라고 하자. 여기서 P_X, P_Y는 X 재와 Y 재의 가격, M_i는 소비자 i의 소득을 나타낸다. 그런데 X 재에 대한 시장수요(D_X)는 이들 개별소비자의 수요(d^i)를 모두 합친 것이므로 다음과 같이 쓸 수 있다.

$$(7.1.1) \qquad D_X(P_X; \ P_Y, \ M_1, \ M_2, \cdots \ M_n) \equiv \sum_{i=1}^{n} d^i(P_X; \ P_Y, \ M_i)$$

여기서, n은 소비자의 수

이 식은 상술한 바와 같이 개별소비자의 수요곡선을 수평방향으로 더함으로써 시장수요곡선을 얻을 수 있음을 보여 준다. 일정한 가격변화에 대해 시장 차원의 수요량의 변화는 개인의 수요량의 변화보다 크다. 따라서 시장수요곡선은 개별수요곡선보다 평평해진다.

시장수요곡선의 결정요인은 무엇일까? 소비자의 선호체계에 관한 논의에서 시장수요의 도출과정까지를 음미해 보면 시장수요는 결국 예산제약하에서 소비자의 효용극대화 행위를 반영하고 있음을 알 수 있다. 이는 개별수요곡선을 결정했던 요인들이 곧 시장수요의 결정요인임을 시사한다.

그러나 시장수요곡선은 다른 요인에 의해서도 영향을 받는다. 첫째, 시장 내의 소비자수(혹은 인구수)에 의해 그 위치가 달라진다. 통상 인구의 증가에 따라 수요곡선은 바깥쪽으로 이동하고 기울기도 보다 완만해질 것이다([그림 7-1-1]에 새로운 소비자의 수요곡선을 그려 넣고 시장수요의 기울기가 어떻게 변하는가를 확인해 보라).

둘째, 시장수요곡선의 위치 및 기울기는 소득분배구조, 즉 식 (7.1.1)의 $(M_1, M_2 \cdots M_n)$의 구조에도 영향을 받는다. 이를 이해하기 위해 GNP 규모와 인구수는 같지만 분배구조가 다른 두 개의 국민경제를 상정해 보자.

A국은 소수의 고소득자들과 다수의 저소득자들로 구성되고, B국은 중간 소득자들로만 구성되어 있다고 하자. 고급 승용차, 예컨대 롤스 로이스(Rolls Roys)에 대한 수요를 생각해 보자. A국의 경우 고소득자들의 롤스 로이스에 대한 수요가 어느 정도 존재할 것이다. 그러나 고소득자들이 적고 소득의 형평이 이루어진 B국 경제에서는 롤스 로이스에 대한 수요가 거의 없을 것이다. 이처럼 동일한 수준의 GNP라 할지라도 소득분배구조에 따라 시장수요는 달라진다.

시장수요는 상품가격과 판매량을 결정하는 데 중요한 역할을 하므로 시장수요의 특성에 관한 정보는 생산자나 경제정책 입안자에게 매우 긴요하다. 시장수요곡선의 특성은 다음 절에서 논하는 각종 탄력성의 개념을 이용하면 쉽게 묘사할 수 있다.

7.2
수요의 탄력성

탄력성(彈力性)은 경제주체가 직면하고 있는 환경변화에 대해 경제주체의 반응도를 측정하는 척도이다. 탄력성은 변화하는 환경변수와 반응하는 변수가 무엇이냐에 따라 앞에 붙는 수식어가 달라진다. 이를테면 가격이 달라질 때 수요량이 얼마나 변했는지를 나타내 주는 척도를 수요의 가격탄력성이라고 하고 소득이 달라질 때 수요량이 얼마나 변했는지를 나타내 주는 척도를 수요의 소득탄력성이라고 한다. 일반적으로 환경변수 X(가격, 소득 등)가 달라질 때 경제주체의 선택변수 Y(수요량, 공급량 등)가 달라지는 정도를 나타내 주는 척도를

'X에 대한 Y의 탄력성' 혹은 'Y의 X탄력성'이라고 한다.

경제학에서 탄력성은 이론적으로나 실증적으로나 매우 중요한 개념의 하나이다. 예컨대 수요의 가격탄력성의 값을 알면 가격변화에 대한 수요량의 변화를 알 수 있다. 기업은 제품의 가격을 인상했을 경우 매출액의 변화를 예상할 수 있고, 정부는 유류세(稅)를 인상했을 경우 국민경제의 석유 소비량이 얼마나 감소할 것인지를 예측할 수 있다.

7.2.1 수요의 가격탄력성

수요의 가격탄력성을 이해하기 위해 [그림 7-2-1]의 (a)와 (b)에서 보인 바와 같이 기울기가 서로 다른 두 개의 수요곡선을 생각해 보자. 두 수요곡선은 기울기를 제외하고 모두 동일하다. [그림 7-2-1]의 (a)와 (b)에서 수요곡선 D_1은 수요곡선 D_2보다 완만하다. 공급곡선 S는 동일하다.

이제 어떤 이유(예컨대 임금상승)로 공급곡선이 S에서 S'로 이동했다고 하자. S'로 공급이 감소하면 균형점은 E_0에서 각각 E_1과 E_2로 이동한다. [그림 7-2-1]의 (a)에서 균형가격은 100원에서 120원으로 상승하고, 수요량은 500개에서 100개로 감소하였다. 반면 그림 (b)에서 균형가격은 100원에서 200원으로 상승하고, 수요량은 500개에서 150개로 감소하였다. 그림 (a)의 경우, 가격변화율에 비해서 수요량의 변화율이 상대적으로 더 크다. (a)의 경우 가격변화율은 20%이고 수요량변화율은 80%이다. 반면 (b)의 경우, 가격변화율은 100%이고 수요량변화율은 70%이다. 이러한 차이는 기본적으로 가격변화에 대한 수요량의 반응도가 다르기 때문에 발생한다.

그러면 일정한 가격변화에 대한 소비자의 반응도를 어떤 방법으로 측정할 수 있을까? 우선 수요곡선의 기울기의 역수(逆數)의 절댓값, 즉 $\left| \dfrac{\Delta D_x}{\Delta P} \right|$를 척도로 사용하면 어떻게 될까? 이것은 가격의 변화분에 대한 수요량의 변화분을 나타낸다. 물론 반응이 보다 민감해질수록(즉 경사가 완만해질수록) 기울기의 절댓값이 작아질 것이다.

그러나 수요곡선의 기울기는 소비자의 반응도를 나타내는 척도로서 커다란 결함을 갖고 있다. 기울기의 값은 수요량과 가격의 단위를 무엇으로 사용했느냐에 따라서 달라진다. 예컨대 수요량의 단위가 킬로그램(kg)인지 그램(g)인

[그림 7-2-I] 가격탄력성과 균형점의 이동

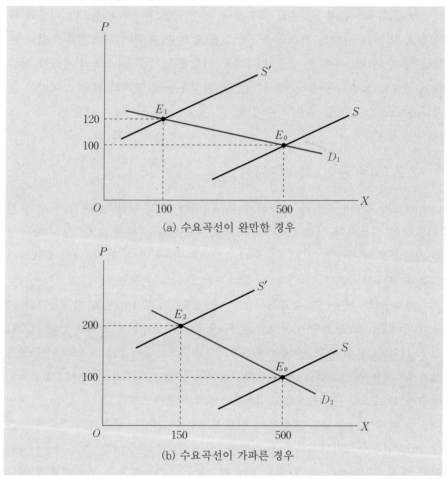

(a) 수요곡선이 완만한 경우

(b) 수요곡선이 가파른 경우

지 그리고 가격의 단위가 원인지, 달러인지에 따라 기울기의 값이 달라진다. 특히 상품의 종류가 달라질 경우 측정단위가 달라지므로 이러한 척도로 서로 다른 상품의 반응도를 비교할 수가 없다. 예컨대 자동차의 수요곡선의 기울기와 쌀의 수요곡선의 기울기로부터 반응도의 크기를 상대적으로 비교할 수 없다. 그러나 이러한 단위문제는 가격의 변화분 대신 가격변화율을 수요량의 변화분 대신 수요량의 변화율을 사용함으로써 제거할 수 있다. 즉, 수요량의 변화율을 가격의 변화율로 나누게 되면 상품종류와 가격의 단위와는 무관한 척도를 얻을 수 있기 때문이다. 이렇게 수요량의 변화율을 가격변화율로 나눔으로써 가격변화에 대한 소비자의 반응도를 나타내 주는 척도를 수요의 가격탄력성(price elasticity of demand)이라 한다.

수요의 가격탄력성은 상품의 가격변화율에 대한 소비자의 반응도를 나타낸다. 가격탄력성은 보통 η(에타)로 표시된다. 가격탄력성에서 가격이 구체적으로 어떤 상품의 가격인지를 분명히 할 필요가 있을 경우에는 다른 상품이 아닌 해당 상품(X)의 가격이란 의미에서 가격탄력성을 η_{XX}로 쓰기도 한다. 수요의 법칙에 의해 수요량과 가격은 통상 반대방향으로 변하기 때문에, 가격의 변화가 양($+$)이면 수요량의 변화는 음($-$)이 된다. 경제학에서는 분석의 편의상 가격탄력성을 양($+$)의 값으로 만들어 주기 위해서 탄력성의 정의식에 '음'($-$)의 부호를 붙이거나 절댓값으로 정의한다.

$$(7.2.1) \qquad \eta = \left| \frac{\Delta Q / Q}{\Delta P / P} \right| = -\frac{\Delta Q}{\Delta P}\,\frac{P}{Q}$$

예를 들어 P가 10% 오르고 Q가 30% 떨어지면 $\eta = 30/10 = 3$이 된다. 수요의 가격탄력성이 3이라는 것은 가격변화율에 대해서 수요량의 변화율이 3배라는 것을 의미한다.

지금까지 논의한 가격탄력성(η)의 정의식은 소위 수요의 '점' 탄력성('point' elasticity of demand) 혹은 '점' 가격탄력성('point' price elasticity of demand)이다.

그런데 점탄력성의 개념에는 다음 두 가지 문제가 있다. 첫째, 점탄력성은 가격 및 수요량의 변화가 미소할 경우에 한해서 유효하다. 둘째, 초기점이 어느 점이냐에 따라서 점탄력성의 값이 달라진다. 점탄력성이 지닌 문제점을 명확히 이해하기 위해서 다음의 예를 들어 보자. 동일한 수요곡선상의 두 점 A와 B의 좌표가 다음과 같이 주어져 있다고 하자.

먼저 초기점을 A라 하자. 이 때 초기 가격과 초기 수요량은 각각 $P_1 = 19.001$과 $Q_1 = 2,999$이고, $\Delta P = -0.001$, $\Delta Q = 1$이다. 따라서 수요의 가격탄력성은 다음과 같이 계산된다.

수요의 가격탄력성

수요량변화율을 가격변화율로 나눈 몫의 절댓값

	가격(원)	수요량(개)
A	19.001원(P_1)	2,999(Q_1)
B	19.000원(P_2)	3,000(Q_2)

$$\eta = -\frac{\Delta Q}{\Delta P}\frac{P_1}{Q_1} = -\frac{1}{-0.001}\frac{19.001}{2,999} = 6.3358$$

반면에 초기점을 B라 하자. 이 경우 $\dfrac{\Delta Q}{\Delta P}$의 크기는 앞서의 경우와 같지만 $P_2 = 19.000$ $Q_2 = 3,000$으로 달라진다. 따라서 이 때의 가격탄력성은 다음과 같이 계산할 수 있다.

$$\eta = -\frac{\Delta Q}{\Delta P}\frac{P_2}{Q_2} = -\frac{-1}{0.001}\frac{19.000}{3,000} = 6.3333$$

이 계산 결과에서 알 수 있듯이 어떤 점이 초기점이냐에 따라 계산된 탄력성은 서로 다른 값을 갖지만 그 값의 차이는 매우 작다. 이러한 경우 점탄력성은 적절한 계산방법이 된다.

그러나 초기점이 달라짐에 따른 탄력성의 차이는 가격 및 수량의 변화가 커짐에 따라서 더욱 심각해진다. 다음과 같은 경우를 생각해 보자.

	가격(원)	수요량(개)
C	120원(P_1)	400,000(Q_1)
D	100원(P_2)	800,000(Q_2)

이 때, 어느 점을 초기점으로 선택하든지 '변화량'은 공통으로 $|\Delta P| = 20$, $|\Delta Q| = 400,000$이다. 이제 가격탄력성의 값을 계산해 보자. 먼저 C점을 초기점으로 삼으면,

$$\eta = -\frac{\Delta Q}{\Delta P}\frac{P_1}{Q_1} = -\frac{400,000}{-20}\frac{120}{400,000} = 6.0$$

이다. 반면에 D점을 초기점으로 하면 탄력성은 다음과 같다.

$$\eta = -\frac{\Delta Q}{\Delta P}\frac{P_2}{Q_2} = -\frac{-400,000}{20}\frac{100}{800,000} = 2.5$$

가격탄력성의 값에서 확인할 수 있듯이 점탄력성은 초기점을 어느 점으로 잡느냐에 따라서, 즉 변화의 방향이 $C \Rightarrow D$인지 혹은 $D \Rightarrow C$인지에 따라서 값

이 크게 달라진다.

어떻게 하면 변화의 방향에 상관없이 동일한 값의 탄력성이 도출될 수 있 겠는가? 이에 대한 해결책을 찾기 위해서 점탄력성의 이러한 문제점이 왜 생 겨나는지를 알아볼 필요가 있다. 점탄력성의 정의식에 들어 있는 ΔP와 ΔQ 의 절대적 크기는 변화방향에 따라 영향을 받지 않지만 P, Q는 초기값에 따라 달라진다는 데에 점탄력성의 문제가 있다. 따라서 초기 가격과 초기 수요량 대 신 초기와 말기의 평균가격과 평균수요량을 사용하면 이 문제는 해결될 수 있 을 것이다. 이러한 개념의 탄력성을 호(가격)탄력성(arc elasticity)이라 하고 다음 과 같이 정의된다.

(7.2.2) $$\eta = -\frac{\Delta Q}{\Delta P} \frac{\left[\dfrac{P_1+P_2}{2}\right]}{\left[\dfrac{Q_1+Q_2}{2}\right]} = -\frac{\Delta Q}{\Delta P} \frac{(P_1+P_2)}{(Q_1+Q_2)}$$

앞의 예의 경우 호탄력성을 구해 보면 다음과 같다.

$$\eta = -\frac{400,000}{-20} \frac{110}{600,000} = 3.67$$

점탄력성의 기하학적 측정

수요곡선상의 한 점에서의 탄력성은 그림을 이용하면 간단히 계산될 수 있다.

[그림 7-2-2]를 보자. 수요곡선 DD'상의 점 G(가격은 P_1, 수요량은 Q_1인 점)에서 수요의 가격탄력성을 구해 보자. 이를 위해 먼저, G점에서 DD'에 접 하는 보조직선 CGF를 그려 보자. G점에서 CGF와 DD'가 접한다는 것은 G 점에서 이들이 동일한 기울기를 갖는다는 것을 의미한다. CGF의 기울기는 가 격변화를 수량변화로 나눈 몫이다. 따라서 이것의 역수는 DD'상의 G점에서 P의 미소한 변화에 대한 Q의 변화, 즉 $\dfrac{\Delta Q}{\Delta P}$의 값이 된다. CGF의 기울기는 $-\dfrac{CP_1}{OQ_1}$이므로 다음 등식이 성립한다.

[그림 7-2-2] 점탄력성의 계산

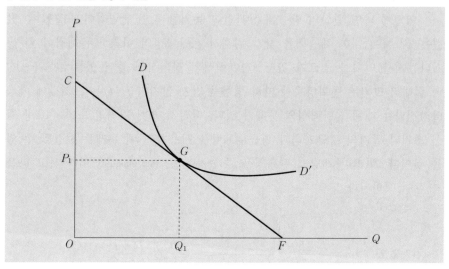

$$(7.2.3) \qquad -\frac{\varDelta Q}{\varDelta P} = \frac{OQ_1}{CP_1}$$

또, $\dfrac{P_1}{Q_1} = \dfrac{OP_1}{OQ_1}$ 이므로 G 에서의 가격탄력성은

$$(7.2.4) \qquad \eta = -\frac{\varDelta Q}{\varDelta P}\frac{P_1}{Q_1} = \frac{OQ_1}{CP_1}\frac{OP_1}{OQ_1} = \frac{OP_1}{CP_1}$$

이다. 삼각형 P_1CG, Q_1GF, OCF 는 서로 닮은꼴이므로 G 에서의 점탄력성의 크기는

$$(7.2.5) \qquad \eta = \frac{OP_1}{CP_1} = \frac{Q_1F}{OQ_1} = \frac{GF}{CG}$$

로 쓸 수 있다.

　식 (7.2.5)를 이용하면 수요곡선이 선형(線形)일 경우 수요의 가격탄력성의 크기를 한눈에 가늠할 수 있다. [그림 7-2-3]에서 수요곡선은 CF 로서 직선으로 주어져 있다. 위의 식 (7.2.5)로부터 [그림 7-2-2]에서 $GF=CG$ 일 때 수요는 단위탄력성(單位彈力性)을 갖는다는 것을 알 수 있다(단위탄력성에 대해서는 이어서 설명된다). 따라서 [그림 7-2-3]에서 직선 CF 의 중점 M 점에서 단위

[그림 7-2-3] 수요탄력성의 크기: 수요곡선이 직선일 경우

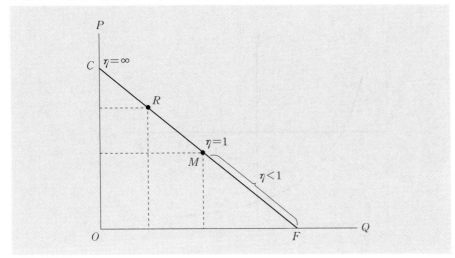

탄력성(즉 $\eta=1$)을 갖게 된다. M의 왼쪽 부분에 놓여 있는 임의의 점, 예컨대 R을 생각해 보자. R에서는 $\eta=\dfrac{RF}{CR}>1$이다. 따라서 수요곡선이 직선일 경우 수요곡선의 중점(M)보다 좌측영역에 있는 임의의 점의 가격탄력성은 1보다 크다. 이 영역에서는 수요가 탄력적인 것이다. 반면에, 중점보다 우측영역에 있는 임의의 점에서는 가격탄력성은 1보다 작다. 이 범위에서 수요는 비탄력적(非彈力的)이다.

　이상의 논의들은 다음과 같이 요약될 수 있다. 수요곡선상의 임의의 한 점 G에서 가격탄력성을 구하려면 우선 G점에서 수요곡선에 접하는 보조직선을 긋는다. 이 보조직선을 CGF라고 하자. G점에서의 가격탄력성은 GF/CG이다. 특히 수요곡선이 선형일 경우, 수요가 (a) 중점(中點)보다 높은 가격에서는 탄력적이며, (b) 수요곡선의 중점에서는 단위탄력적이며, (c) 중점보다 낮은 가격에서는 비탄력적이다. 따라서 세로축의 절편으로부터 수요곡선을 따라 아래쪽으로 내려갈 때 탄력성은 무한대(∞)에서 0으로 수렴한다.

탄력적, 비탄력적, 단위탄력적 재화

　경제학에서는 수요를 탄력성(η)의 값에 따라 다음과 같이 세 종류로 분류한다.

[그림 7-2-4] 탄력적 · 비탄력적 · 단위탄력적 수요

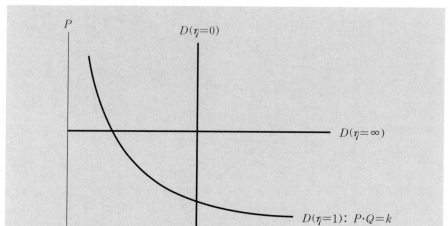

$\eta>1$이면 수요는 탄력적(elastic)이라고 말한다. 이 경우 가격이 1% 변할 때 수요량은 1%보다 더 큰 비율로 변한다. 극단적으로 $\eta=\infty$일 경우, 가격이 조금만 변해도 수요량은 무한대(∞)로 변할 것이다. $\eta=\infty$일 경우 수요곡선은 [그림 7-2-4]에 나타나 있듯이 수평선이 된다.

$\eta=1$이면 수요는 단위탄력성(單位彈力性, unit elasticity)을 가진다고 말한다. 이는 가격변화율과 수요량변화율이 똑같은 경우이다.

마지막으로 $0\leq\eta<1$이면 수요는 비탄력적(非彈力的, inelastic)이다. 이는 가격이 일정 비율만큼 변할 때 수요량의 변화율이 그보다 더 작은 경우이다. 극단적으로 $\eta=0$일 경우 [그림 7-2-4]에서 보듯이 수요곡선은 수직선이 된다.

7.4절에서 논의하겠지만 수요가 탄력적인지 비탄력적인지의 구분은 가격변화에 대한 총수입의 증감을 결정해 주기 때문에 중요한 의미를 갖는다.

수요의 가격탄력성의 결정요인

수요의 가격탄력성의 크기는 경제정책 입안자나 기업인에게 매우 중요하다. 예컨대 국민경제 입장에서 석유가격이 배럴당 1\$만큼 상승할 때 국내 석유수요량(따라서 우리 경제의 석유 수입물량)이 얼마만큼 감소하는 것인지는 매우 중요한 관심사일 것이다. 이와 같이 가격탄력성은 정책수립에 매우 중요한 정보가 되므로 가격탄력성을 추정하고, 가격탄력성을 결정하는 요인분석에 관한 수많은 연구가 행해져 왔다.

수요의 가격탄력치는 상품마다 다르다. 탄력치의 차이는 왜 발생하는가?

첫째, 수요의 가격탄력성은 대체재의 유무 및 대체성의 강도에 따라 달라진다. 대체재의 종류가 많을수록, 대체성의 강도가 클수록 그 재화의 가격탄력성은 커진다. 대체재가 많다면 해당 상품가격이 약간만 상승해도 소비자들은 유사상품인 대체재로 눈길을 돌릴 것이다. 반대로 조금만 가격이 하락해도 새로운 고객들이 많이 생겨날 것이다.

어떤 상품이 얼마나 유사한 대체재를 갖고 있느냐는 것은 그 상품의 정의에 따라 달라진다. 예컨대 술과 청량음료의 대체성보다는 펩시콜라와 코카콜라의 대체성이 훨씬 더 강할 것이다. 따라서 코카콜라의 수요의 가격탄력성이 청량음료의 가격탄력성보다 훨씬 더 클 것이다. 일반적으로 상품이 세세하게 분류되어 있을수록 수요의 가격탄력성이 커진다.

둘째, 상품의 용도가 다양할수록 그 상품의 가격탄력성은 커진다. 예컨대 스테인레스 스틸(비행기, 전선, 실내장식품 등에 사용됨)과 같은 상품은 특수 용도로만 사용되는 상품(예컨대, 우라늄)보다 가격탄력성이 클 것이다. 용도의 수가 많다는 것은 전용(專用) 상품이 아닌 범용(汎用) 상품임을 의미하고 대체재가 존재할 가능성이 크다는 것을 시사한다.

셋째, 해당 상품에 대한 지출액이 전체예산에서 차지하는 비중이 클수록 수요의 가격탄력성은 커진다. 예를 들어 소금처럼 가계의 예산에서 차지하는 비중이 낮은 상품보다 의복과 같은 상품의 가격탄력치는 크다.

넷째, 수요의 가격탄력치는 수요량을 계측한 기간에 따라 달라진다. 수요량을 측정한 기간이 길어질수록 수요의 가격탄력치는 증가한다.

7.2.2 수요의 교차탄력성

이제 해당 상품의 가격 및 소득을 고정시키고 다른 상품가격이 변할 때 해당 상품의 수요량이 반응하는 정도를 측정해 보자.

앞서 보았듯이 다른 상품가격의 변화에 대한 수요량의 변화 방향을 관찰함으로써 보완재 및 대체재를 정의할 수 있다. 이렇게 탄력성의 개념을 도입하

면 보완재 및 대체재의 정의뿐만 아니라 보완성 및 대체성의 강도까지도 알아
낼 수 있다.

　　두 개의 상품 X, Y가 있고, 그들의 가격을 P_X, P_Y라 하자. Y재 가격(P_Y)
의 상승이 X재 수요량에 미친 영향, 즉 Y재의 가격상승에 대한 X재의 수요
량의 반응도는 교차탄력성(cross-elasticity)으로 나타낼 수 있다. Y재 가격에 대
한 X재 수요의 교차탄력성(η_{XY})은 다음과 같이 정의할 수 있다.

**수요의 교차탄
력성**
다른 상품가격
(P_Y)변화에 대한
해당 상품(X재)의
수요량의 반응도
로서, X재의 수
요량변화율을 Y
재의 가격변화율
로 나눈 값

$$\eta_{XY} = \frac{\Delta Q_X}{Q_X} \div \frac{\Delta P_Y}{P_Y} = \frac{\Delta Q_X}{\Delta P_Y} \frac{P_Y}{Q_X}$$

$\eta_{XY} > 0$이면 대체재, $\eta_{XY} < 0$이면 보완재이다. $\eta_{XY} = 0$이면 두 재화는 아무런
관련이 없는 독립재이다.

　　여기서 독자 여러분은 가격탄력성이나 교차탄력성을 측정할 때 가격변화
로 인한 실질소득의 변화를 보상하지 않고(즉, 대체효과와 소득효과를 구분하지
않고) 단순히 다른 상품의 가격변화로 인한 수요량의 변화, 즉 총가격효과만을
고려하고 있음에 유의하기 바란다. 이러한 방식으로 측정된 탄력성은 순수 대
체효과를 추정하지 않았다는 의미에서 조가격탄력성(粗價格彈力性) 혹은 조교
차탄력성(粗交叉彈力性, gross cross elasticity)이라고 한다. 이는 개인의 무차별곡
선에 관한 이용가능한 객관적 정보가 없는 상황에서 순가격효과(즉 대체효과)만
을 계산한다는 것은 사실상 불가능하다는 이유로 정당화될 수 있다.

　　교차탄력성의 추정치는 독과점 규제시 시장지배적 상품을 정의하는 데 사
용되기도 한다. 독과점 규제는 시장지배적 지위를 누리고 있는 상품을 대상으
로 행해지고 있다. 우리나라에서 시장지배적 상품은 그 산업 내의 상위 1개사
(社)의 매출액의 시장점유율이 50% 이상이거나 상위 3개사의 매출액이 전체
시장에서 차지하는 비중이 75%를 넘는 상품으로 정의된다. 이 경우 시장의 범
위는 시장지배적 지위에 있는 품목을 결정하는 데 결정적 역할을 한다. 시장의
범위는 교차탄력성의 크기에 의해서 정의되기도 한다.[1] 예컨대 X, Y 상품의
교차탄력성의 값이 특정한 값보다 클 경우 대체성이 충분히 크다고 보고 X, Y
는 동일 시장에 있는 상품으로 간주된다.

---

1 교차탄력성을 이용하여 상품(시장)을 정의할 때 문제가 없는 것은 아니다. 고급의류와 승용차간의 교차
탄력성이 고급의류와 저급의류의 교차탄력성보다 크다고 하자. 이 경우 교차탄력성 기준에 의하면 고
급의류와 승용차는 같은 상품으로 취급되고 고급의류와 저급의류는 다른 상품으로 취급될 것이다.

7.2.3 수요의 소득탄력성

지금까지 우리는 해당 상품의 가격 및 다른 상품의 가격이 수요량에 미치는 영향을 살펴보았다.

수요량은 소득수준이 변함에 따라서 달라진다. 예컨대 소득수준이 낮을수록 쇠고기에 대한 수요량은 떨어질 것이다. 소득변화에 대한 수요량의 반응도는 수요의 소득탄력성(income elasticity of demand)으로 나타낼 수 있다. 이것을 식으로 나타내면 다음과 같다.

수요의 소득탄력성

수요량의 변화율을 소득의 변화율로서 나눈 값

$$\eta_M = \frac{\varDelta Q}{Q} \div \frac{\varDelta M}{M} = \frac{\varDelta Q}{\varDelta M} \frac{M}{Q}$$

여기서, M: 초기의 소득수준
Q : 초기의 수요량
$\varDelta Q$: 수요량의 변화량
$\varDelta M$: 소득수준의 변화량

소득탄력성은 전체 시장과 개별소비자 모두에게 적용될 수 있는 척도이다. 전체 시장 차원에 적용시킬 때는 Q 및 $\varDelta Q$를 전체 시장에서의 수요량 및 수요량의 변화로 해석하고 개별수요자의 경우에는 개별수요량 및 개별수요량의 변화로 해석하면 된다.

소득탄력성은 재화의 종류에 따라서 음($-$)이나 양($+$)이 될 수 있고 동일 재화라 할지라도 소득수준에 따라서 부호가 변할 수 있다. 소득탄력성이 음인 상품을 열등재(劣等財), 소득탄력성의 크기가 0과 1 사이인 상품을 정상재(正常財), 그리고 소득탄력성이 1보다 큰 상품을 우등재(優等財)로 분류한다.

7.3
기업의 관점에서 본 시장수요곡선

지금까지 우리는 시장수요를 소비자의 관점에서 보아 왔다. 소비자의 지출액은 바로 기업의 매출액이 되기 때문에 우리는 시장수요를 기업가의 관점에서도 생각해 볼 필요가 있다. 이러한 시도는 기업이론 및 시장조직이론을 전개하는 데 매우 중요하게 사용된다. 먼저 한계수입을 정의한 후 산업 및 기업의 수요곡선의 차이점을 설명하고, 한계수입과 가격탄력성과의 관계를 설명하도록 하겠다.

시장수요곡선은 임의의 가격에서 구매자들이 구입하고자 하는 상품량을 보여 준다. 기업입장에서 보면 시장수요곡선은 특정 가격하에서의 판매자가 얻을 수 있는 매출액을 말해 주고 있다. 예컨대 [그림 7-3-1]에서 D는 수요곡선을 나타내며 가격이 OP일 때 OQ단위만큼 수요된다.

판매자의 입장에서 보면 가격이 OP일 때 매출액(총수입)은 가격×판매량, 즉 $OP×OQ$로서 사각형 $OPRQ$의 면적이 된다.

최적 의사결정에는 총량개념보다 한계개념이 유용하므로 판매량이 한 단위 변할 때 총수입의 변화분인 한계수입(marginal revenue : MR)을 정의해 보자.

한계수입은 다음과 같이 수식으로 나타낼 수 있다.

한계수입

한 단위의 생산물을 추가적으로 판매했을 때 총수입의 변화분

$$(7.3.1) \quad MR = \frac{\Delta TR}{\Delta Q}$$

여기서, ΔTR: 총수입의 변화분　　ΔQ: 산출량의 변화분

[그림 7-3-I] 수요곡선과 총수입

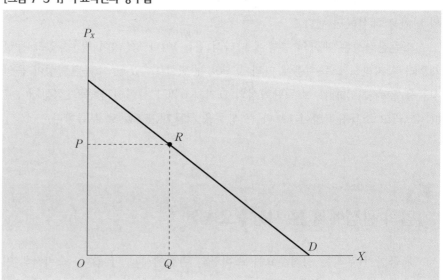

7.3.1 한계수입곡선의 도출

한계수입은 상품 한 단위를 추가로 판매했을 때의 매출액의 변화분으로 정의된다. 그런데 매출액이 수요곡선과 밀접한 관계를 갖고 있으므로 한계수입 또한 수요곡선과 밀접한 관계가 있음을 알 수 있다.

한계수입은 수요곡선과 어떤 관계를 갖고 있을까? 수요곡선이 [표 7-3-1]처럼 주어져 있을 때 총수입(TR)과 한계수입(MR)을 도출해 보자. 이 표의 첫째와 둘째 열(列, column)은 가격 및 수요량을 말해 주고 있는데, 이것들이 [그림 7-3-2] (b)의 수요곡선 D로 묘사되고 있다. 세 번째 열은 총수입을 보여 주는데, 이는 1열과 2열, 즉 해당 가격과 수요량(판매량)을 곱하여 얻어진 값이다. 네 번째 열은 한계수입을 나타내고 있다. 첫 번째 단위의 한계수입은 매출액과 동일하다(따라서 첫 번째 단위에 대해서는 $MR=TR$). 두 번째 단위의 한계수입은 두 단위 판매로부터 얻은 총수입에서 첫 번째 단위만 판매했을 때 얻은 수입을 뺀 것과 같다. 일반적으로 k번째 단위의 한계수입은 다음 방정식으로 계산될 수 있다.

$$MR_k = \Delta TR_k = TR_k - TR_{k-1}$$

마지막 열은 각 생산량에서의 한계수입의 합과 총수입이 일치한다는 것을 보여 주고 있다. 즉 첫 번째 단위의 총수입은 한계수입과 일치한다($TR_1 = MR_1$). 두 단위 판매로부터 얻는 총수입(TR_2)은 첫 번째 단위의 한계수입(MR_1)과 두

[표 7-3-1] 수요, 총수입 및 한계수입   (단위: 원)

가격(P)	판매량(Q)	총수입(TR)	한계수입(MR)	한계수입 합계
10	1	10	10	10
9	2	18	8	18
8	3	24	6	24
7	4	28	4	28
6	5	30	2	30
5	6	30	0	30
4	7	28	−2	28
3	8	24	−4	24
2	9	18	−6	18
1	10	10	−8	10

번째 단위의 한계수입(MR_2)을 합한 것과 같다($TR_2 = MR_1 + MR_2$). 따라서 TR
과 MR간의 관계를 일반화하면 다음과 같이 나타낼 수 있다.

$$TR_k = MR_1 + MR_2 + \cdots + MR_k$$

한계수입을 보여 주는 제4 열은 [그림 7-3-2]의 (b)에서 MR곡선으로 표
현되고 있다. MR곡선은 다음과 같은 두 가지 특징을 갖는다. 첫째, 한계수입
곡선과 수요곡선의 세로축의 절편은 동일하다. 위의 예에서 가격이 10원, 판매
량이 1일 때 $P = MR = 10$이다. 둘째, 총수입이 극댓값을 가질 때, 즉 $Q = 6$일
때 한계수입은 0이 된다. 한계수입이 양(+)이면 총수입은 증가하고, 한계수입

[그림 7-3-2] 한계수입곡선의 도출

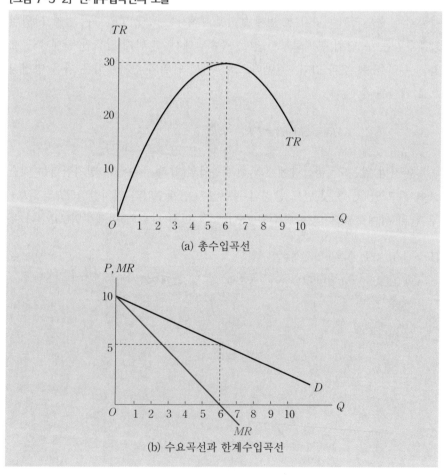

(a) 총수입곡선

(b) 수요곡선과 한계수입곡선

이 음(−)이면 총수입은 감소한다.[2]

7.3.2 한계수입곡선의 기하학적 설명

수요곡선이 선형(線型)일 때는 그와 상응한 한계수입곡선을 구하기가 쉽다. 예를 들어 다음과 같은 수요곡선을 생각해 보자.

(7.3.2) $P = 100 - 2Q$

이 때 총수입은 다음과 같다.

(7.3.3) $TR = PQ = 100Q - 2Q^2$

한계수입은 1단위 Q의 변화에 대한 총수입의 변화로 정의된다. 따라서 Q의 변화가 극히 작을 때 한계수입은 총수입곡선의 기울기(도함수)가 된다. 이것을 식으로 표시하면 다음과 같다.

(7.3.4) $MR = \lim_{\Delta Q \to 0} \dfrac{\Delta TR}{\Delta Q} = 100 - 4Q$

수요곡선인 식 (7.3.2)와 한계수입곡선인 식 (7.3.4)를 비교해 보면, 한계수입곡선의 세로축 절편은 100으로서 수요곡선의 세로축 절편과 동일하고 그 기울기의 절댓값은 4로서 수요곡선의 두 배임을 알 수 있다. 이러한 관계는 수요함수가 선형일 경우 일반적으로 성립된다.

이것은 한계수입곡선의 가로축 절편은 수요곡선의 가로축 절편의 중점(中點)임을 의미한다. 즉, [그림 7−3−3]에서 OQ'은 OQ''의 반이며, 따라서 $OQ' = Q'Q''$이다. 어떤 임의의 산출수준 Q_0에서의 한계수입을 알고자 하면 Q_0에서의 한계수입곡선의 세로축 좌표값을 읽기만 하면 된다. 즉, Q_0에서의 한계수입은 MR_0이다.

---

[2] [그림 7−3−2]에서 극대점이 $Q=5$와 $Q=6$의 두 곳에서 나타나고 있는 것은 변수가 불연속적이기 때문이다.

[그림 7-3-3] 수요곡선과 한계수입곡선: 수요곡선이 직선인 경우

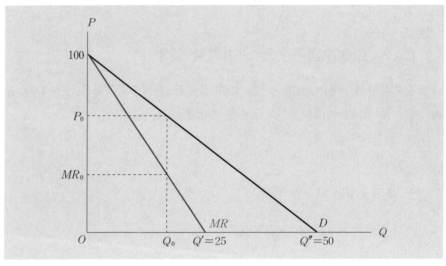

7.4
수요의 탄력성, 총수입 및 한계수입

수요의 가격탄력성과 총수입에 관한 지금까지의 논의(7. 2절과 7. 3절)로부터 양자간에 밀접한 관계가 있음을 짐작할 수 있다. 본절에서는 이들의 관계를 명확하게 밝혀 보기로 한다.

7.4.1 수요의 가격탄력성과 총수입

수요가 탄력적일 경우, 즉 가격탄력성이 1보다 클 경우 가격이 하락하면 수요량은 가격하락률보다 더 큰 비율로 증가하고 따라서 매출액(총수입)은 증가한다. 가격이 상승하면 수요량은 가격상승률보다 더 큰 비율로 감소하므로 매출액(총수입)은 감소할 것이다.

이상의 논의는 탄력성과 총수입이 밀접한 관련을 갖고 있음을 시사한다. 탄력성과 총수입의 관계를 도출해 보자. 수요곡선이 [그림 7-4-1]과 같이 주어져 있을 때 초기에 P_0하에서 Q_0를 구입하고 말기에 P_1하에서 Q_1을 구입하였

다 하자. 이 때 매출액의 차이(ΔTR)는 다음과 같이 나타낼 수 있다.

(7.4.1) $\Delta TR = P_1 Q_1 - P_0 Q_0 = Q_1(P_1 - P_0) - P_0(Q_0 - Q_1)$

식 (7.4.1)을 가격과 판매량의 변화분으로 표현하기 위하여 $Q_1 - Q_0 \equiv \Delta Q$, $P_1 - P_0 \equiv \Delta P$로 정의하자. 이 정의를 이용하면 식 (7.4.1)은 다음과 같이 다시 쓸 수 있다.

(7.4.2) $\Delta TR = Q_1 \Delta P + P_0 \Delta Q$

식 (7.4.2)의 우변을 ΔP에 관해서 정리하기 위해 $P_0 = P_1 - \Delta P$를 대입하면 다음 식을 얻는다.

(7.4.3) $\Delta TR = Q_1 \Delta P + P_1 \Delta Q - \Delta P \Delta Q$

이제 우변의 마지막 항을 무시하면(마지막 항은 앞의 두 항에 비해서 상대적으로 작은 값을 갖는다) ΔTR은 다음과 같다.

(7.4.4) $\Delta TR = Q_1 \Delta P \left(1 + \dfrac{\Delta Q}{\Delta P} \dfrac{P_1}{Q_1} \right)$

[그림 7-4-I] 수요의 탄력성과 총수입

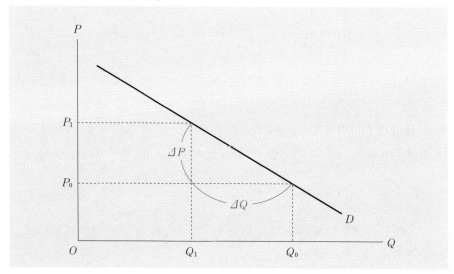

수요의 가격탄력성의 정의식을 이용하면 식 (7.4.4)는 다음과 같이 쓸 수 있다.

(7.4.5) $\Delta TR = Q_1 \Delta P(1-\eta)$

여기서 $\eta = -\dfrac{\Delta Q}{\Delta P} \dfrac{P_1}{Q_1}$

식 (7.4.5)로부터 $\eta < 1$일 경우, 가격이 하락하면($\Delta P < 0$) 총수입은 감소하고 $\eta > 1$일 경우, 가격이 하락하면 총수입은 증가함을 알 수 있다.

7.4.2 수요의 가격탄력성과 한계수입

[그림 7-3-2]로부터 다음 사실들을 확인할 수 있다. 한계수입이 양(+)이면 총수입은 증가하고, 한계수입이 음(−)이면 총수입은 감소한다. 또 한계수입이 0이면 총수입은 불변이고 이 때의 총수입은 극대가 된다. 7.3.1에서 우리는 수요곡선이 직선일 경우 한계수입이 0일 때 탄력성은 1이 됨을 확인한 바 있다. 이는 한계수입과 수요의 가격탄력성이 밀접하게 연관되어 있음을 시사한다.

이제 한계수입(MR)과 가격탄력성(η)의 관계를 도출해 보자. 정의에 의해

$$MR = \frac{\Delta TR}{\Delta Q}$$

이다. MR을 구하기 위해 우선 ΔTR을 계산해 보자. 7.4.1에서와 마찬가지로 수요곡선이 [그림 7-4-1]과 같이 주어져 있을 때 초기에 P_0하에서 Q_0를 구입하고 말기에 P_1하에서 Q_1을 구입하였다고 하자. 이 때 매출액의 차이 ΔTR은 식 (7.4.2)로부터 다음과 같이 쓸 수 있음을 보았다.

(7.4.6) $\Delta TR = Q_1 \Delta P + P_0 \Delta Q$

우변을 ΔQ에 관해 정리하기 위해 $Q_1 = Q_0 + \Delta Q$의 정의식을 대입하면 다음 식을 얻는다.

(7.4.7)　　$\Delta TR = P_0 \Delta Q + (Q_0 + \Delta Q) \Delta P$

　　　　　　$= P_0 \Delta Q + Q_0 \Delta P + \Delta Q \Delta P$

식 (7.4.7)에서 우변의 마지막 항을 무시하면 ΔTR은 다음과 같이 쓸 수 있다.

(7.4.8)　　$\Delta TR = P_0 \Delta Q + Q_0 \Delta P$

　　　　　　$= P_0 \Delta Q \left(1 + \dfrac{Q_0}{P_0} \dfrac{\Delta P}{\Delta Q} \right)$

수요의 가격탄력성(η)의 정의를 이용해서 다시 쓰면,

(7.4.9)　　$\Delta TR = P_0 \Delta Q \left(1 - \dfrac{1}{\eta} \right)$

　　　　여기서, $\eta = - \dfrac{P_0}{Q_0} \dfrac{\Delta Q}{\Delta P}$

이제 MR을 구하기 위해 식 (7.4.9)의 양변을 ΔQ로 나누면 MR식을 얻는다.

(7.4.10)　　$MR = \dfrac{\Delta TR}{\Delta Q} = P_0 \left(1 - \dfrac{1}{\eta} \right)$

식 (7.4.10)은 탄력성(η)과 한계수입(MR)의 관계를 말해 준다. 한계수입은 $\eta > 1$이면 양의 값을 취하고 $\eta = 1$이면 영(零), 그리고 $\eta < 1$이면 음($-$)의 값을 취한다.

식 (7.4.10)에서 P를 수요함수, 즉 $P(Q)$로 해석할 경우 이 식은 수요함수와 한계수입함수($MR(Q)$)의 관계를 표시하고 있다. 일반적으로 한계수입함수와 수요함수는 다음과 같은 관계가 있나.

(7.4.11)　　$MR(Q) = P(Q) \left[1 - \dfrac{1}{\eta} \right]$

　　　　여기서, MR: 한계수입
　　　　　　　　P: 가격
　　　　　　　　η: 수요의 가격탄력성

7.4.3   시장수요곡선과 완전경쟁시장하의 개별기업의 수요곡선

지금까지 우리는 시장수요곡선을 다루었다. 그러나 시장수요곡선이 기업의 수요곡선과 동일한 것은 아니다. 물론 공급자가 혼자라면 시장수요곡선과 기업의 수요곡선이 일치한다. 그러나 공급자가 다수라면 시장수요곡선은 기업의 수요곡선과 달라진다. 일반적으로 기업의 수요곡선의 경사는 시장의 그것에 비해 보다 완만하다. 특정 기업이 생산하는 상품은 특정 산업의 생산품에 비해서 훨씬 강한 대체재를 갖는다. 따라서 기업의 수요탄력성은 시장수요탄력성보다 크다고 볼 수 있다.

극단적으로 생산자수가 무수히 많고 상품이 동질적인 경우(제11장에서 논의할 완전경쟁시장의 경우) 개별기업이 가격을 조금만 인상하여도 판매량이 0으로 떨어지게 된다. 반면에 가격을 조금만 인하하면 전체 시장의 수요량이 자기기업의 수요량이 될 것이다. 그러나 현실적으로는 어떤 개별기업이 판매량을 예컨대 10배로 늘리더라도 그 기업이 전체시장에서 차지하는 비중이 너무나도 낮기 때문에 가격은 거의 변하지 않을 것이다. 따라서 개별기업 차원에서는 가격을 인하하지 않고도 얼마든지 판매량을 증가시킬 수 있다. 이 경우 [그림 7-4-2]에서 보듯이 시장수요곡선은 우하향하는 곡선이 되지만 개별기업이 직면하는 수요곡선은 시장가격을 높이로 하는 수평선이 된다.

[그림 7-4-2] 개별기업의 수요곡선과 시장수요곡선

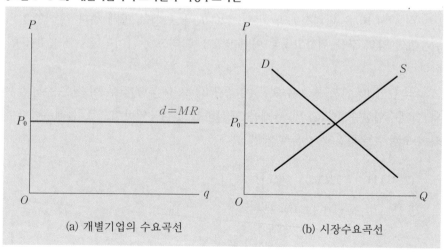

(a) 개별기업의 수요곡선   (b) 시장수요곡선

완전경쟁시장의 경우 개별기업의 MR은 개별기업의 수요함수 그 자체가 된다.

이와 같이 수요곡선이 수평선으로 주어지는 경우 수요의 가격탄력치는 얼마나 될까? 수요의 가격탄력치는 무한대이다. $MR=P\left(1-\dfrac{1}{\eta}\right)$의 공식에서도 MR과 P가 일치할 경우 $\eta=\infty$임을 확인할 수 있다.

7.5
응용 예: 소비자잉여

교환은 쌍방의 득(得)이 된다.[3] 합리성을 갖고 행동하는 개인이라면 자신에게 이득이 되지 않는 교환은 하지 않을 것이기 때문이다. 소비자가 누리는 교환의 이익을 객관적 척도로써 측정할 수 있을까?[4] 소비자잉여는 이에 대한 해답을 제공하는 개념이다.

소비자잉여의 개념을 [그림 7-5-1]을 이용하여 설명해 보자. [그림 7-5-1]은 사과시장의 시장수요곡선을 나타낸 것이다. 시장수요곡선(D)을 보면, 사과가 한 개만 판매된다면 누군가가 최대 900원을 지불하고 구입할 용의가 있음을 나타낸다. 물론 시장가격이 900원보다 높으면 어떤 소비자도 사과를 구입하지 않는다. 만일 두 개의 사과가 판매된다면 어떤 소비자가 최대 850원을 두 번째 단위에 대해 지불할 용의가 있다. 만일 Q_i개의 사과만 판매된다면 어떤 소비자가 최대 P_i원을 Q_i번째 단위에 대해 지불할 용의가 있다. 이와 동일한 논리를 시장에서 거래되는 마지막 단위의 상품에 대해 적용하면 시장가격은 마지막 단위의 상품에 대해 어떤 소비자가 지불할 용의가 있는 최대 금액을 나타낸다는 것을 알 수 있다. 예컨대 시장가격이 300원이고 수요량은 1,000개일 때 시장가격(300원)은 1,000번째 사과에 대해 마지막 소비자(1,000번째 사과를 구입하는 소비자)가 평가하는 한계가치(限界價値)를 나타낸다. 물론 1,000개의 사

---

3 이것은 교환이란 강자가 약자를 착취하기 위한 수단이라는 착취론의 주장과 대조를 이룬다. 어느 쪽 주장이 옳으냐는 인간의 합리성을 믿느냐의 여부에 달려 있다. 인간의 합리성을 믿는다면 착취론의 이러한 주장은 잘못된 것이다.

4 5.2절에서 무차별곡선을 이용하여 개별소비자가 누리는 교환의 이익을 논의한 바 있다. 여기서는 시장수요곡선으로부터 전체 소비자가 누리는 교환의 이익을 논한다.

[그림 7-5-I] 소비자잉여

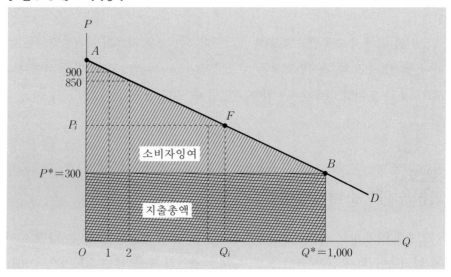

과 중 대부분은 300원 이상의 가격에서도 기꺼이 구입되었을 것이다. 예컨대 첫 번째 단위의 수요자는 가격이 900원이라도 기꺼이 구입할 용의가 있고, 두 번째 단위의 수요자는 가격이 850원이라도 기꺼이 구입할 용의가 있다. 마찬가지로 Q_i번째 단위의 수요자는 가격이 P_i원 이하이면 기꺼이 구입하였을 것이다.

그런데 모든 사과는 동일한 가격 300원에 팔린다. 따라서 첫 번째 단위의 수요자는 600(=900−300)원의 잉여(surplus)를, 두 번째 단위의 수요자는 550(=850−300)원의 잉여를, 그리고 Q_i번째 단위의 수요자는 P_i−300원의 잉여를 누리고 있다. 이와 동일한 논리를 사과산업 내의 모든 소비자에게 적용하면 사과산업 내의 모든 소비자가 받는 잉여의 총합을 계산할 수 있다. 알프레드 마샬(Alfred Marshall)은 소비자들이 누리고 있는 잉여의 총합을 소비자잉여(consumer's surplus)라 명명하였다. 이는 소비자들이 기꺼이 지급할 용의가 있는 최대 금액에서 소비자들의 총지출액을 뺀 값이다.

소비자잉여

소비자들이 기꺼이 지불할 용의가 있는 최대 금액에서 소비자들의 총지출액을 뺀 값

시장가격이 P^*(300원)이고 수요량은 Q^*(1,000개)일 때 소비자잉여는 빗금친 △AP^*B의 면적으로 나타낼 수 있다. OQ^*에 대해서 소비자가 평가하는 총화폐가치, 즉 소비자가 기꺼이 지불하고자 하는 최대금액은 □$OABQ^*$의 면적이 된다. 그런데 소비자가 실제로 지불하는 금액은 □OP^*BQ^*이므로,

소비자는 OQ^*를 구입함으로써 $\triangle AP^*B$만큼의 순이익을 누리는 셈이다. 이는 사과시장이 개장됨으로 인해 전체소비자가 누리는 교환의 이익을 나타낸다.

　　소비자잉여는 특정 상품의 가격변화로 인한 소비자의 후생수준의 변화를 측정하는 데에 사용되기도 한다. 사과 가격이 P^*원에서 P_i원으로 인상되었을 때 소비자의 후생수준은 얼마나 달라질까? 이를 측정하기 위해 가격변화 이전과 이후의 소비자잉여의 크기를 계산해 보자. 초기 상태에서의 소비자잉여는 빗금친 $\triangle AP^*B$의 면적임을 앞에서 보았다. 가격이 P_i일 때, 소비자잉여는 $\triangle AP_iF$의 면적이 된다. 따라서 가격인상으로 인한 소비자잉여의 손실은 두 삼각형 면적의 차인 $\square P^*P_iFB$의 면적이 된다. 이 사다리꼴의 면적만큼 소비자 전체의 후생수준이 감소한 것이다.

　　소비자잉여는 여러 경제정책들의 효과를 비교·분석할 때 흔히 사용되는 개념이다. 예컨대 특정 조세의 강화가 사회후생수준에 미치는 영향은 소비자잉여의 크기를 측정해 봄으로써 분석할 수 있다.

1. 시장수요곡선	2. 수요의 가격탄력성
3. 수요의 소득탄력성	4. 열등재
5. 정상재	6. 우등재
7. 교환의 이익	8. 소비자잉여

_요약 SUMMARY

❶ 시장수요곡선은 시장에 참여하는 모든 소비자의 개별수요곡선을 수평적으로 합해 놓은 것이다. 따라서 시장수요곡선은 개별수요곡선보다 완만하다.

❷ 시장수요곡선의 특성은 각종 탄력성으로써 묘사될 수 있다. 수요의 가격탄력성은 수요량변화율을 가격변화율로 나눈 몫의 절댓값으로 정의된다. 수요의 가격탄력성은 상품의 가격변화율에 대한 수요량의 반응도를 나타낸다. 수요의 가격탄력성에는 점탄력성과 호탄력성이 있다.

❸ 점탄력성은 첫째, 가격 및 수요량의 변화가 미소할 경우에 한해서 유효하고, 둘째, 초기점이 어느 점이냐에 따라서 점탄력성의 값이 달라지는 두 가지 문제가 있다. 이러한 점탄력성의 문제점을 극복한 것이 호탄력성이다.

❹ 상품수요는 가격탄력성의 값이 1보다 크면 탄력적, 1보다 작으면 비탄력적이다. 만일 그 값이 정확히 1이면 수요는 단위탄력성을 가진다고 말한다. 수요가 탄력적인지 비탄력적인지의 구분은 가격변화에 대한 총수입의 증감을 결정해 주기 때문에 중요한 의미를 갖는다.

❺ 수요의 가격탄력성은 첫째, 대체재의 유무 및 대체성의 강도에 따라 달라진다. 대체재의 종류가 많을수록 그 재화의 가격탄력성은 커진다. 둘째, 상품의 용도가 다양할수록 그 상품의 가격탄력성은 커진다. 셋째, 전체 예산에서 한 상품에 대한 지출액이 차지하는 비중이 클수록 수요의 가격탄력성은 커진다. 넷째, 수요의 가격탄력치는 수요량을 계측한 기간이 길수록 커진다.

❻ 수요의 교차탄력성은 다른 상품가격(P_Y) 변화에 대한 해당 상품(X재)의 수요량의 반응도를 의미한다.

❼ 수요의 소득탄력성은 수요량의 변화율을 소득의 변화율로 나눈 값이다. 이는 소득의 변화에 대한 수요량의 상대적 반응도를 의미한다. 소득탄력성이 음인 상품을 열등재, 소득탄력성의 크기가 0과 1 사이인 상품을 정상재, 그리고 소득탄력성이 1보다 큰 상품을 우등재로 분류한다.

❽ 한계수입은 한 단위의 생산물을 추가적으로 판매했을 때의 총수입의 변화분이다.

❾ 한계수입(MR)과 수요함수($P(Q)$) 그리고 수요의 가격탄력성(η)간에는 다음과 같은 관계가 있다.

$$MR(Q)=P(Q)\left[1-\frac{1}{\eta}\right]$$

❿ 소비자잉여란 교환의 이익의 크기를 화폐액으로 나타낸 개념이다. 소비자잉여는 거래량에 대해 소비자가 평가하는 총화폐액, 즉 소비자가 기꺼이 치르고자 하는 최대금액에서 소비자가 실제로 지불한 금액을 뺀 값으로 정의된다.

_연습문제 QUESTION

01 수요곡선이 다음과 같이 주어져 있다: $P=a-bQ$. 이 때 총수입(TR)과 한계수입 (MR)을 구하라.

02 소비자 J 와 K 의 개별수요함수는 다음과 같다.

$$X_J=20-P_X \qquad\qquad X_K=40-2P_X$$

(a) 시장 내에 소비자가 둘뿐이다. 이 때 시장수요곡선을 구하라.

(b) 개별수요곡선과 시장수요곡선의 기울기 중에서 어느 쪽이 더 큰가?

03 동일한 수요곡선 상의 두 점, A 와 B 의 좌표가 다음과 같이 주어져 있다고 하자.

	가격(원)	수요량(개)
A	29,001	2,999
B	29,000	3,000

(a) 초기점을 A 라 하고 수요의 가격탄력성을 구하라.

(b) 초기점을 B 라 하고 수요의 가격탄력성을 구하라.

(c) 이 계산 결과가 시사하는 바는?

04 다음과 같은 경우를 생각해 보자.

	가격(원)	수요량(개)
C	240	800,000
D	200	1,600,000

(a) 초기점을 C 라 하고 수요의 가격탄력성을 구하라.

(b) 초기점을 D 라 하고 수요의 가격탄력성을 구하라.

(c) 이 계산 결과가 시사하는 바는?

05 X 재의 공급곡선이 우측으로 이동했다. 다음 각 경우에 매출액의 변화 방향은?

(a) X 재의 수요가 가격에 대해 탄력적인 경우

(b) X 재의 수요가 가격에 대해 비탄력적인 경우

(c) X 재의 수요가 가격에 대해 완전탄력적인 경우

(d) X 재의 수요가 가격에 대해 완전비탄력적인 경우

06 X 재의 공급곡선이 왼쪽으로 이동했다. 다음 각 경우에 매출액의 변화 방향은?

(a) X 재의 수요가 가격에 대해 탄력적인 경우

(b) X 재의 수요가 가격에 대해 비탄력적인 경우

(c) X 재의 수요가 가격에 대해 완전탄력적인 경우

(d) X 재의 수요가 가격에 대해 완전비탄력적인 경우

07 "높은 임금상승률이 노동자 계층에 반드시 유리한 것만은 아니다." 이 명제를 설명하라.

08 "농부에게 풍년이 항상 즐거운 것은 아니다." 이 명제를 설명하라.

09 어떤 고급 호텔의 사장이 숙박료 인상을 고려하고 있다.

(a) 숙박 수요의 가격탄력성이 1보다 큰 경우 어떠한 의사결정을 내리겠는가?

(b) 숙박 수요의 가격탄력성이 1보다 작은 경우 어떠한 의사결정을 내리겠는가?

개 요__

지금까지 소비자 행동에 관한 논의를 통해 생산물의 수요측면을 살펴보았다. 본편에서는 생산물의 공급측면을 분석할 수 있는 기초이론을 설명하고자 한다. 생산물의 공급자는 통상 기업이다. 본편은 기업의 행동을 이해하기 위해서 기업의 본질(제 8 장)과 기업이 직면하고 있는 기술적 제약조건(제 9 장)을 설명한다. 기술적 제약조건은 비용이론과 생산이론에 의하여 묘사된다. 비용이론은 제 4 편 시장조직이론에서 매우 유용하게 사용될 것이다.

CHAPTER

08

기업의 본질

자동차를 제조할 때 전문화의 이익을 구현하는 생산방식은 다양하다. 기업 생산방식도 있고 시장계약에 의한 생산방식도 있다. 또한, 기업 생산방식으로 자동차를 생산을 할 때도 전문화의 이익을 구현하는 방법은 여러 가지이다. 자동차 조립 과정에 투입되는 부품을 직접 만들 수도 있고 시장에서 구입할 수도 있다. 작업할 노동자도 직접 고용할 수도 있고 계약에 의해 노동서비스를 제공받을 수도 있다.

기업의 존재이유는 무엇인가? 어떤 경우에 기업생산이 나타나고 어떤 경우에 시장계약생산이 나타나는가? 왜 어떤 부품은 직접 생산하고 다른 부품은 시장에서 구입될까? 이 장의 전반부에서는 이러한 문제에 대한 해답을 제시해 보고자 한다.

기업의 행동을 설명하기 위해서는 기업의 목표를 명확히 할 필요가 있다. 주류 경제학에서는 이윤극대화 가설을 전제한다. 이 장의 후반부에서는 이윤극대화 가설의 위력과 한계를 살펴보고자 한다.

8.1
기업의 존재이유

8.1.1 생산을 위한 조직체: 총체론적 접근

주류 경제학이라고 할 수 있는 신고전파는 기업을 생산을 위한 조직체로 인식한다. 기업은 주어진 생산기술을 구현하는 주체이다. 생산이란 생산요소를 연결하여 산출물(제품)을 만드는 과정이다. 기업은 비민주적인 명령과 지시를 통해 생산한다. 이를 위해 기업은 계층구조의 형태를 띤다. 신고전파는 기업조직은 소비자와 같은 단일 경제주체라는 인식에 입각하고 있다. 이처럼 기업을 단일한 의사결정체로 간주하면서 기업행동을 설명하는 입장을 총체론적 접근(總體論的接近, holistic approach)이라고 한다.

그러나 총체론적 접근은 기업은 가계와 달리 단일한 경제주체가 아니라는 점을 간과하고 있다. 현실의 기업은 기업주의 명령에 따라 일사분란하게 움직이는 단순한 조직체가 아니다. 총체론적 접근은 기업 조직체가 임원과 노동자의 갈등, 조직원의 기회주의적 행동이 나타날 수 있는 일종의 검은 상자(black box)라는 점을 간과하고 있다.

8.1.2 팀생산의 이익 극대화: 소유권 접근

팀생산의 이익

팀원 간 분업, 전문화와 협력을 통해 얻을 수 있는 생산의 이익

팀생산의 이익은 분업과 분업에 따른 전문화의 이익에서 비롯된다.[1]

기업가는 전문화와 협력의 이익을 위해 팀을 만든다. 기업가는 팀원을 결정하고 그 역할을 설정한다. 팀생산의 이익을 위해서는 여러 경제주체들이 협력해야 한다. 전문화는 협력 없이는 무용지물이다. 협력과 전문화는 동전의 양면이다. 전문화가 심화될수록 협력이 긴요하다. 협력을 전제로 전문화가 가능하기 때문이다. 서로 다른 전문가, 노동자, 이해관계자들의 협력을 이끌어내는데에는 기업가의 역할이 매우 중요하다. 기업가는 모든 개별 팀원들과 계약을 체결한다. 기업가는 계약을 통해 팀원 간 갈등과 기회주의적 행동을 미리 예방하고 전문화된 활동을 조율한다. 기업가는 모든 계약의 중심에 있다. 알치안

---

1 전문화의 이익에 관해서는 제2장을 참조하라.

(Armen Alchian)은 기업을 팀생산의 이익을 구현하기 위한 계약의 집합체(set of contracts)로 본다.

이처럼 기업을 계약의 집합체로 간주하면서 기업행동을 설명하는 입장을 소유권 접근(property right approach)이라고 한다. 팀원과 전문화의 이익을 높일 수 있는 계약을 체결하는 데는 소유권의 정립이 핵심적 역할을 한다고 보기 때문이다. 소유권이 명확히 정립되어 있지 않으면 전문화의 이익을 극대화할 수 있는 계약을 체결하기가 어렵다.

소유권 접근은 소유권이 잘 정립된 상황에서 활동하는 기업을 잘 설명할 수 있다. 그러나 현실에서 소유권 정립은 미비하거나 불완전한 경우가 많다. 소유권이 명확하게 정의되어 있지 않은 경우 팀원의 기회주의적 행동이 나타나고 많은 거래비용이 발생한다. 거래비용은 팀생산 이익의 실현을 방해한다. 조직생산에 의해 팀생산의 이익을 실현시키기 위해서는 팀 내부의 기회주의적 행동이나 거래비용의 문제를 적절히 해결해야만 한다. 팀생산의 이익이 존재한다는 것은 기업 탄생의 필요조건에 불과하다.

8.1.3 거래비용의 절약: 거래비용 접근

팀생산의 이익을 구현하는 방법은 기업생산만이 유일하지 않다. 팀생산의 이익은 기업생산방식이 아닌 시장계약방식으로도 구현할 수 있다. 시장계약방식에서는 팀원이 될 노동자나 장비 소유주가 시장에서 계약을 맺어 분업과 전문화의 이익을 실현한다. 예컨대 택배 서비스를 공급할 때 택배 회사가 택배 기사와 차주와 독립적 개별 계약을 체결하여 택배 서비스를 공급할 수 있다. 기업이 사용하는 부품도 기업 내에서 직접 만들 수도 있고 시장에서 구입할 수도 있다.

그런데 팀생산의 이익을 기업생산방식으로 구현하건 시장계약방식으로 실현하건 나름대로의 거래비용이 소요된다. 거래비용(transaction cost)은 거래를 위한 계약 체결 및 이행에 수반되는 비용을 말한다. 거래비용은 정보수집비용, 흥정비용, 계약서작성비용과 계약조항의 강제이행비용 등을 포함한다. 거래비용은 거래 과정에서 발생되는 비용으로서 생산비용과 구분된다. 똑같은 생산물을 시장에서 계약을 통해 생산했을 때보다 기업 조직에서 생산했을 경우 거래

거래비용
거래를 위한 계약 체결 및 이행에 수반되는 비용

적 비용을 절약할 수 있을 때 기업생산이 나타나고 기업이 탄생한다. 코오즈 (Ronald Coase)는 기업을 팀생산의 이익을 위한 조직체라기보다는 거래비용을 절약하기 위한 조직체로 보았다. 팀생산의 이익을 실현하기 위한 생산방식은 기업생산 이외에도 다른 생산방식이 많이 있기 때문이다. 이처럼 기업을 거래 비용을 절약하기 위한 생산 조직체로 간주하면서 기업의 존재이유를 설명하는 입장을 거래비용 접근(transaction cost approach)이라고 한다.

기업생산은 팀원을 동일한 공간에 집중시킴으로써 거래 비용을 극소화하는 생산방식이라고 볼 수 있다. 팀원이 멀리 떨어져 있을수록 거래 비용이 커진다. 지시와 명령, 협력과 조율하는데 비용이 더 들기 때문이다. 소유권을 행사하는 데도 비용이 더 소요된다. 거래비용은 소유권의 발달 정도, 교통·통신 기술의 발달 정도 및 문화에 따라 크게 달라진다. 거래비용 구조가 달라지면 기업생산방식과 생산의 범위가 달라질 것이다. 현실에서 기업의 업무의 범위가 생명체처럼 유연하게 달라지는 이유이다.

8.2
기업의 목표

기업의 행동은 기업의 목표와 기업환경에 따라 달라진다. 그러므로 기업의 행동을 이해하기 위해서는 기업의 목표를 명확히 할 필요가 있다.

8.2.1 이윤극대화가설

경제학에서 기업은 이윤극대화를 목표로 한다라는 소위 이윤극대화가설 (profit maximization hypothesis)을 전제한다. '이윤'이란 경제적 이윤(economic profit) 으로서 총매출액에서 총비용을 뺀 값을 말한다.[2] 이윤극대화가설에서 '이윤' 이란 개념은 장단기 모두 적용될 수 있다.

이윤극대화가설은 다음 몇 가지를 시사한다. 첫째, 기업은 매출액이나 시장점유율의 극대화와 같은 목표를 추구하지 않고 이윤극대화를 유일한 목표로

---

2 이윤의 개념에 관해서는 9.1.4절에서 상세히 다룬다.

추구한다. 둘째, 기업의 목표는 경영자가 아닌 기업 소유주 혹은 주주의 목표와 일치한다. 두 번째의 시사점에 관해서는 다음 절에서 보다 상세히 다루고자 한다.

8.2.2 이윤극대화가설에 대한 비판

이윤극대화가설은 소유자가 직접 경영하는 고전적 기업을 분석대상으로 한 것이다. 고전적 기업에서 모든 의사결정은 기업주에 의해 행해진다.

그런데 자본주의가 발전함에 따라 현대적 기업, 즉 주식회사가 등장하였다. 주식회사의 등장 이후 기업에 대한 시각이 크게 바뀌고 이윤극대화가설에 대한 회의가 대두되었다. 주식회사에서는 소유와 경영의 분리로 인해 경영진이 기업행동을 결정한다. 경영진에 의한 의사결정은 고전적 기업주에 의한 그것과는 근본적으로 상이한 일면을 지니고 있다. 경영진은 주주의 이익을 위하여 일하도록 주주들에 의해 선임되었다. 그러나 경영자는 어느 정도 주주의 이익에 반(反)하여 자기위주의 의사결정을 할 수 있는 유인을 갖고 있다. 주주가 경영자의 일거수일투족(一擧手一投足)을 주시하자면 감독비용이 너무 많이 소요되므로 경영자의 재량행위를 허용할 수밖에 없기 때문이다. 따라서 주주의 입장에서는 이윤극대화를 추구하고 싶겠지만 실제로 전략을 결정하는 경영진은 이윤극대화가 아닌 다른 목표를 추구할 수도 있다. 예컨대 기업의 매출액을 극대화할 수도 있고, 임원경비와 같은 비용을 필요 이상 지출할 수도 있을 것이다.[3]

이윤극대화가설은 소유와 경영의 분리 이외에도 기업이 직면하는 불확실성, 기업조직의 복합성, 그리고 기업이 가지고 있는 목표의 다양성 등 현실을 냉철히 고려하지 못한 가설로 비판받고 있다. 그 비판의 골자를 다음과 같이 요약할 수 있다.

불확실성의 외면

이윤극대화가설은 기업이 직면하는 불확실성문제를 심각하게 고려하지

---

3 이러한 현상은 기본적으로 주주와 경영진간의 목표의 갈등과 주주의 경영진에 대한 감독의 어려움 때문에 발생한다. 이는 '본인 – 대리인문제'(principal – agent problem) 혹은 '대리문제'(agency problem)의 특수한 예로서 22장 "비대칭적 정보"에서 다룬다.

않고 있다. 나이트(F. Knight, 1911)에 의하면 기업가는 선험적 추론이나 과거의
축적된 자료로부터 자신의 의사결정이 어떠한 결과를 초래할지 알아 낼 수 없
다. 그것이 바로 기업가가 직면하는 불확실성이다. 이러한 유형의 불확실성은
보험(insurance)으로도 제거할 수 없다. 선험적 추론이나 통계자료를 통해서도
미래를 예측할 수 없는 상황에서는 보험시장이 설립되기 어렵기 때문이다. 이
처럼 회피할 수 없는 불확실성하에서 기업이 이윤을 극대화한다는 것은 현실
적으로 도저히 불가능하다.

　　이윤극대화를 추구하는 기업은 수요조건과 비용조건을 정확히 알아야 한
다. 한계수입 및 한계비용 이외에도 광고, 연구개발의 비용과 효과 등에 관한
수많은 정보를 정확히 파악하고 있어야 이윤극대화가 가능해진다. 그러나 현
실의 기업은 대체로 현재와 미래의 수요조건이나 비용조건(한계비용이나 한계수
입)에 대해 정확한 정보를 갖고 있지 않다. 수요와 비용조건에 관한 정보가 불
충분한 상황에서는 기업이 이윤극대화를 추구할 의지가 있다고 하더라도 실현
은 불가능할 수밖에 없다.

총체론적 접근의 한계

　　이윤극대화가설은 기업이 소비자와 같은 단일 경제주체라는 인식에 입각
하고 있다. 이처럼 기업을 단일 의사결정체로 간주하면서 기업행동을 설명하
는 입장을 총체론적 접근(總體論的 接近, holistic approach)이라고 한다.

　　현대의 기업은 계층구조를 가진 대규모의 조직체이다. 조직체는 목표의
갈등을 갖는 다수의 사람들에 의해서 구성된다. 경영자 및 조직구성원들은 어
느 정도의 재량권을 갖고 있다. 이들은 자신들의 재량권에 따라서 이윤 이외의
다른 목표를 추구할 수 있다. 총체론적 접근은 기업이 기업주의 명령에 따라
일사분란하게 움직이는 단순한 생산조직체가 아니라 구성원들간의 갈등과 비
효율성이 내재된 일종의 검은 상자(black box)라는 점을 간과하고 있다.

　　이윤극대화가설의 총체론적 접근을 비판하는 자들은 기업이라는 조직이
기업주가 아니라는 점에 착안하여 이윤극대화라는 목표 자체를 기업은 갖고
있지 않다는 것을 강조한다. 만일 기업이 이윤극대화를 목표로 하지 않는다면,
이윤극대화가설은 성립할 수조차 없다. 이는 불확실성을 근거로 한 이윤극대

화가설의 공격보다 더 근본적인 비난이라고 할 수 있다.

총체론적 접근을 비판하는 이론들은 전통적 신고전파이론과 달리 기업을 소유와 경영이 분리되어 경영자에 의해 관리되는 조직체 혹은 갈등관계에 있는 다양한 조직원들로 구성된 복합적 조직체로 인식한다. 전자의 입장에서 개발된 기업이론을 관리이론(管理理論, managerial theory),[4] 후자의 입장에서 개발된 기업이론을 행태이론(行態理論, behavioral theory)[5]이라고 부른다.

한계적 접근의 비현실성

이윤극대화는 기업이 한계분석(한계비용과 한계수입의 비교)을 통하여 가격이나 판매량을 결정할 때 가능하다. 그러나 가격설정 행태에 대한 실증연구에 의하면 대부분의 기업들은 가격을 평균생산비와 일정률의 마진을 합한 값으로 책정한다.

이러한 현실인식에 입각하여 일부 경제학자들은 신고전파의 이윤극대화 가설과 한계적 접근(marginalist apporach)을 거부하고 풀코스트 가격이론(full cost pricing principle)을 주장하였다.[6]

8.2.3 이윤극대화가설의 정당화

앞 절에서 살펴본 것처럼 이윤극대화가설은 많은 약점을 지니고 있다. 그러나 신고전파의 이윤극대화가설은 다음과 같은 세 가지 측면에서 정당화되고 있다.

첫째, 방법론적 측면이다. 프리드만(M. Friedman, 1953)에 의하면 이론의 적합성을 평가할 수 있는 궁극적 기준은 이론의 현실예측력과 가정의 단순성에 있다. 그런데 이윤극대화가설은 복잡한 현실을 단순화하고 있다. 이 가설에 입각한 이론들은 비록 비현실적이고 단순하기는 하지만 다른 어떤 가설들보다

---

4 관리이론은 기업을 경영자에 의한 관리기업으로 보고 경영자의 재량행위에 분석의 초점을 맞추고 있다. 관리이론은 기업의 목표로서 경영자의 효용극대화가설을 제시하였다.

5 행태이론가들에 의하면 기업이라는 조직체는 기업주 목표와 다른 나름대로의 목표를 갖는다. 기업의 목표는 주어지는 것이 아니라 협상과정에서 조직원들에 의해 결정된다.

6 풀코스트 가격이론은 가격이 평균생산비와 일정률의 마진(이윤)의 합으로 결정된다는 이론이다.

도 현실을 잘 설명해 준다는 것이다.[7]

둘째, 적자생존의 논리이다. 의도했건 의도하지 않았건 이윤극대화가 달성되도록 행동한 기업만이 살아남을 수 있으며 그렇지 못한 기업은 도태되고 만다는 논리이다. 그러므로 현실에서 관찰되는 기업(살아남은 기업)들은 이윤극대화를 추구해 온 기업이라는 추론이 가능하다.

시장에서의 경쟁압력 때문에 이윤을 극대화하지 않는 기업은 살아 남을 수 없다는 자연선택이론(自然選擇理論, natural selection theory)의 이러한 논리는 기업들이 특히 경쟁적인 상황에 처해 있을 때 설득력 있는 주장이다. 그러나 경쟁상태에 있지 않는 독과점기업의 경우에 적자생존의 논리는 설득력이 떨어진다고 볼 수 있다. 따라서 이윤극대화에 대한 대항가설은 비경쟁적 시장구조에서, 특히 독과점시장에서 그 적합성을 평가받을 수 있을 것이다.

셋째, 대항가설들 중에서 관리이론은 기본적으로 소유와 경영이 분리된 관리기업을 대상으로 한 것이다. 그러나 관리기업에서도 경영자의 재량행위에는 한계가 있다. 경영자 시장이 잘 발달되어 있다면 경영자들간의 경쟁압력이 거셀 것이기 때문이다. 또 경영자가 주주들의 소유권을 침해한 경우라면 주주들이 소송을 제기할 수도 있을 것이다. 경영자의 재량권의 영역이 좁을수록 이윤극대화가설은 보다 위력적인 가설이 된다.

이렇게 볼 때 대항가설들의 도전은 이윤극대화가설을 무력하게 만들 수 있을 만큼 심각해 보이지는 않는다. 기업의 동기나 목적이 무엇인가는 궁극적으로 실증연구에 의해 결론이 날 문제이다. 현실의 기업행동은 이윤극대화가설에 입각한 예측과 대체로 일치한다고 대부분의 경제학자들은 믿고 있다. 신고전파 경제학의 이윤극대화가설은 현재까지는 가장 일반적인 것으로 받아들여지고 있다.

8.2.4 이윤극대화가설에 대한 재반론

이윤극대화가설은 기업의 소유주를 궁극적으로 주주로 보고 있다. 따라서

---

7 물론 프리드만의 이러한 입장에 대한 비판이 없는 것은 아니다. 이윤극대화가설이 기업의 복잡한 동기를 단순화한 것일지라도 이론의 가정이 비현실적이라면 비록 그 예측이 정확하다고 하더라도 관찰된 현상의 '설명'이 될 수가 없기 때문에 그 현실성의 기준에서 검증되어야 한다고 비판을 받아 왔다.

이윤극대화는 주주의 이익극대화를 의미한다. 그런데 현실에서 CEO는 주주의 이익보다 자신의 이익을 추구하는 경향이 있다. 최근 경험한 CEO의 도덕적 해이와 지식경제시대의 전개라는 초시대적 흐름(mega trends)은 이윤극대화가설에 대한 근본적 회의를 갖게 한다.

첫째, CEO가 주주를 위한 장기 이윤극대화보다 CEO 자신을 위한 단기 주가극대화를 추구하는 경향이 있다. CEO가 자신의 이익을 추구하는 도덕적 해이는 경영자 시장 내에 경쟁이 존재하기 때문에 CEO의 재량영역이 크지 않을 것이라는 것이 종래의 주장이었으나, 현실의 세계에서 CEO의 도덕적 해이는 심각한 것으로 드러나고 있다. 세계금융위기(2008년)에서 보여 준 금융기관 경영자들의 행태, British Petroleum(BP)의 석유유출 사건(2010년) 등 최근에 일어난 몇 가지 사건은 CEO의 도덕적 해이가 매우 심각하다는 것을 단적으로 보여 주고 있다.

둘째, 지식시대의 등장이다. 지식시대가 열리면서 지속적인 경쟁력의 원천은 자본에서 사람으로 이동하고 있다. 경쟁력의 원천이 자본에서 사람으로 이동하면서 기업의 목표도 주주(shareholder)의 이익중심에서 이해관계자(stakeholder)의 가치중심으로 이동하고 있다. 여기서 이해관계자란 주주 이외에 직원, 관계회사, 지역사회 등을 말한다. 주주의 이익을 극대화하는 과정에서 경쟁력의 원천인 사람, 특히 지식근로자의 헌신을 끌어내기 어렵기 때문이다.[8] 일찍이 피터 드러커는 단기적 주주중심가치는 지식시대에 한계를 드러낼 것으로 예측한 바 있다.[9]

지식시대의 기업경쟁력은 지식근로자(knowledge worker) 혹은 지식전문가(knowledge professional)를 어떻게 대우하느냐에 달려있다. 기업이 지속가능한 경쟁력을 확보하기 위해서는 지식근로자의 보수뿐만 아니라 가치를 만족시켜야 한다. 지식근로자에게 권한을 위임해 주어야 한다. 지식근로자를 부하가 아닌 파트너로서 인식해아 한다. 지식시대에 단기적 '주주중심가치'를 추구하는 기업은 비효율적인 것으로 판명되고 있다.

---

8 Pfeffer, Jefferey(1994), *Competitive Advantage through People*, Harvard Business School Press, p.3.

9 Drucker, Peter F.(1993), 이재규 역(2001), 자본주의 이후의 사회(*The Post Capitalist Society*), Harper Business, 청림출판, p.381.

[사례] 도덕적 해이

(1) 파생상품의 위험과 세계금융위기(2008년)

세계금융위기는 금융기관 경영자들이 파생상품(financial derivatives)의 위험을 과소평가했거나 정부가 파생상품에 대한 규제를 소홀히 한 점에 기인한 것으로 많은 전문가들은 보고 있다.[10] 정부가 파생상품에 대한 규제를 소홀히 한 것은 미국의 부시정부와 월가(wall street)의 정경유착에 기인한다. 금융기관이 투자자를 보호하지 않고 금융기관의 경영진에게 유리한 규제환경을 만든 것은 CEO의 도덕적 해이를 의미한다. 미국 FRB 의장인 그린스펀(Greenspern)은 의회 청문회에서 다음과 같이 CEO의 도덕적 해이 심각성과 정부의 규제실패를 증언하였다.

"금융기관이 주주와 투자자를 보호할 것으로 기대했지만 그렇지 않았다. 내가 파생상품 규제에 반대한 것은 부분적으로 잘못되었다. … "

또, 제프리 페퍼(Jefferey Pfeffer) 스탠퍼드대 교수는 2008년 금융위기는 단기적 주주가치를 극대화하려는 주주자본주의(shareholder's capitalism)에 근본적으로 기인한다고 보고 있다.[11]

"주가의 등락에 따라 최고경영자(CEO)의 보상이 결정되는 주주자본주의, 즉 주주가치 극대화의 추구가 현재 금융위기의 부분적인 원인이다. 주주가치 극대화는 사람들에게 너무 단기적 결과에만 집중하도록 해 과도한 위험을 즐기도록 부추겼다. 기업 내부적으로는 단기 인센티브를 조장해 나쁜 결과를 가져오고 말았다."

(2) British Petroleum(BP)의 석유유출사건(2010년)

멕시코만을 흑해로 만들어 버린 BP사의 석유유출 사건은 피해액을 추산할 수 없을 정도이다. BP사는 이미 2005년에도 Texas에서 폭발사고로 계약직 근로자 15명이 사망한 사건을 경험했음에도, 납품사와 계약직에서 오는 위험이 심각했음에도 무시했다. 경영진은 회사가 직면하고 있는 위험을 은폐하려 했다.

(3) 천문학적인 CEO 급여 수준

대기업과 금융기관의 CEO와 임원들은 엄청난 보수를 받는다. 한국이나 미국

---

[10] 파생상품이란 주택과 같은 실물자산 및 주식과 같은 기초 금융상품에서 파생된 금융상품을 말한다. 실물자산 및 금융자산의 가격변동에서 오는 위험을 금융상품화한 것이라고 볼 수 있다. 자산의 가격변동에서 오는 자산손실을 회피하려는 위험 공급자(판매자)와 자본이득 가능성을 노리고 위험을 구입하는 투기 수요자간 거래된다. 파생(derivative)이란 수식어가 붙은 것은 실물 및 주식 등 기초상품(fundamental)의 가격변동에 따라 상품의 가격이 2차적으로 결정되기 때문이다. 선물과 옵션은 파생상품의 예이다.

[11] 조선일보, 잭 웰치(前 GE CEO)式 경영은 실패작, 2009년 6월 23일자.

이나 공통된 현상이다. 특히 금융위기의 장본인인 미국의 금융회사 경영진, 펀드 매니저, 투자 은행가들이 천문학적인 액수의 보너스를 받는다. 실제로 CEO의 급여는 그 수준만 높은 것이 아니라 일반 근로자들의 소득과 비교했을 때 상대적 격차도 크게 벌어지고 있다. 미국의 경우 1970년에 CEO의 급여가 일반 근로자 급여의 30배 정도였는데 2008년에는 무려 319배가 되었다.[12]

천문학적 CEO 급여 수준은 CEO가 주주와 기업의 장기적인 이윤극대화를 추구하지 않고 CEO 자신의 이익을 위해 지나치게 단기적·가시적 성과를 추구하고 있다는 것을 시사하고 있다. 예컨대 스톡옵션의 경우 기업 주가가 오를 때는 스톡옵션 소유자(CEO)가 크게 이득을 보지만 기업 주가가 떨어질 때는 소유자가 옵션을 행사하지 않음으로써 손해를 면할 수 있다. 따라서 스톡옵션을 받는 CEO는 위험이 큰 투자 선택을 할 유인이 있다. 도박이 성공하면 이득을 보지만 실패하면 자신은 손해를 보지 않기 때문이다. 도박이 실패하면 주주와 채권자가 손해를 본다.

일반 근로자의 300배를 버는 CEO가 운영하는 유명 금융회사들이 2008년 금융위기 과정에서 줄줄이 도산하거나 정부로부터 구제금융을 받았다. 2008년 9월 세계적 투자은행인 리만 브라더스가 무너졌다. AIG와 GM은 구제금융을 받았다. 일반 근로자에 비해서 CEO의 소득이 높은 회사일수록 위험이 큰 무모한 투자를 적극 선택한 결과이다. 이러한 의사결정은 이윤극대화 목표를 추구하는 경영이 아니다. 실패시 회사는 파산할 수 있기 때문이다.

---

12 Paul Krugman, *The Conscience of a Liberal*, chapter 7, 2007.

1. 전문화의 이익	2. 총체론적 접근
3. 팀생산	4. 계약의 집합체
5. 거래비용접근	6. 기업생산방식
7. 시장계약방식	8. 이윤극대화 가설
9. 주주자본주의	10. 주주이익 중심
11. 이해관계자 가치 중심	

_요약 SUMMARY

❶ 팀생산의 이익은 분업과 분업에 따른 전문화의 이익에서 비롯된다. 팀생산의 이익을 구현하는 방법은 기업 생산만이 유일하지 않다. 팀생산의 이익은 기업생산 방식이 아닌 시장계약 방식으로도 구현할 수 있다.

❷ 총체론적 접근은 기업을 생산을 위한 조직체로 인식한다. 기업은 주어진 생산기술을 구현하는 주체이다. 생산이란 생산요소를 연결하여 산출물(제품)을 만드는 과정이다. 기업은 비민주적인 명령과 지시를 통해 생산한다. 총체론적 접근은 기업조직은 소비자와 같은 단일 경제주체라는 인식에 입각하고 있다.

❸ 기업가는 전문화와 협력의 이익을 위해 팀을 만든다. 기업가는 팀원을 결정하고 그 역할을 설정한다. 팀생산의 이익을 위해서는 여러 경제주체들이 협력해야 한다. 전문화는 협력 없이는 무용지물이다.

❹ 기업가는 모든 개별 팀원들과 계약을 체결한다. 기업가는 계약을 통해 팀원 간 갈등과 기회주의적 행동을 미리 예방하고 전문화된 활동을 조율한다. 기업가는 모든 계약의 중심에 있다. 소유권 접근법은 기업을 팀생산의 이익을 구현하기 위한 계약의 집합체(set of contracts)로 본다.

❺ 팀생산의 이익을 구현하는 방법은 기업 생산만이 유일하지 않다. 팀생산의 이익은 기업생산 방식이 아닌 시장계약 방식으로도 구현할 수 있다.

❻ 거래비용은 거래를 위한 계약 체결 및 이행에 수반되는 비용을 말한다. 거래비용 구조가 달라지면 기업생산 방식과 생산의 범위가 달라진다. 거래비용은 소유권의 발달 정도, 교통·통신 기술의 발달 정도 및 문화에 따라 크게 달라진다.

❼ 거래비용 접근에 의하면 똑같은 생산물을 시장에서 계약을 통해 생산했을 때보다 기업 조직에서 생산했을 경우 거래 비용을 절약할 수 있을 때 기업이 탄생한다.

❽ 기업은 이윤극대화란 유일한 목표를 추구한다고 보는 견해를 이윤극대화가설이라 한다. 이윤극대화가설은 경제학에서 일반적으로 받아들여지고 있는 신고전파의 가설이다. 이 가설은 불확실성의 외면, 총체론적 접근과 한계적 접근의 비현실성 때문에 비판을 받고 있다.

❾ 이윤극대화가설은 방법론적 측면, 적자생존의 논리, 경영자 재량의 한계 등의 측면에서 정설로서 정당화되고 있다.

_연습문제 QUESTION

01 기업의 본질은?

02 소유권의 확립 여부에 따라 기업의 생산활동은 달라진다. 예컨대 강에 대한 소유권이 확립되지 않았던 중세에는 강 개발을 통한 장거리 수송 서비스가 기업에 의해 제공되지 않았다. 이러한 현상을 기업의 본질과 관련하여 설명하라.

03 협동생산의 경우 기회주의적 행동의 문제가 심각해지는 이유는 무엇인가?

04 시장경제의 꽃은 기업이고 기업의 꽃은 기업가(entrepreneur)라고 한다. 기업의 존재 이유를 밝히는 여러 가지 접근법에서 기업가의 역할을 가장 중시하는 접근법은? 그 이유는?

05 거래비용이란?

06 기업조직생산의 한계거래비용은 MTC_i, 시장거래의 한계거래비용은 MTC_m으로 주어져 있다. 기업조직생산의 경우 한계거래비용은 생산공정(N)이 늘어남에 따라 증가하는 것으로 알려져 있다. 이는 생산공정이 늘어나면 통상 조직규모가 커지고 이에 따라 조직 내부의 의사소통 및 통제의 비용이 더 많이 늘기 때문이다. 반면에 시장거래 시 한계거래비용은 생산공정의 수에 상관없이 일정하다. 시장거래질서의 확립이 기업의 업무영역에 미치는 영향을 그래프를 이용하여 분석해 보라.

07 "소유권 분쟁에 관한 판례 축적은 기존 기업의 업무영역을 넓히고 기업의 창업을 촉진한다." 이 명제를 설명하라.

08 이윤극대화 가설에 대해 답하라.
   (i) 이윤극대화 가설의 약점은 무엇인가?
   (ii) 가설의 약점을 극복하기 위한 대안은 무엇인가?

CHAPTER

09

비용이론

이 장에서는 기업이 의사결정을 할 때 직면하는 비용의 개념과 비용곡선이 무엇인지 분석하고자 한다.

비용곡선은 주어진 산출량을 가장 싸게 생산해 낼 수 있는 생산비를 말해준다. 보통 주어진 산출량을 공학적 관점에서 효율적으로 생산하는 방법은 여러 가지가 있다. 비용곡선은 공학적 관점에서 효율적인 생산방법 중에서 경제적으로 가장 효율적인 생산방법을 선택했을 때의 생산비를 말해준다. 비용곡선을 이해하면 주어진 시장 형태하에서 기업의 행동을 설명할 수 있다.

9.1
비용의 개념

9.1.1 기회비용

기업행동을 설명하기 위해서는 우선 비용의 개념을 명확히 이해할 필요가 있다. 경제학에서의 비용은 제1장에서 설명하였듯이, 기회비용이다. 기회비용이란 선택으로 인해 잃어버린 최대 희생물을 말한다. 기회비용의 의미를 보다 분명히 이해하기 위해서 다음과 같은 경우를 상정해 보자.

정부가 특정 지역에 거주하는 철거민들에게 시가 2억원짜리 30평형 아파트를 무상으로 분양하였다고 하자. 이 때 철거민의 입장에서 아파트 거주의 기회비용은 얼마일까? 무상으로 받았으니 공짜일까? 아니다. 소유권을 공짜로 획득했다고 공짜로 거주할 수 있는 것은 아니다. 아파트의 관리비가 매월 10만원이라고 하자. 또, 이 아파트를 임대할 경우 받을 수 있는 임대소득이 월 120만원이고 아파트의 감가상각비는 월 20만원이라 하자. 이 아파트의 월 거주비용은 관리비, 임대소득, 감가상각비를 모두 합한 150(=10+120+20)만원이 된다. 따라서 거주의 기회비용은 150만원이다. 이처럼 공짜로 분양받은 아파트라도 그 기회비용은 공짜가 아니다. 이 예가 시사하는 바는 (어떤 선택의) 비용이란 실제로 지급한 금액만이 아니고 그 선택을 했을 때 포기해야 하는 최대 희생물 혹은 최대 희생물의 가치라는 점이다. 임대료나 감가상각비는 지불되지는 않았다. 그러나 이들은 아파트 거주라는 선택으로 인해 잃어버린 희생물 중의 일부이다. 따라서 이들은 기회비용의 일부를 구성한다.

9.1.2 명시적 비용과 묵시적 비용

명시적 비용

실제로 지급한 비용

비용은 명시적 비용(明示的 費用, explicit cost)과 묵시적 비용(默示的 費用, implicit cost)으로 구성된다. 명시적 비용이란 어떤 경제주체가 실제로 지급한 비용을 말한다. 묵시적 비용이란 실제로는 지급하지 않고 있지만 사실상 지급하고 있는 것으로 간주되는 비용을 말한다. 앞의 예에서 아파트 관리비는 명시적 비용이다. 그러나 임대소득과 아파트의 감가상각비는 입주자가 실제로 지급한 금액은 아니다. 이러한 비용은 철거민이 입주를 선택할 경우 사실상 지급하고 있는 것과 같은 묵시적 비용이다.

묵시적 비용

실제로 지급하고 있지 않지만 사실상 지급한 것으로서 간주되는 비용

9.1.3 역사적 비용, 매몰비용과 회계학적 비용

역사적 비용(歷史的 費用, historic cost)은 기회비용과는 다른 개념이다. 역사적 비용은 어떤 행위를 위해 과거에 이미 지출한 금액를 말한다. 자본재(생산설비)의 경우 자본재 구입의 역사적 비용은 생산설비의 구입가격을 말한다. 기업의 장부(帳簿)가격이다. 반면 자본재 구입의 기회비용은 자본재 구입으로 인해 잃어버린 차선의 대안의 가치이다. 예컨대 트랙터 한 대의 구입비가 1천만원이었고, 트랙터 한 대 구입의 차선의 대안은 자동차 한 대의 구입이라면, 트랙터 구입의 역사적 비용은 1천만원이고 트랙터 구입의 기회비용은 자동차 한 대가 된다.

역사적 비용

어떤 행위를 위해 과거에 이미 지출한 비용

역사적 비용은 현재 및 미래의 의사결정에 중요한 역할을 하지 않는다. 따라서 경제학에서는 역사적 비용은 크게 중시하지 않는다. 역사적 비용은 왜 의사결정에 아무런 영향을 미치지 못하는가? 이미 구입한 트랙터의 사용과 처분(매각)에 관한 농부의 의사결정을 생각해 보자.

우선 트랙터의 '사용'에 관한 의사결정 문제를 생각해 보자.

구입된 트랙터를 오늘 무슨 용도에 사용할 것인가에 관한 대안은 두 가지이다. 소유주 자신이 직접 사용하든지 아니면 남에게 임대해 주는 것이다. 트랙터로부터 얻을 수 있는 최대 임대소득이 하루 10만원이라면 농부는 10만원(임대소득)과 자기가 직접 트랙터를 사용했을 때 올릴 수 있는 소득을 비교하여 큰 쪽을 선택할 것이다. 이 때 과거에 이미 지급한 트랙터 구입비는 트랙터 용도에 관한 의사결정에 아무런 영향도 미치지 못한다. 과거에 트랙터를 너무 비싸게 주고 샀건, 아니면 운좋게 아주 싸게 구입했건 오늘의 트랙터의 용도는 역사적 비용인 1천만원과 무관하다. 트랙터 용도는 자기가 직접 트랙터를 사용했을 때 올릴 수 있는 소득이 10만원보다 큰지 여부에 달려 있을 뿐이다. 역사적 비용이 현재 및 미래의 의사결정에 중요한 역할을 하지 않는 것은 역사적 비용이 현재의 선택과 무관하기 때문이다. 과거는 과거일 뿐이다(bygones are bygones).

역사적 비용의 크기는 트랙터의 '처분(매각)'에 관한 의사결정에도 직접적인 영향을 미치지 않는다. 과거에 1,000만원에 구입했던 트랙터를 지금 팔면 300만원을 받을 수 있다고 하자. 이러한 상황에서 트랙터 보유의 기회비용은 역사적 비용(1,000만원)이 아니라 300만원이기 때문이다. 과거에 지급했던 1,000만원은 보유냐 매각이냐의 의사결정에 아무런 영향을 미치지 않는다. 농부가 중고 트랙터를 팔려고 할 때 중요한 것은 과거의 구입비용이 아니라 현재 받을 수 있는 중고가격이다.

매몰비용

비용 중에서 회수
될 수 없는 비용

매몰비용(埋沒費用, sunk cost) 역시 기회비용과는 다른 개념이다. 매몰비용은 기회비용 중에서 회수될 수 없는 비용을 말한다. 매몰비용은 역사적 비용과도 다른 개념이다. 예컨대 새 자동차를 1,000만원 주고 구입했다가 구입 즉시 되팔았을 경우 900만원밖에 받지 못한다면 이 때 매몰비용은 구입비 1,000만원이 아니라 회수하지 못하고 잃어버릴 100만원이다. 극단적으로 구입비 전액을 회수하지 못할 경우에는 구입비 전액이 매몰비용이 된다. 따라서 역사적 비용이 매몰비용과 항상 같다고 하면 안 된다.

매몰비용의 크기는 의사결정에 중요한 영향을 미친다. 예컨대 트랙터의 구입비가 1,000만원이고, 이 중 700만원이 매몰비용일 경우(즉, 300만원에 되팔 수 있는 경우) 새로 트랙터를 구입하려는 사람들은 트랙터 구입에 보다 신중하게 될 것이다. 700만원을 잃지 않기 위해서이다. 또한 이미 트랙터를 구입한 사람은 자기가 갖고 있는 트랙터에서 발생하는 미래수익이 300만원보다 크다면 트랙터를 매각하려 하지 않을 것이다. 반면에 미래수익이 200만원이라면 매각하려 할 것이다. 매몰비용이 클수록 트랙터를 중고로 판매하기를 꺼릴 것이다. 이처럼 매몰비용은 트랙터의 구입의사결정은 물론 이미 트랙터를 보유하고 있는 사람들의 매각의사결정에도 영향을 미친다. 요컨대 매몰비용은 기업의 진입이나 퇴출 여부에 결정적인 영향을 미친다.[1]

어떤 교과서에서는 '과거에 치른 비용, 즉 역사적 비용이 의사결정과 무관한 것은 그것이 매몰되어 버렸기 때문이다'라고 설명하고 있다. 이는 오류이다. 이러한 오류는 역사적 비용과 매몰비용의 차이점을 명확히 인식하지 못하는 데에서 비롯된다.

---

1 매몰비용의 역할에 관한 논의는 제10장을 참고하라.

또, 어떤 교과서에서는 '기업이 의사결정을 할 때 이미 지출된 매몰비용은 고려할 필요가 없다. 개인의 경우와 마찬가지로 되돌릴 수 없는 과거는 고려에서 제외하는 것이 합리적 의사결정의 기본이다'고 설명하고 있다. 이러한 주장 역시 오류이다. 매몰비용은 퇴출 여부에 결정적인 영향을 미친다.

회계학적 비용(會計學的 費用, accounting cost)은 기업회계에서 산정되는 생산비용으로서 기회비용과는 다른 개념이다. 통상 회계학적 비용은 노임, 원자재 구입비, 임대료 등 실제로 지출한 생산원가만을 포함시킨다. 그리고 회사 소유의 자본재의 경우 감가상각비만을 생산원가로 간주하여 산입한다. 그러나 경제학에서는 회계비용 그 자체는 그리 큰 중요성을 갖지 않는다고 본다. 생산원가는 생산물의 용도에 관한 의사결정과 기본적으로 무관하기 때문이다.

회계학적 비용
기업회계에서 산정되는 생산비용으로서 통상 노임, 원자재 구입비, 임대료, 자본의 감가상각비 등 생산원가만을 포함시킨 비용

회계학적 비용 개념이 경제행위를 결정하는 데 전혀 무용하거나 경제학의 비용 개념보다 반드시 열등한 것은 아니다. 회계상의 비용 개념도 나름대로 존재 이유가 있다. 회계장부의 작성방법에 따라서 납부해야 할 조세액이 달라지므로 경영자의 의사결정 역시 달라질 것이다. 또 현실의 데이터는 대부분 회계장부로부터 나오기 때문에 회계학적 개념을 이해할 필요가 있다. 다만 기업들의 선택을 설명하고자 한다면 회계학적 개념이 아닌 경제학적 비용 개념을 사용해야 함을 말하고 있는 것이다.

지금까지 설명한 바와 같이 경제학에서 사용되는 비용의 개념, 즉 경제적 비용(economic cost)은 일반인이나 회계사가 사용하는 비용의 개념과 크게 다르다. 양자의 핵심적 차이점은 첫째, 회계비용은 기본적으로 명시적 비용만을 포함시키는 데 반해 경제적 비용은 명시적 비용과 묵시적 비용을 모두 포함한다는 점과 둘째, 명시적 비용을 계산할 때 회계비용은 역사적 비용에 입각하여 계산하는 데 반해 경제적 비용은 기회비용에 입각하여 계산한다는 점에 있다고 할 수 있다.

9.1.4 경제적 이윤

기업회계에서는 총매출액에서 회계상의 비용만을 뺀 나머지를 이윤이라고 정의한다. 그리고 회계학적 비용은 앞에서 설명했듯이, 경제주체의 의사결정과 기본적으로 무관한 개념이다. 따라서 회계학적 이윤은 기업의 경영상태

를 알려 주는 신호로서의 역할을 하는 데 미흡하다. 신호 역할을 하는 것은 경제적 이윤이다.

경제적 이윤

총매출액 − 경제적 비용

경제적 이윤은 총매출액에서 경제적 비용을 뺀 값이다. 예컨대 어떤 자영업자가 본인 소유의 건물에서 영업활동을 한 결과 한 달 동안에 200만원의 회계학적 이윤을 얻었다고 하자. 그런데 만약 이 자영업자가 차선의 다른 직업(예컨대 회사원)에 종사했을 경우 받을 수 있는 매월 급여가 100만원이고 자기 소유의 건물을 임대해 주었을 경우 한 달 동안의 임대소득이 150만원이라면 경제적 이윤(economic profit)은 −50(=200−100−150)만원이다. 사실상 50만원의 적자를 보고 있다. 이것은 이 자영업자가 회사원 생활을 한다면 생활수준이 50만원만큼 향상되리라는 것을 말해 준다. 이 자영업자가 현재의 영업활동을 계속하는 것이 나은지 아니면 회사원 생활을 선택하는 것이 나은지 결정해 주는 것은 회계장부상에 나타난 회계학적 이윤이 아니라 경제적 이윤이 존재하는가의 여부이다.

경제학적 이윤이 0(零)인 경우를 정상이윤(正常利潤, normal profit)만이 존재하는 상태라고도 한다. 따라서 정상이윤이 존재하고 있는 상태는 회계장부상의 이윤과 기업가 자신 소유의 노동과 자본에 대한 묵시적 비용이 일치할 때를 말한다. 정상이윤을 넘어선 이윤을 초과이윤(超過利潤)이라고 한다. 따라서 경제적 이윤은 바로 초과이윤과 같은 개념이다.

9.1.5 사회적 비용과 사적 비용

비용은 개인적 관점에서 보느냐 혹은 사회 전체적 관점에서 보느냐에 따라 달라질 수 있다. 특히 묵시적 비용은 큰 차이가 생길 수 있다. 예를 들어 과수원 부근에서 양봉업자가 양봉을 하는 경우를 생각해 보자. 과수원 주인이 과수원에 농약를 살포했다. 농약 살포의 묵시적 비용은 얼마인가? 과수원 주인 관점에서 묵시적 비용은 0이다. 왜냐하면 과수원 소유주의 입장에서는 농약값을 전액 명시적으로 지급했기 때문이다. 그러나 사회적 관점에서 농약 살포의 묵시적 비용은 농약 살포로 인해서 양봉업자가 입은 피해액이 된다. 개인이 치러야 하는 명시적 비용과 묵시적 비용을 사적 비용(私的 費用, private cost)이라 하고, 사회가 치러야 하는 명시적 비용과 묵시적 비용을 사회적 비용(社會的 費

用, social cost)이라고 한다. 사적 비용과 사회적 비용간의 괴리는 묵시적 비용을 바라보는 관점의 차에서 발생한다.

경제학은 주로 사회적 비용에 관심을 갖는다. 바람직한 자원배분을 달성하기 위해서는 선택의 사회적 혜택과 사회적 비용을 모두 알 필요가 있다. 그러나 현실에서 대부분의 기업은 의사결정을 행할 때 사적 비용을 고려할 뿐 사회적 비용은 그다지 개의치 않는다. 본장은 기업의 행동을 분석대상으로 하고 있으므로 사적 비용만을 분석한다. 사적 비용과 사회적 비용간의 불일치로 인해 발생하는 문제는 제21장에서 외부경제(外部經濟, externalities)를 논할 때 다루기로 한다.

9.2
비용극소화의 원리

주어진 산출량을 가장 싸게 생산하기 위한 요소결합점의 선택원리는 무엇일까? 일반적으로 일정 산출량을 최소비용으로 생산할 수 있는 최적 요소결합점에 관한 기업의 선택은 기업이 직면하는 기술적 제약조건과 비용조건에 의해 결정될 것이다. 기업이 직면하는 비용조건을 나타내기 위해 등비용곡선이라는 새로운 분석도구를 도입해 보자.

9.2.1 등비용곡선

어떤 기업의 생산비가 C 원으로 주어졌다고 하자. 노동(L)과 자본(K)의 가격은 w와 v로 결정되어 있다.[2] 이 때 C 원의 생산비로 기업이 구입할 수 있는 사본과 노동의 조합은 무엇일까? 이는 다음 식을 만족하는 L과 K의 조합으

---

[2] 여기서 w, L, v, K의 단위를 명확히 할 필요가 있다. w와 L의 단위는 분명하다. w는 시간당 임금률이며 L은 노동시간이다. 그러나 v와 K의 단위는 생각을 요한다. 자본의 임대시장이 개설된 경우에는 K를 노동처럼 서비스로 파악하고 v를 자본서비스의 임대가격으로 보면 된다. 자본의 임대시장이 개설되어 있지 않은 경우 자본을 사용하려면 직접 구입하는 수밖에 없다. 이 경우에는 K를 서비스시간, v를 자본재 1단위의 **사용자비용**(user cost of capital)으로 측정하면 된다.

로 주어진다.

$$(9.2.1) \qquad wL + vK = C$$

[그림 9-2-1] 등비용곡선

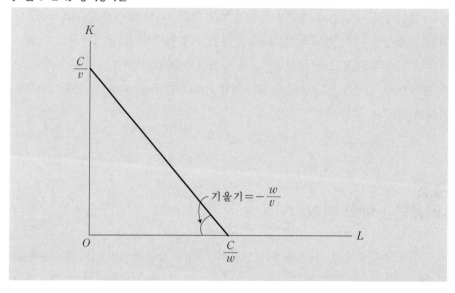

[그림 9-2-2] 총비용의 증가와 등비용선의 이동

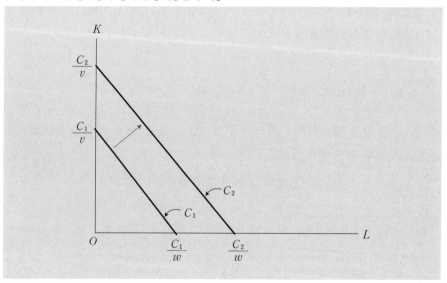

[그림 9-2-1]은 가로축에 노동, 세로축에 자본 투입량을 나타내었다. 식 (9.2.1)을 노동 - 자본 평면에 나타내면 $-\frac{w}{v}$ 의 기울기를 갖고 세로축의 절편이 $\frac{C}{v}$ 인 직선이 된다. 이 직선을 생산비가 C 원인 등비용곡선(iso-cost curve) 이라고 부른다.

> ■ 등비용곡선
> 동일한 비용으로 구입가능한 생산요소의 조합을 요소 평면에 나타낸 곡선[3]

등비용곡선은 총비용이 증가하면 원점에서 멀어지는 쪽으로 이동한다. 특히 모든 요소시장이 완전경쟁시장이라면(즉, v와 w가 상수라면) 등비용선은 평행이동하게 된다. [그림 9-2-2]는 총비용수준이 $C_1 \rightarrow C_2$로 증가할 때 등비용선의 이동을 보이고 있다.

등비용곡선의 기울기는 노동과 자본의 상대가격$\left(\frac{w}{v}\right)$에 따라서 변한다. 노동의 상대가격이 높아지면 등비용곡선의 기울기는 더욱 가파르게 된다. 반면에 자본의 상대적 가격이 상승한다면 등비용곡선은 보다 완만해질 것이다. 등비용곡선의 이동원리는 소비자이론에서 예산선의 이동원리와 완전 동일하다.

9.2.2 비용극소화의 원리

이제 목표산출수준(Q_0)을 가장 싸게 생산해 낼 수 있는 요소결합점을 찾아보자. 이를 위해 지금까지 논의한 등비용곡선과 기업의 기술제약조건을 반영하는 등량선을 결합시켜 보자.[4] 목표산출수준 Q_0를 생산해 낼 수 있는 노동과 자본의 조합들은 [그림 9-2-3]이 등량선 Q_0로 나타나 있다. 그림의 C_1, C_2와 C_3는 서로 평행한 직선으로서 등비용곡선을 나타낸다.

목표량을 생산할 수 있는 최소비용은 얼마일까? C_1의 비용으로 Q_0를 생

---

3 등비용직선이라 하지 않고 곡선이라 함은 요소시장이 불완전경쟁인 경우까지를 포함하기 위해서이다. 생산자가 수요독점자일 경우 요소가격은 고정되지 않고 구입량에 따라 달라진다. 이 경우 등비용곡선이 된다. 요소구입량의 증가에 따라 요소가격이 상승하면 등비용곡선은 9.4절에서 보듯이 원점에 대해 오목한 곡선이 된다.

4 등량선에 관해서는 9.A.2절을 참조하라.

[그림 9-2-3] 산출량제약하의 비용극소화

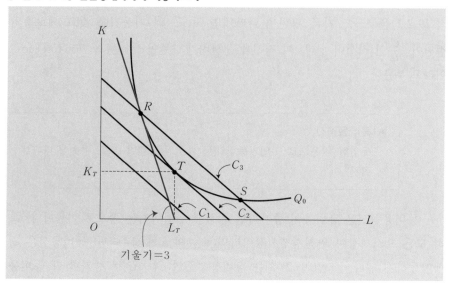

산하는 것은 물리적으로 불가능하다. 목표량 Q_0를 생산할 수 있는 방법은 R, S, T 등 여러 가지가 있다. R이나 S가 나타내는 요소결합을 선택했을 때 총 생산비는 C_3가 든다. 그런데 R에서 등량선을 따라 T방향으로 내려올 때 생산비는 점점 감소한다. 마찬가지로 S에서 등량선을 따라 T방향으로 이동할 때 생산비는 점차 줄어든다. 따라서 Q_0의 목표량을 생산할 수 있는 최소비용은 C_2임을 알 수 있다. 이 때의 요소결합은 T점이 된다. 즉, L_T만큼의 노동과 K_T만큼의 자본을 투입할 때 비용극소화가 실현된다.

비용극소화의 원리
$MRTS$와 요소의 상대가격을 일치시킨다.

　　비용극소화의 원리는 무엇일까? R점에서 생산이 이루어지고 있다고 하자. R점의 한계기술대체율($MRTS$)은 3이다. 이는 R점에서의 자본으로 평가한 노동의 한계생산력은 3으로서 추가적 노동 한 단위의 생산력이 자본 3단위에 상당하다는 것을 의미한다. 그런데 요소의 상대가격을 반영하는 등비용선 기울기의 절댓값은 R점에서 한계기술대체율보다 더 작다. 요소의 상대가격, 즉 등비용선의 기울기의 절댓값이 1(즉, $\frac{w}{v}=1$)이라고 하자. 이 때 기업은 1단위의 노동을 추가로 구입하려면 1단위의 자본을 덜 구입하면 된다. 그런데 기업이 노동 1단위를 추가로 사용하면 자본을 3단위만큼 덜 사용해도 산출량이 동일해진다. 이러한 상황에서 자본 1단위 대신 노동 1단위를 구입하면 사실상 2

단위의 자본을 공짜로 얻는 셈이다. 따라서 노동을 더 많이 사용하는 것이 생산비를 줄이는 길이다. 마찬가지로 S점에 대해서도 동일한 논리를 적용시킬 수 있다. 요컨대 $MRTS$와 요소의 상대가격$\left(\frac{w}{v}\right)$을 일치시킬 때 비용극소화가 실현된다. 비용극소화의 원리를 방정식으로 표현하면 다음과 같다.

(9.2.2)　　$MRTS\left(\equiv \frac{MP_L}{MP_K}\right) = \frac{w}{v}$

비용극소화 원리의 경제적 의미는 무엇일까? 요소의 상대가격은 시장에서 요소들의 교환비율이다. 한편 $MRTS$는 요소의 상대적 한계생산력이다. 이는 기업가가 평가한 요소의 주관적 교환비율을 나타낸다. 비용극소화 원리는 시장에서의 객관적 교환비율과 기업가의 주관적 교환비율이 일치되어야 함을 의미한다. 양자가 일치하지 않는 경우 기업가는 항상 비용을 더 절감할 수 있다.

비용극소화 조건은 또 다른 직관적 의미를 담고 있다. 식 (9.2.2)를 아래와 같이 변형시켜 보자.

(9.2.3)　　$\frac{MP_L}{w} = \frac{MP_K}{v}$

이 식은 노동에 지출된 1원의 한계생산과 자본에 지출된 1원의 한계생산이 같아야 한다는 것을 의미한다. 예를 들어 산출물을 쌀이라 하자. 그리고 [그림 9-2-3]의 R점에서 MP_L=쌀 3가마, w=1원이며, MP_K=쌀 1가마이고 v=1원이라고 하자. 이 경우 식 (9.2.3)의 등식 대신 부등식 $\frac{MP_L}{w} > \frac{MP_K}{v}$ 가 성립하게 된다. 이와 같은 상황에서 노동에 지출된 1원의 한계생산이 쌀 3가마인 데 비해 자본에 지출된 1원의 한계생산은 쌀 1가마이므로, 자본에 지출된 1원을 절약하여 노동을 구입하면 동일한 비용으로 쌀을 2가마만큼 더 생산할 수 있다. 생산요소가 여러 종류일 경우 식 (9.2.3)은 비용극소화를 위해서 각 생산요소 1원어치의 한계생산력이 모두 균등해야 함을 요구하고 있다. 이러한 비용극소화의 원리를 '한계생산력 균등의 법칙'이라고도 부른다.

9.2.3 요소가격 변화와 최적선택

동일한 등량선상에서 생산점이 선택된다는 제약하에서 요소의 상대가격이 변할 때 노동과 자본의 결합비율은 어떻게 달라질까? [그림 9-2-4]에서와 같이 노동과 자본의 상대가격이 $\left(\dfrac{w}{v}\right)_0$일 때 기업은 비용극소화점인 A를 택하고 있다. 이제 상대가격이 $\left(\dfrac{w}{v}\right)_1$으로 떨어졌다고 하자. 이 때 요소결합점은 A에서 B로 이동할 것이다. 기업은 상대적으로 더 싸진 노동을 더 많이 고용하고, 상대적으로 더 비싸진 자본의 투입을 줄이려 할 것이다.

그러면 생산요소의 상대가격 변화에 따라서 자본과 노동의 결합비율이 얼마나 달라질까? 이는 등량곡선의 볼록성의 정도에 따라 달라질 것이다. 원점에 대해서 볼록한 정도가 심할수록 요소의 결합비율의 변화가 작을 것이고 반대로 등량선이 직선에 가까울수록 변화가 클 것이다.

요소의 상대가격 변화에 따른 자본과 노동의 결합비율의 변화율은 생산요소의 대체탄력성을 이용하여 측정할 수 있다.

그런데 그림의 A점과 B점에서는 모두 비용극소화의 조건, 즉 $MRTS=\dfrac{w}{v}$의 조건이 만족되고 있다. 따라서 $\varDelta MRTS=\varDelta\left(\dfrac{w}{v}\right)$가 성립한다. 이러한 사실을 이용하여 대체탄력성(σ)의 공식을 다음과 같이 쓸 수 있다.[5]

[그림 9-2-4] 요소의 상대가격 변화와 비용극소화를 위한 요소결합

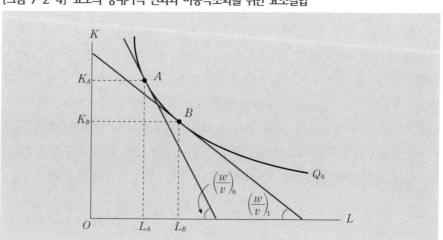

---

5 대체탄력성의 정의에 관해서는 식 (9.A.2.8)을 참조하라.

(9.2.4)　　$\sigma = \dfrac{\text{요소투입비율의 변화율}}{\text{한계기술대체율의 변화율}}$

$$= \dfrac{\dfrac{\Delta(K/L)}{K/L}}{\dfrac{\Delta MRTS}{MRTS}}$$

$$= \dfrac{\dfrac{\Delta(K/L)}{K/L}}{\dfrac{\Delta(w/v)}{w/v}}$$

　　식 (9.2.4)는 대체탄력성을 $MRTS$의 변화율 대신 요소의 상대가격의 변화율로 정의하고 있다. 식 (9.2.4)에 의하면 대체탄력성은 비용극소화모형에서 요소의 상대가격 변화에 따라 생산요소의 결합비율이 얼마나 달라질 것인가를 측정하는 지수이다.

　　여러분은 비용극소화를 위한 요소투입량의 선택으로부터 기업의 생산요소에 대한 수요곡선을 도출할 수 있으리라고 생각할지 모른다. 물론 소비자이론에서는 예산제약하에서 한 상품의 가격을 계속 변화시켜 가격-소비곡선을 만들고, 이것으로부터 그 상품에 대한 수요곡선을 도출한 바 있다. 그러나 비용극소화모형에서는 한 생산요소의 가격을 계속 변화시킴으로써 그 요소의 수요곡선을 도출할 수 없다. 가계는 예산제약하에서 행동하지만 기업은 비용제약하에서 행동하지 않기 때문이다. 요소가격이 변하면 이윤을 극대화하는 기업의 산출수준이 달라진다.[6] 비용극소화모형에서는 산출수준을 고정시키고 이를 가장 싸게 생산하는 요소투입량을 선택하고 있다. 이렇게 선택된 요소투입량은 분명히 기업의 목표인 이윤극대화를 달성시켜 주지는 않는다. 비용극소화 모형에서 주어진 산출수준은 이윤을 극대화해 주는 최적산출수준이 아니다. 생산요소에 대한 수요를 도출하기 위해서는 생산요소의 상대가격 변화에 따른 목표산출량의 변화를 동시에 고려하지 않으면 안 된다.

---

6 이 점에 관해서는 10.3절을 참조하라.

9.3
산출량극대화의 원리

지금까지 '주어진 산출수준'을 가장 싸게 생산할 수 있는 비용극소화의 조건을 살펴보았다. 이제 '주어진 비용수준'으로 산출량을 극대화할 수 있는 요소결합을 생각해 보자.

산출량극대화의 원리를 [그림 9-3-1]을 이용하여 생각해 보자. 생산자가 지출할 수 있는 최대비용수준은 C_0, 노동과 자본의 가격은 w와 v로 각각 주어져 있다. 비용제약조건은 등비용곡선 MN으로 나타낼 수 있다. 등비용곡선의 기울기는 $-\frac{w}{v}$이다. 세 개의 등량선은 각각 10, 20, 30의 산출수준을 생산할 수 있는 요소들의 조합을 나타내고 있다. C_0의 비용제약하에서 R점을 택할 때 최대 산출량이 생산된다. 왜 그럴까?

직선 MN으로 주어진 비용제약하에서 $Q=30$을 생산하는 것은 불가능하다. $Q=30$을 나타내는 등량선은 비용제약선 밖에 있기 때문이다. R점이 아닌 F나 H점을 선택하는 경우를 생각해 보자. F나 H점은 MN직선상에 있으므로 기업이 이러한 요소결합점을 원한다면 선택(구입)할 수 있다. 그러나 F점에서 등비용선을 따라 R점을 향해 내려오면 동일 수준의 비용으로 산출량을 증대

[그림 9-3-1] 비용제약하의 산출량극대화

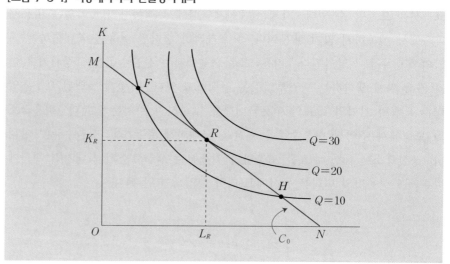

시킬 수 있다. H점에 대해서도 동일한 논리를 적용시키면 R점이 최선의 선택임을 알 수 있다. R점에서 한계기술대체율과 등비용선의 기울기는 일치한다. 이상의 산출량극대화(産出量極大化)의 원리를 식으로 표현하면 다음과 같다.

산출량극대화의 원리
$MRTS$와 요소의 상대가격을 일치시킨다.

$$(9.3.1) \quad MRTS = \frac{w}{v}$$

[그림 9-2-3]과 [그림 9-3-1]을 비교해 보면 비용극소화 조건과 산출량극대화 조건이 서로 동일함을 알 수 있다. 비용극소화를 가져다 주는 [그림 9-2-3]의 T점이나 산출량극대화를 가져다 주는 [그림 9-3-1]의 R점에서 모두 등량곡선과 등비용곡선이 서로 접하고 있다. 이는 식 (9.2.2)와 (9.3.1)이 동일함에서도 확인할 수 있다.

어떤 교과서는 산출량극대화모형이 비용극소화를 가져다 주는 또 다른 경로라고 설명하고 있는데 이는 오류이다. 왜냐하면 $MRTS = \frac{w}{v}$라는 조건이 동일하다고 요소결합점이나 요소결합비율이 동일한 것은 아니기 때문이다. [그림 9-2-3]의 OT의 기울기와 [그림 9-3-1]의 OR의 기울기가 동일하다면 우연일 것이다. 일반적으로 $L_T \neq L_R$이고 $K_T \neq K_R$이다. 다만 산출량극대화모형에서의 제약조건으로 주어진 비용수준이 우연히 비용극소화모형에서 극소화된 비용수준([그림 9-2-3]의 C_2)과 일치하는 예외적인 경우에 $L_T = L_R$, $K_T = K_R$이 성립할 뿐이다.

산출량극대화모형과 비용극소화모형은 제약조건과 목적이 엄연히 다른 별개의 모형이다. 비용극소화모형은 산출량의 제약하에서 최소비용을 실현시켜 주는 요소결합점을 찾는 것이고, 산출량극대화모형은 비용제약하에서 최대산출량을 실현시켜 주는 요소결합점을 찾는 모형이다. 이 두 모형의 공통점은 다음 절에서 논할 확장경로의 도출과정에서 찾아볼 수 있다.

9.4 확장경로

지금까지 우리는 산출량이 제약조건으로 주어진 상황하에서 비용극소화의 조건과, 비용이 제약조건으로 주어진 상황하에서 산출량극대화의 조건을 공부했다.

비용극소화모형에서 제약조건인 산출수준을 늘려 주면 최적 요소 결합비율은 어떻게 변할까? [그림 9-4-1]은 산출량이 Q_1에서 Q_2, Q_3로 증가할 때, 비용극소화를 위한 생산요소의 조합은 A, B, C로 이동함을 보이고 있다. A, B, C 같은 비용극소화점들을 연결시키면 OE곡선을 얻게 되는데 이것이 바로 확장경로(擴張經路, expansion path)이다. 확장경로상의 모든 점에서는 비용극소화 조건이 충족된다.

■ 확장경로
$MRTS$와 요소의 상대가격이 일치하는 요소의 결합점들의 자취

비용극소화모형에서 얻어진 확장경로는 산출극대화모형에서도 얻을 수 있다.[7] 이는 비용극소화 조건과 산출량극대화 조건이 동일하다는 사실로부터 쉽게 추론할 수 있다. 따라서 우리는 확장경로를 산출량이 달라질 때 비용을

[그림 9-4-I] 확장경로 : 요소가격이 고정된 경우

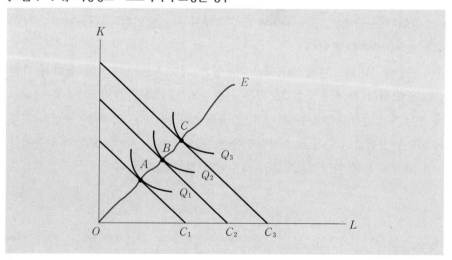

---

7 비용극소화모형과 산출극대화모형에서 최적 요소결합 조건이 동일하다는 결론은 쌍대정리(雙對定理, duality theorem)라고 불린다. 경제적 효율성을 충족시키는 요소결합비율의 '자취'(path)는 두 모형 중 어느 모형에서 구해도 마찬가지임을 의미한다.

[그림 9-4-2] 확장경로 : 요소가격이 변하는 경우

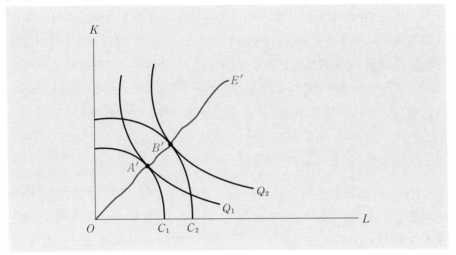

극소화시켜 주는 요소결합점들의 자취라고 정의할 수도 있고, 비용수준이 변할 때 산출량을 극대화시켜 주는 요소결합점들의 자취라고 정의할 수도 있다.

요컨대 확장경로를 도출하는 경로에는 비용극소화모형과 산출량극대화모형의 두 가지가 있다. 이를 비용극소화를 달성할 수 있는 경로에는 비용극소화모형과 산출량극대화모형의 두 가지가 있다고 오해해서는 안 된다. 비용극소화를 달성할 수 있는 요소결합점을 찾을 수 있는 통로는 비용극소화모형뿐이다.

확장경로는 요소가격이 반드시 고정되어야만 도출될 수 있는 것은 아니다. 예컨대 요소사용량이 증가함에 따라서 요소가격이 상승한다고 해도 확장경로는 정의될 수 있다. 이 경우 등비용곡선은 [그림 9-4-2]에서 보듯이 직선이 아니고 원점에 대해 오목한 모양을 띤다. 그림에서 곡선 Q_1, Q_2는 등량선이다. C_1, C_2는 등비용곡선이다. 확장경로는 $MRTS$와 요소의 상대가격이 일치하는 A'과 B'을 연결한 OE'곡선이 된다.

요소가격이 고정되어 있을 경우 확장경로 OE는 $MRTS$와 등비용곡선의 기울기가 일치하는 점들의 자취이다. 따라서 [그림 9-4-1]에서 보듯이 확장경로 OE상의 임의의 점들에서 $MRTS$는 동일하다. 이처럼 $MRTS$가 동일한 점들의 자취를 등사곡선(等斜曲線, isocline)이라고 한다. 확장경로는 $MRTS$의 값이 요소가격비율과 일치하는 일종의 등사곡선이다.

등사곡선

$MRTS$가 동일한 요소결합점들의 자취

[그림 9-4-1]에서 볼 수 있듯이 확장경로는 일반적으로 직선이 아니다. 그러나 생산함수가 1차동차일 경우, 등사곡선은 원점을 통과하는 직선이 되므로 확장경로도 원점을 통과하는 직선이 된다. 소비자이론에서 효용함수가 1차동차일 때 소득-소비곡선이 원점을 통과하는 직선이 되는 것과 동일한 현상이다. 콥-더글라스 생산함수와 CES생산함수는 1차동차함수이므로, 생산기술이 이들 함수로 묘사될 경우 확장경로는 원점을 통과하는 직선이 된다.[8]

정상요소, 우등요소와 열등요소

산출량이 증가함에 따라서 요소 수요량은 증가하는 것이 보통이다. 따라서 확장경로의 기울기는 보통 양(陽)이다. 그러나 [그림 9-4-3]에 나타나 있듯이 확장경로는 음의 기울기를 가질 수 있다. 그림을 보면 산출량이 Q_0점에 이르기까지 두 요소의 사용량이 모두 증가하다가 산출량이 Q_0 이상으로 증가하면 노동의 투입량이 오히려 감소하고 있다.

산출량을 증가시킬 경우 산출량 증가율보다 요소 투입량의 증가율이 더

[그림 9-4-3] 열등요소가 있을 때의 확장경로

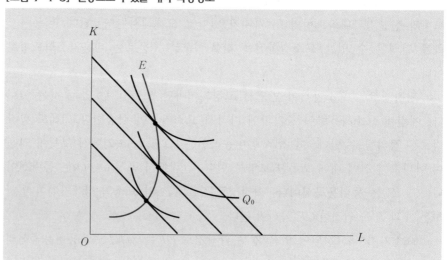

---

8 콥-더글라스 생산함수에서 MP_L과 MP_K를 구하면 이는 K와 L의 비율(K/L)만의 함수임을 보일 수 있다. 따라서 $MRTS(=MP_L/MP_K)$도 K/L만의 함수가 된다. 이는 K/L의 값이 같으면 $MRTS$의 값도 같음을 의미한다. 그러므로 콥-더글라스 생산함수의 확장경로나 등사곡선은 직선이 된다.

크면 우등요소, 요소 투입량의 증가율이 산출량 증가율보다는 적지만 양(陽)이면 정상요소, 요소 투입량의 증가율이 음(陰)이면 열등요소라 한다.

어떤 요소가 정상요소인지 열등요소인지는 확장경로의 모양을 보면 쉽게 파악할 수 있다. 확장경로상의 한 점에서 접선의 기울기가 양이면 두 요소는 모두 정상요소이고, 접선의 기울기가 음이면 하나는 열등요소이고, 나머지 하나는 우등요소이다.[9]

우등요소, 정상요소, 열등요소의 구분은 지출탄력성의 크기에 따라 정의할 수 있다. 먼저 지출탄력성을 정의해 보자. 요소의 지출탄력성(η_X)은 총비용의 변화율$\left(\dfrac{dC}{C}\right)$에 대한 요소사용량의 변화율$\left(\dfrac{dX}{X}\right)$을 나타낸다.

$$\eta_X \equiv \frac{X \,\text{사용량의 변화율}}{\text{총비용변화율}}$$

$$= \frac{dX}{X} \div \frac{dC}{C} = \frac{dX}{dC}\frac{C}{X}$$

요소의 지출탄력성(η_X)을 이용하여 우등, 정상 그리고 열등요소를 정의하면 다음과 같다.

$\eta_X \geq 1$ 이면, X는 우등요소

$0 \leq \eta_X < 1$ 이면, X는 정상요소

$\eta_X < 0$ 이면, X는 열등요소

열등요소가 현실에서 나타날 수 있을까? 생산요소를 노동이나 자본처럼 포괄적으로 분류할 경우 열등요소가 나타날 가능성은 희박하다. 그러나 생산요소를 보다 세분하여 정의하면 열등요소가 나타날 가능성이 있다. 예를 들어 컴퓨터의 생산량이 늘어날 때 노동의 총고용량은 증가하지만 단순노동의 고용량은 감소할 수 있다.

---

9 두 요소 중 한 요소가 열등요소이면 다른 요소가 반드시 우등요소라는 것을 후술하는 지출탄력성을 이용하면 쉽게 이해할 수 있다. 지출액이 증가할 때 열등요소의 경우 지출액은 감소한다. 따라서 나머지 요소에 대한 지출액은 비용증가율보다 커진다.

9.5
기간의 구분: 단기와 장기

확장경로에 관한 논의에서 보았듯이 산출량이 변하면 요소투입량도 달라진다. 목표산출량이 늘어났을 경우 생산기간이 충분하다면 기업은 요소의 최적결합을 선택할 것이다. 가능한 생산방법 중에서 가장 싼 생산방법을 채택할 것이다. 그러나 목표산출량이 늘어나더라도 생산기간이 매우 짧다면 기업은 일부 요소의 투입량을 변화시키지 못할 수도 있을 것이다. 물리적으로 불가능할 수도 있고, 조정비용 때문에 불가능할 수도 있다. 예를 들어 어떤 기업의 목표산출량이 10배로 늘었다고 그 기업이 하루만에 새로운 공장부지를 매입하는 것은 거의 불가능할 것이다. 그러나 기간이 길어지면 공장부지의 면적은 달라질 수 있다. 또, 수명이 10년으로서 1년 전에 구입한 특수장비를 사용하고 있는 기업의 경우, 목표산출량이 절반으로 줄었다고 이 장비 중 일부를 당장 매각하는 것은 곤란할 것이다. 그러나 9년이란 긴 세월이 허용된다면 기업은 특수장비의 보유 대수를 줄일 수 있다.

이상의 논의는 동일한 산출이라도 허용된 생산기간에 따라 생산비가 달라진다는 것을 말해 주고 있다. 이러한 생산비의 차이는 생산기간에 따라 요소투입량을 쉽게 변화시킬 수 있는 요소와 그렇지 않은 요소가 있다는 데에 기인한다.

고정요소와 가변요소

고정요소
산출량이 변할 때 요소투입량이 불변인 생산요소

가변요소
산출량이 변할 때 요소투입량을 변화시킬 수 있는 생산요소

앞의 예에서 공장부지와 같이 산출량이 변할 때 요소투입량이 불변인 생산요소를 고정요소(固定要素, fixed input)라 하고 산출량이 변할 때 요소투입량을 변화시킬 수 있는 생산요소를 가변요소(可變要素, variable input)라고 한다.

단기와 장기

생산기간의 길이에 따라 동일한 산출수준이라도 요소의 결합비율이 달라진다. 요소의 결합비율이 달라지면 당연히 생산비도 달라진다. 따라서 비용은 생산기간의 함수이다.

경제학에서는 기간을 크게 보아 단기 및 장기로 구분한다. 단기(短期)와

장기(長期)는 고정요소의 존재 유무에 따라 구분된다.[10] 단기(short-run)는 고정된 생산요소가 1개 이상 존재하는 시간의 길이이다. 장기(long-run)는 모든 생산요소의 투입량을 조정할 수 있는 긴 기간이다. 따라서 장기에는 모든 생산요소가 가변요소이고, 고정요소는 존재하지 않는다.

경제학에서 사용하는 장기와 단기의 길이는 달력의 기간처럼 분명하지 않고 모호하다. 이것은 고정요소의 투입량을 늘릴 수 있는 시간의 길이가 기업과 산업의 특성에 따라 크게 다르기 때문이다.

장기와 단기에서의 비용을 상세히 논하기 전에 기업들이 고정요소를 보유하는 이유가 무엇인지, 그리고 어떤 요소가 고정요소가 되는지 살펴보자. 기업들이 고정요소를 보유한다는 것은 제약하에서 행동한다는 것을 의미한다. 고정요소의 투입량을 변동시킬 수 없기 때문이다. 제약하의 행동이 제약이 없을 때보다 유리할 리가 없다. 그럼에도 불구하고 기업들은 특정 생산요소의 투입량을 고정시킨 채 제약된 상황하에서 행동한다. 여기에는 두 가지 이유가 있다.

첫째, 판매량의 변화가 발생했을 경우 기업은 이 변화가 일시적인 것인지 항구적인 것인지 알지 못한다. 만일 일시적인 변화라면 기업은 생산설비 규모를 확장하지 않을 것이다. 현실적으로 기업은 호황이 되었다고 해서 곧장 고용인원을 늘리거나 불황이 되었다고 해서 즉각 감원을 결행하는 것은 아니다.

둘째, 산출량의 변화가 항구적인 것이라 하더라도 요소투입량을 조절하는 데는 비용이 든다. 예를 들어 어떤 자동차 조립회사가 목표 생산량을 연간 5만대에서 9만대로 늘렸다고 하자. 이 회사는 공장부지나 새로운 기계장비를 구입하고 조립공, 경영자를 새로이 채용해야 할 것이다. 그러나 짧은 기간에 새로운 공장부지나 기계를 구입하는 것은 용이한 일이 아니다. 따라서 기업은 당분간 공장부지를 늘리지 않고 고용인력만을 늘림으로써 생산량을 늘리고자 할 것이다.

어떤 생산요소를 고정시키고 변동시킬 것인지는 전적으로 생산요소의 조정비용에 달려 있다.[11] 만일 노동의 조정비용이 기계의 조정비용보다 크다면

단기
고정요소가 1개 이상 존재하는 기간

장기
모든 생산요소가 가변요소인 기간

[10] 시장기는 산출량을 변화시킬 수 없을 만큼 짧은 시간의 길이를 말한다. 시장기에서 기업의 선택은 재고량을 조절하는 것뿐이다. 시장기는 기업의 생산활동을 분석하는 데 그다지 의미 있는 기간이 아니므로 본장에서 논하지 않기로 한다. 시장기는 제10장에서 다룬다.
[11] 여기서 조정비용은 요소의 구입비용과 다른 개념이다. 조정비용은 시간제약하의 요소구입가격과 정상적 구입가격과의 차이를 말한다. 공장부지의 정상가액이 1억원이라 하자. 그러나 1개월 내에 이를 확보하려 할 경우 1억 5천만원을 주어야 한다면 이 경우 조정비용은 5천만원이다.

기업은 노동을 고정시킬 것이고 반대로 기계의 조정비용이 노동의 조정비용보다 크다면 자본을 고정시킬 것이다.

요컨대 경제학에서 장·단기를 구분하는 것은 산출량의 불규칙성과 요소의 조정비용 등으로 발생하는 비용의 차이를 경제분석에 고려하기 위한 것이라 할 수 있다.

9.6
단기비용함수

단기에 기업은 고정요소를 보유한다. 이렇게 제약된 상황에서 산출량(혹은 판매량)을 증가시키려 할 경우 비용은 얼마나 증가할까? 이러한 정보를 담고 있는 분석도구가 바로 단기비용함수(短期費用函數)이다.

9.6.1 단기비용과 생산함수

설명의 편의상 자본투입량이 고정되어 있고 노동은 변동가능하다고 하자. 이 때 단기생산함수는 다음과 같이 표현된다.

(9.6.1) $Q = f(L, K_1)$

여기서 K_1은 고정된 자본투입량을 나타내고 있다. 자본이 고정되어 있을 경우 Q를 증가시킬 수 있는 유일한 방법은 L을 증가시키는 것이다. 이러한 상황에서 산출량이 달라질 때 생산비는 어떻게 변할까?

단기총생산비

단기에서 산출량과 생산비의 관계를 보기 위해 [그림 9-6-1]에서처럼 생산함수를 등량선으로 나타내 보자. 자본량이 K_1으로 고정되어 있음을 K_1점을 통과하는 수평선이 나타내고 있다. 단기에서 기업의 선택은 이 수평선상에서 이루어져야 한다.

자본량이 K_1으로 고정된 상황에서 Q_0를 생산하려면 기업은 L_0의 노동을 고용해야 하고 Q_1, Q_2를 생산하려면 각각 L_1과 L_2를 고용해야 한다. 이 때 총비용은 각각 $wL_0 + vK_1$, $wL_1 + vK_1$, $wL_2 + vK_1$이 될 것이다.

일반적으로 노동고용이 L이고 자본이 K_1으로 고정된 단기에서의 총생산비는

(9.6.2) $STC = wL + vK_1$

으로 표현된다. 여기서 STC는 단기총생산비를, w와 v는 각각 노동과 자본서비스의 가격을 나타낸다.

단기비용은 고정요소에 지출된 부분(vK_1)과 가변요소인 노동에 지출된 부분(wL)으로 구성된다. 고정요소에 지출된 비용을 고정비용(fixed cost: FC), 가변요소에 지출된 비용을 총가변비용(total variable cost: TVC)이라 한다. 따라서 단기총생산비(STC)는 다음과 같이 정의할 수 있다.

(9.6.3) $STC = FC + TVC$

[그림 9-6-I] 생산함수와 단기비용

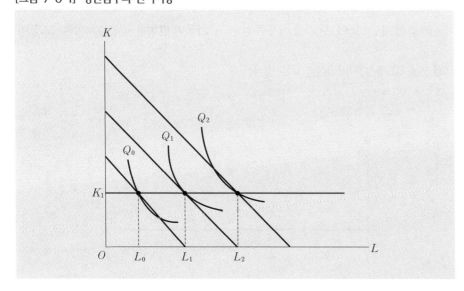

고정비용과 가변비용

고정비용

고정요소에 지출된 비용으로서 산출량수준과 무관한 비용

고정비용(固定費用)은 고정요소에 지출된 비용을 말한다. 고정요소의 투입량은 산출량수준과 무관하기 때문에 고정비용의 액수는 산출량이 달라져도 변하지 않는다. 예를 들어 건물의 임대료, 기계설비의 감가상각비 또는 이들에 대한 보험료 및 제세공과금 등은 설령 산출량이 0이더라도 지출하지 않을 수 없으며 산출량이 늘거나 줄더라도 지출금액은 변하지 않는다. 따라서 고정비용곡선(FC곡선)은 [그림 9-6-2]에서처럼 산출량과 무관하게 일정한 수준에서 수평선의 모양을 하게 된다.

가변비용

가변요소에 지출된 비용으로서 산출량의 변화에 따라 변하는 비용

가변비용(可變費用)은 가변요소에 지출된 비용을 말한다. 가변요소의 투입량은 산출량의 변화에 따라 달라지므로 가변비용도 산출량의 변화에 따라 달라진다. 예컨대 인건비, 원자재 구입비와 유통비용 등은 산출량 변화에 따라 그 크기도 달라진다.

[그림 9-6-2]는 산출량과 총가변비용의 관계를 보여 주고 있다. 총가변비용곡선이 3차함수의 모양을 띤다.

총가변비용곡선과 고정비용곡선을 수직방향으로 더하면 [그림 9-6-3]에서 보는 것과 같은 단기총비용곡선(short-run total cost curve: STC)을 얻을 수 있다. 그림에서 보듯이 단기총비용곡선은 단기총가변비용곡선(TVC)을 고정비

[그림 9-6-2] 총가변비용곡선과 고정비용곡선

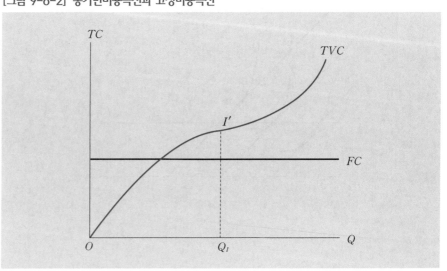

용(즉 OF의 거리)만큼 세로축 방향으로 평행이동시킨 곡선이다. 따라서 총비용곡선의 기본 모양은 총가변비용곡선과 같다. 이는 단기에서 고정비용은 의사결정에 아무런 영향을 미칠 수 없고, 오직 가변비용만이 의사결정에 영향을 미친다는 사실을 반영하고 있다. [그림 9-6-3]에서 단기총비용곡선의 세로축의 절편값 OF는 산출량이 0일 때의 비용으로서 고정자본의 존재를 보여 준다.

9.6.2 단기평균비용과 단기한계비용

기업이 단기에 직면하는 비용조건은 단기총비용곡선과 단기총가변비용곡선으로 나타낼 수 있다. 그러나 비용조건을 평균비용과 한계비용으로 표현하면 분석이 훨씬 편리해진다.

먼저 평균비용과 한계비용의 개념을 정의해 보자. 단기평균비용(short-run average cost: SAC)은 단기총비용(STC)을 산출량(Q)으로 나눈 값이다. 수식으로 표현하면 다음과 같다.

$$(9.6.4) \quad SAC = \frac{STC}{Q}$$

그런데 식 (9.6.3)에 의해 다음과 같이 쓸 수 있다.

[그림 9-6-3] 단기총비용곡선

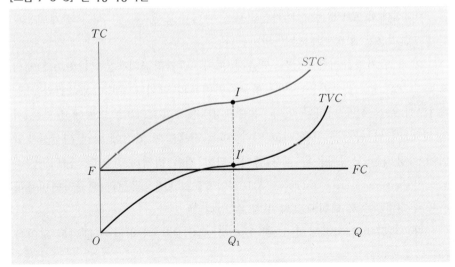

(9.6.5) $SAC = \dfrac{FC}{Q} + \dfrac{TVC}{Q}$

(9.6.6) $SAC = AFC + AVC$

이 식에서 AFC와 AVC는 각각 평균고정비용(average fixed cost)과 단기평
균가변비용(short-run average variable cost)을 나타낸다.

단기한계비용(short-run marginal cost: SMC)은 생산물 1단위를 추가로 생산
할 때 늘어나는 최소비용의 크기로서 다음과 같이 쓸 수 있다.

(9.6.7) $SMC = \dfrac{\varDelta STC}{\varDelta Q}$

그런데 $\varDelta STC = \varDelta FC + \varDelta TVC$이므로 다음 식이 성립한다.

(9.6.8) $SMC = \dfrac{\varDelta FC}{\varDelta Q} + \dfrac{\varDelta TVC}{\varDelta Q}$

그런데 고정비용은 산출량과 관계 없이 고정되어 있으므로 $\dfrac{\varDelta FC}{\varDelta Q} = 0$이다.
그러므로 다음 식이 성립한다.

(9.6.9) $SMC = \dfrac{\varDelta TVC}{\varDelta Q} = MVC$

이 식에서 MVC는 한계가변비용을 나타내고 있다. 이 식은 한계비용과
한계가변비용은 항상 일치함을 의미한다.

이제 단기평균비용곡선을 도출해 보자. 단기평균비용은 식 (9.6.5)에서
보듯이 단기평균고정비용과 단기평균가변비용의 합이다. 두 비용곡선의 모양
은 [그림 9-6-4]에 나타나 있다. 평균고정비용곡선(AFC)은 그림에서 보는 바
와 같이 직각쌍곡선 모양을 하고 있다. 이는 산출량이 커짐에 따라 생산물 1단
위에 할당되는 고정비용은 점차 줄어든다는 점을 반영하고 있다. 단기평균비
용곡선(short-run average cost curve: SAC)은 평균고정비용곡선과 평균가변비용곡
선을 수직방향으로 더함으로써 구할 수 있다.[12]

단기평균비용곡선 역시 [그림 9-6-4]에서 보는 바와 같이 U자의 모양을

---

[12] 평균가변비용곡선(AVC)은 [그림 9-6-2]에 그려져 있는 총가변비용곡선상의 각 점과 원점을 연
결한 직선의 기울기로 구할 수 있다.

[그림 9-6-4] 단기평균비용곡선

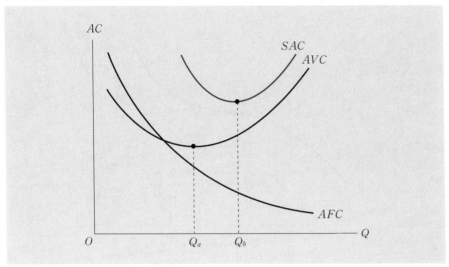

띤다. 단기평균비용곡선이 초기 산출수준에서 우하향하는 것은 평균고정비용과 평균가변비용이 모두 초기에 떨어지기 때문이다. 평균가변비용의 감소는 수확체증에 기인한다. 산출수준이 [그림 9-6-4]의 Q_a를 넘어서면 평균가변비용이 상승하고 있지만 단기평균비용곡선은 여전히 떨어진다. 그러나 산출수준이 [그림 9-6-4]의 Q_b보다 높은 영역에서는 단기평균비용곡선이 우상향한다. 이것은 수확체감현상으로 인한 평균가변비용의 상승폭이 평균고정비용의 감소폭을 능가하기 때문이다. 한 마디로 단기평균비용곡선은 고정비용의 존재와 수확체감으로 인해 U자 모양으로 나타난다.

SAC와 AVC의 모양에 관해서 한 가지 주목할 것은 [그림 9-6-4]에서 보듯이 AVC의 꼭지점은 SAC의 꼭지점보다 왼쪽에 위치한다는 점이다. 이는 AVC의 꼭지점의 산출량(Q_a)에서 AVC의 기울기는 0임에 반하여 AFC의 기울기는 마이너스임에서 알 수 있다. 따라서 Q_a점에서 SAC의 기울기는 음이 되고 그 꼭지점은 Q_a점보다 오른쪽에 위치한다.

한계비용곡선(marginal cost curve)은 총가변비용곡선 혹은 총비용곡선으로부터 도출할 수 있다. 이들 곡선상의 각 점에서 구한 접선의 기울기가 한계비용이다. 한계비용곡선은 [그림 9-6-5]에서 보듯이 STC의 변곡점 A에서 극솟값을 갖는다. 도출된 한계비용곡선은 [그림 9-6-5]의 (b)에 나타나 있다.

[그림 9-6-5] 한계비용곡선과 단기평균비용곡선의 도출

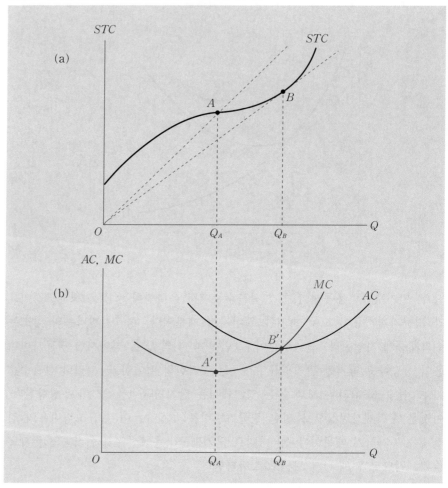

한계비용곡선의 특징을 보다 정확하게 살펴보기 위해 [그림 9-6-5]에는 한계비용(MC)곡선과 평균비용(AC)곡선을 함께 그려 보았다. 이 그림을 보면 다음과 같은 특징을 확인할 수 있다. 첫째, MC곡선은 단기총비용(STC)곡선의 변곡점인 A점에서 꼭지점(A')을 갖는다. 둘째, AC곡선은 STC곡선상의 B점에 상응한 산출량인 Q_B에서 꼭지점(B')을 갖는다. 이는 STC곡선상에서 어떤 점을 잡더라도 그 점과 원점을 잇는 선분의 기울기가 선분 OB의 기울기보다 크다는 사실로부터 확인할 수 있다. 셋째, 한계비용곡선(MC)은 평균비용곡선(AC)의 꼭지점을 통과한다. 이는 B점(AC곡선의 꼭지점에 상응한 점)의 접

선의 기울기(한계비용)와 B점과 원점을 잇는 선분 OB의 기울기(최소평균비용)가 일치한다는 데서 확인할 수 있다.

한계비용곡선이 평균비용곡선의 꼭지점을 통과하는 이유는 무엇일까? 평균생산곡선과 한계생산곡선의 모양을 연상해 보면 짐작할 수 있을 것이다. 우리는 부록에서 한계생산곡선은 산 모양의 평균생산곡선의 꼭지점을 위쪽에서 아래쪽으로 통과함을 보았다([그림 9-A-2] 참조). 이 사실이 비용이론에서는 한계비용곡선이 평균비용곡선의 꼭지점을 아래에서 위로 관통하는 것으로 나타나고 있다. 이러한 논의는 비용곡선의 모양은 생산곡선의 모양을 반영하고 있음을 시사한다.

이러한 현상이 우연이 아님은 $MC=\dfrac{\Delta TC}{\Delta Q}$란 정의식에서도 쉽게 확인할 수 있다. 가변요소가 노동뿐인 경우를 생각해 보자. 임금이 w일 때 생산물 1단위를 더 만들기 위해 ΔL만큼 노동을 더 고용해야 한다고 하자. 이 경우 총비용의 증가분(ΔTC)은 다음과 같이 표현된다.

(9.6.10) $\Delta TC = w\Delta L$

식 (9.6.10)을 한계비용(MC)의 정의식$\left(\dfrac{\Delta TC}{\Delta Q}\right)$에 대입하면 다음 관계식이 성립한다.

(9.6.11) $MC=\dfrac{w\Delta L}{\Delta Q}=\dfrac{w}{\Delta Q/\Delta L}=\dfrac{w}{MP_L}$

식 (9.6.11)은 w가 일정할 때 한계생산력과 한계비용이 반비례함을 말해 준다. 이는 생산곡선과 비용곡선은 실체와 거울 속의 상(像)과 같은 관계임을 말해 주고 있다. 이러한 관계를 두고 양자 사이에는 쌍대관계(雙對關係, duality)가 있다고 말한다.

지금까지 우리는 단기평균비용곡선과 단기한계비용곡선의 모양을 논의하였다. 그러면 현실에 있어서 한계비용곡선과 평균비용곡선은 어떠한 모양을 가질까? 실증연구는 이 두 곡선이 모두 상당한 구간에 걸쳐 수평선임을 보이고 있다.

물론 이러한 연구결과는 산출수준이 증가하면 한계비용이나 평균비용은 상승한다는 앞의 결론과 상충된다. 어느 쪽이 옳은지는 미래의 숙제이다. 다만 횡단분석이나 시계열분석을 통한 비용곡선의 추정에 관한 실증분석은 많은 통계상의 문제점을 지니고 있어 그대로 신뢰할 수 없다는 점을 지적해 두고자 한다.

9.7
장기비용곡선

단기에서는 주어진 고정요소하에서 가변요소만을 선택할 수 있다. 반면, 장기에서 기업은 노동과 자본규모를 모두 선택할 수 있다.[13] 물론 장기에서는 모든 요소가 가변요소이므로 가변비용과 고정비용을 구분할 필요가 없고 모든 비용은 가변비용이 된다.

9.7.1 장기총비용곡선

비용극소화 원리에서 주어진 산출량을 최소비용으로 생산할 수 있는 요소결합이 어떻게 결정되는지, 그리고 그 비용수준이 얼마인지를 알 수 있었다. 그리고 확장경로(擴張經路)는 산출량이 달라질 때 최적요소결합점이 어떻게 달라지는가를 보여 주었다. 확장경로는 바로 장기에서의 요소의 최적결합점을 보여 준다. 따라서 확장경로로부터 장기총비용곡선을 도출할 수 있다.

확장경로로부터 장기총비용곡선을 유도하기 위하여 [그림 9-7-1]에 9.4 절에서 도출한 바 있는 확장경로를 그대로 다시 그려 놓았다. 세 종류의 산출 수준을 생산해 낼 수 있는 등량선과 등비용선이 그려져 있다. Q_1을 생산할 수 있는 최소비용은 A 점을 지나는 등비용선 C_1이 나타내고 있다. 마찬가지로 Q_2 와 Q_3의 최소생산비는 등비용선 C_2와 C_3가 보여 주고 있다. 산출량이 $Q_1 \rightarrow Q_2 \rightarrow Q_3$로 증가함에 따라 등비용선이 $C_1 \rightarrow C_2 \rightarrow C_3$로 원점으로부터 점점 멀어지는 것은 산출량이 증가함에 따라서 총생산비용이 증가한다는 사실을 반영한다.

지금까지 우리는 세 가지 상이한 산출수준에 대한 비용을 논의하였다. 이

---

13 노동과 자본규모를 모두 선택할 수 있다는 것은 기업이 산업으로의 진입과 산업으로부터의 퇴출까지 선택할 수 있음을 의미한다. 퇴출은 자본규모=0의 선택을 의미한다.

[그림 9-7-1] 확장경로

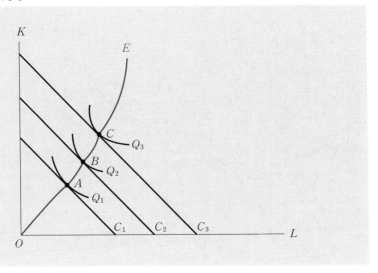

를 확장하면 확장경로로부터 모든 산출수준에 대한 최소생산비를 구할 수 있다. 그런데 확장경로는 산출수준과 비용간의 관계를 직접 보여 주지 못하고 등량선과 등비용선의 위치를 통해서 간접적으로 보여 줄 뿐이다.

이제 확장경로에 담긴 생산량(生産量)과 비용(費用)의 관계를 산출량-총비용 평면에 나타내 보자. 이를 위해 가로축에 생산량, 세로축에 총비용을 표현해 보자. [그림 9-7-2]에 나타낸 곡선은 확장경로를 산출량-비용 평면에 바꾸어서 표현한 것이다. 예컨대 [그림 9-7-1]의 확장경로에서 A 점은 Q_1을 생산할 수 있는 최소비용이 C_1임을 말해 준다. 이는 [그림 9-7-2]에서 점 $A'(Q_1, C_1)$으로 표현되어 있다. 마찬가지로 확장경로상의 B 점과 C 점은 [그림 9-7-2]에서 점 $B'(Q_2, C_2)$과 점 $C'(Q_3, C_3)$으로 나타나 있다. A', B'과 C' 같은 점을 연결한 곡선을 장기총비용곡선(長期總費用曲線, long-run total cost curve: LTC)이라고 부른다. LTC곡선은 모든 생산요소의 투입량에 대한 조정이 끝난 후의 산출량과 비용간의 관계를 보여 준다.

[그림 9-7-3]은 장기총비용곡선(LTC)이 가질 수 있는 여러 가지 모양을 나타내고 있다. 그림 (a)는 총비용의 증가율이 점점 떨어지다가 점증하는 경우이고 그림 (b)는 총비용의 증가율이 떨어지다가 일정속도로 증가하는 경우이다. 그림 (c)는 총비용이 산출량에 정확히 비례하는 경우이다. 요소가격이 일

[그림 9-7-2] 장기총비용곡선

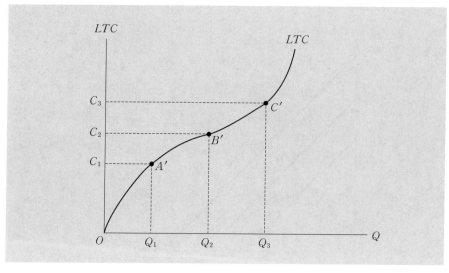

[그림 9-7-3] 장기총비용곡선의 형태

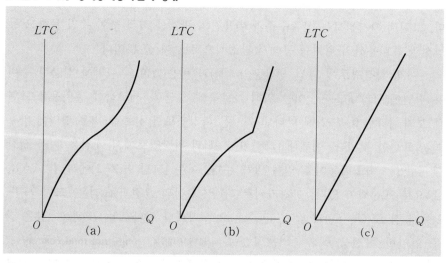

정할 때 LTC곡선의 모양은 생산기술에 규모의 경제의 존재 여부를 반영한다.
그림 (c)는 요소가격이 일정할 때 규모의 수확이 불변인 경우의 장기총비용곡
선이다.

9.7.2 장기총비용곡선과 단기총비용곡선

장기총비용곡선과 단기총비용곡선간의 관계를 살펴보기 위해 자본투입량을 제외하고 모든 조건이 동일한 a, b 두 기업이 있다고 하자. 기업 a, b의 자본량은 각각 K_1, K_2로 고정되어 있다. 그리고 이들의 목표산출량은 Q_0로서 동일하다. 이러한 상황이 [그림 9-7-4]에 나타나 있다. 목표산출량은 등량선 Q_0로 나타나 있고 네 개의 직선(C_i)은 비용수준이 상이한 등비용곡선(等費用曲線)을 나타낸다.

먼저 자본이 K_1으로 묶여 있는 a기업은 Q_0를 생산하기 위해 그림의 A점을 선택할 것이다. 이는 이 기업이 자본투입량을 변화시킬 수 없기 때문이다. 마찬가지로 자본량이 K_2로 묶여 있는 b기업은 B점을 선택할 것이다. 점 A와 B를 선택했을 때의 총비용은 각각 C_1과 C_2로서 각 점을 통과하는 등비용곡선이 이를 반영하고 있다. Q_0를 보다 싸게 생산하고 있는 기업은 b기업으로서 총비용은 C_2이다. 이는 B점을 통과하는 등비용곡선이 A점을 통과하는 등비용곡선보다 안쪽에 있음에서 확인할 수 있다.

그런데 B점에서는 한계기술대체율($MRTS$)과 등비용선의 기울기가 일치하고 있지만 A점에서는 $MRTS$와 등비용곡선의 기울기가 일치하지 않는다. 따라서 B점만 확장경로인 OE곡선 위에 존재한다. 이는 장기에 있어서 Q_0를

[그림 9-7-4] 단기총비용과 장기총비용의 관계

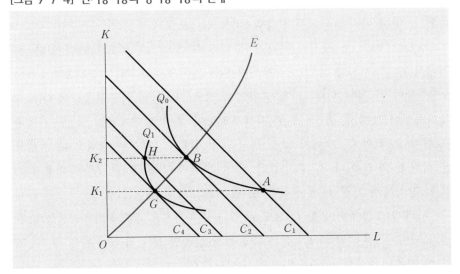

[그림 9-7-5] 장기총비용곡선의 도출

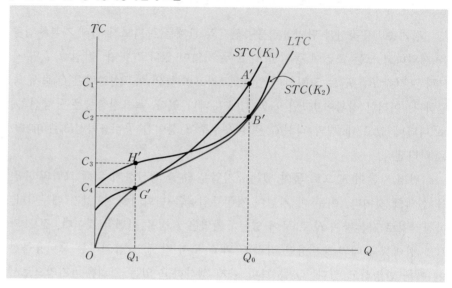

생산할 수 있는 최소비용은 B 점의 생산비 C_2 임을 말해 주고 있다. b 기업이 다른 기업보다 가장 싸게 생산할 수 있었던 것은 b 기업이 이미 보유하고 있었던 K_2 가 장기에 있어서 Q_0 를 가장 싸게 생산할 수 있는 최적자본투입량과 우연히 일치했기 때문이다. 목표산출량이 Q_0 일 때 기존의 자본투입량과 최적투입량 K_2 와의 괴리가 클수록 총생산비는 증가하는 경향을 보일 것이다.

　지금까지 생산량과 기업별 생산비용을 노동-자본의 요소 평면에서 논의하였다. 이제 이러한 논의를 산출량-비용 평면으로 옮겨 보자.

　a, b 기업의 Q_0 생산비는 각각 [그림 9-7-5]의 A', B' 로 나타나 있다. 장기에서 Q_0 를 생산할 수 있는 최소비용은 C_2 이므로 B' 점은 장기총비용곡선(LTC)상의 한 점이 된다. 이제 불황의 도래로 기업들의 목표산출량이 Q_1 으로 줄어들었다고 하자. K_1 과 K_2 로 자본투입량이 묶인 상태에서 a, b 두 기업은 [그림 9-7-4]의 G, H 에서 각각 생산할 것이다. G, H 를 선택했을 때 총비용은 각각 C_4 와 C_3 이다. G, H 점들은 각각 [그림 9-7-5]의 G', H' 에 대응된다. Q_1 을 장기에서 가장 싸게 생산할 수 있는 요소결합점은 [그림 9-7-4]의 G 이다. 따라서 G 점에 상응한 G' 점도 B' 점과 마찬가지로 장기총비용곡선상의 한 점이 되어야 한다. B' 과 G' 같은 점들을 연결하면 LTC 가 도출됨을 알 수 있다. 장기총비용곡선(LTC)은 그림에서 파란색으로 나타나 있다.

[그림 9-7-6] 장기총비용곡선과 단기총비용곡선

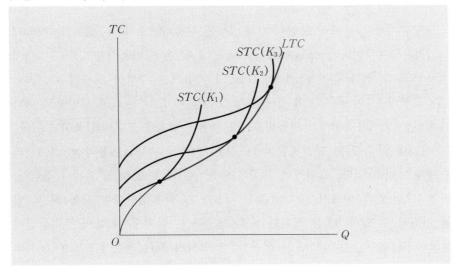

이제 a기업의 단기총비용곡선을 생각해 보자. a기업의 경우, 생산량 Q_0는 A'점에서, Q_1은 G'에서 생산한다. 따라서 A'과 G'을 연결시키면 a기업의 단기총비용곡선이 도출된다. 이는 [그림 9-7-5]에 $STC(K_1)$으로 그려져 있다. 마찬가지로 점 B'와 H'를 연결하면 b기업의 단기총비용곡선을 얻을 수 있다. [그림 9-7-5]에서 $STC(K_2)$는 b기업의 단기총비용곡선을 나타낸다.

지금까지의 논의는 기업의 자본투입량이 K_1과, K_2 두 가지 수준에서 고정되어 있다고 가정하고서 진행하였다. $STC(K_1)$, $STC(K_2)$와 LTC의 그래프에서 알 수 있는 특징은 LTC와 STC는 한 점에서 접하고 그 접점으로부터 거리가 멀어질수록 두 곡선간의 거리는 점점 커진다는 것이다. 만약 자본보유량이 서로 다른 여러 기업들이 존재한다면 각 자본수준의 제약하에서 여러 종류의 단기총비용곡선을 얻을 수 있을 것이다. 각 단기총비용곡선은 장기총비용곡선과 한 점에서 접하면서 두 곡선간의 거리는 그 접점에서 멀어질수록 커질 것이다. 두 곡선간의 이러한 관계로부터 장기총비용곡선은 [그림 9-7-6]에서 보듯이 각 단기총비용곡선을 품는 포락선(包絡線, envelope curve)이 된다는 것을 유추할 수 있다.

9.7.3 장기평균비용곡선과 장기한계비용곡선

평균비용은 앞에서 보았듯이 총비용을 산출량으로 나눈 값이다. 따라서 장기평균비용곡선(long-run average cost curve: LAC)은 장기총비용곡선(LTC)에서 곡선상의 각 점과 원점을 연결한 직선의 기울기를 구하여 도출할 수 있다. LTC곡선이 [그림 9-7-2]와 같은 모양을 가질 때 LAC는 U자 모양으로 나타난다. 단기총비용곡선에서 평균비용을 도출했던 방법을 그대로 활용하면 된다.

[그림 9-7-7]은 단기평균비용곡선(SAC)과 장기평균비용곡선(LAC)간의 관계를 보이고 있다. 그림에서 보듯이 $SAC(K_2)$와 LAC는 B''점에서 접한다. 이는 [그림 9-7-5]에서 $STC(K_2)$와 LTC가 B'에서 접한다는 사실로부터 쉽게 이해될 수 있다. Q_0를 제외한 산출수준에서는 단기생산비용이 장기생산비용보다 더 높다. 예컨대 Q_1을 생산할 경우 장기평균비용은 [그림 9-7-7]의 C_1이 되지만 단기평균비용은 C_3가 된다. $C_3 > C_1$이므로 Q_1의 단기평균생산비는 장기평균생산비보다 높게 된다.

그런데 B''점에서 SAC와 LAC가 접한다고 해서 B''점이 SAC의 꼭지점인 것은 아니다. 만일 B''이 SAC의 꼭지점이라면 B''에서 SAC의 기울기는 0이 되어야 하는데 LAC의 기울기는 그림에서 보듯이 0이 아니기 때문이다. 다만, 장기평균비용곡선의 꼭지점에서 SAC가 접할 때는 접점이 바로 SAC의

[그림 9-7-7] 장기평균비용곡선과 단기평균비용곡선

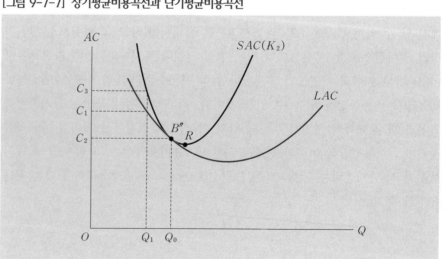

꼭지점이 된다. 이러한 사실은 기업들이 단기평균비용곡선의 꼭지점에서 생산하지 않음을 시사해 주고 있다. 예컨대 Q_0를 생산한다고 하자. [그림 9-7-4]에 의하면 최적 자본규모는 K_2이다. 이 때 기업의 규모는 $SAC(K_2)$가 나타내고 있다. 이 기업은 [그림 9-7-7]에 나타나 있는 $SAC(K_2)$의 꼭지점인 R 점에서 생산하지 않고 LAC와 SAC 접점인 B''에서 생산한다.

지금까지 자본투입량이 K_2로 고정된 경우의 SAC와 LAC간의 관계를 논의하였다. 모든 자본투입량에 대해 각각의 SAC곡선을 그리면 장기평균비용곡선은 [그림 9-7-8]에서 보듯이 단기평균비용곡선들을 감싸는 포락선(envelope curve)이 된다.

장기평균비용곡선

실증분석에 의하면 장기평균비용곡선(LAC)은 [그림 9-7-9]에서 보이고 있듯이 U 자나 L 자 모양으로 나타난다. [그림 9-7-9]에서 LAC는 (a)의 경우 LAC의 꼭지점 A, (b)의 경우 LAC의 최저 수준인 B에 이르기까지 계속 하락한다. 그림에서 LAC가 최저가 되는 산출수준을 $Q_{\min}$으로 나타냈다. LAC가 우하향한다는 것은 규모의 경제(economies of scale)를 반영한다.[14] 반면에 그

[그림 9-7-8] 장기평균비용곡선의 도출

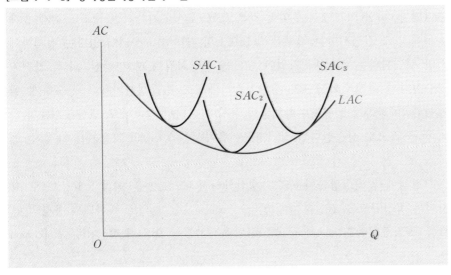

---

14 장규모의 경제에 관해서는 부록(p.266)을 참고.

[그림 9-7-9] 장기평균비용곡선의 형태

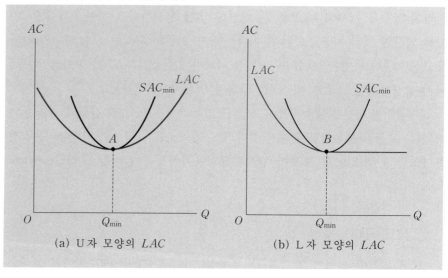

(a) U자 모양의 LAC　　　　　(b) L자 모양의 LAC

림 (a)의 경우 꼭지점 $A(Q_{min})$의 오른쪽 구간에서는 장기평균비용곡선은 양의 기울기를 갖는다. 이는 규모의 불경제(diseconomies of scale)를 반영한다. 따라서 LAC곡선이 U자 모양인 것은 규모의 경제와 불경제의 존재에 기인한다.[15] 만일 산출수준이 낮을 때만 규모의 경제가 나타나고 높은 산출수준에서 규모수확불변을 보인다면 LAC곡선은 [그림 9-7-9]의 (b)에서처럼 L자 모양으로 나타난다. 다만 여기에서 주의할 것은 LAC곡선의 기울기는 규모의 경제 존재 유무에 따라 결정된다는 결론은 생산요소의 가격이 고정되어 있다는 전제하에서만 성립한다는 점이다. 기업이 규모를 확장시킴에 따라 생산요소의 가격이 상승한다면 규모수확불변의 생산기술하에서도 평균생산비용은 상승하게 될 것이다. 마찬가지로 규모수확체증의 현상이 나타날 경우에도 생산요소들의 가격이 큰 폭으로 상승한다면 장기평균비용곡선은 양(+)의 기울기를 가질 수 있다.

장기에서 최소평균비용으로 생산하려면 [그림 9-7-9]의 SAC_{min}으로 묘사되는 공장규모를 건설하여야 한다. 우리는 SAC_{min}으로 표현되는 공장의 규모를 **최소효율규모**(minimum efficient scale: MES) 혹은 **최적설비규모**(optimum

---

15 장기평균비용곡선이 U자인 이유는 단기평균비용곡선의 경우와 전혀 다르다. 앞에서 보았듯이 단기평균비용곡선이 U자인 것은 고정요소의 존재와 한계수확체감 때문이라는 것을 보았다.

scale)라고 부른다.[16]

장기한계비용곡선

장기한계비용곡선(long-run marginal cost curve: LMC)은 기업이 모든 생산요소의 투입량을 변화시킬 수 있을 때, 마지막 단위의 생산물을 추가로 생산하는 데에 소요되는 최소비용을 나타낸다.

장기한계비용곡선은 장기총비용곡선을 이용하여 도출할 수 있다. 장기한계비용은 장기총비용곡선의 각 점에서의 접선의 기울기이다. 여기서는 장기한계비용곡선과 다른 곡선과의 관계를 이해하기 위해 장기평균비용곡선으로부터 장기한계비용곡선(LMC)을 도출해 보기로 하자.

[그림 9-7-10]을 보면 단기평균비용곡선 SAC_A는 A점에서 장기평균비용곡선에 접하고 있다. 따라서 생산수준이 Q_A일 때 장기한계비용은 단기한계비용곡선의 값(A')과 일치한다. 마찬가지 이유로 장기평균비용곡선이 최소가 되는 Q_B점에서 장기한계비용은 SMC_B의 크기와 같다. 장기한계비용곡선은 A'과 B와 같은 점들을 연결한 자취로서 [그림 9-7-10]에 LMC곡선으로 나타나 있다.

장기한계비용곡선(LMC)과 장기평균비용곡선(LAC)의 관계를 살펴보자. LMC는 LAC가 감소하고 있는 구간에서는 LAC보다 아래쪽에 위치하며 LAC가 증가하고 있는 구간에서는 LAC보다 위쪽에 위치한다. 이러한 특성은 '평균'과 '한계'의 일반적인 관계이다. 단기평균비용곡선(SAC)과 단기한계비용곡선(SMC)간에도 이러한 관계가 성립한다는 것을 독자 여러분은 기억할 것이다.

이제 장기한계비용곡선(LMC)과 단기한계비용곡선(SMC)의 관계를 살펴보기로 하자. 앞에서 보았듯이 [그림 9-7-10]에서 단기평균비용곡선 SAC_A는 A점에서 장기평균비용곡선에 접하고 있다. 따라서 생산수준이 Q_A보다 작은 구간에서는, 단기평균비용곡선은 장기평균비용곡선보다 위쪽에 위치한다. 따라서 이러한 구간에서는 장기한계비용은 단기한계비용보다 크다. 단기평균비

---

16 최소효율규모란 용어는 [그림 9-7-9]의 (b)를 보면 그 의미를 쉽게 알 수 있다. 그림 (b)의 경우 최적설비규모는 Q_{min} 이상의 산출량을 생산할 수 있는 모든 공장규모이다. 이와 같이 최적설비규모가 여러 가지가 있을 때 그 중에서 가장 작은 최적설비규모를 최소효율규모라고 부른다.

[그림 9-7-10] 장기한계비용곡선의 도출

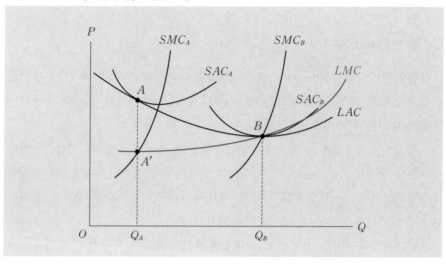

용이 장기평균비용보다 빠른 속도로 감소하고 있기 때문이다. 직관적으로 이는 과잉 자본설비를 갖고 있는 단기의 한계비용은 최적자본규모를 갖고 있는 장기의 한계비용보다 낮다는 것을 의미한다. 생산수준이 Q_A보다 큰 구간에서도, 단기평균비용곡선은 장기평균비용곡선보다 위쪽에 위치한다. 그러나 이 구간에서 장기한계비용은 단기한계비용보다 작다. 장기평균비용의 증가율이 단기평균비용의 증가율보다 낮기 때문이다.

여기서 한 가지 특히 기억할 것은 LAC의 꼭지점인 B점에서 단기평균비용곡선(SAC_B), 장기평균비용곡선(LAC), 단기한계비용곡선(SMC_B)과 장기한계비용곡선(LMC)의 네 곡선이 모두 교차하고 있다는 점이다. 따라서 LAC의 꼭지점에서는 다음과 같은 조건이 성립된다.[17]

$$LAC = LMC = SAC = SMC$$

9.7.4 장기비용곡선에 관한 실증분석

LAC의 모양이 어떤 모습을 하고 있는가는 산업 및 기업정책을 결정하는 데에 매우 중요하다. 특히 어떤 산업의 최소효율규모(MES)를 정확히 추정해

---

17 완전경쟁시장이론(제11장)에서 후술하겠지만 LAC의 꼭지점은 완전경쟁시장에서 기업의 장기균형점이 된다.

낼 수 있다면 바람직한 산업정책의 방향을 설정할 수 있다. 예컨대 어떤 산업 내에 활동하는 기업의 최소효율규모가 대규모로 추정된다면 이 산업은 규모의 경제가 있는 산업으로 간주된다. 따라서 이러한 산업에 대해서는 경쟁을 제한 하는 산업정책을 펴야 할 것이다.

장기비용곡선에 관한 많은 실증적 연구는 장기평균비용곡선이 U 자(字) 모양이 아니라 [그림 9-7-9]의 (b)와 같이 L 자 모양이라고 보고하고 있다. 낮은 산출수준에서는 규모의 경제가 나타나지만, 생산이 일정 수준에 이르면 규모의 경제가 사라지고 규모수확불변의 현상이 나타난다는 것이다. 이는 산출수준이 아주 높아져도 규모의 불경제가 나타나지 않는다는 점을 말해 주고 있다. 이는 대기업의 비효율성이 관찰되지 않고 있음을 의미한다. 그러나 이러한 실증연구의 결과가 LAC의 상승가능성을 완전히 부정하고 있는 것은 아니다. 왜냐하면 비효율적인 기업은 현실의 데이터로는 아예 나타나지 않을 것이기 때문이다.

9.8
비용곡선의 이동

이상에서 모든 다른 조건이 동일하다(ceteris paribus)는 가정하에서 비용곡선을 도출하였다. 다른 조건이란 생산기술 수준, 생산요소들의 상대가격을 말한다. 따라서 기술수준과 요소의 상대가격이 변하면 비용곡선은 이동할 것이다.

요소가격의 변화

[그림 9-8-1]에는 임금이 변화하기 이전의 등비용곡선이 MN으로 주어져 있다. 초기에 요소의 상대가격은 $\frac{w}{v}$이고 이는 직선 MN의 기울기로 주어져 있다. 이 때 확장경로는 곡선 OR이다. 그림에서 산출량 Q_0를 가장 싸게 생산해 낼 수 있는 생산요소의 조합은 R로서 이 때의 비용수준을 C_0라 하자. 임금이 w에서 w'로 상승한다 하자. 등비용곡선은 MN'로 회전한다. 이에 따라

[그림 9-8-1] 확장경로의 이동: 임금상승

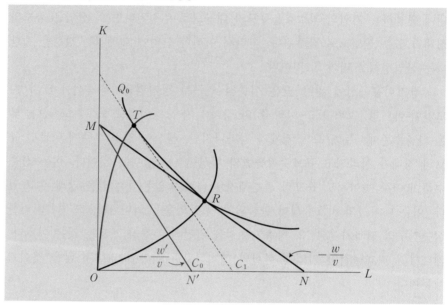

새로운 확장경로 OT가 생겨난다. 새로운 확장경로는 기존의 확장경로보다 위쪽에 위치하는데 이는 임금이 상승하면 요소결합 방법이 보다 자본집약적이 된다는 것을 보여 주고 있다.

　이제 [그림 9-8-2]에서 비용곡선이 어떻게 이동하는가를 보기 위해서 산출량을 Q_0로 고정시키고 임금이 변화하기 이전과 이후의 생산비를 비교해 보자. [그림 9-8-1]에서 임금이 상승한 이후 Q_0를 생산하려면 요소결합점은 T가 되어야 한다. T점은 직선 MN' 밖에 위치하므로 T점을 선택했을 때의 총비용수준 C_1은 C_0보다 크다.[18] 결국 임금상승 이후 총비용이 증가하고 따라서 평균비용도 상승하게 된다. 이러한 분석을 모든 산출수준에 적용하면 [그림 9-8-2]에서 보이듯 평균비용곡선(AC) 전체가 임금상승으로 인해서 위쪽 방향으로 이동하게 된다.[19]

---

18 직선 MN'은 임금상승 이후 총비용이 C_0인 등비용선이다.

19 이 그림에서는 평균비용곡선과 한계비용곡선이 모두 상승 이동한 것으로 그려져 있다. 그러나 만약 노동이 열등요소라면 평균비용곡선만 위쪽으로 이동하고 한계비용곡선은 아래쪽으로 이동한다. 이에 관한 증명은 수리적 조작을 필요로 하므로 본서에서는 생략하기로 한다. 수리적 증명에 관심 있는 독자는 Silberberg의 「경제학의 구조」(노응원 · 신봉호 공역, 진영사, 1993)를 참조하라.

[그림 9-8-2] 비용곡선의 이동: 임금상승

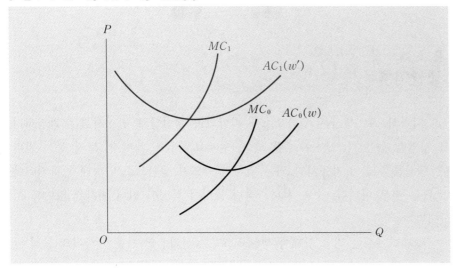

기술진보

기술진보가 일어나면 동일한 양의 노동과 자본의 투입으로 산출량이 증대된다. 기술진보는 생산이론(제9장)에서 논의한 바와 같이 등량곡선을 원점 방향으로 이동시킨다. 따라서 기술진보가 발생하면 확장경로가 변하게 된다. 확장경로가 달라지면 비용곡선도 이동할 것이다. 일반적으로 기술진보는 비용곡선들을 아래쪽으로 이동시킬 것이다.

부 록

9.A.1
생산이론

일반적으로 생산은 생산요소를 결합하여 생산물로 변형시키는 과정이라고 정의할 수 있다. 생산요소란 노동, 원재료, 기계, 에너지, 토지 등을 말한다. 생산물은 철이 자동차가 되는 것처럼 반드시 생산요소의 형태가 바뀌어야만 하는 것은 아니다. 수송 서비스처럼 물리적 특성이 전혀 변하지 않아도 생산이다.

경제학에서는 기술 상태를 생산요소와 생산가능한 산출물 사이의 물적 관계(physical relationship)로 묘사한다. 이 관계는 여러 가지 방법으로 나타낼 수 있는데 가장 단순하고 흔히 사용되는 수단은 생산함수이다.[20]

생산함수

생산함수로 주어진 기술상태를 어떻게 묘사할 수 있는지 살펴보자. 일단 기술상태가 고정되어 있다고 가정한다. 기업이 직면하고 있는 요소투입량과 생산량간의 관계가 [표 9-A-1-1]처럼 주어져 있다. 이 표는 100평짜리 공장에서 컴퓨터 조립공의 수가 달라지는 상황을 상정했다.

[표 9-A-1-1]은 4단위의 노동을 투입하면 최대산출량이 22단위라는 것을 말해 주고 있다. 표에 나타난 요소투입량과 생산량의 관계는 생산함수로 묘사될 수 있다. 기술구조를 생산함수로 묘사하려면 기업의 생산물과 요소를 명확히 정의할 수 있어야 한다. 예컨대 병원의 기술구조를 파악하려면 병원의 생산물(예컨대, 완치된 환자)과 투입요소(의사, 병상, 의료기기 등)가 무엇인지 우선 명확히 해야 한다.

생산함수는 일반적으로 다음과 같이 표현된다.[21]

---

20 기술상태는 집합개념에 의해서도 표현될 수 있다. 생산가능집합은 생산요소와 생산가능한 산출물의 관계를 집합의 개념으로 표현한 것이다.

21 경제학은 생산기술을 외생적으로 주어진다고 가정한다. 따라서 생산요소로서 노동, 자본, 토지만 포함하고 지식을 고려하지 않고 있다. 이러한 가정은 생산기술에 관한 지식(know-how)을 기업들이 공유한 상황에서는 타당한 가정이 된다. 그러나 특정 기업이 독특한 생산기술을 보유한 경우(생산기술이 내생적인 경우) 이 가정은 성립하지 않는다. 지식은 핵심적 생산요소가 된다.

[표 9-A-I-I] 요소투입량과 총생산량

노동자수	공장면적	총산출량
1	100평	12
2	100평	19
3	100평	17
4	100평	22
5	100평	25

$$(9.\,A.\,1.\,1) \qquad Q = f(L,\ K)$$

여기서 Q는 일정기간당 산출물의 생산량을 나타내고, L은 같은 기간에 투입된 노동시간을, K는 자본(예컨대 공장면적)을 말한다. 생산함수 f는 투입량의 변화에 따라 산출량이 반응하는 정도를 나타내 줌으로써 주어진 기술수준을 묘사한다.

생산함수는 다음과 같은 세 가지 정보를 알려 준다. 첫째, 생산량은 요소의 투입량에 따라 달라짐을 말해 준다. 둘째, 일정한 양의 요소를 투입했을 때 산출가능한 최대생산량을 말해 준다. 셋째, 주어진 산출량을 생산해 낼 수 있는 다양한 생산방법을 알려 준다. 예컨대, 농부가 쌀 한가마를 생산하기 위해 자본과 노동을 투입하되, 자본장비를 많이 투입하는 자본집약적(資本集約的) 생산방법을 사용할 수도 있고, 노동을 상대적으로 많이 사용하는 노동집약적(勞動集約的) 생산방법을 선택할 수도 있다. 이러한 생산함수는 다음과 같이 정의된다.

> ■ **생산함수**
> 일정기간 동안 투입된 생산요소들의 투입량과 생산가능한 최대산출량과의 물적 관계를 나타내는 함수

생산함수를 그림으로 나타내 보자. [그림 9-A-1-1]은 K(공장면적)가 고정되었다는 전제하에서 생산함수를 노동-산출물 평면에 그래프로 나타내고 있다. 이렇게 도식화된 생산함수를 총생산곡선이라고 한다.

실증연구에 의하면 총생산곡선은 대체로 이 그림에서 볼 수 있듯이 S자 모양으로 나타난다. 이 곡선의 변곡점(I)에서 노동투입량은 L_I이다. L_I보다 낮

[그림 9-A-I-I] 총생산곡선

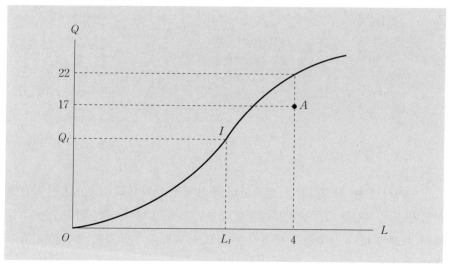

은 수준에서는 산출량이 빠른 속도로 증가하여 볼록한 곡선이 되고 L_I보다 높은 수준에서는 산출량이 완만하게 증가하여 오목한 곡선이 된다. 총생산함수의 모양이 S자로 나타나는 것은 경험적 사실을 반영하고 있을 뿐 법칙으로 성립하는 것은 아니라는 점에 주의하기 바란다.

총생산곡선은 일반적으로 생산요소의 투입량과 총생산물의 물적 관계(物的 關係)를 보여 준다. 여기서 총생산곡선 혹은 생산함수는 주어진 요소투입량과 최대산출량의 관계를 나타내 준다는 점에 유의해야 한다. 예컨대 4단위의 노동을 투입했을 때 생산가능한 최대산출량은 쌀 22단위이다. 그러나 4단위의 노동을 투입했는 데도 그림의 A점, 즉 17단위의 쌀이 생산될 수도 있다. 물론 A점은 생산가능한 최대량을 생산하지 않았다는 점에서 비효율적이다. 따라서 총생산곡선상의 점들은 기술적 효율성을 지니고 있으나 그 내부의 점들은 기술적 효율성이 없다.

생산함수는 생산자의 행동이론을 전개하는 데 매우 중요한 역할을 한다. 생산함수를 알면 우리는 이를 기초로 비용함수를 파악할 수 있다. 만일 생산요소의 가격(예컨대 임금)을 안다면 생산함수로부터 비용함수도 알아낼 수 있다.[22]

---

[22] 생산함수를 알면 주어진 산출수준을 생산할 수 있는 최소비용이 얼마인지 계산해 낼 수 있다. 일반적으로 생산함수와 요소가격을 알면 비용함수를 파악할 수 있다.

평균생산과 평균생산곡선

지금까지 총생산곡선을 이용하여 기술조건을 묘사하는 방법에 관하여 논의하였다. 기술조건은 평균생산곡선 혹은 한계생산곡선에 의해서도 묘사된다. 일반적으로 경제분석에서는 '총(總, total)'이란 개념보다 '한계(限界, marginal)'나 '평균(平均, average)'이라는 개념이 훨씬 많이 사용되고 편리하다. 평균생산 (average physical product)은 투입된 요소 1단위당 생산량을 나타낸다.[23] 즉,

$$평균생산 = \frac{총생산량}{요소투입량}$$

요소투입량과 평균생산물의 관계를 평균생산곡선에 의해 나타낼 수 있다. 평균생산곡선은 다음과 같이 총생산곡선에서 도출된다.

[그림 9-A-1-2]의 (a)의 총생산곡선상의 K 점에서 노동의 평균생산을 구하려면 K 점의 높이(선분 KL_K)로 표현되는 총생산량을 K 지점에서의 노동투입량(선분 OL_K)으로 나눠야 한다. 즉 평균생산은 원점과 K 점을 잇는 선분 OK의 기울기로서 표현된다. 이 기울기의 값이 그림 (b)에서 K'의 높이로 나타나 있다. 이러한 점들을 연결하면 노동의 평균생산곡선(average product curve)이 된다.

여기서 주의할 점은 평균생산력은 다른 조건이 일정하다(ceteris paribus)는 가정하에서 정의된 개념이라는 것이다. 노동의 평균생산곡선은 자본투입량이 고정되어 있다는 가정하에서 도출된 것이다. 만일 자본투입량이 달라지면 노동의 평균생산곡선은 이동한다.

평균생산은 일상적으로 생산성(生產性)이란 용어로 사용된다. '노동생산성'은 노동의 평균생산성을 의미한다. 측정이 쉽다는 점으로 인해 평균생산성은 산업간 혹은 국가간 생산성을 비교하는 척도로 흔히 사용된다. 기업의 평균생산성은 장기적으로 해당 기업의 산업으로부터의 이탈 여부를 결정하는 데 중요한 역할을 한다. 어떤 기업의 평균생산성이 시장가격에 못 미친다면 이 기업이 장기적으로 존속할 수 없기 때문이다. 그러나 평균생산성은 경제적 효율성(한계적 자원배분)을 판단하는 데에는 아무런 역할도 하지 못한다. 경제적 효율성을 판단해 주는 것은 한계생산성이다.

---

[23] 경제학에서 평균생산, 평균생산력, 평균생산성, 그리고 평균생산물은 혼용되고 있다.

[그림 9-A-I-2] 총생산곡선, 한계생산곡선 및 평균생산곡선

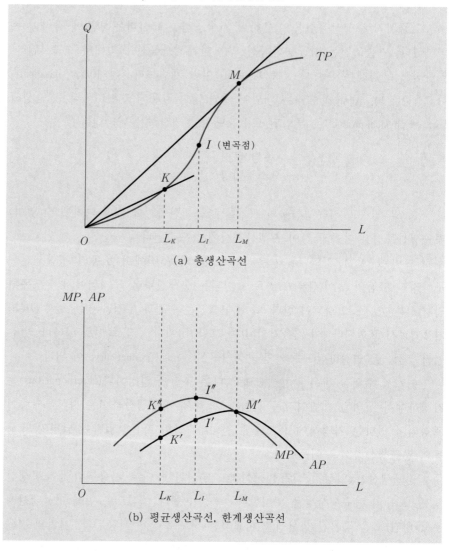

(a) 총생산곡선

(b) 평균생산곡선, 한계생산곡선

한계생산과 한계생산곡선

한계생산(marginal product)은 다른 생산요소의 투입수준을 고정시키고 특정한 생산요소만 1단위 더 사용하였을 때 얻어지는 산출량의 증가분을 의미한다.[24] 노동의 한계생산(MP_L)은 다음과 같이 표현할 수 있다.

---

24 한계생산은 '한계물적생산'(marginal physical product)이라고 부르기도 한다. 이는 한계생산의 단위가 화폐가 아닌 산출물이라는 점을 분명하게 하기 위함이다.

$$MP_L = \frac{산출량의\ 증분}{노동투입량의\ 증분} = \frac{\Delta Q}{\Delta L}$$

정의식을 보면 노동의 한계생산이 곧 총생산곡선의 기울기임을 알 수 있다. 예를 들어 노동고용량이 L_K일 때 노동의 한계생산은 [그림 9-A-1-2]의 (a)에 나타나 있는 K 점에서의 총생산곡선의 기울기이다. 이렇게 총생산곡선의 각 점에서 접선의 기울기를 구해 노동투입량과 대응시키면 [그림 9-A-1-2] (b)의 MP곡선이 된다. 이것이 바로 노동의 한계생산곡선(marginal product curve)이다.

한계생산곡선은 그림 (b)에서 볼 수 있듯이 총생산곡선의 변곡점, 즉 그림 (a)의 I 점에 상응하는 곳에서 극댓값을 갖는다. 노동투입량이 L_I에 이르기까지 총생산곡선은 지수적으로(exponentially) 증가하므로 접선의 기울기가 점점 커진다. 노동의 투입량이 L_I보다 클 경우에 총생산곡선의 증가율은 양이지만 체감하므로 한계생산곡선은 음(−)의 기울기를 갖는다.

한계생산체감의 법칙

한계생산을 결정하는 요인은 무엇일까? 우선, 한계생산은 현재 사용된 요소량의 수준에 의존한다. [그림 9-A-1-2]의 (b)에 그려진 한계생산곡선을 보면 처음에는 노동의 한계생산이 점차 증가하다가 I''점을 지나고부터 감소하기 시작한다. 이처럼 노동투입량이 늘어남에 따라 한계생산이 떨어지는 현상을 한계생산체감의 법칙(law of diminishing marignal product) 혹은 한계수확체감의 법칙이라고 부른다.

한계생산체감의 법칙은 경험적 사실로서 성립하고 있다. 이 법칙은 다른 모든 생산요소를 고정시킨 채 특정 생산요소의 사용량을 증가시킬 경우 일반적으로 관찰되고 있다.

직관적으로 보아도 한계생산이 체감할 것이리는 것은 사명해 보인다. 일정 면적의 토지에 노동투입량을 증가시켜 가는 경우를 생각해 보자. 노동투입량이 매우 낮은 수준에서는 노동이 토지에 비해서 상대적으로 희귀하다. 이러한 상황에서는 노동투입량이 늘어남에 따라 분업이 발생하고 이에 따라 분업의 이익이 생겨날 것이다. 그러나 종국에는 노동투입량이 증가함에 따라 분업의 이익이 감소하게 된다. 즉 한계생산력은 감소하기 시작한다. 극단적인 경우

한계생산체감의 법칙

다른 모든 생산요소는 고정시키고 특정 생산요소 투입량만 증가시킬 때 한계생산이 체감하는 현상

노동자의 수가 너무 많아지면 추가된 노동은 생산에 오히려 방해가 되기 시작하고 한계생산은 마이너스가 될 것이다.

맬더스(T. Malthus)가 「인구론(人口論)」에서 인구는 기하급수적으로 증가하지만 식량생산은 산술급수적으로 증가하므로 인류의 장래가 비관적이라고 한 것은 수확체감의 법칙에 입각한 것이다. 그는 인류가 경작할 수 있는 토지가 고정되어 있다는 점에 주목하고 수확체감의 법칙을 적용시켰던 것이다. 물론 맬더스의 예측은 빗나갔다. 맬더스의 오류는 우리에게 한계수확체감 법칙의 깊은 의미를 가르쳐 준다. 수확체감의 법칙은 주어진 생산기술하에서 다른 모든 생산요소를 고정시키고 특정 생산요소만 증가시킬 때 나타나는 것이다. 맬더스는 자본축적, 기술진보 및 산아제한의 가능성을 인식하지 못했다.

생산곡면

지금까지 기술수준을 생산함수로 묘사할 수 있음을 보았다. 생산함수의 특성은 총생산곡선, 평균생산곡선 혹은 한계생산곡선으로 표현할 수 있다. 생산요소가 자본과 노동 두 가지로 주어질 경우 생산함수는 식 (9.A.1.1)과 같이 나타낼 수 있음을 앞에서 보았다.

생산곡면

생산함수를 요소-산출량 공간에 표현한 곡면

생산함수를 그려 보면 [그림 9-A-1-3]에서 보듯이 자본(K), 노동(L), 생산량(Q)을 축으로 하는 3차원 공간상에 곡면으로 나타난다. 이 곡면을 생산곡면(生産曲面)이라고 부른다. 생산곡면상의 한 점의 높이(산출량 축의 좌표)는 최대 산출수준이다. 예컨대, 노동이 L_0, 자본이 K_0만큼 투입될 때 최대산출량은 I점의 높이, 즉 Q_0가 된다.

생산곡면은 생산함수의 성질을 그대로 담고 있다. 생산곡면은 여러 가지 모양을 띨 수 있다. [그림 9-A-1-3]에 나타나 있듯이 곡면의 증가율이 초기에는 체증하다가 나중에 체감할 수도 있다. 이는 선택가능한 생산요소가 한 가지뿐일 때 생산함수의 그래프가 S자 모양이라는 것과 비슷한 성질처럼 보일지 모르지만 그 이유는 다르다. 생산요소가 한 가지뿐일 경우 S자를 보인 것은 선택가능한 요소의 투입량이 적을 때는 분업의 이익이 나타나다가 그 요소의 투입량이 늘어남에 따라 수확체감이 나타나기 때문이다. 선택가능한 생산요소가 둘 이상인 경우 생산곡면의 모양은 후술하는 규모의 경제가 존재하는지의 여부에 따라 결정된다.

[그림 9-A-1-3] 생산곡면

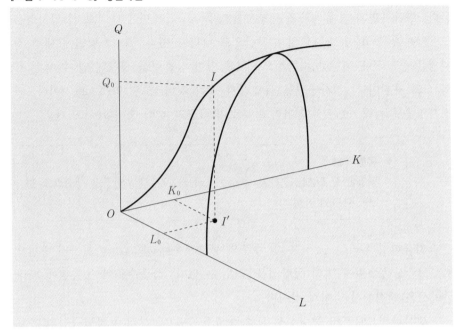

9.A.2
등량선

　지금까지 논의된 생산곡면은 생산요소가 두 종류인 경우의 생산기술을 3차원 공간에 나타내 준다. 그러나 생산곡면은 분석의 도구로서 커다란 약점을 갖고 있다. 특히 생산기술이 3차원 공간에 표현되면 그래프 분석이 어려워진다.

　어떻게 하면 3차원 공간에 표현된 생산기술을 2차원에 표현할 수 있을까? 그러려면 3차원 중 1차원을 생략해야 한다. 먼지 일정한 산출수준(Q_0)을 생산해 낼 수 있는 생산방법(요소결합점)들을 생각해 보자.[25] 즉 일정한 산출수준을 생산할 수 있는 K와 L의 조합을 구해 보자. 이를 위해 [그림 9-A-2-1]

---

25 만일 산출수준 대신 요소들 중 하나, 예컨대 K를 고정시키면 생산곡면은 $Q-L$평면에 표현될 것이다. 이것은 바로 선택가능한 생산요소가 하나인 경우, 즉 단기생산함수를 도해화한 것이다. 이처럼 등량선과 단기생산함수는 생산곡면을 이루는 3개 축(軸) 중에서 한 개 축의 값을 고정시키고 있다는 점에서 동일한 정신을 갖고 있다.

에서와 같이 $Q_0 = 100$인 산출수준에서 $K-L$평면에 평행하도록 횡단면을 만든다. 횡단곡면의 경계선의 정사영(正射影)을 $K-L$평면에 내려보자. 정사영은 [그림 9-A-2-1]에 파란색의 i_0곡선으로 나타나 있다. $K-L$평면에 내린 정사영은 등고선에 해당하는 곡선으로서 동일한 산출량을 생산해 낼 수 있는 K와 L의 자취이다. 정사영만을 독립시켜 그린 것이 [그림 9-A-2-2]이다. 이 정사영을 등량곡선(等量曲線)이라고 부르며 다음과 같이 정의할 수 있다.

> ■ 등량곡선
> 동일한 산출량을 생산할 수 있는 노동과 자본의 조합들을 생산요소 평면에 나타낸 곡선

　　지금까지 우리는 $Q_0 = 100$인 수준의 등량선을 구하였다. 마찬가지 방법으로 모든 산출수준에 대해 등량선을 구할 수 있다. 산출수준이 높아짐에 따라 등량선은 원점에서 멀어질 것이다.

　　생산곡면으로부터 등량선의 도출은 효용곡면으로부터 무차별곡선의 유도를 연상시킨다. 양자의 도출원리는 완벽하게 일치한다. 다만 특정 무차별곡선

[그림 9-A-2-I] 등량선의 도출

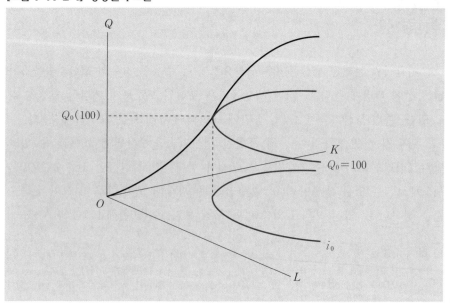

[그림 9-A-2-2] 등량곡선

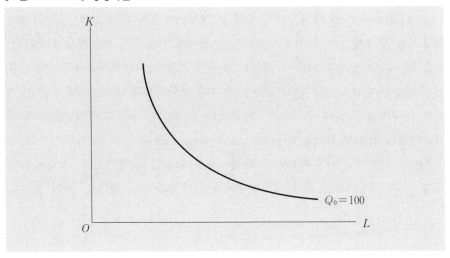

수준의 값 자체는 선호의 서열만을 판별해 줄 뿐 무의미하지만 등량곡선의 경우는 산출량의 절대적 수준이 기수적 의미를 갖는다.

등량선(等量線)은 생산기술의 특징을 그대로 담고 있다. 생산곡면으로부터 도출된 곡선이기 때문이다. 등량곡선은 다음과 같은 성질을 갖는다.

① 우하향한다.
② 원점에서 멀리 떨어질수록 산출수준은 증가한다.
③ 교차하지 않는다.

등량선이 우하향한다는 성질은 K와 L의 한계생산력이 양(陽)이라는 가정을 반영한다. 이는 소비자이론에서 모든 상품을 경제재(經濟財)라고 가정했던 다다익선의 가정에 상응한다. 두 번째와 세 번째 성질도 요소의 한계생산력이 음(陰)이 아님을 가정한 것이다.

한계기술대체율

이제 등량선의 기울기의 경제적 의미를 음미해 보자.

주어진 산출수준을 생산하는 방법에는 여러 가지가 있을 수 있다. 자본을 더 사용하면 노동을 얼마쯤 절약할 수 있고 노동을 더 사용하면 자본을 어느 정도 절약할 수 있는 경우가 흔히 있다. 이는 생산요소들간에 대체성이 존재함을 시사한다.

생산요소들간의 대체율을 나타낼 수 있는 방법은 무엇일까? 등량곡선의 기울기를 생각해 보자. 이는 산출량을 고정시키고 노동의 사용량을 1단위 늘렸을 때 자본사용량은 얼마나 절약할 수 있는가를 나타낸다. 등량곡선의 기울기는 동일한 산출수준을 얻기 위한 요소간의 교환비율을 말한다. 이 비율은 기술적 대체비율을 말해 준다. 경제학에서는 요소간의 기술적 대체비율을 한계기술대체율(限界技術代替率, marginal rate of technical substitution : $MRTS$)이라고 한다. 이는 무차별곡선의 기울기인 한계대체율에 상응한 개념이다. 등량곡선의 기울기, 즉 노동과 자본의 한계기술대체율은 다음과 같이 정의할 수 있다.

(9. A. 2. 1) $\quad MRTS = - \dfrac{dK}{dL}\Big|_{Q_0} = -$ 등량곡선의 기울기

여기서, $\dfrac{dK}{dL}\Big|_{Q_0}$ 는 산출량이 Q_0인 등량곡선의 기울기, $\dfrac{dK}{dL}$ 를 의미한다.

■ **한계기술대체율**
산출량을 고정시키고 노동 1단위를 더 투입했을 때 절약할 수 있는 자본투입량으로서 등량선 기울기의 절댓값

그러면 한계기술대체율의 경제적 의미는 무엇인가? 이를 알아보기 위해 등량선상의 임의의 한점 A와 그 근방에 위치한 등량선상의 점 B를 골라 보자. [그림 9-A-2-3]에서 A점의 접선의 기울기는 그림에서 보듯이 $\dfrac{dK}{dL}$이다.[26]

A점과 B점에서의 생산방법을 생각해 보자. A점에서 투입했던 노동과 자본을 각각 dL, dK만큼 변화시키면 B점에서의 요소결합이 된다. A점을 기준으로 노동투입량의 변화(dL)로 인한 산출량의 변화는 노동의 한계생산력(MP_L)에 노동투입량 변화율(dL)을 곱한 $MP_L \cdot dL$이 된다. 반면에 자본투입량의 변화(dK)로 인한 산출량의 변화는 $MP_K \cdot dK$가 된다. 따라서 B점과 A점의 산출량의 차이(dQ)는 이들의 합으로 나타난다. 즉,

(9. A. 2. 2) $\quad dQ = MP_L \cdot dL + MP_K \cdot dK$

---

26 여기서 dL은 L_B-L_A로서 0에 가까운 미소한 양이다. 따라서 곡선 AB는 A와 B를 잇는 직선과 거의 일치할 것이다. dL은 L_B-L_A로서 양(+)의 값을 갖고 dK는 K_B-K_A로서 음(−)의 값을 갖는다.

[그림 9-A-2-3] 한계기술대체율

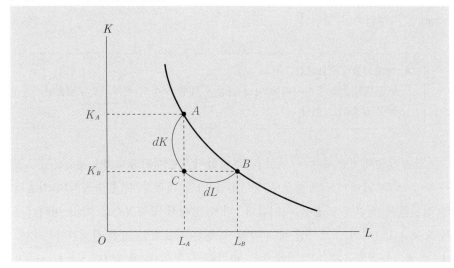

그런데 등량선상에서는 산출량이 변하지 않는다(즉 $dQ = 0$). 따라서 등량선상의 노동과 자본의 변화량은 다음 방정식을 반드시 충족시켜야 한다.

(9. A. 2. 3) $MP_L \cdot dL + MP_K \cdot dK = 0$

식 (9. A.2.3)을 다시 정리하면 다음 식을 얻는다.

(9. A. 2. 4) $-\dfrac{dK}{dL}\bigg|_{Q_0} = \dfrac{MP_L}{MP_K}$

식 (9. A.2.1)과 (9. A.2.4)를 결합하면 다음과 같은 정의식을 얻는다.

(9. A. 2. 5) $MRTS = -\dfrac{dK}{dL}\bigg|_{Q_0} = \dfrac{MP_L}{MP_K}$

식 (9. A.2.5)에서 보듯이 한계기술대체율은 노동의 한계생산력을 자본의 한계생산력으로 나눈 값이다. 따라서 한계기술대체율은 노동의 한계생산력을 자본 단위로 표현한 값이라고 할 수 있다. $MP_L =$ 쌀 6가마이고 $MP_K =$ 쌀 2가마라고 하자. 이 때 $MRTS = \dfrac{6\,가마}{2\,가마} = 3$이 되고 이는 노동 한 단위의 한계생산력이 자본 3단위의 생산력을 가진다는 것을 의미한다.

분석의 편의상 경제이론에서는 흔히 등량곡선이 원점에 대해 강볼록하다고 가정한다. 이를 한계기술대체율체감(diminishing marginal rate of technical substitution)의 가정이라고 한다.[27]

> ■ **한계기술대체율체감**
> 노동투입량을 증가시킴에 따라 자본에 대한 노동의 한계기술대체율이
> 점점 감소하는 현상

한계기술대체율체감은 무엇을 의미할까? 한계기술대체율체감은 [그림 9-A-2-3]의 A에서 B방향으로 등량선을 따라 내려갈 때 등량곡선의 기울기의 절댓값이 점점 작아짐을 의미한다. 다시 말해서 등량곡선을 따라 내려가면서 노동을 1단위씩 증가시킬 때 절약할 수 있는 자본량이 점점 감소한다는 것이다. 한계기술대체율체감은 자본으로 평가한 노동의 한계생산력(노동의 상대적 한계생산력)이 등량선을 따라 내려오면서 점점 감소한다는 경제적 의미를 갖는다.

이 가정의 논거를 보다 구체적으로 살펴보자. 우선, 자본투입량이 [그림 9-A-2-3]의 B점과 동일한 K_B이고 노동투입량이 A와 동일한 L_A인 점을 C라 하자. A점은 C점보다 자본투입량이 크다. 동일한 노동투입량에 대해서 자본투입량이 클수록 노동의 한계생산력 역시 증가할 것이므로 A점의 노동의 한계생산력은 C점보다 크다.[28] 즉,

(9. A. 2. 6) $MP_{L_A} > MP_{L_C}$

한편 한계수확체감의 법칙이 성립한다면 동일한 자본량에 대해서 보다 많은 노동량이 투입될수록 노동의 한계생산력이 낮을 것이므로 노동의 한계생산력은 B점보다 C점에서 높다. 즉,

(9. A. 2. 7) $MP_{L_C} > MP_{L_B}$

식 (9. A. 2. 6)과 (9. A. 2. 7)로부터 B점보다 A점에서 노동의 한계생산력이 높음을 알 수 있다. 마찬가지로 자본의 한계생산력이 B점보다 A점에서 낮음

---

27 이는 '수확체감의 법칙'과 다르다. 양자를 혼동하지 않도록 유의하기 바란다.
28 엄밀히 말해서 식 (9.A.2.6)은 노동과 자본이 보완요소일 경우에 성립한다.

을 보일 수 있다. 요컨대 A점에서는 B점에 비해 $MRTS$의 분자(MP_L)는 크고 분모(MP_K)는 더 작다. 따라서 한계기술대체율은 체감한다.[29]

한계기술대체율체감은 실증적으로 입증된 가정은 아니다. 등량선의 모양을 실제로 정확히 알아 낸다는 것은 용이한 일이 아니다. 등량선의 볼록성을 믿는 이유는 등량선이 볼록하지 않을 경우 나타날 행동들이 현실적으로 나타나지 않는다는 데 있다.[30]

대체탄력성

[그림 9-A-2-4]의 등량선 Q_0상의 P점을 생각해 보자. 이 점에서 요소의 결합비율은 $\dfrac{K_P}{L_P} = \tan\alpha$로 나타낼 수 있다. P점에서 등량선의 기울기는 앞서 말했듯이 P점의 한계기술대체율($MRTS$)이다. 이제 P점에서 R점으로 옮겨 간다고 하자. R점에서의 요소의 결합비율은 $\dfrac{K_R}{L_R} = \tan\beta$이고 $MRTS$는 R점에서의 등량선의 기울기이다. 이처럼 등량선상의 임의의 점은 특정한 값의 요소의 결합비율과 특정한 값의 $MRTS$를 갖는다.

등량선상의 각 점의 특징을 $MRTS$-요소결합비율(K/L) 평면에 표현한 것이 [그림 9-A-2-5]이다. 가로축에 $MRTS$, 세로축에 요소결합비율을 나타내었다. [그림 9-A-2-4]에서 P와 R점은 [그림 9-A-2-5]에서 각각 P'과 R'으로 나타나 있다. P'과 R' 같은 점들을 연결한 곡선을 대체곡선(substitution curve)이라고 한다. 대체곡선은 $MRTS$가 변화할 때 요소의 결합비율이 어떻게 달라지는가를 보인다.

대체곡선의 탄력성을 대체탄력성(代替彈力性, elasticity of substitution)이라고 부른다. 대체탄력성은 산출수준을 유지시키면서 한 생산요소를 다른 생산요소로 대체해 갈 때 생산요소의 결합비율의 변화를 측정한다. 일정한 한계기술대체율($MRTS$)의 변화에 대해 생산요소의 결합비율$\left(\dfrac{K}{L}\right)$의 변화가 상대적으로 클수록 생산요소 사이의 대체용이도가 크다고 할 수 있다. 극단적인 경우 한계기술대체율이 변했는 데도 생산요소의 결합비율의 변화가 전혀 나타나지 않는

---

29 이상의 논의는 한계생산력체감이 한계기술대체율체감의 충분조건임을 보이고 있다.
30 등량선이 볼록하지 않은 상황하에서는 요소가격이 변동할 경우 기업의 요소 결합점이 전혀 달라지지 않거나 지나치게 민감하게 반응할 수 있다.

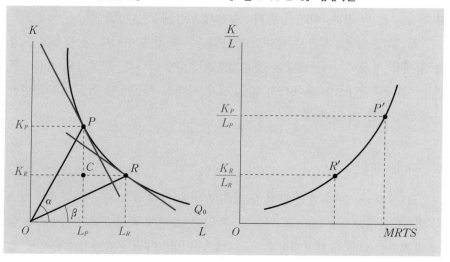

[그림 9-A-2-4] 대체탄력성   [그림 9-A-2-5] 대체곡선

다면 두 생산요소는 서로 대체될 수 없는 관계이고 따라서 대체탄력성의 크기는 0이 될 것이다.

이와 같은 논의를 정식화하면 생산요소 사이의 대체탄력성(elasticity of substitution: σ)은 다음과 같이 정의된다.

$$(9.\,A.\,2.\,8) \quad \sigma = \frac{\text{요소결합비율의 변화율}}{\text{한계기술대체율의 변화율}}$$

$$= \frac{d\left(\dfrac{K}{L}\right)\bigg/\dfrac{K}{L}}{d(MRTS)/MRTS}$$

[그림 9-A-2-6]과 [그림 9-A-2-7]을 이용하여 대체탄력성의 의미를 살펴보기로 하자. 두 그림에는 등량선이 볼록한 경우와 L자 모양인 경우가 대비되어 있다. [그림 9-A-2-6]의 A와 [그림 9-A-2-7]의 B점에서의 $MRTS_0$는 동일하다. 또 A와 B점에서의 K/L의 비율도 동일하다. 마찬가지로 [그림 9-A-2-6], [그림 9-A-2-7]에 파란색으로 표시한 $MRTS_1$들은 서로 평행이다. 이러한 상황에서 한계기술대체율이 $MRTS_0$에서 $MRTS_1$으로 변화했을 때 생산요소결합비율$\left(\dfrac{K}{L}\right)$의 변화를 비교해 보자. [그림 9-A-2-7]에서처럼 곡선의 만곡도가 큰 경우에는 요소결합비율의 변화가 거의 0에 가까운 반면, [그림 9-A-2-6]에서처럼 평평한 모양의 등량곡선일 경우에는 요소결합비율의

[그림 9-A-2-6] 일반적인 경우　　　**[그림 9-A-2-7]** σ=0인 경우: 고정비율 생산함수

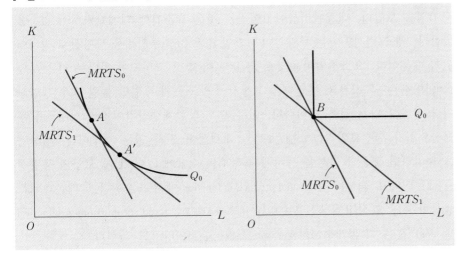

변화가 크다는 것을 알 수 있다. 극단적으로 [그림 9-A-2-8]에서처럼 등량선이 직선일 경우 대체탄력성은 무한대(∞)가 된다(생산점이 C에서 D로 달라지는 경우를 생각해 보라). 여기서 한가지 주의할 것은 요소간의 대체가 완전하다고 해서 대체탄력성이 무한대는 아니라는 점이다.

대체탄력성의 경제적 의미는 무엇일까? 대체탄력성은 자본으로 표시된 노동의 한계생산력이 1%만큼 변했을 때, 요소결합비율의 변화율을 나타낸다.

[그림 9-A-2-8] 대체탄력성이 ∞인 경우: 완전대체제

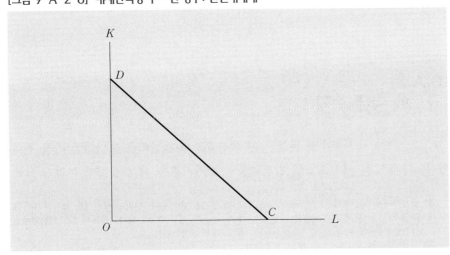

[그림 9-A-2-7]과 같이 등량곡선이 L자 모양을 하고 있는 경우 대체탄력성
이 0임을 보았다. 대체탄력성이 0이라는 것은 요소간에 대체탄력성이 없음을
말한다. 왜 그럴까? 이는 등량선이 L자인 경우 요소투입비율은 항상 고정되어
있기 때문이다. 요소투입비율(要素投入比率)이 항상 고정되어 있다는 것은 무엇
을 의미하는가? 자본의 투입량을 고정시키고 노동의 투입만 늘릴 경우 생산량
이 늘지 않는다는 것을 의미한다. 이는 요소의 한계생산력이 0인 상황, 즉 두
생산요소가 완전보완적(完全補完的)인, 대체성이 전혀 없는 경우이다. 생산량
을 늘리려면 노동과 자본을 동시에 늘려주는 수밖에 없다. L자 모양의 등량선
은 레온티에프 생산함수(Leontief production function)에서 도출된다.[31] 레온티에프
생산함수는 고정비율생산함수(固定比率生産函數, fixed-proportions production
function) 혹은 고정계수생산함수(固定係數生産函數)라고도 불린다.

마찬가지로 등량곡선이 [그림 9-A-2-8]에서와 같이 직선인 경우 대체탄
력성은 무한대이다. 대체탄력성이 무한대라는 것은 요소의 대체성이 매우 강
함을 시사한다. 이러한 직선의 등량선은 선형생산함수(線形生産函數)에서 도출
된다.[32]

지금까지의 논의로부터 대체탄력성은 생산요소간의 대체성의 강도를 나
타내 주는 척도임을 알 수 있다. 대체탄력성은 0부터 ∞ 사이의 값을 갖는다.
9.A.3절에서 설명하는 콥-더글라스 생산함수(Cobb-Douglas production function)
의 대체탄력성은 언제나 1의 값을 갖고 CES생산함수의 대체탄력성은 0과 ∞
가 아닌 특정한 상수값을 갖는다.

9.A.3
규모에 따른 수확

지금까지 생산함수를 논의할 때 생산요소의 결합비율은 다양한 값을 취하
였다. 이제 모든 생산요소를 일정비율로 증가시켰을 때 산출량이 어떻게 달라

---

31 레온티에프 생산함수는 $Q = \min(L/a, K/b)$의 형태로 표현된다. 이러한 생산기술 조건하에서 효
율적 생산을 위해서는 노동과 자본을 $a : b$의 비율로 결합해야만 한다. 레온티에프 생산함수는
산업연관분석의 투입-산출표(input-output table)에서 상용된다.
32 선형생산함수는 $Q = cL + dK$로 표현된다.

지는지 알아보자. 모든 생산요소의 투입량이 동일비율로 증가되었을 경우 경제학에서 '규모'(規模, scale)가 확장되었다고 한다. 기업의 규모확장에 따른 산출량의 증가율을 측정해 주는 것이 바로 규모에 따른 수확(returns to scale) 혹은 규모수확(規模收穫)이라는 개념이다.[33]

9.A.3.1 규모수확의 의미

어떤 기업이 모든 생산요소를 현재의 수준에서 정확히 두 배로 늘린다고 하자. 이때 산출량도 정확히 두 배로 증가한다면 이 기업의 생산기술은 규모수확불변(constant returns to scale)의 특징을 갖는다고 말한다. 일반적으로 규모수확불변은 모든 생산요소의 투입량을 t배로 증가시킬 때 산출량도 t배로 증가하는 기술을 말한다. 규모수확이 불변인 생산함수는 다음 관계가 성립한다.

(9.A.3.1) $\quad f(tL, tK) = tf(L, K)$

그런데 모든 생산요소의 투입량을 t배로 늘릴 때 산출량이 t배보다 더 크게 증가하면 이러한 생산기술은 '규모수확체증(increasing returns to scale)의 특성을 보인다' 혹은 '규모의 경제(economy of scale)가 존재한다'고 말하며, 산출량의 증가가 t배보다 작게 나타나면 '규모수확체감(decreasing returns to scale)의 특성을 보인다' 또는 '규모의 불경제(diseconomy of scale)가 존재한다'고 말한다.

규모수확을 등량선으로 나타낸 것이 [그림 9-A-3-1]이다. 등량선은 세 경우 모두 볼록하다. 초기상태의 요소결합점은 A점(L_0, K_0)이고 산출량은 $Q=10$으로서 세 경우 모두 동일하다. 만일 노동과 자본을 2배로 늘려 주면 요소결합점은 B로 이동한다. 규모수확의 특징에 따라 B점을 통과하는 등량선의 값이 달라진다. 규모수확체감의 경우 새로운 등량선의 산출수준은 20개 미만이어야 한다. 반면에 규모수확불변의 경우에는 산출수준은 정확히 20개이고, 규모수확체증의 경우 산출수준은 20개보다 커야 한다.

규모수확불변(constant returns to scale)인 기술은 '규모에 따른 수확불변(con-

---

33 규모에 따른 수확은 흔히 '규모에 대한 수익' 혹은 '규모에 대한 보수'로 번역되어 있다. 이러한 번역은 적절치 않다. 왜냐하면 'returns to scale'이 측정하고자 하는 것은 규모의 변화에 따른 생산물의 변화비율임에 반하여 '수익'이나 '보수'란 용어는 실물이란 뉘앙스를 풍기지 않기 때문이다.

[그림 9-A-3-I] 규모수확과 등량선

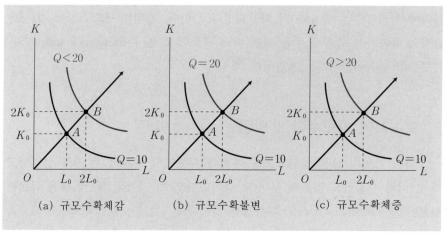

(a) 규모수확체감   (b) 규모수확불변   (c) 규모수확체증

stant returns to scale)의 생산함수' 혹은 약칭으로 CRS생산함수(production function of constant returns to scale)라고 한다. CRS생산함수를 '1차동차 생산함수'(homogeneous production function of the first degree)라고도 한다.

9.A.3.2 콥-더글라스 생산함수

1차동차 생산함수의 구체적인 형태로서 다음과 같은 생산함수를 생각해 보자.

(9. A. 3. 2) $Q = AL^\alpha K^\beta$

여기서,
A : 기술수준을 나타내 주는 임의의 양의 상수
α, β : 각각 0과 1 사이의 상수

이 함수는 '일반적인 콥-더글라스 생산함수'(general Cobb-Douglas production function)라고 불린다.[34] 이 함수는 파라미터 α, β값에 따라 규모수확량의 특징

---

34 일반적 콥-더글라스 함수의 파라미터인 α와 β는 특별한 경제적 의미를 갖는다. 노동투입량의 지수인 α는 노동투입량을 1% 증가시켰을 때 산출량이 몇 % 증가하는지를 나타내 주는 노동에 대한 산출탄력성이 된다. 마찬가지로 β는 자본에 대한 산출탄력성을 나타내 준다. 특정 요소에 대한 산출탄력성은 요소투입량의 변화에 따른 산출량의 반응도를 나타내 주는 지표로서 요소의 생산성 및 요소의 수요량을 알아 내는 데 사용된다. 또 α와 β는 소득분배율을 나타내 주는 지표이기도 하다. 국민경제의 기술조건을 콥-더글라스 함수로서 묘사할 수 있다면 완전경쟁체제하에서 α는 GNP 중에서 노동소득이 차지하는 비중을, β는 자본소득이 차지하는 비중을 나타낸다.

을 나타낼 수 있기 때문에 경제학에서 많이 사용되고 있다.

만약 두 개의 파라미터 α와 β의 합이 1보다 크면 규모수확체증, 그리고 그 합이 1보다 작으면 규모수확체감, 그리고 $\alpha+\beta=1$이면 규모수확불변을 나타낸다. 특히 $\alpha+\beta=1$일 때 일반화된 콥-더글라스 생산함수는 다음과 같이 쓸 수 있다.

(9.A.3.3) $Q = AL^{\alpha}K^{1-\alpha}$

이 함수는 앞의 '일반적인 콥-더글라스 생산함수'와 달리 '콥-더글라스 생산함수'라고 불린다.

콥-더글라스 생산함수는 1차동차의 특징을 지닌다. 이 함수의 1차동차성은 다음과 같이 입증될 수 있다. 노동 L과 자본 K를 각각 t배 증가시키면 산출량은 다음 관계식에 의해 t배로 증가한다.

$$A(tL)^{\alpha}(tK)^{1-\alpha} = At^{\alpha+1-\alpha}L^{\alpha}K^{1-\alpha} = t \cdot AL^{\alpha}K^{1-\alpha} = tQ$$

이 밖에도 콥-더글라스 생산함수는 생산요소간의 대체탄력성이 등량선의 모든 점에서 항상 1이라는 특성을 갖는다. 물론 콥-더글라스 생산함수의 이러한 성질은 현실을 제대로 반영한 것이라고 볼 수 없다.

9.A.4
기술진보

9.A.4.1 기술진보의 의미

지금까지 우리는 묵시적으로 생산기술이 불변이라는 전제하에 생산함수나 등량선을 논의하였다. 그러나 현실에서 생산기술은 진보한다. 기술진보란 보다 적은 생산요소의 투입량으로 동일한 산출량을 생산할 수 있는 기술상태의 변화를 말한다.

기술진보는 식 (9.A.1.1)의 생산함수를 약간 변형하면 쉽게 묘사할 수 있다. 시간의 흐름에 따라 생산기술이 진보한다고 하자. 기술진보는 다음과 같이

기술진보

보다 적은 생산요소의 투입량으로 동일 산출량을 생산할 수 있는 기술상태의 변화

[그림 9-4-I] 기술진보

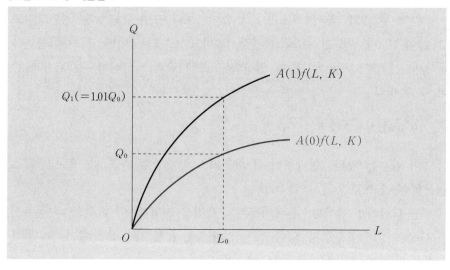

나타낼 수 있다.

(9. A. 4. 1) $Q = f(K, \ L, \ t)$
여기서, Q: 산출량, K: 자본, L: 노동, t: 시점

식 (9. A.4.1)의 생산함수는 시간을 독립변수로서 갖고 있음에 유의하기 바란다. 위의 식이 가지는 의미를 알아보기 위해 생산함수를 다음과 같이 기술진보를 반영하는 부분과 그렇지 않은 부분으로 나누어 쓸 수 있다고 하자.

(9. A. 4. 2) $Q = A(t) f(L, \ K)$
여기서, $A(t)$는 기술수준을 말한다.

$A(t)$는 기술수준이 시점별로 달라진다는 점을 반영하고 있다. 예를 들어 $A(t) = e^{0.01t}$이면 $A(t)$의 값이 매년 1%만큼 증가함을 나타낸다.

[그림 9-A-4-1]은 기술진보를 생산곡선으로 나타내고 있다. [그림 9-A-4-1]에서 시간(t)이 0에서 1로 흐르면 생산함수가 위쪽으로 이동한다. 기술진보가 일어나기 전인 $t = 0$일 때 L_0만큼의 노동이 투입되면 산출수준은 Q_0였다. 동일한 노동투입량 L_0하에서 기술진보가 일어나 $t = 1$일 때의 산출량은 $1.01Q_0$이다.

[그림 9-A-4-2] 기술진보로 인한 등량선의 이동

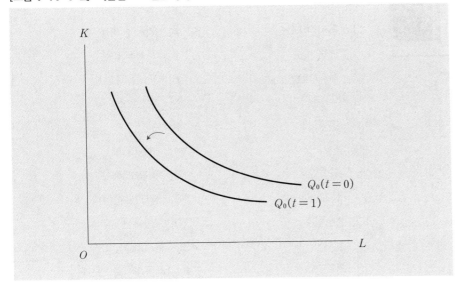

기술진보는 등량선을 사용하여 나타낼 수도 있다. [그림 9-A-4-2]에서 보듯이 기술진보가 발생하면 등량곡선은 안쪽으로 이동한다. 이는 기술진보 이전보다 적은 요소투입량을 가지고도 동일한 산출량을 생산해 낼 수 있음을 반영하고 있다.

POINTWORD 핵심 용어

1. 기회비용	2. 명시적 비용
3. 묵시적 비용	4. 역사적 비용
5. 매몰비용	6. 사회적 비용
7. 사적 비용	8. 등비용곡선
9. 우등요소	10. 정상요소
11. 열등요소	12. 단기
13. 장기	14. 고정비용
15. 가변비용	16. 평균비용
17. 한계비용	18. 쌍대관계
19. 생산함수	20. 등량곡선
21. 한계생산체감의 법칙	22. 한계기술대체율
23. 대체탄력성	24. 레온티에프 생산함수
25. 규모에 따른 수확	26. 콥-더글라스 생산함수
27. CRS 생산함수	28. 기술진보

_요약 SUMMARY

❶ 경제학에서 비용은 기회비용을 말한다. 기회비용은 명시적 비용과 묵시적 비용으로 구성된다. 명시적 비용이란 어떤 경제주체가 실제로 지급한 비용을 말하고, 묵시적 비용이란 실제로는 지급하지 않고 있지만 사실상 지급하고 있는 비용을 말한다.

❷ 경제적 이윤은 총매출액에서 경제적 비용을 뺀 값이다.

❸ 등비용곡선은 동일한 비용으로 구입가능한 생산요소의 조합을 요소 평면에 나타낸 곡선이다. 비용극소화모형과 산출량극대화모형은 $MRTS$와 요소의 상대가격을 일치시킬 때 효율성이 달성된다. 그러나 산출량극대화모형과 비용극소화모형은 별개의 모형이다. 두 모형에서 얻어진 요소결합비율이 우연히 일치할 수 있지만 일반적으로 일치하지 않는다.

❹ 확장경로는 $MRTS$와 요소의 상대가격이 일치하는 요소결합점들의 자취이다. 이는 산출량이 달라질 때 비용을 극소화시켜 주는 요소결합점들의 자취(혹은 비용수준이

변할 때 산출량을 극대화시켜 주는 요소결합점들의 자취)를 보여 주는 곡선이다. 확
장경로는 비용극소화모형과 산출량극대화모형 중 어느 쪽에서도 도출할 수 있다.

❺ 생산요소는 지출탄력성이 0보다 작으면 열등요소, 0보다 크고 1보다 작으면 정상요
소, 1보다 크면 우등요소로 구분한다.

❻ 단기와 장기는 고정요소의 존재 유무에 따라 구분된다. 모든 생산요소의 투입량을 조
정할 수 있는 기간을 장기라 하며 고정요소가 1개 이상 존재하는 기간을 단기라 한다.
장기와 단기 구분은 산출량의 불규칙성과 요소의 조정비용으로 인하여 발생되는 비
용의 차이를 분석에 고려하기 위함이다.

❼ 비용함수는 주어진 요소가격과 기술제약하에서 일정한 산출수준을 생산할 수 있는
최소비용을 말해 준다. 비용함수는 고정요소의 존재 유무에 따라 단기비용함수와 장
기비용함수로 구분된다.

❽ 단기총생산비는 고정비용 및 총가변비용의 합으로 정의된다. 단기 평균비용곡선은 U
자 모양을 가진다. 이 곡선은 고정비용의 존재와 수확체증으로 초기에 우하향하다가
차츰 수확체감으로 인해 우상향한다. 한계비용곡선은 총비용곡선의 변곡점에서 최소
값을 가지며 평균비용곡선의 꼭지점을 통과한다.

❾ 장기평균비용곡선은 단기평균비용곡선들을 감싸는 포락선이다. 요소가격이 일정할
경우 장기평균비용곡선은 규모의 경제가 존재할 때 우하향하고, 규모의 불경제가 존
재할 때 우상향한다. 그리고 장기평균비용곡선은 규모수확이 불변일 때 수평선으로
나타난다. 장기한계비용곡선은 장기평균비용곡선의 꼭지점을 통과한다. 장기평균비
용곡선의 꼭지점에서 단기평균비용곡선, 단기한계비용곡선, 장기한계비용곡선이 모
두 교차한다.

❿ 요소가격이 상승하면 확장경로가 이동한다. 이에 따라 대체로 평균비용곡선과 한계
비용곡선은 위쪽으로 이동한다.

⓫ 기술진보가 일어나면 등량곡선이 원점 방향으로 이동한다. 이에 따라 확장경로가 이
동하고 비용곡선은 아래쪽으로 이동한다.

⓬ 기업이 직면하고 있는 기술제약 조건은 생산함수, 생산곡면 혹은 등량곡선으로 나타
낼 수 있다.

⓭ 생산함수는 일정 기간 동안 투입된 생산요소들의 투입량과 생산가능한 최대 산출량
의 물적 관계를 보여 준다.

⓮ 한계생산은 분업의 이익에 따라 초기에 증가하지만 요소투입량이 일정 수준을 초과

하면 체감한다.

⑮ 한계기술대체율(MRTS)은 노동의 한계생산력(MPL)을 자본의 단위로 표현한 값으로서 등량곡선의 기울기의 절댓값이다. 한계기술대체율은 체감한다고 가정한다.

⑯ 대체탄력성은 한계기술대체율의 변화율에 따른 요소결합비율의 변화율의 크기를 나타낸다. 대체탄력성은 등량곡선의 만곡(curvature)의 정도에 따라 0에서 무한대의 값을 가진다. 대체탄력성의 값은 등량선이 L자(字) 모양이면 0이고 직선이면 무한대이다.

⑰ 모든 생산요소의 투입량을 t배 증가시켰을 때 산출량의 증가가 t배이면 규모수확불변(CRS), 산출량이 t배보다 더 많이 증가하면 규모수확체증(IRS), 산출량이 t배 미만으로 증가하면 규모수확체감(DRS)이라 한다.

⑱ 기술진보는 보다 적은 생산요소의 투입량으로 동일한 산출량을 생산해 낼 수 있는 기술상태의 변화를 말한다. 이는 생산곡선의 이동이나 등량선의 이동으로써 표현할 수 있다.

_연습문제 QUESTION

01

산 출 량	총 비 용	고정비용	총가변비용	평균고정비용	평균가변비용
0	5				
1	18		13		
2	22				
3	30				
4	50				
5	75				

(a) 빈 칸을 메워라.

(b) 단기총비용곡선, 단기한계비용곡선과 단기평균비용곡선을 그려 보라. 각 비용 곡선은 비용곡선의 제 특징을 갖는지 확인해 보라.

(c) 가변요소가 노동뿐인 경우 인건비가 30% 증가하였다. 이것이 평균비용곡선과 한계비용곡선에 미치는 영향은?

02 어떤 의사가 자기 소유의 건물에 개업을 하였다. 명시적 비용은 한 달에 300만원이 다. 이 의사의 개업의 기회비용을 구하기 위해 필요한 정보를 열거하고 기회비용을 계산해 보라.

03 비용극소화 조건의 경제적 의미를 설명하라.

04 "확장경로는 산출량극대화모형과 비용극소화모형의 두 가지 경로에 의해 도출할 수 있다." 이 명제를 설명하라.

05 어떤 기업이 선택한 요소결합점에서 $\frac{MP_L}{w} > \frac{MP_K}{w}$ 의 부등관계가 성립하고 있다. 이 기업이 비용극소화를 하고 있지 않다는 것을 그래프로 보이고 어떤 방식으로 요 소결합비율을 조정하면 비용이 절감될 수 있는지를 그래프로 설명하라.

06 총비용(TC)은 $TC = Q^3 - 3Q^2 + 3Q$이다.

(a) 고정비용은?

(b) 평균가변비용이 최소인 산출수준과 그 때의 평균가변비용의 크기는?

(c) 평균가변비용이 최소인 점에서의 한계비용은?

(d) ATC가 최소인 산출수준을 구하라.

07 고정비용이 단기에 있어 기업행동에 영향을 미치지 않는 이유를 설명하고 그 예를 들어 보라.

08 단기평균비용곡선과 장기평균비용곡선이 U자를 그리는 이유를 설명하라.

09 규모의 경제의 존재 여부가 장기평균비용곡선의 모양에 미치는 영향을 설명하라.

10 특정산업 내에 존재하는 모든 기업에 대해 정부가 다음과 같은 조세를 부과하였다.
   (a) 정액세, (b) 종량세
   각 조세가 개별기업의 AC곡선과 MC곡선에 미치는 영향을 비교하라.

11 생산함수가 $Q=\min(K, L)$일 때
   (a) 등량선을 그려 보라.
   (b) 확장경로를 정의하고 구하라.
   (c) 비용함수를 구하라.

12 한계기술대체율의 경제적 의미를 설명하라.

13 요소 간의 대체가 완전하면서 대체탄력성이 무한대가 아닌 등량선을 그려 보아라.

PART **4**

시장조직이론

개 요 __

제3편에서 살펴본 기업의 비용조건에 관한 논의는 경제적 효율성에 관한 것으로 기업의 행동에 관한 분석은 아니었다. 본편(本篇)은 기업의 행동을 설명하고 이를 바탕으로 산출량과 가격이 어떻게 결정되는가를 분석하고자 한다.

개별기업의 행위를 설명하기 위해 본편은 기업의 또 다른 제약조건, 즉 시장환경을 설정한다. 경제학에서는 통상 시장환경을 시장조직(市場組織)이라고 부른다. 시장조직은 동일시장 내에 존재하는 기업의 수를 기준으로 완전경쟁, 독점적 경쟁, 과점, 독점 등 4가지 유형으로 구분된다. *

본편의 10장부터 13장에서는 시장조직별로 가격과 산출량이 어떻게 결정되는지를 다룬다. 14장에서는 게임이론을 다룬다. 게임이론이 본격적으로 경제학에 도입된 것은 산업조직론, 특히 과점시장이론의 개발을 위해서였다. 최근 게임이론은 산업조직이론을 비롯하여 거시경제학에 이르기까지 그 세력을 확장해 가고 있다. 본편에서는 이 이론을 과점시장이론의 테두리에서 다룬다.

---

* 논자에 따라서는 시장을 가격설정자의 시장과 가격순응자의 시장으로 구분하기도 한다. 완전경쟁시장은 가격순응자의 시장이며 독점, 과점과 독점적 경쟁시장은 모두 가격설정자의 시장이다. 시장을 완전경쟁시장과 불완전경쟁시장으로 구분하는 것은 시장의 구조를 중시하는 입장이고 가격순응자의 시장과 가격설정자의 시장으로 구분하는 것은 기업의 행동을 중시하는 입장이다. 어떻게 정의하건 그 의미는 마찬가지이다.

CHAPTER

10

완전경쟁시장

본장에서는 네 종류의 시장형태 중 완전경쟁시장을 다루고 있다. 완전경쟁시장은 네 종류의 시장 중에서 가장 이상적인 시장이다. 이 시장은 다른 모든 시장의 평가기준이 된다. 완전경쟁시장하의 기업의 행동과 자원배분을 고찰함으로써 시장에 의한 자원배분의 효율성에 관한 분석의 토대를 마련하고자 한다. 이는 시장조직이론의 중요한 주제이다. 완전경쟁시장에 관한 정확한 이해는 시장조직론뿐만 아니라 요소시장이론, 거시이론, 국제경제이론에 이르기까지 필수적이라 할 수 있다. 주어진 가격하의 기업행동에 관한 논의를 바탕으로 기업과 시장의 공급곡선을 도출한 다음 제2편에서 도출한 수요곡선과 결합하여 시장가격과 산출량의 결정요인을 분석한다.

10.1
완전경쟁시장의 조건

10.1.1 완전경쟁의 의미

우선 경쟁의 의미를 정의하자. 경쟁은 '경합' 혹은 '맞겨룸'을 의미한다. 우리는 입시와 취직 경쟁, 바둑과 같은 게임에서의 경쟁, 그리고 연적과의 경쟁에 이르기까지 수많은 형태의 경쟁을 치르면서 살아가고 있다. 이와 같은 맥락에서 사용되는 경쟁은 경쟁자와 경합을 벌인다는 것을 의미한다.

'완전경쟁'이란 경쟁이 극도로 치열한 상황을 말한다. 경쟁의 치열한 정도를 경제학은 경쟁자의 숫자를 기준으로 정의한다. 경제학에서 완전경쟁이란 경쟁자의 숫자가 엄청나게 많은 상태를 의미한다. 경쟁자의 숫자가 너무 많은 상황에서는 아이러니칼하게 다른 경쟁자들을 의식할 필요가 없다. 이는 마치 극도로 치열한 대입경쟁에서 자기 짝을 입시 경쟁자로 생각할 필요가 없는 것과 마찬가지이다.

다른 경쟁자들을 의식할 필요가 없는 상황이란 어떤 것일까? 이는 경쟁기업의 판매정책과 상관없이 자사제품(自社製品)의 판매조건이 결정되어 있는 경우로서 개별기업들이 자사제품의 상품가격이 고정되었다고 간주하는 상황이다. 쌀시장은 좋은 예이다. A농가에서 쌀을 많이 팔았다고 B농가의 쌀값이 떨어지는 것은 아니다. 완전경쟁시장이란 이처럼 상품가격을 고정된 것으로 받아들이는 가격순응자의 시장(price taker's market)을 말한다.

10.1.2 완전경쟁시장의 성립조건

완전경쟁시장이란 개별생산자나 소비자 모두가 주어진 시장가격을 수동적으로 받아들이고 가격순응자(price taker)로서 행동하는 시장을 말한다. 따라서 완전경쟁시장에서는 일물일가(一物一價)의 법칙이 성립한다. 가격순응자의 시장이 성립하려면 다음 네 가지 조건이 모두 동시에 충족되어야 한다.[1]

---

[1] 교과서에 따라서는 본편에서 설명한 4가지 조건에 가격순응자의 조건을 추가하여 5가지 조건으로 설명하기도 한다. 그러나 가격순응자의 조건은 '조건'이라기보다 몇 가지 조건이 충족될 때 나타나는 '결과'이다. 본편의 4가지 조건이 충족되면 가격순응자의 조건은 자동적으로 충족된다. 따라서 4가지를 완전경쟁시장의 조건으로 이해해야 할 것이다.

다수의 공급자와 수요자

전체시장의 공급자수와 수요자수는 무수히 많아야 한다. 그러자면 개별공급자가 시장 전체에서 차지하는 비중이 매우 작아야 한다.[2] 공급측면에서 공급자수가 많은 시장은 적지 않게 볼 수 있다. 농산물시장이 그 좋은 예이다. 이러한 상황에서는 한 개별기업이 생산량을 몇 배로 늘리거나 줄였다고 해도 산업 전체의 생산량은 크게 영향받지 않는다. 또 개별소비자들이 전체 시장에서 차지하는 비중이 무시할 정도로 작아야 한다. 소비자가 특정 품목의 가격에 대해 영향력을 행사할 수 있는 경우는 흔치 않다. 개별소비자는 쌀, 보리 및 빵 가격에 영향을 미치지 못한다.

그러나 소비자수와 공급자수가 아무리 많다고 해도 공급자들이 반드시 가격순응자로서 행동하지는 않는다. 예컨대 약국의 경우 그 숫자가 비교적 많지만 약값은 약국마다 조금씩 다를 수 있다. 소비자들의 약값에 대한 정보 부족과 멀리 떨어진 약국까지 약을 사러 가야 하는 부담 때문에 약값이 들쑥날쑥할 수 있는 것이다. 따라서 가격순응자의 시장이 되기 위해서는 다수의 소규모 공급자 및 다수의 수요자 조건 이외에도 상품의 동질성 등의 몇 가지 조건이 충족되어야 한다.

동질적인 상품

동일한 산업 내의 모든 기업은 동질적 상품(homogeneous product)을 공급해야 한다. 동질적인 상품이란 차별화된 상품(heterogeneous product)에 대(對)가 되는 개념이다. 물리적으로 동일한 특성을 지녀야 동질적인 상품이 되는 것은 아니다. 소비자들의 관점에서 동질적이면 된다. 물리적으로 같은 상품이라도 때와 장소가 달라지고 상품에 관한 정보량이 달라지면 소비자는 동일한 상품으로 간주하지 않을 것이다. 같은 새라도 숲속에 있는 새와 손 안에 든 새는 동일한 새가 아니다.

동질적인 상품의 조건은 얼마나 현실성 있는 가정일까? 현실에서 동질적 상품은 거의 없다. 품질, 입지, 디자인, 배달조건 등의 조건이 모두 동일한 상

---

2 이는 생산기술에 규모의 경제가 존재하지 않아야 한다는 것을 의미한다. 규모의 경제가 존재할 경우 대량생산의 이익이 나타나 다수의 공급자가 공존할 수 없다.

품은 거의 없다. 표준화된 상품이라고 해도 질적 차이가 전혀 없는 것은 아니다. 이렇게 볼 때 동질성은 현실에서 찾아보기 어려운 매우 제약적인 가정이라고 할 수 있다.

완전정보

완전정보란 소비자와 공급자들이 거래선택에 필요한 모든 정보를 알고 있거나 공짜로 수집할 수 있음을 의미한다. 완전정보하에서는 다음 조건들이 모두 충족되어야 한다.

소비자들은 생산자들의 판매가격을 정확히 알고 있고 생산자는 자사의 비용조건은 물론 타기업 제품들의 가격에 관한 정확한 정보를 갖고 있어야 한다. 노동자와 자본가는 자신이 소유한 요소를 어떤 용도에 사용하면 요소소득을 극대화할 수 있는지를 알고 있어야 한다.

만일 소비자들이 가격에 관한 충분한 정보를 갖고 있지 않다면 구입가능한 최저가격보다 더 비싼 가격에 구입할 수 있다. 이 경우 동일시장에 여러 개의 가격(즉 일물다가(一物多價))이 존재할 수 있다.

완전정보의 가정은 얼마나 현실적인가? 소비자들이 쇼핑을 다닌다든지, 생산자들이 상품에 대한 광고문 및 사용자를 위한 안내 책자를 발간하는 것은 상품의 가격 및 품질에 대한 소비자들의 불완전한 정보를 입증하고 있다. 표준화된 상품이라면 소비자들은 비교적 용이하게 상품의 품질에 관한 정확한 지식을 습득할 수 있을 것이다. 그러나 대부분의 상품은 표준화되어 있지 않다. 정보를 수집하는 것은 돈이 드는 일임을 인정할 때 완전정보는 대단히 비현실적인 가정이라고 볼 수 있다.

무상 진입과 퇴출[3]

무상 진입(進入)과 퇴출(退出)은 상품과 서비스, 생산요소 등의 모든 경제적 자원이 소유주가 원하는 산업 및 기업으로 아무런 장애 없이 진입 혹은 퇴출될

---

3 대부분의 교과서에서는 자유로운 진입과 퇴출을 완전경쟁의 조건들 중의 하나로 삼는데 이는 정확하지 않다. 자유롭다는 말은 경제학 용어로서 부적합하다. 자유로운 진입과 이탈은 free entry and exit를 번역한 것이다. 여기서 free란, 자유로운이란 뜻이 아니고 무상 혹은 공짜란 의미이므로 무상 진입과 퇴출, 혹은 공짜 진입과 퇴출로 번역하는 것이 보다 정확할 것이다.

수 있어야 함을 의미한다. 이는 진입과 퇴출의 장벽이 존재하지 않는 상태를 말한다. 이를 위해서는 다음의 몇 가지 조건이 충족되어야 한다.

첫째, 상품이나 생산요소의 물류비용(物流費用)이 무시할 수 있을 정도로 낮고, 창업과 폐업 혹은 전업(轉業)의 비용이 그다지 크지 않아야 한다. 창업이나 전업의 조건들이 까다로울 경우 진입과 퇴출은 공짜가 아니다. 창업기업의 공장 설립, 허가절차에 관한 규정 등은 진입의 비용을 시사한다. 퇴출을 하는데에도 많은 비용이 들어간다. 예로써 폐업신고 절차를 밟는 데 드는 비용, 장비의 제거비용, 설치장소 주위를 복구하는 데 드는 비용을 들 수 있다.

둘째, 매몰비용(sunk cost)이 존재하지 않아야 한다.[4] 매몰비용이 존재할 경우 특정 용도에 사용되고 있는 기존의 기계설비는 아무런 대가 없이 전용될 수 없을 것이다.

셋째, 가격, 수요량 및 공급량에 대해 인위적 · 법률적 제약이 없어야 한다. 정부정책, 협정가격, 노동조합과 같은 제도적 요인에 의해 거래량이나 가격이 결정되면 시장에는 으레 초과수요나 초과공급이 발생한다. 가격규제로 인해 초과수요가 있는 경우 시장에는 규제가격과 암거래 가격의 이중가격이 존재하게 된다. 진입과 퇴출의 비용이 없다면 이러한 이중가격이 유지될 수 없다. 가격이 높은 쪽으로 자원이 이동할 것이기 때문이다. 이중가격이 유지되고 있다는 것은 진입 · 퇴출이 공짜가 아니라는 것을 시사한다. 예를 들어 최저임금제하에서 최저임금 이하의 임금수준에서 일할 용의가 있는 실업자의 경우 최저임금제라는 인위적 제약이 가해지면 이 실업자의 취업(노동의 이동)은 더 어려워진다. 이 경우 요소이동의 비용은 공짜가 아니다.

넷째, 규모(規模)의 경제가 존재하지 않아야 한다. 평균비용곡선이 우하향할 경우 대량생산의 이점이 존재한다. 이 때 기존기업은 진입기업에 비해서 비용상 우위를 갖게 된다.[5]

무상진입과 퇴출의 가정은 얼마나 현실적인가? 현실적으로 물류비용(物流費用)은 적지 않고 창·폐업 비용도 적지 않다. 매몰비용이 없는 산업도 없다. 또 정부는 많은 산업의 자원배분이나 가격을 규제하고 있다. 이러한 우리의 현실은 도처에 진입과 퇴출의 장벽이 존재한다는 것을 입증하고 있다.

---

4 매몰비용에 관해서는 10.1.3 절을 참조하라.
5 규모의 경제로 인한 비용상 우위는 제11장에서 상세히 다룬다.

10.1.3 왜 완전경쟁시장을 공부하는가

완전경쟁시장의 조건에 관한 논의에서 보았듯이 완전경쟁시장의 조건은 한결같이 비현실적이다. 이러한 비현실적 가정 위에 구축된 완전경쟁모형을 현실적이라고 믿는 경제학자는 거의 없다. 그렇다면 왜 우리는 완전경쟁모형을 공부하는가? 여기에는 세 가지 답변이 있다.

첫째, 완전경쟁시장은 현실의 시장구조와 비교평가(benchmarking)할 수 있는 준거나 표준을 제시해 준다. 우리는 이를 지향해야 할 이상적 시장구조로 삼을 수 있다. 미국에서 1890년에 입법된 셔먼 독점금지법(Sherman Antitrust Act)과 클레이튼(Clayton)법의 법정신과 전기, 가스 등 공익사업에 대한 규제정책의 근거는 모두 완전경쟁모형에서 찾을 수 있다.

둘째, 완전경쟁이론에서 유도된 결론들은 현실설명력과 예측력을 갖고 있다. 현실의 시장조건이 완전경쟁의 조건들과 정확하게 일치하지는 않지만 현실에서 관찰되는 많은 현상과 완전경쟁이론의 결론이 일치한다. 시장조직에 관한 "복잡한" 모형들이 다양하게 개발되었음에도 불구하고 완전경쟁의 모형이 가장 많이 사용되고 있다는 사실은 이러한 주장을 뒷받침한다고 볼 수 있다.

셋째, 현실이 완전경쟁시장으로 이행하는 추세에 있다. 노벨 경제학상을 수상한 스티글러(G. Stigler)는 미국경제가 상당한 정도로 경쟁시장구조를 보이고 있으며 경쟁시장의 비중이 증가하는 추세에 있음을 제시하고 있다. 만일 스티글러의 결론이 타당하다면 완전경쟁시장모형은 보다 큰 현실설명력을 갖게 될 것이다.

10.1.4 순수경쟁시장

완전경쟁시장이란 현실적으로 존재하지도 않으며, 존재할 수도 없는 시장이다. 따라서 실제로 존재하지도 않는 완전경쟁시장은 현실의 시장조건들을 판단하는 기준이 될 수 없으며, 현실의 시장구조가 지향해야 할 모델이라고 주장할 수도 없다. 이 같은 완전경쟁시장조건의 비현실성을 인식하고 클라크(J. M. Clark)는 완전경쟁시장과 같은 자원배분을 실현할 수 있으면서 완전경쟁시장보다 덜 까다로운 시장조건을 생각하였다. 클라크는 앞의 네 가지 조건 중에서 완전정보 조건을 제외한 나머지 세 가지 조건이 충족된 시장을 순수경쟁(pure competition)시장 혹은 유효경쟁(workable competition)시장이라고 정의하고 산업정책이 지향해야 할 이상적 시장형태로 제시하고 있다.

10.2 시장기균형

10.2.1 기간의 구분

수요의 변화에 따라 가격이 어떻게 변할 것인가는 공급조건 혹은 공급곡선의 모양에 따라 달라질 것이다. 공급조건이나 공급곡선은 일반적으로 시간의 함수이다. 진입과 퇴출이 가능한 긴 기간 동안의 기업의 반응과 진입·퇴출이 허용되지 않는 짧은 기간 동안의 기업의 반응은 다를 수밖에 없다.

경제학에서는 기간을 달력에 의해 구분하지 않고 공급량의 변화가능성 여부에 따라 시장기와 비시장기로 나누고, 비시장기는 고정요소의 존재 유무에 따라서 단기와 장기로 구분한다.[6] 통상 시장기에서는 상품의 공급곡선이 수직선이 되기 때문에 분석의 내용이 별 것 없다고 해서 지나치는 것이 보통이다. 그러나 시장기에서의 분석도 매우 풍부하고 재미있는 내용을 담고 있다.

10.2.2 시장기균형

공급자에게 허용된 시간의 길이가 매우 짧다면 공급량을 변화시킬 수 없을 것이다. 공급량을 변화시킬 수 없을 정도로 짧은 시간의 길이를 "최단기(最短期, very short-run)" 혹은 "시장기(市場期, market period)"라고 한다. 이러한 기간의 제약하에서는 이미 생산된 상품들을 공급하는 수밖에 없으므로 공급곡선은 가격과 상관없이 수직선이 된다. 이것을 그래프로 나타내면 [그림 10-2-1]과 같다. 그림에서 공급량은 가격에 상관없이 Q_0로 고정되어 있다.

시장기의 기간은 재화마다 다르다. 그것은 상품마다 공급량을 변화시킬

---

6 단기와 장기의 구분은 제9장을 참조하라.

[그림 10-2-1] 시장기의 공급곡선

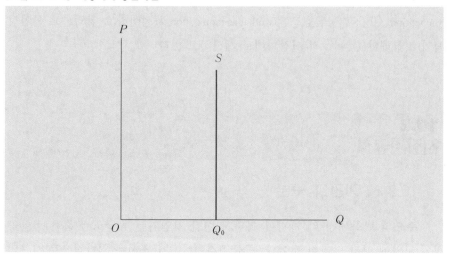

수 있는 기간이 다르기 때문이다. 토지와 같이 물리적으로 재생산이 불가능한 경우 시장기는 무한히 길다. 짧은 기간 동안에 공급량을 증가시킬 수 없는 농산물의 경우도 시장기는 그리 짧지 않을 것이다.

이상의 논의로부터 시장기는 공급량이 고정된 상품의 분석에 적용될 수 있는 기간임을 알 수 있다. 시장기란 개념에서 핵심적인 것은 기간의 짧음이 아니라 가격의 변화에도 불구하고 공급량이 고정불변이라는 점이다.

시장기에 있어서 가격은 어떻게 결정되며 이미 공급(생산)된 공급량은 어떻게 배분되는지 살펴보자.

소비자간 배분 및 가격결정

우선 고정된 공급량이 소비자들 사이에 어떻게 배분되며 가격은 어떻게 결정되는지 살펴보자. [그림 10-2-2]는 시장기의 시장상황을 묘사하고 있다. 시장기의 공급곡선 S는 그림에서 보듯이 수직선으로 나타난다. 이 때 D는 수요곡선을 나타내고, 우하향한다.

이러한 상황에서 균형가격은 P_0^*이고 균형거래량은 Q_0이다. 시장기에서는 공급곡선이 균형거래량을 결정하고 수요곡선의 위치가 균형가격을 결정한다고 말할 수 있다. 이는 생산비가 가격결정에 아무런 역할을 하지 못함을 시

[그림 I0-2-2] 시장기 균형

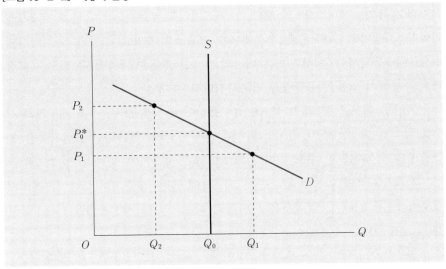

사한다. 균형가격은 제조원가에도 미치지 못할 수 있다. 시장기에서 공급자는 상품의 생산비에 연연해서는 안 된다. 가격이 0이라도 그 재화를 재고로 보유하고 있는 것보다는 판매해 버리는 것이 공급자에게 득이 될 수 있다. 종이값도 안 되는 가격에 판매되고 있는 출판물, 점포정리시 이해할 수 없을 정도로 헐값으로 팔리는 구두 등은 바로 이러한 경우에 해당한다고 볼 수 있다.

시장기에 가격변화에 따라 조정되는 것은 수요량일 뿐 공급량은 달라지지 않는다. [그림 10-2-2]의 P_0^*보다 낮은 가격, 예컨대 P_1에서는 수요량이 Q_1까지 늘어나 초과수요가 발생한다. 또, P_0^*보다 높은 가격 P_2에서는 수요량이 Q_2로 줄어들어 초과공급이 발생할 것이다. 시장기에 있어서 가격은 생산자에게 생산량을 늘리거나 줄이도록 하는 신호로서의 역할을 하지 못한다. 시장기의 시장가격은 주어진 공급량을 누구에게 얼마만큼 할당할 것이냐를 결정하는 배급장치(rationing device)로서의 역할을 할 뿐이다.

기간별 배분 및 가격결정

시장기에서 가격은 주어진 공급량을 기간별로 할당하는 역할도 한다. 쌀을 예로 들어 보자. 쌀을 수확한 이후 다음 수확기까지는 공급량이 증가될 수 없다. 따라서 쌀의 경우 시장기는 1년이라고 할 수 있다. 편의상 1년이라는 시장기는 수확기, 농한기와 춘궁기의 세 기간으로 구성된다고 하자. 수확기, 농한기와 춘궁기를 각각 제1기, 제2기, 제3기라고 부르자. 각 기는 모두 4개월씩이다. 시장기의 수요는 제1기, 제2기, 제3기의 수요로 구성되고 각 기간별 수요(D)는 동일하다. 공급자들은 매기의 수요를 정확히 예측할 수 있고 재고량 조절을 통해서 그들의 공급량을 변화시킨다고 하자.

기간별 배분을 [그림 10-2-3]을 이용하여 분석해 보자. 우선 제1기의 시장을 분석해 보자. 제1기의 공급곡선은 우상향한다. 왜냐하면 공급자들은 공급물량을 제1기에 팔 수도 있지만 제2기 혹은 제3기에 팔 수도 있으므로 제1기의 시장가격이 높으면 높을수록 제1기에 많은 양을 판매하려 할 것이기 때문이다. 제1기의 공급곡선을 S_1이라고 하자. 이 때 시장가격은 P_1, 공급물량은 Q_1이 된다.

제2기의 공급함수는 S_2가 될 것이다. S_2는 S_1보다 기울기가 크다. P_0(손익분기가격)보다 낮은 가격에서는 S_2가 S_1보다 아래쪽에 위치하고 P_0보다 높은 가격에서는 S_1보다 위쪽에 위치한다. 왜 그럴까? 동일한 마진이 발생하는 가격이라면 조기(제2기보다 1기)에 파는 것이 유리하다. 다시 말해서 동일물량의 공급을 유도하려면 제2기의 공급가격이 1기보다 높아야 한다. 제2기 공급량의 보관비, 제1기에 판매했을 경우 판매자금에서 발생할 이자 등이 존재하기

[그림 10-2-3] 시장기의 시장균형: 기간별 배분

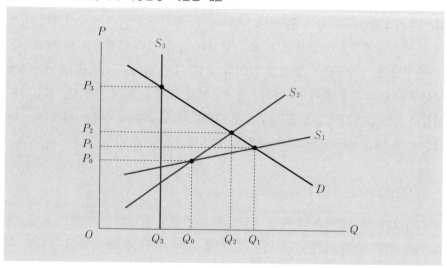

때문이다. 그러나 가격이 매우 낮은 수준(손실발생가격)에서는 제2기의 공급물량(S_2)은 제1기의 공급물량(S_1)보다 많아지게 된다. 팔아서 손해인 가격이라면 나중에(제1기보다는 2기에) 판매하는 것이 이득이기 때문이다.

제3기의 공급곡선은 S_3와 같이 수직선이 된다. 제3기가 도래하면 남아 있는 생산물을 모두 팔지 않으면 안 된다. 매우 낮은 가격수준을 제외하면 제3기의 공급량은 S_1이나 S_2보다 작다. 이는 높은 가격수준에서 S_2가 S_1보다 위쪽에 위치하는 것과 동일한 이유이다.

만일 기간별 수요가 동일하다면 기간별 균형상품가격은 $P_1 < P_2 < P_3$인 관계가 성립할 것이다. 미래의 시장가격이 현재의 시장가격보다 높은 것은 재고품의 저장비용과 투자수익률을 보장해야 하기 때문이다. 이 때 거래량은 $Q_1 > Q_2 > Q_3$인 관계를 갖는다.

이상의 논의는 가격이 고정된 생산량을 기간별로 배분(配分)하는 역할을 하고 있음을 보여 주고 있다.

이제 시장기 내의 기간별 배분이 가격에 미치는 효과를 생각해 보자. 시장기 동안에 공급자들은 주어진 공급량을 기간별로 배분하고 있다. 고정된 공급량을 기간별로 배분하여 판매한다는 것은 사실상 투기를 의미한다. 투기자들은 시장기의 제1기에 사재기를 해 둠으로써 제1기의 가격을 부추기지만 시장기의 말기에는 사재기한 물건을 판매함으로써 말기의 가격을 오히려 떨어뜨린다. 이처럼 공급량의 기간별 할당, 즉 투기(投機, speculation)는 가격을 안정화시키는 역할을 한다.[7]

10.3
단기균형

10.3.1 개별기업의 단기균형

완전경쟁시장에서 기업은 가격순응자이다. 따라서 개별기업의 선택사항

---

7 많은 사람들은 투기가 상품가격을 인상시킨다는 선입관을 갖고 있으나 이는 옳지 않다. 투기로 인한 가수요(假需要)가 현재의 가격을 인상시키는 것은 사실이지만 다른 한편 미래의 공급량을 증대시켜 미래의 가격을 안정화시킨다. 주택에 대한 가수요는 미래의 주택가격이 현재보다 높을 것이란 예상하에서 발생한다. 이 예상이 옳다면 가수요는 미래가격을 안정시키는 효과를 갖는다.

은 생산량이다. 단기에는 고정요소를 변화시킬 수 없으므로 기업은 가변요소들의 고용량을 선택함으로써 산출량을 조절한다.

이윤극대화를 위한 행동원리

단기에 이윤을 극대화하는 기업은 다음 두 단계의 선택을 행해야 한다. 첫 단계로 기업가동(稼動) 여부(즉 생산을 할 것이냐 말 것이냐)를 선택해야 하고, 두 번째 단계로 생산량을 선택해야 한다. 우선 기업가동 여부의 문제를 생각해 보자. 기업이 생산한다고 항상 이윤을 남기는 것은 아니다. 적자를 볼 수도 있다. 적자를 볼 경우 손실을 극소화해야 한다. 조업을 중단할 경우 기업은 고정비용만큼 손실을 입는다. 이는 기업이 입을 수 있는 최대손실액이다. 왜냐하면 기업은 적자액이 고정비용보다 클 경우 항상 조업을 중단할 수 있기 때문이다.

어떤 상황에서 적자액이 고정비용보다 커질까? 생산을 하려면 원료비, 임금 등의 가변비용을 치러야 한다. 따라서 만일 매출액이 가변비용을 초과한다면 생산을 하는 것이 보다 유리할 것이다. 이 경우에는 고정비용 중에서 일부나마 건져 낼 수 있다. 반면 매출액이 가변비용보다 작다면 생산을 중단하는 것이 보다 유리할 것이다.

이상의 논의는 기업가동 조건, 즉 생산을 해야 할 것인지 말아야 할 것인지에 대한 의사결정의 원칙을 제시해 준다.

> **■ 기업가동 조건**
> 매출액이 총가변비용을 초과하는 산출수준이 존재해야 한다.

기업을 가동하기로 결정했을 경우 기업의 두 번째 과제는 이윤을 극대화시켜 주는 산출수준을 결정하는 문제이다. 이윤을 극대화하려면 기업은 한계수입(MR)과 한계비용(MC)이 일치되는 산출량을 생산해야 한다. 즉, 이윤극대화 조건은

이윤극대화 조건
한계수입(MR)과 한계비용(MC)이 일치

(10.3.1) $MR = MC$

이다. 이것은 완전경쟁기업이든 불완전경쟁기업이든 모든 기업에 적용되는 일반적인 이윤극대화 조건이다.[8]

최적산출량의 결정

이윤을 극대화하는 개별기업의 행동은 총수입-총비용접근법과 한계수입-한계비용접근법의 두 가지 방법에 의해 결정할 수 있다. 우선 총수입-총비용접근법을 살펴보자.

(1) 총수입-총비용접근법

생산량과 총비용간의 관계를 10장에서 총비용곡선으로 나타냈었다. 생산량과 총수입의 관계는 총수입곡선으로 나타낼 수 있다. 각 생산수준에서의 총수입과 총비용을 알면 최대이윤을 가져다 주는 생산량을 정확히 찾을 수 있다.

[그림 10-3-1]의 (a)에 총수입곡선(TR)과 단기총비용곡선(TC)이 그려져 있다. TR은 원점을 통과하는 직선이다. 그림에서 TR과 TC의 차이는 이윤을 나타낸다. 기업의 단기균형은 이윤이 극대가 되는 생산량 q^*에서 달성될 것이다.

(2) 한계수입-한계비용접근법

이제 동일한 내용을 한계수입과 한계비용곡선을 이용하여 설명해 보자. [그림 10-3-1]의 (b)는 그림의 (a)로부터 도출된다. 그림 (b)의 각 점은 (a)의 각 점과 서로 대응하는 관계에 있다. 수평선 d는 개별기업의 수요곡선이며 평균수입곡선(AR)인 동시에 한계수입곡선(MR)을 나타낸다.[9] 한계비용곡선(MC)은 U자(字)모양으로 나타난다.

$MR=MC$가 되는 생산량 q^*는 이윤극대화 생산량이며 기업은 이 점에서 단기균형상태에 있다. 그 이유는 다음과 같다. [그림 10-3-1]의 (b)에서 q^*보다 낮은 산출수준인 q_2에서는 한계비용이 한계수입보다 작다. 이러한 산출수준에서는 생산량을 한 단위 더 생산할 때 들어가는 추가비용이 그 한 단위를

---

8 $MR=MC$는 수리적으로 최적화문제의 일계조건(一階條件, first order condition)이다. 생산이 중단된 기업에 있어서 $MR=MC$는 이윤극대화 조건이 될 수 없다. 이 조건은 '조업중'인 모든 기업에만 적용된다.

9 완전경쟁시장하의 개별기업이 직면하는 수요곡선은 시장가격수준에서 수평선이다(7.4.3절 참조).

[그림 10-3-1] 경쟁기업의 단기균형: 최적산출량 결정

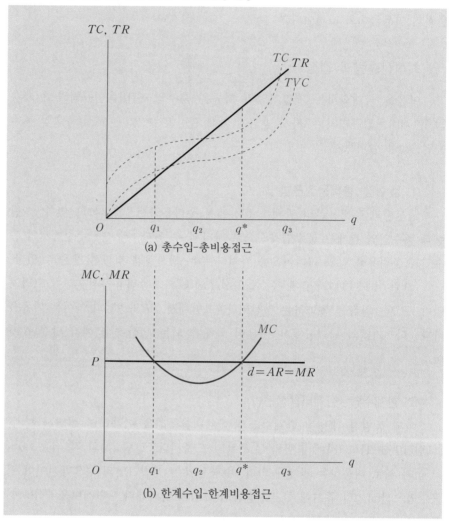

(a) 총수입-총비용접근

(b) 한계수입-한계비용접근

판매하여 얻는 추가수입보다 작으므로 한 단위의 추가생산을 하면 그 차액만큼 이윤을 늘릴 수 있다. 반면에 한계비용이 한계수입보다 클 경우(예컨대 q_3) 생산물 한 단위를 줄이면 이윤이 한계비용과 한계수입의 차액만큼 증가한다.

그러므로 이윤을 극대화하는 기업은 한계수입이 한계비용과 일치되는 산출량을 생산할 것이다. 특히 완전경쟁기업의 경우 7.4절에서 보았듯이 시장가격, 평균수입, 한계수입이 모두 일치($P=AR=MR$)하기 때문에 $MR=MC$의 이윤극대화 조건은 다음과 같이 쓸 수 있다.

(10. 3. 2)　　$P = AR = MR = MC$[10]

그림 (b)의 q_1수준에서도 $MR = MC$가 성립된다. 그러나 q_1은 이윤이 극대화되는 생산량은 아니다. 그것은 q_1에서 MC가 감소하고 있어서 생산을 q_1수준보다 더 증가시키면 한계수입이 한계비용보다 더 크게 되고 따라서 더 큰 이윤(혹은 더 적은 손실)을 얻을 수 있기 때문이다. q_1에서는 MC곡선이 음(−)의 기울기를 갖고 q^*에서는 MC곡선이 양(+)의 기울기를 갖는다는 차이가 있다.

요컨대, $MR = MC$는 이윤극대화의 필요조건이며, 완전경쟁의 경우 MC가 상승하면서 MR과 만날 조건이 이윤극대화의 충분조건인 것이다.[11]

기업의 단기공급곡선

경쟁기업의 단기균형에 관한 논의는 완전경쟁시장에서 가격이 특정한 값으로 주어져 있을 경우 기업의 균형생산량이 어떻게 결정되는가를 보여 주었다.

이제 경쟁기업의 단기균형을 바탕으로 기업의 단기공급곡선을 도출해 보자. 기업의 비용조건이 [그림 10-3-2]와 같이 주어져 있다.

첫째로, 시장가격이 최소평균비용(즉, SAC의 꼭지점 R점의 평균비용)보다 높은 경우를 생각해 보자. 이 때 기업은 양의 이윤을 누린다. 이윤이 남는 상황에서 기업은 당연히 기업을 가동하는 것이 낫다. 최적산출량은 $MR = MC$인 점을 선택하면 될 것이다. 만약 가격이 P_5라면 $MR(=P) = MC$의 조건이 만족되는 T점의 산출량 q_5를 선택할 것이며 P_4의 가격에서는 R점의 산출량 q_4를 선택할 것이다.

둘째로, 가격이 최소평균비용보다는 낮고 최소평균가변비용보다 높은 경우(즉, 가격이 P_4와 P_2 사이인 경우)를 생각해 보자. 이 때 기업은 적자를 본다. 그런데 그 적자폭은 고정비용보다는 작다(왜냐하면 $P >$ 평균가변비용). 이 상황에서 기업은 적자를 보고 있지만 생산을 계속하는 것이 적자를 극소화하는 최선

---

10 이 조건은 완전경쟁시장에서만 성립한다. 불완전경쟁시장에서는 후술하겠지만 다음 관계가 성립한다: $P = AR > MR$.

11 이러한 조건은 수리적으로 최적화 문제의 2계충분조건(二階充分條件, sufficient second order condition)에서 도출된다. 즉, $MR = MC$가 성립하는 생산량보다 적은 생산량에서는 $MR > MC$, $MR = MC$가 성립하는 생산량보다 큰 생산량에서는 $MR < MC$가 성립해야 하는 것이다(q^*수준에서만 이 조건이 충족됨을 확인하라). 따라서 이윤극대화점에서 MC곡선의 기울기가 음이어도 이러한 조건이 충족될 수 있다. 앞으로는 이 충분조건이 만족된다는 가정하에 일계조건인 $MR = MC$만을 이윤극대화 조건으로 사용할 것이다.

[그림 l0-3-2] 단기공급곡선의 도출: 개별기업 차원

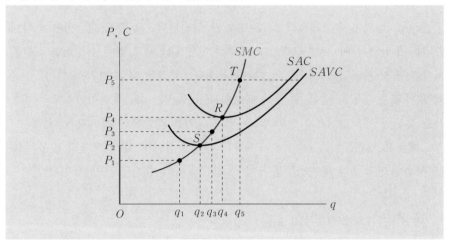

의 선택이다. 최적산출량은 역시 $MR=MC$인 점이다. 예컨대 가격이 P_3라면 최적산출량은 q_3가 될 것이다.

셋째로, 가격이 최소평균가변비용과 동일한 P_2라 하자. 가격이 P_2일 때 기업이 가동된다면 산출량은 q_2이다. 이 때의 가격은 평균가변비용과 같으므로 총수입은 총가변비용과 일치한다. 따라서 기업은 고정비용(총수입 − 총가변비용) 만큼의 손실을 보게 된다. 이는 생산을 중단했을 때(즉, 생산량이 0일 때)의 손실과 정확히 일치한다. 따라서 P_2에서와 같이 가격이 평균가변비용과 같으면 기업의 입장에서 볼 때 생산활동을 중단하거나 최적산출수준인 q_2를 생산하거나 아무런 차이가 없다. 우리는 이 가격을 생산중단가격(shutdown price), 그리고 S 점과 같이 평균가변비용이 최저로 되는 점을 생산중단점(shutdown point) 혹은 기업폐쇄점(企業閉鎖點)이라고 부른다.[12]

넷째로, 생산물의 가격이 최소평균가변비용수준인 P_2보다 더 낮아져 P_1이 되었다고 해 보자. 기업이 $MR=MC$인 q_1을 생산했을 경우 기업의 손실은 고정비용보다 커진다. 이처럼 수입이 가변비용도 충당하지 못하는 경우에는 기업은 생산을 중단하는 것이 손실을 극소화하는 최선의 방도이다. 즉, 생산물의 시장가격이 평균가변비용보다 낮은 경우에는 기업은 조업을 중단한다. P_2 이하의 모든 가격에서 기업의 공급량은 0(零)이 된다. 따라서 P_2 이하에서

---

12 생산중단이 기업의 도산을 의미하지는 않는다.

의 공급곡선은 [그림 10-3-2]에서 가격축상의 수직선, 즉 OP_2와 일치한다.

이상의 논의로부터 기업의 단기공급곡선을 도출할 수 있다. 기업의 단기공급곡선은 [그림 10-3-2]의 평균가변비용곡선의 꼭지점인 S점보다 위쪽에 있는 한계비용곡선(SMC)과 수직선 OP_2의 두 부분으로 구성된다. 기업의 단기공급곡선은 그림에서 파란색 곡선과 종축(從軸)의 직선으로 나타나 있다.

10.3.2 산업의 단기균형

지금까지 개별기업의 공급곡선을 도출하였다. 이제 산업의 단기균형을 설명하기 위해 산업의 공급곡선을 도출해 보자.

산업의 단기공급곡선의 도출

제7장에서 개별소비자의 수요곡선을 수평으로 합하면 시장수요곡선이 도출되었다는 것을 기억할 것이다. 독자 여러분은 마찬가지 방법으로 개별기업의 공급곡선을 수평으로 합하면 시장공급곡선이 도출될 것으로 생각할 것이다. 그러나 이 문제에 대한 해답은 간단하지 않다. 산업의 공급곡선과 시장수요곡선의 도출 문제가 동일하지 않다는 것을 이해하기 위해 개별기업의 공급곡선에 깔려 있는 가정을 고찰해 보자. 앞 절에서 개별기업의 공급곡선은 기본적으로 한계비용곡선임을 보았다. 한계비용곡선은 가변요소의 가격이 고정되었다는 가정하에 도출되었다. 그런데 개별기업이 완전경쟁시장 전체에서 차지하는 비중은 매우 작다. 그러므로 앞의 가정은 완전경쟁시장하의 기업 차원에서 항상 성립한다.

그러나 완전경쟁시장이라고 해도 모든 기업이 동시에 산출량을 늘리면 요소가격이 상승할 수 있다. 의료서비스 산업을 예로 들어 보자. 어느 병원에서 환자를 더 많이 진료하기 위해 의사수를 두 배로 늘렸다고 하자. 이로 인해 의사의 임금이 변하지는 않을 것이다. 그러나 전국의 모든 병원에서 의사를 두 배로 늘리려 한다면 의사의 임금은 크게 상승할 것이다. 이와 같이 요소가격이 상승하면 한계비용곡선, 즉 개별기업의 공급곡선은 이동하게 된다. 이러한 상황에서는 기업의 한계비용곡선을 수평적으로 합하여 산업의 공급곡선을 도출할 수 없다.

이상의 논의로부터 산업의 공급곡선을 도출하는 데 핵심적으로 중요한 것은 산업 내의 모든 기업이 동시에 산출량을 늘릴 때의 요소가격의 변동 여부임을 알 수 있다. 이런 이유로 경제학은 요소가격의 변화 방향을 기준으로 산업을 다음의 세 가지로 분류한다.

비용불변산업, 비용증가산업, 비용감소산업

산업은 산업생산량이 증가할 때 요소가격의 변동방향에 따라 비용증가산업, 비용불변산업, 비용감소산업으로 분류된다. 산업생산량이 늘어날 때 그 산업에서 사용하는 요소의 가격이 상승하는 산업을 비용증가산업(increasing cost industry), 불변인 산업을 비용불변산업(constant cost industry), 하락하는 산업을 비용감소산업(decreasing cost industry)으로 구분한다.[13] 이러한 산업분류는 10.4절에서 설명할 완전경쟁산업의 장기공급곡선의 도출에서도 매우 중요한 역할을 한다.

그러면 어떤 산업이 비용불변산업이고 어떤 산업이 비용증가산업인가? 특정 산업에서 사용하는 요소의 수요량이 국민경제 전체의 수요량 중에서 차지하는 비중이 매우 작을 경우를 생각해 보자. 농업부문에서 사용되는 에너지를 예로 들어 보자. 농업부문에서의 에너지 사용량이 5배로 증가했다고 에너지가격이 인상되지는 않을 것이다. 그러면 어떠한 경우 특정 산업에서 사용하는 요소의 수요량이 국민경제 전체에서 작은 비중을 차지할까? 요소의 용도가 비전문화된 범용요소(汎用要素, unspecified input)의 경우이다. 에너지는 범용요소로서 거의 모든 산업분야에서 사용된다. 따라서 특정 산업에서의 에너지 수요량이 5배로 늘었다 하더라도, 에너지 가격은 크게 변하지 않을 것이다. 반면에 전문화된 생산요소(specific input)의 경우 특정 산업에서 사용되는 요소량은 국민경제 전체적으로 볼 때 큰 비중을 차지할 것이다(컴퓨터 산업의 컴퓨터 프로그래머(programmer)를 생각해 보라).

요컨대 산업이 비용불변산업인지 비용증가산업인지는 그 산업에서 사용하는 요소의 전문성(專門性) 여부에 달려 있다. 비전문화된 요소들만을 사용하

---

13 비용불변의 개념과 규모수확불변의 개념을 혼동하지 않길 바란다. 규모수확은 생산기술에 관한 개념이다.

는 산업은 비용불변산업이 될 것이고 전문화된 요소를 사용하는 산업은 비용
증가산업이 될 것이다.

산업의 단기공급곡선: 비용불변산업

산업(industry)은 동질적인 상품을 생산하는 기업들의 집합으로 정의된다.
그러므로 비용불변산업의 경우 시장공급곡선은 개별기업의 공급곡선을 수평
으로 합함으로써 도출할 수 있다. 주어진 가격에서 산업 전체의 공급량은 산업
내에 있는 모든 기업들의 공급량을 더한 값이 된다. 산업 내의 모든 기업이 동
시에 산출량을 늘려도 요소가격이 불변이고 따라서 개별기업의 공급곡선이 이
동하지 않기 때문이다.

이상의 도출과정을 그래프를 이용하여 설명해 보자. 산업 내에 기업이 3
개뿐이라 하자. 세 기업의 단기공급곡선이 [그림 10-3-3]의 (a)에 각각 S_A,
S_B, S_C로 주어져 있다. 그림 (b)의 S곡선은 이들을 수평으로 합해서 얻어진 것
이다. S곡선은 산업의 단기공급곡선이 된다. 예컨대 상품가격이 P_1에서 P_2로
상승할 경우 [그림 10-3-3]의 A기업이 $a \rightarrow a'$, B기업이 $b \rightarrow b'$, C기업이 c
$\rightarrow c'$로 생산량을 증가시킨다. 이 때 요소가격은 고정되고 따라서 개별기업들
의 단기공급곡선은 이동하지 않는다.

[그림 I0-3-3] 비용불변산업의 단기공급곡선

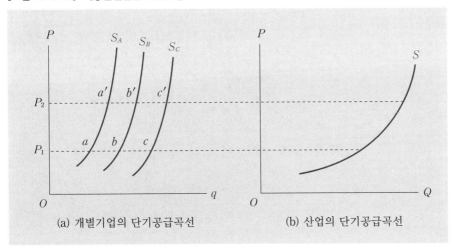

(a) 개별기업의 단기공급곡선 (b) 산업의 단기공급곡선

산업의 단기공급곡선: 비용증가산업

비용증가산업의 경우 동일 산업 내에 있는 모든 기업들이 동시에 생산량을 늘릴 때 요소가격이 상승하고 따라서 한계비용곡선이 이동한다. [그림 10-3-4]는 요소가격의 상승으로 인하여 개별기업의 공급곡선이 이동하는 경우 산업공급곡선의 도출을 보이고 있다. 생산물가격이 P_1에서 P_2, P_3로 상승함에 따라 모든 개별기업의 최적공급량과 요소수요량이 증가한다. 이로 인해 요소가격이 $w_1 \rightarrow w_2 \rightarrow w_3$로 상승하면 개별기업의 한계비용곡선은 MC_1에서 MC_2, MC_3로 위쪽으로 이동한다.[14] 따라서 P_1에서 P_2로 생산물가격이 상승할 때 개별기업 A가 [그림 10-3-4]의 a점에서 초기의 단기공급곡선(MC_1)상의 a'점으로 이동할 수 없게 된다.

이 때 경쟁기업의 단기공급곡선은 [그림 10-3-4]의 S_f이다. 요소가격이 상승할 때의 기업의 단기공급곡선(S_f)의 기울기는 요소가격이 일정하다는 가정 아래서 얻은 단기시장공급곡선(MC_i)의 기울기보다 커진다는 것을 알 수 있다. 따라서 이들의 수평합인 단기시장공급곡선도 요소가격이 상승할 경우 비용불변산업보다 기울기가 더 커진다.

왜 요소가격이 상승하면 한계비용곡선도 상승하게 되는가? 이를 정확히

[그림 10-3-4] 비용증가산업의 개별기업 단기공급곡선

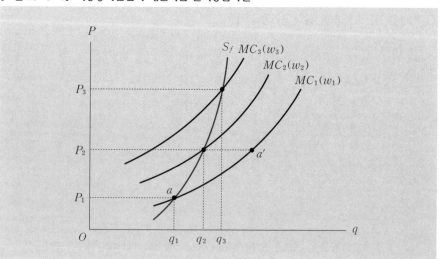

---

14 그림의 한계비용곡선은 서로 다른 수준의 w들에 대하여 그려져 있음에 유의하기 바란다.

이해하기 위해 우선 요소가격의 상승이 총비용과 한계비용에 미치는 영향을 알아보자. 먼저 자본과 노동을 각각 K단위와 L단위 고용했을 경우를 생각해 보자. 이 때 총비용(TC)은 $vK+wL$이므로 자본의 사용료(v) 혹은 임금(w)이 각각 Δv, Δw만큼 상승하면 동일한 양의 자본과 노동에 대한 총비용은 대략 $\Delta vK+\Delta wL$만큼 증가한다. 그런데 한계비용은 $\dfrac{\Delta TC}{\Delta Q}$로 정의되므로 상품 1단위를 더 생산하기 위한 총비용증가분인 한계비용도 w나 v의 상승으로 증가한다.[15]

산업의 단기균형

지금까지 완전경쟁시장하에 있는 개별기업의 단기균형은 $MR(=P)=MC$의 조건을 충족시키는 생산량을 생산하는 것이고, 개별기업의 단기공급곡선은 평균가변비용의 꼭지점의 위쪽에 위치하는 한계비용곡선이라는 것을 설명하였다. 또 산업의 공급곡선은 개별기업의 공급곡선을 수평적으로 합한 것인데, 그 기울기는 산업생산량이 증가할 때 요소가격의 변동 여부에 따라 달라진다는 것을 보았다.

산업의 단기균형은 시장수요곡선과 산업의 단기공급곡선이 교차하는 점에서 달성된다. 이는 시장의 수요량과 공급량이 일치되는 가격 P_E에서 이루어진다. 개별기업들은 이 시장가격을 주어진 것으로 받아들여 한계비용곡선과 가격이 일치하는 생산량을 선택한다. 이러한 생산량은 [그림 10-3-5] (a)의 q_E에 나타나 있다. 이 때 산업(시장)거래량은 그림 (b)의 Q_E가 되는데 이는 모든 개별기업의 균형공급량을 합한 값이다. 기업의 개수가 n이고 개별기업의 균형공급량이 그림 (a)에서와 같이 q_E라면 산업의 공급량(Q_E)은 nq_E이다.

---

[15] 가변요소가 노동 하나뿐인 경우 $MC=w/MP_L$임을 식 (9.6.11)에서 보았다. 이 식에서 w가 상승하면 MP_L이 일정할 때 MC가 증가하는 것을 알 수 있다. 이처럼 요소가격의 상승은 대체로 MC곡선을 상향 이동시킨다. 그러나 열등요소인 경우 예외적으로 MC곡선을 하향 이동시킬 수도 있다. 이를 증명하려면 본 교재의 수준을 넘는 수리적 분석이 필요하므로 생략하겠다.

[그림 IO-3-5] 완전경쟁기업과 산업의 단기균형

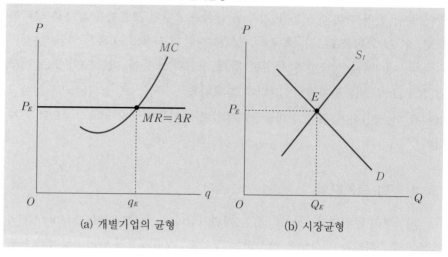

(a) 개별기업의 균형   (b) 시장균형

생산자잉여

생산자잉여는 소비자잉여(consumer's surplus)와 유사한 개념이다. 소비자잉여는 교환으로부터 얻는 소비자의 이익을 화폐단위로 나타낸 지수이다. 이는 화폐로 표현된 소비자의 총효용에서 소비자의 지출액을 뺀 값이었다(7.5절 참조). 생산자잉여는 생산자가 누리는 교환의 이익을 화폐단위로 나타낸 지수이다.

생산자잉여의 개념을 [그림 10-3-6]을 이용하여 살펴보자.

[그림 10-3-6]은 사과(X)시장의 단기균형을 예시한 것이다. 균형가격은 1,000원이고 균형거래량은 10,000개이다. 시장공급은 가격이 400원일 때부터 시작된다. 시장가격이 400원 미만이면 어떤 기업도 사과를 공급하려 하지 않는다. 시장에 10,000개의 사과가 공급되기 위해서 최소한 사과가격은 1,000원이 되어야 한다. 물론 1,000원에 공급되는 10,000개의 사과 중 상당수는 1,000원 미만의 가격에서도 기꺼이 공급되었을 것이다. 예컨대 첫 번째 단위의 공급업자는 가격이 400원이면 기꺼이 공급할 용의가 있다. 이 공급업자는 600(=1,000 − 400)원의 잉여(surplus)를 얻고 있다. 마찬가지로 500번째 단위의 공급업자는 가격이 550원이면 기꺼이 공급할 용의가 있다. 이 공급업자는 450원의 잉여를 얻고 있다.

사과산업 내의 모든 공급업자가 받는 잉여의 총합은 빗금친 삼각형의 면

[그림 10-3-6] 생산자잉여: 시장

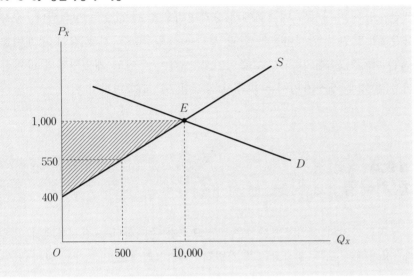

적이 된다. 이는 생산자들의 총수입(시장 전체매출액 혹은 소비자의 총지출액)에서 생산자들이 기꺼이 공급할 용의가 있는 최소 금액(즉, 모든 기업의 가변비용의 합)을 뺀 값이다. 알프레드 마샬(Alfred Marshall)은 이 면적을 생산자잉여(producer's surplus)라 명명하였다.

[그림 10-3-7] 생산자잉여: 개별기업

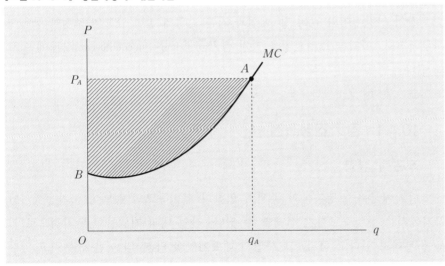

생산자잉여

생산자의 매출액에서 총가변비용을 뺀 값

생산자잉여는 개별기업 차원에서도 정의될 수 있다. 개별기업이 누리는 생산자잉여는 기업의 매출액에서 총가변비용을 뺀 값으로 정의된다. 총가변비용은 각 단위의 한계비용의 합과 같다. [그림 10-3-7]과 같이 한계비용곡선(혹은 단기공급곡선)이 MC로 주어지고 가격이 P_A이고 개별기업의 균형산출량이 q_A일 경우 생산자잉여는 빗금친 삼각형 BP_AA의 면적이 된다.

10.4
장기균형

지금까지의 단기균형분석은 고정요소가 존재한다는 전제하에서 이루어졌다. 장기에는 모든 생산요소가 가변적이다. 그러므로 기업가는 설비규모도 확장 혹은 축소시킴으로써 공장규모를 조정할 수 있다. 극단적으로 어떤 기업이 기존의 산업을 퇴출하여 새로운 산업으로 전환(즉, 진입)할 수도 있다.

따라서 장기에서 기업들은 주어진 시장가격하에서 자사(自社)의 비용조건에 가장 적합한(즉 이윤을 극대화하는) 최적설비규모를 선택한다. 장기에서 최적규모를 선택하는 기업들은 기존 기업일 수도 있고 진입해 오는 새로운 기업일 수도 있다. 기존 기업들은 기존의 규모에서 최적규모로 조정해 갈 것이고, 진입 기업들은 무(無)에서 최적규모의 기업을 설립할 것이다.

장기조정은 이와 같이 창·폐업과 기존 기업의 설비 규모의 조정을 통하여 이루어진다. 이러한 조정과정을 거쳐 장기균형(long-run equilibrium)상태에 이르게 된다.

10.4.1 장기조정과정

직관적 설명

단기에서는 고정자본의 존재로 인하여 설비규모의 선택이 불가능했지만 장기에서는 설비규모까지 선택할 수 있다. 산업 내의 기업들이 단기적으로 이윤을 누리고 있다고 하자. 그 산업의 대표기업이 양(陽)의 이윤을 누리고 있다는 사실은 잠재적 기업들에게 이 산업으로 진입하라는 신호가 된다. 그 결과 시장 전체적으로 생산물의 공급량이 증가하게 된다. 따라서 시장가격은 하락 하게 된다. 가격이 하락하면 기업들의 이윤이 점차 감소한다. 이에 따라 기존 기업들은 생산설비를 축소시키고 진입 기업들의 수(數)도 줄어들 것이다. 이러 한 조정과정은 산업 내의 이윤이 사라질 때까지 계속된다. 만일 상품가격이 평 균비용 이하로 하락하여 대표기업들이 단기적으로 손실을 보고 있다고 하자. 이러한 상황에서 기존 기업들은 산업으로부터 퇴출하거나 생산시설을 축소시 킨다. 산업에서의 설비규모와 산업 내에 존재하는 기업의 숫자가 감소하면 시 장 전체의 생산량이 줄고, 가격은 상승할 것이다. 이러한 과정은 이 산업에 속 한 기업들이 입는 손실이 사라질 때까지 계속된다.

산업의 장기조정

설명의 편의상 산업 내의 모든 기존 기업과 진입 기업의 비용조건이 동일 하다고 가정하자. 초기 상태에 기존 기업들은 [그림 10-4-1] (a)에서 SAC_0(혹 은 SMC_0)로 묘사되는 설비규모를 가지고 있다. 초기 상태에서 산업의 단기공급 곡선은 [그림 10-4-1] (b)의 S_0이다. 이 때 가격은 P_0가 되고 기업의 단기균형 은 q_s에서 성립한다. 그러나 장기적으로 기업은 설비규모를 SAC_1(혹은 SMC_1)으 로 조정하고 산출량도 q_s에서 q_d로 증가시킨다. 진입 기업들은 SAC_1의 규모로 진입한다. 이러한 과정에서 기존 기업의 단기공급곡선이 SMC_0에서 SMC_1으로 이동한다. 진입 기업의 단기공급곡선도 SMC_1이 된다. 기존 기업의 설비규모 조정과 진입에 따라 산업의 단기공급곡선은 그림 (b)의 S_0에서 S_1으로 이동하고 이에 따라 상품가격은 P_1으로 떨어진다. P_1이 LAC의 꼭지점 E점에서의 평균 비용보다 높다고 하자. P_1하에서도 기업은 이윤을 누리게 된다. 이와 같이 이윤 이 존재할 경우 새로운 기업들은 이 산업으로 진입해 들어올 것이다. 이에 따라 산업의 공급곡선은 우측으로 이동하고 가격은 계속 하락한다. 이러한 조정과정 은 대표기업의 이윤이 0이 될 때까지 계속될 것이다. 시장가격이 LAC의 꼭지 점 E점의 높이, 즉 P_2가 될 때 이윤은 0이 된다.

시장가격이 P_2가 되려면(즉, 이윤이 0이려면) [그림 10-4-1]에서 보듯이 산 업의 단기공급곡선이 반드시 P_2에서 수요곡선과 교차해야 한다. 그러자면 산

[그림 IO-4-I] 경쟁기업의 장기조정과 시장균형

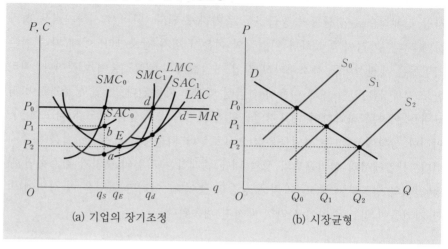

(a) 기업의 장기조정 (b) 시장균형

업의 단기공급곡선은 그림 (b)의 S_2까지 이동해야 한다. 시장가격이 P_0에서 P_2로 하락할 때 개별기업의 생산량은 q_d에서 q_E로 감소한다. 그러나 산업 생산량은 [그림 10-4-1]의 (b)에서 보듯이 Q_0에서 Q_2로 증가한다. 이는 진입 기업에 의한 생산이 기존 기업들의 산출량 감소를 상쇄시키고 남을 정도로 크게 늘어났기 때문이다.

장기조정과정을 요약해 보자. 이윤이 있을 경우 진입이 발생한다. 이에 따라 산업의 단기공급곡선이 오른쪽으로 이동하고 가격은 하락한다. 이러한 현상은 이윤이 0이 될 때까지 지속된다. 최소 장기평균비용과 가격이 일치할 때 이윤은 0이 된다. 대표기업이 적자를 보게 될 경우 기존 기업들은 생산설비를 축소하거나 산업으로부터 퇴출한다. 이로 인해 산업의 단기공급곡선은 왼쪽으로 이동하고 가격은 상승한다. 장기적 조정과정은 궁극적으로 이윤이 0일 때 종결된다.

10.4.2 기업의 장기균형

완전경쟁하의 장기 조정과정은 대표기업의 이윤(혹은 손실)이 0일 때 종결된다. 이는 경쟁기업의 장기균형은 장기평균비용(LAC)과 가격(P)이 일치할 때 성립한다는 것을 말해 주고 있다. 그러나 $LAC=P$의 조건이 성립한다고 해서 반드시 장기균형상태에 있다고 할 수 없다. 균형상태란 개별기업 차원에서 볼 때 이윤이 극대화된 상태이다. 이윤을 극대화하려면 $MR(=P)=LMC$의 이윤극대화 조건이 성립해야 한다. 만일 $LAC=P$가 성립하면서 한계수입이 한계비용보다 크다면($MR>LMC$), 기업들은 $LAC=P$가 성립하는 현재의 산출수준보다 많은 양을 생산하려 할 것이다. 따라서 개별기업의 장기균형이 성립하려면 다음의 두 가지 조건이 동시에 성립해야 한다.[16]

(10.4.1) $LAC=P$

(10.4.2) $MR(=P)=LMC$

첫 번째 조건은 0이윤조건(zero profit condition)이라고 불린다. 이는 진입과 퇴출이 일어나지 않을 조건이다. 두 번째 조건은 이윤극대화 조건이다. 이는 개별기업의 균형조건이다. 두 조건이 동시에 충족되는 상황, 즉 $P=LMC=LAC$의 등식이 동시에 성립하는 상황은 오직 장기평균비용곡선의 꼭지점에서만 나타날 수 있다. 이 두 조건을 모두 충족시키는 장기균형점은 [그림 10-4-2] (a)의 E점이다. 또한 그림 (b)는 시장가격이 P^*일 때 기업이 E점을 선택한

[그림 l0-4-2] 완전경쟁하의 개별기업의 장기균형

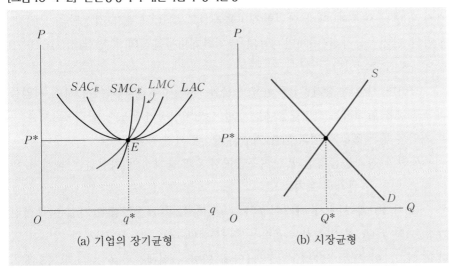

(a) 기업의 장기균형

(b) 시장균형

---

16 여기서의 두 가지는 개별기업 차원의 장기균형조건일 뿐 시장균형조건은 아니다. 시장(산업)균형이 성립하기 위해서는 위의 두 조건 이외에 시장의 균형조건인 시장의 수요량과 공급량이 일치해야 한다.

다는 것을 보여 주고 있다. 지금까지 우리는 장기균형이 성립하기 위한 조건이 무엇인가를 논의하였다.

이제 장기균형의 특징을 이해하기 위하여 장기균형상태의 모습을 생각해 보자. [그림 10-4-2]에서 SAC_E와 SMC_E는 장기균형상태에서 기업의 설비규모를 나타내고 있다(설비규모의 선택이 끝난 이후는 다시 단기비용조건이 됨에 주의하라). SAC_E와 SMC_E는 모두 E점을 통과하고 있다. 이상의 논의를 종합하면 장기균형점 E에서는 다음 조건이 충족된다.

경쟁기업의 장기균형 조건
$P=SMC=$
$LMC=SAC=$
LAC

(10.4.3)　　$P=SMC=LMC=SAC=LAC$

10.4.3 산업의 장기공급곡선

산업의 장기공급곡선은 어떻게 도출될 수 있을까? 산업의 공급곡선을 도출하려면 주어진 가격에서의 산업 전체의 공급량을 알아야 한다. 산업의 공급량을 알기 위해서는 먼저 개별기업들의 생산량을 알아야 한다.

산업의 단기공급곡선을 도출하는 과정에서 주어진 가격하의 개별기업들의 생산량은 단기한계비용곡선을 이용하여 쉽게 알 수 있다. 이 경우 생산요소가격의 변동 여부에 따라 단기한계비용곡선의 이동 여부가 결정됨을 보았다. 산업의 단기공급곡선은 개별기업의 단기한계비용곡선의 수평합(水平合)을 구함으로써 도출되었다.

그러나 산업의 장기공급곡선을 도출할 때는 주어진 가격에서 기존 기업들의 공급량을 합해서는 산업공급량을 구할 수 없다. 장기에 있어 산업공급량은 기존 기업은 물론 진입 기업과 퇴출 기업의 생산량까지 감안해야 하기 때문이다.

산업의 장기공급곡선과 단기공급곡선의 도출과정의 차이를 이해하기 위해 다음 상황을 생각해 보자.

[그림 10-4-3]에서 가격이 P_1으로 주어져 있다. 이 경우 기업은 주어진 가격(P_1)과 LMC가 일치하는 q_1을 택할 것이다. 산업 내에 100개의 기업이 있다고 하자. 이 경우 P_1에서 기존 기업에 의한 산업생산량은 $100q_1$이 될 것이다. 그러나 P_1하에서 이윤이 존재할 경우 진입이 일어나고 이에 따라 산업생산량은 $100q_1$ 이상으로 증가한다.

장기에서는 진입과 퇴출로 인해 산업 내 기업의 개수가 변할 수 있다. 바로 그 점으로 인해 산업의 장기공급곡선 도출이 어려운 것이다. 산업의 장기공급곡선은 진입(퇴출) 기업과 기존 기업의 산출량을 동시에 고려함으로써 도출가능하다. 개별기업의 생산량을 결정해 주는 것은 시장가격과 LMC이다. 산업의 단기공급곡선의 도출과정에서 SMC처럼 산업 전체의 요소사용량이 증가할 때 LMC도 그 요소가격의 변화방향에 따라 이동할 수 있다. 앞에서 보았듯이, 산업은 요소가격의 변화 여부에 따라 비용불변산업, 비용증가산업과 비용감소산업으로 분류된다. 세 가지 경우로 나누어 산업의 장기공급곡선을 도출해 보자.

비용불변산업

P_0하에서 장기균형상태에 있는 산업을 생각해 보자. [그림 10-4-3]의 (a)에서 보듯이 P_0하에서 대표기업은 q_0를 생산하고 있다. 이제 소비자들의 소득증가로 시장수요곡선이 [그림 10-4-3]의 (b)에 나타나 있듯이 D에서 D'로 이동했다고 하자. 가격은 P_1으로 상승하고 기업의 균형점은 그림 (a)의 A점에서 B점으로 이동한다. 그러나 B점은 기업의 장기균형점일 수 없다. B점에서 기업의 이윤은 양(陽)이다. 그러므로 새로운 기업들이 진입해 들어올 것이다. 진입이 발생하면 단기시장공급곡선은 오른쪽으로 이동한다. 진입은 기업의 이윤이 0이 될 때까지 지속될 것이다. 이윤이 0이 되려면 시장가격은 초기의 가격수준(P_0)으로 떨어져야 한다. 단기시장공급곡선이 S'까지 이동했을 때 시장가격은 초기균형가격 P_0와 일치한다. 새로운 균형상태에서의 산업공급량은 Q_E에서 Q_E'로 증가한다. 새로운 균형가격과 초기의 균형가격이 일치하는 것은 산업전체의 산출량이 증가해도 개별기업의 비용곡선에는 아무런 영향을 미치지 않기 때문이다. 새로운 균형상태에서 기존 기업들은 초기의 장기균형생산량과 동일한 수준을 생산한다. 달라진 것은 진입으로 인한 기업의 숫자이다. 진입으로 말미암아 그림 (b)처럼 산업의 단기공급곡선이 S'로 이동한다. 결국 시장가격 P_1에서 P_0로 떨어진다. 기업은 장기균형점 A를 선택한다.

이와 같이 비용불변산업에서 새로운 장기균형가격은 언제나 초기의 장기균형가격으로 돌아온다. 달라진 것은 산업 내 기업의 숫자이다. P_0하의 장기공급량은 그림 (b)의 Q_E일 수도 있고 Q_E'일 수도 있다. 따라서 비용불변산업의

[그림 10-4-3] 산업의 장기공급곡선: 비용불변산업

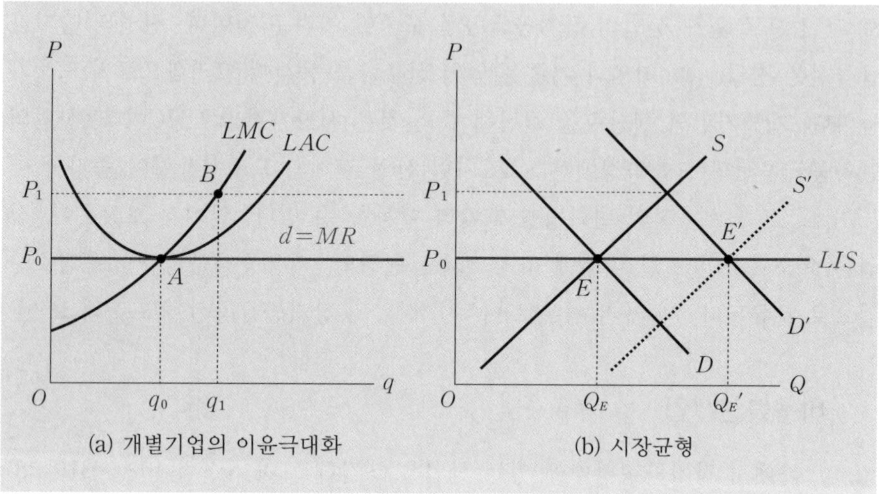

(a) 개별기업의 이윤극대화　　　　　　(b) 시장균형

장기공급곡선은 그림 (b)의 E점과 E'점을 잇는 수평선으로 나타난다.

　　여기서 산업의 장기공급곡선이 수평선으로 나타나기 위해 장기평균곡선 (LAC)의 모양이 수평선(즉, 규모에 대한 수확불변)이 되어야 하는 것은 아니라는 점에 유의할 필요가 있다. LAC 모양이 U자(字), 일자(一字), 혹은 L자(字)의 어느 경우라도 산업의 장기공급곡선은 수평선일 수 있다. 다만 LAC 모양이 전체 시장수요량에 이르기까지 음의 기울기를 갖는 경우 산업의 장기공급곡선은 수평선이 되지 않는다. 따라서 비용불변산업에 있어서 상당한 산출수준까지 규모의 경제가 존재하지 않는 한 장기산업공급곡선(long-run industry supply curve: LIS)의 모양은 수평선이 된다.

비용증가산업

　　비용증가산업(費用增加産業)이란 산업 전체의 산출량이 증가할 때 그 산업에서 사용하고 있는 생산요소의 가격이 상승하는 경우이다. 비용증가산업에서도 [그림 10-4-4]에서 볼 수 있듯이 수요곡선이 D'로 이동하면 단기균형가격이 P_{L_0}에서 P_1으로 상승한다. 비용증가산업의 경우 가격이 상승하면 다음과 같은 상반된 방향의 두 가지 힘이 작용한다. 첫째, 산업산출량의 증가로 기업의 비용곡선들이 위쪽(혹은 왼쪽)으로 이동한다. 이는 비용불변산업에서 볼 수 없는 새로운 현상이다. 비용곡선의 상측 이동은 산업의 단기공급곡선을 왼쪽 방향으로 이동시킨다. 둘째, 기존기업은 생산규모를 확장하고 새로운 기업들은 진입한다. 기존기업의 생산규모의 확장과 새로운 기업들의 진입은 모두 산업의 단기공급곡선을 오른쪽으로 이동시킨다. 이 때 후자의 힘이 전자의 힘보다 강하여 전체적으로 산업의 단기공급곡선은 오른쪽으로 이동한다.[17]

이러한 장기 조정과정은 [그림 10-4-4]에서 예시되고 있다. 초기의 장기균형점을 [그림 10-4-4] (b)의 E_{L_0}라고 하자. 이 때의 장기균형가격은 P_{L_0}이다. 설명의 편의상 요소가격의 상승으로 인해 한계비용곡선과 평균비용곡선(LAC)의 상향이동이 먼저 나타나고 나서 진입이 일어난다고 하자. 한계비용곡선이 이동하면 산업의 단기공급곡선은 그림 (b)의 S에서 S'로 왼쪽 방향으로 이동한다. 이 때의 단기균형가격을 P_S라 하자. 진입이 일어나면 S'곡선은 S''로 이동한다. 따라서 새로운 균형가격 P_{L_1}은 단기균형가격 P_S보다는 낮지만 초기의 장기균형가격 P_{L_0}보다 높아진다(P_{L_0}보다 높은 가격에서만 LAC'과 양립가능함에 주목하라). 그림 (b)에서 보듯이 초기균형점 E_{L_0}와 새로운 균형점 E_{L_1}을 연결하

[그림 10-4-4] 산업의 장기공급곡선: 비용증가산업

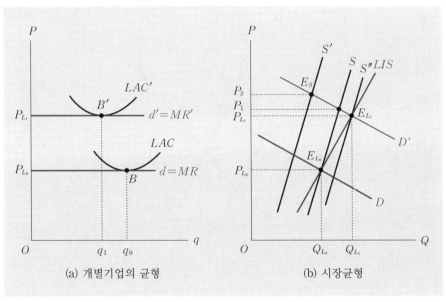

(a) 개별기업의 균형   (b) 시장균형

---

17 후자의 힘이 전자의 힘보다 약하면 산업의 단기공급곡선은 왼쪽으로 이동하므로 주어진 가격하에서 산업생산량이 감소하게 된다. 이 경우 요소가격의 상승은 불가능하다.

면 우상향하는 LIS곡선을 얻을 수 있다. 이 곡선이 바로 비용증가산업의 장기
공급곡선이다.

그런데 새로운 장기균형점에서 개별기업의 산출량(q_1)과 초기의 균형산출
량(q_0) 중 어느 쪽이 더 클지는 단정할 수 없다. 그림 (a)의 B'점은 B의 오른쪽
에 위치할 수도 있고 왼쪽에 위치할 수도 있다. 이는 비용불변산업의 경우에
개별기업의 장기균형산출량이 불변이었던 것과 대조를 이룬다.

비용감소산업

비용감소산업(費用減少產業)은 산업생산량이 증가함에 따라 생산요소의 가
격이 하락하는 산업이다. 이는 생산요소의 수요량이 증가함에 따라 생산요소
의 가격이 하락하는 경우이다.[18] 특정 산업에서 대량생산의 이점으로 인하여
요소가격이 하락할 수 있다.

비용감소산업의 경우에 일어나는 장기조정과정의 초기점은 앞의 두 가지
경우와 같다. [그림 10-4-5]에서 시장수요가 D_0에서 D_1으로 증가하면 단기균

[그림 l0-4-5] 산업의 장기공급곡선: 비용감소산업

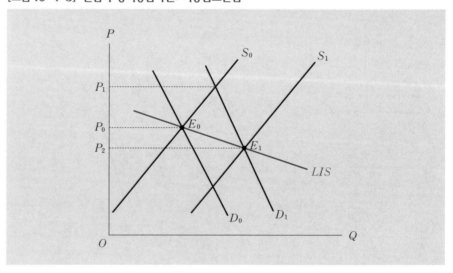

---

18 생산자들의 기술혁신으로 요소가격이 하락했다면 이는 비용감소산업이라고 할 수 없다. 비용감
소산업이 되려면 요소가격의 하락이 반드시 그 요소를 사용하는 산업의 생산량의 증가에 기인해
야 한다.

형가격은 P_1으로 상승한다. 기존 기업은 초과이윤을 누리면서 생산설비를 확장하고 산출량을 증가시키며, 새로운 기업이 산업에 진입한다. 산업생산량의 증가는 생산요소의 수요를 증가시킨다. 그러나 비용감소산업에서는 생산요소의 가격이 하락한다. 생산요소가격의 하락으로 개별기업의 장기평균비용곡선과 장기한계비용곡선은 아래쪽 방향으로 이동한다. 비용곡선의 하락은 한편으로 단기시장공급곡선을 우측으로 이동시킨다. 또 다른 한편 새로운 기업의 진입도 사후적으로 단기시장공급곡선을 우측으로 이동시킨다. 따라서 비용곡선이 하락하고 진입이 발생하면 단기시장공급곡선은 S_0에서 S_1까지 오른쪽 방향으로 이동한다. 새로운 균형가격은 초기균형가격 P_0보다 낮은 P_2에서 결정된다. 초기균형점 E_0와 새로운 균형점 E_1을 [그림 10-4-5]에서 보듯이 연결하면 산업장기공급곡선을 얻는다. 비용감소산업의 장기공급곡선은 우하향한다는 데에 주의하기 바란다.

10.4.4 완전경쟁시장의 장기균형가격

지금까지의 논의를 통해서 장기균형 상태에서 완전경쟁시장의 가격은 다음과 같은 특징을 갖고 있음을 보았다.

[그림 10-4-6] 완전경쟁시장의 장기균형: 비용증가산업

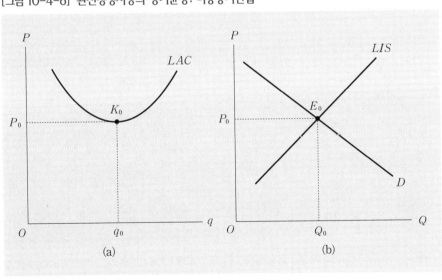

$$P = SMC = LMC = SAC = LAC$$

[그림 10-4-6]은 비용증가산업의 경우 완전경쟁산업의 장기균형상태를 보이고 있다. (a)의 K_0점과 (b)의 E_0점은 이러한 장기균형상태에 있어서 기업과 시장의 자원배분을 보여 주고 있다. 균형거래량은 Q_0이고 균형가격은 장기 평균비용곡선의 최저점인 P_0에서 결정된다. 이는 완전경쟁시장의 균형가격은 수요조건과 상관없이 비용조건에 의해서 결정된다는 것을 의미한다.[19]

거래비용과 균형가격

현실의 시장가격이 과연 P_0에서 결정될까? 그렇지 않다. 통상 시장거래를 위한 정보 및 흥정비용과 같은 거래비용의 존재나 정부의 조세정책 및 가격규제 등으로 인하여 시장가격은 비용조건만을 반영하지 않는다.

[그림 10-4-7]은 판매세가 부과되었을 때 시장가격과 기업행동이 어떻게 달라지는지를 보여 준다. 그림에서 D는 수요곡선을, LIS_0는 판매세가 부과되기 이전의 산업장기공급곡선을 나타낸다. 판매세가 부과되면 시장공급곡선도 그림 (b)의 LIS_0에서 왼쪽으로 이동하여 LIS_1이 된다. 새로운 균형가격은

[그림 10-4-7] 거래비용과 균형가격

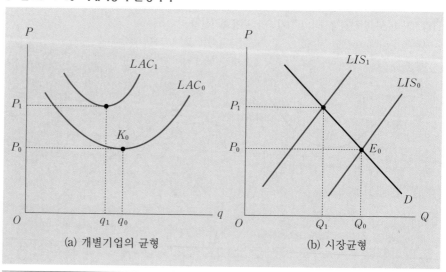

(a) 개별기업의 균형   (b) 시장균형

---

19 이는 가격은 생산비에 의해서 결정된다는 생산비설이 완전경쟁시장하에서 타당하다는 것을 의미한다. 그러나 생산비설은 불완전경쟁시장이론에서는 타당하지 않다(제11~13장 참조).

P_1이 되고 기업의 장기균형점은 그림 (a)의 q_0에서 q_1으로 이동한다. 그림 (a)에서 LAC_0가 LAC_1으로 이동한 것은 조세의 부과로 인한 것이다.

10.5
완전경쟁시장의 평가

10.5.1 완전경쟁시장의 자원배분성과

완전경쟁시장은 장점과 단점을 동시에 가지고 있다.

완전경쟁시장의 최대 장점은 효율적 자원배분(資源配分)을 실현시킨다는 데에 있다. 효율성의 측면에서 가장 탁월한 시장조직인 완전경쟁시장의 성과에 대한 평가는 다음 세 가지 논거에 입각하고 있다.

첫째, 효율성 관점이다. 단기균형과 장기균형상태에서의 시장가격(P)이 한계비용(MC)과 일치한다. 수요이론에서 본 것처럼 시장가격은 한계소비자(限界消費者; 시장에 가장 나중에 참여하는 마지막 소비자)가 한 단위를 소비하기 위해 지불할 용의가 있는 최대 화폐액(그 재화의 한계가치)을 나타낸다. 마지막 소비자의 한계가치는 그 재화의 사회적 가치를 나타낸다.[20] 시장가격과 한계비용이 같다는 것은 시장에서 거래되는 상품의 마지막 단위에 대한 사회적 가치와 그 마지막 단위의 한계생산비용, 즉 기회비용이 일치한다는 것을 뜻한다. 따라서 $P=MC$의 조건에서 자원배분이 일어난다는 것은 사회적 관점에서 자원배분이 효율적으로 이루어지고 사회후생이 극대화되고 있음을 시사한다.

여기서 사회후생을 극대화한다는 것이 공평성(公平性, equity)을 달성하는 것으로 해석되어서는 안 된다. 여기서의 사회후생수준은 소비자잉여와 생산자잉여의 합으로 정의되는 개념으로서 분배구조와는 무관한 개념이다.

둘째, 생산비용의 관점이다. 장기균형상태에 있는 모든 기업은 장기평균비용곡선의 최저점에서 생산한다. 이것은 기업이 상품을 실현가능한 최소비용으로 생산하고 있음을 뜻한다. 무엇이 기업으로 하여금 최저점에서 생산하도

---

20 엄밀히 말해서 이 명제는 외부경제가 존재하지 않는 한 성립한다. 외부경제에 관해서는 제19장에서 논의한다.

록 만들었을까? 진입과 이탈의 장벽이 없다는 완전경쟁시장의 조건 때문이다. 철저한 경쟁으로 인해 모든 기업은 최소비용에서 생산하지 않을 수 없다.

셋째, 완전경쟁시장에서는 광고경쟁 등의 판매촉진경쟁이 일어나지 않는다. 완전경쟁시장에서는 상품이 동질적이므로 공급자들은 주어진 가격에 얼마든지 팔 수 있다. 광고를 비생산적인 활동으로 본다면 광고경쟁이 없는 완전경쟁시장은 효율적으로 자원을 배분한다고 볼 수 있다.

이상과 같은 완전경쟁시장의 바람직한 성과 때문에 많은 경제학자들은 완전경쟁시장을 우리가 지향해야 할 이상적 시장조직으로 생각하게 되었다.

10.5.2 완전경쟁시장이론의 평가

완전경쟁시장이론의 기여

첫째, 완전경쟁시장이론은 이론의 단순함에도 불구하고 현실 시장의 운동법칙을 잘 설명해 준다. 완전경쟁시장이론에서 가격은 시장을 자율적으로 조정하는 보이지 않는 손(invisible hand)이다. 가격은 경쟁압력에 의해 조정된다. 완전경쟁시장이론은 왜 예컨대 마늘 가격이 때로는 상승하고 때로는 하락하는지를 밝혀준다.

둘째, 현실의 시장구조를 평가할 수 있는 표준을 제공해 준다. 시장가격이 한계비용과 얼마만큼 괴리가 있는지, 현실 시장의 후생손실액이 얼마나 되는지를 평가할 준거점을 제시해 준다.

완전경쟁시장이론의 한계

완전경쟁시장이론은 최근 지식경제시대가 열리고 내생적 성장이론이 개발되면서 많은 비판에 직면하고 있다. 완전경쟁시장이론의 문제점은 다음과 같다.

첫째, 완전경쟁시장은 현실적으로 달성하기가 거의 불가능하다. 존재하지도 않는 비현실적 시장은 적합성이 없다.

둘째, 완전경쟁이론은 특수이론으로서 규모의 경제가 존재하는 산업과 양립할 수 없다. 규모의 경제가 존재하는 산업은 고정요소에 대한 막대한 고정투자가 필요한 산업으로서 수확체증이 나타난다. 규모경제로 인해 수확체증이 나타나면 산업의 경쟁 압력은 사라진다. 만일 규모의 경제가 발생하는 기술을 갖는 산업이 존재한다면 이는 자연독점이나 과점시장이 될 수밖에 없다.[21] 규모의 경제가 존재할 경우 기업이 생산량을 증가시킴에 따라 생산비가 떨어진다. 따라서 산업 내에서 가장 경쟁력 있는 기업은 시장수요량을 전부 다 생산하는 기업이 될 것이다. 이 경우 생산자가 다수라는 완전경쟁의 조건이 성립되지 않으므로 경쟁적 시장구조가 성립할 수 없다.

규모의 경제가 나타나는 산업은 얼마나 일반적일까? 다시 말해서 완전경쟁시장모형을 적용할 수 없는 산업은 얼마나 많을까? 한마디로 완전경쟁시장모형을 적용할 수 없는 영역은 매우 넓다. 자동차, 철강, 반도체, 휴대폰 산업, 선박 등 우리나라 성장전략 산업은 모두 규모경제가 나타나는 산업이다. 또, 지식이 핵심 생산요소인 제조업과 서비스업도 모두 규모의 경제가 나타난다. 왜냐하면 지식은 고정요소이기 때문이다.[22] 최근 지식정보시대가 열리면서 지식이 생산 및 성장의 엔진이 되고 있는 산업은 급격히 늘어나고 있다.

요컨대, 완전경쟁시장이론은 규모의 경제가 중요하지 않은, 고정요소와 지식이 중요하지 않은, 수확체감이 일어나는 매우 예외적 기술조건에서 나타나는 특수이론(特殊理論)이라고 볼 수 있다.

10.6
응용예

토지보유세의 도입, 주택 임대료의 통제 및 규제해제정책의 효과를 분석할 때 완전경쟁모형이 어떻게 사용되는지를 구체적 예로써 설명해 보자.

[응용 예 I] 토지보유세 도입 효과

토지보유세(土地保有稅)의 효과를 완전경쟁시장모형을 가지고 설명해 보자.

---

21 이에 대한 논의는 제11장을 참조하라.
22 지식의 한계비용은 영(zero)이다. 여기서 한계비용은 한계생산비용이 아닌 한계소비가격을 말한다.

[그림 10-6-1]은 경쟁적 임대토지 시장을 나타내고 있다. 토지의 총공급량은 Q_0로서 고정되어 있다고 가정하자. 따라서 공급곡선 S는 그림에서 보듯이 수직선이다. 토지보유세가 도입되기 이전 초기 수요곡선은 D_0로서 우하향한다. 임대료가 쌀수록 토지 임대에 대한 수요는 늘어난다는 것을 반영하고 있다.

토지보유세가 도입되기 이전 초기 균형점은 E_0이다. 균형 거래량은 Q_0이고 지대(토지 임대료)는 R_0가 된다. 토지보유세가 없는 초기 상태에서 임대수요자가 지불하는 수요자 가격(buyer's price)과 토지 공급자, 즉 지주(地主)가 받는 공급자 가격(seller's price)이 R_0로서 일치한다.

이제 토지보유세가 도입되었다고 하자. 단위면적당 $t\%$의 조세가 부과되었다.[23]

토지보유세는 토지공급곡선에 아무런 영향을 미치지 못할 것이다. 토지공급량은 물리적으로 고정되어 있기 때문이다. 또한, 토지보유세는 토지수요곡선에도 아무런 영향을 미치지 못한다. 왜냐하면 수요자 가격(buyer's price), 즉 주어진 토지에 대해 임대 수요자가 지불할 수 있는 최대금액은 임대토지로부터 벌 수 있는 사업수익에 의해 결정되는 세금과는 아무런 관계가 없기 때문이다. 토지보유세가 도입된 이후 수요곡선은 여전히 D_0로서 불변이고 새로운 균

[그림 10-6-1] 임대토지시장의 균형: 토지보유세 도입 이전

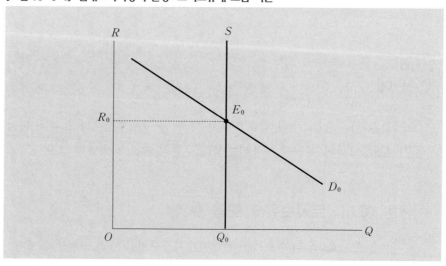

---

23 보유세는 가격에 일정률을 부과하는 종가세(從價稅, ad valorem tax)이다. 현실에서는 누진율이 적용되지만 여기서는 분석의 편의상 비례세로 부과된다고 가정한다.

형점은 E_0이다. 따라서 토지보유세가 도입된 이후에도 소비자가 지불하는 수요자 가격(buyer's price)과 임대토지 거래량은 초기 균형점과 동일하다. 소비자가 지불하는 지대는 여전히 R_0이고 거래량은 Q_0이다.

반면에 보유세가 부과되면 지주가 받는 공급자 가격(seller's price)을 기준으로 한 수요곡선은 [그림 10-6-2]의 D_0에서 D_1로 아래 쪽으로 이동한다.[24] 따라서 공급자 관점에서 새로운 균형상태는 D_1과 S가 교차하는 E_1이 된다. 지주가 받는 공급자 가격(seller's price) R_1은 $R_0(1-t)$가 된다. 지주는 지대에서 $t\%$의 보유세를 납부해야 하기 때문이다.

보유세 도입 효과를 정리해 보자. 토지보유세의 도입 이후 임대토지 거래량은 Q_0로서 초기와 동일하다. 소비자(임대수요자)가 치르는 가격도 R_0로서 동일하다. 다만, 지주가 받는 임대료는 조세만큼 감소한다. 결국 조세는 지주가 100% 부담한다.[25]

이상의 논의는 토지보유세의 도입이 토지의 이용에 아무런 영향을 미치지 않는다는 것을 보여 주고 있다.

[그림 l0-6-2] 토지보유세의 효과

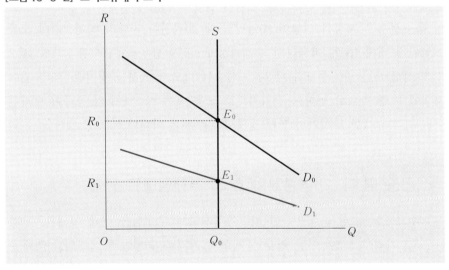

---

24 종가세(ad valorem tax)이기 때문에 그림에서 보듯이 소비자 가격이 높을 때는 두 수요곡선(D_0와 D_1)의 격차가 커지고 소비자 가격이 낮을 때는 격차가 작아진다.

25 조세를 실질적으로 누가 부담하느냐는, 소위 조세의 귀착(tax incidence)은 수요와 공급의 가격탄력성의 상대적 크기에 의해 결정된다. 탄력성이 상대적으로 작은 쪽이 많이 부담한다. 토지처럼 공급의 가격탄력성이 0일 경우 세금전액을 공급자, 즉 지주가 부담한다.

최근 담론의 주제 중의 하나인 토지보유세 강화 혹은 종합부동산세 도입 주장은 지대를 대상으로 부과되는 세금은 자원배분에 그다지 영향을 미치지 않는다는 점을 전제로 하고 있다. 지주나 부동산 소유주에게 세금이 귀착될 뿐 토지나 부동산 이용에는 별다른 부작용이 없음을 전제로 하고 있다. 특히, 토지에서 발생하는 지대를 대상으로 부과되는 세금은 자원배분에 그다지 영향을 미치지 않는다는 점을 인정한다면 지대에 대해 과세를 강화하자는 주장은 자원배분의 효율성 관점에서 설득력을 갖고 있다.[26]

토지보유세 강화 주장은 토지 공개념 강화를 의미한다. 왜냐하면 토지보유세는 앞에서 보았듯이 토지 지대에 대한 과세를 의미하고, 지대에 대한 과세는 사유(私有) 토지를 어느 정도 국가와 공유하는 것을 의미하기 때문이다. 극단적으로 지대에 대해 100%의 토지보유세를 과세한다는 것은 토지를 사실상 국가가 소유하는 국유(國有)를 의미하기 때문이다.

지대에 대한 과세가 자원배분에 전혀 영향을 미치지 않는다는 주장은 항상 성립하는 것은 아니다. 지대에 대한 과세가 장기적으로 해당 생산요소의 공급에 영향을 미치지 않는다는 전제하에서만 성립한다. 예컨대 토지보유세가 장기적으로 토지 공급에 영향을 미치지 않는다는 전제하에서만 성립한다. 만일 축구선수 박지성의 연봉이 30억원일 때 29억원이 지대라 하자. 지대 소득 29억원에 대해 100% 과세하면(즉 박지성의 소득세 납부액이 29억원이 되면) 제2의 박지성 혹은 박지성보다 더 나은 선수는 나오기 어려울 것이다. 이와 같이 지대에 대한 과세로 인하여 장기적으로 노동 혹은 생산요소의 공급이 달라진다면 지대에 대한 과세가 반드시 정당화되는 것은 아니다.[27]

[응용 예 II] 가격통제의 효과: 주택임대료 규제

수요-공급모형을 이용하면 최고가격제도의 문제점을 쉽게 이해할 수 있다. 최고가격(最高價格)이란 정부가 재화의 가격을 균형가격 이하의 가격수준

---

26 18세기 프랑스 경제학자 케네(Francois Quesnay, 1694~1774)는 토지 공개념 도입을 주장한 원조라고 할 수 있다. 케네는 가장 효율적인 조세제도로서 다른 모든 조세는 폐지하고 오직 지대에 대해서만 부과하는 '단일세'를 주장하였다. 다른 모든 조세는 거래를 위축시킴에 반하여 지대에 대한 과세인 토지세는 기본적으로 거래를 위축시키지 않기 때문이다.

27 지대, 특히 경제적 지대의 역할에 대해서는 15.5.1절을 참고하기 바란다.

으로 묶어버리는 가격규제정책(價格規制政策)을 말한다. 최고가격은 독과점품목의 가격 및 공급리규제 등의 형태로 우리 일상생활에서 흔히 볼 수 있다. [그림 10-6-3]은 주택임대시장을 보여 주고 있다. 만일 정부개입 없이 수요-공급의 힘만으로 결정되었더라면 균형가격과 균형거래량은 각각 OP^*, OQ^*가 되었을 것이다. 균형가격 OP^*가 너무 높다고 생각하여 정부가 OP_M이라는 최고가격을 설정했다고 하자. 이러한 최고가격에서는 수요량(OQ_D)이 공급량(OQ_S)을 초과하게 된다. 재화의 품귀현상(品貴現狀), 즉 초과수요가 발생한다. 최고가격하의 공급량은 균형가격하의 공급량인 OQ^*보다 적다는 점을 확인하기 바란다. 공급량이 제한될 경우 정부는 할당제도(割當制度)나 배급제도(配給制度)를 이용하기도 한다. 선착순이란 기준도 대기시간을 기준으로 한 할당제도이다. 또 정부가 가격을 통제할 경우 프리미엄경쟁 혹은 소비자차별이 발생할 수 있다.

임대료 통제(P_M)하에서 만일 암시장이 형성된다면 그 가격은 [그림 10-6-3]의 P_b가 될 것이다. P_M에서의 공급물량 Q_S에 대해 소비자들은 P_b까지는 기꺼이 지급하고자 할 용의가 있다. 이 때 $P_b - P_M$이 소비자가 지불하고자 하는 최대 프리미엄이 된다.[28]

[그림 l0-6-3] 주택임대료 규제의 효과

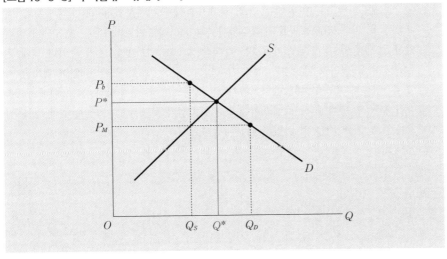

---

[28] 프리미엄경쟁에 의해서 초과수요가 해소될 경우 소비자가 치르는 실제 프리미엄은 최대 프리미엄($P_b - P_M$)과 일치한다.

제도적 요인에 의해 프리미엄경쟁이 불가능한 경우 공급자가 소비자를 선별해서 자기가 원하는 소비자에게만 물건을 공급하는 소위 소비자차별이 발생할 수 있다. 예컨대, 주택소유주는 아이가 딸린 세대보다는 신혼부부에게 주택을 임대하려 할 것이다. 이와 같이 임대료를 통제하는 경우에는 초과수요가 발생하고 이에 따라 이중가격(二重價格)의 부작용(副作用) 등이 발생할 수 있다.

[사례] 가격규제의 폐해: 로베스피에르의 공포정치와 최고가격제

로베스피에르(Robespierre: 1758–1794)는 프랑스 혁명 당시 자코뱅당의 지도자로서 공포정치와 최고가격제로 악명 높은 인물이었다. 그는 반대파들을 단두대에서 처형하였다.

프랑스 혁명 당시 유아 사망률이 높았다. 생필품 가격이 급등하고 특히 우유가격이 비쌌기 때문이었다. 로베스피에르는 우유 최고가격제를 실시하였다. 얼마후 로베스피에르는 정책효과를 점검하였다. 우유 최고가격제는 사태를 악화시켰다. 과거에는 비싸서 못 샀지만 이제는 우유 구하기가 하늘의 별따기였다. 유아사망률이 더 높아지고 우유 공급량이 더욱 줄어들었다. 로베스피에르는 젖소 사육업자에게 '우유 공급량이 왜 더욱 줄어드는가?' 하고 물었다. 젖소 사육업자는 우유 값이 최고가격에 묶여 너무 낮다는 말은 차마 하지 못하고 '사료로 먹이는 건초 값이 너무 비싸 젖소를 키울 수 없습니다' 라고 대답하였다.

로베스피에르는 이번에는 건초 최고가격제를 실시하였다. 얼마 후 로베스피에르는 또 다시 정책효과를 점검하였다. 최악의 상황이었다. 우유 공급량이 형편없이 줄어 들었다. 로베스피에르는 다시 젖소 사육업자들을 불러 모았다. '왜 우유 공급량을 늘리지 않는가?' 젖소 사육업자들은 '건초를 구할 수 없어 젖소를 키울 수 없습니다' 라고 대답했다. 화가 난 로베스피에르는 '당장 건초 재배업자를 잡아오라'고 명령했다. 로베스피에르는 건초업자를 수배할 수가 없었다. 건초업자들은 전업(轉業)을 해 버렸기 때문이었다.

요약 SUMMARY

❶ 완전경쟁시장은 가격수용자 혹은 가격순응자의 시장이다. 완전경쟁시장이 성립하기 위해서는 다수의 공급자와 수요자, 동질적 상품, 완전정보, 무상진입과 퇴출의 조건이 모두 동시에 충족되어야 한다.

❷ 기간은 시장기, 단기, 장기로 구분된다. 시장기는 공급량을 변화시킬 수 없을 정도의 짧은 시간의 길이로서 최단기라고도 한다. 시장기의 가격은 주어진 공급량에 대해 배급장치로서의 역할과 기간별 할당의 역할을 한다.

❸ 기업가동 조건은 매출액이 총가변비용을 초과하는 것이다. 이윤극대화 조건은 한계수입(MR)과 한계비용(MC)이 일치되는 산출량을 생산하는 것이다.

❹ 완전경쟁시장에서 개별기업(가격순응자)의 수요곡선은 수평선이다. 이는 평균수입곡선인 동시에 한계수입곡선이 된다($P=AR=MR$). 기업의 단기균형은 $MR(=P)$ $=MC$ 조건이 충족되는 생산량에서 이루어진다.

❺ 평균가변비용이 최저가 되는 생산중단점을 기준으로 생산물의 가격이 그 이상일 경우 한계비용곡선(SMC)이 기업의 단기공급곡선이 되며 그 미만의 가격에서는 조업을 중단하게 된다.

❻ 비용불변산업에서 단기공급곡선은 개별기업의 공급곡선을 수평으로 합한 것이다. 비용증가산업의 경우에는 요소가격 상승으로 인해 기업의 단기공급곡선의 기울기가 비용불변산업의 경우보다 더 커지므로 산업의 단기공급곡선의 기울기도 더 커진다.

❼ 장기에는 단기에서 불가능했던 시설규모까지 선택이 가능하다. 기존 기업의 이윤은 신규 기업 진입의 유인이 되고, 적자는 기존 기업의 퇴출의 유인이 된다. 진입의 발생은 산업의 단기공급곡선을 오른쪽으로 이동시키고 가격을 하락시킨다. 이러한 장기조정과정은 이윤이 $0(LAC=P)$이 될 때까지 지속된다.

❽ 개별기업이 장기균형을 이루기 위해서는 0이윤조건($LAC=P$)이 성립해야 한다. 즉 진입과 퇴출이 일어나지 않아야 한다. 그리고 이윤극대화 조건인 $MR(=P)=LMC$가 성립해야 한다.

❾ 산업생산량이 증가할 때 요소가격의 변동방향에 따라 산업은 비용불변산업, 비용증가산업, 그리고 비용감소산업으로 분류된다. 비용불변산업에 있어서 장기공급곡선은 수평선이 된다. 비용증가산업의 경우 산업의 장기공급곡선은 우상향의 형태를 하지만 비용감소산업은 반대로 우하향한다.

❿ 완전경쟁시장의 장기균형가격은 비용조건에 의해서만 결정된다. 그러나 통상 거래비용, 정부의 조세정책 및 가격규제 등으로 시장가격은 비용조건은 물론 수요조건에 의해서도 영향을 받는다.

⓫ 완전경쟁시장은 효율적 자원배분을 실현시키지만 시장 자체가 비현실적이며 규모의 경제가 존재하는 경우 적용될 수 없는 특수모형이다.

⓬ 정부가 최고가격을 설정하여 가격을 규제하면 이중가격, 품질저하, 프리미엄경쟁, 소비자차별 등의 부작용이 발생한다.

_연습문제 QUESTION

01 완전경쟁시장인 사과시장의 수요함수와 공급함수가 다음과 같이 주어져 있다.

수요함수: $Q_D = -100P + 40,000$

공급함수: $Q_S = 300P$

여기서 P와 Q는 각각 가격과 수량을 나타낸다.

(a) 균형가격과 거래량을 구하라.

(b) 균형점에서 수요의 가격탄력치를 구하라.

(c) 단위당 10원의 물품세(excise tax)가 부과된다고 할 때 새로운 수요곡선과 공급곡선을 구하고 이를 그래프로 나타내 보아라. 물품세가 부과된 이후의 균형가격과 거래량을 구하라(단 물품세는 공급자가 납부하는 조세이다).

(d) 단위당 10원의 소비세가 부과된 이후의 균형가격과 거래량을 구하라(단 소비세는 소비자가 납부하는 조세이다).

02 완전경쟁의 장기균형조건을

(a) 그림으로 설명하고

(b) 정액세(lump-sum tax)가 부과되었을 경우 새로운 단기균형상태와 장기균형상태는 어떠한 모습인가를 설명하라.

03 완전경쟁하의 어떤 기업의 비용함수가 다음과 같이 주어져 있다.

$$C = q^3 - 14q^2 + 56q + 128$$

(a) 이 기업의 공급함수는?

(b) 이 기업이 조업중단을 고려하게 될 시장가격은?

(c) 산업 내에 기업이 100개가 있다고 하자. 이 산업의 공급곡선은?

(d) 만일 이상의 정보만으로 산업의 공급곡선을 도출할 수 있으려면 어떠한 조건이 추가적으로 필요한가?

04 각 개별기업은 다음과 같은 비용함수를 가지고 있다.

$$C = q^3 - 16q^2 + 69q + 128$$

이 산업 내에는 기업이 200개가 있다.

(a) 위의 비용함수는 단기비용함수인가, 장기비용함수인가? 그 이유는?

(b) 개별기업의 공급함수를 구하라.

(c) 산업의 공급함수를 구하라.

05 완전경쟁시장모형은 매우 비현실적 가정에 입각하고 있다. 그럼에도 불구하고 우리가 완전경쟁시장모형을 배우는 이유는?

06 산업산출량이 증가함에 따라 전문화된 요소가격이 하락한다고 하자.
　(a) 이 산업은 비용증가 산업인가, 비용감소 산업인가?
　(b) 이 산업에서 개별기업이 산출량을 증가시킬 유인을 갖겠는가? 규모의 경제가 존재하는 기업과의 차이를 설명하라.
　(c) 산업의 장기공급곡선(LIS)을 그려라.

07 철수는 자동차 타이어 공장을 운영한다. 그는 500만원으로 사업을 시작해서, 400만원은 공장, 실내장식, 보관창고를 구입했고, 100만원은 운영경비로 사용했다(타이어 산업은 완전경쟁시장이다).
　(a) 한 달 후, 타이어의 시장가격(P)은 단기평균비용(SAC)보다 낮고 가변비용($SAVC$)보다 높다는 것을 알았다. 철수는 계속 타이어산업에 남아 있겠는가? 이유를 설명하라.
　(b) 1년 후, 철수는 한계수입(MR)이 장기평균비용(LAC)보다 낮고 손해를 본다는 것을 알고, 타이어 판매를 늘려서 손실을 충당하기로 결정했다. 그의 결정이 옳았는지를 설명하라.

08 (a) 소의 사육비가 증가하거나, (b) 쇠고기에 대한 수요증가로 쇠고기값이 인상될 때 소가죽제품 가격에 미치는 영향을 각각 설명하라.

09 X재는 수입품이다. X재에 대한 국내 수요함수(Q_D^h), 해외 수요함수(Q_D^f)와 국내 · 해외 공급함수($Q_s^h \cdot Q_s^f$)는 다음과 같다.

$$Q_D^h = 100 - P_h, \qquad Q_D^f = 200 - 2P_f$$
$$Q_s^h = 2P_h - 50, \qquad Q_s^f = 10P_f - 40$$

　(a) X재에 대한 해외 초과공급함수와 X재에 대한 국내 초과수요함수를 구하라.
　(b) 국가간 수송비가 5일 때 자유무역하의 국내 · 해외 균형가격을 구하라.
　(c) 국가간 수송비가 t일 때 수입품에 대한 화물수송의 수요량을 t로 나타내라.
　(d) 국제교역(수출과 수입)이 발생할 수 없는 수송비를 구하라.
　(e) 수송비의 증가가 교역량 및 균형가격에 미치는 영향을 분석하라.

10 정부는 농민의 소득을 증가시키기 위해 다음의 두 방안을 고려중이다. (a) 생산된 쌀에 대해서 시장가격을 초과한 일정 수익률을 보장해 줄 수 있는 농가보조정책(deficiency payment system)과, (b) 정부가 쌀을 구입함으로써 시장가격을 P^*로 유지시켜 주는 가격지지정책이다. 두 대안을 집행하는 데 드는 정부의 비용을 그래프로 비교 · 설명하라(단, 수요의 가격탄력성은 1보다 크다).

CHAPTER 11

독점시장

지금까지 우리는 완전경쟁시장의 작동원리를 공부했다. 그러나 완전경쟁시장 모형은 비현실적 가정에 입각한 모형으로서 현실시장의 작동원리를 충분히 설명해 주지 못한다. 현실에서 대부분 시장들은 불완전경쟁시장이다. 불완전경쟁시장의 특징과 본질은 공급자가 유일한 독점시장에서 극명하게 드러난다.

본장은 독점의 본질을 이해하기 위하여 우선 독점기업의 존립기반인 진입장벽의 역할을 하는 요소들이 무엇인가를 파악한 후, 독점기업의 행동을 설명하고 이를 사회적 관점에서 평가한다. 그리고 독점기업규제의 논리 및 내용, 그 문제점들이 무엇인지를 논의한다.

11.1
독점의 존립기반

11.1.1 독점시장의 의미

지금까지 우리는 완전경쟁시장을 살펴보았다. 독점시장은 완전경쟁시장의 정반대편에 있는 극단적 시장조직의 하나이다. 독점시장이란 공급자가 오직 하나뿐인 시장을 말한다. 공급자가 유일함을 강조하기 위해 독점을 순수독점(pure monopoly)이라고도 한다. 순수독점은 후술하는 차별적 독점자에 대(對)한 개념이 아니고 경쟁상대가 전혀 없다는 점을 강조하는 개념이다.

독점시장이 경쟁상대가 전혀 없는, 공급자가 유일한 시장이라고 해서 독점기업이 간접적 경쟁이나 잠재적 경쟁의 압력도 받지 않는다는 말은 아니다. 동종의 재화를 생산하는 경쟁자로부터 직접적 경쟁압력은 받지 않지만 독점기업도 다른 재화를 생산하는 업자와 간접적 경쟁관계에 설 수 있다. 예컨대 구두산업의 독점기업은 운동화 생산자와 간접경쟁 관계에 설 수 있다. 간접경쟁의 강도는 다른 재화와 독점상품간의 대체성(代替性)의 크기에 따라 달라질 것이다. 구두산업의 독점기업은 넥타이 생산업자보다 운동화 생산업자로부터 보다 강한 경쟁압력을 받을 것이다. 또 현존하는 경쟁자는 없다고 하더라도 진입희망자로부터 잠재적 경쟁의 압력을 받을 수 있다. 신규기업의 진입이 일어날지도 모른다는 사실은 독점기업의 가격정책에 영향을 미친다. 신규기업의 진입으로 인해 자신의 독점적 지위가 상실될 것을 두려워한다면 독점기업은 다소 가격을 낮게 책정해서라도 진입을 저지시키려 할 것이다.

순수독점과 완전경쟁시장은 정반대편에 있는 극단적인 두 시장조직이지만, 이 두 시장형태는 의미 있는 경쟁상대가 없다는 점에서 일맥상통한다. 완전경쟁시장에서는 기업의 숫자가 너무 많아서 경쟁기업의 전략에 전연 신경을 쓸 필요가 없어진다. 반면 독점시장에서는 실제로 경쟁상대가 하나도 없다. 따라서 순수독점시장에서건 완전경쟁시장에서건 개별기업은 오직 자신의 비용조건과 수요조건만을 고려하여 최적행동을 하면 그만이다.[1]

---

[1] 엄밀하게 말해서 독점기업은 진입자의 비용조건도 고려할 것이다. 분석의 편의상 진입가능성은 무시하기로 한다.

현실적으로 단 하나의 공급자만 존재하는 순수독점시장은 찾아보기 힘들다. 따라서 순수독점이론을 그대로 적용시킬 수 있는 산업은 거의 없다. 그럼에도 불구하고 순수독점이론은 완전경쟁시장이론이 그랬듯이 순수독점과 유사한 상태에 있는 기업들의 현실을 잘 설명해 줌으로써 매우 유용한 분석도구가 된다.

11.1.2 독점의 존립기반: 진입장벽

독점기업은 왜 생겨나는가? 어떤 상황에서 시장은 독점화되는가? 독점화된 시장의 특성은 무엇인가? 독점산업이 다른 시장형태로 바뀌지 않는 이유는 또 무엇인가?

독점시장이 성립하려면 현존하는 경쟁자가 없어야 한다. 그러기 위해서는 기존의 경쟁기업들을 축출해 버렸거나 새로운 기업의 진입을 봉쇄할 수 있어야 한다. 기존 경쟁기업들을 축출할 수 있으려면 독점기업은 경쟁기업에 비해 비용상의 우위를 점하고 있어야 한다. 또 새로운 기업의 진입을 봉쇄할 수 있으려면 새로운 기업이 진입해 들어올 수 없는 진입장벽이 존재해야 한다.[2]

진입장벽(進入障壁)은 그 생성요인에 따라 경제적 요인에 의한 기술적(技術的) 진입장벽과 법률적·행정적 요인에 의한 제도적(制度的) 진입장벽으로 나눌 수 있다.

기술적 진입장벽

기존 기업이 생산기술 혹은 비용조건상의 우위를 점하고 있어 신규기업의 진입이 불가능할 경우 기술적 진입장벽이 있다고 한다. 기술적 진입장벽으로는 생산요소의 독점적 소유, 규모의 경제 및 기술상의 우위 등을 들 수 있다.

(1) 생산요소의 독점적 소유

독점은 대체불가능한 생산요소를 특정기업이 독점적으로 소유하거나 독점적으로 이용할 수 있을 때 발생할 수 있다. 관광지의 전망 좋은 호텔, 광산이나 특수 기술자들이 갖는 독점력은 특수 생산요소 혹은 특수 기술의 독점적

---

2 이는 진입장벽이 반드시 높아야 한다는 것을 의미하는 것은 아니다. 진입장벽이 낮지만 시장의 규모(size)가 지나치게 협소한 경우 독점이 출현할 수 있다. 이러한 경우는 이 절의 자연독점에서 다룬다.

지배에 그 원천을 두고 있다. 그 좋은 예가 미국 알코아(Alcoa)사이다. 알코아
사는 원래 알루미늄 제조과정에 관한 특허를 따냄으로써 미국 내의 독점기업
으로 등장했다. 특허기간이 끝날 무렵 알코아는 독점권을 유지하고자 보오크
사이트 광산을 장악하였다. 알코아는 1910년까지 미국 내 알칸사스(Arkansas)주
에 있는 대부분의 광산을 독점하고 있었다. 이들 광산이 고갈되어 가자 남미
기아나(Guinas)의 보오크사이트 광산을 독점적으로 소유 혹은 임대함으로써 알
코아는 제2차 세계대전 말까지 전세계 알루미늄 공급을 독점했다.

(2) 규모의 경제

생산기술에 대량생산의 이점이 있을 경우, 즉 기업규모의 증가에 따라 장
기평균생산비가 떨어지는 경우 독점이 발생하는 경향이 있다. 규모의 경제로
인해 나타나는 독점을 자연독점(自然獨占, natural monopoly)이라고 한다.

자연독점을 그래프로 설명해 보자. 개별기업의 장기평균생산비(LAC)가
[그림 11-1-1]과 같이 주어져 있다. LAC의 최저점인 M점은 시장수요곡선(D)
밖에 위치하고 있다. 규모의 경제는 산출수준이 Q_1일 때까지 존재한다. 이러한
상황에서 산출량을 늘리면 평균생산비를 떨어뜨릴 수 있으므로 각 기업은 산출
량을 늘리려는 유인을 갖는다. 이러한 유인으로 인해서 경쟁은 필연적으로 나
타나고 두 개의 기업이 공존하는 것은 불가능하다. 결국 이러한 경쟁의 과정에

[그림 Il-I-I] 자연독점

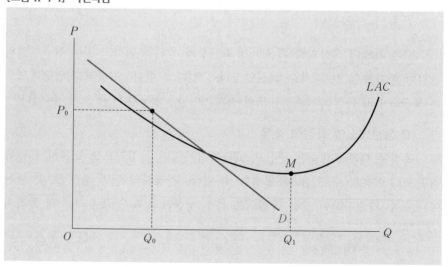

서 독점기업은 필연적으로 탄생할 수밖에 없다. 이와 같이 '규모의 경제'라는 기술적 특성으로 인해 탄생하는 독점을 자연독점(natural monopoly)이라고 한다.

(3) 기술상의 우위

독점은 생산기술상의 우위로 인하여 발생할 수 있다. 싼 비용으로 물건을 만들 수 있는 기업이 생산단가가 높은 기업을 경쟁에서 물리치고 독점기업이 될 수 있다. 어떤 기업이 기술상의 우위로 독점권을 따냈다면 이 독점기업은 가장 효율적인 기업이었다고 말할 수 있다.

제도적 진입장벽

제도적 진입장벽은 법(法)에 의한 인위적 진입장벽을 의미한다. 특허권, 인허가, 시장지배권, 각종 자격증의 부여 등이 있다. 차례로 살펴보기로 한다.

(1) 특 허 권

특정 상품의 생산공정에 관한 특허권을 따냄으로써 기업은 생산물시장에서 독점적 지위를 누릴 수 있다. 이러한 경우 독점권의 기반은 기술사용의 독점을 인정해 주는 '특허법'이라고 볼 수 있다.

통상 시간이 지남에 따라 경쟁 기업들은 특허기술과 유사한 생산공정을 개발해 낸다. 특허가 인정된 이후 4년 이내에 총특허 건수의 60%가 유사한 생산공정의 개발을 통하여 모방되고 있다. 예컨대 제약회사가 내놓는 신제품의 58%가 모방성 제품이라는 통계는 특허권에 입각한 독점이 한시적(限時的)이며 불완전한 독점권임을 말해 주고 있다.

(2) 인 허 가

정부는 인허가 혹은 자격증의 발급을 통해서 기업의 설립을 제한한다. 예컨대 의대 정원이나 고시합격자수를 제한함으로써 의사나 변호사수는 제한된다.[3] 또, 제품의 안전이나 규격에 관한 기준인증제도를 통해서 사실상 기업의 진입을 제한하고 있다.

(3) 전 매 권

정부(지방정부 혹은 중앙정부)가 특정 기업에게 특정 시장에 대한 독점사업

---

3 의사나 변호사는 순수독점은 아닐지라도 국지적(局地的) 시장에서의 독점이라고 볼 수 있다.

권, 즉 전매권을 부여함으로써 시장지배권을 갖는 독점기업이 생겨나는 경우가 있다. 정부는 시장지배권을 행사하는 기업을 일정범위 내에서 통제한다. 예를 들어 정부는 도시가스공사에 도시가스 공급의 독점권을 부여하고 도시가스공사의 수익률 혹은 가격을 통제한다.

정부가 기업에게 전매권을 부여하는 논리적 근거는 자연독점에서 찾을 수 있다.[4] 앞서 설명한 바와 같이 생산기술에 규모의 경제가 있으면 전매권을 부여하지 않더라도 저절로 독점이 나타날 수 있지만 독점권을 제도화함으로써 불필요한 진입과 경쟁으로 인한 자원의 낭비를 사전에 막아보자는 데에 그 논거를 두고 있는 것이다.

11.2
독점기업의 제약조건

11.2.1 독점기업의 수요조건

독점기업은 산업 내에서 유일한 기업이므로 독점기업의 수요곡선은 시장수요곡선과 일치한다. 따라서 독점기업의 수요조건은 경쟁기업과는 근본적으로 다르다. 경쟁기업의 수요곡선은 수평선이 되고 따라서 평균수입곡선(AR)과 한계수입곡선(MR)이 일치한다. 반면 독점기업의 수요곡선은 우하향한다.

또한 독점기업의 한계수입곡선(MR)은 [그림 11-2-1]에서 보듯이 수요곡선보다 항상 아래쪽에 위치하게 된다.[5] 이는 보다 많은 물량을 판매하려면 가격을 인하해야 한다는 것을 반영한다.

11.2.2 독점기업의 비용조건

독점기업의 기술조건은 경쟁기업의 조건과 다를 것이 없다. 독점기업도 경쟁기업과 마찬가지로 노동, 자본 및 토지와 같은 요소시장에서 자기가 필요

---

[4] 물론 예외적으로 우리나라의 담배인삼공사처럼 전매수익을 목적으로 시장지배권이 허용되는 경우도 있다.

[5] 한계수입과 가격의 관계는 이미 7.3절에서 도출한 바 있다.

[그림 11-2-1] 독점기업의 수요조건

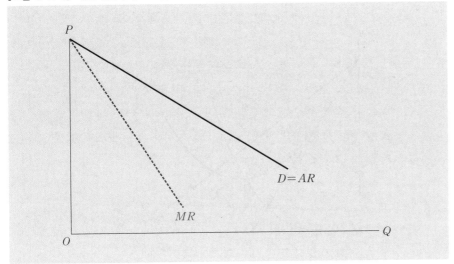

로 하는 생산요소를 구입해야 한다. 따라서 독점기업의 비용조건도 경쟁기업의 비용조건과 기본적으로 동일하다. 다만 X-비효율성을 다룰 때 후술하겠지만 독점의 경우 비용극소화의 유인이 경쟁기업보다 적을 수 있다.

11.3
단기균형

단기에 있어 기업의 이윤극대화를 위해서는 항상 한계수입(MR)과 단기한계비용(MC)이 일치되어야 한다. 이는 기업이 생산을 중단하지 않는 한 적자이건 흑자이건, 시장구조가 완전경쟁이건 독과점이건 항상 충족되어야 하는 조건이다. 따라서 독점기업의 경우에도 [그림 11-3-1]의 MR곡선과 MC곡선이 교차하는 점에서의 산출수준, 즉 Q_m에서 이윤이 극대화된다. Q_m을 판매할 때 받을 수 있는 최대가격은 P_m이다. 수요곡선상의 M점이 독점기업의 단기균형상태를 나타내고 있다.

완전경쟁하의 개별기업이 가격수용자(price taker)인 데 비해 독점기업은 가격설정자(price maker)이다. 이는 독점기업이 시장가격을 주어진 것으로 받아

[그림 11-3-1] 독점기업의 단기균형: 흑자

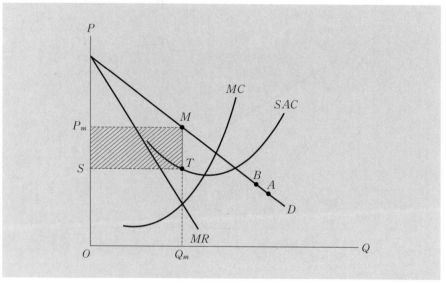

들이고 행동하는 완전경쟁시장에서의 기업과 달리 이윤을 극대화시키는 가격 (P_m)을 적극적으로 선택함을 뜻한다.

그러나 독점기업이 가격설정자라고 해서 가격과 산출량 모두를 동시에 선택할 수 있는 것은 아니다. 독점기업도 수요함수라는 시장조건에 의해 제약받고 있으므로 생산량을 결정하면 이에 상응하는 가격수준이 자동적으로 결정된다.

이와 같은 단기균형의 상황에서 독점기업의 이윤은 얼마나 될까? 독점이윤은 [그림 11-3-1]에서 사각형(P_mMTS)의 면적이 된다. 그러나 독점기업이라고 단기균형의 상황에서 항상 양(陽)의 이윤을 얻을 수 있는 것은 아니다. [그림 11-3-2]에서처럼 SAC곡선이 수요곡선보다 더 위에 있을 경우 $MR=MC$의 조건이 충족되는 점 (P_m, Q_m)에서 가격은 평균비용보다 낮다. 이 때 손실의 크기는 [그림 11-3-2]의 빗금친 사각형(P_mSTM)의 면적이 된다.

독점기업의 단기균형은 다음과 같은 특징을 지니고 있다.

첫째, 독점가격은 한계비용을 초과한다. 즉 $P_m>MC$이다. 이는 완전경쟁하의 균형가격이 한계비용수준에서 결정되었던 것과 좋은 대조를 이룬다. 가격이 한계비용을 초과하고 있는 정도는 러너(A. Lerner)지수에 의해 나타낼 수 있다. 이는 $\dfrac{P-MC}{P}$로 표현된다. 러너지수는 시장지배력의 크기를 나타내

[그림 II-3-2] 독점기업의 단기균형: 적자

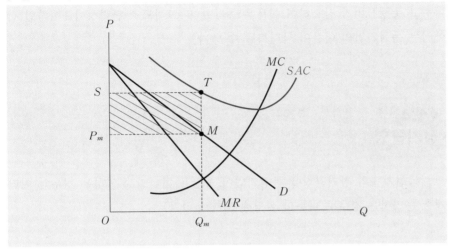

준다. 독점기업이 갖는 시장지배력은 뒤에서 설명하게 될 독점의 후생경제학적 의미를 밝혀 주는 데 핵심적 역할을 한다.

둘째, 독점의 경우에는 공급곡선이 존재하지 않는다. 독점기업은 주어진 수요곡선에서 도출된 한계수입곡선과 한계비용곡선이 교차하는 점에서 팔고자 하는 상품량을 결정하여 가격을 책정할 뿐, 주어진 가격하에서 얼마만큼을 팔겠다는 공급계획표를 가지고 있지 않다. 그러므로 독점자의 경우에는 공급곡선이란 개념 자체가 성립할 수 없다.

셋째, 단기균형점에서는 반드시 수요의 가격탄력성이 1보다 크다.[6] 즉 [그림 11-3-1]의 M점에서 가격탄력치는 1보다 크다. 다시 말해서 독점기업의 균형점은 MR이 양(陽)인 부분에서 나타난다. 그 이유는 다음과 같다.

수요의 가격탄력성이 1보다 작은 점(예컨대 MR이 음이 되는 [그림 11-3-1]의 A점)에서 독점기업이 가격을 책정하고 있다고 하자. 이제 독점기업이 생산량을 1% 줄임으로써 그림의 B점으로 이동하고자 한다. 이 경우 비탄력적 수요로 인해 가격은 1% 이상 인상될 것이므로 총매출액은 증가한다. 한편 B점에서의 총생산비는 A점에서보다 생산량을 1% 줄였으므로 당연히 감소한다.

---

6 이는 MR과 수요의 가격탄력성간의 관계에서 쉽게 확인할 수 있다. $MR = P\left(1 - \frac{1}{\eta}\right)$ 에서 η가 1보다 작으면 MR은 음이 된다. 독점기업의 균형조건은 $MR = MC$이므로 MC가 음이 아니라면 MR은 음이 될 수 없다. 따라서 수요의 가격탄력성은 1보다 작을 수 없다. 직관적으로 $MR = MC$가 성립하는 점에서 $MR > 0$이고, $MR > 0$인 경우 수요곡선이 직선이면 가격탄력성은 1보다 크다.

이와 같이 탄력성이 1 이하인 점에서는 생산물 1 단위를 줄이면 총매출액이 증가하고 총생산비가 감소하여 이윤은 증가한다. 그러므로 탄력성이 1 이하인 점에서는 독점기업의 이윤이 극대화될 수 없다.

11.4
장기균형

독점기업의 장기균형을 독점기업이 공장을 하나만 운영하는 경우와 여러 개를 운영하는 경우로 나누어 설명해 보기로 하자.

11.4.1 독점기업의 장기균형: 단일공장

독점기업의 장기균형이 어떻게 결정되는지 [그림 11-4-1]을 통해서 보기로 하자. 곡선 D는 수요곡선이다. 단기에서 기업의 시설규모는 SAC_1, SMC_1으로 묘사되고 있다. 이 때 기업은 점 $S(P_S, Q_S)$에서 단기균형을 이루고 있다.

그런데 장기에서 독점기업은 기업규모를 선택할 수 있다. 독점기업의 장기균형은 장기한계비용곡선(LMC)과 한계수입곡선(MR)이 교차하는 K점에서 이루어지고 최적산출량은 Q_L이다. 이를 위해 독점기업은 Q_L을 가장 싸게 생산할 수 있는 SAC_2와 SMC_2로 묘사되는 설비규모를 선택한다. 장기균형상태에서 산출량은 Q_L, 가격은 P_L이 된다. 장기이윤은 UP_LLT의 면적이 된다.

장기이윤은 단기이윤보다 크다. SAC_1, SMC_1으로 묘사되는 설비규모를 갖고 있을 때 독점기업의 단기이윤은 빗금친 사각형 VP_SSW의 면적이 된다. 빗금친 사각형 VP_SSW의 면적인 단기이윤보다 사각형 UP_LLT의 면적인 장기이윤이 더 크다는 것은 장기한계비용과 장기한계수입이 일치하는 생산량을 생산할 때 이윤이 극대화된다는 사실에서 쉽게 확인할 수 있다.

독점산업의 장기균형상태는 완전경쟁시장의 장기균형상태와 다르다. 첫째, 완전경쟁의 장기균형은 장기평균비용(LAC)이 최소인 점에서 이루어지지만 독점은 LAC가 최소인 점에서 달성되지 않는다.[7] 생산물이 최소의 비용으

---

7 이는 기술조건이 똑같다고 해도 기업의 설비규모가 시장형태에 따라 달라질 수 있다는 것을 의미한다.

[그림 II-4-I] 순수독점의 장기균형

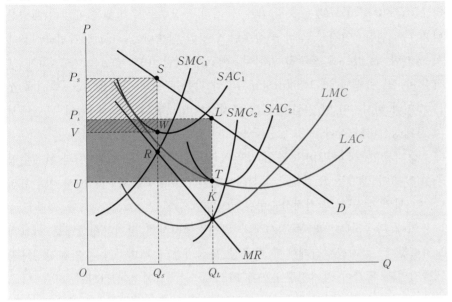

로 생산되고 있지 않다는 것은 자원의 낭비를 시사한다.

둘째, 장기균형상태에서도 독점가격은 장기한계비용보다 높다. 장기균형
상태에서 생산물의 한계가치가 한계비용보다 크다는 사실은 그 상품이 사회후
생을 극대화시킬 수 있을 정도로 충분히 생산되지 않고 있음을 의미한다.[8]

셋째, 독점기업은 장기균형에서 양(陽)의 이윤을 얻는다. 이는 완전경쟁기
업이 장기균형상태에서 0의 이윤을 얻는다는 것과 좋은 대조를 이룬다. 장기에
서도 독점기업이 양(陽)의 이윤을 유지할 수 있다는 것은 진입장벽에 기인한다.

11.4.2 독점기업의 장기균형: 다공장

장기에서 다수의 공장을 가진 독점자는 공장의 수까지 조정할 수 있다.
다공장 독점기업의 장기 조정과정을 [그림 11-4-2]를 통해서 살펴보자.

공장의 규모와 개수를 선택할 수 있을 경우 독점기업은 개별공장의 장기
평균비용곡선(LAC_f)의 최소점에서 생산할 수 있다. 각 공장의 장기한계비용곡

---

8 독점산업의 사회후생적 평가는 11.5절에서 상세히 논의한다.

선(LMC_f)을 수평으로 합한 것이 기업 차원의 장기한계비용곡선으로 그림 (b)
의 LMC_T이다.[9] LMC_T는 공장 개수를 최적 공장수로 조정했을 때의 한계생산
비를 나타낸다. 여기서 최적 공장수란 일정한 산출량을 최소 장기평균비용에
서 생산할 수 있는 공장수를 말한다. 예컨대 그림 (b)의 Q_{ML}을 가장 싸게 생
산할 수 있는 방법은 그림 (a)의 LAC_f와 같은 규모의 공장을 $t\left(=\frac{Q_{ML}}{\bar{q}}\right)$개 짓
는 것이라 하자. 이 때 기업 차원의 한계생산비(LMC_T)는 그림 (a)의 M 점에서
의 한계생산비와 같다.

장기균형은 그림 (b)의 기업 차원의 장기한계비용곡선(LMC_T)과 한계수입
곡선(MR)이 만나는 K 점에서의 산출수준인 Q_{ML}과 P_{ML}의 가격에서 이루어진
다. 이 때의 각 공장의 최적산출량은 $\bar{q}$이다

이제 다공장(多工場) 독점시장과 완전경쟁시장의 장기균형상태를 비교해
보자. 첫째, 장기균형상태에서 다공장 독점기업의 개별공장은 완전경쟁하의
개별기업과 똑같이 장기평균비용이 최소가 되는 점에서 생산한다. 이는 다공
장 독점시장도 공장차원에서 효율적인 생산을 하고 있다는 것을 의미한다. 둘
째, 다공장 독점기업의 산출수준은 완전경쟁시장보다 낮고, 가격은 완전경쟁
시장보다 높다. 경쟁적 시장에서의 산업생산량은 그림 (b)의 LMC_T와 수요곡

[그림 II-4-2] 다공장 독점의 장기균형

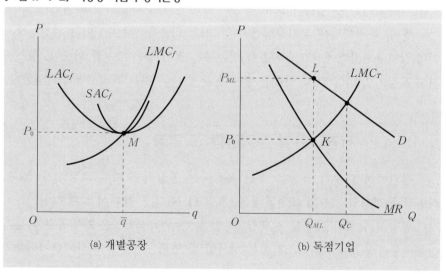

(a) 개별공장   (b) 독점기업

---

9 LMC_T는 독점기업 차원의 단기한계비용곡선(MC_T)을 구하는 방식으로 도출한다.

선이 교차하는 Q_C가 된다. Q_C는 다공장 독점기업의 산출수준인 Q_{ML}보다 크다. 따라서 완전경쟁시장의 가격보다 다공장 독점가격이 더 높다.

그런데 다공장 독점기업의 개별공장의 산출수준은 완전경쟁시장하의 개별기업과 동일하나 다공장 독점기업의 산출수준이 완전경쟁시장의 산출량보다 작다는 것은 장기균형상태에서 완전경쟁시장하의 기업의 수보다 독점기업의 공장의 개수가 더 적다는 것을 시사한다. 높은 독점가격은 공장수를 적게 운영하는 데서 비롯된다.

11.5 독점의 사회후생적 평가

11.5.1 독 점 도

독점기업의 균형가격은 한계비용보다 높다($P_m > MC$). 가격과 한계비용의 차이는 단위당 이윤마진의 크기를 나타낸다. 이윤마진의 존재는 해당 시장이 비경쟁적 시장임을 시사한다. 경제학에서는 가격(P)에 대한 이윤마진($P-MC$)의 크기로 시장의 비경쟁도(非競爭度) 혹은 독점도(獨占度)를 측정한다. 시장의 독점도(LI)는 다음과 같이 표시한다.

(11.5.1) $\quad LI = \dfrac{P-MC}{P}$

독점도는 러너지수(Lerner index)라고도 불리며 독점기업의 가격 설정력 혹은 시장지배력(market power)을 반영한다. 러너지수는 완전경쟁하에서 0이 되고 독점시장하에서 수요의 가격탄력성의 역수가 된다.[10]

여기서 주의할 것은 러너지수가 독점도 혹은 시장지배력을 나타내는 지수일 뿐 후술하는 자중손실(自重損失)의 크기를 반영하고 있지는 않다는 점이다. 그 이유는 자중손실을 다루면서 설명하도록 하겠다.

---

[10] $MR = P\left(1 - \dfrac{1}{\eta}\right)$ 이고 독점기업의 균형점에서 $MR = MC$가 성립함을 이용하면,

$$\dfrac{P-MC}{P} = \dfrac{1}{\eta}$$

을 도출할 수 있다.

11.5.2 독점의 사회적 비용

독점의 사회후생적 평가는 완전경쟁시장과 비교함으로써 행해지고 있다. 사회후생의 크기는 통상 소비자잉여(消費者剩餘)와 생산자잉여(生産者剩餘)의 합으로 정의된다. 논의의 전개를 위해 우선 시장수요곡선과 시장공급곡선의 후생적 의미를 생각해 보자. 일반적으로 수요곡선은 소비자가 각 단위의 상품에 대해 평가하는 한계적 혜택을 표현해 주고 공급곡선은 생산자의 한계비용을 나타내 주고 있다.

독점의 자원배분을 사회후생적 관점에서 평가하기 위해, 우선 완전경쟁시장 균형하에서의 자원배분을 생각해 보자. 완전경쟁시장에서의 균형은 시장수요와 시장공급곡선이 만나는 점에서 이루어진다. 우리는 완전경쟁시장 균형하에서의 자원배분은 $P=MC$인 관계가 성립하는 [그림 11-5-1]의 C점에서 이루어진다는 것을 제11장에서 살펴보았다(여기서 P_c는 완전경쟁가격, P_m은 독점가격). 그런데 C점에서는 마지막 소비자가 평가하는 한계적 혜택(화폐로 표현된)이 그 상품의 한계비용과 일치한다. C점에서 자원배분이 일어날 때 한계적 혜택이 한계비용보다 큰 산출량은 모두 생산되고 한계적 혜택이 한계비용보다 작은 산출물은 하나도 생산되지 않고 있다. 시장 내에 존재하는 모든 교환의 이익이 실현된다. 이는 완전경쟁시장에서의 자원배분은 사회후생수준을 극대

[그림 11-5-1] 독점의 사회적 비용 : 자중손실

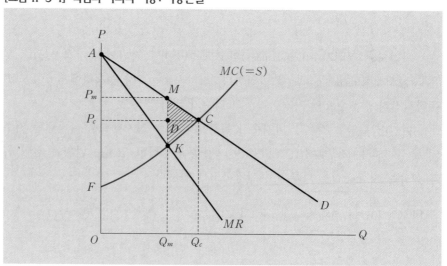

화한다는 것을 의미한다.

이제 완전경쟁시장이 독점산업으로 바뀌었다고 가정해 보자. 즉 경쟁산업 내의 모든 개별기업이 카르텔하에서 단일기업처럼 행동한다고 하자. 이러한 상황에서 완전경쟁시장의 공급곡선(개별기업들의 한계비용곡선의 수평합)은 이 카르텔의 한계비용곡선이 되고 완전경쟁시장 전체의 시장수요곡선은 독점기업(카르텔)의 수요곡선이 된다. 완전경쟁시장에서는 개별기업들이 가격을 설정할 수 없었지만 독점시장에서는 독점기업이 자기에게 유리한 가격을 적극적으로 설정할 수 있다. 독점기업의 균형점은 [그림 11-5-1]의 M점(Q_m, P_m)에서 달성된다. M점에서 마지막 소비자가 평가하는 한계적 혜택은 그 상품의 한계비용(MC)보다 크다($P_m > MC$). 이는 소비자가 한계비용 이상으로 평가하고 있는 상품이 생산되지 않고 있으며 따라서 아직도 실현가능한 교환의 이익이 존재하고 있음을 의미한다. 이러한 독점의 자원배분의 특징은 $P = MC$의 관계가 성립했던 경쟁시장에서 모든 교환의 이익이 실현되고 사회후생이 극대화되었던 것과 좋은 대조를 이룬다. 완전경쟁시장과 비교해 볼 때 독점산업에서는 $Q_c - Q_m$만큼의 거래가 이루어지지 않고 있다.

그러면 독점으로 인해서 발생하게 되는 사회적 후생손실은 얼마나 될까?

자중손실

앞서 언급했듯이 후생수준은 소비자잉여와 생산자잉여의 합으로 정의된다. 따라서 사회적 후생손실을 따져보기 위해 완전경쟁시장이 독점시장으로 대체될 때 발생하는 소비자잉여와 생산자잉여의 변화를 알아보자.

우선 소비자의 후생, 즉 소비자잉여는 얼마나 변했을까? 경쟁시장에서는 [그림 11-5-1]의 삼각형 AP_cC이던 소비자잉여가 독점시장에서는 삼각형 AP_mM으로 줄어들었다. 즉 독점으로 인해 소비자잉여가 사다리꼴 P_mP_cCM의 면적만큼 줄어든 것이다. 생산자의 후생, 즉 생산자잉여는 얼마나 변했을까? 경쟁시장에서 FP_cC이던 생산자잉여는 독점시장에서는 사다리꼴 FP_mMK가 된다. 따라서 생산자잉여는 사각형 P_cP_mMD만큼 늘고 KDC만큼 감소한다.

생산자잉여의 변화는 가격변화와 산출량변화의 효과로 나누어 볼 수 있다. 우선 가격변화를 생각해 보자. 순수한 가격변화의 효과를 측정할 수 있도록 산출량을 Q_m으로 고정시켜 보자. Q_m으로부터 얻는 독점기업의 매출액은 완전경쟁가격하에서보다 P_cP_mMD만큼 크다.

다음으로 독점화에 따라 산출량의 변화가 생산자잉여에 미치는 효과를 보자. 생산량이 Q_c에서 Q_m으로 감소함으로써 매출액은 사각형 Q_mQ_cCD만큼 감소되었다. 이는 Q_c-Q_m의 산출량을 P_c의 가격으로 판매했을 때의 매출액이다. 이 매출액의 감소분 중 사각형 KQ_mQ_cC는 생산비의 감소분이다. 따라서 양자의 차이, 즉 KDC만이 생산자잉여 혹은 조이윤(粗利潤, gross profit)의 감소분이 된다.

이상의 논의로부터 독점으로 인한 사회적 후생손실은 삼각형 MDC와 KDC 면적의 합이 된다는 것을 알 수 있다. 여기서 사각형 P_cP_mMD는 후생손실에 포함되지 않는다는 사실에 주의해야 한다. 소비자잉여의 감소분 중 사각형 P_cP_mMD는 독점자의 잉여로 바뀌었다. 따라서 이는 소비자로부터 생산자로의 단순한 소득이전에 불과하다. 그러나 삼각형 MDC의 면적은 산출량이 Q_c에서 Q_m으로 감소함으로 인해 잃어버리는 소비자잉여이다. 이 부분은 생산자에게로 이전된 부분이 아니므로 사회적 관점에서 순손실이다.

요약컨대 완전경쟁시장이 독점시장으로 바뀔 때 국민경제가 부담해야 하는 사회적 순손실은 소비자잉여의 감소분($\triangle MDC$)과 생산자잉여의 감소분($\triangle KDC$)의 합, 다시 말해 $\triangle MKC$의 면적이 된다. 바로 이 부분이 독점으로 인한 자원배분의 효율성 상실을 나타내고 있다. 이와 같은 사회적 손실을 자중손실(自重損失, deadweight loss) 혹은 사하중손실(死荷重損失)이라고 부른다.[11] 자중손실을 나타내는 삼각형 MKC를 '후생삼각형'(welfare triangle)이라고도 한다. 자중손실이 독점의 사회적 비용이라는 데에 이의를 제기하는 경제학자는 아무도 없다.

자중손실의 존재는 독점금지법의 토대를 구축하고 있다. 그런데 자중손실에 입각한 독점금지법의 정신은 독점시장이나 완전경쟁시장이나 비용조건이 동일하다는 가정에 입각하고 있음에 유의해야 한다. 즉, 독점기업의 MC곡선이나 경쟁시장하의 개별기업들의 MC곡선의 수평합(산업의 공급곡선)이 일치한다는 전제 위에서 성립한다. 만일 독점기업이 기술개발을 통해 완전경쟁산업의 공급곡선보다 아래쪽으로 이동시킬 수 있다면 사회후생수준은 독점하에

---

11 자중(自重)은 철도수송과 관련된 용어로서 차량 자체의 무게를 말한다. 철도화물 선적시 총수송용량이 일정할 때 적재중량은 차량무게만큼 감소하게 된다. 즉, 적재중량=총수송용량−차량무게인 관계가 성립한다. 따라서 총수송용량이 일정할 때 차량무게가 클수록 적재량이 감소하기 때문에 차량무게를 자중손실, 혹은 사하중손실이라고 부른다. 독점의 사회적 손실을 차량무게로 인한 적재중량의 손실에 비유한 용어라고 볼 수 있다.

[그림 II-5-2] 자중손실과 수요의 가격탄력성

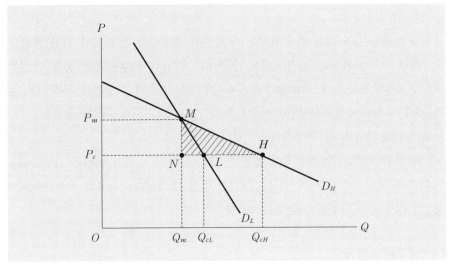

서 오히려 더 높아질 수도 있다.

　여기서 주의할 것은 자중손실의 크기는 러너지수와 비례하지 않는다는 점이다.[12] [그림 11-5-2]의 D_L과 D_H의 경우 $MC=P_c$이고 가격이 P_m이라면 러너지수는 동일하다. 그러나 자중손실의 크기는 같지 않다.

독점화의 비용

　툴럭(G. Tullock), 크루거(A. Kreuger) 그리고 포즈너(R. Posner)는 독점의 사회적 비용을 자중손실의 크기, 즉 후생삼각형만으로 계산하는 것은 정태적 관점에서 독점의 사회적 비용을 추정하고 있을 뿐 독점권(獨占權)이 확립 혹은 유지되는 과정에서 발생하는 비용을 포함하지 않고 있음을 지적했다. 이들은 독점시장으로의 진입 자체는 불가능할지라도 독점권을 따내는 과정은 경쟁적이라는 현실에 주목했다.

　누가 독점권을 따낼지를 결정하는 경쟁의 과정에서 독점이윤은 낭비된다. 독점권을 획득 혹은 유지시키기 위한 로비비용은 독점지대(獨占地代) 추구 과정에서 독점이윤이 낭비되는 좋은 예이다. 독점권을 두고 벌어지는 경쟁이 극단적으로 치열한 경우 독점이윤은 독점권을 획득하거나 유지하기 위해 투입되

---

12 엄밀한 입증은 본장의 연습문제 18을 참고하기 바란다.

는 요소(예를 들어, 로비활동에 사용된 노동)들에 대해 지급되는 요소소득(rent)의 크기와 같아진다.

로비비용은 사회적 관점에서는 독점권의 소유주를 결정짓기 위한 비용이고, 개인적 관점에서는 독점지대를 추구하기 위한 지대추구행위 혹은 이권추구행위(利權追求行爲, rent-seeking behavior)라고 볼 수 있다. 그런데 독점권을 누가 따내느냐는 사회적 관점에서 중요하지 않다. 그러므로 독점이윤은 독점의 사회적 비용의 일부를 구성한다.

독점권을 두고 완전경쟁이 발생할 경우 독점의 사회적 비용은 [그림 11-5-1]의 후생삼각형과 사각형 P_cP_mMD를 합한 면적이다(P_c수준과 개별공장의 최저장기평균비용수준이 일치함을 생각하라).

$X-$비효율성

라이벤시타인(H. Leibenstein)은 비용극소화의 가정이 경쟁적 시장 내의 기업에게는 성립되지만 비경쟁적 시장하의 기업에게는 성립되지 않는다는 점을 지적하였다. 경쟁적 시장에서는 경쟁사에 의한 기업인수가 항상 가능하지만 독점시장은 경쟁사로부터의 경쟁압력이 없으므로 기업인수의 위협이 훨씬 적다.

기업인수의 위험이 크지 않은 독점기업의 경영진이나 노동자들은 비용극소화를 도모하지 않고 자기들 나름대로의 목표를 추구할 수 있다. 독점기업의 실제비용과 비용극소화를 도모했을 때 얻을 수 있는 가상적 비용간의 차이를 라이벤시타인은 독점기업의 $X-$비효율성(X-inefficiency)이라고 불렀다.

$X-$비효율성이 커지면 [그림 11-5-3]에서 보듯이 비용곡선은 AC_0, MC_0에서 AC_1, MC_1으로 위쪽으로 이동한다.

미국의 경우, 독점으로 인한 $X-$비효율성의 크기는 기업이 지출하는 총생산비의 약 11% 정도이며, 국민순생산(國民純生産)(NNP)의 2% 정도라는 연구결과가 있다. $X-$비효율성의 존재는 독점의 사회적 비용이 심각할 수 있음을 말해 주고 있다.

기술개발의 지연

독점산업은 자원배분의 동태적 측면에서도 문제가 될 수 있다. 애로우(K.

[그림 II-5-3] *X*-비효율성과 비용곡선의 이동

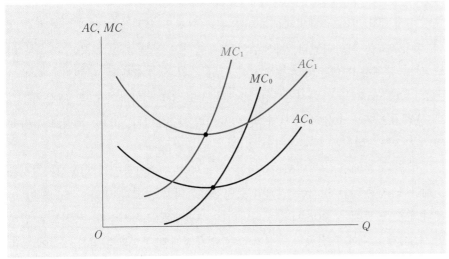

Arrow)는 경쟁기업에 비해 독점기업에게 기술혁신(技術革新)의 유인(incentives)이 적다는 점을 지적했다. 경쟁산업에서는 남보다 한발 앞서 기술개발을 성공시켰을 경우 추가적 이윤이 매우 크지만 독점산업에서는 기존의 독점이윤의 존재로 인해서 기술개발에 성공하더라도 추가적 이윤이 적다.

반면에 슘페터(J. Schumpeter)는 기술혁신은 완전경쟁보다 독점하에서 활발히 일어난다고 주장한다. 그에 의하면 완전경쟁체제하에서 정상이윤만 얻고 있는 기업들은 막대한 연구개발투자(R&D)를 지원할 재정적 능력이 없다는 것이다. 그는 충분한 정도의 독점이윤을 향유하고 있는 기업만이 위험이 수반되는 대규모의 연구개발투자의 불을 당길 수 있다고 주장하였다.

과연 현실에 있어서 기술개발의 유인이 큰 시장조직은 무엇일까? 우리나라처럼 자본시장(資本市場)이 충분히 발달되지 않아 자금대출이 매우 어려운 국민경제에서, 막대한 연구개발비가 소요되는 경우 슘페터의 주장이 보다 설득력을 지닐 것이다. 그러나 자본시장이 잘 발달된 경제나 소액의 연구개발비로 가능한 기술혁신의 경우 애로우의 주장이 더 설득력을 갖는다. 실증적 연구결과를 보면 슘페터나 애로우 모두 일리 있는 주장을 하고 있음을 알 수 있다.

경제력집중 및 부의 분배구조 악화

이상에서 지적된 자원배분의 효율성과 관련된 문제점 이외에도 독점은 부의 분배구조를 악화시킨다. 자본주의를 채택하고 있는 세계 각국은 독점을 어느 정도 규제하고 있는데 자연독점이 아닌 독점을 규제하는 근거를 독점이 부(富)의 편중(偏重)을 심화시킨다는 데에서 찾고 있다. 미국의 경우 재산기준으로 상위 0.25%가 소유하는 부가 국부(國富)의 18.5%이다. 그 중 독점으로 축적된 부가 약 $\frac{1}{3}$ 이라는 연구결과가 있다.

독점은 분배구조를 악화시킨다는 점에서 민주주의적인 사회·정치질서를 저해한다. 민주적인 질서는 권력이 중앙집중화되지 않고 분권화(分權化)되어 견제와 균형을 통해 상충(相衝)되는 다양한 이해관계를 조화시킨다. 독점으로 인하여 부(富)가 소수에게 집중되면 선거 혹은 경제정책의 결정과정 역시 이들에 유리하게 작동되어 소수에게만 유리한 법률과 정책 등이 채택될 가능성이 커진다.

종합적 평가

지금까지 독점의 폐해가 무엇인지를 살펴보았다. 그러나 이러한 논의들 중 특히 독점의 자원배분이 비효율적이라는 주장은 앞서 언급했듯이 완전경쟁시장이나 독점이나 비용조건이 동일함을 가정한 것이라는 점에 다시 한번 주의하기 바란다. 독점에서 연구개발의 유인이 크고 그로 인해 비용곡선이 아래쪽으로 이동할 수 있다면 자원배분의 측면에서 독점이 완전경쟁보다 비효율적이라는 주장은 설득력을 잃게 된다. 또 현실적으로 한시적(限時的) 독점은 사회후생을 증진시키는 역할을 한다. 예컨대 특허권에 입각한 독점은 특허권의 시효(時效)가 만료되는 시점까지만 유지될 수 있는 한시적인 것이다. 이러한 특허권의 존재는 기술개발을 촉진시킴으로써 사회후생을 증진시킨다.

따라서 우리는 독점권 자체를 매도해서는 안 된다. 중요한 것은 독점권의 탄생기반이다. 그에 따라 때로는 독점을 금지하기도 하고 때로는 옹호하기도 해야 한다. 인위적 독점적 관행에 의해 독점권이 행사될 경우 정부가 이에 개입해야 되겠지만 특허권이나 기술개발의 성공으로 인한 독점기업은 보호받아야 할 것이다.

11.6
독점의 규제

앞에서 독점시장의 자원배분이 많은 문제점을 가지고 있음을 보았다. 특히 자원배분의 비효율성과 불공정한 분배문제가 두드러졌다. 이러한 독점의 한계를 시정·극복하고자 정부가 개입하는 산업정책은 자유방임정책, 법률에 의한 독점금지정책, 행정규제(regulation) 등 세 가지로 나눌 수 있다. 이 절에서는 독점에 대한 여러 가지 규제방식들간의 우열을 논하지 않고 행정규제방식만을 설명하기로 한다.

독점기업의 규제방식은 그 목표가 무엇이냐에 따라 달라진다. 만일 과소생산(過小生産)을 방지하여 효율적인 자원배분을 달성하는 것이 목표라면 후술하듯 한계비용에서 가격을 책정해야 한다. 독점기업의 과다이윤(過多利潤)제한이 목표라면 독점기업에게 정상이윤(0의 경제적 이윤)만 허용하는 조치를 취해야 할 것이고, 독점기업의 적자문제(赤字問題) 해결이 정책목표라면 가격차별을 허용하는 것이 바람직하다. 가격차별정책은 부록에서 상세히 논하기로 하고 여기서는 한계비용 가격설정방식과 정상이윤율 규제방식을 설명하기로 한다.

11.6.1 한계비용 가격설정

완전경쟁시장이론에서 보았듯이 사회적 관점에서 가장 효율적인 자원배분은 가격이 한계비용과 일치할 때 달성된다. 가격이 한계비용보다 높아지면 사회적 최적생산량보다 과소생산이 일어나고 반대의 경우 과잉생산이 발생하여 자원이 비효율적으로 배분된다. 한계비용 가격설정(marginal cost pricing)은 독점기업의 과소생산 문제를 해결하고자 독점상품의 가격을 한계비용과 일치시키는 가격책정방식이다. 철도, 상하수도 등의 공익사업(公益事業)이 한계비용수준에서 가격을 설정하고 있는 좋은 예이다.

그러나 한계비용 가격설정방식은 다음과 같은 약점을 갖고 있다.

첫째, 적자의 문제이다. 특히, 규모의 경제가 존재하는 상황에서 가격을 한계비용수준에서 책정할 경우(즉, [그림 11-6-1]의 Q_c를 생산할 때) 평균비용은 한계비용보다 높다. 이는 [그림 11-6-1]의 K 점이 C 점보다 위쪽에 위치함에서

한계비용 가격설정

상품의 가격을 한계비용수준으로 책정하는 가격정책

[그림 11-6-1] 한계비용 가격설정

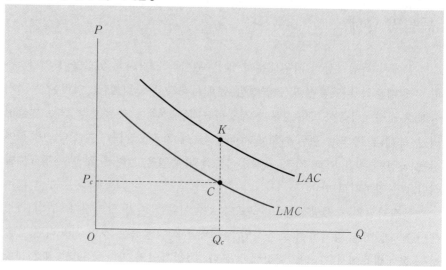

알 수 있다. 따라서 $LAC > P = LMC$인 관계가 성립한다. 평균비용이 가격보다 높다는 것은 이 기업이 적자로 인해 장기적으로 존속할 수 없음을 시사한다.

둘째, 한계비용 가격설정방식은 현실적으로 시행하기가 어렵다. 한계비용을 추정하는 것이 매우 어렵기 때문이다. 특히 기업이 다생산물(多生産物)을 생산할 경우, 한계비용은 거의 쓸모없는 개념이 되고 만다. 예컨대, 공공서비스는 다생산물의 생산과정에서 공급된다. 동일한 DB(data base)와 전산망을 이용하여 공급되는 각종 민원 서비스의 경우 특정 민원서비스의 한계비용을 추정하는 것은 쉬운 일이 아니다.

11.6.2 정상이윤율 규제: 평균비용 가격설정

정상이윤율 규제는 독점기업에게 초과이윤이 아닌 정상이윤을 허용하는 방법이다. 가장 일반적인 규제의 대상은 수익률 혹은 가격이다. 정상이윤(正常利潤)이란 각 생산요소들에게 기회비용만 지급할 때에 발생한다. 이는 비용이론에서 논했듯이 0의 경제적 이윤으로서 완전경쟁시장의 장기균형하에서 개별기업이 누리는 수익이다. 이러한 관점에서 독점기업에게 정상이윤을 허용하는 규제의 기본 정신은 완전경쟁의 자원배분을 염두에 둔 것이라 할 수 있다. 가

[그림 II-6-2] 정상이윤율 규제하의 독점: 규모의 경제가 없는 경우

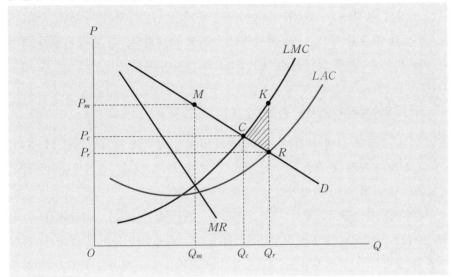

격을 평균비용수준으로 묶어둘 때 정상이윤율은 보장된다. 따라서 정상이윤율 (fair rate of return) 규제는 평균비용 가격설정(average cost pricing)이라고도 불린다.

    정상이윤율 규제는 한계비용가격이 현실적으로 조세에 의한 보조 없이는 유지불가능하다는 데에서 정당성을 찾는다. 정상이윤율 규제를 독점기업의 기술구조가 규모의 경제가 없는 경우와 있는 경우로 나누어 설명해 보자.

정상이윤율 규제

가격을 평균비용 수준에서 결정하는 정책

규모의 경제가 없는 경우

    [그림 11-6-2]는 규모의 경제가 없는 경우의 독점기업을 묘사하고 있다. 이 경우 정상이윤율 규제하의 독점, 비규제하의 독점 및 완전경쟁하의 자원배분이 어떻게 다른가를 살펴보자.

    정상이윤율 규제하의 독점가격은 평균비용에서 결정될 것이다. 평균비용 가격규제하의 독점기업은 그림의 $R(Q_r, P_r)$점에서 생산할 것이다. 비규제하의 독점기업은 $M(Q_m, P_m)$점에서 생산한다. 반면, 경쟁적 시장에서의 자원배분은 점 $C(Q_c, P_c)$에서 이루어진다.

    정상이윤율 규제하의 독점기업의 행동의 특징은 다음과 같다. 첫째, 균형생산량이 완전경쟁하의 생산량(Q_c)을 초과한다(즉 $Q_c \leq Q_r$). 둘째, 산출수준이 Q_c 이상일 때(정확히 말해서 Q_c부터 Q_r까지) 한계비용곡선(MC)이 수요곡선(D)보다 높다.

이상의 특징에서 보듯이 정상이윤율 규제는 독점기업의 과소생산(過小生産) 문제를 해결할 수 있지만 과다생산 문제를 유발한다. 그 후생손실의 크기는 화폐로 표현할 때 빗금친 삼각형 CKR의 면적이 된다.

규모의 경제가 있는 경우

이제 규모의 경제가 있는 독점기업의 규제를 생각해 보자. [그림 11-6-3]은 규모의 경제가 존재하는 기술구조를 보여 주고 있다. 장기평균비용곡선(LAC)의 우하향이 이를 반영하고 있다.

이러한 기술구조하에서 완전경쟁하의 자원배분은 $C(Q_c,\ P_c)$점에서, 그리고 비규제 독점산업하의 자원배분은 $M(Q_m,\ P_m)$점에서 이루어질 것이다. 정상이윤율 규제하의 독점기업은 시장가격과 평균비용이 일치하는 $A(Q_A,\ P_A)$점에서 생산한다.

정상이윤율 규제하의 독점기업의 가격과 생산량은 완전경쟁시장과 비규제독점 사이에 위치한다. 이는 정상이윤율 규제를 통해 비규제 독점기업의 과소생산 문제가 어느 정도 해결되었음을 말해 주고 있다. 그러나 아직도 비효율

[그림 II-6-3] 정상이윤율 규제하의 독점: 규모의 경제가 있는 경우

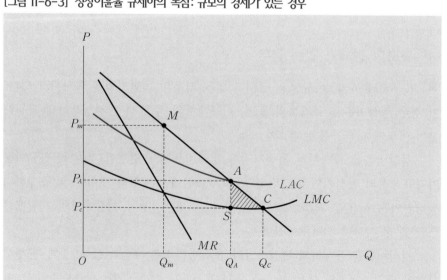

성은 남아 있다. 가장 효율적인 산출수준 Q_c를 생산하지 못함으로써 오는 사회적 손실은 빗금친 삼각형 SAC의 면적으로 나타나 있다.

정상이윤율 규제방법은 다음과 같은 한계점을 지니고 있다.

첫째, 경제적 효율성을 보장해 주지 못한다. 이는 가격과 한계비용이 일치하지 않는 데에서 비롯된다.

둘째, X-비효율성이 존재한다. 평균비용(AC)수준에서 가격을 책정하도록 규제받고 있는 기업은 기술개발 혹은 비용절약을 위한 노력을 게을리하고, 더 나아가 비용극소화를 위한 노력을 하지 않는다. 경영진의 방만한 경영, 근로자의 근무태만 등 어떤 이유로 원가가 상승하든지 비용의 증가분을 100% 가격에 전가시킬 수 있기 때문이다.

셋째, 정상이윤율 규제는 현실에 적용될 때 산정상(算定上)의 문제를 안고 있다. 정상이윤의 기본개념이 구체적으로 무엇이며 정상이윤 산정의 기초자료로 무엇을 사용해서 어떻게 계산해야 할 것인지 등의 문제를 명확히 하는 것은 쉬운 일이 아니다.

현실에서 정상이윤율 규제는 정상이윤율 혹은 공정수익률에 관한 규제로 나타난다. 통상 이는 자본에 대한 일정 수익률로 계산된다. 정상이윤율 산정의 기초자료로 자본투자액, 인건비, 매출액 중 어느 것을 사용했는지에 따라 피규제기업의 행동은 크게 달라질 것이다. 특정 생산요소를 이윤율 산정의 기준치로 채택했을 때 요소결합비율의 왜곡이 발생할 가능성이 높다. 예컨대 자본을 정상이윤율의 기준 지표로 채택했을 경우 독점기업은 규제가 없을 때보다 자본을 과다하게 보유할 수 있다.

결론적으로 평균비용 가격설정방식의 경우 적자문제는 해소할 수 있지만 가격이 한계비용과 같지 않기 때문에 효율적인 자원배분이 이루어질 수 없다.

11.7
경합시장과 독점

자유방임하의 독점기업(즉 비규제하의 독점기업)의 행동에 대한 새로운 견해가 보몰(W. Baumol)과 판잘(J. Panzar), 윌릭(R. Willig) 등의 경합시장 이론가들

에 의해 제시되었다.[13]

경합시장
진입과 퇴출장벽
이 없는 시장

경합시장(競合市場, contestable market)은 진입(進入)과 퇴출(退出)의 장벽이 없는 시장을 말한다.[14] 항공산업은 그 좋은 예이다. 서울-홍콩 노선이 적자이면 추가적 비용부담 없이 서울-LA 노선으로 변경할 수 있다. 진입과 퇴출의 비용이 없는 경합시장에서는 '치고 빠지기 전략'(hit-and-run strategy)이 가능하다.

경합시장이론(contestable market theory)에 의하면 산업 내에 유일한 독점기업도 독점가격을 책정할 수 없다. 독점가격(P_M)에서 이윤이 발생할 경우 제2의 기업이 진입해 들어와 독점가격보다 낮은 가격을 책정할 수 있기 때문이다. 경합시장하의 독점기업의 행동을 규모의 경제가 있는 경우와 없는 경우로 나누어 살펴보자.

규모의 경제가 없는 경우

[그림 11-7-1]은 규모의 경제가 존재하지 않을 때의 독점기업의 비용구조를 나타내고 있다. 평균비용곡선과 한계비용조건은 각각 LAC와 LMC곡선으로 나타나 있다. 잠재적 진입기업의 비용조건도 독점기업과 동일하다고 하자. 그림의 곡선 D는 시장수요곡선을 나타낸다.

진입장벽(進入障壁)이 있는 경우 독점기업은 한계수입과 비용을 고려하여 $M(Q_M, P_M)$점에서 행동한다.

이제 경합시장(競合市場)을 상정해 보자. 경합시장에서는 시장가격이 최소 장기평균비용수준인 P_E 이상이면 진입이 발생할 것이다. P_E 이상의 가격에서는 진입기업도 이윤을 만들 수 있는 까닭이다. 이러한 상황하에서 시장가격은 P_E보다 높을 수 없다. 따라서 균형가격은 최소 장기평균비용수준과 일치하는 P_E에서 결정되고 개별기업은 q_E개를 생산한다. 시장수요량은 Q_E가 되고 산업 내 기업의 수(數)는 $\frac{Q_E}{q_E}$개가 된다. 장기균형상태에서 가격은 장기평균비용(LAC)수준이나, 장기한계비용(LMC)수준과 동일하다. 이는 완전경쟁하의 장기균형조건과 일치한다.

규모의 경제가 없는 경우 독점산업의 진입장벽만 제거해 주면 독점가격은

---

13 경합이론에 관해서 상세한 것은 다음을 참고하라. W. Baumol, J. Panzar, R. Willig, "Contestable Markets and The Theory of Industry Structure," Harcourt, 1982.
14 엄밀히 말해서 기술적 진입장벽을 제외한 진입장벽이 없는 시장을 의미한다.

[그림 Ⅱ-7-Ⅰ] 경합시장하의 독점: 규모의 경제가 없는 경우

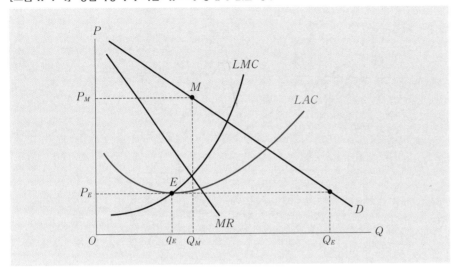

사라지고 완전경쟁시장하의 배분과 동일한 결과를 얻을 수 있는 것이다.

　이상의 논의는 완전경쟁시장의 자원배분의 효율성이 무수히 많은 기업 수 (數)에서 기인하는 것이 아니라 진입(進入)과 퇴출(退出)의 장벽의 부재에서 기인한다는 것을 선명히 보여 주고 있다.

규모의 경제가 있는 경우

　[그림 11-7-2]는 규모의 경제가 있는 기술구조를 타나내고 있다. 평균비용곡선과 한계비용조건은 각각 LAC와 LMC곡선으로 나타나 있다. 잠재적 진입기업의 비용조건도 독점기업과 동일하다고 하자.

　진입장벽이 있는 경우 독점기업은 MR과 MC를 고려하여 그림의 $M(P_M, Q_M)$점을 선택할 것이다. M점에서 독점기업은 흑자를 누린다.

　이제 진입장벽이 없는 경합시장하의 독점기업을 생각해 보자. 기존기업이 M점에서 행동한다면 경합시장하에서는 진입이 발생한다. 따라서 M점은 산업의 균형점이 될 수 없다. 산업의 균형은 이윤이 0이 되는 T점에서 달성된다.[15] 이 때 균형가격(P_1)은 평균비용수준(LAC)과 일치하며 한계비용(LMC)

---

15 정확히 말해서, 산업의 균형은 이윤이 0 이상이 되는 M점과 T점의 중간에서 달성된다. 기존 기업의 이윤이 양(＋)이더라도 진입기업의 예상이윤이 음(－)일 경우 진입은 일어나지 않기 때문이다.

[그림 II-7-2] 경합시장하의 자연독점: 규모의 경제가 있는 경우

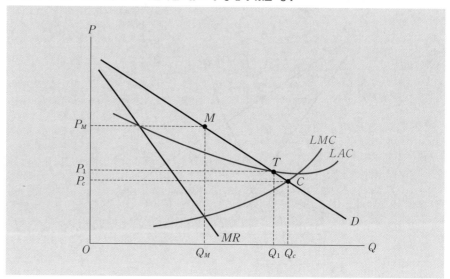

보다 높다. 결국 진입의 장벽이 존재하지 않는다면 비규제하의 자연독점기업이라 할지라도 반드시 (Q_M, P_M)에서 행동한다고 말할 수 없다.

경합시장이론은 비규제하의 자연독점에서 과소생산, 초과이윤의 문제가 그리 심각하지 않다는 것을 보여 준다. 자연독점 그 자체가 문제가 아니라 진입장벽의 유무가 보다 근본적인 문제이다. 경합시장이론은 바람직한 자원배분을 위해서 결정적으로 중요한 것은 독점의 철폐 혹은 경쟁적 시장구조의 구축이 아니라 진입장벽의 철폐라는 것을 시사하고 있다.

부   록

11.A
가격차별

지금까지의 논의는 독점기업이 책정하는 가격이 오직 하나라는 암묵적인 전제하에서 진행되었다. 그러나 독점기업은 상황에 따라 단일가격(single price)을 책정하지 않고 같은 상품을 여러 가지 다른 가격에 판매하기도 한다. 이렇게 동일한 비용으로 생산된 재화를 서로 다른 가격에 판매하는 행위를 가격차별(價格差別, price discrimination)이라 한다. 가격차별정책을 채택하고 있는 독점기업을 차별적 독점자(差別的 獨占者, discriminating monopolist)라고 부른다.[16]

상품의 품질 차이로 인해 발생하는 가격차이는 가격차별로 볼 수 없다. 예컨대 도시와 산간벽지의 소비자가격(delivered price)이 다르다고 해서 반드시 가격차별이 행해지고 있다고 볼 수는 없다. 물리적으로 동일한 상품이라도 그 상품의 위치에 따라 그 상품의 품질이 달라지기 때문이다. 일반적으로, 물리적으로 동일한 상품일지라도 시간과 장소가 달라지면 서로 다른 재화(혹은 품질이 다른 재화)로 취급되므로 순수한 가격차별의 영역은 매우 좁다.

11.A.1 가격차별의 전제조건

가격차별의 사례는 매우 다양하다. 타임(Time) 잡지사가 학생들에게만 가격을 할인해 준다든지 비보험 환자에게는 보다 높은 의료수가(醫療受價)를 책정한다든지 시외전화요금을 시간별, 요일별로 다르게 책정하는 것 등은 가격차별의 사례들이다. 이러한 가격차별이 가능하기 위해서는 다음 요건들이 동시에 충족되어야 한다.

비경쟁적 시장구조

만일 기업 A가 어떤 상품에 대해 특정 소비자에게 한계비용보다 높은 가

---

[16] 차별적 독점자는 순수독점자에 대(對)한 용어가 아니라는 점에 유의하기 바란다.

격을 책정했을 경우, 경쟁기업 B가 A기업보다 좀더 싼 값에 공급해 버리면 기업 A의 가격차별정책은 실패할 수밖에 없다. 이는 가격차별이 가능하려면 소비자의 수요가 가격에 대해 비탄력적이어야 함을 시사한다.

극단적으로 수요가 완전탄력적일 경우 경쟁가격보다 높은 가격을 책정하는 것은 불가능하다. 따라서 가격차별이 가능하려면 개별기업의 수요곡선이 우하향해야 한다.

이상의 논의는 가격차별이 독점시장에서만 발생하는 것이 아니라 불완전 경쟁시장하에서 나타날 수 있는 일반적 현상임을 시사한다.

불가능한 전매

소비자들간의 전매(轉賣)나 재판매(再販賣)가 가능할 경우 높은 가격이 책정된 소비자들은 판매자로부터 직접 구입하려 하지 않을 것이다. 전매나 재판매가 불가능하려면 상품의 물리적 성질상 전매가 불가능하거나, 전매의 비용이 너무 커서 전매로부터의 이익이 발생하지 않아야 한다. 예컨대 의료서비스, 여행서비스, 전화서비스, 전기는 상품의 성질상 저장이 불가능하여 쉽게 되팔 수 없다. 또 타임지와 같은 경우에는 전매가 가능하지만 전매의 비용이 전매로부터 얻는 이익보다 더 크기 때문에 대체로 전매가 일어나지 않는다.

시장분리

가격차별이 가능하기 위해서는 전체시장을 소비량, 성별 혹은 소비시간대 등 소비자의 특성에 따라 두 개 이상의 하위시장(submarket)으로 나눌 수 있어야 한다. 예컨대 서울 – LA간 항공여행시장의 경우 항공사는 여행자의 예약일자나 돌아오는 날짜를 보고 시장을 사업자시장과 관광객시장으로 구분할 수 있다. 사업차 여행하는 자는 날짜를 충분히 두고 예약하기가 곤란하지만 관광객은 충분한 시간을 두고 예약할 수 있다. 따라서 일반적으로 관광객시장의 가격탄력성이 사업자시장보다 크다.

11.A.2   가격차별의 유형

가격차별정책은 공급자가 소비자에 관한 정보를 얼마나 갖고 있느냐에 따라 달라진다. 소비자의 선호(즉, 각 소비자가 독점상품에 대해 최대 얼마까지 지불할 용의가 있는가)를 정확히 파악하고 있다면 독점기업은 제1도가격차별, 혹은 완전가격차별을 시행할 수 있고, 소비자 선호에 관한 정보가 불충분하다면 제2도가격차별 혹은 제3도가격차별정책을 시행한다. 제2도가격차별이란 구입량(혹은 소비자의 자발적 선택)에 입각한 가격차별을 의미하고, 제3도가격차별이란 소비자의 외형적·객관적 특성에 입각한 가격차별을 말한다. 국내시장과 해외시장간의 가격차별은 제3도가격차별의 한 예이다.

설명의 편의상 완전가격차별과 제3도가격차별의 내용을 살펴본 뒤 맨 나중에 제2도가격차별을 살펴보기로 한다.

제1도가격차별: 완전가격차별

독점기업이 생산물에 대한 모든 소비자의 선호를 정확히 알고 있을 때 이윤을 극대화할 수 있는 가격정책은 어떤 것일까? 구체적 상황을 가지고 설명해 보자.

[그림 II-A-I] 완전가격차별하의 매출액

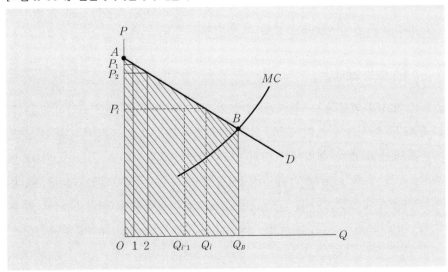

[그림 11-A-1]의 곡선 D는 독점기업의 수요곡선을 나타낸다. 분석의 편의상 모든 소비자는 상품을 한 개씩만 구입한다고 하자.[17] 독점기업은 수요곡선 D에 관한 모든 정보를 정확히 알고 있다. 다시 말해서 독점기업은 각 단위의 상품에 대해서 소비자가 지급할 용의가 있는 최대금액을 정확히 알고 있다. 예컨대 [그림 11-A-1]에서 보듯이 첫 번째 단위의 상품에 대해서 소비자가 지급할 용의가 있는 최대금액은 P_1, 두 번째 단위의 상품에 대해서 P_2, Q_i번째 단위의 상품에 대해서는 P_i이다. i번째 소비자가 지급하고자 하는 최대금액은 그래프에서 수요곡선 아래에 있는 밑변이 1이고 높이가 P_i인 사각형의 면적으로 나타난다.

이 경우 독점기업이 상품을 한 단위씩 분리하여 각 단위의 상품에 대하여 서로 다른 가격을 매긴다고 하자. 이러한 상황에서 독점기업의 이윤극대화전략은 한계비용곡선(MC)이 수요곡선(D)과 교차하는 B점에서의 산출량 Q_B만큼을 판매하되 상품의 각 단위에 대해 수요곡선의 높이만큼 각각 가격을 책정하는 것이다.[18] 이 때 독점기업의 총수입은 빗금친 사다리꼴의 면적 $OABQ_B$가 된다. 독점이윤이 극대가 되고 소비자잉여가 전혀 존재하지 않는다.

완전가격차별 정책

각 단위의 상품에 대하여 소비자가 지급할 용의가 있는 최대금액을 가격으로 책정하는 차별정책

이와 같은 유형의 차별은 독점기업의 입장에서 가장 유리한 가격체계로서 완전가격차별(perfect price discrimination) 혹은 제 1 도가격차별(first-degree price discrimination)이라고 한다. 완전가격차별이 가능하려면 소비자 선호에 대한 완전정보, 전매불가능의 조건 등이 동시에 충족되어야 한다. 현실적으로 완전가격차별정책은 거의 실현불가능한 정책이라고 할 수 있다.

제 3 도가격차별

제3도가격차별

소비자의 외형적·객관적 특성에 입각한 가격차별

소비자의 외형적·객관적 특성에 입각한 가격차별을 제 3 도가격차별이라고 한다. 국내시장과 해외시장의 가격차별, 즉 덤핑(dumping)을 예로 들어 보자.

국내시장(H)과 해외시장(F)의 수요조건이 [그림 11-A-2]의 (a)와 (b)에 각각 D_H와 D_F로 나타나 있다. 국내시장에서의 수요곡선(D_H)은 해외시장(D_F)보다 기울기의 절댓값이 더 크다. 이는 동일한 가격변화에 대해 해외시장이 국

---

17 손목시계와 같은 경우 이러한 가정은 충족된다.

18 개별소비자가 여러 개의 상품을 구입할 경우, 개별소비자의 수요곡선(정확히 말해서 보상수요곡선)을 따라 내려가면서 상품을 1단위씩 분리하여 각 단위마다 다른 가격을 매기는 것이 독점기업의 이윤이 극대화되는 가격차별정책이다.

내시장보다 민감하게 반응함을 나타내고 있다.

　　이러한 상황에서 두 시장에 각각 얼마만큼의 가격을 책정할 때 독점기업의 총이윤이 극대화될까? 이에 대한 해답을 위해 첫째, 주어진 산출수준을 두 시장에 배분하는 문제와 둘째, 총산출수준을 결정하는 문제로 나누어 생각해 보자.

　　우선 첫 번째 문제를 생각해 보자. 독점기업이 주어진 산출량을 두 시장에 나누어 판매하려 할 때, 총수입(따라서 이윤)을 극대화시킬 수 있는 배분원칙(配分原則)은 무엇일까? 배분원칙은 국내시장에서의 한계수입(MR_H)과 해외시장에서의 한계수입(MR_F)을 일치시키는 것이다. 즉,

(11. A. 1)　　$MR_H = MR_F$

　　만일 $MR_H > MR_F$가 성립한다면 해외시장에 팔던 상품 1단위를 국내시장에 판매함으로써 이윤을 증가시킬 수 있다.

　　이제 두 번째 문제, 즉 총산출수준을 얼마로 할 것인가를 생각해 보자. 이윤을 극대화하는 산출량은 지금까지 누차에 걸쳐 보았듯이 한계수입(MR)과 한계비용(MC)이 같아지는 수준에서 결정된다. 만일 어떤 산출수준에서 한계수입이 한계비용보다 더 크다면 상품 1단위를 추가로 생산함으로써 이윤을 더 늘릴 수 있으므로 이윤이 극대화되는 산출량이 선택되었다고 볼 수 없다. 반대로 한계수입이 한계비용보다 더 작다면 이 때 역시 이윤극대화가 이루어지지 않은 것이다. 따라서 차별적 독점자의 이윤극대화 조건은 다음과 같이 정리될 수 있다.

(11. A. 2)　　$MR = MC$

　　이상의 논의를 결합할 때 차별적 독점기업의 행동원칙은 다음 조건으로 압축될 수 있다.

(11. A. 3)　　$MR_H = MR_F = MC$

　　이상의 차별적 독점기업의 행동을 [그림 11-A-2]를 통해 설명해 보자. [그림 11-A-2]의 (a), (b)에는 국내시장과 해외시장의 수요곡선, 그리고 이에

[그림 II-A-2] 독점기업의 제3도가격차별: 덤핑(dumping)

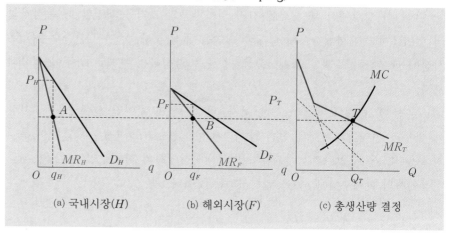

(a) 국내시장(H) (b) 해외시장(F) (c) 총생산량 결정

상응하는 각각의 한계수입곡선인 MR_H, MR_F를 그렸다.

독점기업의 두 번째 문제인 총산출수준은 $MR_T = MC$에 의해 결정된다. 기업차원에서의 한계수입곡선인 MR_T곡선은 MR_H와 MR_F를 수평으로 더해서 구해진다. 이윤극대화는 그림 (c)에서 보듯이 한계비용곡선(MC)과 기업차원의 한계수입곡선(MR_T)과의 교차점 T에서 이루어진다. T점에서의 산출량(OQ_T)이 차별적 독점기업의 이윤을 극대화시켜 주는 산출량이 된다.

다음으로, 주어진 OQ_T를 두 시장에 얼마씩 배분하면 될까? 이를 위해 T점에서 왼쪽 방향으로 수평 보조선을 그어 보자. 두 시장에서의 한계수입곡선과 교차하는 점을 각각 A, B라고 할 때, 바로 이 점들이 이윤을 극대화할 수 있는 두 시장에서의 판매량이다. 가격은 A, B점이 나타내는 판매량에서의 수요곡선의 높이가 된다. 즉 시장 H에서는 q_H만큼을 P_H가격에 판매하고, 시장 F에서는 q_F만큼을 P_F의 가격에 판매함으로써 이윤을 극대화할 수 있다. MR_T 곡선이 MR_H와 MR_F의 수평합으로 그려졌으므로 이윤극대화 조건이 충족될 때 두 시장에서의 판매량의 합은 총산출량과 같다(즉 $Q_T = q_H + q_F$). 지금까지 가격차별이 가능할 때 독점기업의 산출량 결정과 산출량의 시장간 배분의 원리에 관해서 살펴보았다.

이제 관점을 바꾸어 수요의 가격탄력성과 독점기업의 시장별 가격간의 관계를 생각해 보자. 우리는 $MR = P\left(1 - \dfrac{1}{\eta}\right)$임을 제6.4절에서 보았다(여기서 η

는 수요의 가격탄력성이다). 이 관계를 이용하여 식 (11.A.3)으로 나타난 이윤극대화 조건을 다시 써 보면 다음과 같다.

$$(11.\text{A}.4) \quad P_H\left(1-\frac{1}{\eta_H}\right) = P_F\left(1-\frac{1}{\eta_F}\right) = MC$$

여기서 η_H, η_F는 P_H에서의 국내 H시장의 수요의 가격탄력성과 P_F에서의 해외시장의 수요의 가격탄력성을 나타낸다.

그러므로 만약 $\eta_H < \eta_F$의 관계가 성립하면 그림에서 보는 바와 같이 $P_H > P_F$가 성립되어야 한다. 즉, 국내시장의 수요의 가격탄력성이 해외시장보다 작을 경우 가격차별하의 독점기업은 해외시장에는 낮은 가격을 책정하고 국내시장에는 높은 가격을 책정한다.

이상의 가격차별은 소비자의 거주지라는 객관적 특성에 입각하여 시장분리(市場分離)가 이루어지고 있음을 보여 준다.

제 2 도가격차별

앞에서 설명한 제 1 도가격차별하의 가격은 소비자별로 달라지고, 동일 소비자라도 구입량별로 달라진다. 이러한 가격차별은 생산자가 소비자에 대한 완전정보를 갖고 있을 때 가능하다. 소비자에 대한 완전정보를 갖고 있지 않지만 개별소비자의 구매량이 다를 때 생산자는 구매량을 기준으로 가격차별을 시도해 볼 수 있다.

제 2 도가격차별은 소비자의 구매행동을 기준으로 한 가격차별정책이다. 대량구매자에 대한 할인판매, 후술하는 이부가격, 구간별 가격책정, 비대칭정보이론(제20.2.3절)에서 다루는 선별(選別, screening) 등은 모두 제 2 도가격차별의 예이다. 구입량을 소비자 스스로 결정한다는 점에서 제 2 도가격차별은 소비자의 자발적 선택에 입각한 가격차별이라고 할 수 있다.

제 2 도가격차별은 동일한 소비자에게 다른 가격을 매길 수 없다는 점에서 제 1 도가격차별과 다르다. 또, 제 2 도가격차별은 구입량을 기준으로 가격차별을 할 수 있다는 점에서 제 3 도가격차별과 다르다. 제 3 도가격차별은 자동차나 시계시장과 같이 개별소비자의 구입량이 크게 다르지 않을 때 채택된다.

제2도가격차별
구입량 등 소비자의 자발적인 선택에 입각한 가격차별

제2도가격차별을 이해하기 위해 구간별 가격책정과 이부가격을 설명해 보기로 한다.

(1) 구간별 가격책정

개별소비자의 수요곡선을 정확히 알지 못하는 상황에서 이윤을 증대시킬 수 있는 가격차별정책이 무엇일까? 구간별 가격책정은 이에 대한 해답을 제시해 준다.

구간별 가격책정(block pricing)이란 상품의 소비량을 몇 개의 구간(block)으로 나누고 각 구간별로 다른 가격을 매기는 것을 말한다.[19] 따라서 구간별 가격책정하에서 한계가격(限界價格, marginal price)은 상품 구입량에 따라 달라진다. 구간별 가격책정은 전화, 전기, 수도 등의 요금책정방식에서 찾아볼 수 있다.

이제 구간별 가격책정이 무엇인지 좀더 구체적으로 살펴보자. 개별 소비자의 수요곡선(d)이 [그림 11-A-3]에서와 같이 주어져 있다. 이러한 상황에서 독점기업이 그림에서 보는 바와 같이 처음의 Oq_1구간에서는 P_1의 가격을, 다음의 q_1q_2의 구간에서는 P_2를, 그리고 q_2q_3의 구간에서는 P_3의 가격을 책정하였다. 이와 같은 구간별 가격차별하에서 개별소비자의 총지출액은 빗금친 면

[그림 II-A-3] 구간별 가격책정

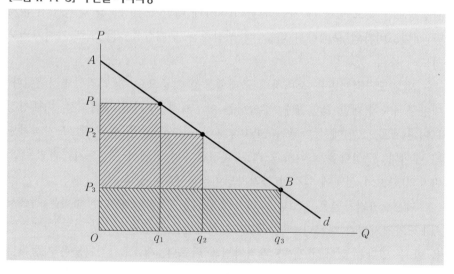

---

19 독자 여러분은 제2도가격차별이 구간별 가격책정이 아니라는 점에 유의하기 바란다. 구간별 가격책정은 제2도가격차별의 한 예에 불과하다.

적이다. 이는 독점기업의 균형가격이 P_3일 경우의 개별소비자의 지출액인 사각형 OP_3Bq_3면적보다 크다. 단일한 독점가격하에서 소비자가 누릴 수 있었던 소비자잉여(삼각형 P_3AB의 면적) 중 파란색 빗금친 부분에 속한 면적은 구간별 가격차별하에서는 독점기업의 이윤으로 전환된다. 소비자잉여는 빗금이 쳐지지 않은 부분만 남게 된다.

구간별 가격책정은 제3도가격차별과는 본질적으로 다른 가격차별 방식이다. 제3도가격차별의 경우 소비자에게 책정되는 가격이 소비자의 선택과 상관없이 소비자의 외형적 특성에 따라 결정되는 반면, 구간별 가격차별의 경우 소비자의 선택, 즉 구입량에 따라서 가격이 달라진다.

(2) 이부가격

앞에서 설명한 제1도가격차별은 독점기업이 개별소비자들의 특성을 정확히 알고 있다는 전제하에 가능하다. 이러한 상황하에서 독점기업은 모든 소비자잉여를 독점이윤으로 귀속시킬 수 있다. 물론 현실적으로 독점기업은 개별소비자들의 특성을 잘 알지 못하므로 완전가격차별(完全價格差別)은 불가능하다. 그러나 현실에서도 독점기업이 완전가격차별하에서와 동일한 독점이윤을 누릴 수 있는 방법이 있다. 이부가격이 그 중의 하나이다.

이부가격(two-part tariff)은 상품구입권(이용권)을 판매한 뒤 사용량에 따라 사용료를 징수하는 이원화된 가격책정방식이다. 이러한 가격정책하에서 소비자는 우선 상품구입권(이용권)을 구입한 뒤 사용량에 비례해서 이용료를 치러야 한다. 상품구입권에 대한 가격은 가입비(entry fee), 입장료, 허가료(license fee), 기본료 등으로 불리어진다. 이부가격 책정방식하에서 개별소비자가 치러야 되는 지출액(E)은 다음과 같이 공식화할 수 있다.

(11.A.5) $E = F + Pq$
여기서 E: 총지출액 F: 가입비 또는 허가료
P: 단위당 사용료(한계가격) q: 사용량

이부가격 책정방식은 우리 주위에서 적지 않게 찾아볼 수 있다. 전화요금, 택시요금, 자연농원의 요금체계, 골프클럽과 같은 각종 클럽의 이용방식은 좋은 예이다. 이들 요금체계의 특색은 한편으로 입장료 혹은 기본료 등의 명목으로 구입량에 상관없이 일정액의 가입비를 받으면서 다른 한편으로 구입량에

비례해서 사용료를 받는 데에 있다.

이제, 상품 사용권에 대한 허가료(F)와 단위당 사용료(P)를 어떻게 설정했을 때 이윤이 극대화되는가를 그림을 통해 살펴보자. [그림 11-A-4]에 개별소비자의 수요곡선이 d_i로 나타나 있다. 분석의 편의상 한계비용곡선(MC)은 P_c수준에서 수평선이라 하자. 이러한 상황에서 독점기업의 최선의 전략을 생각해 보자.

독점기업의 최대이윤은 완전가격차별하의 이윤이다. 이는 [그림 11-A-4]에서 삼각형 P_cAB의 면적이다. 따라서 독점기업의 전략은 삼각형 P_cAB의 면적의 이윤을 확보할 수 있는 허가료와 사용료를 책정하는 것이다. 이를 위해서는 두 단계의 전략이 필요하다. 우선 첫 단계로서 소비자가 q_c를 구입하도록 유도해야 한다. 가격(사용료)을 한계비용수준(P_c)에서 결정하면 소비자는 q_c를 구입한다. 이 때 소비자잉여는 삼각형 P_cAB의 면적이다. 두 번째 단계는 삼각형 P_cAB의 소비자잉여를 생산자잉여로 전환시키는 것이다. 소비자잉여가 $\triangle P_cAB$이므로 소비자는 상품사용권에 대한 대가(허가료)로서 소비자잉여만큼을 지급할 용의를 갖는다.

따라서 허가료(F)로 P_cAB면적만큼을, 그리고 단위당 사용료(P)로 P_c를

[그림 II-A-4] 이부가격

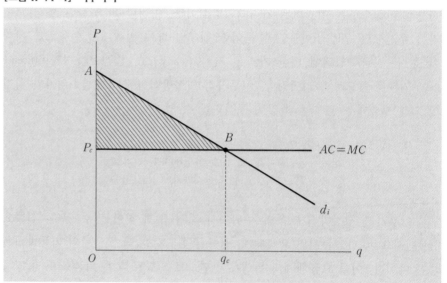

책정하면 독점기업은 완전가격차별하의 이윤을 얻을 수 있다. 이상의 이부가격 책정방식을 모든 소비자에게 적용시키면 독점기업은 완전가격차별에서와 동일한 독점이윤을 누릴 수 있다.

이부가격 책정방식은 완전가격차별보다 정보요구량이 훨씬 적다. 수요곡선의 위치와 모양을 정확히 알 필요도 없다. 사용료는 한계비용수준으로 고정시키면 된다. 상품사용권에 대한 허가료는 소비자잉여의 크기만 알면 결정할 수 있다. 따라서 한계비용과 소비자잉여의 크기만 알면 이부가격 책정방식을 시행할 수 있다. 상품사용권에 대한 허가료(소비자잉여의 크기)는 약간의 시행착오를 거치면서 근사치로 접근할 수 있을 것이다.

11.A.3 가격차별의 사회후생적 평가

경제적 효율성

차별적 독점은 사회후생의 관점에서 볼 때 차별을 하지 않는 단순한 독점보다 명백히 더 나쁘다고 판단하기 쉽다. 그러나 반드시 그렇지는 않다. 단일독점가격과 비교해 볼 때 가격차별하에서 거래량이 늘어나고 따라서 교환의 이익이 더 증대할 수도 있다. 극단적인 경우 완전가격차별하의 자원배분(거래량)은 완전경쟁하의 자원배분(거래량)을 실현시킬 수 있다. [그림 11-A-4]와 같이 수요곡선과 한계비용곡선이 주어질 경우 완전가격차별하의 거래량이나 완전경쟁하의 거래량은 q_c로서 동일하다.

요컨대, 효율성의 관점에서 단일가격(單一價格)을 책정하는 독점과 차별적 독점 중 어느 쪽이 더 나쁜지는 어느 쪽의 산출량이 더 큰지에 달려 있다. 당연히 거래량이 많은 쪽이 효율성의 관점에서 더욱 바람직하다.

소득분배

차별적 독점은 단일가격하의 독점보다 분배구조를 더욱 악화시키는 경향이 있다. 그러나 이러한 비난이 항상 정당한 것은 아니다. 가격차별하에서의 소비자잉여가 단일 독점가격하에서보다 더 클 수도 있기 때문이다. 이를 구체적 예를 통해 확인해 보자.

[그림 II-A-5] 단일독점가격과 이부가격하의 소비자잉여

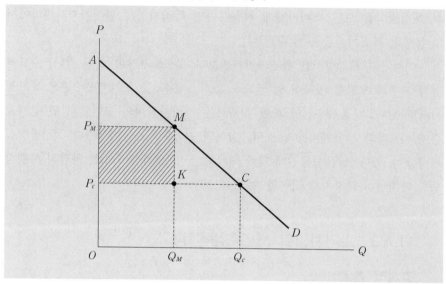

[그림 11-A-5]에서 단일 독점가격은 P_M이다. 이부가격하에서의 기본료는 사각형 $P_c P_M M K$이고, 단위당 사용료는 P_c로 주어졌다 하자.[20] 단일 독점가격하에서 소비자잉여는 삼각형 $P_M A M$의 면적이다. 반면에 이부가격하에서의 소비자잉여는 삼각형 $P_M A M$과 삼각형 $K M C$의 합으로 나타난다. 따라서 이러한 이부가격하에서의 소비자잉여는 단일 독점가격하에서의 소비자잉여보다 크다.

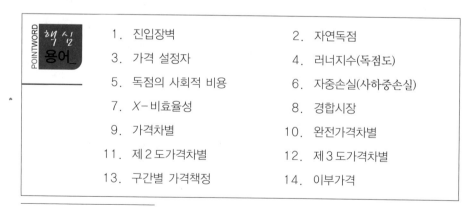

POINTWORD 핵심 용어	
1. 진입장벽	2. 자연독점
3. 가격 설정자	4. 러너지수(독점도)
5. 독점의 사회적 비용	6. 자중손실(사하중손실)
7. X-비효율성	8. 경합시장
9. 가격차별	10. 완전가격차별
11. 제2도가격차별	12. 제3도가격차별
13. 구간별 가격책정	14. 이부가격

---

20 시장수요곡선 D를 정확히 파악하지 못해 기본료는 빗금친 사각형의 면적으로 책정될 수 있다.

_요약 SUMMARY

❶ 독점은 산업 내에 기업이 하나뿐인 시장이다. 독점기업이라도 타산업으로부터의 간접적 경쟁이나 동산업으로부터의 잠재적 경쟁의 압력은 받는다.

❷ 독점은 진입장벽으로 인해 생성·유지된다. 진입장벽은 그 생성요인에 따라 기술적 진입장벽과 제도적 진입장벽으로 나뉜다. 기술적 진입장벽은 생산요소의 독점적 소유, 규모의 경제, 기술상의 요인에 의한 진입장벽을, 제도적 진입장벽은 특허권, 전매권 등의 요인에 의한 진입장벽을 말한다.

❸ 독점기업의 수요곡선은 시장수요곡선과 일치한다. 따라서 수평선으로 나타나는 완전경쟁기업의 수요곡선과는 달리 독점기업의 수요곡선은 우하향한다.

❹ 독점기업의 경우에도 완전경쟁기업과 마찬가지로 한계수입(MR)=한계비용(MC)인 점에서 단기균형점이 결정된다. 독점기업 단기균형의 특징은 첫째, 독점가격은 한계비용을 초과한다. 둘째, 균형점에서 수요의 가격탄력성이 1보다 크다. 독점기업은 가격설정자이므로 공급곡선은 존재하지 않는다.

❺ 독점기업의 장기균형은 장기한계비용곡선과 장기한계수입곡선의 교차점에서 이루어진다. 장기균형에서의 이윤은 단기균형하에서보다 크다.

❻ 다른 조건이 동일하다면 독점시장의 자원배분은 비효율적이다. 자원배분의 비효율성으로 인한 후생손실은 첫째, 자중손실, 둘째, 독점권을 따내고 유지하는 과정에서 낭비되는 독점화의 비용, 셋째, X-비효율성, 넷째, 기술개발의 지연 등을 지적할 수 있다.

❼ 독점기업의 가격규제방식에는 한계비용 가격설정, 평균비용 가격설정, 가격차별 등이 있다. 한계비용 가격설정방식은 효율적인 자원배분을 달성할 수 있는 장점은 있지만 적자문제가 있다. 평균비용 가격설정은 적자문제를 해결할 수 있지만 효율적인 자원배분을 달성할 수 없는 단점이 있다.

❽ 경합시장은 진입과 퇴출의 장벽이 없는 시장이다. 경합시장에서 독점기업은 독점가격을 책정할 수 없다. 독점기업의 균형가격은 평균비용수준에서 결정된다. 이 모형은 자원배분에서 결정적 역할을 하는 것은 시장의 형태, 즉 시장구조가 아니라 진입장벽이라는 것을 보여 준다.

❾ 가격차별이 가능하기 위해서는 다음의 조건이 충족되어야 한다. 첫째, 기업이 시장지배력을 행사할 수 있어야 한다. 둘째, 전매가 불가능해야 한다. 셋째, 시장을 분

리할 수 있어야 한다.

❿ 제 1 도가격차별은 모든 단위의 상품에 대해 서로 다른 가격을 책정하는 정책이다. 이는 공급자가 개별소비자에 관한 모든 정보를 정확히 알고 있을 때 가능하다. 제 2 도가격차별은 소비자의 자발적 선택에 입각한 가격차별을 말한다. 제 3 도가격차별은 소비자의 객관적 특성에 입각한 가격차별정책이다.

⓫ 가격차별정책하의 자원배분은 단일가격하에서보다 효율적일 수도 있고 비효율적일 수도 있다. 가격차별정책은 소득분배를 악화시키는 경향을 갖는다.

_연습문제 QUESTION

01 담합을 형성하고 있던 기업들 중에서 일부 기업이 담합을 깨고 가격인하를 단행하였다. 이에 대해 정부관리가 '산업 전체의 매출액이 감소할 것이고 장치산업인 이 산업에 과당 경쟁이 우려된다'고 가격인하에 대해 우려를 표명했다. 관리의 이러한 주장은 신뢰할 만한 것인가? 그 이유를 밝히라.

02 많은 공기업이 민영화되고 있다. 민영화되고 있는 이유를 들어 보라.

03 독점산업에 정액세를 부과하였을 때 독점기업의 행동은 어떻게 달라질까?

04 독점산업에 판매세(excise tax)를 부과했을 때 독점기업의 행동은 어떻게 달라질까? 완전경쟁하의 기업에 판매세를 부과했을 때와 차이는 무엇인가?

05 진입장벽의 종류를 설명하라.

06 자연독점의 경우 한계비용 가격설정의 장점과 단점을 설명하라.

07 '하버거는 산업 전체의 평균자본수익률을 자본수익률의 대변수로 사용함으로써 독점의 수익률을 과소평가하고 따라서 독점의 사회적 비용을 과소평가했다.' 이 명제를 설명하라.

08 구간별 가격책정(block pricing)이란?

09 절도(thief) 건수당 평균수입은 건수가 증가함에 따라 감소하고 절도의 한계비용곡선은 수평선이라고 가정하자. 절도산업을 독점산업이라고 가정하고 절도의 사회적 비용(social cost)을 그림으로 설명하라.

10 '거래비용(transaction cost)이 무시될 만한 경우라면 독점의 비효율성은 제거할 수 있다'라는 명제를 설명하라.

11 이윤을 극대화하는 가격순응자(price-taker)와 독점기업의 행동을 그래프를 이용하여 비교·설명하라.

12 '특허권은 보호되어야 한다. 그러나 그 기간은 제한적이어야 한다'는 명제의 논거를 제시하라.

13 독점기업의 수요함수는 $Q = 70 - P$로서 주어져 있다. 그리고 독점기업의 총비용함수가 $TC(Q) = 6Q$로 주어져 있다.
(a) 균형하의 독점생산량 및 독점가격은?

(b) 독점기업의 공급함수를 구하라.

14 자중손실(deadweight loss)이 무엇인지 그림으로 설명하라.

15 (a) 경합시장의 조건은 무엇인가? 그 예를 들어 보라.

   (b) 경합시장이론의 한계와 그 기여는 무엇인가?

16 (a) 규모의 경제가 존재하지 않는 기술구조를 갖는 독점시장이 경합시장으로 변모했다고 하자. 독점기업은 경합시장에서도 흑자를 볼 수 있겠는가? 균형상태에서의 가격수준은?

   (b) 장기에 있어서, 이 시장 내 기업들은 최소비용점에서 생산할까?

   (c) 장기균형상태에서 가격과 한계비용의 관계를 설명하라.

17 기업이 다음과 같이 분리된 두 개의 시장수요함수에 직면하고 있다.

$$D_1 = 100 - P_1$$
$$D_2 = 100 - 2P_2$$

독점기업의 한계비용은 20이다.

   (a) 가격차별의 전제조건을 설명하라.

   (b) 독점기업이 가격차별을 할 수 없을 때의 독점가격을 구하라.

   (c) 독점기업이 가격차별을 할 수 있을 때의 독점가격을 구하라.

18 독점기업의 독점가격은 P_M이고 독점 생산량은 Q_M이다. 그리고 한계비용(MC)=평균비용(AC)=c이다. 완전경쟁시장하의 균형가격과 균형생산량을 각각 P_c, Q_c라고 하자.

   (a) 러너 지수(Lerner Index)를 구하라.

   (b) 자중손실로 인한 독점의 사회적 비용을 $dP(\equiv P_M - P_c)$과 $dQ(\equiv Q_M - Q_c)$으로 표현하라.

   (c) 자중손실의 크기가 수요의 가격탄력성에 비례하고 러너지수(LI)의 제곱에 비례함을 보이라.

CHAPTER

12

독점적 경쟁시장

본장은 완전경쟁과 독점시장의 두 극단의 시장 중간에 위치한 독점적 경쟁시장의 운동법칙을 설명한다.

독점적 경쟁시장에 관한 이론에는 로빈슨과 챔버린(Chamberlin)의 독점적 경쟁시장모형과 호텔링(Hotelling)의 입지경쟁모형(立地競爭模型)이 있다. 독점적 경쟁이론은 1930년이래 완전경쟁이론과 독점이론이 현실설명력을 갖지 못함이 밝혀지면서 큰 관심을 끌기 시작했다. 그 후 이 이론은 현실설명력이나 이론의 단순성을 기준으로 볼 때 오히려 완전경쟁시장이나 독점이론보다 떨어진다는 평가를 받았다.

그러나 이 이론은 1980년대 이래 국제무역이론, 산업조직론과 거시경제학에서 다시 각광을 받고 있다. 무역이론에서는 산업내 무역(intra industry trade)의 발생원인을 설명하기 위해, 그리고 최근 거시경제학의 새케인즈학파는 경기변동현상과 가격경직성(價格硬直性)을 설명하기 위해 독점적 경쟁시장모형을 사용하고 있다.

본장에서는 챔버린 모형을 가지고 독점적 경쟁시장에서의 기업의 행동원리와 독점적 경쟁시장의 자원배분을 설명한다. 본장의 부록은 호텔링의 입지경쟁모형을 이용하여 독점적 경쟁시장하의 입지경쟁과 그 시사점을 설명한다.

독점적 경쟁시장에 관한 모형에는 로빈슨과 챔버린의 대표소비자모형과 호텔링의 입지경쟁모형(立地競爭模型)이 있다. 통상 독점적 경쟁시장모형은 대표소비자모형을 말한다. 먼저 챔버린의 독점적 경쟁모형을 살펴보고, 부록에서는 호텔링의 입지경쟁모형을 살펴보기로 한다. 대표소비자모형에서는 모든 소비자는 동일한 선호를 갖는다. 이 모형에서 모든 기업은 동일한 소비자를 두고 경쟁한다.

12.1
독점적 경쟁시장의 조건

독점적 경쟁시장은 다음과 같은 기본적 특징을 갖고 있다.[1]

품질차별

소비시장 내의 공급자들은 품질이 조금씩 다른 동종(同種)의 상품을 생산한다. 품질 차별화(品質 差別化)를 위해서 반드시 상품의 물리적 특성이 달라야 하는 것은 아니다. 동일한 상품이라도 상품의 소재, 배달방법, 대금결제방법, 판매 후 서비스, 디자인, 포장이 달라지면 상품은 차별화된다.

차별화된 상품시장의 예는 치약, 자동차, 담배, 월간잡지, TV수상기 등 많다. 치약시장의 경우 이를 희게 하는 치약, 입 냄새를 없애주는 치약, 충치예방에 강한 치약 등 종류가 매우 다양하다. 차별화된 상품은 나름대로 유일한 특성을 지니고 있어서 어느 정도 시장지배력을 갖는다.

---

1 '산업'은 통상 동질적 상품을 생산하는 기업들의 집합을 의미한다. 이질적 상품을 생산하는 기업집단을 '산업'이라고 부르는 것은 정확한 표현이 아니다. 예컨대 상품이 차별화되어 있는 쇠고기의 경우 시장을 명확히 정의하기 어렵다. 한우시장과 수입쇠고기시장으로 구분하는 것이 보다 정확할 것이다. 한우와 수입쇠고기는 차별화되어 있어 각각 하나의 시장을 형성하기 때문이다. 따라서 대체성이 강한 상품들을 생산하는 기업들을 뭉뚱그려 산업이라고 부르지 않고 '상품그룹'(product group)으로 명명하는 것이 보다 정확할 것이다.
그러나 품질이 차별화된 경우 '산업'이라는 표현 대신 '상품그룹'으로 정의하더라도 그 경계선이 모호하기는 마찬가지이다. 따라서 본서에서는 상품차별이 있는 경우에도 '산업'이란 용어를 사용하기로 한다. 다만 이질적 상품으로 구성된 산업의 경우 대체성이 강한 '상품그룹'을 의미하는 것으로 이해하기 바란다.

다수의 공급자

동종의 이질적(異質的) 상품을 공급하는 기업들의 수(數)가 많다. 완전경쟁산업에서처럼 공급자수가 무수히 많을 필요는 없지만, 개별공급자들이 다른 경쟁사들의 전략에 개의치 않고 독립적으로 행동할 수 있을 정도로 산업 내 기업의 개수가 충분히 많아야 한다.

꾸르노유형의 가정

개별기업들이 자신의 가격을 결정할 때 경쟁사들이 현재의 가격수준을 그대로 유지시킬 것이라는 예상하에 행동한다. 이러한 예상을 꾸르노 유형(類型)의 가정(Cournot-type assumption)이라고 한다.[2] 이는 모든 개별기업은 자사의 가격변화가 경쟁사의 가격변화를 유발하지 않을 것이라는 예상하에 행동한다는 것을 의미한다.

상품이 이질적이 되면 완전경쟁에서 볼 수 있었던 비개인적 경쟁(impersonal competition)은 사라지고 경쟁사들간의 개인적 경쟁(personal competition)이 나타난다. 개인적 경쟁이 존재할 때 경쟁기업이 어떻게 반응할 것인지를 추측하는 것이 특정 기업의 행동을 결정하는 핵심적인 요소이다. 따라서 꾸르노유형의 가정은 독점적 경쟁모형의 핵심적 가정이라고 할 수 있다.

무상 진입과 퇴출

완전경쟁시장과 같이 진입과 퇴출의 장벽이 없어야 한다. 무상 진입과 퇴출의 조건에 대해서는 제10장 완전경쟁시장의 조건에서 충분히 설명했으므로 여기서는 생략하기로 한다.

이상에서 보았듯이 독점적 경쟁시장은 품질차별, 무상 진입과 퇴출, 꾸르노유형의 행동가정을 그 기본 특징으로 하고 있다. 독점적 경쟁시장은 상품의 공급자가 많고 진입장벽이 없다는 점에서 완전경쟁과 유사하고, 품질차별로 인해 기업이 시장지배력(市場支配力)을 갖고 있다는 점에서는 독점과 유사하다.

---

2 원래의 꾸르노 가정은 개별기업이 산출량을 결정할 때 경쟁사의 산출수준이 불변일 것으로 예상하는 것을 의미한다. 여기서 꾸르노유형이라고 한 것은 독점적 경쟁시장에서 개별기업의 선택변수가 산출량에서 가격으로 바뀌었기 때문이다.

12.2
독점적 경쟁시장하의 개별기업의 제약조건

12.2.1 개별기업의 수요곡선(ㅣ): 비례적 수요곡선

[그림 12-2-1]의 곡선 D는 시장 전체의 수요곡선을 나타낸다. 시장가격이 P_0일 때 시장수요는 Q_0이다. 이제 산업 전체에 동일한 n개의 기업이 있다고 하자. 가격이 P_0일 때 개별기업의 수요량은 얼마나 될까? 동일한 기업을 가정했으므로 개별기업의 수요량은 $\frac{Q_0}{n}$가 될 것이다. 동일한 논리를 모든 가격수준에 적용시키면 모든 가격수준에서 개별기업의 수요량은 시장수요량의 $\frac{1}{n}$이 된다. 따라서 개별기업의 수요곡선(d_n)과 시장수요곡선(D)의 세로축 절편은 동일하고 개별기업의 수요곡선의 기울기의 절댓값은, 시장수요곡선의 n배가 된다.

[그림 12-2-1]은 이 같은 상황을 보이고 있다. 그림에서 d_n은 개별기업의 수요곡선을 나타낸다. 개별기업의 수요곡선도 시장수요곡선과 마찬가지로 우하향한다는 데에 주목하기 바란다. d_n곡선은 n개의 기업들이 모두 동일한 가격을 책정했을 때의 수요량을 나타내 준다.

[그림 l2-2-l] 개별기업의 수요곡선: 비례적 수요곡선

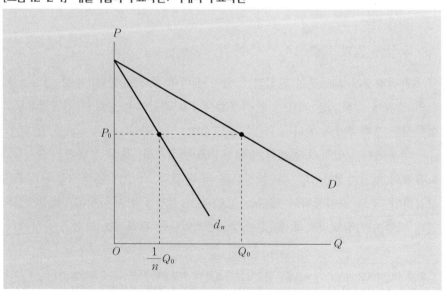

개별기업의 수요곡선(d_n)을 비례적 수요곡선(proportional demand curve)이라고 부른다. 비례적 수요곡선은 이어서 설명하는 인식수요곡선과 구별된다.

비례적 수요곡선
모든 개별기업이 동일한 가격을 채택했을 경우의 개별기업의 수요곡선

12.2.2 개별기업의 수요곡선(Ⅱ): 인식수요곡선

독점기업은 시장수요곡선을 자신의 수요곡선으로 생각한다. 그러나 독점적 경쟁에서의 개별기업들은 비례적 수요곡선을 자신의 수요곡선으로 생각하지 않는다. 이러한 차이는 독점시장에는 많은 경쟁사들이 존재하기 때문에 발생한다. 경쟁사들이 존재할 때 기업이 인식하는 수요곡선은 비례적 수요곡선과 어떻게 다를까?

먼저 독점의 경우 가격이 변하면 수요량은 시장수요곡선을 따라 움직인다. 그러나 독점적 경쟁의 경우 개별기업의 가격이 변해도 수요량은 '비례적 수요곡선'을 따라 움직이지 않는다. '비례적 수요곡선'은 모든 개별기업들이 동일한 가격을 선택한다는 전제하에서 개별기업의 수요량을 나타내 주는 것이다. 독점적 경쟁시장모형에서는 꾸르노유형의 가정에 의해 어느 한 개별기업이 가격을 인하시켰을 때 다른 개별기업들은 기존의 가격을 고수하고 있다. 따라서 개별기업이 인식하는 수요량의 변화폭은 비례적 수요곡선이 보여 주는 것보다 훨씬 크게 나타난다.

이러한 상황을 [그림 12-2-2]가 보여 주고 있다. 그림에서 d_n은 비례적 수요곡선을 나타낸다. 초기에 모든 개별기업이 P_0를 선택하고 있었다. 이 때 개별기업의 판매량은 q_0이다.

이제 개별기업 n이 가격을 P_0에서 P_1으로 인하했다고 하자. n기업의 판매량은 얼마나 될까? 만일 모든 개별기업들이 동시에 가격을 P_1으로 인하했다면 판매량은 q_1이 될 것이다. 그러나 다른 기업들이 가격을 인하하지 않고 P_0를 고수하고 있다면 이 기업의 수요량은 훨씬 큰 폭으로, 예컨대 그림의 q_2까지 증가한다. 왜냐하면 경쟁사들의 고객 중 일부는 값이 싸진 n기업의 상품을 구입할 것이기 때문이다. 따라서 개별기업은 자신의 수요곡선을 d_n으로 인식하지 않고 A점과 C점을 이은 d_E로 인식한다. 개별기업이 인식하고 있는 수요곡선 d_E를 인식수요곡선(perceived demand curve)이라고 한다.

인식수요곡선
다른 기업들이 가격을 변경하지 않는다는 예상하에서 개별기업이 인식하고 있는 수요곡선

[그림 12-2-2] 개별기업의 수요곡선: 인식수요곡선

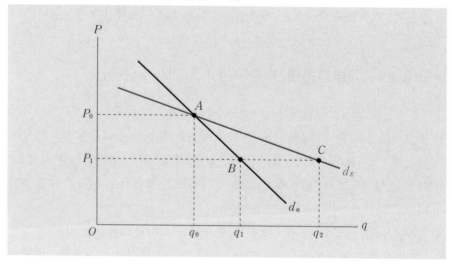

12.2.3 개별기업의 비용조건

독점적 경쟁하의 개별기업의 비용조건은 완전경쟁하의 개별기업의 비용조건과 기본적으로 동일하다. 분석의 편의상 모든 개별기업의 비용조건은 동일하다고 가정한다. 다시 말해서 각 기업의 한계비용곡선은 서로 동일하고 평균비용곡선도 서로 동일하다고 가정한다.

모든 기업들이 동일한 수요와 비용조건을 갖는다는 가정은 비현실적이다. 그러나 수요조건과 비용조건의 대칭성은 설명의 편의상 도입된 것일 뿐 독점적 경쟁모형의 핵심적 가정이 아니므로 이들 조건이 깨져도 이론의 결론은 동일하다.

12.3
독점적 경쟁하의 단기균형

독점적 경쟁하의 개별기업은 인식수요곡선에서 도출된 한계수입곡선을 가지고 이윤극대화를 도모한다. 이제 독점적 경쟁하의 개별기업이 균형에 이르는 과정을 [그림 12-3-1]을 가지고 살펴보자.

초기가격이 P_0이다. P_0하에서 모든 개별기업들이 비례적 수요곡선상의 한 점인 그림의 F점을 선택하고 있다고 하자. F점에서의 비례적 수요곡선은 d_n이다. 이 점에서 개별기업이 예상하고 있는 인식수요곡선은 d_F가 되고 이에 상응한 한계수입곡선은 MR_F가 된다. 개별기업은 MR_F와 MC가 만나는 R점의 산출량(q_G)에 상응하는 가격 P_1을 선택한다. 요컨대, 개별기업들은 F점에서 G점으로 이동하려 한다.[3]

그러나 모든 기업들이 이와 같이 행동할 경우 P_1의 가격에서 개별기업이 실제로 판매할 수 있는 양은 q_G가 아니라 비례수요곡선상의 점 W가 나타내는 q_w에 불과하다. 결국 개별기업은 F점에서 G점으로 이동하려 하지만 이는 실현되지 않고 W점이 실현된다. W점에서 각 개별기업의 인식수요곡선인 d_w는 W점을 통과하면서 인식수요곡선 d_F에 평행이다. W점을 선택하고 있던 개별기업은 또다시 새로운 인식수요곡선에 상응한 한계수입곡선(MR_w)과 한계비용

[그림 12-3-1] 독점적 경쟁시장하의 기업의 최적화과정

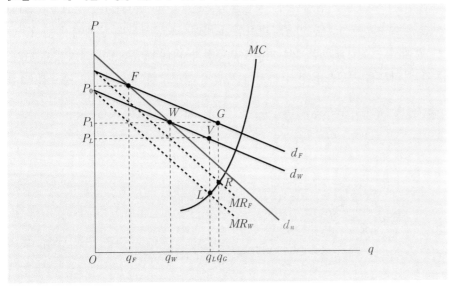

---

3 어떤 교과서에서는 G점을 불안정적 균형이라고 부르고 있다. 그러나 이러한 해석은 두 가지 점에서 오류를 범하고 있다. 첫째, G점은 균형이 아니다. 왜냐하면 균형은 실현가능해야 하는데 G점은 실현가능하지 않다. G점은 꾸르노가정이 현실로 나타난다는 전제하에서의 이윤극대화점일 뿐이다. F점에서 G점으로의 이동은 실현되지 않고 W점으로 이동이 가능할 뿐이다. 둘째, 불안정적 균형이란 제2장에서 논의했듯이 외부적 충격에 의해 균형이 깨졌을 때 돌아오는 힘이 없는 균형을 의미한다. 따라서 G점은 안정적 균형도 불안정적 균형도 아니다.

곡선(MC)이 만나는 L점의 산출량(q_L)에 상응하는 가격(P_L)을 책정한다(즉 W에서 V로 이동하고 싶어한다).

이러한 과정은 기업의 최적행동, 즉 이윤을 극대화해 주는 인식수요곡선 상의 점이 실현될 때 끝난다. 인식수요곡선상에 나타나는 기업의 이윤극대화 점이 비례수요곡선상에 위치하고 있을 때 그 점은 실현된다. [그림 12-3-2]에 서 이윤을 극대화해 주는(즉 $MR=MC$가 성립하는) N점에서 인식된 수요곡선과 비례적 수요곡선이 교차한다. 따라서 N점은 개별기업의 단기균형상태를 나타 낸다. 단기균형상태에서 개별기업의 가격은 P_N이다.

독점적 경쟁하의 단기균형의 도출과정을 요약해 보자. 특정 개별기업의 가격변화가 다른 개별기업들의 가격에 아무런 영향을 미치지 않는다는 꾸르노 유형의 가정하에서, 인식수요곡선에 상응한 한계수입곡선을 도출한다. 이렇게 도출된 한계수입곡선을 이용하여 $MR=MC$의 이윤극대화 조건을 충족하는 산출량과 가격을 구한다. 마지막으로 선택된 산출량과 가격에서 시장균형이 실현될 수 있는지를 점검한다. 시장균형 조건(市場均衡 條件)이 성립하기 위해 서는 인식수요곡선상의 이윤극대화점이 비례수요곡선상에 존재해야 한다. 다 시 말해서 이윤극대화점에서 인식수요곡선과 비례수요곡선이 교차해야 한다. 독자 여러분은 꾸르노유형의 가정이 독점적 경쟁모형에서 얼마나 중요한 역할

[그림 12-3-2] 독점적 경쟁하의 단기균형

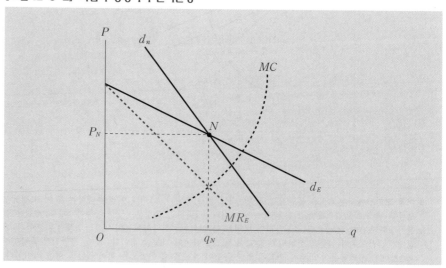

을 하고 있는지 다시 한번 음미해 보기 바란다.

이상의 논의로부터 단기균형상태에서는 다음과 같은 두 가지 조건이 동시에 충족된다는 것을 알 수 있다. 첫째, 어느 개별기업도 가격변경의 유인이 없어야 한다. 이를 위해서는 $MR=MC$인 이윤극대화 조건이 충족되어야 한다. 즉, 인식수요곡선에 상응한 한계수입곡선(MR_E)과 한계비용(MC)이 일치되는 점에서 생산량이 결정되어야 한다. 둘째, 인식수요곡선에서 도출된 개별기업의 최적 가격과 산출량이 실현되어야 한다. 즉 이윤극대화 점이 비례수요곡선상에 위치해야 한다. 비례수요곡선상에 위치하지 않는 이윤극대화점은 실현되지 않기 때문이다. 이는 개별기업의 예상이 적중하여 현실로 나타나야 한다는 것을 의미한다. 이러한 상황이 실현되기 위해서는 이윤극대화점에서 비례수요곡선과 인식수요곡선이 교차해야 한다.

독점적 경쟁시장의 단기균형상태는 다음과 같은 특징을 갖는다. 첫째, 단기균형상태에서 시장가격은 한계비용보다 높다($P>MC$). 둘째, 단기균형상태에서 개별기업은 반드시 흑자를 보고 있는 것은 아니다. 이윤은 양(陽)이 될 수도 있고 음(陰)이 될 수도 있다. 고정비용이 보상되지 않을 수 있기 때문이다.

12.4
독점적 경쟁하의 장기균형

12.4.1 가격경쟁하의 장기균형

단기균형상태에서 개별기업의 이윤이 양(陽)이었다고 하자. 장기에서는 진입과 퇴출의 장벽이 없으므로 새로운 기업들의 진입이 일어날 것이다. 새로운 기업들의 진입으로 기업의 개수가 늘어나면 개별기업이 직면하는 비례적 수요곡선은 [그림 12 −4−1]에서 보듯이 가격축의 절편은 고정된 채 안쪽으로 이동한다. 그림은 산업 내 기업이 n개일 때와 $n+1$개일 때의 개별기업의 수요함수를 보이고 있다. 임의의 가격에서 개별기업이 끌어들일 수 있는 고객의 숫자는 기업수가 증가하면 줄어든다.

새로운 기업의 진입은 개별기업의 이윤(엄밀히 말해서 예상이윤)이 사라질

[그림 12-4-1] 진입으로 인한 비례적 수요곡선의 이동

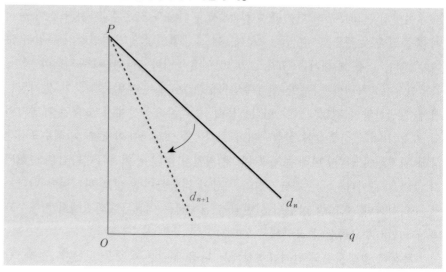

때 멈출 것이다. 이 때 이 산업은 장기균형상태에 들어가게 된다. 인식수요곡선(d_E)이 LAC 위쪽에 위치하는 부분이 있다면 진입을 시도하는 기업이 나타난다. 그러므로 예상이윤이 0이 되어 진입이 멈출 조건은 인식수요곡선(d_E)이 LAC와 접하는 것이다. [그림 12-4-2]를 보면 비례적 수요곡선(d_n)과 인식수요곡선이 만나는 E 점(P_e, q_e)에서 인식수요곡선(d_E)과 장기평균비용곡선(LAC)이 접하고 있다. 이는 이윤이 0임을 말해 준다.

이상으로부터 장기균형은 단기균형조건을 모두 충족하고 추가적으로 영(零)이윤조건(zero profit condition)을 충족하면 달성된다는 것을 알 수 있다. 보다 구체적으로 말해서 장기균형점에서는 다음과 같은 조건이 충족되어야 한다.

첫째, 이윤극대화를 위해 인식수요곡선에 상응한 한계수입(MR)과 한계비용(MC)이 일치해야 한다. 둘째, 개별기업의 선택점이 실현되어야 한다. 이를 위해 균형점에서 비례수요곡선(d_n)과 인식수요곡선이 교차해야 한다. 셋째, 진입이 발생하지 않기 위해 0이윤조건, 즉 $P=LAC$가 성립해야 한다. $P=LAC$가 성립하기 위해서는 개별기업의 인식수요곡선이 장기평균비용곡선에 접해야 한다.

[그림 12-4-2]의 (P_e, q_e)점은 이와 같은 세 가지 조건을 동시에 충족하고 있다.

[그림 12-4-2] 독점적 경쟁시장하의 장기균형

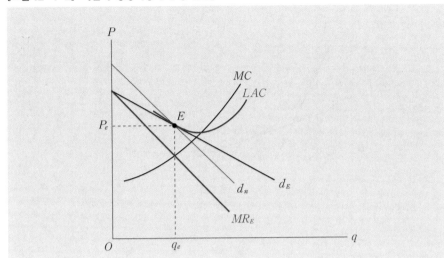

12.4.2 비가격경쟁하의 장기균형

가격담합, 혹은 가격규제 등으로 인해 기업들이 가격경쟁을 할 수 없는 경우도 있을 수 있다. 이러한 상황에서 기업은 광고나 품질 등의 비가격경쟁 (nonprice competition)을 할 수밖에 없다.

이와 같이 비가격경쟁만 가능한 경우 독점적 경쟁시장에서의 균형상태는 어떠한 모습일까? 우선 개별기업의 수요곡선을 생각해 보자. 가격경쟁이 없는 상황에서는 모든 기업이 함께 가격을 인상하거나 인하한다. 이 경우 인식수요 곡선은 무의미해진다. 가격경쟁이 없을 경우 독점적 경쟁하의 개별기업의 수요곡선은 비례적 수요곡선이 된다. 따라서 장기균형은 비례적 수요곡선과 LAC가 접하는 점에서 달성된다. 이는 가격경쟁하의 장기균형은 인식수요곡선과 LAC가 접하는 점에서 달성된다는 것과 대조를 이룬다.

비례수요곡선과 LAC가 접하게 되는 과정에는 다음 두 가지 힘이 작용한다. 첫째, 진입과 이탈이 일어나면 비례적 수요곡선은 이동한다. 둘째, 광고와 같은 비가격경쟁전략을 사용하면 기업의 장기평균비용곡선(LAC)이 이동한다.

[그림 12-4-3]은 비가격경쟁하의 장기균형을 보이고 있다. LAC곡선과 비례적 수요곡선이 접하는 그림의 E_N점, 즉 (q_N, P_N)이 장기균형점이다. 비가

[그림 12-4-3] 비가격경쟁하의 장기균형과 초과설비

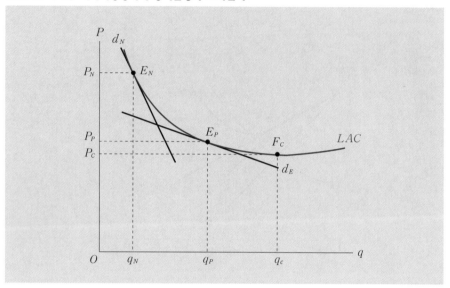

격경쟁하의 장기균형상태는 가격경쟁하의 장기균형점$(q_P,\ P_P)$에 비해 산출량이 줄어들고 가격은 더 비싸다. 이러한 결과는 비가격경쟁하에서 경쟁이 덜 치열할 것이라는 우리의 직관과 일치한다.

12.5
독점적 경쟁시장의 사회후생적 평가

본절에서는 독점적 경쟁시장의 장기균형상태의 특징을 설명하고 이를 후생적 관점에서 평가해 보기로 한다.

12.5.1 초과설비와 과잉경쟁

독점적 경쟁하의 장기균형상태에서 기업이 선택한 생산점과 설비규모는 사회적 관점에서 보면 가장 바람직한 수준이 아니다. 마샬(A. Marshall)과 카셀(J. Cassel) 등에 의하면 이상적 산출량(理想的 産出量)이란 장기평균비용이 최저

가 되는 산출수준, 즉 LAC의 꼭지점에서의 산출량을 말한다.

[그림 12-5-1]에서 LAC의 꼭지점에 해당하는 산출량 q_c가 이상적 산출량이다. 이상적 설비규모(理想的 設備規模)란 장기평균생산비가 최저가 되는 설비규모를 말한다. 이는 LAC의 꼭지점에 접하는 SAC_c로 표현되는 공장의 크기를 의미한다. 그런데 독점적 경쟁하의 장기균형 점은 q_E를 생산하는 E_P점으로 표현되어 있다. 초과설비(超過設備)는 이상적 산출량과 독점적 경쟁의 장기균형 생산량간의 차인 $q_E q_c$를 말한다.

초과설비는 두 가지로 나누어 볼 수 있다. 첫째, 비효율적 설비규모의 선택으로 발생하는 부분과 둘째, 주어진 설비규모하에서 비효율적 생산수준의 선택으로 인해 나타나는 부분이다. 비효율적 설비규모의 선택이란 기업차원의 최적규모(SAC_P)와 사회적 관점에서의 최적규모, 즉 이상적 설비규모(SAC_c)간의 괴리를 말한다. 비효율적 생산수준의 선택이란 주어진 기업의 규모하에서 최소비용점과 장기균형점(기업선택점)간의 차이, 즉 [그림 12-5-1]의 M점과 E_P점간의 괴리를 뜻한다.

초과설비의 존재는 독점적 경쟁시장의 경우 기업들이 과잉경쟁(excess competition)을 벌일 수 있음을 시사하고 있다. E_c점은 E_P점에 비해서 개별기업의 산출수준이 더 높다. 따라서 기업이 E_P점에서 생산할 때 산업 내 기업의 개수는 E_c점의 경우보다 더 많다. 예컨대, 시장거래량이 100만개이고 E_c의 산출량이 5만개라면 산업 내 기업수는 20개이다. 그러나 E_P의 산출량이 4만개라면 기업수는 25개가 된다. 과잉경쟁은 독점적 경쟁시장에서 공급되는 브랜드가 지나치게 많다는 것을 의미한다. 이러한 초과설비에 관한 논의는 상품이 동질적인 완전경쟁시장을 준거의 기준으로 삼은 것이다. 기업들이 이상적 산출수준 E_c점에서 생산하지 않고 초과설비를 보유하는 것이 낭비라는 주장은 일견 타당해 보인다.

그러나 이러한 주장은 수요측면은 무시하고 비용측면에서만 경제적 효율성을 평가하고 있다. 품질차별은 소비자에게 다양한 선택을 허용한다는 의미에서 나름대로 경제적 가치를 갖는다. 품질차별의 경제적 가치를 인정한다면 E_P를 품질차별이 있는 경우의 이상적 산출량으로 간주할 수도 있다. 초과설비가 낭비인지 아닌지는 품질차별화의 비용, 즉 초과설비의 기회비용과 추가적 브랜드 공급으로 인해서 증대된 소비자후생 중 어느 것이 크냐에 따라서 결정

초과설비
이상적 산출량과 기업의 장기균형 생산량간의 차이

[그림 12-5-1] 이상적 산출량과 초과설비

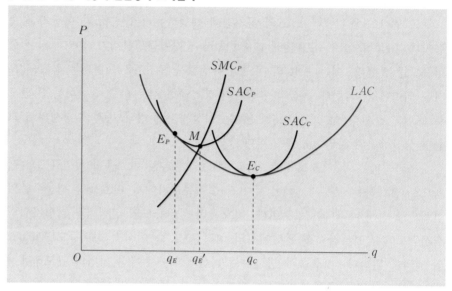

될 것이다.

요컨대 독점적 경쟁시장의 장기균형상태에서 초과설비가 존재한다고 해서 반드시 독점적 경쟁시장이 자원을 낭비하고 있다고 평가할 수는 없다.

챔버린(Chamberlin)에 의하면 초과설비는 [그림 12-4-3]에 나타나 있는 가격경쟁하의 균형산출수준(q_P)과 가격경쟁이 없는 비가격경쟁하에서의 균형산출수준(q_N)간의 차를 말한다. 따라서 그림의 $q_N q_P$가 챔버린의 초과설비이다.

챔버린의 초과설비는 사회적 관점에서 분명히 낭비이다. 챔버린의 초과설비란 품질차별로 인해 발생한 것이 아니고 단지 가격경쟁의 부재로 인해 발생한 것이기 때문이다.

12.5.2 시장지배력의 존재로 인한 비효율성

[그림 12-5-2]에서 R점은 독점적 경쟁시장의 장기균형상태를 나타낸다. 균형가격(P_R)은 한계비용(MC_R)보다 크다. 이는 한계생산물의 가치와 한계비용 간에 차이가 있음을 의미한다.

따라서 독점적 균형상태에서의 자원배분도 독점시장과 같이 비효율적이

[그림 I2-5-2] 독점적 경쟁시장하의 장기균형의 비효율성

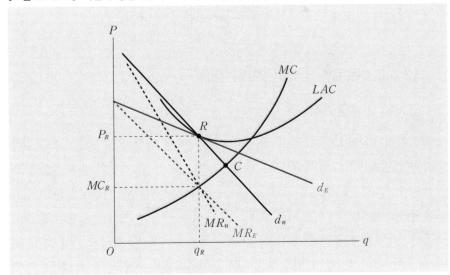

다. 사회적 관점에서 효율적 자원배분은 $P = MC$가 성립되는 그림의 C점에서 달성된다.

12.6
독점적 경쟁이론의 평가

12.6.1 독점적 경쟁모형의 기여

지금까지 살펴본 챔버린의 독점적 경쟁모형은 다음 두 가지 현상을 설명해 준다. 첫째, 독점적 경쟁모형은 초과설비의 존재를 보임으로써 과잉경쟁 혹은 과당경쟁(excessive competition)이 왜 발생하는지를 설명해 준다. 몇 개의 슈퍼마켓이 한 지역에 밀집되어 있다든지 특정지역에 전자상가가 모여 있는 것은 과잉경쟁의 예이다. 슈퍼마켓이 한 개가 없어지거나 밀집된 수많은 전자상점 중 몇 개의 상점이 문을 닫는다고 해서 소비자들이 크게 불편할 것은 없다. 그럼에도 불구하고 이들 상점들은 서비스, 포장, 개점시간 등의 미소한 차이만으로 소비자의 다양한 기호를 충족시켜 주면서 상품을 판매하고 있다. 둘

째, 독점적 경쟁시장에는 시장지배력이 존재함을 보여 주고 있다. 이는 독점적 경쟁시장하의 자원배분이 비효율적이라는 것을 말해 준다.

12.6.2 독점적 경쟁모형의 한계

근시안적 행동가정

독점적 경쟁이론은 꾸르노유형의 행동가정에 입각하고 있다. 각 기업은 가격을 결정할 때 경쟁기업들의 가격을 불변으로 보고 자신의 수요곡선을 인식수요곡선으로 예상한다. 그런데 인식수요곡선에 입각한 이윤극대화 가격과 산출량은 일반적으로 실현되지 않는다.[4] 자신의 예상이 현실로 나타나지 않더라도 각 기업은 종전의 예상방식, 즉 꾸르노유형(類型)의 기대를 계속한다. 그러나 합리적인 기업들이 이렇게 근시안적(近視眼的)으로 행동할 리 없다. 자기의 예상이 틀렸을 경우 자신의 예상방식을 바꿀 것이다.

꾸르노유형의 행동가정은 분명 논리적 모순을 품고 있다. 이러한 논리적 모순은 꾸르노균형을 재해석함으로써 완화시킬 수 있다. 이와 동일한 논리적 모순이 과점이론의 꾸르노모형에서 발생한다. 꾸르노균형의 재해석은 꾸르노모형(제13장)에서 상술하기로 한다.

애매한 시장의 경계

독점적 경쟁시장모형은 시장의 경계선을 명확히 구분짓기 어렵다. 예를 들어 2인승 승용차, 4인승 소형승용차, 4인승 중형승용차, 봉고차, 버스 등이 있다고 하자. 이와 같이 상품 그룹이 서로 물고 물리는 관계에 있는 독점적 경쟁시장의 경우 시장을 명확히 구분지을 수 없다. 품질은 다르지만 대체성이 강할수록 이러한 문제는 심각해진다.

비현실적 장기균형조건

챔버린의 모형에 의하면 독점적 경쟁하의 개별기업은 장기균형상태에서

---

4 인식수요곡선에 입각한 최적가격과 산출량은 오직 균형상태에서만 예외적으로 실현된다.

항상 영(零)의 이윤을 얻고 있다. 그러나 이는 현실을 제대로 반영하고 있다고 볼 수 없다. 현실에서 독점적 경쟁시장의 많은 개별기업은 장기에 있어서도 양(陽)의 이윤을 얻고 있다. 특히 규모의 경제가 존재하는 경우 개별기업은 양의 이윤을 얻을 수 있다.

이러한 현실을 [그림 12-6-1]을 이용하여 설명해 보자. 곡선 d_E는 개별기업의 인식수요곡선이다. 인식수요곡선과 비례적 수요곡선은 A점에서 교차한다. 그림의 (a)와 같이 규모의 경제가 나타나는 기술조건하에서 개별기업이 A점에서 장기균형상태에 있을 수 있다는 것을 확인해 보자.

A점에서의 가격은 110원, 평균생산비는 100원, 그리고 산출량은 만개라 하자. A점에서 기업은 양의 이윤을 얻고 있다. 그리고 가격이 100원일 때 시장수요량이 그림의 (b)에 나타나 있듯이 100만 5천개라 하자. 이 때 장기균형상태에서 산업 내의 기업의 개수는 100개가 된다. 왜냐하면 101개가 존재할 경우 산업의 공급량은 약 101만개가 될 것이므로 가격은 100원 미만으로 떨어진다. 따라서 장기균형상태에서 101개의 기업이 존재할 수 없다. 장기균형상태에서는 100개의 기업이 만개씩 생산한다. 이 때 시장공급량은 100만개가 되고 시장가격은 110원이 된다. 이는 장기균형상태에서도 기업이 흑자를 누릴 수 있다는 것을 말한다.

[그림 12-6-1] 장기균형하의 흑자가능성

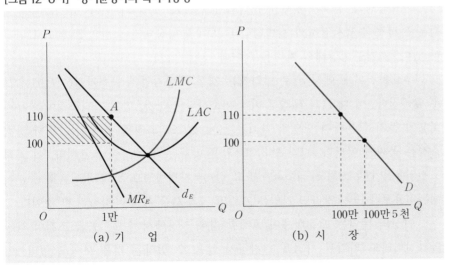

(a) 기 업   (b) 시 장

이처럼 규모의 경제가 존재할 경우 장기균형상태라고 해서 반드시 개별기업의 이윤이 0이 되는 것은 아니다. 이는 챔버린 모형이 독점적 경쟁시장의 일반이론이 아니라는 것을 입증하고 있다.

품질변수의 외생화

챔버린의 모형은 품질차이가 존재한다고 가정할 뿐 품질 혹은 상품의 브랜드가 왜 생겨나는지, 브랜드 수가 어떻게 결정되는지에 대해서는 침묵하고 있다. 후술하는 입지경쟁모형이 브랜드와 품질의 결정요인을 설명하고 있다.

12.7
응용예

[응용 예 I] 메뉴비용이론

1980년대에 접어 들면서 새케인지언(New Keynesian)들은 가격 경직성(硬直性)에 대한 미시적 기초를 제공하려 했다. 이들이 가격경직성의 미시적 기초를 찾은 곳은 바로 독점적 경쟁모형이었다.

수요곡선과 한계비용곡선이 각각 [그림 12-7-1]의 d_1과 MC로 주어질 경우 독점적 경쟁시장하의 개별기업의 초기 균형상태가 그림의 E_1점으로 나타나 있다. 초기균형상태의 가격은 P_1이다.

수요조건이 d_1에서 d_2로 달라지는 경우 개별기업의 균형가격은 P_1에서 P_2로 달라진다. 이 때 P_1과 P_2의 차이가 미소하다고 하자. 만일 가격조정에 아무런 비용이 들지 않는다면 당연히 가격은 P_1에서 P_2로 조정될 것이다. 그러나 가격조정은 공짜가 아니다. 가격표나 메뉴판을 바꾸는 데 비용이 소요된다. 이 가격조정비용을 메뉴비용(menu cost)이라고 한다. 가격변경으로 인한 이윤의 증분이 메뉴비용보다 크지 않다면 기업은 기존의 가격 P_1을 계속 유지하려 할 것이다.

이상의 논의는 메뉴비용이 존재할 경우 시장에서 수요·공급 조건이 약간 달라지더라도 기업이 가격을 변경하지 않을 수 있다는 것을 보이고 있다. 이 이론을 메뉴비용이론(menu cost theory)이라 한다. 메뉴비용이론은 경직적 가격

[그림 l2-7-l] 메뉴비용과 가격경직성

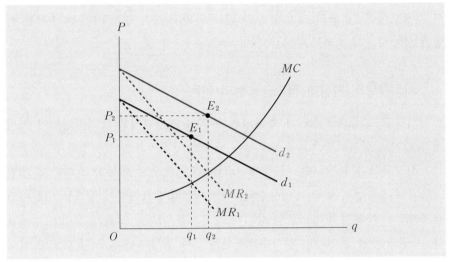

이 독점적 경쟁시장하에서 기업의 이윤극대화 행위로서 나타날 수 있음을 보여 주고 있다.

[응용 예 II] 시장의 크기와 특화의 정도

"시장의 크기가 분업 및 특화의 정도를 결정한다." 이는 아담 스미스 (Adam Smith)의 명제이다.[5] 이 명제는 항상 성립할까? 항상 성립하지 않는다면 어떤 상황에서 성립할까?

결론부터 말하자면 아담 스미스의 이 명제는 항상 성립하지 않는다. 특히, 완전경쟁시장에서는 성립하지 않는다. 시장수요가 증가되어도 개별기업 차원의 새로운 장기균형 생산량은 시장규모가 커지기 이전과 동일하기 때문이다([그림 10-4-2] 참조).

아담 스미스의 이 명제는 독점적 경쟁시장에서 성립한다. 독점적 경쟁시

---

5 이 명제는 아담 스미스(Adam Smith)가 「국부론」에서 영국 번영의 원인을 설명하는 양대 명제 중의 하나이다. 아담 스미스는 영국 번영을 근본적으로 노동의 분업과 특화에서 기인한다고 보았다. 그리고 분업과 특화의 정도는 시장규모에 의해 결정된다고 주장하였다(Adam Smith, 「국부론」 제1장~제3장 참조).

장하에서 규모의 경제(increasing returns to scale)가 있을 경우 성립한다. 독점적 경쟁모형이 "시장의 크기가 분업 및 특화의 정도를 결정한다"는 명제를 어떻게 설명하는지 살펴보자.

시장규모의 확장과 장기균형점의 이동

시장규모(market size)가 확장되면 독점적 경쟁기업의 장기균형점이 어떻게 달라지나 살펴보자.[6]

시장규모가 확장되면 시장수요곡선이 오른쪽으로 이동하고 따라서 개별기업의 수요곡선이 밖으로 이동한다. 개별기업의 수요곡선이 밖으로 이동하면 단기적으로 개별기업의 이윤이 증가하고 장기적으로는 브랜드 진입이 일어난다. 브랜드 수가 늘어나면 인식수요곡선은 보다 평평해진다. 보다 다양한 선택을 할 수 있는 상황에서 특정 브랜드의 가격변화에 대해 소비자는 보다 민감해질 것이기 때문이다.

이러한 변화는 [그림 12-7-2]에 나타나 있다. 그림의 d_A와 d_T는 각각 시장규모가 확대되기 이전과 이후의 개별기업의 인식수요곡선을 나타낸다. d_T는

[그림 I2-7-2] 시장규모 확대와 독점적 경쟁기업의 장기균형

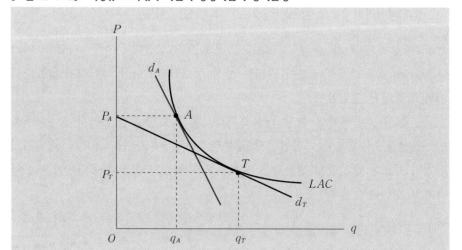

---

6 인구증가, 소득증대와 FTA 체결 등 개방정책의 채택 등으로 인해 시장규모가 증대될 수 있다.

d_A보다 더 평평하다. 시장규모가 확대된 이후 브랜드 개수가 늘어났기 때문이다. 수요곡선이 d_A일 때 기업의 장기균형은 A점에서 성립한다. 이 때의 균형가격과 생산량은 각각 P_A와 q_A이다. 장기균형상태에서 개별기업의 이윤은 0이므로 가격은 장기평균비용수준과 일치한다. 이는 LAC곡선과 인식수요곡선이 A점에서 접한다는 데에 반영되어 있다. 마찬가지로 시장규모가 확장되어 개별기업의 인식수요곡선이 d_T일 때 기업의 장기균형은 [그림 12-7-2] T점에서 성립한다. 이 때의 균형가격과 생산량은 각각 P_T와 q_T이다. 시장규모가 확장되면 결국 개별기업의 생산량은 증가하고 상품 브랜드의 가격은 하락한다는 것을 알 수 있다.

이상의 논의는 시장규모가 커질수록 브랜드에 대한 특화가 심화된다는 것을 시사한다. 시장규모가 커지면 대량생산이 이루어지고 평균생산비가 떨어진다. 분업과 전문화의 이익이 나타난다. 아담 스미스가 분업의 이익을 설명한 핀 공장이 좋은 예이다. 규모의 경제가 나타나는 산업은 자동차 산업, 반도체 산업, 철강 산업 등 얼마든지 많다.

12.A
입지경쟁모형

앞에서 논의한 챔버린의 독점적 경쟁이론은 품질의 차이를 모형에서 명시적으로 고려하지 않는다. 이러한 모형으로는 품질차별이 왜 발생했는지, 품질이 기업행동과 시장의 자원배분에 미치는 영향이 무엇인지를 분석할 수 없다. 호텔링(Hotelling, 1929)은 입지경쟁모형(立地競爭模型)을 이용하여 품질의 결정요인을 설명하였다.

입지경쟁(立地競爭, space competition)이란 생산자들이 공장입지를 두고 벌이는 경쟁을 말한다. 호텔링의 입지경쟁모형을 살펴보자.

12.A.1 입지경쟁모형

주유소의 입지경쟁을 예로 들어 보자. 먼저 수요측면을 묘사해 보자. n명의 소비자들이 [그림 12 -A -1]처럼 직선으로 발달해 있는 1km의 도로변에 균등하게 분포하고 있다. 소비자들이 선호는 동일하다. 그리고 소비자들은 R 이하의 가격에서는 상품을 구입하지만 R 이상의 가격에서는 구입하지 않는다.[7]

따라서 R은 소비자가 치르고자 하는 최대금액을 나타낸다. R은 소비자가 한 단위의 석유로부터 얻는 효용을 화폐액으로 평가한 값이라고 해석할 수 있다. 소비자들의 상품구입량은 0이거나 1이다.[8] 소비자들의 선택은 [그림 12 -A -2]

[그림 12-A-1] 입지경쟁

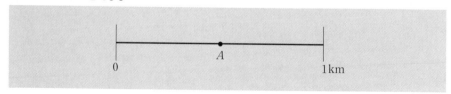

---

[7] R을 유보가격(留保價格)이라고 부른다.
[8] 이는 가격변화가 수요량에 미치는 효과를 제거함으로써 입지의 변화가 수요에 미치는 영향만을 분석하기 위한 가정이다.

[그림 12-A-2] 입지경쟁모형하의 수요곡선

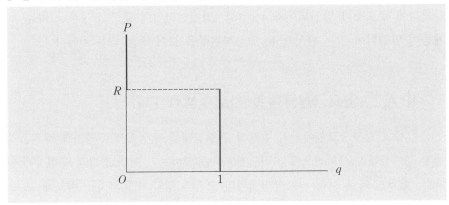

의 수요곡선으로 나타나 있다.

　　이제 공급측면에서 묘사해 보자. 소비자들은 주유소에서 자기집까지의 배달비를 부담해야 한다. 배달비는 거리에 비례한다. 현재 이 도로변에 주유소는 없다고 하자.

　　이 상태에서 주유소를 어디에 세우는 것이 가장 유리할까? 주유소를 중간지점, 즉 0.5km의 지점인 A점에 위치시키는 것이 최적이 될 것이다. 왜 그럴까? 이를 이해하기 위해 우선 기업의 단위당 이윤을 M이라고 하자. 총이윤은 M과 고객수를 곱한 값이다. 주어진 M하에서 이윤을 극대화시키려면 고객수를 극대화해야 한다. 고객수를 극대화하려면 중점인 A점에 입지해야 한다.[9]

　　A지점에 이미 주유소가 들어서 있는 상태에서 두 번째 주유소가 들어선다면 최적 위치는 어디일까? 두 번째 주유소는 A의 바로 오른쪽(혹은 왼쪽)에 들어서는 것이 가장 유리하다. 만일 세 번째 주유소가 들어서도 모두 흑자를 볼 수 있다면 세 번째 주유소도 중점(두 번째 주유소의 반대쪽)에 들어설 것이다.

　　이상의 논의는 경쟁적 균형상태에서 주유소는 도로변의 중점에 집중된다는 것을 말해 주고 있다. 이러한 현상을 품질집중화현상 혹은 최소품질차별현

---

9 엄밀하게 말해서 중점에 들어 서는 것이 최선이 되려면 다음 조건이 성립해야 한다.

$$P+\frac{t}{2}\leq R$$

　　여기서 P는 공장도가격, t는 km당 교통비, R은 유보가격을 나타낸다. 공장도가격은 이윤마진을 포함한 가격이다. 이 부등식이 성립하지 않을 경우 중점으로부터 1/2km에 위치한 양 극점에 있는 소비자의 구매량은 0이 될 것이다. 이 경우 중점에서 약간 벗어나도 중점에 위치할 때와 고객수는 같아진다.

상(minimum product differentiation)이라고 부른다. 수도권에 인구가 집중하는 현상, 사거리에 주요소가 밀집되어 있는 현상, 청계천지역에 동종의 상품을 파는 가게들이 밀집되어 있는 현상 등은 집중화현상을 보여 주는 좋은 예이다.

12.A.2 입지경쟁균형의 사회후생적 평가

이제 입지경쟁모형에서의 경쟁적 균형상태를 후생적으로 평가해 보자. 경쟁적 균형상태가 사회적으로 최적일까? 이를 알아보기 위해 경쟁적 균형상태(競爭的 均衡狀態)와 사회적 최적상태에서의 고객의 평균 이동거리를 비교해 보자. 설명의 편의상 장기균형상태에서 주유소의 개수를 둘이라 하자.[10] 먼저 경쟁적 균형상태에서 고객의 평균 이동거리를 생각해 보자. 두 주유소가 모두 가운데에 입지하고 있는 경쟁적 균형상태에서 시장은 지리적 거리에 따라 $\left[0, \frac{1}{2}\right]$, $\left[\frac{1}{2}, 1\right]$로 분할되어 있다고 보아도 무방하다. 따라서 고객의 평균이동거리는 $\frac{1}{4}$km가 된다.

다음으로 사회적 최적상태에서의 고객의 평균 이동거리를 계산해 보자. 이를 위해 사회적 최적상태가 어떠한 상태인가를 먼저 생각해 보자. 사회적 관점에서는 두 개의 주유소가 들어선다면 [그림 12-A-3]에서 보듯이 $\frac{1}{4}$km와 $\frac{3}{4}$km 지점에 개설되는 것이 가장 바람직할 것이다. 이 경우 시장은 여전히 $\left[0, \frac{1}{2}\right]$, $\left[\frac{1}{2}, 1\right]$로 분할되지만 고객의 평균이동거리는 $\frac{1}{8}$km로 줄어들고 이에 따라 교통비가 더 적게 든다.

[그림 I2-A-3] 사회적 관점에서의 최적 입지: *n*=2인 경우

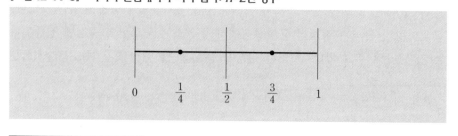

$$0 \qquad \frac{1}{4} \qquad \frac{1}{2} \qquad \frac{3}{4} \qquad 1$$

---

10 장기균형상태에서 몇 개의 주유소가 들어설 것인지는 소비자의 수, 배달비와 석유의 공장도 가격에 따라 달라질 것이다. 그러나 여기서 우리의 주요 관심은 장기균형상태의 특성에 있으므로 기업의 숫자 문제는 무시하기로 한다.

이상의 논의는 독점적 경쟁하의 입지경쟁 균형이 비효율적 자원배분이라는 것을 말해 주고 있다. 이 결론 역시 독점적 경쟁시장의 균형상태는 사회적 관점에서 최적이 아님을 시사한다.

왜 독점적 경쟁시장의 균형상태는 사회적 관점에서 최적이 아닐까? 집중화현상은 왜 발생했을까? 그것은 주유소가 시차를 두고 들어섰거나 진입하는 주유소들간에 의사교류가 없었던 탓이다. 만일 두 개의 주유소가 동시에 개설되었거나 진입하는 주유소들간에 의사교류가 있었더라면 이러한 비효율성은 없었을 것이다.[11] 사회적 관점에서 최적입지가 가능했을 것이다.

12.A.3 입지경쟁모형의 재해석

이상의 입지경쟁모형을 재해석해 보자. 우선 입지경쟁모형의 주소를 브랜드로 해석해 보자. 소비자들의 입지를 소비자가 가장 좋아하는 브랜드(품질)로, 주유소의 입지를 주유소가 생산하는 브랜드로 해석해 보자. 소비자들이 주소가 각기 다르다는 것은 소비자마다 가장 좋아하는 브랜드가 다르다는 것을 의미한다. 이렇게 해석할 때 주유소와 소비자간의 거리는 특정 소비자가 가장 좋아하는 브랜드와 그 주유소에서 판매되는 브랜드간의 품질차이가 된다. 소비자의 주소에서 멀리 떨어진 브랜드일수록 소비자가 덜 좋아하는 브랜드를 의미한다. 이러한 해석하에서 입지경쟁모형의 균형상태에 나타난 집중화현상은 균형상태에서 동일 품질만 생산되는 상황으로 해석할 수 있다.

이제 입지경쟁모형에서 배달비(혹은 교통비)를 그 브랜드에 관한 정보수집비용이라고 해석해 보자. 예컨대 교통비가 0인 브랜드는 소비자가 상품의 품질을 정확히 알고 있는 상품을 말한다. 정보비용이 존재할 경우 사실상 동일한 상품일지라도 정보가 더 확실한 브랜드에 대해서 소비자들은 보다 높은 대가를 지급할 용의가 있다. 소비자들이 치르는 구입가격은 상품가격과 정보비용의 합(合)이기 때문이다.

따라서 이러한 상황에서는 특정 기업이 가격을 약간 인상하더라도 모든 고객을 상실하지는 않는다. 특정 브랜드에 대해 프리미엄(premium)을 지급하고

---

[11] 이 밖에 교통비가 거리에 비례하지 않을 경우 집중화현상은 발생하지 않는다는 것을 보일 수 있다.

자 하는 고객들은 여전히 충실한 고객으로 남아 있을 것이다.

이상의 해석은 독점적 경쟁시장에서 모든 기업은 어느 정도나마 시장지배력을 가질 수 있다는 것을 설명해 준다. 유명 브랜드의 경우 정보수집비용이 싸다. 그러므로 유명 브랜드 상품일수록 시장지배력이 커질 것이다. 시장지배력은 공장도가격에 대한 교통비, 즉 품질에 관한 정보비용의 비중이 클수록 커진다.

입지경쟁모형은 시장지배력의 근원이 무엇인지를 밝혀 주고 있다. 정보비용은 독점적 경쟁시장에서 시장지배력의 근원 중의 하나이다. 그러나 입지경쟁모형은 배달비에 대한 가정, 입지경쟁방식의 순차성 여부, 입지경쟁과 가격경쟁의 순서에 따라 분석의 결론이 달라지는 약점을 갖고 있다.

1. 꾸르노유형의 가정	2. 비례적 수요곡선
3. 인식수요곡선	4. 비가격경쟁
5. 초과설비	6. 입지경쟁
7. 집중화현상	

_요약 SUMMARY

❶ 독점적 경쟁시장은 품질차별, 다수의 공급자, 꾸르노유형의 행동, 무상 진입과 퇴출의 조건이 충족된 시장을 말한다. 독점적 경쟁시장은 품질차별로 인해 개별기업이 시장지배력을 갖는다는 점에서 독점시장과 흡사하고, 다수의 공급자 그리고 무상 진입과 퇴출의 조건이 충족된 시장이라는 점에서 완전경쟁시장과 유사하다.

❷ 비례적 수요곡선은 산업 내의 모든 기업들이 동일한 가격을 책정했을 때의 수요곡선이다. 인식수요곡선은 다른 기업들이 가격을 변경하지 않는다는 예상하에서 개별기업이 인식하는 수요곡선을 말한다.

❸ 독점적 경쟁하의 단기균형상태에서는 다음과 같은 두 가지 조건이 동시에 충족되어야 한다. 첫째, $MR=MC$인 이윤극대화조건이 충족되어야 한다. 이를 위해서는 인식수요곡선에 상응한 한계수입곡선과 한계비용이 일치되는 점에서 생산량이 결정되

어야 한다. 둘째, 인식수요곡선에서 도출된 개별기업의 최적가격이 실현되어야 한다. 최적가격과 산출량이 비례수요곡선상에 위치할 때 이 조건은 성립한다.

❹ 독점적 경쟁시장의 단기균형상태는 다음과 같은 특징을 갖는다. 첫째, 시장가격은 한계비용보다 높다. 둘째, 개별기업은 반드시 흑자를 보고 있는 것은 아니다.

❺ 독점적 경쟁하의 장기균형은 가격경쟁하의 장기균형과 비가격경쟁하의 장기균형으로 나눌 수 있다. 비가격경쟁은 가격담합, 혹은 가격규제 등으로 인해 기업들이 광고나 품질 등의 가격변수 이외의 전략을 사용하는 경우를 말한다. 비가격경쟁하의 장기균형가격은 가격경쟁하의 장기균형가격보다 높다.

❻ 가격경쟁하의 장기균형은 장기균형조건을 모두 충족하고 추가적으로 0이윤조건이 충족될 때 달성된다. 독점적 경쟁하의 장기균형상태에서 생산비용이 최저장기평균비용이 아니라는 점에서 사회적 관점에서 비효율성이 존재한다.

❼ 초과설비는 이상적 산출량과 독점적 경쟁의 장기균형생산량간의 차이를 말한다. 이상적 산출량이란 장기평균비용이 최저가 되는 산출수준, 즉 LAC의 꼭지점에서의 산출량을 말한다. 초과설비의 존재는 독점적 경쟁시장의 경우 기업들이 과잉경쟁(excessive competition)을 벌일 수 있음을 시사한다.

❽ 시장규모가 확장되면 상품 브랜드는 보다 다양해지고 가격은 하락한다. 따라서 시장규모의 확장으로 인해 사회후생수준은 증가한다. 왜냐하면 개별기업의 이윤은 0이기 때문에 생산자의 후생수준은 불변이지만 소비자의 후생은 증가하기 때문이다.

❾ 가격담합, 혹은 가격규제 등으로 기업들이 가격을 전략변수로 사용하지 않고 광고나 품질 등의 비가격경쟁(nonprice competition)만을 할 경우 독점적 경쟁하의 개별기업의 수요곡선은 '비례적 수요곡선'이 된다. 따라서 장기균형은 비례적 수요곡선과 LAC가 접하는 점에서 달성된다. 이는 가격경쟁하의 장기균형은 인식수요곡선과 LAC가 접하는 점에서 달성된다는 것과 대조를 이룬다.

❿ 챔버린의 독점적 경쟁모형은 다음 두 가지 현상을 설명해 준다. 첫째, 초과설비의 존재를 보임으로써 과잉경쟁 혹은 과당경쟁(excessive competition)이 왜 발생하는지를 설명해 준다. 둘째, 독점적 경쟁시장에는 시장지배력이 존재함을 보여 주고 있다. 이는 독점적 경쟁시장하의 자원배분이 비효율적이라는 것을 말해 주는 것이다.

⓫ 챔버린의 독점적 경쟁모형은 가정의 비현실성과 현실설명력의 한계를 갖는다. 첫째, 비현실적인 꾸르노유형의 행동가정에 입각하고 있다. 둘째, 시장의 경계선이 애매해 모형의 현실적용에 한계를 지닌다. 셋째, 모형의 현실설명력이 떨어진다. 넷째, 품질차이 혹은 상품브랜드가 어떻게 결정되는지를 설명하지 못하고 외생화하고 있다.

❷ 호텔링(Hotelling, 1929)은 입지경쟁모형을 이용하여 품질차별이 왜 발생하는지, 품질이 기업행동과 시장의 자원배분에 미치는 영향이 무엇인지를 설명하였다. 입지경쟁이란 생산자들이 공장입지를 두고 벌이는 경쟁을 말한다. 입지경쟁균형은 사회적 관점에서 비효율적이다.

❸ 입지경쟁모형은 시장지배력의 근원이 무엇인지를 밝혀 주고 있다. 정보비용은 독점적 경쟁시장에서 시장지배력의 근원이다. 그러나 입지경쟁모형은 배달비에 대한 가정, 입지경쟁방식의 순차성 여부, 입지경쟁과 가격경쟁의 순서에 따라 분석의 결론이 달라지는 약점을 갖는다.

_연습문제 QUESTION

01 완전경쟁시장과 독점적 경쟁시장의 유사점과 차이점을 설명하라.

02 독점적 경쟁의 장기균형상태의 효율성을 논하라. 만일 장기균형상태가 비효율적이라면 그 이유를 설명하라.

03 (a) 독점적 경쟁에서 나타나는 초과설비의 크기를 논하라.

   (b) 독점적 경쟁에서 비가격경쟁으로 인한 초과설비를 설명하라.

04 시장규모 MS_0가 가격과 무관하게 외생적으로 결정된다고 하자.

   이 가정하에서 독점적 경쟁하에 있는 개별기업의 인식수요곡선은 다음과 같다.

   $q_i = MS_0/n - k(MS_0/n)(p_i - p^*)$

   여기서 q_i는 개별기업 i의 판매량, MS_0는 시장의 총판매량, n은 시장 내 브랜드(기업) 수, k는 기업이 인식하는 가격탄력성을 반영하는 파라미터(parameter) 상수, p_i는 i 기업의 가격, p^*는 경쟁기업의 가격을 말한다.

   (a) 시장규모(MS_0)가 가격과 무관하게 외생적으로 결정된다는 가정을 평가하라.

   (b) i 기업이 다른 기업과 동일한 가격(p^*)을 책정할 경우 i 기업의 수요량은 얼마인가?

   (c) k_0의 경제적 의미를 설명하라.

   (d) 시장 크기(MS_0)가 t배(tMS_0) 될 경우 기업의 수요량은 얼마인가?

05 (a) 메뉴비용이란?

   (b) 메뉴비용이론을 독점시장과 완전경쟁시장에 적용시킬 수 없는 이유는?

06 챔버린의 독점적 경쟁모형의 시사점과 한계는 무엇인가?

07 두 주유소간의 입지경쟁모형을 생각해 보자. 휘발유 가격은 정부규제에 의해 고정되어 있다.

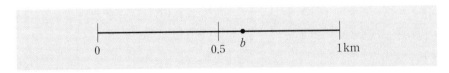

   (a) 주유소 B가 b지점($0.5<b<1$km)에 위치하고 있을 때 주유소 A가 진입할 최선의 입지는?

   (b) 입지 이동비용이 들지 않는 경우, 주유소 B의 최선의 입지는?

   (c) 최종 균형상태는?

(d) 균형상태는 Nash균형인가?

08 입지경쟁모형에서 교통비가 거리의 제곱에 비례할 경우, 즉 $t=kd^2$(t는 교통비, k는 임의의 양수, d는 거리)일 때 균형상태는 어떻게 나타나겠는가를 그래프로 설명하라.

09 입지경쟁모형에서 입지경쟁을 순차적으로 하지 않고 동시에 행할 경우 경쟁적 균형상태의 모습은(장기균형상태에서 기업이 둘인 경우를 가정하라)?

10 챔버린의 독점적 경쟁모형과 입지경쟁모형의 장·단점을 비교 설명하라.

CHAPTER 13

과점시장

과점은 독점시장과 독점적 경쟁시장의 중간형태의 시장이다. 과점산업은 여러 종류의 시장형태 중 현실에서 가장 흔히 관찰할 수 있는 시장이다.

과점시장은 경제학자들이 산업집중 문제에 관심을 가지면서 많은 연구의 대상이 되어 왔지만, 과점이론은 아직도 정립되지 않은 분야로 남아 있다. 지금까지 개발된 어떤 과점모형도 현실설명력과 일반성을 지니고 있다고 보기 힘들다. 이러한 한계에도 불구하고 여러 형태의 모형들은 나름대로 과점시장의 핵심적 특징이라 할 수 있는 기업간의 상호 의존성을 포착하고 있으며, 보다 설명력이 강한 일반이론을 구축할 수 있는 기본틀을 제시해 준다는 점에 그 의의가 있다.

이 장에서는 지금까지 개발된 과점모형들을 통해서 과점시장하의 기업들이 어떻게 행동하며, 이 기업들의 행동은 완전경쟁시장하에서와 독점시장하에서와는 어떻게 다른지, 그리고 과점산업의 시장균형은 무엇인지를 살펴본다.

13.1
과점시장조건

과점시장(寡占市場)은 산업 내의 공급자가 둘 이상의 소수인 시장을 말한다. 과점시장은 공급자가 오직 하나뿐인 독점시장이나, 공급자가 다수인 독점적 경쟁시장 혹은 완전경쟁시장과 구별되는 형태의 시장이다. 우리나라의 경우 석유산업이나 자동차산업은 과점시장의 좋은 예가 된다.

과점산업은 어떻게 탄생되었으며 어떤 힘에 의해 다른 종류의 산업형태로 변환되지 않고 유지되고 있을까? 과점산업의 탄생과정은 다음과 같은 두 가지 경우로 나누어 볼 수 있다.

첫째, 경쟁적 산업이 과점산업으로 변모한 경우이다. 경쟁적 산업이 과점산업으로 변모하기 위해서는 우선 많은 기업들이 도태되거나 합병·인수되어야 한다. 합병·인수된 이후 이 산업이 다시 경쟁적 산업으로 환원되기 위해서는 신규기업들의 진입을 저지시켜 줄 수 있는 진입장벽이 존재해야 할 것이다.

둘째, 독점산업이 과점산업으로 변모한 경우이다. 독점산업이 과점산업으로 변하기 위해서는 약간의 진입만을 허용할 정도로 너무 높지도 낮지도 않은 진입장벽이 존재해야 할 것이다.

이상의 논의에서 보듯이 과점산업은 그 탄생과정은 다르지만 진입장벽의 존재를 필수적 존립기반으로 한다.[1]

13.2
과점시장의 특징

독점산업에서 개별기업이 직면하는 상황은 완전경쟁이나 독점시장에서의 기업의 상황과는 전연 다르다. 완전경쟁이나 독점시장에서 개별기업이 직면하는 상황은 경쟁기업의 행동과 무관하다. 완전경쟁시장에서는 경쟁자의 숫자가 너무도 많기 때문에 경쟁사의 행동에 관심을 둘 필요가 없고, 독점시장에서는 관심을 둘 경쟁자가 존재하지 않기 때문이다.

---

1 진입장벽에 관해서는 11.1.2절을 참조하라.

그러나 과점시장 내의 기업들은 몇 개에 불과하므로 경쟁사의 행동을 고려하지 않을 수 없다. 과점시장에서의 기업은 생산량 혹은 가격을 책정할 때 언제나 경쟁기업이 어떤 전략을 구사하고 있는지, 자사(自社)의 전략변화에 경쟁기업이 어떤 반응을 보일 것인지 생각하지 않을 수 없다. 이는 과점산업의 핵심적 특징은 기업들이 상호의존성(相互依存性, inter-dependence)을 인식하고 있다는 것임을 시사하고 있다.

과점시장을 설명하는 모든 모형들은 나름대로 상호의존성을 분석에 반영시키고 있다. 극단적인 과점모형은 기업들이 묵시적 혹은 명시적 공동행위를 취한다고 가정하기도 한다. 물론 기업들이 공동행위를 취하는 경우는 현실적으로 흔하지는 않을 것이다. 대부분의 과점모형은 기업들이 독자적인 행동을 취한다고 가정한다. 독자적 행동을 취할 때 개별기업은 경쟁사의 반응을 나름대로 예상하고 그에 입각하여 이윤을 극대화시켜 주는 전략을 선택한다. 전자는 기업들이 협조적 행동을 취하는 경우이고, 후자는 기업들이 담합을 형성하지 않고 독자적 행동을 취하는 경우이다. 우선 독자적 행동모형을 살펴본 뒤 협조적 행동모형을 설명하기로 한다.

13.3
독자적 행동모형

기업들이 독자적으로 행동한다는 것은 동일 산업 내의 기업들이 공동행위를 하지 않고 비협조적으로 행동한다는 것을 의미한다. 기업들이 독자적으로 행동을 결정할 때 핵심적으로 중요한 정보는 경쟁기업의 행동방식이다. 상대방의 행동(전략)이 무엇이며 자신이 전략을 변경시켰을 때 상대방이 어떤 반응을 보일 것이냐에 대한 예상에 따라 기업의 행동은 달라질 것이다. 이러한 예상은 기업들이 인식하고 있는 상호의존성의 강도를 반영한다.

전통적 과점모형은 과점산업 내의 기업들의 상호의존성을 고려하기 위해 경쟁기업의 행동방식을 가정한다. 보다 구체적으로 말해서 전통적 과점모형은 특정 기업이 전략(산출량이나 가격)을 변화시킬 때 경쟁기업의 행동이 어떻게 달라질 것인지를 단순히 추측에 입각하여 예상한다. 이러한 예상을 단순추측된 변화율(conjectural variation)이라고 부른다. 여기서 '단순' 이란 수식어는 구체적 정보에 입각한 합리적인 예상이 아닌 근거 없는 짐작에 의한 예상이라는 점을 나타낸다.

단순추측된 변화율의 내용은 과점모형마다 다르다. 변화율은 기업의 전략변수가 생산량인지 가격인지에 따라 산출량, 혹은 가격으로 표현된다. 후술하는 꾸르노 모형과 스타켈버그 모형은 생산량을 전략변수로 하고 있으며 버트랑 모형과 굴절수요이론은 가격을 전략변수로 하고 있다. 앞으로 소개할 모형들은 전략변수의 종류에 따라 그리고 단순 추측된 변화율의 값이 무엇인지에 따라서 그 결론과 현실설명력이 엄청나게 달라진다는 것을 보여 줄 것이다.

분석의 편의상 다음 두 가지를 가정한다. 첫째, 과점시장 내에 존재하는 기업은 둘뿐이다. 이것은 논의의 단순화를 위한 가정일 뿐이며 이로 인해 일반성이 상실되지는 않는다. 둘째, 과점시장 내의 생산물들은 동질적이다. 물론 과점산업의 상품 품질이 휘발유와 같이 동질적(homogeneous)인 경우는 극히 드물고 치약이나 자동차와 같이 차별화(heterogeneous)되어 있는 경우가 일반적이다. 그럼에도 불구하고 과점시장의 핵심적 특징은 기업들의 상호의존성에 있기 때문에 상품차별화의 문제는 일단 무시하기로 한다. 독자적 행동모형 중에서 가장 기본적이고 고전적 모형이라고 할 수 있는 꾸르노 모형부터 살펴보기로 하자.

13.3.1 꾸르노 모형

최초의 과점모형은 어거스틴 꾸르노(Augustin Cournot, 1838)에 의하여 개발되었다. 꾸르노는 복점시장에서 두 기업의 산출량과 상품의 시장가격은 얼마로 결정될 것인지, 또 두 기업이 얻는 수익률 혹은 시장지배력은 얼마나 될 것인지 등의 문제에 대한 해답을 얻고자 하였다. 이들 문제에 대한 해(解)를 얻기 위해서는 수요곡선과, 비용곡선의 모양 그리고 상대방이 자신의 산출량의 변화에 대해서 어떻게 반응할 것인지에 관한 행동가정을 세워야 한다.

가 정

꾸르노는 다음과 같은 단순한 복점산업을 상정하였다.

첫째, 시장수요곡선은 우하향한다.

둘째, 두 개의 기업이 동질적인 상품(예컨대 생수)을 생산하고 있다. 상품은 동질적이기 때문에 두 기업은 가격경쟁을 할 수 없고 오직 생산량만을 선택할 수 있을 뿐이다.

셋째, 분석의 편의상 고정비용은 존재하지 않고 한계비용(MC)은 c로서 일정하다.[2] 따라서 각 기업은 c만큼의 한계비용을 치르면 얼마든지 상품을 생산할 수 있다.

넷째, 각 기업은 상대방이 산출량을 현재의 수준에서 고정시킬 것이라는 예상하에서 행동한다. 즉, 각 기업은 자신이 산출량을 변화시켜도 상대방은 현재의 산출량을 그대로 유지시킬 것이라는 단순추측하에서 자신의 최적생산량을 선택하게 된다. 이러한 산출량에 관한 단순추측을 꾸르노 가정(Cournot assumption)이라고 부른다.

꾸르노 가정
상대방의 산출수준을 불변으로 보는 단순추측

꾸르노의 가정을 단순추측된 산출량변화율을 이용하여 표현하면 다음과 같이 나타낼 수 있다.

$$\text{꾸르노 가정:} \quad \frac{\Delta q_2^E}{\Delta q_1} = 0$$

여기서 하첨자는 기업을 나타내고, 상첨자 E는 예상치임을 나타낸다.

단순추측된 생산량변화율로 나타낸 꾸르노 가정은 다음과 같이 읽는다. 기업 1은 자신이 산출량을 Δq_1만큼 변화시킬 때 기업 2의 산출량은 고정($\Delta q_2 = 0$)이 될 것으로 추측한다.

개별기업의 수요곡선: 잔여수요곡선

이제 꾸르노 가정하에서 개별기업이 직면하는 수요조건, 소위 잔여수요곡선을 생각해 보자.

복점산업의 시장수요곡선이 [그림 13-3-1]에 곡선 D로 나타나 있다. 우

---

2 이는 그래프 분석을 단순화시키기 위한 가정일 뿐이다. MC가 일정하면 AC와 MC가 일치된다.

[그림 l3-3-l] 잔여수요곡선

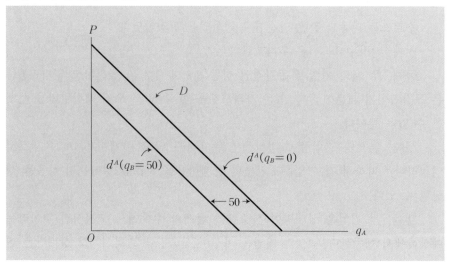

선 기업 A가 시장에 있는 유일한 공급자라고 하자(즉, 기업 B의 산출량(q_B)이 0 이라고 하자). 이 때 기업 A의 수요곡선 $d^A(q_B=0)$는 바로 시장 전체의 수요곡 선(D)이 될 것이다. 만약에 기업 B의 산출량이 0이 아니고 50이었다면 기업 A의 수요곡선은 얼마나 이동할까? 꾸르노 가정에 의해 기업 B가 산출량을 50수준에서 유지할 것으로 기대한다면 이제 기업 A는 전체의 시장수요에서 50 을 뺀 나머지 부분을 자사에 대한 수요라고 인식하게 될 것이다. 따라서 기업 A가 인식하는 자신의 수요곡선은 시장수요곡선(D)을 상대방의 산출량만큼 왼 쪽으로 평행이동시킨 곡선이 된다. 기업 B의 산출량이 50일 때 기업 A의 수 요곡선은 [그림 13-3-1]의 $d^A(q_B=50)$로 나타나 있다. 이와 같이 시장수요곡 선에서 상대방기업의 산출량을 뺀 수요곡선을 잔여수요곡선(residual demand curve)이라 한다.

이상의 논의는 기업 A의 수요곡선이 기업 B의 생산량에 따라 달라진다 는 것을 보여 주고 있다. 여기서 다시 한번 강조할 점은 개별기업의 수요곡선이 시장수요곡선과 평행인 것은 꾸르노 가정 때문이라는 점이다.

반응곡선

지금까지 기업 A의 수요곡선은 기업 B의 산출수준에 따라 달라진다는 것을 보았다. 기업 A의 수요곡선은 기업 B의 산출수준이 커질수록 왼쪽으로 평행이동한다.

이와 같은 수요조건하에서 기업 A는 어떤 산출량을 선택할까? 기업 B의 산출량이 0이라면 기업 A는 시장수요곡선(D) 그 자체를 자신의 수요곡선으로 간주하고 [그림 13-3-2]의 상단에서 보듯이 D곡선에 상응하는 한계비용곡선 $MR(q_B=0)$과 한계수입곡선 MC가 교차하는 점 q_{A1}을 선택할 것이다. 또 기업 B의 산출량이 50이었다면 기업 A는 $d^A(q_B=50)$를 자신의 수요곡선으로 간주하

[그림 I3-3-2] 기업 A의 반응곡선의 도출

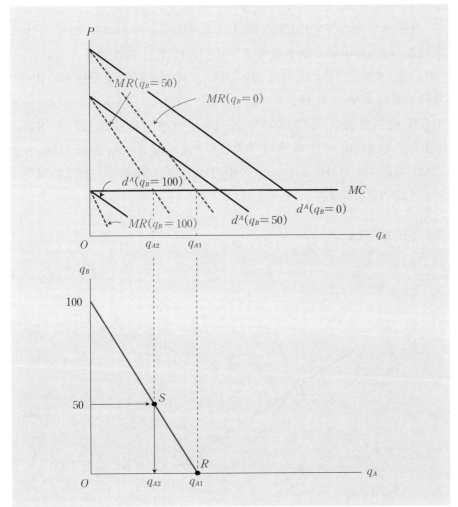

고 이 곡선에 상응하는 $MR(q_B=50)$곡선과 MC곡선이 교차하는 점인 q_{A2}를 선택할 것이다. B의 산출량이 100이라면($q_B=100$) MR과 MC가 교차하는 산출수준은 0이 될 것이다. 이와 똑같은 과정을 반복함으로써 기업 B의 임의의 주어진 산출량에 대하여 기업 A의 최적산출수준을 도출할 수 있다.

기업 A의 반응곡선

기업 B의 산출량이 주어져 있을 때 기업 A의 이윤극대화가 실현되는 최적 산출량을 나타내 주는 곡선

이상의 논의에서 알 수 있듯이 기업 B의 산출량이 주어지면 기업 A의 최적산출량이 정해진다. 기업 B의 임의의 산출량과 기업 A의 최적산출수준간의 관계를 그래프로 나타낸 것을 기업 A의 반응곡선(反應曲線, reaction curve)이라고 부른다. 반응곡선은 기업 B의 산출량이 주어져 있을 때 기업 A가 이윤을 극대화하기 위해 선택해야 할 산출량을 말해 주고 있다.

기업 A의 반응곡선이 [그림 13-3-2]의 아랫부분에 그려져 있다. 기업 A의 반응곡선은 수요곡선을 읽듯이 종축에 나타나 있는 기업 B의 산출량을 독립변수(獨立變數)로, 횡축에 나와 있는 기업 A의 산출량을 종속변수로 읽어야 한다. 예컨대 기업 A의 반응곡선상의 R점은 기업 B의 산출량이 0으로 주어져 있을 때 기업 A의 최적산출량이 q_{A1}이라는 것을 말해 주고 있으며, S점은 기업 B의 산출량이 50일 때 A의 최적산출량이 q_{A2}임을 보여 주고 있다. 반응곡선의 기울기는 마이너스가 된다. 이는 B의 산출량이 0에서 50으로 커짐에 따라 A의 최적산출량은 q_{A1}에서 q_{A2}로 감소했음에서 알 수 있다.

[그림 13-3-3] 꾸르노 균형

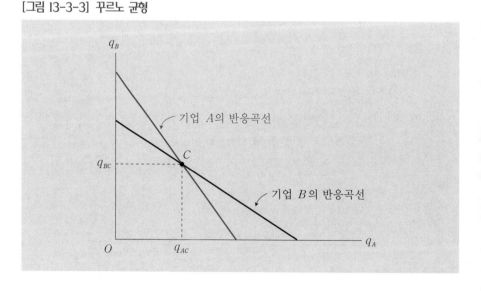

이와 똑같은 과정을 반복함으로써 기업 A의 산출량이 주어져 있을 때 기업 B의 최적산출수준을 그래프로 나타냄으로써 기업 B의 반응곡선을 도출할 수 있다.

[그림 13-3-3]에 기업 A와 기업 B의 반응곡선을 결합시켜 놓았다. 양자는 똑같은 모양을 하고 있지만 그 해석은 다르다. 앞서 말했듯이 A의 반응곡선을 읽을 때는 종축에 나타난 B의 생산량을 독립변수로 읽어야 하지만 B의 반응곡선을 읽을 때는 횡축에 표현된 A의 생산량을 독립변수로 읽어야 한다.

꾸르노 균형

꾸르노 모형하의 복점균형은 어느 점에서 나타날까? 복점시장의 균형상태에서는 개별기업들이 모두 최적상태에 있어야 한다. 기업 A는 최적상태에 있지만 기업 B가 그렇지 않다면 그 상태는 산업 균형이 될 수 없다. 이 경우 기업 B는 현재의 상태에 머무르지 않고 행동을 변화시킬 것이 분명하다.

모든 개별기업들이 동시에 최적상태일 경우는 [그림 13-3-3]에서 보듯이 두 개의 반응곡선이 교차하는 C점에서 나타난다. C점에서 균형상태가 성립하는 이유를 좀더 구체적으로 살펴보자.

[그림 l3-3-4] 꾸르노 균형의 안정성

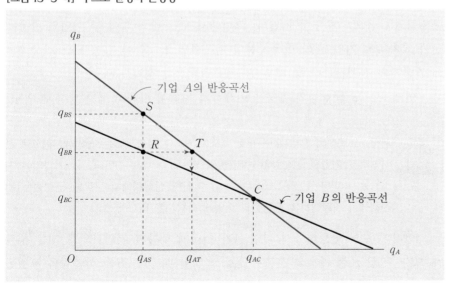

C점은 기업 A의 반응곡선상에 있으므로 기업 B가 q_{BC}의 산출량을 선택한다면 기업 A의 최적생산량은 q_{AC}가 된다. 또한 C점은 기업 B의 반응곡선상에도 있으므로, 기업 A가 q_{AC}의 산출량을 선택한다면 기업 B의 최적산출량은 q_{BC}가 된다. 요컨대, C점에서는 주어진 상대방의 산출수준하에서 쌍방이 모두 최적산출량을 생산하고 있다. 각 기업은 이러한 산출량을 유지시키려 할 것이다. 따라서 C점은 균형점이다. 꾸르노 가정하의 균형을 꾸르노 균형(Cournot equilibrium)이라고 부른다.

그러면 꾸르노 균형점인 C점은 안정적일까? 이를 [그림 13-3-4]를 가지고 설명해 보기로 한다. 꾸르노 균형이 아닌 반응곡선상의 임의의 한 점인 S에서 각 개별기업의 생산이 이루어지고 있다고 하자. S점에서 기업 A와 B의 산출량은 각각 q_{AS}, q_{BS}이다. 기업 B가 q_{BS}의 산출량을 선택하고 있을 때 기업 A의 최선의 선택은 q_{AS}이다. 그런데 기업 A가 q_{AS}를 택하고 있을 때 기업 B의 최선의 선택은 R점의 종축좌표인 q_{BR}이 된다. 따라서 기업 B는 q_{BS}로부터 q_{BR}로 생산량을 변경할 것이다. 기업 B가 q_{BR}을 택함에 따라 산업의 생산점은 S에서 R로 이동한다. R점에서 B는 최적상태에 있지만 A는 최적상태에 있지 않다. B가 q_{BR}을 선택하고 있을 때 A의 최적산출량은 q_{AS}가 아니라 T점의 횡축좌표인 q_{AT}로 바뀌기 때문이다. A가 q_{AS}로부터 q_{AT}로 산출량을 바꿈에 따라 산업생산점은 다시 R에서 T로 이동한다. 이러한 과정을 거쳐 결국 꾸르노 균형점인 C점으로 수렴하게 된다. 그림에서 보는 바와 같이 두 기업의 반응곡선이 교차하고 기업 A의 반응곡선의 기울기의 절댓값이 기업 B의 반응곡선의 기울기의 절댓값보다 클 경우, 꾸르노 균형은 안정적(stable)이다.

이제 꾸르노 균형점의 특징을 이해하기 위하여 다음의 예를 생각해 보자.

예 시장수요곡선이 $P = 220 - Q$로 주어져 있다. 여기서 Q는 산업생산량으로 A기업과 B기업의 생산량인 q_A와 q_B의 합(즉, $Q = q_A + q_B$)이다. 각 기업의 한계비용은 10이다(즉, $MC_A = MC_B = 10$). 이러한 상황하에서 꾸르노 균형점은 완전경쟁과 카르텔하의 균형점과 어떻게 다른지를 비교해 보자.

먼저 꾸르노 균형하에서 기업 A가 어떻게 행동할 것인가의 문제를 생각해 보자. 기업 A는 자신의 산출량 q_A를 선택할 때 기업 B의 산출량을 고정된 상수(常數)로 취급한다. 이러한 꾸르노 가정하에서 기업 A의 총수입함수(TR_A)

와 한계수입함수(MR_A)는 다음과 같이 표현된다.

(13. 3. 1) $TR_A = P \cdot q_A = \{220 - (q_A + q_B)\} \cdot q_A$

$\qquad\qquad = 220q_A - q_A{}^2 - q_B \cdot q_A$

식 (13. 3. 1)을 q_A에 대해 편미분하면 다음의 한계수입함수를 얻는다.

(13. 3. 2) $MR_A = 220 - 2q_A - q_B$

이윤극대조건은 $MR = MC$이므로 이윤극대화 산출량은 다음 조건에 의해 결정된다.

(13. 3. 3) $MR_A = 220 - 2q_A - q_B = 10 = MC_A$

이 식을 정리하면 $q_A = \dfrac{(210 - q_B)}{2}$ 이다. 이 식은 주어진 q_B에 대하여 A의 최적산출량, 즉 A의 행동계획을 말해 주고 있다. 이 식이 바로 다름 아닌 A의 반응함수이다.[3]

마찬가지로 기업 B의 행동계획을 구해 보면 다음과 같다.

[그림 13-3-5] 두 기업의 반응함수

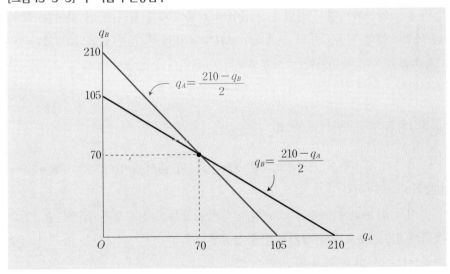

---

3 수학적으로 볼 때 A의 반응함수는 A의 이윤극대화를 위한 일계조건의 또 다른 표현이다.

(13.3.4) $\quad q_B = \dfrac{(210 - q_A)}{2}$

식 (13.3.4)는 기업 B의 반응함수를 나타내고 있다. 이들 두 기업의 반응함수는 [그림 13-3-5]에 표현되어 있다.

꾸르노 균형은 두 개의 반응함수를 연립방정식으로 놓고 풀면 구할 수 있다. 두 식을 q_A와 q_B에 관해서 풀어보면 $q_A{}^* = 70$, $q_B{}^* = 70$이 된다. 따라서 산업생산량($Q^* \equiv q_A{}^* + q_B{}^*$)은 140이 된다. 이 때 수요함수 $P = 220 - Q$에 Q^*의 값을 대입하면 시장가격은 80원이다. 결국 꾸르노 균형가격은 80원, 꾸르노 균형산출량은 140이 된다.

만일 완전경쟁상태라면 균형가격과 산출량은 얼마나 될까? 우리는 완전경쟁시장의 균형가격은 한계비용에서 결정된다는 사실을 알고 있다. 따라서 이 예에서 $P_c{}^* = MC = 10$이 된다. 수요곡선 $P = 220 - Q$로부터 시장가격(P)이 10일 때의 산출량은 $210(= 220 - 10)$임을 알 수 있다.

완전경쟁과 꾸르노 균형상태를 비교해 보면 꾸르노 균형하의 산출량은 완전경쟁 균형하의 시장공급량의 $\frac{2}{3}\left(= \frac{140}{210}\right)$이다. 이는 수요곡선과 한계비용곡선이 직선일 때 일반적으로 성립하는 명제로 알려져 있다.

만일 기업 A와 B가 카르텔을 형성하여 공동행위를 한다면 최적산출량은 얼마나 될까? 카르텔 산출량은 독점하의 산출량과 동일하게 될 것이다. 우리는 독점기업의 이윤극대화 산출량이 $MR = MC$에서 결정됨을 알고 있다. 식 (13.3.2)와 $MC = 10$이라는 사실로부터 이윤극대화 산출량은 다음 조건을 충족시킨다.

(13.3.5) $\quad 220 - 2Q = 10$

따라서 독점하의 생산량(Q_M)은 105이고, 이 때의 독점가격은 $115(= 220 - 105)$원이 될 것이다.

이상의 논의에서 꾸르노 균형하의 산출량은 완전경쟁과 독점산출량간의 중간에 있고, 꾸르노 균형가격은 완전경쟁시장의 균형가격보다는 높지만 독점가격보다는 낮다는 점을 확인할 수 있다.

평   가

꾸르노 모형은 한계비용이 일정하고 수요함수가 직선이며 상품이 동질적인 시장을 다루고 있다. 꾸르노 모형의 한계비용이나 수요곡선에 관한 이러한 가정은 분석의 편의를 위한 것으로 크게 문제될 것은 없다. 그러나 꾸르노 모형은 다음과 같은 두 가지의 심각한 약점을 지니고 있다.

첫째, 과점시장하의 기업들이 생산량을 선택변수로서 사용하고 있다는 꾸르노 모형의 가정은 지나치게 비현실적이다. 이러한 비판은 과점시장의 경우 생산량 대신 가격을 선택변수로 사용하는 기업들이 훨씬 더 많다는 사실에 입각하고 있다.

둘째, 꾸르노 모형은 상대방 기업의 반응에 관해 지나치게 단순하고 근시안적인 가정에 기초를 두고 있다. 꾸르노 가정의 '소박함'은 꾸르노 균형에 이르는 조정과정을 보면 분명해진다. 즉, 불균형점에서 출발하여 꾸르노 균형으로 접근하는 과정에서 각 기업은 다른 기업의 산출량 변화를 몇 번이고 거듭 보게 된다. 그런데도 꾸르노 모형은 다른 기업들이 산출량을 결코 변화시키지 않을 것이라는, 단 한번도 실현된 적이 없는 단순추측을 계속 되풀이한다는 가정에 입각하고 있다. 꾸르노 모형에서는 이와 같이 경쟁기업의 행동을 단순히 가정해 버리는데, 이는 후술하는 고전적 과점이론에 모두 적용되는 한계이다. 현대이론들은 고전적 과점이론과는 달리 기업의 목표를 가정한 뒤 경쟁기업의 행동을 추론해 낸다.

이와 같은 약점 때문에 퍼거슨(Ferguson)은 "오늘날 이러한 모형을 신뢰하는 사람은 거의 없다"고 혹평하고 있으며 매크럽(Machlup)도 꾸르노 모형을 다음과 같이 일종의 골동품으로 취급하고 있다. "고전적 모형에 대해 정통하다는 것은 그가 경제이론가로서 교육을 받았다는 일종의 보증이 된다. 비록 고전모형을 안다는 것이 현재의 경제문제를 분석하는 데 도움이 되기보다는 ……."[4]

그러나 꾸르노 모형의 근시안적 조정과정에 대한 비판은 각 개별기업들이 전략을 순차적으로 선택할 때만 타당성을 지닌다. 만일 각 기업이 각자의 전략을 순차적으로 결정하지 않고 동시에 결정하는 경우 꾸르노 균형은 설득력을 지닌다. 다음 장에서 논의하는 게임이론은 동시게임의 경우 꾸르노 균형이 경

---

4 Fritz Machlup, Economics of Sellers' *Competition*(Baltimore: Johns Hopkins University Press, 1952), p. 318; Gould and Ferguson, *Microeconomics*(5th ed., Irwin, 1980)에서 재인용.

우에 따라서 매우 설득력 있는 균형점이 될 수 있다는 것을 보여 준다. 보다 상세한 설명은 다음 장의 14.3절에서 살펴보기로 하자.

13.3.2　챔버린 모형

챔버린(Chamberlin) 모형은 꾸르노 모형과는 달리 기업간의 상호의존성을 명시적으로 고려한다. 이 모형은 기업이 명시적 담합 없이 상호의존성에 대한 인식만으로도 공동행동을 취할 수 있다는 것을 강조하고 있다.

가　　정

진입기업은 꾸르노 가정에 입각하여 행동하고 기존 기업들은 담합하에서 공동이윤을 극대화한다.

챔버린 균형

챔버린 균형을 [그림 13-3-6]을 가지고 설명해 보자.

그림에서 D는 시장수요곡선이다. 초기에 기업 A는 기존의 독점기업으로

[그림 l3-3-6] 챔버린 모형

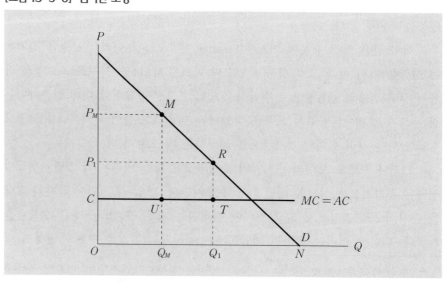

P_M의 가격에 Q_M단위를 판매하여 독점이익을 얻고 있다. 그 후 B가 진입한다. 진입기업 B는 A의 산출량 Q_M을 주어진 것으로 보고 잔여수요곡선 MN을 자신의 수요곡선으로 간주한다. 여기서 잔여수요곡선 MN의 원점은 O가 아닌 Q_M이라는 점에 주의하기 바란다.

이러한 잔여수요곡선의 제약하에 있는 기업 B의 최적생산량은 Q_1-Q_M이라고 하자. 기업 B의 진입으로 인해 산업생산량은 $Q_1[=Q_M+(Q_1-Q_M)]$으로 늘어나고 시장가격은 P_1이 된다. 진입 직후 두 기업의 이윤의 총합은 사각형 CP_1RT의 면적이 된다.

이상에서 보듯이 진입기업의 행동방식은 꾸르노의 모형과 완전히 동일하다. 꾸르노와 구별되는 챔버린의 독특한 착상은 진입이 일어난 후 기업 A와 기업 B는 기존 기업으로서 가격경쟁을 하지 않고 공동이윤을 극대화한다고 보는 데에 있다. 상호의존성을 인식한 것이다.

두 기업은 독점가격 P_M하에서 공동이윤이 극대가 된다는 것을 묵시적으로 인식하고 P_M을 책정한다. 진입 직후의 가격 P_1하에서 두 기업이 얻는 이윤의 총합은 독점이윤보다 작다. 극대화된 독점이윤은 직사각형 CP_MMU의 면적이 된다. 두 기업은 이 이윤을 적절히 나누어 갖게 될 것이다. 따라서 챔버린 모형에서 복점산업의 챔버린 균형가격은 독점가격(P_M)이 되고 균형생산량은 독점생산량(Q_M)이 된다.

평   가

챔버린 모형은 기업들의 명시적 담합 없이 상호의존성에 대한 인식만으로도 과점산업에 독점가격이 형성될 수 있다는 것을 보여 주고 있다.

그러나 현실에서 기업들이 상호의존성에 대한 인식만으로 상호협약 없이 공동행위를 한다는 것은 지나친 비약이다. 상호의존성에 대한 인식도 그 강도에 따라 공동행위를 할 수도 있고 하지 않을 수도 있을 것이다. 따라서 챔버린의 모형이 보다 설득력 있는 이론이 되기 위해서는 어떤 조건에서 명시적 담합 없이도 공동행위가 출현할 수 있는지를 명확히 밝혀야 한다.

13.3.3 스타켈버그 모형

꾸르노 모형에서는 각 기업들이 상대방의 반응함수를 알지 못하고 자사의 산출량에 대해서 상대방 기업이 전연 반응하지 않을 것이라는 가정하에서 행동한다. 그러나 현실에서 기업들은 상대방 기업의 반응에 대해 상당히 정확하게 알고 있을 가능성이 크다. 스타켈버그(H. von Stackelberg)는 두 기업 중 하나 또는 둘 모두가 경쟁사의 반응함수를 파악하고 있는 경우를 상정함으로써 꾸르노 모형의 확장을 시도하였다.

가   정

각 기업의 전략변수는 산출량이다. A기업은 상대방의 반응함수까지도 알고 있는 데 반해 B기업은 상대방의 반응함수를 알지 못한다. A기업처럼 상대방의 반응함수를 알고 행동하는 기업을 선도자(先導者) 혹은 선발자(先發者, leader)라 하고, B기업과 같이 상대방의 반응함수를 모른 채 꾸르노 가정에 입각하여 행동하는 기업은 추종자(追從者) 혹은 후발자(後發者, follower)라고 한다.

스타켈버그 균형

선도자와 추종자는 어떻게 행동할까? 선도자는 상대방의 산출량을 주어진 것으로 보지 않는다. 선도자는 상대방의 반응까지 미리 고려한 후에 자신에게 가장 유리한 산출량을 선택한다. B의 반응함수에 관한 정보를 이용했을 경우 선도자 A기업은 당연히 꾸르노 균형하에서보다 더 큰 이윤을 실현시킬 수 있을 것이다. 추종자인 B기업의 행동은 꾸르노 모형과 같다. B기업은 꾸르노 가정에 따라 상대방의 생산량을 불변인 것으로 보고 자기의 최적산출량을 결정한다.

등이윤곡선
동일한 크기의 이윤을 얻을 수 있는 산출량 조합의 자취

선도자의 행동을 설명하기 위해 등이윤곡선(等利潤曲線, iso-profit curve)이라는 새로운 개념을 도입해 보자. 등이윤곡선이란 동일한 크기의 이윤을 얻을 수 있는 산출량 조합의 자취를 말한다.

[그림 13-3-7]의 직선 TM은 기업 A의 반응곡선이다. 이제 등이윤곡선을 도출하기 위해 T점에서 기업 A의 이윤과 동일한 점들의 자취를 생각해 보자. 이 곡선상의 T점은 B의 산출량이 q_{BT}일 때 A에게 최대이윤을 가져다 주

[그림 I3-3-7] 등이윤곡선

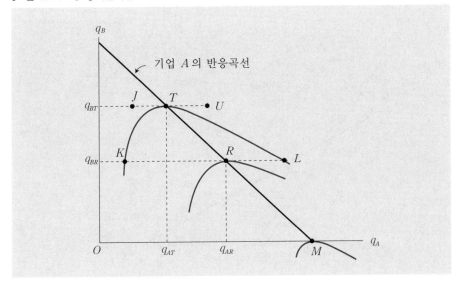

는 산출량이 q_{AT}임을 보여 주고 있다.

　　기업 B의 산출량이 q_{BT}로 주어져 있을 때 기업 A가 T점이 아닌 J나 U와 같은 점을 선택하면 이윤은 T점에서보다 떨어질 것이다. 따라서 J나 U는 T와 동일한 등이윤곡선상에 있을 수 없다. 마찬가지 이유로 R과 K는 동일한 등이윤곡선상에 있지 않다.

　　그런데 R점에서의 기업 A의 이윤은 T점에서보다 커진다. 즉 $\pi^A(R) > \pi^A(T)$이다. 이는 기업 B의 산출량이 적어질수록 기업 A의 이윤이 더 커진다는 데서 비롯된다. 극단적으로 B의 산출량이 0일 때, 즉 반응곡선의 M점에서 기업 A가 최대이윤인 독점이윤을 누리게 된다는 점에서도 확인할 수 있다. 일반적으로 반응곡선을 따라 T에서 M방향으로 아래쪽으로 이동함에 따라 기업 A의 이윤은 증대한다. 이러한 사실과 R점으로부터 수평방향으로 멀어질수록 기업 A의 이윤이 감소한다는 점을 결합해 보면, 기업 A가 T점에서 얻는 이윤과 동일한 점이 R점을 통과하는 수평선상의 왼쪽과 오른쪽에도 존재한다는 것을 추론할 수 있다. 그러한 점을 각각 K와 L이라 하자. 즉, $\pi^A(K) = \pi^A(L) = \pi^A(T) < \pi^A(R)$이 성립한다. 이 때 등이윤곡선은 KTL을 연결한 자취가 된다. 마찬가지로 우리는 반응곡선상의 임의의 한 점 R을 통과하는 등이윤곡선을 그릴 수 있다.

[그림 13-3-8] 스타켈버그의 균형: 기업 *A*가 선도자인 경우

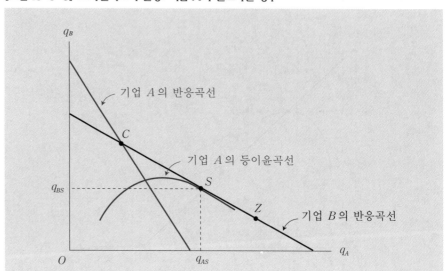

등이윤곡선의 정점(頂點)은 반응곡선상에 위치한다는 사실에 유의해야 한다. 이는 기업 *B*의 산출량이 q_{BT}로 주어져 있을 때 *A*기업의 최선의 선택이 q_{AT}임을 반영하고 있다.

이제 기업 *B*의 반응함수를 미리 파악하고 있는 선도자 *A*는 어떻게 행동할까? 산출량을 얼마만큼 했을 때 선도자의 이윤은 과연 극대화가 될까?

[그림 13-3-8]에는 추종자 *B*의 반응함수는 실선으로, 선도자 *A*의 반응함수는 파란 실선으로 나타나 있다. 그리고 선도자 *A*의 등이윤곡선이 그려져 있다. 선도자의 최대이윤은 기업 *B*의 반응곡선과 기업 *A*의 등이윤곡선이 접하는 *S*점에서 달성된다. 따라서 스타켈버그 모형의 균형에서 선도자는 q_{AS}를, 추종자는 q_{BS}를 생산할 것이다. 스타켈버그의 균형점인 *S*하에서 선도자는 분명히 꾸르노 균형점인 *C*에서보다 더 큰 이윤을 누리고 있다. 왜냐하면 등이윤곡선은 아래쪽에 위치할수록 이윤이 증가하기 때문이다. *S*점이 아닌 점, 예컨대 *Z*와 같은 점을 선택하면 선도자의 이윤은 *S*에서보다 감소한다. *Z*를 통과하는 등이윤곡선이 *S*점을 통과하는 등이윤곡선보다 위쪽에 위치한다는 것을 확인하기 바란다.

반대로 기업 *B*가 선도자이고 기업 *A*가 추종자일 경우에도 동일한 논리

[그림 l3-3-9] 스타켈버그의 균형: 기업 *B*가 선도자인 경우

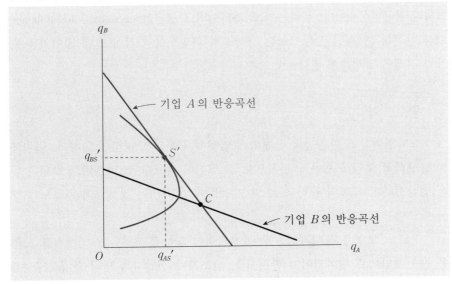

[그림 l3-3-l0] 스타켈버그의 불균형: *A*, *B* 모두 선도자일 경우

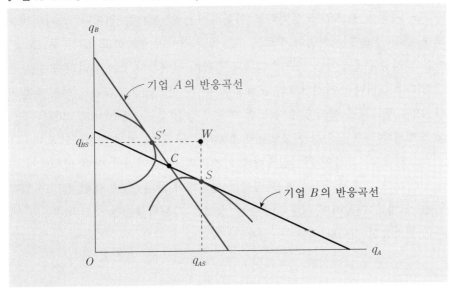

를 적용하면 스타켈버그 균형점이 [그림 13-3-9]의 *S*′임을 알 수 있다. 만일 두 기업이 모두 선도자로서 행동한다면 기업 *A*는 q_{AS}를, 기업 *B*는 $q_{BS}′$을 생산할 것이다. 이러한 상태는 [그림 13-3-10]에 *W*점으로 나타나 있다.

W점에서는 어느 기업의 예상도 실현되고 있지 않다. 따라서 W점은 균형이 아니라 불균형상태이다. 우리는 이를 스타켈버그 불균형(Stackelberg disequilibrium)이라 부른다. 이러한 상황에서는 생산량의 과잉으로 가격이 크게 떨어지는 경제적 전쟁이 발생하게 된다.

평   가

스타켈버그 모형은 논리전개의 측면에서 꾸르노 모형과 동일하다. 그럼에도 불구하고 이들 모형은 근본적으로 그 정신이 다르다. 스타켈버그 모형은 앞서 언급했듯이 게임의 규칙 혹은 각 기업들이 알고 있는 정보량이 꾸르노 모형과 다르다.

꾸르노 모형은 동시게임으로 해석되어야 한다.[5] 그러나 스타켈버그 모형은 순서게임으로 해석되어야 한다. 즉, 선도자나 선발자가 먼저 행동(산출량을 결정)한 다음 후발자가 행동하는 모형인 것이다.

주의할 사항은, 스타켈버그 모형이 산출량의 단순추측 변화율이 0이라는 꾸르노 가정을 깨뜨린 모형이라고 이해해서는 안 된다는 점이다. 스타켈버그 모형 내의 추종자는 여전히 꾸르노 가정에 입각하여 행동하고 있다. 꾸르노 모형은 균형상태에서 어느 누구의 기대도 정확히 실현되지 않는 논리적 모순을 안고 있다.[6] 그러나 스타켈버그의 균형상태에서는 선도자의 기대는 정확히 실현된다. 이는 꾸르노 모형이 갖추지 못한 이론적 강점이다. 스타켈버그 모형은 꾸르노 모형의 논리적 모순성을 선도자와 추종자로 구분함으로써 해결하고 있다.

그러나 이 모형이 현실설명력을 가지려면 어떤 기업이 어떤 상황에서 선도자가 되고 추종자가 되는지를 명확히 설명해야 한다. 그에 대한 설명이 없다면 이 모형을 이용하여 사후적(事後的) 설명은 가능하겠지만 사전적(事前的) 예측은 불가능할 것이다.

---

5 동시게임과 순서게임에 관해서는 제14장을 참고하기 바란다.
6 꾸르노 균형점에서도 단순추측된 산출량변화율($\Delta q_2^E/\Delta q_1$)이 0이라는 꾸르노 가정이 충족되지 않는다는 것을 확인하기 바란다.

13.3.4 버뜨랑 모형

꾸르노 모형이나 스타켈버그 모형은 과점산업의 기업들이 산출량 경쟁을 벌이고 있는 상황을 상정하였다. 그러나 기업들이 산출량이 아닌 가격경쟁을 벌이고 있는 경우가 보다 일반적일 것이다. 버뜨랑(Jeseph Bertrand)은 바로 이러한 현실에 주목하여 기업들이 산출량 경쟁을 벌인다는 꾸르노 모형은 부적절한 것이라고 비판하고 가격경쟁모형을 제시하였다.

가   정

버뜨랑은 전략변수만을 생산량에서 가격으로 바꾸고 상대방의 행동에 대한 꾸르노의 예상 틀은 그대로 유지하였다. 즉, 각 기업은 자신의 최적가격을 선택할 때 상대방의 가격은 일정불변으로 기대한다는 꾸르노유형의 가정을 그대로 채택하였다.[7]

꾸르노의 모형에서와 같이 우하향하는 시장수요곡선이 주어지고 두 기업의 한계비용이 $MC_A = MC_B = C$로 동일하다고 하자.

버뜨랑 균형

버뜨랑 모형에서 균형은 어떤 모습일까?

우선 기업 A가 독점가격 P_M을 채택하고 있다고 하자. 이제 기업 B는 꾸르노유형의 가정에 의해 P_M이 유지된다고 믿고 있다. 이 때 기업 B는 P_M보다 약간 낮은 가격을 책정하면 시장 전체의 소비자를 자기의 고객으로 만들 수 있다. 따라서 기업 B는 가격을 $P_M - \varepsilon$으로 낮춘다. 그러면 또 기업 A는 기업 B의 현재가격 $P_M - \varepsilon$이 유지된다고 보고 가격을 $P_M - 2\varepsilon$으로 낮출 것이다. 이와 같은 과정을 거쳐 결국 가격은 한계비용수준까지 내려간다. 한계비용수준 이하로 가격을 낮추면 보다 많은 고객을 끌어들일 수 있지만 적자를 보게 될 것이다.

그러면 가격은 한계비용에서 멈출까? 기업 B가 한계비용에서 가격을 책정하고 있는 한, 기업 A가 가격을 인상한다고 해서 이윤을 증대시킬 수는 없

---

7 이는 버뜨랑이 꾸르노의 단순추측된 변화율 $\Delta q_2^E / \Delta q_1 = 0$이라는 가정을 단순추측된 가격변화율 $\Delta P_2^E / \Delta P_1 = 0$으로 대체하였음을 의미한다.

다. 기업 A만 가격을 $C+\varepsilon$으로 인상했을 경우 A는 전연 고객을 확보할 수 없다. 기업 B 혼자 전체시장의 고객을 커버할 수 있기 때문이다. 따라서 가격은 한계비용에서 결정되며 이는 균형가격이다. 이러한 결과는 기업의 개수가 3개 이상인 경우에도 성립한다. 3개인 경우는 독자 여러분이 스스로 생각해 보기 바란다.

버뜨랑 모형의 균형은 결과적으로 완전경쟁시장의 그것과 일치한다. 균형가격은 기업의 개수가 2개이든 3개이든 상관없이 한계비용에 의해서만 결정된다. 가격은 한계비용에서 결정되므로 수익률도 0이 된다.

평　가

버뜨랑 모형의 결론은 과점시장의 현실을 제대로 설명해 주고 있다고 볼 수 없다. 버뜨랑 모형은 꾸르노 모형보다 현실적인 가정(선택변수는 산출량이 아닌 가격이라는 가정)에서 출발했지만 그 결론의 설명력은 꾸르노 모형보다 훨씬 더 떨어진다. 과점시장 내에서 활동하는 기업들의 수익률이 완전경쟁시장하의 기업들처럼 0에 가깝다면 누가 이 결론을 믿겠는가? 이와 같은 버뜨랑 모형의 모순된 결론을 버뜨랑 역설(Bertrand paradox)이라고 한다.

왜 이와 같이 어처구니 없는 결과가 나타날까? 이에 대한 해답은 여러 가지가 있을 수 있으나 가장 중요한 것은 상품의 동질성 가정과 가격경쟁모형이 양립할 수 없다는 점이다.

보다 구체적으로 버뜨랑 모형에서 가격을 상대방보다 조금만 낮추면 상대방 기업의 전체고객을 석권하게 되나 현실의 과점산업에서 각 기업은 상품의 이질성으로 인해 어느 정도나마 시장지배력을 갖는다. 가격을 인하하더라도 전체고객이 아닌 오직 일부 고객을 추가로 확보할 뿐이다.

따라서 버뜨랑 모형이 현실설명력을 갖기 위해서는 상품이 동질적이라는 가정을 포기하고 상품이 이질적이라는 점, 즉 '개별기업'의 수요함수가 우하향한다는 점을 모형 속에 반영시켜야 할 것이다.

13.4
협조적 행동모형: 담합모형

지금까지 우리는 과점산업의 기업들이 경쟁적이고 독립적으로 행동하는 경우들만을 다루었다. 그러나 과점시장 내의 기업들이 경쟁의 성과가 바람직하지 않다고 평가하고 상호의존성을 깊게 인식한다면 기업들은 담합하에 공동행위를 하는 데 동의할 것이다. 기업들의 담합은 협약에 의해 명시적으로 이루어질 수도 있도 기업의 관행 혹은 이심전심(以心傳心)에 의하여 암묵적으로 달성될 수도 있다.

가격선도모형(價格先導模型)은 암묵적 담합이 존재하는 경우를 다룬 모형이고, 카르텔모형은 명시적 담합을 다룬 모형이다. 본서에서는 기업들이 명시적 담합하에서 행동하는 카르텔모형만을 살펴보기로 한다.

명시적 담합은 일반적인 경제현상이다. 담합은 아담 스미스가 「국부론」에서 말하고 있듯이 이미 18세기 유럽에서 흔히 볼 수 있었다. 명시적 담합은 공개적 협약이나 비밀협약에 의해서 이루어질 수 있다. 공개적 담합을 위해 개인이나 기업으로 구성되는 조직체를 카르텔(cartel)이라고 한다. 카르텔과 담합은 공개적이냐 아니냐에 따라 구분되는 개념일 뿐 그 경제적 기능은 동일하다. 앞으로의 논의에서는 양자를 혼용해서 사용하기로 한다.

먼저 왜 담합(명시적)이 존재하며, 특히 과점시장에서 담합이 흔히 나타날 수 있는 이유가 무엇인지 논의할 필요가 있다.

기업들간의 담합은 왜 존재하는가? 담합의 이익이 있기 때문이다. 담합에 성공하면 기업들은 이윤을 증대시키고 경제전쟁의 가능성을 줄일 수 있다. 또 새로운 기업들이 진입해 올 경우 공동으로 대처하면 보다 쉽게 진입을 저지할 수도 있다.

담합의 이익은 완전경쟁산업에도 존재한다. 그럼에도 불구하고 다른 시장형태에 비해서 과점산업에서 담합이 상대적으로 많이 관찰되는 이유는 무엇일까? 그것은 과점산업이 경쟁적 시장구조에 비해서 기업의 숫자가 적은 탓이다. 기업의 숫자가 적어서 담합의 결성비용이나 유지비용이 적게 드는 것이다 (보다 상세한 설명은 후술하는 카르텔의 불안정성 참조).

이제 기업간의 명시적 담합이 존재한다는 전제하에 구축된 카르텔이론을 살펴보자.

카르텔 모형

과점기업들에 의해 결성된 카르텔은 다음과 같은 네 가지 기본 문제를 해결해야 한다. 첫째, 카르텔은 카르텔 전체의 이윤을 극대화할 수 있는 생산량 혹은 가격을 결정해야 한다. 둘째, 카르텔은 합의된 산출량과 독점이윤을 어떻게 배분할 것인가에 관해 기준을 마련해야 한다. 셋째, 결정된 가격을 유지하기 위해 신규진입을 차단할 수 있는 실질적 대책을 갖고 있어야 한다. 넷째, 이상 합의된 카르텔 협약을 위반했을 경우 응징방법에 대한 합의를 도출하여야 한다.

카르텔의 세 번째 문제인 진입차단 문제는 카르텔만의 독자적 문제가 아니다. 이 문제는 독점·과점기업에게도 나타나는 문제이므로 여기서는 이 문제를 제외한 세 가지 문제만을 다루기로 한다.

이제 카르텔의 첫 번째 문제, 즉 카르텔이 상품에 대한 가격과 산출량을 어떻게 책정하는지 생각해 보자. 여러 기업들로 구성된 카르텔은 이윤을 극대화하기 위해 독점기업처럼 행동할 것이다. 분석의 편의상 카르텔은 가격차별을 하지 않고 단일가격을 책정한다고 하자. 독점가격을 책정하려면 카르텔은 카르

[그림 I3-4-I] 카르텔의 가격과 산출량 결정

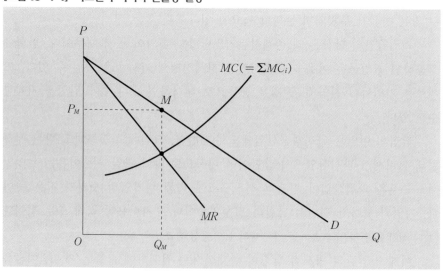

[그림 l3-4-2] 카르텔의 산출량 할당

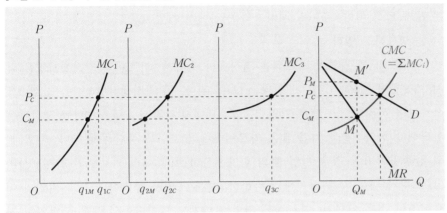

텔 전체의 입장에서 한계비용곡선을 도출해 보아야 한다. 만약 카르텔이 산출량을 증가시킬 때 생산요소가격이 불변(즉, 비용불변산업)이라면 카르텔 전체의 한계비용곡선은 각 개별기업의 한계비용곡선을 수평으로 합한 것이 된다.

　　[그림 13-4-1]의 MC곡선은 이러한 과정을 거쳐 도출된 것이다. 시장수요곡선이 그림에서 곡선 D로 주어졌다. 카르텔의 이윤극대화는 시장수요곡선에 상응하는 한계수입곡선과 한계비용곡선이 교차하는 산출수준 Q_M에서 달성된다. 이 카르텔은 최적생산량 Q_M을 가격 P_M에 판매할 것이다. 물론 카르텔이 결정한 가격과 수량은 독점기업의 균형가격이나 판매량과 동일하다.

　　카르텔의 두 번째 과제는 카르텔의 최적생산량(Q_M)을 회원 기업들간에 적절히 할당하는 일이다. 카르텔이 목표 산출량을 최소비용으로 생산하고자 한다면 카르텔에 속한 각 기업들의 한계비용이 모두 같아지도록 전체 생산량을 각 기업들에 배분하여야 한다. 각 기업들의 한계비용이 일치하지 않는다면, 카르텔은 기업들간의 생산량을 달리 배분함으로써 동일 생산량을 보다 저렴하게 생산할 수 있기 때문이다.

　　각 기업의 한계비용이 일치하도록 생산량을 할당하는 과정에서 카르텔 가입 회원들 중 일부는 조업을 중단해야 하는 경우도 발생할 수 있다. 이러한 상황을 이해하기 위해 카르텔이 비용조건이 서로 다른 Ⅰ, Ⅱ, Ⅲ의 세 기업으로 구성되었다고 하자. 각 기업의 한계비용곡선은 [그림 13-4-2]에 나타나 있다.

　　우선 카르텔이 결성되기 전에 이 시장은 완전경쟁시장이었다고 하자. 이 경우 [그림 13-4-2]의 CMC곡선은 이 산업의 단기공급곡선이 되고 시장가격은 P_c가 될 것이다. 주어진 시장가격(P_c)하에서 기업 Ⅰ, Ⅱ, Ⅲ은 각각 q_{1c}, q_{2c}, q_{3c}를 생산하고 있다.

이제 이 세 기업이 카르텔을 결성했다고 하자. 카르텔의 최적생산량은 앞서 보았듯이 MR과 CMC가 만나는 Q_M이 된다. 이 최적생산량(Q_M)을 최소비용으로 생산하려면 카르텔은 기업 Ⅰ, Ⅱ, Ⅲ에게 각각 q_{1M}, q_{2M}, 0만큼 생산량을 할당해야 한다. 결국 기업 Ⅲ은 카르텔하에서 조업을 중단해야 한다. 기업 Ⅲ의 산출량이 0일 경우 기업 Ⅲ의 한계생산비는 Q_M에서 카르텔의 한계생산비 (C_M)보다 높다는 것을 확인하기 바란다. 물론 조업을 중단한다고 그 기업의 이윤이 0인 것은 아니다. 카르텔은 기업 Ⅲ에게도 얼마만큼의 이윤을 당연히 지불해야 할 것이다.

그러나 카르텔 전체의 입장에서 총생산비용을 극소화시켜 주는 생산량 배분방식을 현실에 적용하기란 거의 불가능하다. 카르텔의 구성원인 기업들간에 비용조건, 생산설비의 규모 및 시장점유율, 미래에 대한 전망 등이 서로 다른 까닭이다.

예컨대, 앞의 예에서 기업 Ⅲ의 경우, 카르텔이 일정이윤을 지급한다는 조건하에 기업폐쇄를 결정한다면 기업 Ⅲ은 카르텔의 회원이 되려 하지 않을 가능성이 크다. 카르텔이 영원히 지속된다는 보장도 없고, 카르텔이 깨질 경우 기업폐쇄시 생산설비 및 전문지식의 노후화 등으로 인해서 기업 Ⅲ이 입게 될 피해는 카르텔에서 얻는 이익보다 훨씬 더 클 수도 있기 때문이다.

결국 현실에서 산출량의 할당은 판매실적, 혹은 생산설비규모 등을 기준으로 결정되기도 하고, 경우에 따라서는 지역별로 시장을 분할함으로써 이루어지기도 한다. 무엇을 기준으로 할당할 것인지는 구성 기업들의 흥정력에 달려 있다.

카르텔의 네 번째 문제, 즉 협약위반시 응징방법에 대한 합의는 카르텔의 유지에 필수적으로 필요하다. 카르텔 회원이 협약을 위반하고자 하는 유인을 갖고 있기 때문이다. 이는 카르텔의 유지가능성에 관한 중요한 문제이므로 아래에서 자세히 설명하기로 하자.

카르텔의 불안정성

카르텔이 유지되기 위해서 각 회원기업은 합의된 가격과 할당된 산출량을 준수하여야 한다. 그러나 카르텔의 각 회원기업은 합의된 사항을 위반하거나 카르텔에서 이탈하려는 강한 유인(誘因)을 갖고 있다. 그래서 카르텔은 합의된 사항의 이행을 강제할 수 있는 제재조치 없이는 유지될 수 없다.

카르텔의 회원기업들이 왜 협약을 위반하려 하는지 [그림 13-4-3]을 통해 살펴보자. [그림 13-4-3]에는 카르텔의 합의사항이 M점으로 나타나 있다. 즉, 협정가격과 개별기업에게 할당된 산출량은 각각 P_M과 q_M으로 주어져 있다.

이제 협약으로부터의 이탈 유인이 있는지 확인하기 위해 한 기업만 협약을 위반하고, 다른 기업들은 모두 협정가격 P_M을 준수한다고 하자. 이러한 상황에서 이 기업은 조금만 가격을 인하해도 판매량을 크게 늘릴 수 있다. 따라서 이 기업은 자신의 수요곡선을 그림의 d_E곡선과 같이 매우 평평한 것으로, 즉 수요의 가격탄력성이 큰 것으로 인식한다.

이 때 이 기업은 인식수요곡선(d_E)에 상응한 한계수입곡선(MR_E)과 한계비용곡선(MC)이 만나는 점에서 산출량 q_E를 P_E가격에 판매하고자 할 것이다. (q_E, P_E)를 선택한 기업의 이윤은 당연히 합의사항을 준수했을 때의 이윤인 빗

[그림 l3-4-3] 카르텔의 불안정성

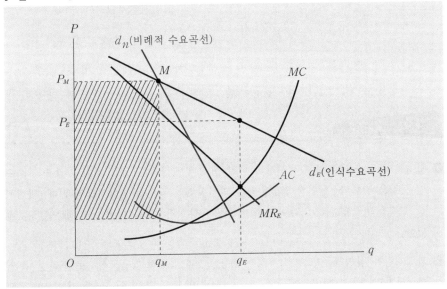

금친 면적에서 얻는 자신의 몫보다 더 크다.

담합의 합의사항을 준수하여 (q_M, P_M)을 선택하면 한계수입이 한계비용보다 크지만 (q_E, P_E)를 선택하면 한계수입과 한계비용이 같아지기 때문이다. 따라서 카르텔의 회원기업들은 협약위반이나 이탈에 대한 응징이 충분하지 않는 한, 협약위반이나 이탈의 유인을 갖는다.

여기서 주의할 점은 카르텔의 해체를 위해서 모든 기업들이 이 기업처럼 행동할 필요는 없다는 점이다. 회원기업들 중 일부라도 이처럼 행동한다면 카르텔은 유지불가능해질 수 있다. 이상의 논의는 카르텔이 내재적 불안정성(內在的 不安定性)을 갖고 있다는 것을 시사하고 있다.

결론적으로 카르텔은 어떤 방식에 의해서건 합의사항을 위반하는 기업을 효율적으로 응징할 수 없는 한 그 존립이 항상 위태롭다. 특히, 카르텔에 가입한 기업의 숫자가 많거나 위반 여부에 대한 감독비용이 막대하여 위반기업에 대해 신속하고도 치명적인 응징이 어려울 때 카르텔은 유지될 수 없다.

1. 꾸르노 가정	2. 반응곡선
3. 등이윤곡선	4. 선도자-추종자
5. 버뜨랑 역설	6. 굴절수요곡선
7. 카르텔의 불안정성	

_요약 SUMMARY

❶ 과점은 독점과 독점적 경쟁시장의 중간 형태의 시장으로 산업 내의 공급자가 소수인 시장을 말한다. 진입장벽의 존재는 과점산업의 필수적 존립기반이 된다. 과점시장의 핵심적 특징은 기업들이 경쟁기업들과 상호의존성을 인식하고 행동한다는 데 있다.

❷ 과점시장을 설명하는 모형은 독자적 행동모형과 협조적 행동모형으로 구분할 수 있다. 독자적 행동모형에는 꾸르노 모형, 챔버린 모형, 버뜨랑 모형, 스타켈버그 모

형, 굴절수요곡선모형 등이 포함되고, 협조적 행동모형에는 가격선도모형과 카르텔
모형이 포함된다.

❸ 꾸르노 모형은 특정 기업이 산출량을 변화시켜도 상대방은 현재의 산출량을 그대로
유지시킬 것이라는 꾸르노 가정에서 출발한다. 이 같은 가정에서 도출된 개별기업
의 반응곡선의 교차점이 꾸르노 균형점이 된다. 꾸르노 균형가격은 완전경쟁 가격
보다 높지만 독점가격보다 낮다.

❹ 꾸르노 모형은 꾸르노 가정의 비현실성으로 인해 비판의 대상이 되고 있다. 첫째,
기업들이 가격이 아닌 생산량을 선택변수로 사용하고 있다는 꾸르노 가정은 비현실
적이다. 둘째, 상대방 기업이 아무런 반응을 보이지 않는다는 꾸르노 가정은 상대방
기업의 반응에 대하여 지나치게 근시안적인 행동을 가정하고 있다.

❺ 버뜨랑 모형은 각 기업이 가격을 선택변수로 채택하고 있다고 가정한다. 균형상태
에서 가격은 한계비용수준과 일치하고 이윤(혹은 수익률)은 0이 된다. 이는 완전경
쟁시장의 균형가격의 특성과 일치한다. 그러나 버뜨랑 역설로 대변되는 이 모형의
결론은 과점산업의 현실을 잘 설명해 준다고 볼 수 없다.

❻ 스타켈버그 모형은 두 기업 중 하나가 상대기업의 반응함수를 파악하고 있는 경우
를 상정한다. 상대기업의 반응함수를 파악하고 있는 기업을 선발기업, 그렇지 못한
기업을 후발기업이라 한다. 스타켈버그 균형점에서 선발기업의 이윤은 꾸르노 균형
상태에서의 이윤보다 크다. 스타켈버그 모형은 순서게임으로 해석될 때 설득력을
갖는다.

❼ 굴절수요곡선모형은 과점산업의 가격이 경직적인 이유를 잘 설명해 준다. 그러나
굴절이 어떤 가격수준에서 나타날 것인지 그리고 경쟁기업의 행동에 대한 비대칭적
예상이 어떤 조건하에서 정당화되는 것인지를 설명하지 못하고 있다.

❽ 카르텔 모형은 명시적 담합을 다룬 모형이다. 카르텔은 다음과 같은 네 가지 기본
문제를 해결해야 한다: (i) 카르텔의 이윤을 극대화할 수 있는 생산량 혹은 가격의
결정 (ii) 합의된 산출량과 독점이윤의 배분기준의 마련 (iii) 결정된 가격을 유지하기
위해 신규진입의 차단 (iv) 합의된 카르텔 협약을 위반했을 경우 응징방법에 대한 합
의. 각 회원기업은 합의된 사항을 위반하려는 강한 유인을 갖고 있어 카르텔은 내재
적 불안정성을 안고 있다.

_연습문제 QUESTION

01 과점이론은 정립되어 있지 않다. 완전경쟁시장이나 독점이론에 비해 과점이론을 정립하기가 어려운 이유를 설명하라.

02 꾸르노 가정의 내용과 그 약점을 설명하라.

03 다음과 같은 수요조건과 비용조건을 갖는 복점시장이 있다.

$$P = 100 - 0.5(q_1 + q_2)$$
$$C_i = 5q_i \qquad i = 1,\ 2$$

(a) 꾸르노 가정하의 각 기업들의 반응함수를 구하라.

(b) 꾸르노 모형의 균형생산량, 시장가격과 시장지배력(가격-비용 마진)을 구하라.

(c) 꾸르노 모형, 독점 그리고 완전경쟁시장의 균형생산량과 시장가격을 비교해 보아라.

04 문제 03과 같은 수요조건과 비용조건을 갖는 복점시장이 있다고 하자.
(a) 버뜨랑 모형에서의 각 기업들의 반응함수를 구하라.
(b) 버뜨랑 모형의 균형생산량, 시장가격과 시장지배력을 구하라.

05 문제 03과 같은 수요조건과 비용조건을 갖는 복점시장이 있다고 하자.
(a) 스타켈버그 모형에서의 각 기업들의 반응함수를 구하라.
(b) 스타켈버그 모형의 균형생산량, 시장가격과 시장지배력을 구하라.
(c) 등이윤곡선을 이용하여 스타켈버그 모형의 균형을 설명해 보아라.

06 스위지(P. M. Sweezy)의 굴절수요곡선모형(kinked demand curve model)은 다음의 가정에 입각하고 있다.

첫째, 과점산업 내의 기업은 이질적 상품을 생산하고 있다. 둘째, 개별기업은 경쟁기업의 행동에 대한 두 가지 비대칭적 예상에 입각하여 행동한다.

(1) 개별기업이 현재의 가격보다 가격을 인하(引下)할 경우 이 기업은 다른 기업들도 자기와 마찬가지로 즉시 가격을 인하할 것으로 예상한다.

(2) 개별기업이 현재의 가격보다 가격을 인상(引上)시킬 경우 이 기업은 다른 기업들이 이에 동조하지 않고 가격을 고정시킬 것으로 예상한다.

(a) 기업 1의 비대칭적 예상을 단순추측된 가격변동률(價格變動率)을 이용하여 표현하라.

(b) 비대칭적 예상에 입각한 개별기업의 수요곡선이 굴절수요곡선이 됨을 설명하라.

(c) 굴절수요곡선하의 한계수입곡선을 그래프로 도출하라.

(d) MC곡선이 우상향할 때 기업의 균형점이 수요곡선의 굴절점에서 나타나는 경우를 그래프로 그려 보아라.

(e) MC곡선이 위쪽으로 이동했을 때 기업의 균형가격이 변하지 않을 수 있음을 그래프로 설명해 보아라.

(f) 굴절수요곡선모형의 시사점은?

07 (a) 담합이 성립할 수 있는 조건을 설명하라.

(b) 담합이 깨지기 쉬운 이유를 [그림 13-4-3]을 이용하여 설명하라.

08 전통적 과점이론의 약점은?

CHAPTER

14

게임이론과
전략적 행동

게임이론 은 과점산업에서 기업의 행동을 분석하는 데 유용한 도구이다. 게임이론은 과점산업의 행태를 전통적 경제이론들보다 훨씬 더 명쾌하게 설명해 줄 뿐 아니라 때로는 전통적 경제이론들이 설명하지 못했던 부분을 설명해 주기도 한다. 최근 게임이론은 상호의존적 행동을 분석할 수 있는 장점으로 인해 미시경제학은 물론 거시경제학에서도 널리 사용되고 있으며, 심지어 정치적 협상 등의 비경제학적 영역에 이르기까지 그 적용범위를 점차 확장하고 있다. 게임이론은 미시경제학 중 특히 산업조직론에서 중요한 분석노구로 활용되고 있다.

이 장에서는 게임이론의 기초개념을 설명한 뒤 구체적인 예를 통해서 게임이론이 과점시장 분석에 어떻게 적용되고 있는지를 설명하고자 한다.

14.1
게임이론적 접근의 필요성

지금까지 살펴보았던 전통적 과점이론들은 일반이론이 아닌 특수이론에 불과했고 이들의 결론은 사전적(ex-ante) 설명이 아닌 사후적(ex-post) 설명에 지나지 않았다. 왜 전통적 모형은 일반이론의 수준에 이르지 못했던 것일까? 이를 이해하기 위해 우선 과점이론의 정립이 왜 어려운가를 이해할 필요가 있다.

개별기업들은 기술제약과 시장제약하에서 이윤을 극대화한다. 그런데 기업의 시장제약조건, 즉 기업의 수요함수는 상대기업의 의사결정과 상관없이 주어진 경우가 있는가 하면 상대기업의 의사결정에 따라 크게 영향을 받는 경우도 있다. 완전경쟁시장이나 독점시장에서 기업의 시장제약조건은 상대기업의 의사결정에 상관없이 고정되어 있다. 완전경쟁적 기업은 자기의 수요함수를 주어진 시장가격하에서 수평선으로 생각하고, 독점기업은 전체시장 수요함수를 자기기업의 수요함수로 인식한다.

그러나 과점시장하의 개별기업의 수요함수는 경쟁기업들의 의사결정에 따라 달라진다. 예컨대 경쟁기업이 가격을 높게 책정하면 자기 기업에게는 보다 유리한 수요함수가 생겨나게 될 것이다. 이처럼 과점시장하의 개별기업의 제약조건은 경쟁기업의 의사결정에 따라 달라지는 상호의존성을 갖는다. 따라서 기업들은 의사결정을 할 때 자기의 전략에 따라 달라질 경쟁사의 행동이 자기 수요함수에 미치는 영향까지도 고려하여 자신의 최적전략을 선택할 것이다.

전통적 최적화이론(극대화이론 혹은 극소화이론)은 제약조건이 일정하게 주어진 상황하에서 적합한 분석수단이다. 그러나 제약조건에 고정되어 있지 않고 경쟁사의 행동에 따라서 달라지는 상황을 분석하기에는 적합치 않다. 그럼에도 불구하고 전통적인 최적화이론을 이용하기 위해 고전적 과점이론들은 모두 경쟁기업의 행동에 관한 단순가정에 입각하여 이론을 전개함으로써 상호의존성이라는 과점시장의 특징을 제대로 모형에 반영하지 못했다. 경쟁기업의 행동에 관한 단순가정은 도출된 것이 아니라 자의적인 것이었다. 결국 고전적 과점이론은 상호의존성의 문제를 모형에 제대로 반영시키지 못했기 때문에 과점현실을 설명하는 데 실패하였다고 말할 수 있다. 이와 같은 기존의 과점이론에 대한 비판은 당연히 과점에 관한 새로운 접근방법의 필요성을 고조시켰다.

새로운 접근법은 폰 노이만(John von Neumann)과 오스카 모겐스턴(Oskar Morgenstern)에 의하여 제시되었다.[1] 새로운 접근법은 과점시장 내의 기업들을 서로 경쟁관계에 있는 게임의 참가자로 파악한다. 이 접근법은 상대방의 행동을 자의적으로 가정하지 않고 상대방도 자신과 마찬가지로 합리적 의사결정을 한다고 가정한다. 상대방도 자신의 입장에서 최적전략을 채택할 것이라는 기대하에서 게임의 참가자는 자신의 전략을 선택한다. 이와 같은 새로운 접근법을 게임이론(game theory)이라고 한다.

14.2
게임의 묘사방법

게임(game)이란, 두 명 이상의 참가자들이 자기의 이익을 추구하면서 어느 누구도 혼자서는 그 결과를 만들어 낼 수 없는 경쟁적 상황을 의미한다. 바둑이나 포커, 가위 바위 보 등이 게임의 전형적인 예라고 할 수 있다.

게임이론이 무엇인지를 알아보기 전에 게임을 어떻게 묘사할 수 있는지 간단히 살펴보기로 하자. '가위 바위 보'의 예를 들어 보자. 설명의 편의상 철수와 영희 2인만 참가한다고 하자. 가위 바위 보의 참여자들은 가위, 바위, 보의 세 가지 전략 중 한 가지를 선택하도록 되어 있다. 바위는 가위를, 가위는 보를 그리고 보는 바위를 이긴다는 경기규칙을 갖는다. 승부의 결과에 따라 패자는 승자에게 100원을 지불하기로 한다. 이와 같은 게임은 참가자의 수는 몇 명이고 선택가능한 전략은 무엇이며, 게임의 규칙과 결과가 무엇인지 등을 설명함으로써 묘사될 수 있다.

일반적으로 게임은 참가자, 경기규칙, 전략(strategies), 그리고 게임의 보수(payoff) 등의 요소들로 구성된다. 참가자는 어느 한 개인 혹은 단체로서 전략의 결정단위이다. 그리고 전략이란 참가자의 선택변수로서 참가자가 취할 수 있는 행동을 의미한다. 경기규칙이란 사용가능한 전략의 종류, 경기의 진행 및

---

1 John von Neumann and Oskar Morgenstern, *Theory of Games and Economic Behavior*(Princeton, N.J.: Princeton University Press, 1944)을 참조하라.

승부의 판정방법을 말한다. 게임의 보수(payoff)란 각 경기자가 받는 보수의 크기이다. 이는 각 경기자가 어떤 전략을 채택하느냐에 의해 결정된다. 통상의 경우 보수는 효용단위나 화폐단위로 나타낸다. 따라서 경기 참가인원과 경기 규칙이 주어지면 게임은 통상 전략과 보수에 의하여 묘사할 수 있다.

게임의 전략과 보수를 묘사하는 방법에는 정규형과 확장형의 두 가지가 있다. 정규형(定規型, normal form)은 선택된 전략의 결과로서 나타나는 모든 보수체계를 정리해 놓은 표, 즉 보수행렬(payoff matrix)을 사용해서 게임을 나타내는 방법으로서 전략형(戰略型, strategic form)이라고 한다. 확장형(擴張型, extensive form) 혹은 전개형은 의사결정 상황을 분기점 혹은 의사결정 마디(decision node)로 나타내고 서로 다른 전략수단을 나뭇가지 모양으로 나타내는 방법을 말한다. 양자는 나름대로의 장점과 단점을 지니고 있으며 용도도 다르다. 먼저 정규형부터 설명하기로 한다.

정 규 형

정규형(normal form)을 이용하여 가위 바위 보 게임을 묘사해 보자. 앞서 말했듯이 이 게임은 참여자의 선택가능한 전략과 보수행렬에 의해 묘사될 수 있다. 게임의 보수는 각 참여자가 잃는 금액과 딴 금액이 된다. 이긴 사람은 진 사람으로부터 100원을 받고 비긴 경우는 상금이 없다고 하자. 이상과 같은 상황에서의 전략과 보수를 행렬로 나타내면 [표 14-2-1]과 같다.

[표 14-2-1]에서 행은 철수의 전략을, 열은 영희의 전략을 나타낸다. 이 보수행렬의 각 원소는 두 사람에게 주어지는 상금이 얼마인가를 보여 주고 있는데, 괄호 속의 첫 번째 숫자가 철수의 보수를, 그리고 두 번째 숫자는 영희의 보수를 의미한다. 1행 1열의 원소는 철수와 영희가 모두 가위를 냈을 때

[표 14-2-1] 정규형: 가위 바위 보 게임

철수		영희		
		가위	바위	보
	가위	(0, 0)	(−100, 100)	(100, −100)
	바위	(100, −100)	(0, 0)	(−100, 100)
	보	(−100, 100)	(100, −100)	(0, 0)

두 사람에게 돌아가는 보수의 크기를 나타낸다. 이 경우 무승부이므로 상금은 0이 된다. 마찬가지로 1행 2열은 철수가 가위, 영희는 바위를 선택했을 때의 보수결과를 보여 준다. 이 경우 영희가 이기므로 영희는 100원의 상금을 받고 철수는 −100원의 상금을 받는다. 이와 같이 게임을 전략과 보수행렬(報酬行列)로 나타내는 방법을 정규형이라고 한다.

확 장 형

지금까지 살펴본 가위 바위 보 게임은 두 경기자가 동시에 전략을 선택하는 것이었지만, 바둑, 장기와 같은 게임은 한 사람이 먼저 한 수를 두고 상대방은 두어진 수를 본 다음에 자신의 수를 결정한다.[2] 이와 같이 경기자의 전략선택이 시차를 두고 순서에 따라 이루어지는 순차게임을 정규형으로 나타내는 것은 부적합하다. 왜냐하면 정규형은 전략이 선택되어지는 과정, 즉 게임의 진행순서를 묘사할 수 없기 때문이다.

바둑을 예로 들어 보자. 철수와 영희가 바둑을 두고 있다. 철수가 먼저 두면 영희는 철수가 둔 수를 보고서 둔다. 설명의 편의상 영희의 수로서 바둑은 종료된다. 두 사람이 각자 선택할 수 있는 전략은 두 가지뿐이라고 하자.

철수는 D와 E, 그리고 영희는 T와 U전략을 갖고 있다. 게임의 보수는 이들 전략의 조합이 만들어낼 네 가지 상황에 따라 결정된다.

(i) 철수가 D를 선택하고 영희가 T를 선택하는 경우 철수의 보수는 200이고 영희의 보수는 900이다. (ii) 철수가 D를 선택하고 영희가 U를 선택할 경우 철수의 보수는 200이고 영희의 보수는 900이다. (iii) 철수가 E, 영희가 T를 선택할 경우 철수와 영희의 보수는 모두 0이다. (iv) 철수가 E, 영희가 U를 선택할 경우 철수와 영희의 보수는 모두 300이다.

[그림 14-2-1]에는 이상에서 논의된 게임이 확장형(extensive form)으로 표현되어 있다. 확장형은 나뭇가지 모양과 비슷하여 게임나무(game tree)라고도 한다. 게임나무는 의사결정마디, 가지와 보수로써 구성된다. 의사결정마디

---

2 게임은 참가자들의 전략선택이 이루어지는 순서에 따라 동시게임과 순차게임으로 나눌 수 있다. 가위 바위 보 게임에서와 같이 쌍방이 전략을 동시에 선택하는 게임을 동시게임(simultaneous game)이라 한다. 반면에 바둑이나 장기와 같이 참가자들의 전략선택이 시차를 두고 순서에 따라 이루어지는 게임을 순차게임(sequential game)이라 한다.

[그림 14-2-1] 확장형: 순차게임

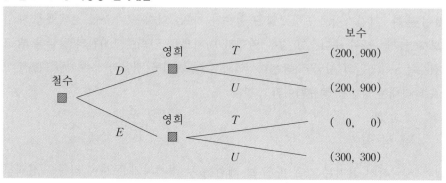

(decision node)는 [그림 14-2-1]에서 빗금친 사각형으로 표현된 분기점이다. 각 의사결정마디는 특정 경기자가 의사결정(전략선택)을 해야 할 차례임을 나타낸다. 가지(branch)는 해당 경기자가 선택할 수 있는 전략을 나타낸다. [그림 14-2-1]에서 가지 D와 E는 철수가 선택할 수 있는 전략을 의미한다. 맨 오른쪽의 괄호 속의 숫자는 각 전략조합이 나타났을 경우의 보수를 보여 주고 있다. 처음 값은 철수의 보수를, 다음에 나오는 값은 영희의 보수를 나타낸다.

　　이제 참가자들의 전략이 동시에 선택되는 게임, 즉 동시게임을 확장형으로 나타내는 방법을 생각해 보자. 철수가 어떤 전략을 선택했는지를 모르는 상태에서 영희가 전략을 선택해야 할 경우 자신의 의사결정마디가 어느 쪽인지 모르는 상태에서 영희는 전략을 선택해야 한다. 자신의 의사결정마디가 어느 쪽인지 모르는 상태를 정보집합(information set)으로써 나타낸다. [그림 14-2-

[그림 14-2-2] 확장형: 동시게임

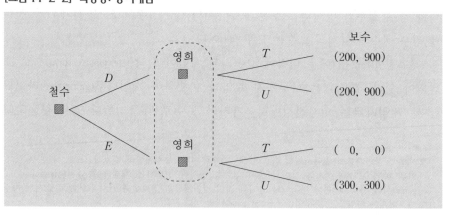

2]에서 영희의 두 개의 의사결정마디를 묶은 타원형의 점선은 정보집합을 나타낸다. 정보집합은 자신이 어느 의사결정마디에서 전략을 선택하는지 모르는 상황, 즉 동시게임의 상황을 묘사한다.

14.3
게임의 균형

14.3.1 게임의 균형의 개념

게임의 균형을 논하기 위해서 우선 균형상태의 정의를 다시 한 번 음미해 보자. 균형상태란 외부적 충격이 없는 한 지속되는 상태를 말한다. 이와 같은 균형의 개념을 게임에도 적용시킬 수 있다. 게임의 균형상태란 외부적 충격이 없는 한 경기의 모든 참가자들의 전략이 변하지 않고 유지되는 상태를 말한다. 게임의 균형에는 크게 내쉬균형, 지배전략균형, 완전균형 등이 있다. 차례로 살펴보기로 하자.

14.3.2 내쉬균형

각 경기자가 다른 경기자가 선택한 전략에 대해서 자신이 최선의 전략을 선택하고 있을 때 게임이 내쉬균형(nash equilibrium) 상태에 있다고 한다. 내쉬균형은 내쉬균형 개념을 찾아낸 존 내쉬(John Nash)의 이름을 수식어로 붙인 것이다.[3] 내쉬균형 상태에서는 모든 경기자들이 개인적 차원에서 최선의 선택을 하고 있기 때문에 개별 경기자는 자신이 선택하고 있는 전략을 바꾸고자하는 유인이 존재하지 않는다. 내쉬균형을 [표 14-3-1]을 가지고 논의해 보자.

죄인의 딜레마

다음과 같은 죄인의 갈등상황을 상정해 보자.

---

3 존 내쉬는 내쉬균형 개념을 발견한 공으로 1994년 노벨 경제학상을 수상하였다.

[표 14-3-1] 죄인의 딜레마

		영희	
		C(자백)	N(묵비권 행사)
철수	C(자백)	(10, 10)	(0, ∞)
	N(묵비권 행사)	(∞, 0)	(2, 2)

철수와 영희 두 사람이 강력범죄를 공동으로 저지른 후 검거되었다. 기소되면 실형량은 검사의 구형에 따라 결정된다. 검사가 이들을 분리 심문하면서 다음과 같은 유죄답변 거래(plea bargaining)를 제시했다.[4]

만일 두 사람이 모두 다 범행을 자백하면 정상을 참작하여 징역 10년을 구형한다. 만일 두 사람 중 한 사람만 자백하면 자백한 자는 석방하고 자백하지 않은 자는 무기형을 구형한다. 둘 다 범행 사실을 끝까지 부인하면 지금까지 저지른 경범을 근거로 두 사람 모두 징역 2년을 구형한다.

이러한 상황에서 철수와 영희가 택할 수 있는 전략은 자백과 묵비권 행사의 두 가지이다. 묵비권 행사는 범죄를 부인한다는 것을 의미한다. 철수가 취할 수 있는 전략은 C, N으로 나타낼 수 있다. C는 자백하는 전략을 의미하고, N은 묵비권을 행사하는 전략을 의미한다. 영희가 취할 수 있는 전략 역시 C, N이다.

두 죄인이 받게 될 형량은 각자가 선택하는 전략에 따라 결정된다. 각자가 선택할 수 있는 전략이 두 종류이므로 게임의 결과는 4가지이다. 각 경우에서의 형량을 정리해 보면 [표 14-3-1]과 같다.

철수는 어떤 전략(戰略)을 택하는 것이 최선일까? 만일 영희가 묵비권을 행사한다면 철수의 최선의 전략은 자백하는 것이다. 왜냐하면 영희가 묵비권을 행사할 때 자신이 자백하면 석방되고 자백하지 않으면 2년의 형을 살게 되기 때문이다. 만일 영희가 자백한다면 철수의 최선의 전략은 자백하는 것이다. 영희가 자백할 때 자신도 자백하면 10년형을, 자백하지 않으면 무기형을 살게 되기 때문이다. 따라서 영희가 자백을 하건 묵비권을 행사하건 철수의 최선의 전략은 항상 자백이다. 이와 같이 다른 경기자가 어떤 전략을 선택하느냐에 상

---

4 유죄답변거래제도는 공소유지의 비용이 지나치게 높은 경우에 자백을 유도하기 위해 자백하면 형량을 낮추어주는 제도이다.

관없이 최선의 전략이 동일하면 그 전략을 지배전략 혹은 우월전략(dominant strategy)이라고 한다. 물론 죄인의 딜레마에서 철수의 자백전략은 지배전략이다. 영희가 어떤 전략을 택하건 철수는 무조건 자백하는 것이 침묵하는 것보다 낫다. 마찬가지로 영희의 최선의 전략도 자백이다. 영희의 자백전략도 당연히 지배전략이다. 철수가 어떤 전략을 택하건 영희는 무조건 자백하는 것이 낫다.

요컨대 철수와 영희 두 사람은 모두 자백전략을 선택하고 있는 상태는 내쉬균형 상태이다. 영희가 선택한 전략(자백)에 대해서 철수는 최선의 전략(자백)을 선택하고 있고 영희도 철수가 선택한 전략(자백)에 대해서 최선의 전략(자백)을 선택하고 있다. 그리고 자백전략은 두 사람 모두에게 지배전략이다. 따라서 죄인의 딜레마 게임의 균형은 지배전략균형이다. 균형상태에서 두 사람이 모두 자백을 선택하고 각자 10년씩 형을 살게 된다.

죄수의 딜레마는 모든 경기자에게 지배전략이 있으면 반드시 내쉬균형이 존재한다는 것을 말해준다. 그러나 모든 경기자가 지배전략을 가지고 있지 않더라도 내쉬균형은 존재할 수 있다.

내쉬균형의 상태가 과연 어떠한 상태인지, 그리고 모든 경기자가 지배전략을 가지고 있지 않더라도 내쉬균형은 존재할 수 있는지를 동시게임과 순차게임의 경우로 나누어 설명해 보기로 하자.

내쉬균형: 동시게임

지배전략이 존재하지 않지만 내쉬균형이 존재하는 동시게임을 생각해 보자. [표 14-3-2]와 같이 정규형(전략형)으로 표현된 게임을 생각해 보자.

이러한 예의 경우 지배전략이 존재하지 않는다. [표 14-3-2]에 의하면 철수의 최선의 정책은, 영희가 T를 택할 때 D이지만 영희가 U를 택할 때는 E이

[표 l4-3-2] 내쉬균형

		영희	
		T(공격)	U(유화)
철수	D(진입 포기)	(200, 900)*	(200, 900)
	E(진입)	(0, 0)	(300, 300)*

*는 내쉬균형

다. 철수의 최선의 전략은 영희의 전략에 따라서 변하고 있다. 이 경우 지배전략이 존재하지 않고 따라서 지배전략균형도 존재하지 않는다.

그러나 이 게임의 경우 내쉬균형은 존재한다. [표 14-3-2]에서 철수와 영희가 어떤 전략을 택했을 때 내쉬균형이 성립할까? 철수가 D전략을, 영희는 T전략을 택하는 경우 내쉬균형인지 확인해 보자.

영희가 전략 T를 택한다면 철수의 최선의 전략은 D가 될 것이다. 또 철수가 전략 D를 택했다면 영희는 T전략을 택하게 된다.[5] 따라서 (D, T)의 전략조합이 내쉬균형이다. 철수가 전략 D를 사용하고 영희가 전략 T를 선택하는 상황은 일단 실현되면 변화하지 않고 유지되는 힘을 갖는다. 이와 같은 상황은 내쉬균형 상태이다. 마찬가지로 (E, U)의 전략조합도 내쉬균형임을 확인할 수 있다. 내쉬균형은 (D, T)와 (E, U) 두 개가 존재한다. 이 예에서 보듯이 지배전략이 존재하지 않아도 내쉬균형은 존재할 수 있고 내쉬균형은 유일하지도 않고 두 개 이상도 가능하다는 것을 보여주고 있다.

순차게임에서의 내쉬균형

이번에는 철수의 선택을 관찰한 뒤 영희가 정책을 선택하는 순차게임을 생각해 보자. 앞에서 이용한 동시게임을 예로 들어 보자.

순차게임에서 철수가 먼저 전략을 선택한다. 영희는 철수의 선택을 보고 난 뒤 자신의 전략을 선택한다. 두 사람이 각자 선택할 수 있는 전략은 두 가지뿐이다. 철수는 D와 E, 그리고 영희는 T와 U전략을 갖고 있다. 게임의 보수는 이들 전략의 조합이 만들어낼 네 가지 상황에 따라 결정된다.

(i) 철수가 D를 선택하고 영희가 T를 선택하는 경우 철수의 보수는 200이고 영희의 보수는 900이다. (ii) 철수가 D를 선택하고 영희가 U을 선택할 경우 철수의 보수는 200이고 영희의 보수는 900이다. (iii) 철수가 E, 영희가 T를 선택할 경우 철수와 영희의 보수는 모두 0이다. (iv) 철수가 E, 영희가 U을 선택할 경우 철수와 영희의 보수는 모두 300이다.

[그림 14-3-1]에는 이상 논의된 순차게임이 확장형으로 표현되어 있다.

순차게임에서의 내쉬균형은 철수와 영희가 어떠한 전략을 선택할 때 성립

---

5 철수가 D를 선택할 경우 영희가 T나 U 중에서 어느 전략을 선택해도 영희의 보수는 900이다. 이 경우 영희는 T를 선택한다고 하자.

[그림 14-3-1] 순차게임

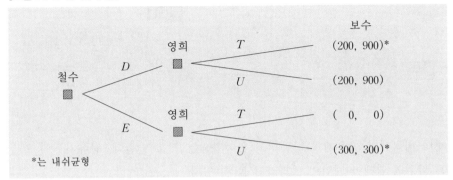

할까? 철수가 D, 영희가 T를 선택했다고 하자. 이 경우 내쉬균형의 두 조건을 충족하고 있는가? 먼저 철수가 D를 선택했다면 영희의 최선의 선택은 T이다. 또 영희가 T을 선택한다면 철수의 최선의 선택은 D이다. 따라서 (D, T)의 전략조합은 내쉬균형이다. 마찬가지로 철수가 E전략을, 영희가 U전략을 택하는 상황, 즉 (E, U)의 전략조합도 내쉬균형이다. 내쉬균형은 (D, T)와 (E, U) 두 개가 존재한다.

왜 내쉬균형은 중요한가?

죄인의 딜레마 게임에서 내쉬균형 상태에서 각 경기자는 개인적 관점에서는 최선의 선택을 하고 있다. 유일한 안정적인 결과는 둘 다 자백하는 것이다. 그러나 두 사람 전체의 관점에서 게임의 결과는 최선이 아니다. 두 사람 전체의 관점에서 최선은 둘 다 묵비권을 행사하는 것이다. 모두 묵비권을 행사했다면 두 사람은 각자 10년 형을 2년으로 줄일 수 있다.

죄인의 딜레마는 내쉬균형의 비극을 보여준다. 죄인의 딜레마는 내쉬균형에서 개인이 합리적으로 최선을 다하고 있다고 해도 공동체나 집단의 자원에서 재앙적인 결과가 초래될 수 있다는 것을 보여준다. 다시말해서 사익을 추구한 개인이 집단이나 공동체에 해를 끼끼칠 수 있다는 것을 설명해준다. 전체의 관점에서 비극적 종말을 초래하는 내쉬균형은 현실에서 매우 흔하게 관찰된다.

공유재의 비극

내쉬균형은 후술하는 공유재의 비극(19.4절 참조)을 잘 설명해준다. 공유

[표 I4-3-3] 공유재의 비극

		영희	
		두 척	한 척
철수	두 척	(6만, 6만)*	(8만, 4만)
	한 척	(4만, 8만)	(7만, 7만)

*는 내쉬균형

재의 비극이란 공유재가 남용되고 황폐화되는 것을 말한다. 공유자원의 고갈은 죄수의 딜레마 게임의 결과라고 볼 수 있다.

철수와 영희 두 어부가 어장을 공유하고 있다. 두 어부는 배를 두 대까지 띄울 수 있다. 철수와 영희가 배 한 척씩을 띄운다면 철수와 영희는 각각 물고기 900마리를 잡을 수 있다. 어장에 배 3척이 조업하면 배 한 척당 600마리를, 배 4척이 조업하면 배 한척 당 500마리를 잡을 수 있다. 물고기 한 마리는 100원이고 배 한척이 조업하는 데는 2만원이 든다고 하자.

이러한 상황에서 철수와 영희가 각자 배 1대를 띄우면 이윤은 7만원(=900 ×100−2만)이다. 한 사람은 두 대를 띄우고 다른 사람은 한 대를 띄우면 두 대를 띄운 어부는 8만원(=600×2×100−4만), 한 대를 띄운 어부는 4만원(=600× 100−2만)의 이윤을 얻는다. 철수와 영희가 모두 두 대를 띄우면 각자 6만원의 이윤을 얻는다. [표 14-3-3]는 이 게임의 결과를 보여준다.

이러한 상황에서 영희와 철수의 최선의 전략은 무엇일까? 배 두 척을 띄우는 것이 최선의 전략이다. 두 척이 철수와 영희에게 지배전략이기도 하다. 물론 지배전략균형은 내쉬균형이다. 그런데 내쉬균형 상태에서 철수와 영희는 최선의 선택을 하고 있지만 이는 두 사람의 관점에서 최선이 아니다. 두 사람 관점에서 최선의 선택은 배 한 대씩 띄우는 것이다.

카르텔의 불안정성

내쉬균형은 과점시장에서 형성되는 카르텔의 약속이 왜 지켜지지 않는 설명해준다.

죄수의 딜레마 게임에서는 게임의 결과, 즉 보수의 합이 게임의 참가자들의 전략에 따라서 달라진다. 두 사람이 모두 자백할 경우 두 사람의 총형량은

20년이 되지만 두 사람이 모두 묵비권을 행사할 경우 총형량은 4년이 된다. 이렇게 참가자들의 전략에 따라서 게임의 결과가 달라지는 죄수의 딜레마 게임은 과점시장의 특성과 같다. 과점시장에서 기업의 이윤은 다른 기업의 전략에 따라 달라진다. 특히 카르텔을 조직하는 과점 기업의 음모는 죄수의 딜레마 상황과 동일하다.

1960년에 이란, 이라크와 사우디아라비아 등 산유국은 카르텔을 결성했다. OPEC은 원유 생산량 감축을 통해 높은 원유가격을 유지하는 것을 목표로 한다. OPEC의 주요 기능은 이를 위해 생산량을 회원 국가 간에 배분하고 가격 인하를 방지하는 것이다.

1970년대 OPEC은 원유가격 담합으로 가격을 인상하는 데에 성공하였다. 원유가격은 1973년 배럴당 \$3에서 1980년에 \$30로 치솟았다. 일부 에너지 전문가는 2000년이 되면 배럴당 \$100까지 예상했다. 그러나 1980년대 중반부터 OPEC은 담합유지에 실패했다. 원유가격은 1986년 \$10 수준으로 하락했다. 최근까지도 OPEC은 실질적인 합의를 도출하는 데 실패하고 있다.

OPEC의 담합의 실패 요인은 무엇일까? 회원국은 공식적으로 생산량 감축에 합의하면서 뒤돌아서는 비공식적으로 생산량을 늘리고 가격을 인하하였다. 결국 회원국의 협약 위반으로 OPEC 담합은 성공하지 못했다.

이제 죄인의 딜레마 게임을 이용하여 카르텔이 왜 붕괴되는지를 설명해 보자.

죄인의 딜레마에서의 죄인, 전략과 보수를 카르텔을 결성한 두 기업의 관점에서 재해석해 보자. 죄인 철수를 한라기업, 영희를 백두기업이라 하자. 묵비권 행사전략을 고가전략(P^H) 혹은 카르텔 협약의 준수전략으로, 자백전략을 저가전략(P^L) 혹은 카르텔 협약의 위배전략으로 해석해 보자. 그리고 형량을 이윤의 크기로 해석해서 무거운 형량은 작은 이윤으로, 가벼운 형량은 큰 이윤으로 바꾸어 보자. 무죄석방은 500원, 2년형은 300원, 10년형은 200원, 종신형은 0이라고 하자. 각 기업은 카르텔 협약을 준수하거나 위배할 수 있는 두 가지 전략을 갖고 있다. 카르텔하의 협약은 고가전략(P^H)을 선택하는 것이다. [표 14-3-4]는 이와 같은 상황하에서 게임의 보수행렬을 나타내고 있다.

[표 l4-3-4] 카르텔의 불안정성

		백두	
		P^L	P^H
한라	P^L	(200, 200)	(500, 0)
	P^H	(0, 500)	(300, 300)

이러한 상황에서 게임의 균형은 무엇일까? 이를 위해 우선 한라의 최선의 전략을 생각해 보자. 백두가 협약을 준수(P^H)한다면, 한라는 위배전략(P^L)을 택하는 것이 최선의 전략이다. 위반하면 500원의 이윤이 생기는데 협약을 준수하면 300원의 이윤밖에 얻지 못한다. 백두가 협약을 준수하지 않을 경우(P^L) 한라의 최선의 전략은 여전히 P^L을 선택하는 것이다. 백두가 P^L을 택하건 P^H를 택하건 상관없이 한라의 최선의 전략은 P^L이다. 마찬가지로 백두도 P^L을 택할 것이다. 결국 두 기업 모두 담합협정을 위반하게 된다. 이때 각자의 이윤은 200이 되고 두 기업의 이윤의 합은 400이 된다. 이러한 상황은 죄인의 딜레마의 상황과 똑같다.

두 공범이 두 사람 전체의 입장에서 최선의 결과를 만들어 내지 못했듯이 카르텔하의 두 기업은 담합협정을 준수하지 않음으로써 두 기업의 입장에서 최대이윤을 실현시키는 데 실패하였다. 만일 두 기업이 모두 협정을 준수했더라면 두 기업의 총이윤은 400원에서 600(=300+300)원으로 증가했을 것이다.

이상에서 보듯이 죄인의 딜레마는 카르텔은 내재적 불안정성을 갖고 있어 담합이 유지되기 어렵다는 것을 보여 준다.

협조균형과 담합의 성공 조건

현실에 있어서 카르텔이나 담합현상은 흔히 관찰되고 있다. 세계 각국이 담합을 불법으로 규정하고 있지만 카르텔은 끈질기게 존속하고 있다. 이러한 현실은 죄인의 딜레마의 현실 설명력의 한계를 보여준다고도 볼 수 있다.

왜 현실에서는 담합이 흔히 관찰될까? 담합의 성공조건은 무엇일까? 담합이 성공하려면 담합을 유지시킬 수 있는 힘이 있어야 한다. 담합의 성공조건을 이해하기 위해 실패조건을 먼저 생각해 보자. 이를 위해 죄수의 딜레마에서 피의자들이 왜 약속을 지키지 않고 배반을 했을까를 생각해 보자. 피의자에게는 배반의 이익이 약속 준수의 이익보다 컸기 때문이다. 상대가 어떤 전략을 선택하건 배반을 하면 약속을 지키는 것보다 형량이 낮아진다.

만일 자백한 사람에 대해 충분한 보복을 할 수 있었더라면, 혹은 상호협조가 가능했더라면 결과는 달라질 수 있다. 배반에 대해 누군가가 충분한 보복할 수 있었다면 이들은 묵비권을 행사했을 것이다. 그러나 이들은 아무런 보복수단을 갖고 있지 않았고 분리심문으로 인해서 상호 협조가 불가능했다.

담합이 성공하려면 담합을 유지시킬 수 있는 힘이 있어야한다. 담합을 유지시킬 수 있는 힘은 협약 위반에 대한 강력한 보복 혹은 상호 신뢰이다. 담합을 깨고 이탈할 경우 얻는 약속 위반의 이익이 담합 약속 준수의 이익보다 작으면 담합은 유지될 것이다. 약속을 위배한 자를 보복을 할 수 있다면 배반의 이익이 크지 않을 것이다. 경기자들이 보복전략을 구사할 수 있다면 담합은 유지되고 경기자들 간에 파레토 최적배분을 실현할 수 있을 것이다.

보복이나 응징은 게임이 1회로 끝나는 경우보다 반복되는 경우 더 용이하다. 보복이나 응징은 게임이 단 한 번으로 끝난다면 위약금이나 협박(threat)의 형태를 띤다. 게임이 반복되는 경우 위약금이나 협박(threat)이 없어도 보복할 수 있다. 경기자 A가 약속을 위반했을 경우 다음 게임에서 경기자 B가 협조거부 전략을 선택할 수 있다. 위약금의 징수나 협박(threat)이 가능한 게임을 협박게임(threat game), 그리고 반복되는 게임을 반복게임(repeated game)이라고 한다. 협박이 있는 죄수의 딜레마 게임과 반복되는 죄수의 딜레마 게임의 경우를 차례로 살펴보기로 하자.

협박게임과 협조균형

협박이 있는 죄수의 딜레마 게임을 생각해 보자. 만일 쌍방이 P^{II}전략을 선택하기로 합의하고, 합의를 어겼을 경우에 대비해 300원씩 공탁하며 협약 위반 시 협약을 준수한 자가 공탁금을 몰수하기로 한다고 하자.

이러한 협박게임에서 한라와 백두의 최적전략은 무엇일까?

한라가 협정을 위반하면 500원의 이윤을 벌 수 있지만 순수입은 몰수된 공탁금(300원)을 공제한 200원에 불과하다. 협정을 지키면 300원이 된다. 따라서 한라는 협정을 지키는 것이 최선의 전략이다. 마찬가지로 백두의 최선의 전략도 협정준수이다.

이상의 논의는 위약금이 있는 경우 협조균형이 게임의 균형일 수 있다는 것을 보여 주고 있다.

반복적인 죄수의 딜레마 게임과 협조균형

이번에는 두 공범이 범행을 반복하는 경우를 생각해 보자. 철수와 영희가 초범을 저지른 이후 다시 범행을 공모한다고 하자. 두 사람 모두 어느 한쪽이 먼저 배반하면 배반당한 사람은 다음 범행 시에 약속을 안 지킬 것이라고 예측한다고 하자.

이해를 쉽게 하기 위해 보수를 화폐액으로 나타낸 [표 14-3-4]에 입각하여 논의를 계속하자. 한라와 백두를 두 공범으로 해석하자. 이러한 상황에서 두 기업은 어떻게 행동할까? 약속을 지키면 이윤은 300원, 배반하면 500원이다. 약속을 배반한 자는 당장 200원의 추가이익을 보지만 그 다음 번에는 이익을 누리지 못하게 된다. 배신당한 자가 다음번에 분명히 보복할 것이기 때문이다. 만일 상대방의 보복으로 인한 손실이 더 크다면 두 기업은 협약을 준수하는 것이 최선책이 될 것이다.

그러면 어떠한 상황에서 협약의 준수가 최선일까? 일견 반복의 횟수가 충분히 커지면 두 기업이 협조적 전략을 선택한다고 생각할 수 있다. 그러나 다음과 같은 이유로 이러한 직관적 생각은 올바른 답이 되지 못한다.

우선 편의상 게임을 2회에 걸쳐 두 번 한다고 하자. 각 게임에서의 기업들의 최선의 행동은 무엇일까? 이를 위해 우선 마지막 게임에서의 두 기업의 행동을 예상해 보자. 두 번째 게임은 마지막 게임이므로 이 게임에서 한라가 백두를 배반한다고 하여도 백두는 한라를 응징할 수 없게 된다. 따라서 두 기업은 모두 자신의 이익을 극대화하는 위배전략을 택하게 된다.

그렇다면 1회전에서 두 기업의 최선의 전략은 무엇일까? 마지막 회전인 2회전에서 위배전략을 택하는 것이 쌍방 모두 최선이라는 것을 아는 상황에서는 1회전에서 협약준수전략을 구사해야 할 이유가 없다. 위배전략을 선택하여도 2회전에서는 어차피 상대가 위배전략을 선택할 것이기 때문이다. 결국 2회에 걸친 게임에서는 계속해서 비협조전략인 위배전략을 선택하는 것이 최선의 전략이다.

이러한 추론방법을 후방귀납법(backward induction)이라고 한다. 후방귀납의 논리는 게임의 횟수가 n일 경우에도 일반적으로 적용될 수 있다. 결론적으로 n번 시행되는 반복게임의 해(解)도 비협조전략이다. 이 결론 역시 현실과 상치된다.

현실에서 관찰되는 협조전략(담합행위)은 도대체 어떤 상황에서 나타날 수 있을까? 게임을 무한히 반복하는 경우를 생각해 보자. 각자의 기간별 할인율이 0.2라 하자.

최선의 전략이 무엇인지를 분석하기 위해 다음과 같은 전략선택방침을 생각해 보자.

(i) 각 기업은 1회전에서 상대방이 무조건 협조전략을 선택한다고 믿는다.

(ii) 2회전부터는 쌍방이 전기에 협조전략을 선택했을 경우에 한해서 협약을 준수한다.

(iii) 만일 한라가 비협조전략을 택했을 경우, 백두는 한라를 믿을 수 없다고 단정하고 다음 게임부터는 끝까지 위배전략을 택한다. 한라도 백두와 동일한 전략선택 방침을 갖고 있다.

이러한 전략선택 방침하에서 한라의 최선의 전략은 무엇일까? 만일 비협조전략이 최선의 전략이라면 1회전에서 비협조전략을 선택하는 것이 최선이다. 한라 혼자서 1회전에서 비협조전략을 택할 경우 한라의 수익은 $500+200\{0.8+(0.8)^2+\cdots\}=1,300$이다. 비협조전략의 선택에서 오는 이익은 1기에만 발생함에 주목해야 한다. 그리고 두 기업 모두 협조전략을 택할 경우에 각자의 수익은 $300\{1+0.8+(0.8)^2+\cdots\}=1,500$이다. 두 보수를 비교해 볼 때 한라의 최선의 전략은 협조전략이 된다.

각 상황에 따른 수익의 크기는 첫째, 전기(前期)의 전략에 입각하여 금기(今期)의 전략을 선택하는 전략선택 방침(보복전략)과, 둘째, 할인율의 크기에 의존하고 있다. 할인율이 충분히 커지면 쌍방의 최선의 전략은 비협조전략일 것이다.

한라가 비협조전략을 택했을 때 백두의 보복전략은 여러 가지가 있을 수 있다. 예컨대 한라가 한 번 배반했을 때 그것을 안 후 한 차례만 보복할 수도 있고 두 차례, 혹은 영원히 협조를 거부할 수도 있다. 앞의 예는 이 세 번째 보복전략에 입각하여 계산된 것이다.

반복게임에서 효율적인 보복전략을 사용할 수 있다면 상대방의 배반과 이탈을 방지하고 공동체나 집단의 관점에서 효율적인 결과를 만들어낼 수 있을 것이다. 악셀로드(Robert Axelrod)는 컴퓨터 모의실험을 통하여 최선의 보복전략은 '눈에는 눈, 이에는 이'라는 동일보복전략(tit for tat strategy)이라는 것을 보여주었다. 동일보복전략은 첫 번째 게임에서 무조건 협조를 선택한다. 두 번째 게임부터는 상대방이 이전 게임에서 택했던 전략과 동일한 전략을 선택한다. 예컨대 상대방이 첫 게임에서 담합에서 이탈하면 자신도 두 번째 게임에서 이탈 전략을 선택한다. 상대방이 첫 게임에서 담합의 약속을 준수하면 자신도 두 번째 게임에서 준수 전략을 선택한다.

일반적으로 카르텔이나 암묵적 담합과 같은 협조전략은 제재조치에 대한 합의가 있거나 게임이 무한히 반복될 때, 혹은 언제 끝날지 명확히 알지 못한 상태에서 되풀이되는 경우에 나타난다.

내쉬균형과 꾸르노 균형

내쉬균형의 아이디어의 원조는 프랑스 경제학자 꾸르노(August Cournot)라고 할 수 있다. 꾸르노는 1838년 과점시장 이론으로서 꾸르노 모델을 개발하였다. 꾸르노 모델에서는 개별 기업은 상대방 기업의 산출량을 변하지 않는다고 가정하고 개별 기업의 관점에서 최적 산출량을 선택한다. 각 기업이 얻는 보수는 두 기업의 선택전략인 산출량의 조합에 의해 결정된다. 결과는 두 기업이 담합했을 때보다 이윤이 더 적다. 두 기업은 최선을 다했지만 전체관점에서는 담합보다 더 못한 비극적 결과를 얻게 된다. 꾸르노 균형은 내쉬균형의 특수한 한 예라고 할 수 있다.

내쉬균형의 특성

지금가지 살펴 본 내쉬균형은 다음과 같은 특성을 갖는다. 첫째, 내쉬균형은 유일하지 않을 수 있다. [표 14-3-2]의 예에서 철수가 D의 전략을 쓰고 영희가 T전략을 선택하는 것도 내쉬균형이지만 철수가 E의 전략을 쓰고 영희가 U전략을 선택하는 것 역시 내쉬균형이다.

둘째, 내쉬균형은 존재하지 않을 수도 있다. 그 예를 [표 14-2-1]의 게임에서 보자. 철수가 가위를 선택하면 영희는 바위를 선택하고, 만약 영희가 바위를 선택하면 이때 철수는 보를 선택할 것이다. 마찬가지로 철수가 바위를 선택하면 영희는 보로 응할 것이다. 그러나 만약 영희가 보를 선택하면 철수는 가위를 선택하게 된다. 이와 같은 과정은 계속될 것이다. 그러므로 이 게임에 내쉬균형은 존재하지 않는다. 이는 순수전략균형이 존재하지 않는다는 것을 의미한다. 물론 확률전략(randomized strategy)이라고 할 수 있는 혼합전략(mixed strategy)은 존재한다. 이 경우 혼합전략균형은 가위, 바위, 보를 각각 1/3씩 섞어 내는 것이다.

셋째, 내쉬균형은 파레토효율적이지 않다.[6] [표 14-3-1]의 죄인의 딜레마 게임에서 보았듯이 두 피의자는 개인적 관점에서 최선의 선택을 하였지만 집단적으로 최선인 결과가 실현되지 않고 있다.

넷째, 내쉬균형 중 일부는 현실적으로 실현되지 않을 수도 있다. 특히 신뢰할 수 없는 협박(incredible threat)하에서 나타나는 내쉬균형은 현실적으로 나타내기 어렵다. 신뢰할 수 없는 협박 하에서 나타나는 내쉬균형은 완전균형을 설명하는 다음 절에서 설명한다.

14.3.3 완전균형

내쉬균형에서 각 기업은 상대방의 전략을 주어진 것으로 가정하고 수동적으로 행동한다. 그러나 현실에서 각 기업은 상대방의 전략을 적극적으로 유도할 수 있다. 특히 상대방의 전략이 선택된 후 자신의 전략을 선택해야 되는 순차게임에서 이러한 일은 흔히 일어날 수 있다. 순차게임의 경우 내쉬가정은 지나치게 단순한 가정이 되고 따라서 내쉬균형은 현실을 충분히 설명하지 못할 수 있다.

다음과 같은 완전정보 게임을 예로 들어 보자. 완전정보게임(perfect information game)이란 게임참여자가 자기 전략을 선택할 차례가 되었을 때 그 이전에 선택된 모든 전략과 게임의 보수구조(報酬構造)를 정확히 알고 있는 게임을 말한다.[7]

완전정보게임

게임 참여자가 자기전략을 선택할 때 그 이전에 선택된 모든 전략과 게임의 보수구조를 정확히 알고 있는 게임

---

6 꾸르노 모형하의 균형은 내쉬균형이고 두 기업의 총이윤이란 관점에서 비효율적 자원배분임을 확인 하라.
7 반면 게임참여자가 상대방이 선택한 전략을 모른 상태에서 자신의 전략을 선택해야 하는 게임을 불완전정보게임(imperfect information game)이라고 한다.

앞의 [그림 14-3-1]에서 본 순차게임의 예를 계속 들어 보자. 이 게임의 경우 (D, T)와 (E, U)는 모두 내쉬균형임을 보았다.

그런데 현실에서 이러한 내쉬균형이 모두 나타날 수 있을까? 먼저 (D, T)의 경우를 확인해 보자. 순차게임에서는 철수가 먼저 선택을 한다. 만약 철수가 D를 선택한다면 영희는 T를 택할 것이며 이때 보수는 (200, 900)으로 철수는 200을 얻는다. 만일 철수가 E를 선택한다면 영희는 U를 택할것이다. 이때 철수는 300을 얻을 수 있다. 철수가 D를 선택하면 철수의 보수가 200이지만 철수가 전략 E를 선택하면 철수의 보수는 300이 된다. 따라서 철수의 최적전략은 E이다. 이상의 분석에서 두 개의 내쉬균형 중에서 (E, U)는 현실적으로 나타날 수 있지만 (D, T)는 현실적으로 나타나기 어려운 내쉬균형임을 알 수 있다. 왜냐하면 전략을 먼저 선택하는 철수가 D를 고를 리 없기 때문이다.

그러면 어떤 상황에서 내쉬균형 (D, T)가 나타날 수 있을까? (D, T)가 나타나려면 철수가 D를 선택해야한다. 앞에서의 분석이 보여 주듯이 철수의 최적전략은 E이다. 따라서 철수가 D를 선택하려면 어떤 요인에 의해 E를 선택할 수 없어야 한다. 예컨대, 영희가 '철수가 전략 E를 선택하면 나는 T를 선택하겠다'고 철수를 협박했다고 하자. 이 협박을 철수가 믿는다면 철수는 D를 선택하는 수밖에 없다. 영희가 협박한 대로 T를 선택할 경우 철수가 E를 택하면 철수는 0을, 철수가 D를 택하면 철수는 200을 얻기 때문이다. 이상의 논의는 내쉬균형 (D, T)는 영희의 협박을 철수가 믿을 경우에는 성립할 수 있다는 것을 보여 준다.

그런데 영희의 협박은 신빙성이 없다. 이를 이해하기 위해 철수가 정작 협박을 무시하고 E를 선택했을 경우 영희의 최선의 전략이 무엇인지 생각해 보자. 철수가 E를 선택했을 경우 영희가 협박내용처럼 T를 선택하면 영희는 0을, 협박내용과 달리 U를 선택하면 300을 얻는다. 따라서 철수가 일단 E를 선택해 버리면 영희는 협박의 내용과는 달리 U를 선택하는 것이 최선이다. 철수가 영희의 협박을 무시했을 때 영희가 협박한 대로 행동할 수 없다는 것은 협박이 신뢰성이 없다는 것을 의미한다.

내쉬균형은 이처럼 신빙성을 갖고 있지 않는 협박이 실현된다는 가정하에 얻어진 상황까지 포함하고 있다. 물론 신빙성이 없는 협박은 실현되지 않을 것이다. 따라서 (D, T)와 같이 신빙성이 없는 협박하에서 나타날 수 있는 내쉬균형은 현실에서는 관찰되기 어려운 것이다. 현실에서 나타나는 균형을 설명하기 위해서는 내쉬균형 중에서 신빙성이 없는 협박하에서 나타날 수 있는 내쉬균형을 제거해야 한다.

신빙성이 없는 협박을 믿어 줄 때만 나타날 수 있는 내쉬균형을 어떻게 제거할 수 있을까? 다음 사실들은 이에 대한 해답의 실마리를 제공해 주고 있다. (i) 최초의 의사결정마디(decision node), 즉 철수가 전략을 선택하는 상황에서 게임을 시작해 보자. 앞에서 보았듯이 이때의 균형전략은 (E, U)뿐이다. (ii) 두 번째의 의사결정마디, 즉 영희가 전략을 선택하는 상황에서 게임을 시작해 보자. 앞에서 보았듯이 이때의 균형전략은 (D, T)와 (E, U)의 두 개이다.

최초의 의사결정마디에서 게임을 했을 때 내쉬균형은 (E, U)뿐이라는 사실과 (D, T)가 신빙성 없는 협박하의 균형이라는 점을 결합시켜 보면 내쉬균형 중에서 신빙성 없는 협박하의 균형을 제거해 버리고 남는 내쉬균형을 알아낼 수 있다. 신빙성 없는 협박하의 균형을 제거해 버리고 남는 내쉬균형은 게임나무의 어떤 의사결정마디(단, 정보집합을 포함하지 않는 의사결정마디)에서 게임을 시작하건 상관 없이 나타나는 내쉬균형 전략의 조합이 된다. 이와 같이 임의의 하위게임(subgame)하에서도 성립하는 내쉬균형을 완전균형(subgame perfect equilibrium)이라고 한다. 따라서 완전균형은 당연히 내쉬균형이지만 모든 내쉬균형이 완전균형인 것은 아니다.[8]

완전균형은 신빙성 있는 협박하에서 나타날 수 있는 내쉬균형이라고 해석할 수 있다. 신빙성 있는 협박하에 나타날 수 있는 내쉬균형은 게임나무의 어떤 위치에서 게임을 시작하건 내쉬균형이 되어야 한다. [그림 14-3-1]에서 (D, T)는 완전균형이 될 수 없다. 게임을 철수 차례에서 시작할 경우 이는 내쉬균형전략이 아니다. 반면에 (E, U)는 철수 차례에서 시작하건 영희 차례에서 시작하건 항상 내쉬균형전략이 되므로 완전균형이다.

이제 [그림 14-3-1]에서 보인 게임의 완전균형을 어떻게 찾을 수 있는지 알아보자. 설명의 편의상 [그림 14-3-1]을 다시 한 번 그려 보았다. 역시 후방귀납법을 이용하면 해를 찾을 수 있다. 순차게임에서 철수는 자신이 전략을 영

완전균형

임의의 하위게임에서 항상 나타나는 내쉬균형

---

8 하위(下位)게임이란 임의의 의사결정마디(단, 정보집합을 포함하지 않는 의사결정마디)에서 시작하는 게임을 말한다. 완전균형은 내쉬균형이라는 점을 강조하여 완전내쉬균형(subgame perfect Nash equilibrium)이라고도 한다.

[그림 14-3-1] 순차게임에서의 내쉬균형

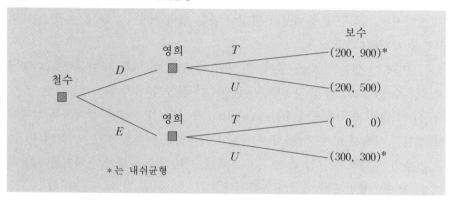

[그림 14-3-2] 순차게임에서의 완전균형

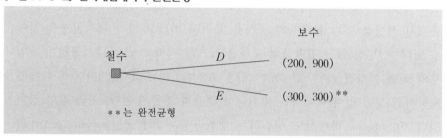

희보다 먼저 선택한다는 사실을 알고 있다. 따라서 철수는 자신의 전략에 대해 영희가 어떻게 대응할지 예측한 뒤 자신의 전략을 선택한다.

철수가 E를 선택했다고 하자. 이러한 상황에서 영희는 U를 선택하는 수밖에 없고 그때의 보수는 (300, 300)이 된다. 철수가 D를 선택했다면 그때의 보수는 (200, 900)이 된다. 이러한 상황이 [그림 14-3-2]에 나타나 있다. 결국 철수는 E를 선택하고 영희는 U를 선택하는 것이 이 게임의 해이다. 이 해는 내쉬균형일뿐 아니라 전략의 신빙성까지 고려한 완전균형상태이다.

14.4
전략적 행동

　지금까지 순차게임의 해를 설명할 때 영희는 철수의 행동을 주어진 것으로 받아들이고 최선의 전략을 선택한다고 보았다. 그러나 [그림 14-3-2]의 순차게임의 균형은 영희의 입장에서 보면 최선이 아닐 수 있다. 만약 철수가 D를 선택했더라면 자신의 보수는 900으로 크게 늘어날 수 있었다. 그렇다면 영희가 철수로 하여금 D를 선택하도록 유도할 수는 없을까? 앞에서 논의했듯이 '만약 철수가 전략 E를 선택하면 나는 T을 선택하겠다'는 영희의 협박을 철수가 믿는다면, 철수는 D를 택하게 되고 영희는 900이란 큰 이윤을 누릴 수 있다.

　그러나 이 협박은 신뢰성이 없다는 것을 바로 앞절에서 보았다. 영희가 철수로 하여금 D를 선택하도록 유도하려면 신뢰성 있는 협박이나 신뢰성 있는 공약을 하면 된다. 그러므로 영희는 철수가 전략을 선택하기 이전에 '철수가 전략 E를 선택하면 자기는 T을 선택하겠다'는 협박이 단순한 위협이 아니라 분명히 현실로 나타날 것이라는 것을 철수가 믿게 만들어야 한다.

　어떻게 하면 협박을 신뢰성 있는 협박으로 만들 수 있을까? 그것은 영희가 전략적 행동을 하는 것이다. 전략적 행동은 상대방의 예상에 영향을 미침으로써 상대방의 행동을 자신에게 유리한 방향으로 유도하기 위한 전략을 말한다. 영희의 협박이 신뢰성을 갖는 경우와 그렇지 못한 경우 철수의 행동은 달라진다. 따라서 자신의 협박에 신빙성을 부여하기 위한 투자는 전략적 행동이다.

　전략적 행동은 구속력이 있거나 불가역적(不可逆的, irreversible)일 때 더욱 강력한 신뢰성을 갖는다. 예를 들어 어떤 기업이 특정 산업에 진입해 들어갈 때, 특수장비를 임대하지 않고 구매해 버리는 전략, 혹은 특수용도에만 사용되는 전용(專用)자산이나 특수인력에 대한 투자전략은 자신들이 이 시장에서 결코 퇴출하지 않을 것이라는 신빙성 있는 의지(협박)를 기존기업들에게 공개적으로 선언하는 의미를 갖는다. 이러한 선언이 신뢰성을 갖는 것은 이러한 유형의 투자비용은 사실상 회수불가능한 매몰비용으로 불가역적이기 때문이다. 전략적 행동이 과점산업 내의 기업들에 의해 어떻게 이용될 수 있는지 다음의 진입저지전략과 선점자의 이익을 통해 설명해 보기로 한다.

전략적 행동

상대방의 예상에 영향을 미침으로써 상대방의 행동을 자신에게 유리한 방향으로 유도하기 위한 전략

진입저지전략

과점시장에서 이미 영업활동을 하고 있는 기업의 시장지배력은 통상 장기적으로 지속되는 경향을 보인다. 이러한 경향은 기존기업이 진입을 저지(沮止)하기 위해 나름대로 전략적 행동을 하는 데에 기인한다.

그런데 새로운 기업이 진입하고자 할 때 진입 여부의 판단기준은 진입 이후 얻을 수 있는 예상이윤의 크기이다. 이것은 기존기업이 진입에 대항하여 가격을 낮추는 등 공격전략을 선택하느냐 아니면 기존의 가격을 고수하는 유화전략을 선택하느냐에 따라 달라진다. 따라서 진입 여부와 그에 대한 기존기업의 대응전략에 따라 다른 결과가 나타나게 된다.

[그림 14-3-1]의 게임에서 새로 진입하려는 기업을 철수라 하고 기존의 기업을 영희라고 하자. 철수의 전략 D는 진입보류, E는 진입전략을 나타낸다. 영희의 전략 T는 가격인하전략으로서 공격전략을, U는 가격유지전략으로서 유화전략을 나타낸다. 이때의 완전균형(完全均衡)은 앞에서 보았듯이 (E, U)가 된다. 즉, 철수는 진입(E)을 선택하고 영희는 가격유지전략(U)을 선택한다.

이상의 완전균형의 예는 철수가 진입해 들어오면 가격인하전략(T)을 펴겠다는 영희의 선언이 신뢰성 없는 협박에 불과하다는 것을 말해주고 있다. 신뢰성 없는 협박으로 진입을 결코 저지할 수 없다. 그러나 현실에서는 전략적 행동을 통하여 그러한 선언을 신뢰성 있는 협박으로 보이게 만들 수 있다.

진입저지를 위한 전략적 행동은 유휴 생산시설에 대한 투자, 저가정책, 유통망의 확장, 연구 및 개발 투자 그리고 광고 투자 등 여러 가지 형태를 띤다. 이제 구체적 예를 통해서 전략적 행동이 기존 기업의 이윤을 어떻게 증대시키는지 설명해 보기로 한다.

(1) 초과설비투자

상품의 수요상태와 상관없이 철수가 전략을 결정하기 이전에 영희가 설비투자를 행했다고 하자. 이렇게 얻어진 설비는 철수가 진입해 들어온 이후 저가정책(공격전략)을 선택할 경우에만 사용되고 진입이 보류될 경우 유휴설비로서 가동되지 않는다 하자. 영희의 유휴설비를 위한 전략적 투자규모를 C원이라고 하자. 진입이 없는 경우 영희의 순이익은 900−C가 된다. 진입이 있을 경우 영희가 가격인하전략(T)을 선택하면 영희의 순이익은 0이 되고, 고가전략(U)을

[그림 14-4-1] 전략적 투자와 순차게임

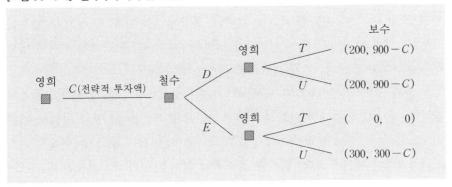

선택하면 300−C가 된다. 여기서 가격인하전략(T)을 선택할 때 이윤이 −C가 아닌 이유는 영희가 T를 선택할 경우 설비투자(C)는 더 이상 유휴설비가 아니고 T전략을 수행하는 데 실제로 사용되기 때문이다. 가격인하 전략을 수행하려면 생산량을 늘려야 되고 따라서 초과설비투자가 사용될 것이다. 이와 같은 보수체계를 확장형으로 정리하면 [그림 14−4−1]과 같다.

C=0이라 하자. 즉, 유휴설비 투자를 하지 않고 영희가 말로만 진입시 T전략을 선택하겠다고 협박하는 경우이다. 이 경우 게임의 해는 (E, U)로서 각자 300의 이윤을 누린다. 이것이 바로 앞에서 본 순차게임의 완전균형이다. 따라서 완전균형전략은 (E, H)가 된다.

이제 영희가 350만큼의 설비투자(C=350)를 하고 난 후 진입시 T전략을 선택하겠다고 공언했다고 하자. 이때 철수가 진입해 올 경우(E전략) 영희가 U를 선택하면 영희의 수익은 −50{=300−350}, T을 선택하면 0이 된다. 따라서 철수가 E를 선택해 버린 상황에서 영희의 최선책은 T이다. '철수가 진입해 오면 T을 선택하겠다'는 영희의 협박은 헛된 것이 아니고 필연적으로 실현될 수밖에 없는 전략이 된다.

영희의 협박이 신뢰성 있는 공언으로 변한 것은 이미 매몰되어 버린 설비투자 때문이다. 이처럼 어떤 협박을 이행하는 것이 행위 당사자의 최선의 전략일 경우에만 그 협박은 신빙성을 갖게 된다. 이러한 상황에서 철수는 D를 선택할 수밖에 없고 영희는 T를 선택한다.[9] 결국 (D, T)가 완전균형전략이 된다.

---

9 철수는 D를 선택할 경우 영희는 U와 T 모두 선택할 수 있지만 이 경우 내쉬균형전략인 T를 선택한다고 하자.

이와 같이 영희는 전략적 투자를 통해서 '철수가 진입해 오면 자신은 T를 선택할 것'이라는 위협이 현실로 나타날 수밖에 없다는 것을 분명히 알도록 만든다. 영희의 협박이 신빙성을 갖게 되면 철수는 진입을 포기할 것이고 영희는 550{=900−350}의 이익을 얻게 된다.

일견 영희의 설비투자가 낭비처럼 보인다. 그러나 그렇지 않다. 만일 이 전략적 투자가 없었다면 영희의 이윤은 300에 불과했을 것이다. 영희는 전략적 행동으로 스스로 선택의 가능성을 제한하고 이를 통해 보다 큰 이득을 얻게 된다. 이러한 결론은 일견 직관적 호소력이 없어 보인다. 그러나 따지고 보면 영희가 자신의 선택영역을 좁힌 것은 상대방의 선택영역을 좁히기 위해서이다. 상대방의 선택영역을 좁혀 상대방이 자신에게 유리한 전략을 선택하도록 유도함으로써 자신의 이윤이 증가한 것이다.

임계가격

진입을 저지시키는 가격

(2) 임계가격

임계가격(臨界價格, limited price)이란 진입을 저지시키는 가격을 말한다.[10]

모딜리아니(A. Modigliani)에 의하면 기존기업은 진입을 저지하기 위해서 가격을 낮게 책정한다고 한다. 이러한 주장은 전략적 행동의 존재이유를 이해하면 쉽게 정당화될 수 있다.

다음과 같은 상황을 생각해 보자. 독점기업 A의 생산단가가 매우 낮다(즉 C^L)고 하자. 만일 진입기업 B가 이 사실을 안다면 B는 진입을 보류한다. 그런데 A기업은 진입기업에게 이 사실을 알릴 수 있는 마땅한 방법이 없다. 이러한 상황에서 A기업이 단순히 자신의 비용조건은 낮다고 선언해 봐야 신빙성이 없다. 그러나 A기업이 임계가격인 P^L을 책정했다 하자. 임계가격 P^L을 책정했다는 것은 자신의 비용이 실제로 C^L이라는 것을 시사한다. 자신의 비용수준이 높을 때(즉 C^H) P^L을 책정하면 적자일 수밖에 없기 때문이다. 진입희망 기업은 P^L을 C^L의 메시지로 보고 진입을 보류한다. 이는 임계가격 P^L은 기존기업이 자신의 생산비용이 저렴함을 진입희망 기업에게 알려 주는, 신뢰성 있는 신호의 역할을 하기 때문이다.

이상에서 보듯이 P^L이란 낮은 가격을 채택함으로써 기존기업은 신규기업의 진입을 사전에 봉쇄할 수 있다. 임계가격 P^L은 신규기업으로 하여금 진입

---

10 정확히 말해서 임계가격은 진입을 저지시키는 가격들 중에서 최고가격을 말한다.

보류전략을 선택하도록 유도한 전략적 행동이다. 이렇게 전략적으로 낮은 가격을 책정하여 진입을 저지함으로써 당장의 이윤은 작겠지만 장기적으로는 이윤을 늘릴 수 있다.

선점자의 이익: 산업구조정책의 필요성

기선을 제압하여 주도권을 행사한 선발기업이 후발기업보다 상대적으로 많은 이윤을 누리고 있는 경우를 보자.

한라와 백두가 두 산업에 진출하려 한다. 두 기업 모두 석유화학에 진출하면 20만큼의 적자를 본다. 한 기업은 석유화학, 다른 기업은 섬유산업에 진출하면 석유화학산업에 진출한 기업은 50의 수익을, 섬유산업에 진출한 기업은 10의 수익을 누린다. 둘 다 섬유산업에 진출하면 10만큼의 적자를 본다. 이러한 상황은 [표 14-4-1]에 나타나 있다. 이 게임에서 내쉬균형은 (석유화학, 섬유), (섬유, 석유화학)임을 확인할 수 있다.

그런데 한라가 먼저 석유화학산업에 진출해 버리면 게임의 균형은 (석유화학, 섬유)로 굳어지고 이 때 한라는 50, 백두는 10의 이윤을 누리게 된다. 반면에 백두가 석유화학에 먼저 진출했더라면 반대의 현상이 일어난다. 결국 두 기업 중에서 석유화학 산업에 먼저 진출한 기업은 뒤늦게 진출할 수밖에 없는 기업보다 40만큼 더 큰 이윤을 누리게 된다. 이와 같이 상대방보다 먼저 전략을 선택함으로 발생하는 이득을 선점자의 이익(first-mover's advantages)이라고 한다.

어떤 회사가 공장부지를 설정한 뒤 이곳에 어떠한 종류의 공장이 들어설 것이라고 계획을 미리 공표하는 것은 선점자의 이익을 누리기 위한 전략이라고 볼 수 있다.

[표 14-4-1] 선점자의 이익

		백두	
		석유화학	섬 유
한라	석유화학	(−20, −20)	(50, 10)*
	섬 유	(10, 50)*	(−10, −10)

* 는 내쉬균형

부   록

14.A
최소극대전략균형

모든 참여자에게 지배전략이 존재할 경우 게임의 균형상태는 경기의 참여자들이 전략을 동시에 선택하건 순차적으로 선택하건 간에 상관없이 결정된다는 것을 앞에서 보았다.

그런데 그러한 지배전략이 존재하는 경우는 매우 드물다. 지배전략이 존재하지 않는 상황에서 참여자들은 각 전략에 상응한 최소보수 중에서 극대치를 선택한다고 하자. [표 14-A-1]과 같은 영합(零合)게임(zero sum game)의 경우에 한라는 다음과 같은 점을 고려한 후 최적전략을 선택하게 된다. "내가 어떠한 전략을 택하건 백두는 나의 시장점유율을 최소화하려 할 것이다.", "내가 P^H를 택했을 경우 백두가 나의 시장점유율을 극소화시키려면 백두는 P^L을 택할 것이고 그때 나의 시장점유율은 [표 14-A-1]에 나타나 있듯이 20%감소한다. 또 내가 P^L을 택해도 마찬가지 이유로 백두는 P^L을 택할 것이고 이 경우나의 시장점유율은 불변이다." [표 14-A-1]의 경우 P^H와 P^L전략에 상응한 최소보수인 -20%와 0% 중에서 극대치인 0%를 얻을 수 있는 전략인 P^L이 한라의 최선의 전략이 된다. 마찬가지의 추론과정을 거치면 백두의 최선의 전략도 P^L이 된다.

이와 같이 참여자들이 각 전략에 상응한 최소보수 중에서 극대치를 선택하는 기준을 소위 최소극대기준(最小極大基準, maximin criterion)이라고 한다. 그리고 이러한 기준하에서 선택된 전략을 최소극대전략(最小極大戰略)이라고 한다.

최소극대전략균형을 이해하기 위해 보수행렬이 [표 14-A-2]와 같이 주어진 경우를 생각해 보자. 경기 참여자들이 최소극대기준에 입각하여 행동한다고 할 때 게임의 균형상태는 어떠한 상황일까? 한라가 P^H를 택하면 최악의 경우 20을 얻는 반면 P^L을 택하면 최악의 경우 10을 얻는다. 따라서 최소극대기준에 입각하여 행동하면 한라의 최선의 전략은 P^H가 된다. 마찬가지로 백두의 최소극대전략은 P^L이 된다. 따라서 균형상태는 한라가 P^H, 백두가 P^L을 선택하는 상황일 것이다. 이와 같이 참여자들의 최소극대전략들이 결합되어 나

[표 14-A-1] 영합(零合)게임

		백두	
		P^H	P^L
한라	P^H	(0, 0)	(−20, 20)
	P^L	(20, −20)	(0, 0)

[표 14-A-2] 최소극대전략균형

		백두	
		P^H	P^L
한라	P^H	(60, 50)	$(20, 90)^M$
	P^L	(10, 30)	(30, 100)

M은 최소극대전략균형.

타나는 균형을 최소극대전략균형이라고 한다.

최소극대전략균형에서 경기 참여자는 균형으로부터 이탈하고자 하는 유인을 갖고 있다. 이를 [표 14-A-2]를 통해서 살펴보자. 균형상태에서 한라가 P^L을 선택한다면 한라의 수익은 30으로 증가한다. 따라서 한라는 P^L 전략을 수정하고자 할 것이다. 이는 최소극대균형상태는 지속되는 내적 힘을 갖고 있지 않다는 것을 시사한다. 후술하는 내쉬균형이 아닐 수도 있다는 점에서 최소극대전략균형은 진정한 의미의 균형이라고 보기 어렵다.

최소극대전략은 상대방이 어떤 전략을 택하느냐에 상관없이 자신의 보수에 입각하여 결정된다. 따라서 최소극대전략균형은 상대방의 전략에 관한 예상과 무관한 균형의 개념이라고 할 수 있다. 최소극대전략은 상대방의 합리성이나 게임에 관한 정보에 대해 확신할 수 없는 불확실한 상황에서 극단적인 위험기피자의 선택원리로서 설득력을 갖는다. 그러나 최소극대전략은 극단적 위험기피자가 아니라면 전략선택의 기준으로서는 설득력이 약하다.

1. 정규형	2. 확장형
3. 영합게임	4. 동시게임
5. 순차게임	6. 지배전략
7. 죄인의 딜레마	8. 후방귀납
9. 내쉬가정	10. 내쉬균형
11. 완전균형	12. 전략적 행동
13. 임계가격	14. 선점자의 이익
15. 최소극대전략	

_요약 SUMMARY

❶ 고전적 과점이론은 자의적인 단순 추측에 입각한 이론이다. 이들 모형에는 기업간
의 상호의존성의 문제가 제대로 반영되어 있지 않다. 고전적 과점이론은 제약조건
이 고정되어 있지 않고 경쟁사의 행동에 따라서 달라지는 상황을 분석하기에는 적
합치 않다. 이와 같은 기존의 과점이론에 대한 비판은 과점에 관한 게임이론적 접근
방법의 필요성을 고조시켰다.

❷ 게임이론은 상대방의 행동을 자의적으로 가정하지 않고 상대방도 자신과 같이 정교
하게 계산된 의사결정을 한다고 가정한다. 게임이론 접근법은 과점시장 내의 기업
들을 서로 경쟁관계에 있는 게임의 참가자로 파악한다.

❸ 게임을 묘사하는 방법에는 정규형(전략형)과 확장형(전개형)의 두 가지가 있다. 정
규형은 전략선택이 동시에 이루어지는 동시게임을, 확장형은 경기자의 전략선택이
시차를 두고 이루어지는 순차게임을 묘사하는 데에 유용하다.

❹ 지배전략은 상대방의 전략과 상관없이 자신의 최선전략이 항상 동일한 전략이다.
지배전략균형은 지배전략하의 균형을 뜻한다.

❺ 완전균형은 게임나무의 어느 의사결정마디에서 게임을 시작하든지 항상 나타나는
내쉬균형전략의 조합이다. 내쉬균형 중에서 신빙성이 없는 협박하에서 나타날 수
있는 내쉬균형을 제거하면 완전균형을 구할 수 있다.

❻ 전략적 투자는 상대방의 반응을 고려한 최적투자로써 상대방의 행동을 자신에게 유

리한 방향으로 유도하기 위한 투자를 말한다. 전략적 행동은 구속력이 있거나, 불가역적일 때 신뢰성을 갖게 된다.

❼ 선점자의 이익은 상대방보다 전략을 먼저 선택함으로 발생하는 이득을 말한다.

❽ 최소극대전략이란 참여자들이 각 전략에 상응한 최소보수 중에서 극대치를 선택하는 전략을 말한다. 최소극대전략균형은 최소극대전략하의 균형을 말한다. 최소극대전략균형은 극단적 위험기피자들의 선택원리로서 설득력을 지닌다.

❾ 내쉬가정은 상대방의 행동을 주어진 것으로 보고 행동하는 것을 말한다. 내쉬균형은 내쉬가정에 입각하여 행동할 때 나타나는 균형이다. 꾸르노균형 및 독점적 경쟁시장의 균형은 내쉬균형의 일종이다. 내쉬균형은 유일하지 않을 수 있으며, 존재하지 않을 수도 있다. 내쉬균형이 반드시 파레토 효율적인 결과를 가져다 주는 것은 아니다.

_연습문제 QUESTION

01 정규형과 확장형의 차이를 설명하라.

02 (a) 지배전략이란 무엇인가?

(b) 지배전략은 내쉬균형인가?

(c) 내쉬균형은 지배전략균형인가?

03 현재 불황산업인 석유화학산업에서 두 기업이 적자를 보면서 경쟁하고 있다. [표 14-4-1]에서 보듯이 한라기업과 백두기업의 보수는 (−20, −20)이다. 끝까지 산업에 잔류하여 버틴 자의 이익을 실현하기 위한 전략적 행동을 설명하라(단, 전업비용은 없다고 가정한다).

04 철수와 영희가 1원을 나누려고 한다. 두 사람은 자기가 갖고 싶은 금액을 동시에 쪽지에 써 넣는다. 두 사람이 갖고 싶은 금액의 합이 1원 이하면 자기가 써 넣은 금액을 갖게 된다. 반면 두 사람이 갖고 싶은 금액의 합이 1원보다 크면 두 사람은 돈을 받지 못한다. 내쉬균형을 구하라.

05 유괴범이 아이의 부모에게 천만원을 내놓지 않으면 아이와 함께 자폭하겠다고 협박하고 있다. 게임의 진행순서는 다음과 같다.

• 아이의 부모가 천만원을 지급할 것인지 말 것인지를 결정한다.

• 천만원이 지급되지 않으면 유괴범은 아이와 함께 자폭하겠다고 협박하고 있다.

• 천만원이 지급되면 아이를 돌려준다고 한다. 또 자폭하지 않는 경우 역시 아이를 돌려준다.

이 게임의 완전균형을 구하라.

06 "스타켈버그 모형의 해는 완전균형의 예이다." 이 명제를 설명하라.

07 아래 표와 같이 전략과 보수행렬이 주어지는 죄인의 갈등게임에 관해 답하라.

철 수 \ 영 희	P^L(위배)	P^H(준수)
P^L(위배)	(200, 200)	(500, 0)
P^H(준수)	(0, 500)	(300, 300)

(a) 게임이 1회로 끝나는 경우 내쉬균형을 구하라.

(b) 게임이 n회로 끝나는 경우 내쉬균형을 구하라.

(c) 어떤 경우에 공범자의 입장에서 파레토 최적인 해를 얻겠는가?

08 다음 정규형의 게임에서 내쉬균형전략을 구하라.

		영 희		
		A	B	C
철 수	X	(2, 0)	(1, 1)	(4, 2)
	Y	(3, 4)	(1, 2)	(2, 3)
	Z	(1, 3)	(0, 2)	(3, 0)

PART 5

요소시장

개 요__

우리는 제2편부터 제4편까지에서 생산물의 가격은 기본적으로 생산물에 대한 수요와 공급에 의해서 결정됨을 보았다. 지금까지 우리는 생산요소들의 가격을 주어진 것으로 가정했다. 이 편에서는 지금까지 주어진 것으로 가정했던 생산요소 가격이 어떻게 결정되는가를 설명하고자 한다.

요소 가격 이론은 생산물 가격 이론과 본질적으로 다르지 않다. 요소가격도 생산물가격과 마찬가지로 수요와 공급에 의해 결정된다. 다만 생산물시장에서는 가계가 수요자, 기업이 공급자였음에 반해 요소시장에서는 기업이 수요자가 되고 가계가 공급자가 된다.

본편은 생산요소 중에서 특히 노동시장에서의 임금 및 고용 결정에 관한 소득분배 이론을 논한 다음 고정요소에 대한 보수라고 할 수 있는 지대를 설명한다. 노동시장이 완전경쟁시장과 불완전경쟁시장인 경우 임금과 고용량의 결정을 차례로 살펴보도록 하자.

CHAPTER

15

완전경쟁 노동시장

지금까지 우리는 생산물시장에서 상품 가격이 어떻게 결정되는지 분석하였다. 이제부터는 가장 중요한 생산요소라고 할 수 있는 노동의 가격 즉, 임금이 무엇에 의해 결정되는지를 고찰하고자 한다. 임금의 결정요인을 분석하기 위해 우선 생산물시장과 노동시장이 모두 완전경쟁시장인 경우를 분석한다.

노동시장은 생산물 시장과 여러 면에서 유사하다. 한 가지 중요한 차이점은 노동시장은 노동서비스를 임대하는 임대시장이란 점이다. 기계 등 다른 요소시장은 요소에 대한 소유권을 거래할 수 있지만 노동시장에서는 인신매매를 금지하고 대신 노동서비스를 사고 판다. 그런 면에서 노동시장은 주택 임대시장과 유사하다.

노동의 가격인 임금은 노동시장이 완전경쟁일 경우 노동에 대한 수요와 공급에 의해 결정된다. 따라서 임금의 결정요인을 알기 위해서는 노동에 대한 수요와 공급이 어떻게 결정되는가에 대한 분석이 선행되어야 한다.

15.1
노동에 대한 수요

노동에 대한 수요를 도출하기 위하여 우선 기업이 고용량을 어떻게 결정하는지를 살펴보자.

15.1.1 고용량 결정

다음과 같은 경우를 상정해 보자. 어떤 노동자가 감을 생산하는 농장에 일자리를 찾으러 왔다. 이 노동자는 농장에서 일할 경우 일주일에 감을 120개 딸 수 있다. 감은 개당 1000원에 팔린다. 이 노동자는 일주일 급여로서 10만원을 요구했다. 농장주인은 이 노동자를 채용할까?

농장주인은 채용 여부를 결정하기 위해 이 취업 희망자를 고용했을 때의 득실을 따져보게 될 것이다. 채용할 경우의 이득은 이 노동자로 인해 증가된 매출액이다. 감을 추가로 120개 팔면 늘어나는 매출액은 12만원(=120*1000원)이 된다. 한편 이 노동자를 채용할 경우 기업주 입장에서 비용은 인건비이다. 그런데 이 노동자는 10만원의 급여를 요구하고 있다. 따라서 농장주인은 이 노동자를 채용할 것이다. 채용하면 2만원의 추가이윤을 만들 수 있기 때문이다. 농장주인은 이 노동자로 인해 얻을 수 있는 매출액의 증가액과 채용하는 데 들어가는 추가 인건비를 비교함으로써 이 노동자의 채용 여부를 결정한다. 이 예는 기업의 고용량 즉, 노동에 대한 수요량이 어떻게 결정되는지를 보여 주고 있다.

일반적으로 기업의 노동에 대한 수요량은 마지막 단위의 노동으로부터 발생하는 매출액의 증분과 그 노동 한 단위를 추가로 고용하기 위해 지출해야 되는 비용의 증분을 비교함으로써 결정된다. 추가로 고용된 노동으로부터 생겨나는 매출액의 증분을 노동의 한계수입생산물(marginal revenue product of labor: MRP_L)이라고 하고 추가로 고용하기 위해 지출해야 되는 비용의 증분을 한계노동비용(marginal expense of labor: MEL)이라 부른다. 예컨대 한 단위의 노동을 추가로 고용했을 때 생겨나는 매출액의 증분을 노동의 한계수입생산물(marginal revenue product of labor: MRP_L)이라고 부른다. 노동의 한계수입생산물은 노동의 한계생산력과 생산물의 한계수입을 곱한 값으로 나타난다. 노동의 한계수입생산물(MRP_L)을 수식으로 정의하면 다음과 같다.[1]

(15.1.1) $MRP_L = MR \cdot MP_L$

완전경쟁 생산물시장하의 개별기업의 수요곡선은 수평선이므로 $MR = P$이다. 따라서 MRP_L은 완전경쟁 생산물시장에서 $P \cdot MP_L$로 표현된다. 경제학에서는 완전경쟁 생산물시장하에서의 노동의 한계수입생산물을 특별히 '노동의 한계생산물가치'(value of marginal product of labor: VMP_L)라고 부른다. 즉, 노동의 한계생산물가치(VMP_L)는 다음과 같이 정의된다.

(15.1.2) $VMP_L \equiv P \cdot MP_L$

VMP_L곡선은 MP_L곡선을 알고 상품가격이 주어지면 도출될 수 있다. [그림 15-1-1]은 VMP_L과 MP_L곡선의 관계를 보이고 있다.[2] VMP_L곡선은 MP_L곡선과 기본모양이 같고 세로축의 높이만 다를 뿐이다. [그림 15-1-1]에서와 같이 $P = 10$일 경우 주어진 L에서의 VMP_L의 값은 MP_L값의 10배가 된다.

한계노동비용(marginal expense of labor: MEL)은 노동 1단위를 추가로 고용하기 위해 지출해야 되는 총비용의 증가분이다. 한계노동비용이 w_1원이라고 하자. 노동고용량은 얼마나 될까? VMP_L이 w_1원을 초과하는 한 기업은 노동을

---

1 이 정의 식에서 확인할 수 있듯이 MP_L은 노동의 생산력을 실물단위로 측정하는 반면 MRP_L은 MP_L의 시장가치를 화폐단위로 측정하고 있다.

2 MP_L곡선의 모양에 관해서는 9.A.1절을 참조하라.

[그림 15-1-1] VMP_L과 MP_L 간의 관계: $P = 10$일 때

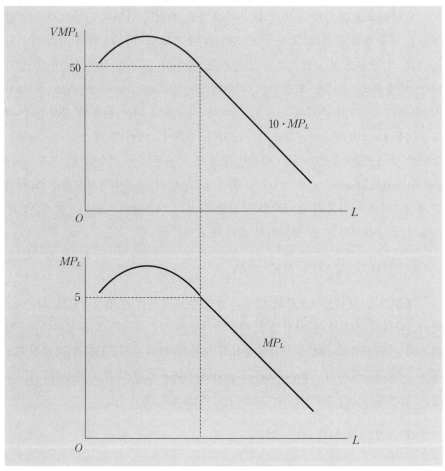

고용할 것이다. 이윤을 극대화하는 기업은 VMP_L이 w_1원과 일치하는 수준, 즉 [그림 15-1-2]의 L_1까지 채용할 것이다.

　이러한 논의는 다음과 같이 요약될 수 있다. 한계노동비용이 w일 때 이윤을 극대화하는 기업은 다음 조건이 충족되는 수준에서 노동을 고용한다.

　(15.1.3)　$VMP_L = w$

　　　여기서 w는 노동의 가격

식 (15.1.3)은 이윤극대화를 위한 고용 조건을 나타내고 있다.

이 조건들의 경제적 의미는 무엇일까? 이 식은 이윤을 극대화하는 기업이

[그림 I5-I-2] 이윤극대화를 위한 노동 고용량

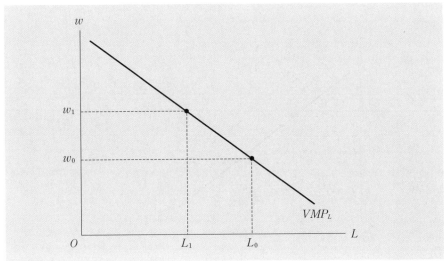

라면 노동을 추가로 1단위 더 고용할 때 얻어지는 매출액의 증분, 즉 노동의 한계생산물가치가 그 노동을 고용할 때 드는 비용인 임금(w)과 일치할 때까지 고용량을 늘려야 한다는 것을 보여 준다. 고용에 관한 이윤극대화 원리는 생산물시장에서 기업의 이윤극대화조건인 한계수입(MR)=한계비용(MC)을 노동시장에 적용시킨 것이라고 볼 수 있다.

15.1.2 노동에 대한 수요

앞 절에서는 임금이 주어진 경우 이윤극대화를 가져다주는 고용량이 어떻게 결정되는지 살펴보았다. 이제 노동에 대한 수요곡선을 도출해 보자.

임금이 w로 주어지고 한계생산력이 MP_L로 주어지면 식 (15.1.4)에 의해 이윤극대화를 위한 고용량이 결정된다.

(15.1.4) $w = P \cdot MP_L \equiv VMP_L$

그런데 상품시장이 완전경쟁시장이라고 가정하면 이 식의 우변에 있는 가격 P는 상수에 불과하다. 우변은 앞에서 보았듯이 노동의 한계생산물가치(VMP_L)이다. 이윤극대화를 위한 고용조건을 나타 내 주는 식 (15.1.4)은 노동

[그림 15-1-3] 노동에 대한 수요곡선: 개별기업

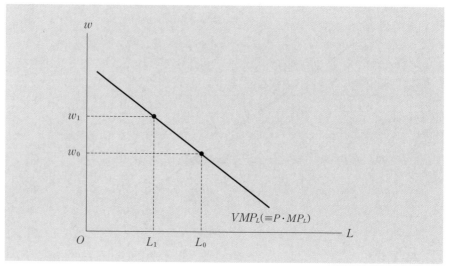

의 한계생산물가치곡선 그 자체가 바로 노동에 대한 기업의 수요곡선이라는 것을 시사하고 있다. 왜 그럴까? 이를 살펴보기 위해, [그림 15-1-3]에 [그림 15-1-2]의 VMPL 곡선을 그대로 옮겨 놓았다.

앞 절에서 우리는 임금이 w_1일 경우 최적요소투입량이 [그림 15-1-3]의 L_1이라는 것을 보았다. 만일 임금이 w_0로 떨어진다면 고용량은 L_0로 될 것이다. 이와 같이 주어진 임금하에서 기업이 선택하는 최적 고용량은 바로 VMP_L 곡선상에 있다. 이와 같은 논리를 모든 임금수준에 대해 적용하면 바로 VMP_L 곡선 자체가 노동의 수요곡선이 된다는 것을 이해할 수 있다.

이상에서 보듯이 기업 차원에서 노동의 수요곡선은 노동의 한계생산물가치곡선이다. 노동의 수요곡선은 상품의 수요곡선처럼 우하향하지만 그 이유는 다르다. 상품의 수요곡선이 우하향하는 것은 한계대체율(限界代替率)의 체감에 기인하지만 노동의 수요곡선이 우하향하는 것은 노동의 한계수확이 점차 감소하기 때문이다.

15.1.3 노동에 대한 수요와 생산물 수요의 관계

기업의 노동에 대한 수요는 가계의 생산물에 대한 수요와 그 특성이 매우 유사하지만 중요한 차이점이 있다. 가계가 생산물을 구입하는 것은 최종 소비를 위해서이지만 기업이 노동을 구입하는 것은 생산물을 만들기 위해서이다. 따라서 소비자는 예산제약하에서 행동하지만 기업은 예산(비용)제약 하에서 고용량을 결정하지 않는다. 기업이 노동을 얼마나 구입할 것인가를 결정하려면 먼저 노동시장이 아닌 생산물 시장에서 기업의 최적산출량을 먼저 결정해야 한다. 최적산출량이 결정되면 노동수요량은 자동으로 결정된다. 기업의 노동수요는 생산물시장에서 결정된 산출물수준에 영향을 받기 때문에 파생수요 혹은 유도된 수요(derived demand)라고 불린다. 생산물시장에서 최종 소비자가 생산물에 대해 평가하는 시장가치가 증가하면 노동의 한계가치가 높아지고 따라서 노동수요도 증가한다. 따라서 노동수요를 분석하기 위해서는 노동시장과 생산물시장의 관계를 명확히 밝힐 필요가 있다.

생산물시장과 노동시장의 관계

기업이 높은 산출수준을 생산하려면 노동시장에서 노동을 많이 고용해야 한다. 낮은 산출수준을 생산하고자 하는 경우라면 노동고용량도 작아진다. 또 임금이 변화하여 노동고용량을 변화시키면 산출량도 자동적으로 변하게 된다. 이처럼 생산물시장과 노동시장은 유기적 관계에 있다.

생산물시장과 노동시장의 관계를 구체적으로 살펴보자. 가변요소가 노동뿐일 경우 한계비용$\left(\dfrac{\Delta TC}{\Delta Q}\right)$을 한계생산력(限界生産力)으로 표현해 보자. 임금이 w일 때 ΔL을 추가로 채용하여 ΔQ를 만들었다. 이 경우 총비용의 변화분(ΔTC)은 $w \cdot \Delta L$이 된다. 따라서 한계비용(MC)은 다음과 같이 표현할 수 있다.

$$(15.1.7) \quad MC = \frac{\Delta TC}{\Delta Q} = \frac{w \cdot \Delta L}{\Delta Q} = \frac{w}{(\Delta Q / \Delta L)} = \frac{w}{MP_l}$$

위의 등식은 첫째, 노동의 한계생산력과 한계비용이 반비례하고 둘째, 노동의 한계생산력과 임금을 알면 한계비용(MC)을 구할 수 있다는 것을 보여 준다.

[그림 15-1-4]는 생산물시장과 노동시장의 관계를 그래프로 나타내고 있

다. 상품가격이 P_0이고 임금이 w_0라 하자. 우선 기업의 노동고용량을 생각해 보자. 임금이 w_0일 때 기업은 w_0와 VMP_L이 일치하는 L_0의 노동을 고용한다. 이 때의 산출량은 q_0가 된다. [그림 15-1-4]의 그림 (a)는 생산함수(TP)를 나

[그림 I5-I-4] 노동시장과 생산물시장간의 관계

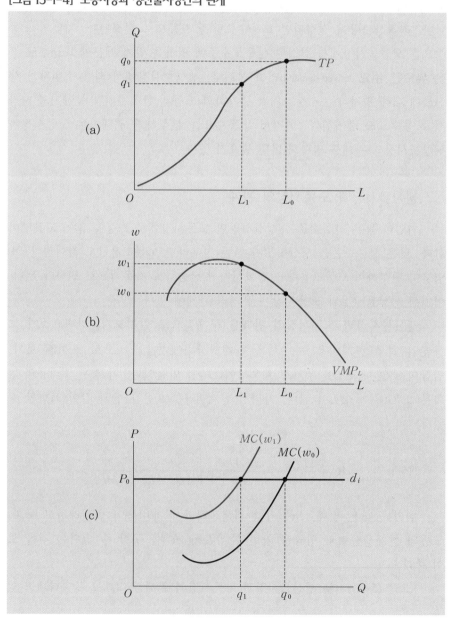

타내고, L_0를 고용했을 때 q_0가 생산된다는 것을 보여 주고 있다. 기업의 고용량 선택은 산출수준의 선택으로도 표현할 수 있다. 그림 (c)에서 상품가격이 P_0일 때 이윤극대화를 가져다 주는 산출량은 q_0이다. q_0수준에서 개별기업의

[그림 15-1-5] 상품가격의 상승과 노동고용량의 변화

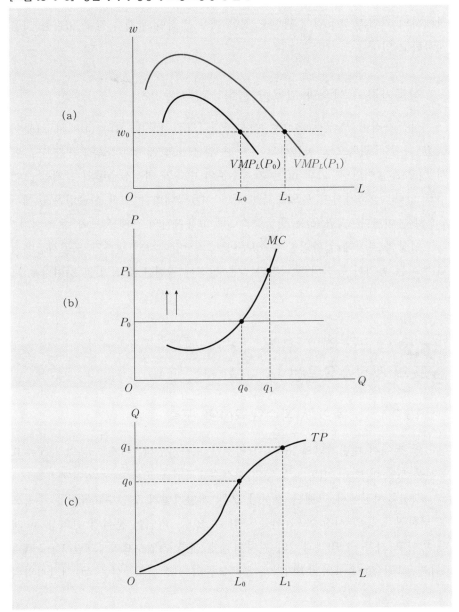

수요곡선 d_i와 한계비용곡선 $MC(w_0)$가 교차하고 있다.

이제 임금이 w_1으로 상승했다고 하자. 임금이 w_1으로 상승하면 기업의 한계비용곡선은 $MC(w_1)$으로 상향이동하고 기업의 최적산출량은 그림 (c)에서 보듯이 q_1으로 줄어든다.

이상의 논의는 생산물시장에서의 기업의 산출수준에 관한 결정과 노동시장에서의 기업의 고용량에 관한 결정은 매우 밀접한 관계를 갖고 있다는 것을 시사하고 있다.

상품가격의 상승과 고용량 변화

상품가격이 P_0에서 P_1으로 상승하면 [그림 15-1-5]의 (a)에서 보듯이 VMP_L곡선이 위쪽으로 이동하고 주어진 임금 w_0하에서의 노동고용량은 L_0에서 L_1으로 늘어난다. 그림 (b)는 가격수준의 변화와 최적산출량의 관계를 보여 주고 있다. 상품가격이 P_1으로 상승하면 이윤극대화를 위한 산출량은 q_0에서 q_1으로 늘어난다. 그림 (c)는 산출량과 노동고용량간의 관계를 보여 주고 있다.

이상의 분석에서 확인할 수 있듯이 상품시장에서의 변화와 노동시장에서의 변화는 동일한 동전의 앞뒤면과 같은 밀접한 관련을 갖고 있는 것이다.

15.2
노동의 시장수요곡선

15.2.1 노동의 시장수요곡선의 도출

앞 절에서 개별기업의 노동수요곡선을 도출하였다. 이제 노동의 시장수요곡선을 도출해 보자. 어떻게 노동의 시장수요곡선을 도출할 수 있을까?

생산물시장에서 그랬던 것처럼 모든 개별기업의 노동수요곡선을 수평으로 더하면 노동의 시장수요곡선을 구할 수 있다. 기업이 분석의 편의상 두 개만 있다고 하자. 기업 1과 2의 디자이너에 대한 기업수요가 [그림 15-2-1의 (a)]와 [그림 15-2-1의 (b)]이다. 이때 노동의 시장수요곡선은 두 개별기업의

[그림 15-2-1] 디자이너에 대한 시장수요곡선

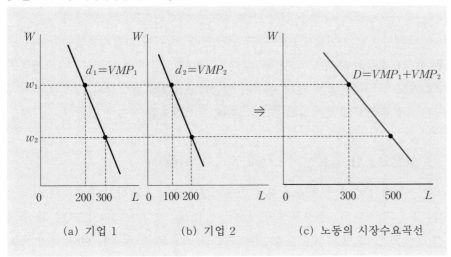

(a) 기업 1   (b) 기업 2   (c) 노동의 시장수요곡선

수요곡선을 수평으로 합친 [그림 15-2-1의 (c)]이다.[3]

15.2.2 노동 수요의 임금탄력성 결정요인

지금까지 우리는 노동에 대한 시장수요곡선(市場需要曲線)을 도출하였다. 요소에 대한 수요곡선은 요소가격과 요소에 대한 수요량의 관계를 말해 준다. 이제 임금이 변할 때 고용량의 변화율을 결정하는 요인, 즉 요소수요의 가격탄력성(價格彈力性)의 결정요인을 살펴보자.

대체탄력도

요소가격이 변할 때 요소들간의 대체효과를 생각해 보자. 대체효과는 어떤 생산요소가 다른 생산요소와 쉽게 대체될수록 더 커진다. 대체가 용이한 생

---

3 엄밀히 말해서 노동의 시장수요곡선은 개별 기업의 노동수요곡선을 수평으로 합한 것은 아니다. 약간의 조정이 필요하다. 그것은 임금이 달라지면 생산물 가격이 달라지고 따라서 한계생산물가치곡선이 이동하기 때문이다. 생산물시장의 경우에는 생산물가격이 달라질 때 임금 등 다른 조건들은 불변이라는 가정이 유지된다. 그러나 노동시장의 경우에는 임금이 달라질 때 생산물 가격과 같은 다른 조건들이 불변이라는 가정이 성립되지 않는다. 왜냐하면 모든 기업들이 산출량을 변동시키면 생산물의 시장가격이 변하고 이에 따라 노동의 한계생산물가치곡선이 이동하기 때문이다. 따라서 생산물가격의 변화를 고려한 다음 개별기업의 노동수요량을 수평방향으로 더하고 이러한 점을 연결할 때 노동의 시장수요곡선이 도출된다.

산요소의 경우 요소가격이 조금만 올라도 그 요소의 수요량이 크게 감소한다. 다른 생산요소와의 대체용이도(代替容易度)는 대체탄력도로 표현된다.

대체탄력도는 기술구조에 따라 달라진다. 예컨대 고정비율생산함수의 경우 생산요소들간의 대체가 불가능하다. 이러한 생산기술하에서는 요소가격이 변화해도 요소수요량은 전혀 변하지 않는다. 반면에 등량선의 만곡의 정도가 작을수록 주어진 요소가격의 변화에 대해 요소수요량은 크게 달라진다.

생산요소가 총생산비에서 차지하는 비중

임금이 상승하면 보통의 경우 한계비용(MC)이 상승하고 개별기업의 최적산출량은 감소한다. 일정한 임금상승폭에 대해 MC가 크게 상승할수록 주어진 생산물가격하에서 최적산출수준 역시 큰 폭으로 줄어든다. 이에 따라 노동에 대한 수요량도 크게 감소할 것이다.

임금이 상승할 때 다른 조건이 같다면 총생산비에서 노동비용이 차지하는 비중이 크면 클수록 한계비용은 크게 증가한다. 예컨대 노동집약적 생산기술을 사용하는 A 기업에서 총생산비 중 인건비가 차지하는 비중이 90%이고, 자본집약적 생산기술을 사용하는 B 기업의 경우 인건비 비중이 30%라고 하자. 임금이 1% 상승했을 경우 당연히 A 기업 제품의 한계비용이 B 기업 제품의 한계비용보다 크게 증가할 것이다.

[그림 15-2-2]는 한계비용의 상승폭이 최적산출수준에 미치는 영향을 나타내고 있다. MC_H는 일정한 임금상승폭에 대해 한계비용이 크게 상승하는 경우이고 MC_L은 한계비용이 적게 상승하는 경우이다. MC_H일 경우 임금의 상승으로 개별기업의 최적산출량은 q_H가 되고, MC_L일 때 개별기업의 최적산출량은 q_L이 된다. 따라서 일정한 임금상승이 있을 경우 대체탄력도가 동일하다면 요소가 총생산비에서 차지하는 비중이 클수록 노동에 대한 수요량은 크게 감소할 것이다.

상품에 대한 수요의 가격탄력성

임금의 상승은 앞에서 언급했듯이 한계비용을 상승시킨다. 한계비용의 상승은 생산물시장에서의 공급곡선을 위쪽으로 이동시킴으로써 상품가격을 상

[그림 I5-2-2] 한계비용 상승과 최적산출수준의 변화

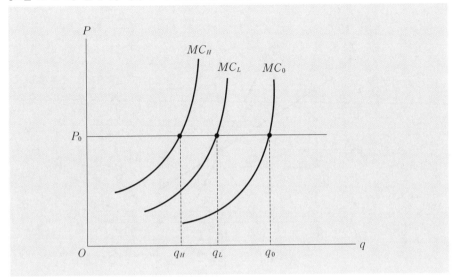

승시킨다. 일정한 생산물가격의 상승폭에 대해 생산물에 대한 수요량이 크게 감소한다면 파생수요인 노동에 대한 수요량 역시 크게 감소할 것이다.

따라서 노동에 대한 수요량은 생산물 수요의 가격탄력성의 크기에 따라 달라진다. 생산물 수요의 가격탄력성이 클수록 임금상승으로 인한 노동의 수요량은 크게 감소한다. [그림 15-2-3]은 수요의 가격탄력성의 변화에 따라 산출량의 감소폭이 달라진다는 것을 보이고 있다. 그림에서 초기 상품의 균형가격은 P_0이다. D_L은 E_0에서 가격탄력성이 낮은 수요곡선이고, D_H는 E_0에서 가격탄력성이 높은 수요곡선이다.

임금의 상승으로 생산물가격이 P_0에서 P_1으로 상승하였다고 하자. 탄력성이 높은 D_H의 경우 수요량이 Q_H까지 감소한 반면, 탄력성이 낮은 D_L의 경우 수요량은 Q_L까지만 감소한다. 따라서 동일한 폭의 가격상승에 대해 D_H의 경우 노동의 수요량이 크게 감소한다는 것을 추론할 수 있다.

[그림 l5-2-3] 수요의 가격탄력성과 노동수요량의 변화

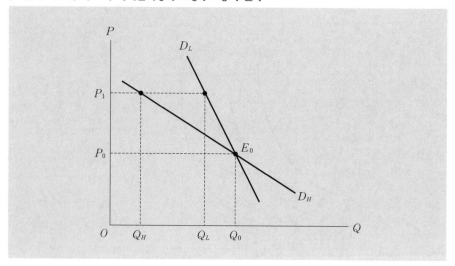

15.3
노동의 시장공급곡선

완전경쟁요소시장하의 개별기업 차원에서 생산요소의 공급곡선은 수평선이다. 개별기업은 일정한 요소가격만 지급하면 얼마든지 생산요소를 구입할수 있다. 그러나 이 논리는 시장 전체의 요소공급에 대해서는 성립하지 않는다.

노동의 시장공급곡선은 어떠한 모양을 나타낼까?

우선 가계의 노동공급곡선과 노동의 시장공급곡선을 도출해 보자. 가계가노동공급량을 어떻게 결정하는가는 여가와 노동시간 선택 결정에서 살펴보았다(5. 7절 참조). 임금상승에 따른 최적노동공급량의 자취를 보인 [그림 5-7-3]으로부터 [그림 15-3-1]과 같은 가계의 노동공급곡선(勞動供給曲線)을 도출할수 있다.

가계의 노동공급곡선을 수평으로 합치면 노동의 시장공급곡선이 된다. 가계의 노동공급곡선은 부분적으로 음(陰)의 기울기를 가질 수 있지만 노동의 시장공급곡선은 [그림 15-3-2]에서와 같이 대체로 양(陽)의 기울기를 갖는다.

[그림 15-3-1] 가계의 노동공급곡선

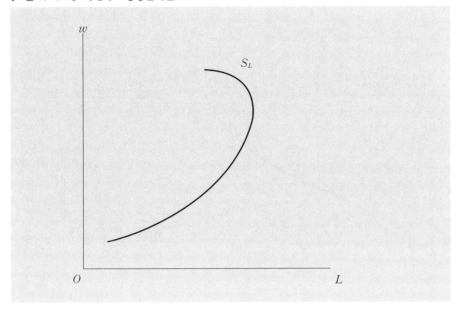

이는 생산물시장에서 개별소비자의 수요곡선과 시장수요곡선의 관계와 같다.

천연자원의 시장공급곡선도 [그림 15-3-2]와 같이 대체로 양(陽)의 기울기를 갖는다. 만일 생수의 가격이 올라간다면 생수 제조업자는 생수 공급량을 늘릴 것이다. 따라서 생수의 시장공급곡선(市場供給曲線)은 양의 기울기를 갖는다.

물론 모든 천연자원의 시장공급곡선이 양의 기울기를 갖는 것은 아니다. 토지를 생각해 보자. 국민경제 내의 토지 총공급량은 지가(地價)와 상관없이 고정되어 있다. 한국의 땅값이 하늘 모르고 뛴다고 해서 브라질을 서울로 이동시킬 수는 없다. 그러나 특정 산업에 대한 토지공급의 경우에는 상황이 달라진다. 동일한 토지라도 다양한 용도로 사용될 수 있기 때문이다. 동일한 밭에서 콩이 나올 수도 팥이 나올 수도 있다. 특정 작물의 재배에 사용된 토지 면적은 농산물가격의 변화에 따라 크게 달라진다. 따라서 토지의 공급곡선은 국민경제 전체의 관점에서는 수직선이 되지만, 특정 산업에 제공되는 토지의 공급곡선은 우상향한다.

[그림 I5-3-2] 노동의 시장공급곡선

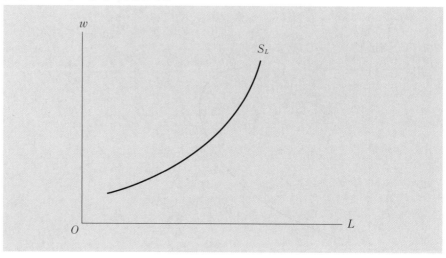

15.4
노동시장의 균형

15.4.1 임금 및 고용량의 결정

노동시장도 상품시장의 경우와 마찬가지로 수요곡선과 공급곡선이 만나는 점에서 균형을 이룬다. [그림 15-4-1]에서 보는 바와 같이 완전경쟁노동시장에서의 균형임금과 균형고용량은 노동에 대한 시장수요곡선 D와 시장공급곡선 S가 교차하는 E점에서 결정된다. 균형임금은 w^*가 되고 균형고용량은 L^*이다. 사각형 Ow^*EL^*의 면적은 전체 노동자의 총소득이 된다.

15.4.2 한계생산성이론

**한계생산성
이론**

요소의 균형가격
은 그 요소의 한
계생산물가치의
크기에 의해 결정
된다는 이론

노동의 균형가격 w^*는 L^*에서의 노동의 한계생산물가치와 일치한다. 따라서 요소의 균형가격은 균형상태에서 그 요소의 한계생산물가치의 크기에 의해 결정된다고 볼 수 있다. 요소가격의 결정에 대한 이와 같은 이론은 한계생산성이론(限界生産性理論, marginal productivity theory) 혹은 한계생산력설(限界生産

[그림 15-4-1] 요소시장의 균형

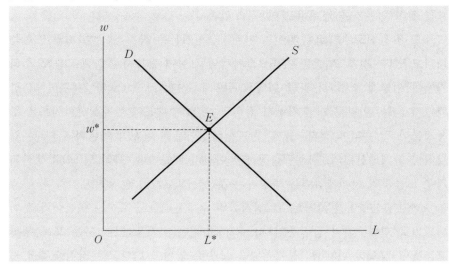

力說)이라고 불린다. 한계생산력설은 신고전학파 분배이론의 핵심을 이루고 있다. 한계생산성이론이라는 이름은 요소에 대한 수요곡선이 생산물에 대한 수요곡선과 달리 그 요소의 한계생산물가치에 입각하여 도출된다는 점을 강조하기 위해서 붙여진 것이다.[4]

한계생산성이론에 의하면 노동에 대한 수요곡선이 이미 한계생산물가치의 크기를 정확히 반영하고 있다. 임금은 한계생산물가치와 일치한다. 따라서 노동은 정확히 생산에 기여하는 가치만큼을 보수로 받는다.

다만 요소가격이 한계생산물가치에서 결정된다는 말을 모든 생산요소들이 자신의 한계생산물가치를 보수로 받고 있다고 이해해서는 안 된다. 한계생산성이론은 임금이 고용된 마지막 노동자의 한계생산물가치와 일치한다는 것을 강조하고 있다.

한계생산성이론은 수요와 공급법칙에 의하여 수요가격이 결정된다고 설명하는 분배이론이다. 이런한 분배이론은 생산물가격의 결정요인을 설명해 주는 가치론과 함께 신고전파이론의 양대 산맥을 이루고 있다. 한계생산성이론은 그 이론의 전개과정에서 생산물시장의 가격결정이론과 요소수요이론을 정

---

4 한계생산성이론이라는 이름은 정확하지 않다. 요소가격은 요소에 대한 수요와 공급에 의해서 결정되는 것이지 수요에 의해서만 결정되는 것이 아니다. 한계생산성이론은 수요 측면만을 강조한 이름이다.

교하게 연결시킴으로써 생산물시장과 노동시장에서 자원의 배분이 어떠한 관계를 갖고 있는가를 명쾌히 보여 주고 있다.

그러나 신고전파(新古典派)의 한계생산성이론은 적지 않은 한계와 약점을 지니고 있다. 첫째, 이론은 가변요소가격의 결정에 관한 이론일 뿐 고정요소의 가격이 어떻게 결정되는지를 설명해 주지 않는다. 고정요소의 경우 한계생산력(限界生産力)이라는 개념 자체가 정의될 수 없기 때문에 한계생산력이론은 무용지물이 될 수밖에 없다. 둘째, 한계생산성이론은 실천적 이론이 아니다. 왜냐하면 한계생산력의 개념은 측정하기 어렵기 때문이다. 특히 팀(team) 생산의 경우 노동자의 한계생산력을 측정하는 것은 거의 불가능할 것이다.

한계생산성이론은 자본주의체제하의 소득분배를 옹호하는 이론이라고 비난받기도 한다. 좌익 급진주의자(radical left)들은 한계생산성이론은 모든 생산요소들이 정확히 한계생산물가치만을 보수로 받아야 한다고 주장함으로써 자본주의체제하의 부(富)의 집중과 소득의 불균형을 정당화한다고 주장한다.

그러나 이러한 비판은 두 가지 점에서 오류를 범하고 있다. 첫째, 한계생산성이론은 자본가를 위한 이론이 아니다. 한계생산성이론은 노동자뿐만 아니라 자본가에게도 동시에 적용되는 이론이다. 한 평의 토지를 소유한 지주도 정확히 한 평의 한계생산물가치만큼만을 보수로 받게 된다. 둘째, 한계생산성이론은 자본주의체제하의 분배의 정당성을 보이기 위한 이론이 아니고 요소가격과 고용량이 어떻게 결정되는지를 설명하고자 하는 이론이다.

15.5
고정요소에 대한 보수의 결정

한계생산성이론은 고정요소의 가격, 즉 고정요소에 대한 보수가 어떻게 결정되는지를 설명해 주지 않는다. 고정요소의 경우 한계생산력이라는 개념 자체가 정의될 수 없기 때문이다. 우선 토지처럼 공급량이 절대적으로 고정된 생산요소의 가격이 어떻게 결정되는가를 살펴본 다음 장기적으로 공급량이 달라질 수 있는 고정요소의 보수가 어떻게 결정되는지를 살펴보자.

15.5.1 지 대

리카도(D. Ricardo)는 지대론(地代論)을 통하여 고정요소, 특히 토지가 제공하는 서비스에 대한 가격이 어떻게 결정되는지를 설명하고자 했다. 토지서비스의 가격, 즉 토지의 임대료가 어떻게 결정되는지를 이해하기 위해 다음과 같은 상황을 상정해 보자.

비옥도만 다른 두 종류의 토지가 있다. 분석의 편의상 두 토지의 면적은 한 단위로서 동일하다고 하자. 쌀을 경작할 경우 비옥한 A토지는 척박한 B토지에 비하여 비료·노동 등의 생산비용이 적게 든다.

[그림 15-5-1]의 (a)와 (b)에는 토지임대료를 제외한 평균생산비의 차이가 나타나 있다. AC_A가 AC_B보다 그 위치가 더 낮은 것은 A토지가 보다 비옥한 땅이라는 것을 반영한다. 쌀시장은 완전경쟁시장이다. 쌀시장의 수요곡선과 공급곡선은 그림 (c)에 나타나 있다. 쌀의 시장공급곡선은 우상향하고 있다.

쌀값이 P^*일 때 비옥한 토지의 소유주가 얻을 수 있는 이윤은 얼마나 될까? 가격이 P^*일 때 A토지의 소유주는 그림 (a)의 q_1을 생산할 것이다. 이 때 이윤(R_0)의 크기는 빗금친 사각형의 면적이 된다. 반면에 B토지의 소유주는 q_2를 생산할 것이고, 이 때 AC와 P^*가 일치하므로 이윤은 0이 될 것이다.

시장가격이 P^*일 때 비옥한 토지의 토지임대료는 얼마나 될까? 이를 알

[그림 l5-5-l] 비옥도에 따른 지대

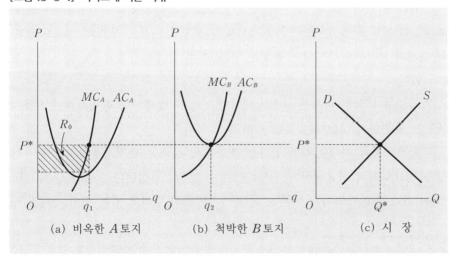

(a) 비옥한 A토지 (b) 척박한 B토지 (c) 시 장

아보기 위해 A 토지의 소작수요를 생각해 보자. A 토지를 소작할 경우 소작료가 공짜라면 소작인은 q_1을 생산함으로써 R_0의 이윤을 만들 수 있다. 따라서 소작시장이 경쟁적일 경우(즉, 소작인의 수가 충분히 많을 경우) 소작료가 R_0보다 높다면 소작수요는 0이 된다. 그러나 R_0보다 높지 않을 경우 소작수요는 무한대(∞)가 된다. 따라서 A 토지의 소작료는 R_0가 된다.

이제 척박한 토지 B에 대한 소작수요를 생각해 보자. 쌀값이 P^*일 때 B 토지의 이윤은 0이 된다는 것을 [그림 15-5-1]에서 보았다. 따라서 B 토지의 소작인은 소작료를 10원이라도 내라고 할 경우, 경작하기를 거부할 것이다. 소작시장이 완전경쟁적일 경우 B 토지의 소작료는 0이 된다.

이상의 논의는 토지임대료의 본질이 무엇인가를 밝혀 주고 있다. 토지임대료는 토지로부터 얻을 수 있는 총수입(總收入)에서 비료나 노동 등에 대한 지출액인 총가변비용(總可變費用)을 뺀 값이다. 토지 A의 임대료(R_0)는 A 토지에서 얻을 수 있는 총수입에서 총가변비용을 뺀 값으로 [그림 15-5-1]의 (a)에서 빗금친 면적이 되고, 토지 B의 임대료는 0이 된다. B 토지와 같이 상품의 시장가격과 평균비용이 일치하여 임대료가 0이 되는 토지를 한계토지(限界土地)라고 한다.

A 토지의 임대료인 R_0는 A 토지의 소유주가 직접 경작했을 경우 얻을 수 있었던 이윤의 크기와 일치하고, B 토지의 임대료인 0은 B 토지의 소유주가 직영했을 경우의 이윤의 크기와 일치한다.

따라서 지대(地代)는 토지라는 고정요소의 기회비용 혹은 경제적 비용(經濟的 費用)이라고 볼 수 있다.[5] 토지사용의 경제적 비용은 토지의 비옥도에 따라 다르다. 비옥한 토지의 사용료는 양(陽)이며 한계토지(限界土地)의 사용료는 0이 된다.

이상의 분석은 비옥한 A 토지에서만 지대가 발생하고 한계토지인 B 토지에서는 발생하지 않는다는 것을 보여 주고 있다.

한계토지의 지대는 0이 된다는 리카도의 논의는 완전경쟁시장하에서 쌀값은 한계토지의 평균생산비(平均生産費) 수준에서 결정된다는 것을 말해 주고 있다. 이러한 리카도의 지대론은 쌀값이 지대를 반영하고 있는 것이 아니라 지

---

5 지대가 토지이용의 기회비용이라는 것은 소작시장이 완전경쟁시장인 경우에만 성립한다.

대가 쌀값의 수준에 따라 달라진다는 점을 시사한다. 다시 말해서 지대가 높아서 쌀값이 높은 것이 아니라, 쌀값이 비싸서 지대가 높아진다는 점을 지적해 주는 것이다.

쌀값은 한계토지의 평균생산비수준에서 결정되므로 쌀값이 높은 것은 지대가 높기 때문이 아니라 한계토지의 생산비가 높은 데에 기인한다. 한계토지의 생산비가 높은 것은 쌀에 대한 수요가 크기 때문이다. 쌀에 대한 수요가 클 때 척박한 토지까지 경작된다. 이에 따라 한계토지의 생산비가 높아지고 비옥한 땅의 지대도 상승한다. 요컨대 쌀값이 높은 것은 지대가 높아서가 아니라 쌀에 대한 수요가 크기 때문이다. 반면에 지대가 높은 것은 쌀값이 비싸기 때문이다.

리카도의 지대론(地代論)은 절대적으로 공급량이 고정된 고정요소의 가격을 잘 설명해 준다. 그러나 지대의 본질, 특히 지대의 발생원인에 대해서는 오류를 범하고 있다. 리카도 이후의 경제학자들에 의해 지대는 요소공급량이 고정되어 있기 때문이 아니라 요소의 공급이 상대적으로 희소하기 때문에 발생한다는 것이 밝혀지면서 리카도의 지대는 경제적 지대의 개념으로 대체되었다.

경제적 지대

경제적 지대란 한 마디로 요소공급자의 잉여를 말한다. 경제적 지대는 토지뿐만 아니라 노동, 기계설비 등 모든 종류의 요소시장에서 나타날 수 있다.

노동시장을 예로 들어 보자. [그림 15-5-2]에서 노동시장의 균형임금과 균형고용량이 각각 w^*, L^*이다. 노동의 시장공급곡선은 양의 기울기를 갖는다고 가정하였다. 노동시장의 균형상태에서 노동자 전체의 소득은 사각형 Ow^*EL^*의 면적이다. 이는 그림의 '가' 영역과 '나' 영역의 합이다. 노동자의 총요소소득은 기회비용과 기회비용이 아닌 부분으로 구성된다.

L^*의 노동을 공급하는 데 드는 노동의 기회비용은 얼마나 될까? L^*의 노동을 공급하는 데 드는 기회비용은 '나' 영역(사다리꼴 $OFEL^*$)의 면적이다. 왜냐하면 S곡선을 노동의 한계비용곡선(限界費用曲線)으로 해석할 수 있기 때문이다.

이제 기회비용의 의미를 요소소득과 관련하여 생각해 보자. 어떤 생산요

[그림 16-6-2] 경제적 지대와 전용수입

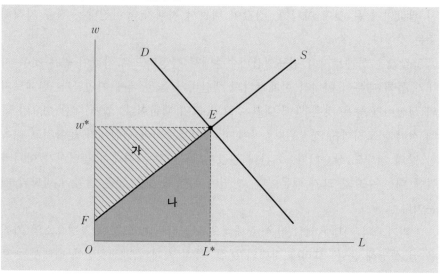

소의 기회비용이란 그 생산요소가 차선의 용도에 사용되었을 때의 요소소득을 말한다. 따라서 특정 산업에서 사용되고 있는 생산요소의 기회비용이 쌀 10가마라면 그 생산요소가 다른 산업에 전용되지 못하도록 최소한 쌀 10가마를 지불해야 한다. 이와 같이 다른 용도에 사용되지 못하도록 하기 위하여 지불해야 하는 최소금액을 경제학에서는 전용수입(轉用收入, transfer earnings)이라고 한다. 따라서 요소의 기회비용은 전용수입이다.

　[그림 15-5-2]에서 보면 첫 단위의 노동이 공급되도록 유도하기 위해서 OF의 임금만 지불하면 된다. 이와 같이 매 단위의 노동을 공급하도록 유도하기 위해 필요한 최소임금(전용수입)만 지불할 경우 L^*의 전용수입은 원점에서 L^*까지의 공급곡선 아래의 적분값('나' 영역)이 된다.

　노동시장의 균형상태에서 L^*의 노동에 대해 지불되고 있는 총임금액, 즉 사각형 Ow^*EL^*의 면적은 전용수입을 초과하고 있다. 임금총액과 전용수입(혹은 기회비용)간의 차액을 경제적 지대(經濟的 地代)라고 부른다. 경제적 지대는 그림의 영역 '가'로 나타나 있다.

　이제 경제적 지대의 크기를 결정하는 요인을 생각해 보자. 이를 위해 [그림 15-5-3]의 (a)부터 (d)에는 요소의 시장공급곡선의 기울기가 다른 네 가지 경우를 보이고 있다. 요소의 시장수요곡선은 모두 동일하다.

[그림 l5-5-3] 경제적 지대와 요소공급의 탄력성

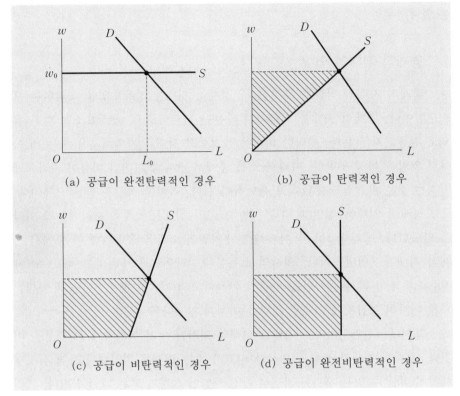

(a) 공급이 완전탄력적인 경우   (b) 공급이 탄력적인 경우

(c) 공급이 비탄력적인 경우   (d) 공급이 완전비탄력적인 경우

    그림 (a)는 요소공급의 가격탄력성이 무한대인 경우, 즉 공급곡선이 수평선인 경우를 보이고 있다. 공급곡선이 수평선이면 그 생산요소에 대해 지불되고 있는 금액 전체가 전용수입이 된다. 이 경우의 경제적 지대는 0이 된다.

    반면에 그림 (d)는 요소공급의 가격탄력성(價格彈力性)이 0인 경우, 즉 S곡선이 수직선인 극단적인 경우를 보이고 있다. 이 경우 전용수입은 0이 된다. 따라서 요소소득 전액(빗금친 면적)이 경제적 지대가 된다. 그림 (b)와 (c)는 일반적인 경우이다. 이들 그림은 공급곡선의 기울기가 완만해질수록 전용수입의 비중이 커지고 경제적 지대(빗금친 면적)의 비중은 작아진다는 것을 보이고 있다.

    이상의 논의를 통해 일반적으로 생산요소의 공급이 비탄력적일수록 그 생산요소가 받는 보수 중에서 경제적 지대가 차지하는 비중이 커진다는 것을 알 수 있다. 이는 어떤 생산요소가 고소득(高所得)을 올리고 있다고 해서 그 중 대부분이 경제적 지대일 것이라고 추론할 수 없다는 것을 시사한다. 고소득을 올

경제적 지대
=요소소득－요
소의 전용수입

리는 생산요소라고 해서 그 요소의 공급의 가격탄력성이 반드시 낮다고 할 수
는 없다.

경제적 지대의 역할

경제적 지대의 역할은 무엇인가? 경제적 지대는 전용수입을 초과하는 요
소수입이다. 경제적 지대를 지급하지 않는다 하더라도 그 생산요소는 다른 용
도로 전용되지 않는다. 이러한 의미에서 경제적 지대는 자원배분을 하는 데 아
무런 역할을 하지 못한다. 따라서 소득 중에서 경제적 지대의 비중이 지나치게
커지는 것은 바람직하지 않다고 속단하기 쉽다. 이러한 속단은 물론 오류이다.

경제적 지대는 진입(進入)과 이탈(離脫)의 신호등으로써 자원배분의 역할
을 담당한다. 예컨대 모든 의사가 연간 1억원의 소득을 올리는데 이 중에서 경
제적 지대가 8천만원이다. 의사의 소득을 2천만원으로 낮춘다고 해도(소득세
징수를 통해서) 의사는 직업을 바꾸지 않는다고 하자. 이 때 8천만원의 지대는
기존 의사의 공급량에 아무런 영향을 미치지 않는다.

그러나 8천만원이라는 지대는 미래의 의사가 누가 되느냐에 큰 영향을 미
친다. 경제적 지대가 클수록 의사가 되고자 하는 경쟁은 치열해지고 결국 경쟁
에서 승리할 수 있는 우수한 자질을 가진 자만이 의사가 되는 데 성공한다. 그러
나 의사의 경제적 지대가 0이라면 미래의 의사지망자는 그리 많지 않을 것이다.

요컨대 경제적 지대는 현재의 자원배분에는 아무런 영향을 미치지 않지만
미래의 자원배분에는 영향을 미친다. 사회적 관점에서 생산성이 크고 우수하
지 않으면 해 낼 수 없는 직업에 종사하는 자가 보다 큰 경제적 지대를 누린다
면 이는 바람직한 일일 것이다. 도박사나 투기꾼과 같이 사회적 관점에서 생산
성이 크지 않은 직업에 종사하는 자가 높은 경제적 지대를 누린다면 이는 바람
직한 현상이라고 할 수 없다.

15.5.2 준 지 대

지금까지 우리는 지대 및 경제적 지대의 개념과 그 결정요인을 살펴보았
다. 이제 고정자본에 대한 보수는 일반적으로 어떻게 결정되는지 분석해 보자.
준지대(準地代)의 개념은 이를 설명해 준다.

　　우선 준지대의 개념을 [그림 15-5-4]를 이용하여 설명해 보자. 그림은 어떤 기업의 비용조건을 나타내고 있다. 가격이 P_0로 주어져 있을 때 이 기업의 이윤극대화 산출량은 q_0이다. 이 때 매출액은 사각형 OP_0Eq_0의 면적이고 총가변비용은 사각형 $OBCq_0$의 면적이다. 한편 고정자본에 대한 기회비용, 즉 고정비용은 총비용에서 총가변비용을 뺀 값으로서 사각형 $ABCD$의 면적으로 나타난다. 따라서 이윤은 사각형 AP_0ED의 면적이 된다.

　　이러한 상황에서 고정자본의 사용대가로서 얼마나 지불해야 할까? 우선 고정자본에 대해 그 기회비용인 사각형 $ABCD$를 지불해야 한다는 점에는 이견이 있을 수 없다. 문제는 AP_0ED에 해당하는 이윤을 고정요소와 가변요소 중 어느 쪽에 배분해야 하느냐이다.

　　이에 대한 해답은 경제적 지대(經濟的 地代)의 발생원인을 생각하면 자명해진다. 경제적 지대는 요소공급의 상대적 희소성(혹은 비탄력성)으로 인해 발생했다. 따라서 기업의 이윤은 상대적으로 희소한 생산요소 때문에 발생한다고 볼 수 있다. 단기(短期)에서 희소한 것은 고정요소이다. 따라서 이윤은 고정요소(固定要素)의 몫이 된다(고정요소가 존재하지 않는 장기균형 상태에서 개별기업의 이윤이 0이라는 점을 생각하라). 그러므로 고정요소에 대한 보수는 고정요소의 기회비용과 이윤을 합한 금액이 되어야 한다. 이것은 총매출액에서 총가변비용을 뺀 금액으로 사각형 BP_0EC의 면적이 된다.

[그림 15-5-4] 준 지 대

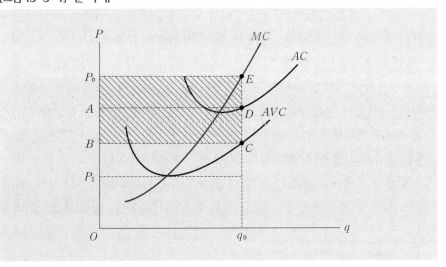

이와 같이 단기적으로 공급량이 고정되어 있는 생산요소에 대한 보수를 준지대(準地代, quasi-rent)라고 한다. 준지대는 총매출액에서 총가변비용을 뺀 차액으로 정의된다.

준지대의 개념은 마샬(A. Marshall)에 의해 처음으로 제시되었다. 준지대의 기본생각은 리카도의 지대와 같다. 마샬의 준지대는 단기(短期)에만 존속하고 장기(長期)에는 소멸되지만 리카도의 지대는 장기적으로 소멸되지 않는다.

준지대는 다음과 같은 특징을 갖는다. 첫째, 준지대는 항상 음(陰)이 아닌 값을 갖는다. 이는 단기에 있어서 적자폭은 고정요소의 기회비용보다 클 수 없다는 데에 기인한다. 만일 적자폭이 고정요소의 기회비용보다 클 경우 기업은 생산을 중단할 것이다. 둘째, 준지대가 크다고 해서 이윤도 반드시 큰 것은 아니다. 준지대는 고정요소의 기회비용과 경제적 이윤의 합으로 정의되므로 이윤은 마이너스이면서 기회비용이 커서 준지대가 클 수도 있다.

15.5.3 경제적 지대와 준지대

지대와 준지대의 개념의 차이가 무엇이고 이들 개념이 분석도구로서 왜 중요한지를 살펴보자.[6]

지대는 앞에서 보았듯이 요소소득(要素所得) 중에서 그 요소를 특정 용도에 사용하기 위해 지급해야 하는 최소금액, 즉 전용수입을 초과한 요소소득이다. 지대의 개념을 명확히 이해하기 위해 임금수준만 보고 직업을 결정하는 노동자의 지대를 계산해 보자. 현재 W를 받고 있는 노동자가 차선의 다른 직업을 택할 경우 W_0를 받을 수 있다고 하자. 이 경우 노동자의 지대는 $W-W_0$이다. 마찬가지로 기업이 누리는 지대도 계산해 볼 수 있다. 컴퓨터의 가격이 P_0 이상이면 진입이 일어나는 컴퓨터산업을 상정해 보자. 진입을 유발하는 가격 P_0는 장기균형상태에서의 장기평균비용과 일치한다. 컴퓨터의 가격이 P일 때 q개를 생산하고 있는 기업의 경우, 지대는 $(P-P_0)q$가 된다.

반면에 준지대(準地代)는 이미 어떤 용도에 투입된 요소가 다른 용도로 전출되지 않도록 지급해야 할 최소금액을 초과한 부분이다. 현재 W를 받고 있

---

6 경제학에서 지대는 경제적 지대를 의미한다.

는 노동자가 차선의 직업 B를 택할 경우 W_b를 받을 수 있다고 하자. 그런데 직업 B를 얻기 위해서는 탐색 및 직업훈련 과정에서 T원의 비용이 소요된다. 이러한 상황에서 노동자가 직업 B로 전업하지 못하도록 하기 위해 지급해야 할 최소금액은 W_b-T이다. 따라서 노동자의 준지대는 $W-(W_b-T)$이다.

이상의 논의에서 알 수 있듯이 어떤 요소의 지대의 크기가 양(陽)이면 그 요소의 공급량이 늘어나고 음(陰)이면 공급량이 감소한다. 예컨대, 노동자의 지대($=W-W_0$)가 양(陽)이면 그 직업에 종사하려는 노동자의 수가 늘어나고, 음이면 그 직업에 종사하려는 노동자의 수가 감소한다. 기업이 누리는 지대가 양이면 진입이 발생하고 음이면 퇴출이 일어난다. 반면에 어떤 요소의 준지대가 양이면 그 요소는 기존의 용도에 계속 사용된다. 그러나 준지대가 0이면 그 요소는 기존의 용도에 사용되지 않고 새로운 용도를 물색하게 된다.

요컨대 지대(地代)는 생산요소의 진입 여부를 결정하는 데 유용한 개념이고, 준지대(準地代)는 특정 용도에 투입된 기존의 생산요소 혹은 특정 산업에서 활동중인 기존의 기업의 행동을 분석하는 데 유용한 개념이라고 할 수 있다.

15.5.4 경제적 지대와 생산자잉여

지금까지 살펴본 경제적 지대는 생산자잉여(生産者剩餘)와 밀접한 관련을 갖고 있다. 생산자잉여란 기업의 매출액에서 생산요소의 기회비용을 뺀 값이다.

이제 생산자잉여가 요소의 공급자들이 얻는 경제적 지대와 어떤 관계가 있는지 살펴보자. 이를 위해 생산물시장이 완전경쟁적이고 장기균형상태에 있는 경우를 생각해 보자.

[그림 15-5-5]는 장기균형상태에서의 생산자잉여와 요소의 경제적 지대 간의 관계를 보이고 있다. 그림 (a)는 생산물시장, (b)와 (c)는 각각 노동시장과 자본시장을 나타낸다. 산업의 총매출액은 그림 (a)의 A영역과 B영역의 합이다. 총매출액 중에서 A영역의 면적은 생산자잉여이고 B는 생산의 기회비용이다. 그림 (b)와 (c)는 노동소득과 자본소득을 보여 준다. 노동소득은 D와 E의 합이고 자본소득은 G와 H의 합이다. 장기균형상태에서 산업이윤은 0이므로 총매출액($=A+B$)과 총요소소득은 일치한다. 총요소소득은 D와 E, 그리고 G와 H의 합이다. 따라서 다음 관계가 성립한다.

[그림 I5-5-5] 생산자잉여와 지대

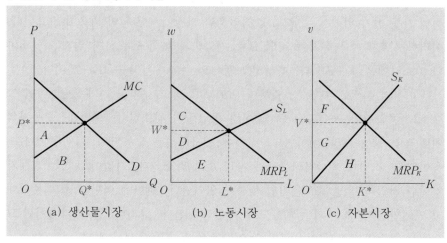

| (a) 생산물시장 | (b) 노동시장 | (c) 자본시장 |

$$(15.5.1) \quad A+B=D+E+G+H$$

식 (15.5.1)에서 D와 G는 각각 노동과 자본의 경제적 지대이고 E와 H는 노동과 자본의 기회비용이다. 그런데 영역 B는 생산물의 기회비용을 나타낸다. 생산물의 기회비용은 노동과 자본의 기회비용이다. 이 기회비용의 총합은 E와 H의 합과 같다. 즉,

$$(15.5.2) \quad B=E+H$$

식 (15.5.1)과 (15.5.2)로부터 다음 식을 도출할 수 있다.

$$(15.5.3) \quad A=D+G$$

이 식은 생산자잉여를 나타내는 A영역이 노동의 경제적 지대인 D와 자본의 경제적 지대인 G영역의 합과 같아진다는 것을 보여 준다.

이상의 논의로부터 생산자잉여는 노동과 자본의 경제적 지대의 합으로 구성됨을 알 수 있다. 생산자잉여를 기업주가 혼자서 독차지하는 것은 아니라는 점에 유의하기 바란다.

15.5.5 지대 추구행위

경제적 지대란 요소의 기회비용 혹은 전용수입을 초과한 요소소득이라는 것을 보았다. 경제적 지대는 공급량이 제한될 경우 발생한다. 공급량은 토지와 같이 자연에 의해 제한된 경우도 있지만 인위적 제도에 의해 제한된 경우도 많다. 개인택시 영업권이나 쿼터(quota)에서 얻는 경제적 지대는 정부나 이익단체들이 인위적으로 공급량을 제한했기 때문에 발생한 것이다. 따라서 사람들은 지대가 큰 요소를 소유하려 하기도 하고 자신이 이미 소유하고 있는 요소의 지대가 증대될 수 있는 여러 가지 로비활동을 한다. 예를 들어 어떤 기업이 시장지배권을 따내어 독점기업이 되었을 경우 고정요소의 소득, 즉 지대는 크게 증대된다. 이와 같이 경제적 지대를 따내고자 하는 행위를 지대 추구행위(rent-seeking activity)라고 한다.

지대 추구행위는 직접적으로 생산에 기여하지 않는다. 예컨대 개인택시 영업권 혹은 수입쿼터의 확보를 통한 지대 추구행위는 사회적 관점에서 볼 때 낭비적이다. 이 경우 지대 추구행위는 지대의 소유주를 결정짓는 역할을 할 뿐 생산증대에는 기여하지 못한다. 다만, 완전경쟁시장에서 신규기업의 진입과정에서 발생하는 준지대 추구행위는 자원을 보다 효율적으로 배분시켜 주는 생산적 기능을 한다.

부   록

15.A.1
불완전경쟁 생산물시장과 완전경쟁 요소시장

15.A.1.1   요소에 대한 시장수요곡선

독점기업의 최적요소투입량의 결정

생산물시장은 독점이고 요소시장은 완전경쟁적인 상황하에서 기업이 노동고용량을 어떻게 결정하는지 생각해 보자.

생산물시장이 독점일 경우 노동의 고용원리는 완전경쟁적일 경우와 어떻게 달라질까? 이윤극대화를 추구하는 독점기업은 노동의 한계수입생산물(MRP_L)과 노동의 한계비용이 일치하는 수준까지 노동을 고용하게 된다.

노동의 한계비용이 어떻게 결정되는지 생각해 보자. 만일 노동시장이 완전경쟁적이라면 기업 차원에서 노동의 공급곡선은 수평선이므로 추가적 노동 1단위의 고용비용은 고용량에 상관없이 임금수준(w)으로 일정하다. 따라서 생산물시장이 독점일 경우에도 노동의 공급조건은 상품시장이 완전경쟁모형인 경우와 완전히 동일하다.

노동의 한계수입생산물
(MRP_L)
1단위의 노동을 추가로 고용했을 때 늘어나는 매출액

노동의 한계수입생산물(限界收入生産物, MRP_L)은 앞에서 보았듯이 1단위의 노동을 추가로 고용했을 때 늘어나는 매출액이다. 이는 노동의 한계생산력(MP_L)과 한계수입(MR)을 곱한 값으로서 다음과 같이 정의된다.

(15. A. 1. 1) $MRP_L = MR \cdot MP_L$

한계수입생산물은 한계수입과 한계생산력이라는 두 가지 구성요소를 갖고 있다. 한계생산력은 기술의 특성을 반영하므로 시장의 형태와 무관하다. 반면에 한계수입은 시장조건에 따라 달라진다. 생산물시장이 완전경쟁에서 독점으로 바뀔 때 MRP_L이 달라지는 것은 바로 MR이 시장조건에 따라 달라지기 때문이다. 완전경쟁 생산물시장에서 한계수입은 생산물의 가격과 같다($MR = P$). 그러나 일반적으로 불완전경쟁시장에서 MR은 P보다 작다($MR < P$).[7] 따라서

---

7 독점이론에서 $MR = P\left(1 - \dfrac{1}{\varepsilon_P}\right)$임을 상기하라. 단, $\varepsilon_P = -\dfrac{dQ}{dP}\dfrac{P}{Q}$

요소의 한계생산물가치(VMP_L)는 노동의 한계수입생산물(MRP_L)보다 크다.

지금까지 논의로부터 노동의 최적투입량의 결정원리는 다음 식으로 요약할 수 있다.

(15. A.1.2)　　$MRP_L = w$

독점기업의 요소수요곡선의 도출

독점기업의 최적 요소고용량에 관한 지금까지의 논의를 바탕으로 기업의 요소수요곡선(要素需要曲線)을 도출해 보자. 가변요소는 노동뿐이라고 하자. [그림 15-A-1-1]에서 VMP_L은 노동의 한계생산물가치곡선이다. MRP_L은 노동의 한계수입생산물곡선을 나타낸다. 독점기업의 수요곡선은 우하향하므로 한계수입(MR)은 가격(P)보다 작다. 따라서 $MRP_L(=MR \cdot MP_L)$은 VMP_L보다 아래쪽에 위치한다.

임금이 w_0일 때 독점기업은 $MRP_L = w_0$가 성립하는 L_0만큼을 고용한다. 임금이 w_1일 때 독점기업은 L_1을 고용한다. 이상에서 보는 바와 같이 가변요소가 하나일 경우 독점기업의 한계수입생산물곡선 자체가 바로 그 생산요소에 대한 수요곡선이 된다.

[그림 I5-A-I-I] 독점기업의 최적고용량 결정

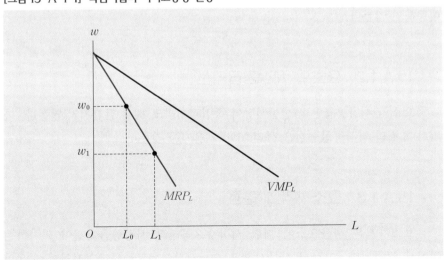

가변요소가 둘일 경우 독점기업의 노동에 대한 수요곡선을 도출하는 과정은 완전경쟁시장하에서 개별기업의 노동에 대한 수요곡선 도출과 기본적으로 동일하다. 가변요소가 둘일 경우에는 다른 요소의 고용량이 달라질 때 한계수입생산물곡선이 이동하는 것까지 감안하여 수요곡선을 도출한다.

요소에 대한 시장수요곡선의 도출

모든 독점기업의 요소수요곡선을 수평방향으로 합치면 요소의 시장수요곡선(市場需要曲線)이 도출된다. 이는 생산물시장이 완전경쟁적일 경우 요소의 시장수요곡선을 도출했던 방법과 대조를 이룬다. 생산물시장이 완전경쟁적일 경우에는 개별기업들의 요소수요곡선을 수평으로 합하여 요소의 시장수요곡선을 도출할 수 없었다. 이러한 차이는 완전경쟁시장에서는 임금이 상승하면 생산물가격이 상승하고 이에 따라 한계수입생산물곡선이 이동하는 것에 반하여, 독점산업에서는 임금상승에 따라 생산물가격이 달라져도 요소에 대한 수요곡선은 이동하지 않는 데서 비롯된다.

독점기업의 요소수요곡선은 산출량의 변화가 상품가격에 미치는 효과를 이미 고려한 상태에서 도출된 것이다. 요컨대 완전경쟁시장의 경우에는 생산물가격의 변화에 따라 VMP곡선, 즉 개별기업의 요소수요곡선이 이동하지만 불완전경쟁시장에서는 생산물가격이 변해도 VMP곡선(한계수입생산물곡선)은 이동하지 않는다.

15.A.1.2　요소의 시장공급곡선

요소의 시장공급은 생산물시장이 독점적이라고 해서 달라지지 않는다. 따라서 요소의 시장공급곡선은 플러스(+) 기울기를 갖는다.

15.A.1.3　요소가격의 결정

요소가격은 생산요소에 대한 시장수요곡선과 시장공급곡선이 교차하는 점에서 결정된다. 이는 생산물시장과 요소시장이 모두 완전경쟁적인 경우와

[그림 I5-A-I-2] 생산물시장이 독점일 때 임금의 결정

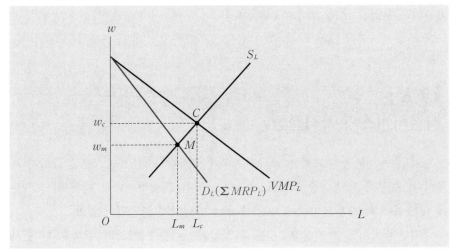

동일하다.

　[그림 15-A-1-2]는 자본이 고정되고 노동만 가변요소인 단기에서 독점 생산물시장하의 균형임금이 어떻게 결정되는지를 보이고 있다. S_L은 노동의 시장공급곡선을 나타내고 D_L은 독점기업의 노동의 한계수입생산물곡선의 수평합을 나타낸다. 균형임금은 S_L과 시장수요곡선 $D_L(\Sigma MRP_L)$의 교점인 M점 (L_m, w_m)에서 결정된다. 그러나 완전경쟁시장에서는 균형임금과 고용량이 S_L과 시장수요곡선(VMP_L)의 교점인 C점(L_c, w_c)에서 결정된다.

　VMP_L곡선은 MRP_L곡선보다 항상 위쪽에 위치한다. 따라서 생산물시장이 독점일 경우의 균형임금(w_m)이 완전경쟁시장하의 균형임금(w_c)보다 더 낮다.

15.A.1.4　독점적 착취

　생산물시장이 독점인 경우 노동은 한계수입생산물(MRP_L)만큼을 보수로 받는 반면, 완전경쟁시장하에서 노동은 한계생산물가치(VMP_L)를 보수로 받는다. 생산물시장이 완전경쟁적일 경우의 균형임금수준(w_c)과, 생산물시장이 독점시장일 경우의 균형임금(w_m)과의 차이를 독점적 착취(monopolistic exploitation)라고 한다. 이는 생산물시장이 독점일 경우 노동에 대한 보수가 한계생산물가치보다 작다는 것을 지적하고 있다. 이러한 지적은 가변요소(可變要素)의 생산에 대한 기여분은 한계생산물가치이므로 그 요소에 대한 보수도 한계생산물가치이어야 한다는 데에 근거를 두고 있다.

15.A.2
자본서비스의 가격결정

기업이 자본을 수요하는 궁극적 이유는 자본이 자본서비스를 공급하기 때문이다. 농부가 트랙터를 소유하고자 하는 것은 트랙터서비스 때문이다. 자본에 대한 수요와 자본서비스에 대한 수요는 밀접하게 연관되어 있다.

현재가치
기간과 수익률을 고려하여 미래소득의 크기를 할인하여 현재가치로 평가한 값

자본서비스의 가격결정요인은 무엇일까? 이를 이해하기 위해 우선 현재가치(現在價值, present value)란 개념을 설명하고 자본서비스의 수요와 공급원리를 분석해 보자.

15.A.2.1   현재가치

현재의 a원은 수익률이 r일 때 1년 후면 $a(1+r)$원이 될 것이다. 1년 후의 a원을 현재의 시점에서 평가해 보면 $\dfrac{a}{(1+r)}$ 원이 된다. 2년 후의 a원은 현재의 시점에서 $\dfrac{a}{(1+r)^2}$ 원이 된다. 일반적으로 n년 후의 a원을 현재의 시점에서 평가해 보면 $\dfrac{a}{(1+r)^n}$ 원이 된다. 이와 같이 현재로부터 소득발생 시점까지의 기간과 수익률을 고려하여 미래소득의 크기를 할인해 주면 현재가치로 평가할 수 있다. 이러한 방법을 이용하면 미래소득의 흐름을 현시점에서 현재가치(現在價值, present discounted value)로 평가할 수 있다.

어떤 기계가 수명이 다할 때까지 n기에 걸쳐 매기 말에 R_1, R_2, $\cdots$, R_n의 수익의 흐름을 창출한다고 하자. 기간당 수익률(혹은 할인율(割引率))이 r로 주어져 있을 때 이 수익의 흐름을 현재가치(PV_R)로 표시하면 다음과 같다.[8]

---

8 모든 기(期)의 수익이 R로 일정하고 n이 무한히 큰 특수한 경우, 현재가치는 $\dfrac{R}{r}$ 의 값을 갖는다. 예컨대 어떤 채권이 있어 소유자에게 매년 1,000원씩 영구히 주기로 약속되어 있다면, 연이자율(r)이 10%라고 할 때 그 채권의 현재가치는 10,000원이다. 이러한 영구채를 컨솔(console)이라고 한다.

(15. A. 2. 1) $\quad PV_R = \dfrac{R_1}{1+r} + \dfrac{R_2}{(1+r)^2} + \cdots + \dfrac{R_n}{(1+r)^n}$

통상 할인율(r)은 수익률 혹은 시장이자율로 간주한다. 엄밀하게 말해서 시장에서 형성된 이자율과 할인율이 완전히 동일한 것은 아니다. 그러나 불확실성이 없고 자본재의 감가상각이 없을 경우 할인율과 이자율은 일치한다.

15.A.2.2 자본서비스에 대한 수요

자본서비스를 구입할 수 있으려면 해당 자본재의 임대시장이 개설되어 있어야 한다. 자본서비스에 대한 수요는 자본서비스의 한계비용(v)과 자본서비스의 한계수입생산물(限界收入生産物, MRP_K)이 일치하는 수준에서 결정된다. 즉, $v = MRP_K (= MP_K \cdot MR)$이다. 자본의 한계생산이 체감하는 한 임대료율의 하락에 따라 자본서비스의 수요량은 증가한다. 이상의 자본서비스에 대한 수요원리는 노동에 대한 수요원리와 다를 것이 없다.

따라서 자본서비스의 수요곡선은 제15장과 제16장에서 다룬 노동에 대한 수요곡선의 성질을 그대로 가지고 있다. 개별기업 차원이나 산업 차원 모두 자본서비스의 수요곡선은 우하향한다.

15.A.2.3 자본서비스의 공급

설명의 편의상 트랙터 임대시장을 예로 들어 보자. 분석의 편의를 위해 국민경제에 트랙터의 부존량이 일정하고, 트랙터 부존량과 트랙터서비스량이 비례한다고 하자. 이러한 상황에서 트랙터서비스의 단기공급곡선은 수직선으로 나타난다. [그림 15-A-2-1]의 S_0는 초기상태에서의 트랙터서비스의 단기시장공급곡선이다.

이제 자본서비스의 장기공급곡선을 도출해 보자. 자본서비스의 장기공급곡선은 생산물의 장기공급곡선에서와 마찬가지로 자본재를 제조하는 산업이 비용불변산업인지, 비용증가산업인지에 따라 그 모양이 달라진다.

트랙터산업이 비용불변산업이라고 하자. 초기의 장기균형상태를 [그림 15-A-2-1]의 A점이 나타내고 있다. 장기균형상태에서의 임대료는 c^*이다.

[그림 I5-A-2-I] 자본서비스의 장기공급곡선: 비용불변산업

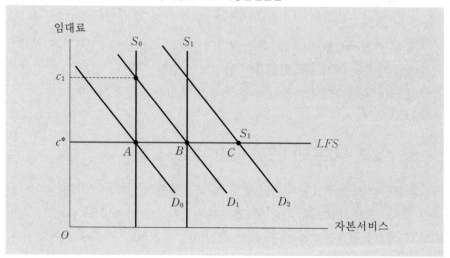

이는 임대료가 c^*일 때 트랙터 임대료 흐름의 현재가치의 합이 트랙터 구입비와 일치한다는 것을 의미한다. 수요곡선이 D_0에서 D_1으로 이동하면 임대료는 c^*에서 c_1으로 상승한다. c_1일 때 트랙터 임대료 흐름의 현재가치 합이 트랙터 구입비(시장가격)보다 크다. 따라서 기존의 임대업자들은 회사규모를 확장하고 신규진입이 발생한다. 진입과 기존기업의 규모의 조정으로 공급곡선은 S_1까지 이동한다. 새로운 장기균형상태는 B점에서 실현된다.

마찬가지로 수요곡선이 D_2로 이동하면 새로운 장기균형임대료는 결국 c^*에서 성립한다. A, B와 C점을 연결하면 장기공급곡선(LFS)이 도출된다. 트랙터서비스의 장기공급곡선(LFS)은 c^*수준에서 수평선이 된다. 이는 비용불변산업인 완전경쟁시장에서 산업의 장기공급곡선이 수평선인 것과 동일한 이치이다.

물론 비용감소산업일 경우 장기공급곡선(LFS)은 음(陰)의 기울기를 가질 것이고 비용증가산업일 경우 양(陽)의 기울기를 가질 것이다. 도출과정은 생산물시장에서 생산물의 장기시장공급곡선의 경우와 동일하므로 생략하기로 한다.

15.A.2.4 자본서비스 가격의 결정

이제 임대시장이 완전경쟁적일 경우 임대시장의 장기균형은 [그림 15-A-

[그림 l5-A-2-2] 자본서비스의 가격결정

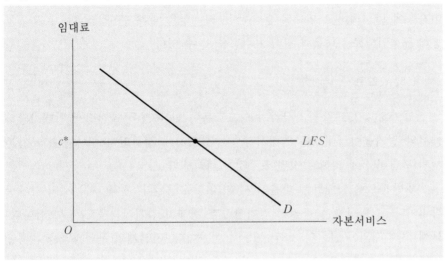

2-2]에서 보듯이 장기시장공급곡선(LFS)과 수요곡선(D)이 교차하는 수준에서 성립한다. 장기균형상태에서 임대료는 c^*이다.

이제 임대료율의 결정요인을 분석해 보자. 이를 위해 다음과 같은 상황을 생각해 보자. 트랙터의 임대시장이 완전경쟁이다. 장기균형상태에서 기간별 균형임대료는 c로 일정하다. 감가상각과 양도소득이 발생하지 않는다고 하자. 트랙터의 수명은 영원하고 트랙터의 양도가격차는 없다. 트랙터의 구입가격은 q로 주어져 있다. 이러한 상황에서 트랙터의 임대시장이 장기균형상태라면 트랙터의 구입비용과 트랙터의 임대료수입 흐름의 현재가치가 일치해야 한다. 따라서 다음 등식이 성립한다.

$$(15.\,A.\,2.\,2) \quad q = \frac{c}{1+r} + \frac{c}{(1+r)^2} + \cdots + \frac{c}{(1+r)^n} + \cdots$$

여기서 q: 트랙터 시장가격 $\quad c$: 임대가격
r: 시장이자율

식 (15.A.2.2)의 좌변은 트랙터의 구입비, 즉 시장가격이고 우변은 임대료 수입흐름의 현재가치이다. 식 (15.A.2.2)는 트랙터 임대산업의 영(零)이윤 조건을 나타내고 있다. 만일 좌변(q)이 우변보다 크면 트랙터에 대한 수요는 감소할 것이다. 왜냐하면 이러한 상황에서 트랙터 임대업은 적자이기 때문이

다. 이상의 논의는 트랙터 임대업자의 트랙터에 대한 수요량은 트랙터가격과 이자율에 반비례하고 임대료에 비례한다는 것을 말해 준다. 식 (15. A. 2. 2)를 통해 균형임대료는 다음과 같이 표현됨을 알 수 있다.

(15. A. 2. 3) $c = rq$

식 (15. A. 2. 3)은 감가상각과 양도소득이 없을 경우 완전경쟁 임대시장하에서의 장기균형임대료는 임대시장의 수요조건에 상관없이 이자율(r)과 자본재의 구입비(q)에 의해 결정된다는 것을 나타낸다.

일반적으로 임대료는 다음의 세 가지로 구성된다. 첫째, 자본재의 감가상각비이다. 감가상각은 물리적 감가상각과 경제적 감가상각을 모두 포함한다. 둘째, 자본재의 구입비의 기회비용, 즉 이자이다. 자본재의 구입자금을 은행에 예입시켜 두었더라면 이자수입을 얻을 수 있을 것이다. 그러므로 이자는 당연히 자본의 기회비용의 일부로서 계산되어야 한다. 셋째, 자본재의 양도소득이다. 양도소득은 판매(처분)가격과 구입가격간의 차를 말한다. 만일 판매가격이 구입가격을 상회했다면 자본서비스 사용에 대한 기회비용은 그만큼 감소할 것이다.

단위 기간 동안의 감가상각률을 δ, 실질이자율을 r, 양도소득률을 g라고 한다면 가격이 q인 트랙터 한 대의 임대를 위한 기회비용은 $q(\delta + r - g)$가 된다. 따라서 자본재 구입비 1원당 임대료율은 $\delta + r - g$가 된다. 이를 자본의 사용자비용(使用者費用, user cost of capital)이라고도 한다.

자본의 사용자 비용

자본재구입비 1원당 임대료로서 감각상각률＋실질이자율－양도소득률로 계산된다.

핵심용어	1. 한계요소비용	2. 한계수입생산물
	3. 한계생산물가치	4. 파생수요
	5. 한계생산력설	6. 지대
	7. 준지대	8. 전용수입
	9. 지대추구행위	10. 독점적 착취

_요약 SUMMARY

❶ 이윤을 극대화하는 기업은 노동의 한계수입생산물(*MRP*)과 한계노동비용(*MEL*)이 일치하는 수준까지 그 요소를 고용한다.

❷ 생산물시장이 완전경쟁일 경우 한계수입생산물($MRP=MP \cdot MR$)은 한계생산물가치($VMP=MP \cdot P$)가 된다. 노동시장이 완전경쟁일 경우 한계노동비용(*MEL*)은 임금과 일치한다. 따라서 생산물시장과 노동시장이 모두 완전경쟁일 경우 노동의 최적투입량은 노동의 한계생산물가치와 노동가격이 일치하는 점에서 결정된다.

❸ 노동의 한계수입생산물곡선은 노동에 대한 기업의 수요곡선을 나타낸다.

❹ 개별기업의 요소수요는 요소시장이 아닌 생산물시장에서 결정된 산출물수준에 영향을 받기 때문에 파생수요 혹은 유도된 수요(derived demand)라고 불린다. 따라서 요소수요를 분석하기 위해서는 노동시장과 생산물시장의 관계를 명확히 밝힐 필요가 있다.

❺ 요소의 시장수요곡선을 도출하기 위해서는 요소가격의 변화로 나타나는 생산물 가격 변화의 효과를 감안해야 한다. 임금의 상승은 생산물가격의 상승을 통해 한계생산물가치곡선을 위쪽으로 이동시킨다. 생산물가격의 변화를 고려한 모든 개별기업의 요소수요곡선을 수평방향으로 더하면 요소의 시장수요곡선이 도출된다.

❻ 완전경쟁요소시장의 경우 요소의 균형가격과 고용량은 요소의 시장수요곡선과 시장공급곡선의 교차점에서 결정된다. 요소의 균형가격은 그 요소의 한계생산물가치의 크기에 의해 결정된다. 요소가격결정에 대한 이와 같은 이론은 한계생산성이론(marginal productivity theory) 혹은 한계생산력설이라고 불린다.

❼ 한계생산성이론은 수요와 공급법칙에 의하여 요소(가변요소)가격의 결정을 설명하는 신고전파의 분배이론이다. 한계생산성이론은 생산물시장과 노동시장에서 자원의 배분이 어떠한 관계를 갖고 있는가를 명쾌히 보여 주고 있다.

❽ 경제적 지대란 요소공급자의 잉여로서, 노동소득의 경우 임금총액과 전용수입(혹은 기회비용)간의 차액을 말한다. 경제적 지대는 현재의 자원배분에는 아무런 영향을 미치지 않지만 미래의 자원배분에 영향을 준다.

❾ 단기적으로 공급량이 고정되어 있는 생산요소에 대한 보수를 준지대라고 한다. 준지대는 총매출액에서 총가변비용을 뺀 차액으로 정의된다. 이는 고정요소의 기회비용과 경제적 이윤으로 구성된다.

⑩ 경제적 지대는 진입 여부를 결정하는 데 유용한 개념이고 준지대는 특정 용도에 투입된 생산요소 혹은 특정 산업에서 활동중인 기존기업의 행동을 분석하는 데 유용한 개념이다. 준지대가 양이면 그 요소는 기존의 용도에 계속 사용된다. 그러나 준지대가 0이면 그 요소는 기존의 용도에 사용되지 않게 된다.

⑪ 경제적 지대를 따내고자 하는 행위를 지대 추구행위(rent-seeking activity)라고 한다. 사회적 관점에서 지대 추구행위는 직접적으로 생산에 기여하지 않는 경향을 보인다. 그러나 예외적으로 준지대 추구행위는 직접적으로 생산에 기여한다.

⑫ 독점기업은 노동의 한계수입생산물(MRP_L)과 노동의 한계비용이 일치하는 수준까지 노동을 고용한다. 노동의 한계수입생산물은 한 단위의 노동을 추가로 고용했을 때 늘어나는 매출액으로서 노동의 한계생산력(MP_L)과 한계수입(MR)을 곱한 값이다. 노동의 한계비용은 추가적 노동 1단위의 고용비용으로서 노동시장이 완전경쟁적일 경우 임금수준과 같다.

⑬ 불완전 경쟁시장에서의 각 개별기업의 요소수요곡선을 모두 합하면 요소의 시장수요곡선이 도출된다. 이는 생산물시장이 완전경쟁적인 경우와는 대조를 이룬다. 불완전 경쟁시장에서 수평합이 가능한 것은 독점기업의 경우 가격이 변해도 한계수입생산물(MRP)곡선이 이동하지 않기 때문이다.

⑭ 불완전경쟁 생산물시장과 완전경쟁 요소시장의 경우 요소가격은 생산요소에 대한 시장수요곡선과 시장공급곡선이 교차하는 점에서 결정된다. 독점시장하에서 노동은 한계생산물가치가 아닌 한계수입생산물(MRP_L)만큼만을 보수로 받는다.

⑮ 생산물시장이 독점시장일 경우 균형임금은 완전경쟁인 경우보다 작다. 두 경우에 있어서 균형임금의 차이를 독점적 착취라고 한다. 이러한 주장은 가변요소의 생산에 대한 기여분은 한계생산물가치이므로 가변요소의 소득은 한계생산물가치이어야 한다는 데에 근거를 두고 있다.

_연습문제 QUESTION

01 감 농장에서 하루 8시간 일했을 때 고용자 수와 감생산량은 다음 표와 같다. 완전경쟁인 노동시장에서 임금은 하루에 1만원이다. 감 가격은 1000원이다. 한계생산물과 한계생산물 가치를 넣어 표를 완성하라.

고용자수	총생산물	한계생산물	한계생산물 가치
0	0		
1	15		
2	28		
3	38		
4	46		
5	52		

02 문제 01에서 감 농장이 이윤을 극대화할 때 농장에서 몇 명이 일할까?

03 문제 01에서 감 가격이 1500원일 때 농장의 고용량은 몇 명일까?

04 "일자리 창출문제는 경제 성장의 문제이다." 이 명제를 설명하고 비판하라.

05 생산물 시장이나 노동시장에서 시장차원의 수요곡선은 개별 수요자(가계 혹은 개별 기업)의 수평합으로 구할 수 있다. 노동 시장수요곡선과 생산물 시장수요곡선의 도출 과정의 차이를 설명하라.

06 생산자잉여와 경제적 지대와의 관계를 설명하라.

07 "생산요소에 대한 수요의 가격탄력성은 단기에서보다 장기에서 더 크다. 기간이 길어질수록 요소의 대체가능성이 커지기 때문이다." 이 명제는 옳은가?

08 A기업은 금기에 P의 가격에 생산물 q_0개를 팔고 있다. A기업의 평균가변비용은 V_0이다. A기업이 장기적으로 생산할 수 있는 최소평균비용은 P_0이다.
  (a) 경제적 지대와 준지대를 간략히 정의하라.
  (b) A기업이 얻고 있는 경제적 지대와 준지대의 크기를 계산하라.
  (c) 어떠한 상황에서 경제적 지대와 준지대의 크기가 같아지겠는가?

09 경제적 지대의 크기와 요소가격에 대한 공급탄력성간의 관계를 설명하라.

10 지대(경제적)의 비중이 큰 소득에 적용되는 소득세율을 인상했을 경우 요소의 공급량은 어떻게 달라지겠는가? 자원배분의 효율성의 측면에서 소득세의 인상효과를 논하라.

CHAPTER

16

불완전경쟁 요소시장

지금까지 우리는 생산물시장과 요소시장이 모두 완전경쟁적일 때 요소가격과 고용량이 어떻게 결정되는지 분석하였다. 그러나 현실적으로 모든 시장이 완전경쟁적인 경우는 극히 드물다. 생산물시장이 불완전경쟁적일 수도 있고 요소시장이 불완전경쟁적일 수도 있다. 이 장에서는 상품시장이나 요소시장이 불완전경쟁적일 경우에 요소가격과 고용량이 어떻게 결정되는지 고찰해 보고자 한다.

불완전경쟁시장의 특징은 요소의 수요자나 공급자가 유일한 경우 극명하게 드러난다. 따라서 본장에서는 불완전경쟁을 전부 다루지 않고 생산요소를 독점적으로 수요하는 수요독점, 생산요소를 독점적으로 공급하는 공급독점, 그리고 쌍방독점을 다루기로 한다.

16.1
수요독점 요소시장

16.1.1 수요독점 요소시장이란

외딴 광산촌에 유일한 광산업자가 있다고 하자. 이 광산업자는 광산촌의 노동에 대한 유일한 수요자이다. 이와 같이 생산요소의 수요자가 한 사람뿐인 요소시장을 수요독점 요소시장이라고 한다.[1]

수요독점 요소시장

요소에 대한 수요자가 유일한 시장

수요독점(monopsony)의 예는 주위에서 적지 않게 관찰할 수 있다. 각종 군수물자시장은 수요독점시장이다. 군수물자에 대한 수요자는 유일하게 정부뿐이다.[2] 또 특정 회사제품의 컴퓨터에 사용되는 표준화되어 있지 않은 부품시장도 납품받는 회사가 유일하므로 수요독점시장의 한 예이다.

16.1.2 수요독점의 존립기반

생산물시장에서의 독점기업이라 해도 그 독점기업이 사용하는 생산요소가 다른 산업에서도 많이 사용되고 있다면 수요독점력(需要獨占力)을 갖고 있다고 말할 수 없다. 예를 들어 특정 기업이 항공기 제조산업을 독점하고 있다고 하자. 만일 항공기 제조산업에서 사용되는 부품이 항공기 제조 이외에 컴퓨터산업에도 많이 사용되고 있다면 항공기산업의 독점기업은 그 부품에 대한 수요독점력을 갖지 못할 것이다. 수요독점이 성립하려면 다른 구매자들이 그 요소를 수요하지 않아야 한다. 그러자면 요소가 전문화되어 그 용도가 특정 산업에 국한되어 있어야 한다. 요소의 용도가 고정되려면 요소가 사용되고 있던 기존 산업에서의 퇴출비용이 커야 한다. 그러면 어떠한 경우에 퇴출비용이 커질까?

---

[1] 요소 수요자가 소수인 시장은 수요과점, 요소가 이질적이면서 수요자가 많은 시장은 수요독점적 경쟁시장이라고 부른다. 수요독점시장과 이들 시장의 특징은 기본적으로 동일하기 때문에 수요독점시장만 분석하기로 한다.
[2] 국방관련 업체들의 각종 생산물은 국방서비스를 생산하는 요소라고 볼 수 있다. 정부는 국방관련 업체들의 각종 생산물의 유일한 수요자이다.

생산요소의 이동비용이 큰 경우

100명의 노동자가 살고 있는 외딴 산골에 농장이 하나 있다고 하자. 산골에 사는 사람은 농장에서 일하는 농부가 될 수도 있고 도시근로자가 될 수도 있다. 어떠한 상황에서 이 농장 소유주는 외딴 산골에 사는 노동자에 대한 유일한 수요자가 될 수 있을까? 어떤 직업을 택하느냐는 그 직업을 택했을 때의 보수(報酬)와 그 직업을 택할 때 드는 비용에 의해 결정된다. 도시로의 전출비용이 매우 크다면 노동자들은 농장에서의 임금수준에 관계없이(생계에 지장이 없는 한) 산골생활에 만족할 것이다. 그러나 도시로의 전출비용이 전혀 들지 않는다면 노동자들은 농장의 임금과 도시의 임금 차이에 민감하게 반응할 것이다.

이상의 예는 일반적으로 요소가 한 용도에서 다른 용도로 전향하는 데 드는 이동비용(移動費用)이 크면 클수록 생산요소의 용도는 고착화되고 따라서 수요독점이 발생할 가능성이 커진다는 것을 말해 주고 있다.

생산요소가 전문화된 경우

용도가 세분화되고 전문화된 생산요소는 특정한 용도에서 사용될 경우 생산성이 매우 높지만 다른 용도에 사용되면 생산성이 크게 감소한다. 예컨대 굴삭기는 땅을 파는 데는 생산성이 높지만 바위를 깨뜨리는 데는 생산성이 낮다. 이러한 경우에는 생산요소를 다른 산업으로 이동시켜 용도를 변경시켰을 때 얻을 수 있는 요소소득(즉 전용소득 혹은 기회비용)이 매우 작다. 이와 같이 용도가 전문화된 전용요소는 산업간 이동의 유인(誘引)이 매우 약하다. 이러한 전문화된 요소의 수요자는 수요독점자가 된다. 예컨대 미사일 제조에 관한 전문기술자가 있다고 하자. 이 기술자를 채용할 수 있는 자는 정부뿐이다. 일반 회사에서 이 전문기술자는 평범한 사원일 수밖에 없다. 이 경우 정부는 수요독점자가 된다.

그러나 전문화된 생산요소에 대한 수요독점적인 지위가 생산물시장의 (공급)독점적 지위에서 비롯된다고 오해해서는 안 된다. 생산물시장이 과점이나 독점적 경쟁이라고 하더라도 상품이 이질적(heterogeneous)일 경우 전용 생산요소에 대한 수요독점이 얼마든지 발생할 수 있다. 예컨대 자동차시장이 A, B, C 세 회사로 나뉘어 있는 과점시장에서도 각 회사의 자동차부품이 표준화되어 있지 않다면 각 자동차 조립업체는 특정 브랜드의 자동차부품 납품회사들에 대해 수요독점자로서 행동할 수 있다. 이 경우 조립업체인 도급자(都給者)가 부품 납품회사인 하도급자(下都給者)에게 행사하는 수요독점적 지위는 생산물시장에서의 독점력에서 비롯되는 것이 아니고 그 부품들이 전문화되어 다른 회사가 생산하는 자동차의 부품으로 사용될 수 없다는 데서 비롯된다.

16.1.3 수요독점기업의 균형

수요독점시장에서 수요독점자(需要獨占者)는 지나치게 낮은 임금과 지나치게 열악한 근로조건을 제공하면서 노동자들을 채용하고 있지는 않을까? 수요독점자가 노동자들에게 지급하는 임금은 한계생산물과 일치할까? 요소수요독점의 경우 요소가격과 고용량이 어떻게 결정되는지 분석해 보자.

수요독점기업의 행동을 분석하기 위해서는 요소의 공급곡선과 한계비용곡선(限界費用曲線)의 차이를 정확히 이해할 필요가 있다.

요소의 공급곡선과 한계비용곡선

수요독점기업이 직면하는 요소의 공급곡선은 대체로 우상향한다. 수요독

[그림 16-1-1] 노동의 한계비용과 평균비용곡선

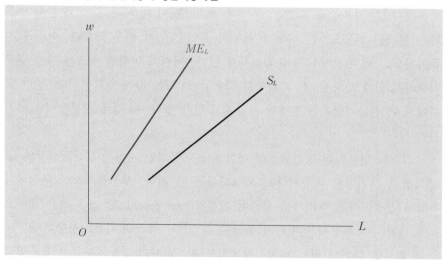

[표 16-1-1] 평균임금과 노동의 한계비용 (단위: 천원)

노동자수(L)	평균임금(W)	총인건비	노동의 한계비용
100	40	4,000	—
101	41	4,141	141
102	42	4,284	143
103	43	4,429	145
104	44	4,576	147
105	45	4,725	149
106	46	4,876	151
107	47	5,029	153
108	48	5,184	155
109	49	5,341	157

점기업이 직면하는 요소의 공급곡선은 바로 시장공급곡선이기 때문이다. 그런데 요소의 공급곡선은 요소 한 단위를 고용하는 데 소요되는 평균비용을 보여주고 있을 뿐 요소의 한계비용을 말해 주지 않는다. 요소의 한계비용곡선은 요소의 공급곡선, 즉 요소공급의 평균비용곡선으로부터 도출될 수 있다. 요소의 공급곡선이 우상향할 때 요소의 한계비용곡선은 [그림 16-1-1]과 같이 공급곡선보다 위쪽에 위치한다.

요소의 공급곡선과 요소의 한계비용곡선의 이러한 관계를 [표 16-1-1]을 통해서 확인해 보자. 표의 제1열과 제2열은 각각 노동공급량과 노동자의 평균임금수준을 보여 주고 있다. 노동공급량이 증가할 때 평균임금이 상승하고 있는 것은 우상향하는 노동의 시장공급곡선을 반영하고 있다.

예컨대 기업이 100명을 고용하려면 단위당 40,000원을 지급해야 한다. 추가로 1명을 더 채용하려면 이 기업은 41,000원을 지급할 것이다. 제3열은 총인건비를 보여 주고 있다. 총인건비는 노동공급량과 그 때의 평균임금을 곱한값이다. 제4열은 노동의 한계비용으로서 1단위의 노동을 추가적으로 고용했을 때 총비용의 변화를 나타낸다. 노동의 한계비용은 총인건비를 나타낸 제3열로부터 계산할 수 있다.

즉, 101번째 노동의 한계비용은 141,000(=4,141,000−4,000,000)원이 된다. 이는 101명이 공급되고 있을 때의 평균임금인 41,000원보다 훨씬 높다. 그것은 101번째 노동자 한 사람을 추가로 채용하기 위해 기존의 노동자 100명에게도 1,000(=41,000−40,000)원씩 임금을 더 지불해야 되기 때문이다. 표에서 보듯이 일반적으로 노동의 한계비용은 평균임금수준을 초과한다.

따라서 노동의 한계비용곡선은 노동의 평균비용곡선보다 위쪽에 위치한다. 이는 한계수입곡선이 수요곡선보다 항상 아래쪽에 위치하고 있는 것과 동일한 이치이다.[3]

수요독점기업의 균형

앞 절에서 수요독점기업은 우상향하는 요소의 시장공급곡선에 직면하고 있으며, 한계요소비용곡선은 요소의 공급곡선보다 위쪽에 위치한다는 것을 살펴보았다. 이제 수요독점기업의 이윤을 극대화시킬 수 있는 고용량과 요소가격은 어떻게 결정되는지 살펴보자.

수요독점기업은 이윤을 극대화하기 위해 노동의 한계비용과 노동의 한계수입생산물(MRP_L)이 일치하는 수준에서 고용량을 결정한다. 따라서 수요독점기업의 노동고용량은 노동의 한계비용곡선과 한계수입생산물곡선이 교차하는 수준에서 결정된다.

[그림 16-1-2]는 수요독점의 상황에서 임금과 노동고용량의 결정을 설명

[그림 16-1-2] 수요독점하의 요소의 균형고용량과 균형요소가격

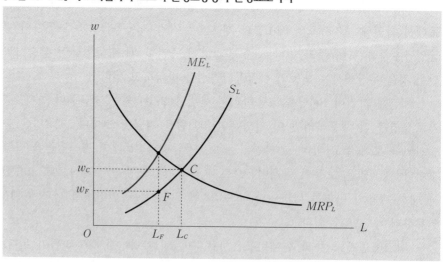

---

3 수요곡선에서는 추가로 생산물을 팔기 위해서 생산물가격(평균수입)을 인하해야 하고, 요소의 공급곡선에서는 1단위의 요소가 추가로 공급되도록 유도하기 위해서 요소가격(평균임금)을 인상시켜야 한다는 점이 다를 뿐이다.

하고 있다. S_L은 노동의 공급곡선으로 노동의 평균비용을 나타내 준다. ME_L은 노동의 한계비용곡선을 나타낸다. 수요독점시장에서는 완전경쟁 요소시장과 달리 ME_L곡선과 S_L곡선이 일치하지 않는 것에 유의하기 바란다. S_L곡선이 양의 기울기를 가지므로 ME_L곡선은 S_L곡선보다 위쪽에 위치하고 기울기도 더 크다.

수요독점기업은 ME_L과 MRP_L이 만나는 점에서 노동의 고용량(L_F)을 결정한 다음 독점력을 행사하여 이를 공급받을 수 있는 최소금액(w_F)만을 지급한다.[4] 노동시장이 완전경쟁의 경우라면 임금은 w_c, 고용량은 L_c에서 결정된다.

여기서 MRP_L곡선은 수요독점기업의 요소에 대한 수요곡선이 아니라는 점에 주의를 기울여야 한다. 수요독점의 경우 요소에 대한 수요곡선은 존재하지 않는다. 수요독점자는 가격설정자(價格設定者)이기 때문이다. 이는 생산물시장에서 독점기업의 공급곡선이 존재하지 않는 것과 마찬가지이다. 수요독점기업은 이윤을 극대화할 수 있는 고용량을 먼저 결정한 다음 이를 가장 싸게 구입할 수 있는 요소가격을 스스로 결정하는 자이다. 주어진 요소가격하에서 가격순응자(價格順應者)로서 최적고용량을 결정하지 않는다. 따라서 [그림 16-1-2]에서 MRP_L은 노동의 한계수입생산물곡선을 나타낼 뿐 결코 노동의 수요곡선은 아니다.

지금까지의 분석결과는 장기에도 적용될 수 있다. 장기에서도 수요독점자는 이윤극대화를 위해 모든 생산요소의 한계수입생산물과 한계비용이 일치되는 점에서 고용량을 결정할 것이다. 그러므로 장기에서 수요독점기업은 다음 식들을 동시에 만족시킬 수 있도록 자본과 노동의 고용량을 결정한다.

(16.1.1) $ME_L = MP_L \cdot MR \ (= MRP_L)$

(16.1.2) $ME_K = MP_K \cdot MR \ (= MRP_K)$

여기서 ME_L: 노동의 한계비용
ME_K: 자본의 한계비용

이 방정식들은 장기적으로 이윤을 극대화시켜 주는 요소고용의 조건이 된다.

---

4 어떤 기업이 생산요소에 대한 수요독점적 지위를 확보하면 그 기업은 완전경쟁적 생산물시장하에서 행동하지 않는다(완전경쟁시장은 진입과 퇴출비용이 없는 시장임을 상기하라). 따라서 수요독점을 다룰 때 으레 생산물시장은 불완전경쟁시장을 가정한다.

16.1.4 수요독점의 후생적 평가

수요독점하의 균형점의 효율성을 [그림 16-1-3]을 이용하여 평가해 보자. 수요독점의 균형고용량은 그림의 L_F이다. 그런데 L_F보다 1단위 더 채용한다면(즉 $L_F + 1$번째 노동을 채용한다면) 가계가 부담하는 노동공급의 비용(S_L곡선의 높이)은 $L_F + 1$번째 노동의 한계생산물가치(VMP_L의 높이)보다 낮다. 따라서 사회적 관점에서는 $L_F + 1$번째 노동도 채용되는 것이 바람직하다. 이와 같은 논리를 계속 적용하면 사회적 관점에서의 최적고용량은 L_C이다. 수요독점하의 균형고용량과 사회적 관점에서의 최적고용량이 일치하지 않는다는 것으로부터 수요독점하의 자원배분은 완전경쟁하의 자원배분에 비해 비효율적이라는 것을 알 수 있다.[5]

수요독점기업이 완전가격차별을 할 수 있다면 수요독점으로 인한 비효율성은 제거될 수 있다. 이는 독점에 의한 사회적 비용을 완전가격차별에 의해 제거할 수 있었던 것과 동일하다. [그림 16-1-3]의 S_L곡선은 노동의 공급곡선을 나타내고 있다. 공급곡선은 주어진 임금하에서 얼마나 많은 노동자들이 일할 용의가 있는가를 나타낸다. 수요독점자가 각 개별 노동자의 기회비용만을

[그림 16-1-3] 수요독점하의 균형가격

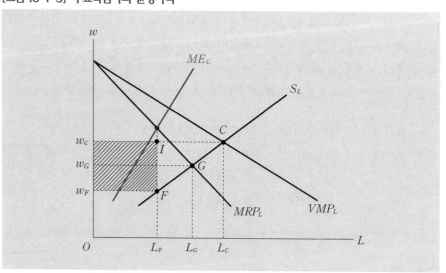

---

5 물론 생산물시장이 불완전경쟁이라면 효율적 고용량은 L_G가 될 것이다.

차별적으로 지급할 수 있을 경우 최적고용량은 MRP_L과 S_L이 교차하는 G점에서 결정된다. G점은 분명히 단일가격(uniform-price)을 채택하고 있을 때 수요독점하의 균형점인 F점보다 효율적이다.

16.1.5 수요독점적 착취

수요독점적 착취를 설명하기 위해 경쟁적 시장하의 균형임금과 수요독점하의 균형임금을 비교해 보자.

생산물시장과 노동시장이 모두 경쟁적인 상황하에서의 균형임금수준을 생각해 보자. 노동의 공급곡선과 한계생산물가치곡선이 [그림 16-1-3]의 S_L과 VMP_L로 주어져 있을 때 경쟁적 시장하에서 균형임금은 w_C, 균형고용량은 L_C가 될 것이다. 경쟁적 균형상태에서 노동자는 정확히 총생산물에 대한 자신의 기여분, 즉 한계생산물가치만큼 보수로 받는다.

이제 생산물시장은 독점이고 노동시장은 수요독점적인 상황을 생각해 보자. 앞에서 보았듯이 수요독점하의 균형임금은 w_F이고 고용량은 L_F이다. 수요독점하의 균형임금은 한계생산물가치(VMP_L)는 물론 한계수입생산물(MRP_L)보다 작다.

이상의 결과를 통해 수요독점기업이 지급하는 임금 w_F는 경쟁시장하의 균형임금인 w_C보다 낮다는 것을 알 수 있다. w_F가 w_C보다 낮게 책정된 것은 수요독점이 존재한다는 데서 비롯된다. 요소시장과 생산물시장이 경쟁시장이었다면 노동의 한계가치(VMP_L)만큼을 임금으로 받았을 것이다. 그러나 수요독점이라는 특수상황으로 인해 한계생산물에 못 미치는 임금을 받게 된다. 그런 의미에서 이를 수요독점적 착취(monopsonistic exploitation)라고 말하기도 한다. 수요독점적 착취의 크기는 [그림 16-1-3]의 빗금친 사각형 $w_F w_C IF$의 면적과 같다.

수요독점적 착취는 생산물시장에서의 시장지배력에 의한 착취와 요소시장에서의 시장지배력에 의한 착취로 나누어진다. 만일 생산물시장만 독점이고 노동시장은 완전경쟁적이라면 앞에서 보듯이 노동시장의 균형점은 [그림 16-1-3]의 G점으로 묘사된다. 생산물시장만 독점인 상황하의 균형상태인 G점에서 균형임금은 VMP_L보다는 낮지만 MRP_L과 일치한다. 따라서 $w_G w_C$만큼의 임금착취는 상품시장의 독점에 기인한 것이다. 반면에 수요독점에 의한 임금착취는 $w_F w_G$가 된다.

　수요독점적 착취는 수요독점하의 고용수준에서 MRP_L과 균형임금의 차이를 나타내는 개념이 아니다. 이는 완전경쟁하에서 받을 수 있었던 임금(VMP_L)과 수요독점하의 균형임금간의 차이를 나타내는 개념이라는 것에 유의하기 바란다.

16.2
요소시장에서의 공급독점

16.2.1 공급독점의 조건

다음과 같은 경우를 생각해 보자. 한 수퍼탤런트가 있다. 이 유명 배우는 여러 TV방송국으로부터 출연요구를 받고 있다. 이와 같이 요소의 공급자가 한 사람뿐인 시장을 공급독점 요소시장(供給獨占 要素市場)이라고 한다.

공급독점 요소시장
요소의 공급자가 한 사람뿐인 시장

　대부분의 요소는 대체성이 강하므로 생산요소의 공급자가 독자적으로 강력한 시장지배력을 행사하는 것은 쉬운 일이 아니다. 최고의 연예인이나 탁월한 운동선수처럼 특수한 경우에 한하여 특정 개인이 시장지배력을 행사할 수 있을 뿐이다. 통상 요소시장에서 공급독점력(供給獨占力)은 특정 생산요소의 소유자들로 구성되는 단체나 협회(예컨대 노동조합, 의사협회)를 통해서 행사된다.

16.2.2 공급독점 요소시장의 균형

공급독점 요소시장을 분석하기 위해 노동시장의 수요자들은 경쟁적이고 공급자는 노동조합으로서 유일하다고 하자.

　먼저 노동조합의 전체 구성원, 즉 노동의 총공급량은 [그림 16-2-1]에서처럼 L_0로 주어져 있다. 이 때 노동공급의 기회비용은 C로서 일정하다. 노동에 대한 시장수요곡선은 D_L로 주어져 있다. 또 D_L에 상응한 노동의 한계수입은 MR_L곡선으로 나타나 있다. MR_L곡선은 노동 1단위를 추가로 공급(판매)했

[그림 16-2-1] 요소공급독점자의 행동 : 기회비용이 일정한 경우

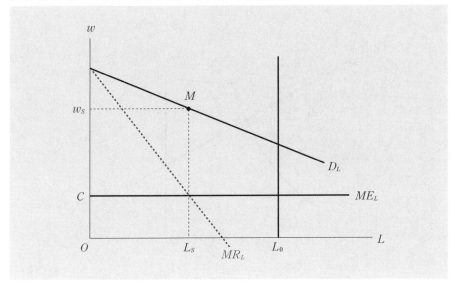

을 때 늘어난 매출액(노동조합의 입장에서 임금수입)을 말한다. 이러한 상황에서 노동소득을 극대화하려는 노동조합은 기업주에게 어떤 조건을 제시할까?

노동조합은 MR_L의 크기와 노동공급의 한계비용(ME_L)인 C가 같아지는 L_S만큼의 노동만 공급한다. L_S의 노동이 수요(채용)될 수 있는 최대임금은 w_S가 된다. 따라서 노동조합은 w_S의 임금을 요구할 것이다. 물론 w_S의 임금하에서 수요량(고용량)은 L_S가 된다. 이 때 총임금(總賃金)은 사각형 $Ow_S ML_S$의 면적이다. 여기서 주목할 것은 노동공급량을 L_S로 제한하기 위해 노동조합이 의도적으로 $L_S L_0$만큼의 노동력을 유휴노동력으로 보유하게 된다는 점이다.

이제 노동공급의 기회비용이 일정하지 않고 노동의 공급량이 늘어날 때 기회비용이 체증한다고 하자. 이 가정은 노동이 여가 등의 다른 용도에도 사용될 수 있다는 것을 시사하고 있다. [그림 16-2-2]의 D_L은 노동에 대한 수요곡선을 나타낸다. 따라서 D_L곡선은 평균임금을 나타내주는 곡선으로 해석할 수 있다. MR_L곡선은 노동조합이 노동이란 상품을 1단위만큼 추가로 판매할 때 늘어나는 임금수입(노동이란 상품의 매출액)의 증분(增分), 즉 노동의 한계수입 $\left(\dfrac{\Delta I}{\Delta L}\right)$을 나타낸다. [그림 16-2-2]의 OC_L곡선은 노동 1단위를 추가적으로 공급할 때 드는 한계비용, 즉 노동공급의 기회비용을 나타내고 있다. OC_L곡선의 우상향은 노동에서 오는 고통의 가치가 노동시간이 늘어날수록 체증한다는 것

[그림 16-2-2] 요소공급독점자의 행동 : 기회비용이 체증하는 경우

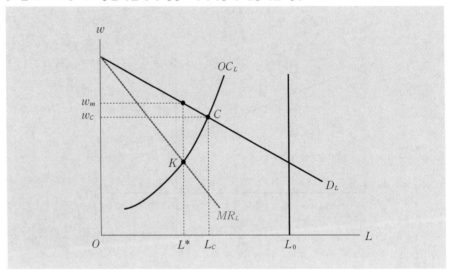

을 반영하고 있다. 노동조합은 노동의 한계수입(限界收入)과 한계비용(限界費用)이 만나는 K점에 상응한 노동량을 공급한다. 즉, 노동조합은 L^*만큼만 공급하고 w_m을 요구할 것이다. 만일 노동시장이 완전경쟁적인 경우라면 노동공급의 기회비용곡선(OC_L)은 노동의 시장공급곡선이 된다. 따라서 경쟁적 노동시장의 균형은 C점에서 이루어지고 이 때의 균형임금과 고용량은 각각 w_c와 L_c이다. 노동조합은 완전경쟁 노동시장과 비교해 볼 때 L^*L_c만큼의 노동공급량을 제한함으로써 노동 1단위당 $w_c w_m$만큼의 프리미엄을 얻고 있다.[6]

16.3
쌍방독점 요소시장

16.3.1 쌍방독점의 조건

쌍방독점

요소의 공급자와 수요자가 모두 하나뿐인 시장

쌍방독점(bilateral monopoly)이란 요소의 공급자와 수요자가 모두 하나뿐인 시장을 말한다. 쌍방독점하에서는 수요자나 공급자 모두 요소가격(要素價格)에

---

6 이는 생산물시장에서 독점기업이 생산량을 제한하여 생산물의 가격을 올리는 원리와 동일하다.

대한 시장지배력을 갖는다. 노동의 수요자인 광산업자가 1인뿐인 외딴 광산촌에 강력한 노동조합이 결성되어 있는 경우, 그리고 전문화된 특수요소의 경우 쌍방독점이 나타날 수 있다. 예컨대 핵전문가나 특수선박에만 사용되는 특수용접공에 대한 수요와 공급은 모두 독점화되어 있을 수 있다.

16.3.2 쌍방독점시장의 균형

쌍방독점하의 요소의 균형가격과 고용량은 어떻게 결정될까? 지금까지 살펴본 요소시장에서의 수요독점이론과 공급독점이론을 결합하면 쌍방독점하에서의 균형가격과 고용량을 알 수 있다.

쌍방독점하의 균형을 [그림 16-3-1]을 통해서 살펴보자. 횡축에는 노동의 고용량을, 종축에는 임금을 나타냈다. 그림에서 수요독점기업(앞의 예에서 광산업자)은 L_b를 w_b에 구입하고자 할 것이다. 수요독점기업은 노동의 한계비용곡선(ME_L)과 노동의 한계수입생산물곡선(MRP_L)이 교차하는 B점에서 고용량을 정하고 이를 최소비용으로 구입하려 한다.

이제 요소의 공급자(供給者)만 독점력을 행사할 수 있고 수요자(需要者)는 가격순응자로 행동한다고 하자. 이러한 상황에서, 노동조합의 입장에서 노동

[그림 l6-3-l] 쌍방독점

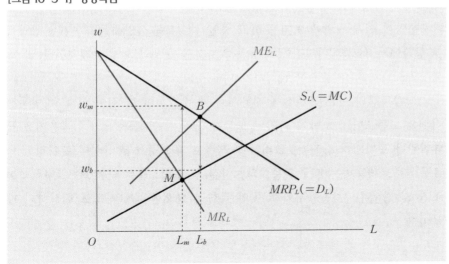

의 한계수입곡선은 MR_L(이는 물론 노동에 대한 시장수요곡선 D_L로부터 도출된다)이 되고, 노동의 한계비용곡선은 S_L이 된다. 따라서 노동조합은 MR_L과 S_L이 교차하는 M 점이 나타내는 L_m만큼을 공급하고 w_m의 임금을 요구한다.

이와 같이 쌍방독점하에서는 수요자와 공급자가 주장하는 임금과 고용량이 서로 달라진다. 이러한 상황에서 임금은 w_b와 w_m 사이에서, 그리고 고용량은 L_b와 L_m 사이에서 결정될 것이다. 물론 최종결과를 예측하기란 지금 우리가 알고 있는 정보만으로는 거의 불가능하다.

협상의 최종 결과는 쌍방의 상대적인 협상능력과 협상의 입지에 따라 결정될 것이다. 협상의 입지는 노동조합과 사용자(혹은 사용자단체)의 정치적 역학관계, 신뢰할 수 있는 협박의 이용가능성, 협상지연의 비용과 여론 등에 의해서 결정된다. 어느 일방이 상대방에게 현실화될 가능성이 매우 크고, 신뢰할 수 있는 협박을 가할 수 있다면 자신의 입지를 보다 강화시킬 수 있다. 예컨대 사용자측이 기업폐쇄라도 사양치 않겠다고 위협하면서 그에 대한 설득력 있는 이유를 제시할 수 있다면 이는 기업주측에게 유리하게 작용할 것이다. 또 협상의 진행과정에서 노동조합이 파업자금의 고갈 등으로 인해서 파업을 오래도록 견디어 내지 못할 상황이라면(즉, 협상지연의 비용이 매우 크다면) 노조의 협상 입지는 약화된다.

쌍방독점이론(雙方獨占理論)은 쌍방독점하의 임금수준(賃金水準)과 고용량(雇傭量)이 어떻게 결정되는지를 명확히 보여 주지는 못한다. 그러나 이 이론은 단체협약이 쉽게 결말을 보지 못하고 지연되는 것을 설명해 주고 있다. 쌍방독점 상황에서 흥정의 귀결점이 무엇인지는 최근 개발되고 있는 계약이론(契約理論, contract theory)의 중요한 관심사가 되고 있다.

쌍방독점의 이론을 현실에 적용시킬 때 주의해야 할 점이 있다. 쌍방독점이론은 노동조합이 조합에 가입된 노동자 전체, 즉 노동조합의 임금총액을 극대화한다고 가정하고 있다. 그러나 과연 현실의 노동조합이 실제로 이러한 목표를 갖고 행동하는지는 의문이다. 현실의 노동조합은 근로조건, 후생복지조건 및 잔업수당, 연공서열제 등의 복합적 문제를 총괄적으로 협상하기 때문이다.

_요약 SUMMARY

❶ 수요독점 요소시장은 생산요소의 수요자가 한 사람뿐인 요소시장을 말한다. 수요독점은 생산요소의 퇴출비용이 클 때 존재한다.

❷ 수요독점기업의 노동고용량은 노동의 한계비용곡선과 한계수입생산물곡선이 교차하는 수준에서 결정된다. 요소의 한계비용곡선은 평균비용곡선보다 위쪽에 위치한다. 이는 한계수입곡선이 수요곡선보다 항상 아래쪽에 위치하고 있는 것과 동일한 이치이다.

❸ 수요독점의 경우 요소에 대한 수요곡선은 존재하지 않는다. 이는 생산물시장에서 독점기업의 공급곡선이 존재하지 않는 것과 마찬가지이다.

❹ 수요독점자는 이윤을 극대화할 수 있는 고용량을 먼저 결정한 다음 이를 공급받을 수 있는 최소금액만을 지급한다. 수요독점하에서의 노동의 고용량과 임금은 완전경쟁하에서보다 작다. 이는 수요독점하의 자원배분이 완전경쟁하에서보다 비효율적이라는 것을 시사한다.

❺ 쌍방독점은 요소의 공급자와 수요자가 모두 하나뿐인 시장을 말한다. 쌍방독점하의 요소의 균형가격은 수요독점자의 균형가격과 공급독점자의 균형가격의 사이에서 결정된다. 쌍방독점이론은 쌍방독점하의 임금수준과 고용량이 어떻게 결정되는지 명확히 보여 주지 못한다. 쌍방독점하에서 균형요소가격과 고용량의 구체적 값은 쌍방의 협상능력과 협상의 입지에 따라 결정된다.

01 제품은 완전경쟁시장에서 판매하고 노동시장에서는 수요독점자로서 행동하는 기업이 있다. 제품의 시장가격은 9,000원이다. 한 단위의 노동을 채용하면 채용된 노동의 수준에 상관없이 생산량은 4단위만큼 증가한다. 수요독점기업의 노동의 공급함수는 다음과 같이 주어져 있다(단, W는 임금).

$$\text{노동의 공급함수}: L = 40W$$

(a) 노동의 한계지출함수 혹은 한계비용함수(ME_L)를 구하라.

(b) 수요독점기업의 최적고용량과 임금을 구하라.

(c) 요소시장이 완전경쟁적일 경우 균형임금과 고용량을 구하라.

02 수요독점기업의 노동의 공급함수와 한계수입생산물(MRP_L)함수가 다음과 같이 주어져 있다.

$$\text{노동의 공급함수}: L = 40W$$

$$\text{노동의 한계수입생산물함수}: L = 800 - 20MRP_L$$

여기서 L: 노동 W : 임금
MRP_L: 노동의 한계수입생산물

(a) 노동의 한계지출함수 혹은 한계비용함수(ME_L)를 구하라.

(b) 수요독점기업의 최적고용량과 임금을 구하라.

(c) 최저임금이 15원으로 책정되었을 때 고용량을 구하라.

(d) 최저임금이 32원으로 책정되었을 때 고용량을 구하라.

03 요소의 수요독점하에 있는 시장에 최저임금제가 도입되었을 때 완전경쟁 요소시장 때보다 고용량이 더 늘어날 경우는 어떠한 경우인가?

04 특정 기업이 생산물시장에서 공급독점력을, 그리고 요소시장에서 수요독점력을 갖고 있다. 수요독점을 금하는 법률이 제정되었다. 이러한 법률의 제정이 임금수준과 사회후생수준에 미치는 영향은?

05 수요독점적 착취의 크기를 그래프로 설명하라.

06 미국의 노동법은 노동조합과 사용자간에 단체협상(collective bargaining)이 진행되고 있을 때 개별노동자와 사용자간의 협상을 불법으로 규정하고 있다. 이러한 제도의 존재 이유를 설명하라.

07 포스코는 포항에 거주하는 노동자들에 대한 유일한 수요자이면서 생산물인 제철시

장에서 유일한 공급자라고 하자. 이러한 경우 포스코는 생산물시장과 요소시장을 모두 독점하고 있다. 이러한 수요독점하에서의 임금결정방식을 설명하라.

08 보건복지부가 의과대학의 신설을 제한하고 있다. 이러한 진입정책이 의사시장에 미치는 영향을 그래프를 이용하여 분석하라.

개 요___

지금까지 설명한 이론들은 부분균형분석에 입각하고 있다. 부분균형분석은 특정 상품가격의 결정요인이 무엇인지를 이해하는 데 유용한 분석도구이다. 그러나 시장간의 상호관계나 국민경제 전체의 작동원리를 파악하는 데는 적합하지 않다. 이 편에서는 시장간의 상호관계를 고려하는 일반균형분석을 설명하기로 한다.

17장에서는 일반균형의 기본모형과 경쟁적 가격체계의 특징을 분석한다. 18장에서는 일반균형분석 기법을 이용하여 후생경제이론을 설명한다. 후생경제학은 경제정책에 따른 자원배분을 비교함으로써 경제정책간의 우열을 판단해 주는 경제정책이론이다.

CHAPTER

17

일반균형이론

부분균형 분석은 단일시장을 분석대상으로 한다. 이와 달리 일반균형분석의 대상은 여러 개의 상호연결된 시장으로 구성된 국민경제이다.

일반균형모형은 경제정책이론인 후생경제학의 초석이다. 대부분의 경제정책은 여러 시장에 영향을 미치므로 이들의 정책효과는 국민경제 전체의 입장에서 판단하지 않을 수 없다. 일반균형모형은 최근 컴퓨터 기술의 발달로 현실 적용가능성이 높아짐으로써 그 유용성을 더욱 인정받고 있다.

이 장에서는 먼저 순수교환경제하의 일반균형모형을 설명함으로써 일반균형상태의 본질을 개관한다. 그리고 시장경제에 있어서의 일반균형의 특징을 논한다. 후반부에서는 왈라스법칙과 일반균형의 존재를 설명한다.

17.1
일반균형이론의 의의

지금까지 논의한 가격결정에 관한 이론들은 부분균형분석을 이용한 것이었다. 예컨대 소비자와 기업의 행동, 생산물시장과 요소시장의 가격결정 요인을 분석할 때, '다른 조건이 일정하다(ceteris paribus)'는 가정하에 대부분의 변수들은 이미 주어진 것으로 간주하였다. 소비자이론에서는 모든 상품의 가격과 소득이 이미 결정되어 있는 것으로 가정하였고, 생산자이론에서는 생산요소의 가격이 주어진 것으로 가정하였다. 그리고 특정시장을 분석할 때에도 다른 시장의 상황은 고려하지 않았다.

부분균형이론
다른 조건이 일정하다(ceteris paribus)는 가정하에 특정시장 혹은 특정 경제주체만을 분석하는 경제모형

부분균형이론(部分均衡理論, partial equilibrium theory)은 시장간의 상호작용이 크지 않을 때 적합한 분석도구이다. 예를 들어 주류에 대한 특별소비세의 부과가 술값이나 거래량에 미치는 효과를 분석할 경우 부분균형분석은 유용한 분석도구가 될 것이다. 이러한 상황에서 다른 상품들의 가격이 불변이라는 가정은 현실적으로 타당하다고 볼 수 있다.

그러나 여러 시장이 상호연결되어 있는 경우 부분균형분석은 적합한 분석기법이 되지 못한다. 예컨대, 정부가 자동차 수입관세를 인상했다고 하자. 이러한 보호무역정책은 국산 자동차의 수요곡선을 밖으로 이동시킴으로써 자동차가격을 상승시키고 국산 자동차의 생산량을 증대시킬 것이다. 이로 인해 국산 자동차의 부품수요 및 노동자들에 대한 고용 역시 증대할 것이다. 결국 국산부품가격과 임금이 인상되고 자동차가격은 추가로 인상될 것이다.

이처럼 자동차시장에서 발생한 관세율 인상이라는 최초의 충격은 부품과 노동시장 등 여러 시장에 전달되고 그 파급효과는 진원지인 자동차시장에 다시 영향을 미치게 된다.

이 예에서 보듯이 여러 시장이 상호연결되어 있는 경우 외생적 충격이 특정시장이나 전체 국민경제에 어떤 영향을 미쳤는지를 정확히 파악하려면 상호관련된 여러 시장을 동시에 고려해야 한다. 상호관련된 시장을 동시에 고려하는 경제모형을 일반균형이론(一般均衡理論, general equilibrium theory)이라 하고, 이러한 분석기법을 일반균형분석이라고 한다.

일반균형이론
상호관련된 시장을 동시에 고려하는 경제모형

일반균형상태란 국민경제 내의 모든 시장이 동시에 균형을 이루고 있는

상태를 의미한다. 이는 모든 시장에서 수요량과 공급량이 일치하고 모든 경제 주체들의 최적행동이 상충되지 않고 유지되고 있는 상태이다.[1] 일반균형상태 는 특정 시장이나 개별경제주체만 균형인 부분균형상태에 대(對)한 개념이다.

일반균형이론은 거시경제학과 매우 밀접한 관련을 갖는다. 일반균형이론 은 시장간의 상호관계를 규명한다는 점에서 거시경제학의 목표와 같다. 다만 거시경제학은 시장간의 상호관계를 물가나 GNP 등의 총량변수를 이용하여 설명하는 데 반하여 일반균형이론은 개별소비자, 생산자 그리고 개별상품시장 분석을 통하여 설명한다. 거시경제학의 이론은 생산물시장, 노동시장, 화폐시 장, 증권시장 등 네 개의 시장으로 구성된, 단순화된 일반균형이론이라고 볼 수 있다. 이러한 의미에서 거시경제학은 일반균형이론의 특수이론이라고 볼 수 있다.

17.2
일반균형모형(I): 순수교환경제

일반균형의 특징을 이해하기 위해 생산이 없고 화폐가 존재하지 않는 순 수교환경제를 생각해 보자. 분석의 편의상 A, B 두 명의 소비자와, X, Y 두 종류의 상품만 존재하는 2인-2재(2人-2財) 경제에서의 자원배분을 분석해 보 기로 한다. 일반균형분석의 특징을 명확히 보여 주기 위해 부분균형분석을 통 해서 먼저 살펴본 후 이를 다시 일반균형분석을 이용해서 설명하기로 하자.

17.2.1 부분균형분석

초기에 소비자 A는 11단위의 X재와 8단위의 Y재를, 소비자 B는 4단 위의 X재와 12단위의 Y재를 보유하고 있다. 이들의 초기 상태는 [그림 17-2-1]의 R점과 [그림 17-2-2]의 J점으로 나타나 있다. 이들의 선호체계는 무 차별곡선 I^A와 I^B로 나타나 있다. P_X와 P_Y는 각각 X재와 Y재의 가격을 나타

---

1 각 경제주체의 최적행동이 상충되지 않는다고 해서, 일반균형상태하의 사익(私益) 추구행위가 곧 공 익(公益)의 극대화를 보장하지는 않는다. 이 점에 관해서는 제21장에서 상세히 논의한다.

[그림 I7-2-I] 소비자의 부분균형: X재 공급자인 경우

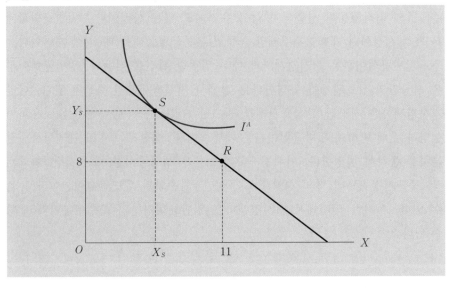

[그림 I7-2-2] 소비자의 부분균형: X재 수요자인 경우

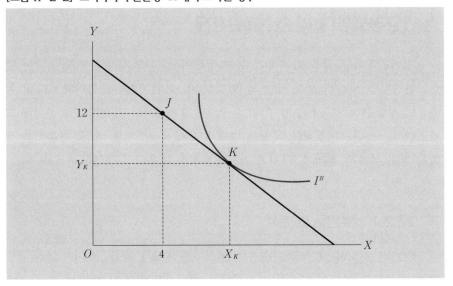

내고, $P_X = P_Y$라고 하자.

　이러한 가격체계에서 A는 R점에서 S점으로, B는 J점에서 K점으로 이동하면 효용을 극대화할 수 있다. 균형상태에 이르는 과정에서 A가 $11 - X_S$만큼 X재를 판 대가로 $Y_S - 8$만큼 Y재를 구입하고, B가 $12 - Y_K$만큼 Y재를 판 대가

로 X_K-4만큼 X재를 구입한다. 이 때 교환의 이익은 극대화된다.

이상의 설명은 자원배분에 관한 부분균형분석이다. 주어진 가격체계하에서 각자는 효용극대화를 도모하고 있을 뿐, 타인의 효용극대화의 양립가능성을 고려하지 않는다.

17.2.2 일반균형분석

이제 소비자의 행동을 일반균형모형으로 설명해 보자. 2인-2재 모형하에서 일반균형을 설명하기 위한 분석도구로는 일반적으로 에지워드 상자 (Edgeworth box)와 계약곡선이 사용된다. 우선 이들이 무엇을 의미하는지 순서대로 살펴보기로 하자.

에지워드 상자

공급량(혹은 부존량)이 고정되어 있는 두 재화 X, Y가 있다. 초기상태에 소비자 A는 X재를 11단위, Y재를 8단위 보유하고 있고, 소비자 B는 X재를 4단위, Y재를 12단위 보유하고 있다.

[그림 17-2-3]에 나타나 있듯이 A에 대한 원점을 O_A로 나타내고 X축 및 Y축을 따라 두 재화의 수량을 표시한다. 따라서 A의 초기상태는 그림 (a)의 D점으로 나타낼 수 있다. 마찬가지로 B에 대해서도 그림 (b)에서 보듯이 O_B를 원점으로 하는 좌표축을 설정할 수 있다. B의 초기상태는 그림 (b)의 E점으로 나타나 있다.

이제 B의 원점을 축으로 그림 (b)를 180도 회전시켜 보자. 그러면 그림 (b')에서 보듯이 B의 원점이 북동방향에 나타난다. 그림 (a')와 (b')를 결합하면 [그림 17-2-4]의 에지워드 상자가 만들어진다.

에지워드 상자의 각 축들은 원점의 위치에 따라 측정방향이 다르다. 따라서 A의 보유량이나 사용량을 나타낼 때는 O_A를 원점으로 B의 경우에는 O_B를 원점으로 하여 읽으면 된다. 예컨대, [그림 17-2-4]의 D점은 A와 B가 최초에 보유한 X재 및 Y재의 양을 표시한다. D점을 O_A를 원점으로 읽으면 $X=11$, $Y=8$이 되지만, O_B를 원점으로 읽으면 $X=4$, $Y=12$가 된다. 에지워드 상자는 두 그림을 합쳐 놓았기 때문에 [그림 17-2-3] (a)의 D점과 (b)의 E점은 에지워

[그림 I7-2-3] 에지워드 상자의 도출

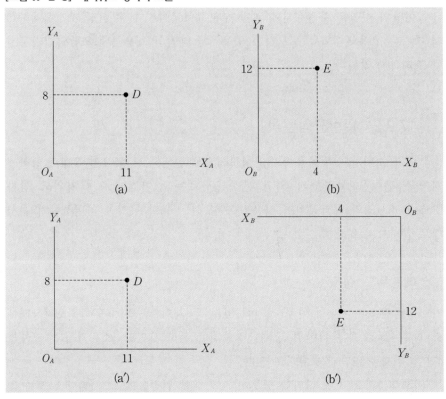

[그림 I7-2-4] 에지워드 상자

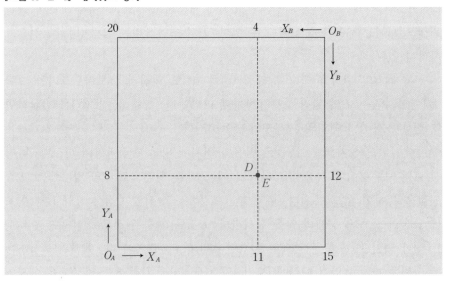

드 상자 내에서 동일한 점이 된다.

에지워드 상자는 다음과 같은 성질을 지닌다.

첫째, 에지워드 상자의 가로 및 세로의 길이는 각각 X재와 Y재의 총부존량(總賦存量)을 나타낸다. 두 사람으로 구성되는 경제에 존재하는 X재의 총부존량은 15(=4+11) 단위가 되고, Y재의 총부존량은 20(=12+8)단위이므로 이 상자의 가로의 길이는 15가 되고 세로의 길이는 20이 된다.

둘째, 에지워드 상자 안의 모든 점은 실현가능하다. 예컨대 [그림 17-2-4]의 D점에서 자원배분(資源配分)이 이루어질 경우 X재의 소비량을 보면 A가 11개, B가 4개이다. 이는 X재의 총부존량 15개와 일치한다. 또, D점에서 Y재의 소비량을 보면 A가 8개, B가 12개이다. 이는 Y재의 총부존량 20개와 일치한다.

에지워드 상자 안의 어떤 점에서는 교환의 이익이 극대화되어 효율적 소비가 이루어지고 있으며 다른 점에서는 교환의 이익이 실현되지 않고 있다. 교환의 이익이 극대화된 자원배분은 어떠한 상황일까? 계약곡선(契約曲線)은 이러한 자원배분을 찾아 내는 데 유용한 분석도구이다.

계약곡선

초기 부존상태가 [그림 17-2-5]의 D점으로 주어져 있다. 교환에 수반되는 거래비용(去來費用)이 없고 교환의 이익이 존재한다면 두 사람 사이에 교환이 발생할 것이다. 어떤 종류의 교환이 발생할까? 이를 파악하기 위해 에지워드 상자 속에 각자의 선호체계를 그려 넣어 보자. [그림 17-2-5]에 A의 무차별곡선은 O_A를, B의 무차별곡선은 O_B를 원점으로 그려져 있다. 물론 각자의 원점에서 멀어질수록 각자의 효용은 증가한다.

에지워드 상자 안의 어떤 점에서 교환의 이익이 존재하는지 알아보자. 먼저 초기점인 D점을 통과하는 두 사람의 무차별곡선, U_{A1}과 U_{B1}이 만들고 있는 고구마 모양의 빗금친 영역을 생각해 보자. 이 영역 안에 있는 임의의 점에서는 두 사람 모두 초기점(D점)에서보다 더 높은 효용을 얻을 수 있다. 예컨대 G점을 통과하는 A의 무차별곡선은 D점을 통과하는 A의 무차별곡선보다 위쪽에 위치하고 있으므로 A의 효용수준은 G점에서 더 높아진다. 마찬가지로 B

[그림 17-2-5] 계약곡선

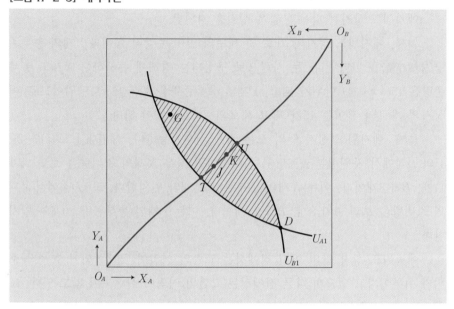

의 효용수준도 D점보다 G점에서 더 높아진다.

따라서 어떤 배분점에서(즉, 에지워드 상자 내부의 임의의 한 점) 두 사람의 무차별곡선이 접하지 않고 교차하면서 고구마 모양의 영역을 만들어 낸다면 이는 두 소비자 모두에게 교환의 이익이 존재함을 말해 주는 것이다. 소비자들은 당연히 교환의 이익을 추구하기 위해 고구마 모양의 영역 안에 있는 새로운 배분점으로 이동할 것이다.

교환의 이익이 고갈되는 배분점에서는 쌍방의 무차별곡선이 접한다. 두 사람의 무차별곡선이 접하는 점들의 자취 혹은 두 사람의 한계대체율(MRS)이 일치하는 점들의 자취를 계약곡선(契約曲線, contract curve) 혹은 갈등곡선(葛藤曲線, conflict curve)이라고 부른다.

계약곡선은 [그림 17-2-5]에 곡선 $O_A TJKUO_B$로 나타나 있다. 두 사람 사이의 계약이 이 곡선상의 한 점에서의 자원배분을 목표로 체결된다는 것 때문에 이 곡선을 계약곡선이라 부른다. 또 갈등곡선이란 이름은 이 곡선을 따라 움직일 때 서로의 이익이 충돌한다는 데서 기인한다.

계약곡선상에 있는 모든 점들은 효율적 배분이고, 계약곡선 밖에 있는 모든 점은 비효율적 자원배분이다. 계약곡선 밖에서 자원배분이 일어날 경우 모두

계약곡선

모든 소비자의 한계대체율이 일치하는 점들의 자취

의 효용을 증가시킬 수 있는 자원배분이 어디엔가 반드시 존재하기 때문이다.

순수교환경제하의 일반균형

이제 A와 B가 아무런 거래비용(去來費用) 없이 거래할 수 있다고 하자. 계약이 이행된 이후 최종 배분상태는 어떠한 모습일까? 최종 배분상태는 더 이상의 자발적 거래가 이루어지지 않는 상태이다. 즉 교환의 이익이 고갈된 상황이다. 한 사람의 효용이 감소되지 않고서는 다른 사람의 효용을 증가시킬 수 없는 배분상태에서 교환은 더 이상 일어나지 않게 된다. 이러한 상태를 파레토 최적상태 혹은 파레토 효율적 배분이라고 한다. 이러한 상황은 쌍방의 한계대체율이 일치한 상황이다.

파레토 최적 상태
한 사람의 효용을 감소시키지 않고 서는 다른 사람의 효용을 증가시킬 수 없는 배분상태

이상의 논의는 순수교환경제에서의 일반균형상태는 계약곡선상의 한 점에서 달성된다는 것을 말해 준다. 일반균형상태에서는 두 사람이 각자 효용극대화(效用極大化)를 도모하고 따라서 부분균형상태에 있을 뿐만 아니라 두 사람의 균형이 병존할 수 있기 때문이다.[2]

그런데 더 이상의 교환이 일어나지 않는 상태, 즉 교환의 이익이 고갈되는 자원배분점은 무수히 많이 존재한다. 초기점이 D일 경우 [그림 17-2-5]의 T점과 U점 사이에 있는 계약곡선상의 모든 점들은 교환의 이익이 고갈되는 배분이다. 이러한 배분들 중에서 어떤 점이 최종 배분상태가 될까? 최종 배분상태는 쌍방의 교환조건에 따라 달라진다. 그러므로 이 수많은 점들 중에서 어떤 점이 최종 배분상태가 될 것이라고 단언할 수 없다. A가 흥정에 유능한 사람이라면 최종 배분상태는 U점 부근에서, B가 흥정에 유능하다면 T점 부근에서 생겨날 것이다. 쌍방의 흥정력에 관한 정보가 없는 제약하에서 예측할 수 있는 것은 최종 배분상태가 반드시 T와 U점 사이에 있는 계약곡선상의 한 점에서 실현된다는 것이다.

결론적으로 일반균형(一般均衡)은 [그림 17-2-5]의 T점과 U점 사이의 어떤 점에서도 성립할 수 있다. 따라서 순수교환경제에서의 일반균형상태는 무수히 존재한다.

---

2 계약곡선상의 한 점은 에지워드 상자 내의 한 점으로서 실현가능한 자원배분이라는 것을 확인하기 바란다.

17.3
일반균형모형(Ⅱ): 완전경쟁시장경제

17.3.1 경쟁적 일반균형

완전경쟁시장경제하의 일반균형을 '경쟁적 일반균형(競爭的 一般均衡)'이라고 부른다. 경쟁적 일반균형상태에서는 다음 두 가지 조건이 동시에 충족되어야 한다. 첫째, 모든 소비자가 최적상태에 있어야 한다. 둘째, 모든 시장의 균형이 동시에 달성되어야 한다. 이를 위해서는 모든 시장에서 초과수요가 없어야 한다.

예컨대 [그림 17-3-1]에 나타낸 것처럼 각 소비자의 초기 부존량이 D점이고 예산선이 직선 RDS로 주어질 때 소비자 A의 균형점은 $R(X_A, Y_A)$, 소비자 B의 균형점은 $S(X_B, Y_B)$이다. 이러한 배분은 경쟁적 일반균형상태의 첫 번째 조건은 충족시키지만 두 번째 조건을 충족시키지 못하므로 일반균형상태가 아니다. 이를 확인하기 위해 이러한 배분하에서 두 소비자의 상품별 총수요량

[그림 I7-3-I] 일반균형상태가 아닌 경우의 자원배분

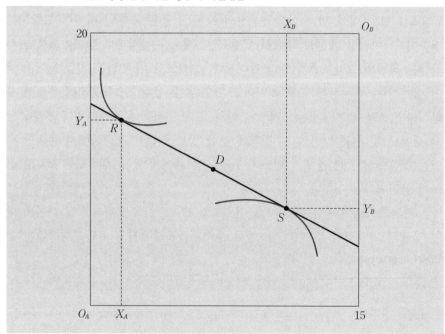

을 계산해 보자. X재의 수요량은 $O_AX_A + O_BX_B$로서, 이는 X재의 총부존량인 15개보다 작다. 즉 X재 시장은 초과공급상태에 있다. Y재의 수요량은 $O_AY_A + O_BY_B$로서, 이는 Y재의 총부존량인 20보다 크다. Y재 시장은 초과수요 상태에 있다.

이들 두 조건이 모두 충족되는 경쟁적 일반균형상태를 논하기 위해서 오퍼곡선이라는 새로운 분석도구를 도입해 보자.

오퍼곡선

계약곡선은 일반균형상태의 특징을 시각적으로 잘 보여 준다. 그러나 불균형상태에서 어떠한 과정을 거쳐 균형상태로 접근하는가는 보여 주지 않는다. 부분균형분석에서 불균형상태로부터 균형상태로의 조정과정을 분석하고자 할 때는 수요-공급곡선이 보다 유력한 분석도구가 된다.

그런데 부분균형분석에서 사용한 수요-공급곡선은 특정 시장만을 다루고 있어 일반균형모형에 적합한 분석도구가 되지 못한다. 오퍼곡선은 일반균형모형에서 두 시장의 수요-공급곡선을 동시에 나타낼 수 있는 분석도구이다. 이는 소비자이론의 가격소비곡선(價格消費曲線)을 이용하여 도출할 수 있다.

오퍼곡선(offer curve)은 어떤 경제주체가 기꺼이 구입하고자 하는 수요량과 팔고자 하는 공급량의 조합을 나타낸다. 그래프를 이용해서 오퍼곡선을 도출해 보자. A의 초기 부존점은 [그림 17-3-2]의 (a)의 F점으로 $X = X_F$, $Y = Y_F$이다. F점을 통과하는 A의 무차별곡선은 U_0이다. 분석의 편의상 $P_Y = 1$이라 하자. 이 때 A의 예산선은 F점을 통과하면서 기울기가 $-P_{X0}$인 직선이 된다. 이 예산제약하에서 A의 효용을 극대화하는 점은 무차별곡선 U_1과 예산선이 접하는 G점이다.

만일 X의 가격이 P_{X1}으로 상승한다면 예산선은 F점을 통과하며 기울기가 $-P_{X1}$인 파란색 직선 FH로 바뀔 것이다. 이 때 소비자의 새로운 균형점을 H점이라 하자. 이와 같은 방식으로 도출된 소비자의 균형점을 연결하면 곡선 FGH의 가격-소비곡선을 구할 수 있다.

이제 G점에서 소비자의 순교역량(純交易量)을 생각해 보자. 초기점 F점을 새로운 원점으로 생각하면 각 점에서의 순교역량을 읽을 수 있다. F점에서 G

[그림 17-3-2] 오퍼곡선의 도출

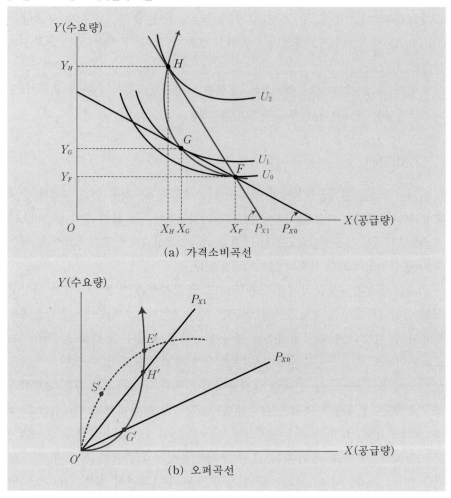

(a) 가격소비곡선

(b) 오퍼곡선

점으로의 이동은 소비자 A가 X재를 $X_F - X_G$만큼 팔아서 Y재를 $Y_G - Y_F$만큼 구입한다는 것을 의미한다. 이 때 $\dfrac{Y_G - Y_F}{X_F - X_G}$는 X재 1단위당 교환되는 Y재의 양, 즉 X재의 상대가격 $\dfrac{P_X}{P_Y}$와 같다. 마찬가지로 소비자가 H점을 택한다는 것은 $X_F - X_H$만큼의 X재를 팔고 $Y_H - Y_F$만큼의 Y재를 구입한다는 의미이다.

　이와 같이 가격-소비곡선을 순교역량(純交易量)의 관점에서 표현하면 [그림 17-3-2]의 (b)에 나타나 있는 오퍼곡선을 얻을 수 있다.

　[그림 17-3-2] (a)의 G점은 그림 (b)의 G'점에 해당한다. 마찬가지로 그림 (a)의 H점은 그림 (b)의 H'점에 해당한다. 또 그림 (a)의 초기점 F는 그림

[그림 I7-3-3] 오퍼곡선의 성질

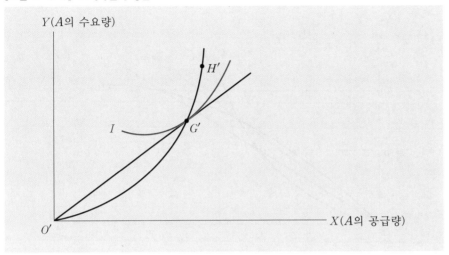

(b)의 원점 O'에 해당한다. O', G', H'와 같은 점을 연결시키면 소비자 A의 오퍼곡선이 도출된다.

마찬가지 방식으로 소비자 B의 오퍼곡선도 도출할 수 있다. B의 오퍼곡선은 그림 (b)에 곡선 $O'S'E'$로 나타나 있다. 이처럼 가격소비곡선을 순교역량으로 나타낸 곡선을 오퍼곡선(offer curve)이라고 부른다.

오퍼곡선은 다음과 같은 특징을 갖는다. 첫째, 오퍼곡선상의 임의의 한 점은 해당 소비자의 최적 상태를 반영하고 있다. 따라서 [그림 17-3-3]에서 보이고 있듯이 오퍼곡선 $O'G'H'$상의 임의의 한 점(예컨대 G'점)을 통과하는 파란색으로 나타낸 무차별곡선 I는 원점과 G'점을 연결한 직선 $O'G'$에 접한다. 이는 가격선이 $O'G'$로 주어졌을 때 A의 선택점이 G'라는 데서 기인한다.

둘째, 오퍼곡선상의 임의의 한 점은 주어진 상대가격하에서의 순수요량(純需要量)과 순공급량(純供給量)을 나타낸다. 즉, 원점과 오퍼곡선상의 한 점까지의 가로축과 세로축의 거리는 순공급량과 순수요량을 반영하고, 원점과 오퍼곡선상의 한 점을 연결한 직선의 기울기는 상대가격을 반영한다.

오퍼곡선
가격소비곡선을 순교역량으로 나타낸 곡선

경쟁적 일반균형

이제 경쟁적 시장하의 일반균형상태가 어떠한 모습인지 알아보자. 어떠한 가격체계하에서 경쟁적 일반균형상태가 성립하는지 보기 위해 [그림 17-3-4]

[그림 17-3-4] 일반균형가격의 결정

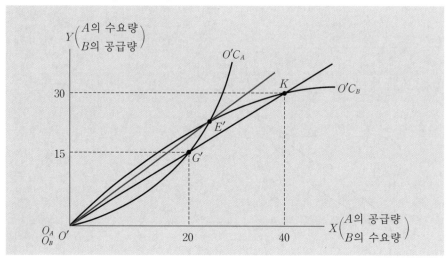

에는 두 사람의 오퍼곡선 $O'C_A$와 $O'C_B$를 함께 나타내고 있다.

이 그림의 X축은 A의 공급량과 B의 수요량, Y축은 A의 수요량과 B의 공급량을 나타낸다. 두 상품의 수요량과 공급량이 모두 일치하는 점은 $O'C_A$와 $O'C_B$가 교차하는 E'점이다. E'점에서 상대가격은 직선 $O'E'$의 기울기가 된다. 따라서 만일 직선 $O'E'$의 기울기로 시장가격이 주어지면 일반균형은 E'에서 성립하게 된다. E'점이 두 사람 모두의 오퍼곡선상에 있으므로 이는 두 소비자의 최적 선택을 나타낸다. 이와 같이 모든 소비자의 최적화와 모든 시장의 균형이 동시에 달성되는 가격체계와 그 때의 배분상태를 경쟁적 일반균형(競爭的一般均衡, general competitive equilibrium) 혹은 왈라스균형(Walrasian equilibrium)이라고 부른다.

경쟁적 일반균형점인 E'점은 바로 계약곡선상의 한 점이다. 이는 가격선이 [그림 17-3-4]의 $O'E'$로 주어질 때 E'점을 통과하는 두 소비자의 무차별곡선이 직선 $O'E'$에 접한다는 사실에서 알 수 있다. 따라서 경쟁적 가격체계하에서의 일반균형상태는 효율적 자원배분을 실현한다. 이상의 논의는 후생경제학의 제 1 정리로 요약할 수 있다.

후생경제학의 제1 정리

경쟁적 일반균형 상태는 효율적 자원배분이 실현된 상태이다.

후생경제학의 제 1 정리(first fundamental theorem of welfare economics)는 보이지 않는 손의 정리(invisible hand theorem)라고도 한다.[3]

---

3 이 정리는 제20장에서 경쟁적 균형상태가 파레토 최적조건을 달성한다는 명제로 보다 구체화된다.

17.3.2 조정과정

초기상태의 시장가격이 [그림 17-3-4]의 직선 $O'G'$의 기울기로 주어졌다고 하자. 직선 $O'G'$로 표현된 시장가격은 균형가격이 아니다. G'점의 좌표는 (20, 15), 직선 $O'G'$와 B의 오퍼곡선 $O'C_B$가 만나는 K점의 좌표는 (40, 30)이다. 이러한 상황에서는 X재의 순공급량이 20개인 데 비해 X재의 순수요량은 40개나 된다. 따라서 X재 시장에서는 초과수요가 나타난다. 또 Y재에 대한 순수요량은 15개뿐인데 Y재 순공급량은 30개이다. 따라서 Y재 시장은 초과공급 상태에 있다.

초과수요가 존재하면 상품가격이 상승하고, 초과공급이 존재하면 가격이 하락한다고 가정하자.[4] 이러한 조정과정은 X재의 가격을 상승시키고 Y재 가격을 하락시킨다. 시장가격은 직선 $O'G'$의 기울기로부터 상승한다. 이 조정과정은 두 시장의 초과수요와 초과공급이 사라질 때까지 계속되어 결국 일반균형가격은 직선 $O'E'$의 기울기가 된다.

17.4
왈라스법칙

17.4.1 왈라스법칙

일반균형모형에서는 각 시장이 다른 모든 시장과 교호작용(交互作用)을 한다. 왈라스법칙은 각 시장들간의 상호관계를 규명해 준다.

왈라스법칙(Walras' law)의 기본생각은 매우 단순하다. 모든 소비자는 예산제약하에서 행동하므로 임의의 어떤 가격하에서도 모든 소비자의 각 생산물에 대한 수요의 총시장가치(總市場價値)는 각 개인의 소득의 총합과 일치한다는 것이다. 그런데 일반균형모형에서 소득이란 각 경제주체가 보유하고 있는 재화들의 시장가치(市場價値)를 말하고 이는 모든 재화의 공급의 시장가치를 의미하므로, 임의의 가격체계하에서 모든 생산물에 대한 수요의 총가치와 공급

왈라스법칙(1)

임의의 가격체계하에서 모든 재화에 대한 수요의 총시장가치는 공급의 총시장가치와 같다.

---

4 이러한 유형의 가격조정을 왈라스의 조정과정(Walrasian adjustment process)이라고 부른다. 왈라스의 조정과정은 수량에 비해서 가격이 신속한 속도로 반응할 경우에 나타난다.

의 총가치가 항상 일치한다는 것이다.

왈라스법칙을 증명해 보자. 2인-2재 경제를 상정해 보자. X재와 Y재의 상품가격은 P_X, P_Y로 주어져 있다. 개인 i의 X재와 Y재의 초기 보유량은 각각 X_i^S, Y_i^S이다. 개인 i의 X재에 대한 수요는 $X_i^D(P_X, P_Y)$, 여기서 i는 A 혹은 B이다. 이러한 상황에서 소비자 A와 B의 예산제약식은 각각 다음과 같이 쓸 수 있다.

$$(17.4.1) \quad P_X X_A^D + P_Y Y_A^D \equiv P_X X_A^S + P_Y Y_A^S$$

$$(17.4.2) \quad P_X X_B^D + P_Y Y_B^D \equiv P_X X_B^S + P_Y Y_B^S$$

식 (17.4.1)과 식 (17.4.2)의 예산제약식은 항등식으로 쓰여져 있다. 이는 예산제약식이 모든 P_X와 P_Y에 대해 성립한다는 것을 의미한다.

사회구성원 전체의 예산제약식을 구하기 위해 식 (17.4.1)과 식 (17.4.2)를 더하면 다음의 식을 얻는다.

$$(17.4.3) \quad P_X(X_A^D + X_B^D) + P_Y(Y_A^D + Y_B^D)$$
$$= P_X(X_A^S + X_B^S) + P_Y(Y_A^S + Y_B^S)$$

식 (17.4.3)은 다음과 같이 요약할 수 있다.

$$(17.4.4) \quad P_X X^D + P_Y Y^D = P_X X^S + P_Y Y^S$$

여기서 X^D와 Y^D는 각각 $X_A^D + X_B^D$, $Y_A^D + Y_B^D$로서 X와 Y에 대한 총수요(시장수요)를 말한다. X^S와 Y^S는 각각 $X_A^S + X_B^S$, $Y_A^S + Y_B^S$로서 X와 Y에 대한 총공급을 말한다.[5]

식 (17.4.4)는 왈라스법칙을 나타내고 있다. 이 식은 어떠한 가격체계하에서라도 X재와 Y재에 대한 수요의 시장가치의 총합이 X재와 Y재의 공급의 시장가치의 총합과 같다는 것을 말해 주고 있다.

왈라스법칙은 어떠한 가격체계하에서도 총수요의 시장가치와 총공급의 시장가치는 일치한다는 것을 말한다. 왈라스법칙은 일반균형가격체계하에서

---

5 X_i^D는 정확히 말해서 수요함수, 즉 $X_i^D(P_X, P_Y)$이다. 따라서 X^D도 수요함수로서 P_X와 P_Y의 함수이다.

만 성립하는 법칙이 아니라 불균형가격에서도 성립한다. 이 법칙은 가계가 가격순응자로서 예산제약하에 소비계획을 세우는 한 항상 성립한다. 모든 가격체계하에서 성립한다는 의미에서 왈라스법칙은 법칙이 아닌 항등식(恒等式, identity)이라고 할 수 있다.

왈라스법칙을 초과수요(超過需要)의 관점에서 해석해 보기 위해 식 (17.4.4)를 초과수요로 표현해 보면 다음과 같다.

(17.4.5)　　$P_X(X^D - X^S) + P_Y(Y^D - Y^S) = 0$

(17.4.6)　　$P_X ED^X + P_Y ED^Y = 0$

여기서 ED^X: $X^D - X^S$, 즉 X재의 초과수요
ED^Y: $Y^D - Y^S$, 즉 Y재의 초과수요

식 (17.4.5)나 식 (17.4.6)은 초과수요로 표현된 왈라스법칙으로서 임의의 가격체계하에서 X재의 초과수요의 시장가치와 Y재의 초과수요의 시장가치를 합하면 0임을 말한다. 즉 모든 상품에 대해 초과수요의 시장가치의 총합을 구하면 0이 된다.

지금까지 왈라스법칙은 2인-2재 경제하에서 도출되었지만 m명으로 구성되고 n개의 재화가 존재하는 경우에도 일반적으로 성립함을 쉽게 보일 수 있다.

17.4.2　왈라스법칙의 시사점

왈라스법칙이 던지는 의미는 무엇일까? 왈라스법칙은 시장체계의 어떠한 특성을 말해 주는가?

왈라스법칙(Ⅱ)
임의의 가격체계하에서 모든 재화에 대한 초과수요의 시장가치의 총합은 0이다.

첫째, 왈라스법칙은 경제 내에 존재하는 n개 시장 중에서 $(n-1)$개 시장이 균형상태에 있다면 나머지 한 개의 시장도 균형상태에 있음을 말해 주고 있다. 예컨대, X재와 Y재, 두 시장으로 구성되는 경제에서(즉, $n=2$인 경우) X재시장이 균형상태($ED^X=0$)에 있으면 Y재시장도 균형상태($ED^Y=0$)라는 것을 시사한다. 이것은 왈라스법칙을 표현한 식 (17.4.6)에서 쉽게 확인할 수 있다. $ED^X=0$이므로 $P_Y \cdot ED^Y=0$이 성립한다. 만일 Y재가 경제재(economic goods)라면 Y재의 가격(P_Y)은 양(+), 즉 $P_Y > 0$이므로 $ED^Y=0$이 되어야 한다.

이러한 왈라스법칙의 시사점은 n개의 시장으로 구성된 국민경제를 분석

할 때 n개의 시장 전부를 분석하지 않고 $(n-1)$개의 시장만 분석해도 충분하다는 것을 시사한다.

둘째, 왈라스법칙은 n개의 시장균형방정식으로부터 오직 $(n-1)$개의 균형가격만을 찾을 수 있다는 것을 시사한다. 이는 왈라스법칙의 첫 번째 시사점에서 유추할 수 있는 것으로서 n개의 시장균형방정식 중에서 $(n-1)$개의 시장균형방정식이 독립이라는 것을 의미한다. 따라서 일반균형체계에서 n개의 절대가격을 모두 구할 수 없고 오직 $(n-1)$개의 상대가격체계만을 구할 수 있을 뿐이다.

셋째, 왈라스법칙은 초과공급인 시장이 존재하면 반드시 초과수요인 시장이 존재한다는 것을 말하고 있다. 예컨대 한 개의 상품(X)시장과 한 개의 노동(L)시장으로 구성되는 국민경제에 있어서 노동시장이 초과공급상태(실업)에 있으면($ED^L<0$) 반드시 상품시장에 초과수요($ED^X>0$)가 존재한다. 이는 왈라스법칙을 표현한 식 (17.4.6)에서 쉽게 확인할 수 있다(각자 학인해 보기 바란다).

넷째, 왈라스법칙은 왈라스의 조정과정과 함께 실업(失業)이 장기적 현상이 아닌 일시적 현상이라는 것을 시사한다. 이를 이해하기 위해 노동시장이 초과공급상태(실업)에 있고 상품시장이 초과수요상태에 있을 때 왈라스의 조정과정을 생각해 보자. 왈라스의 조정과정에 의하면 상품시장에 초과수요가 존재할 때 상품가격이 상승한다. 상품가격이 상승하면 상품생산량과 노동수요량이 늘어난다. 이에 따라 노동시장의 초과공급, 즉 실업이 감소할 것이다.

이러한 노동시장의 불균형의 조정과정은 장기적 실업이 존재할 수 없고 오직 일시적 실업만 나타날 수 있다는 것을 말해 준다. 이것이 바로 고전파 실업이론(古典派 失業理論)의 요체이다.

그러나 대공황기에 서구제국이 경험한 만성적 실업은 왈라스법칙이 항상 성립하는 법칙이 아닐 수도 있다는 것을 말해 주고 있다. 어떠한 상황에서 왈라스법칙은 성립하지 않는가? 왈라스법칙의 문제점은 무엇인가? 왈라스법칙은 앞서 누차 말했듯이 예산제약식의 또 다른 표현에 불과하다. 따라서 소비자들이 예산제약식에 따라서 행동하지 않으면 왈라스법칙은 성립하지 않을 수 있다. 이러한 생각은 클라우어의 재결정가설(再決定假說)로 나타난다.

17.5
재결정가설

클라우어(R. Clower)는 계획된 노동공급량(勞動供給量)이 실현되지 못할 경우(즉, 가계가 예상한 대로 취업이 되지 않았을 경우), 가계는 그들의 소비계획을 변경시킨다는 재결정가설(再決定假說)을 제시하였다. 재결정가설에 의하면 가계는 주어진 가격체계하에서 제1단계로 소비계획과 노동공급계획을 세운다. 이 때 소비계획은 자신의 노동공급계획이 실현될 때 얻을 수 있는 예상소득제약하에서 수립된다. 예상소득(planned income)제약하에서 도출된 상품에 대한 수요를 계획된 수요(planned demand) 혹은 의도된 수요(notional demand)라 한다.

'계획된'이란 수식어는 후술하는 케인즈(J. Keynes)의 유효수요와 구분하기 위해 붙여졌다. 노동공급에 관한 자신의 계획이 실현될 경우(자신의 예상대로 취업이 될 경우) 가계는 제1단계의 소비계획을 집행한다. 그러나 노동공급에 관한 자신의 계획이 실현되지 않을 경우 제2단계의 소비계획을 세운다. 이 때 제약조건은 예상소득이 아니라 실현된 소득이 된다. 실현된 소득(realized income)의 제약하에서 도출된 상품에 대한 수요를 유효수요(effective demand)라고 한다.[6]

이상의 재결정가설을 그래프로 설명해 보자. 한 사람의 농부로 구성되는 국민경제를 상정하자. [그림 17-5-1]에서 F는 농부의 쌀 생산함수를, U_i는 농부의 효용함수를 나타낸다. 초기에 쌀가격은 P_0이고 명목임금률은 W이다. 분석의 편의상 노동을 가치의 척도(numeraire)라 하자. 직선 MA는 쌀가격이 P_0이고 임금률이 W(즉, 실질임금이 $\frac{W}{P_0}$)일 때의 등이윤선 혹은 농부의 예산선을 나타낸다. 등이윤선의 기울기는 $\frac{W}{P_0}$이다.[7]

이러한 상황에서 1단계 소비계획을 살펴보자. 실질임금이 $\frac{W}{P_0}$일 때 농부의 생산점은 직선 MA와 생산함수(F)가 접하는 B점이 되고 소비점은 직선 MA와 무차별곡선이 접하는 A점이 된다. 이 때 계획된 소비량은 X_D이고 계획된 노동공급량은 L_S이다. 반면 노동수요량은 L_D(생산점 B점)에 불과하다. 이

---

6 거시경제학에서 케인즈의 소비함수는 가처분소득의 함수이다. 이는 클라우어가 지적하고 있듯이 케인즈는 수요를 유효수요(effective demand)로 인식하고 있음을 시사한다.

7 이윤이 π인 등이윤직선은 다음과 같이 표현된다.

$$\pi^0 = P_0 X - WL \quad \text{혹은} \quad X = \frac{W}{P_0}L + \frac{\pi^0}{P_0}$$

재결정가설

계획된 노동공급량이 실현되지 못할 경우 가계는 소비계획을 변경시킨다는 가설

계획된 수요

예상소득 제약하에서 도출된 상품에 대한 수요

유효수요

실현된 소득제약하에서 도출된 상품에 대한 수요

제1단계 소비계획

예상소득이 실현된다는 가정하에 계획된 수요량

때 실현된 노동공급량은 노동에 대한 수요량인 L_D에 불과하므로 실현된 소득은 WL_D로서 예상소득 WL_S보다 작다. 따라서 가계는 1단계의 소비계획을 집행하지 못하고 2단계로 소비계획을 하향 조정하지 않을 수 없다.

제2단계 소비계획

예상소득이 실현되지 않았을 때 실현된 소득제약하의 수요계획

이제 2단계 소비계획을 고찰해 보자. 생산점이 B일 때 노동수요량은 L_D에 불과하므로 가계의 유효소득은 직선 MB로 나타낼 수 있다. 직선 MA 중 직선 AB부분은 실현될 수 없다. 유효소득 제약하에서 농부의 소비점은 B점이 된다.[8] B점은 소비자의 유효수요(有效需要)를 타나낸다. 유효수요량은 X_{ED}이고 이는 쌀의 공급량인 X_S와 일치한다.

소비자가 계획된 수요에 따라 행동하느냐 혹은 유효수요에 따라 행동하느냐에 따라 가격체계의 조정과정은 전혀 달라진다. 가격체계의 조정과정을 [그림 17-5-1]로 설명해 보자.

만일 초기 가격체계(P_0, W)하에서 소비자가 계획된 수요에 따라 행동한다면 소비는 A점에서 일어난다. 계획된 노동공급량은 L_S(소비점 A점)이지만 노동수요량은 L_D(생산점 B점)에 불과하므로 노동시장은 초과공급상태에 있다. 반면 쌀에 대한 수요량은 X_D(소비점 A점)이고 쌀의 공급량은 X_S(생산점 B점)로서 쌀시장은 초과수요상태에 있다. 요컨대, 소비자가 계획된 수요에 따라 행동한다면 초기 가격체계하에서 쌀시장은 초과수요상태에 있고 노동시장은 초과공급상태에 있다. 이 때 쌀에 대한 초과수요로 인해 쌀가격이 상승한다. 쌀의 상대가격이 상승하면 쌀의 공급량이 늘어나면서 노동수요량이 증가한다. 이는 그래프에서 등이윤선(等利潤線) MA가 새로운 등이윤선 $M'N'$으로 보다 평평해지고 이에 따라 생산점(B점)과 소비점(A점)이 모두 E점으로 수렴한다는 데서 확인할 수 있다. 결국 쌀의 상대가격이 상승함에 따라 생산물시장의 초과수요(超過需要)와 노동시장의 초과공급(超過供給)이 동시에 해소되고 국민경제는 그림의 E점(L_0, X_0)으로 접근한다. E점에서는 생산물시장과 노동시장이 모두 균형상태(均衡狀態)에 있다. 즉, 일반균형이 성립하는 것이다. 일반균형점인 E점으로의 접근과정은 왈라스법칙이 성립한다는 것을 반영하고 있다.

반면에 초기 가격체계(P_0, W)하에서 소비자가 유효수요에 따라 행동한다면 쌀시장은 이미 균형상태에 있고 노동시장만 초과공급상태에 있다. 따라서 초기의 쌀가격(P_0)이 유지된다. 쌀시장에서 노동수요량이 증가하지 않으므로

---

8 B점에서의 소비자균형은 코너해가 된다.

[그림 l7-5-l] 재결정가설하의 생산과 소비계획

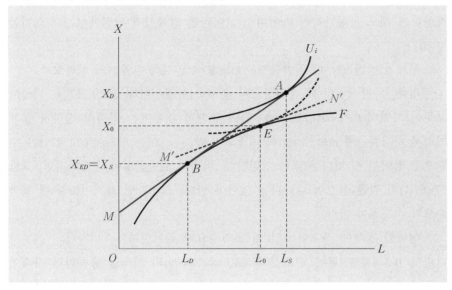

노동시장의 초과공급도 해소되지 않는다. 그러므로 초기 가격체계(P_0, W)는 장기적으로 지속된다. 이와 같이 노동시장에 초과공급이 존재함에도 불구하고 생산물시장이 균형상태에 있다는 것은 왈라스법칙이 성립하지 않을 수 있다는 것을 의미한다.

17.6
일반균형의 존재

일반균형가격이 항상 존재한다는 사실을 증명하는 것은 생각처럼 용이한 일이 아니다. 왈라스법칙에 의하면 $(n-1)$개의 시장이 균형상태에 있을 때 $(n-1)$개의 상품의 상대가격을 구할 수 있다. 이는 $(n-1)$개의 시장이 균형상태에 있다는 조건으로부터 구할 수 있는 방정식의 개수가 $(n-1)$개라는 사실에 기인한다.

그러나 여기에는 두 가지 문제가 있다. 첫째, 단순히 식의 개수와 미지수의 개수가 일치한다고 해서 미지수(균형가격)를 항상 구할 수 있는 것은 아니다. 방정식들이 서로 독립이 아닐 수 있기 때문이다. 둘째, 수학적인 해가 존재한다고 해도 균형가격이 마이너스 값이라면 경제학적 관점에서는 무의미할 수 있다.

이제 어떠한 경우에 일반균형(一般均衡)이 존재하지 않는지 살펴보자.

첫째, 가격이 0일 때 초과공급이 존재하는 경우이다. [그림 17-6-1]에서 보듯이 가격이 0이 되어도 초과공급이 존재할 경우에는 가격이 변하지 않고 따라서 시장불균형(市場不均衡)이 해소되지 않는다. 이는 가격이 0보다 낮은 수준으로 떨어질 수 없다는 데에 기인한다. 따라서 일반균형이 존재하려면 [그림 17-6-1]과 같은 상황이 나타나지 않아야 한다. 그러자면 가격이 0일 때 초과수요가 존재해야 한다.[9]

어떠한 경우에 가격이 0일 때 초과수요가 존재할까? 소비자들의 선호가 다다익선(多多益善) 혹은 단조성(單調性, monotonity)의 가정을 충족하면 가격이 0일 때 반드시 초과수요가 존재한다. 모든 상품이 호재(好財)라면 가격이 0에 접근해 감에 따라 수요량이 무한대로 늘어나 초과공급현상은 나타날 수 없고 초과수요만 나타나게 될 것이다.

둘째, 수요곡선이나 공급곡선이 불연속적(不連續的)인 경우이다. 완전경쟁

[그림 17-6-1] 균형가격이 존재하지 않는 경우(I)

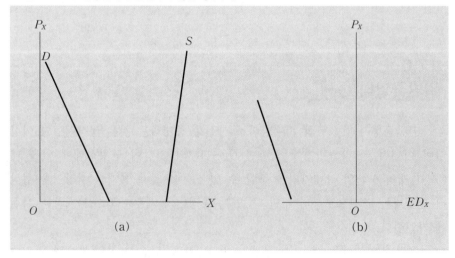

(a)　　　　　　　　　　　　(b)

---

9 엄밀하게 말해서 초과수요가 0이어도 일반균형상태가 존재할 수 있다.

[그림 17-6-2] 균형가격이 존재하지 않는 경우(II): 불연속 공급곡선

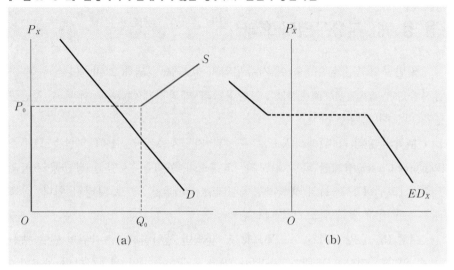

(a)   (b)

시장에서 시장의 공급곡선이 [그림 17-6-2] (a)의 S로 주어져 있다고 하자. 이 공급곡선은 불연속곡선으로 가격이 P_0일 때는 시장공급량이 Q_0이지만 가격이 P_0보다 낮아지면 공급량은 0으로 떨어진다. 동일한 상황을 초과수요의 관점에서 표현한 것이 [그림 17-6-2]의 (b)이다. 이와 같이 공급곡선이 불연속일 경우는 균형가격이 존재하지 않을 수 있다. 수요곡선의 경우에도 마찬가지이다. 일반적으로 초과수요곡선(超過需要曲線)이 불연속이면 균형가격이 존재하지 않을 수 있다.

이상의 논의로부터 다음의 정리(定理)를 얻을 수 있다. 모든 상품의 초과수요함수가 모든 상품의 가격에 대해서 연속이고, 다다익선(多多益善)의 가정이 충족되면 일반경쟁균형은 존재한다.[10]

모든 상품의 초과수요함수가 모든 상품의 가격에 대해서 연속이라는 이 정리의 가정은 수요함수와 공급함수가 연속이면 일반적으로 성립한다. 이 정리는 완전경쟁체계에 의해 국민경제의 자원을 배분했을 경우 일반균형이 실현될 수 있다는 것을 의미한다.

---

10 경쟁적 일반균형의 존재에 관한 정리는 브라우어(Brower)의 '정점정리(定點定理, fixed point theorem)'를 이용하여 증명할 수 있다. 이는 본서의 수준을 넘기 때문에 여기서는 생략한다.

17.7
응용 예: 자유무역의 효과

일반균형모형을 이용하여 자유무역의 효과를 설명해 보자. 이를 위해 자급자족경제(自給自足經濟)에서의 일반균형과 개방경제(開放經濟)에서의 일반균형을 비교해 보기로 하자.

분석의 편의를 위해 1人으로 구성된 자급자족경제, 소위 로빈슨 크루소(Robinson Crusoe)경제를 생각해 보자. 크루소가 선택할 수 있는 생산물 조합의 자취는 [그림 17-7-1]의 생산가능곡선(生産可能曲線) AB로 나타나 있다. X축과 Y축은 각각 쌀과 물고기를 나타낸다.

A점 (5, 0)은 24시간의 노동으로 X재(쌀)만 생산한다면 5단위의 쌀을 생산할 수 있다는 것을 나타낸다. B점 (0, 7)은 Y재(물고기)만 생산한다면 물고기 7단위를 잡을 수 있다는 것을 나타낸다. 그림에서 생산가능곡선은 오목하도록 그렸다. 이는 한계비용이 체증한다는 것을 반영한다.

원점에 볼록한 곡선 I_R은 크루소의 무차별곡선을 나타낸다. 효용을 극대화하는 크루소는 자신의 무차별곡선과 생산가능곡선의 접점인 R^*점을 선택할 것이다. R^*점에서 생산과 소비는 일치한다. R^*점에서는 Y재로 평가한 X재의 한계효용과 X재의 한계생산비(한계변환율: MRT)가 일치한다.

[그림 17-7-1] 최적생산과 소비: 크루소경제

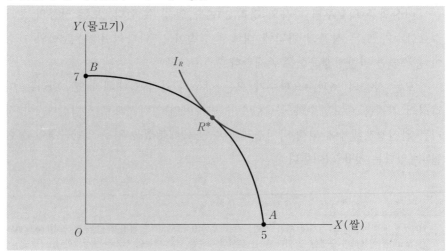

　이제 크루소경제가 자유무역(自由貿易)을 하는 경우를 생각해 보자. 크루소경제를 소국 경제라 가정하자. 이는 크루소경제가 무역에 참여해도 국제가격(國際價格)이 변하지 않는다는 것을 의미한다.

　[그림 17-7-2]는 크루소경제가 교역에 참가한 후의 생산점과 소비점을 보이고 있다. 국제가격은 직선 MN의 기울기로 주어져 있다고 하자.

　교역 이후 X재의 상대가격이 하락하였다. MN으로 표현되는 새로운 가격체제하에서 생산은 생산가능곡선의 기울기와 상대가격이 일치하는 점 P^*에서 이루어지고, 소비는 무차별곡선과 직선 MN이 접하는 점 C^*에서 이루어진다. 새로운 상대가격하에서 X재의 생산량은 감소하고 Y재의 생산량은 증가할 것이다.

　폐쇄경제하의 크루소경제는 [그림 17-7-1]의 R^*에서 생산과 소비를 하고 있었다. 자유무역하에서 크루소경제는 [그림 17-7-2]의 P^*에서 생산하고 C^*에서 소비할 것이다. 개방경제로 전환한 이후 국민경제의 소비가능집합은 생산가능곡선으로부터 삼각형 OMN으로 확장된다. 확장된 소비가능집합에는 폐쇄경제하의 소비점 R^*도 포함되고 있다. 이것은 자유무역의 이익이 존재함을 시사한다. 무역의 이익은 [그림 17-7-2]의 I_C가 I_R보다 위쪽에 위치한다는 데에서도 확인할 수 있다.

　그러나 자유무역의 이익이 존재한다는 결론은 교역(交易)이 곧 국민경제의

[그림 17-7-2] 자유무역의 효과

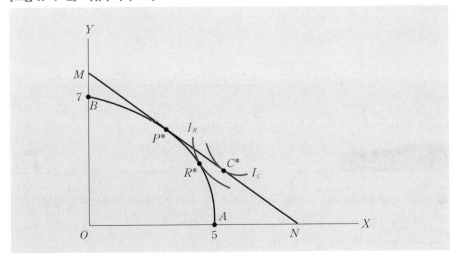

후생증진을 보장한다는 뜻으로 해석되어서는 안 된다. 국제무역에 참가하면 상품의 상대가격이 바뀌고 이에 따라 요소가격도 바뀌기 때문이다. 크루소 1인 경제에서는 요소가격(要素價格)이 변동해도 소득분배구조가 변하지 않지만 서로 다른 개인으로 구성된 국민경제에서는 소득분배구조가 바뀐다.

　　이를 이해하기 위해 Y재가 자본집약적 재화이고, X재가 노동집약적 재화라 하자. 앞에서 개방 이후 X재의 생산량은 감소하고 Y재의 생산량은 증가할 것이라는 것을 보았다. 개방 이후 Y재 생산량이 증가하면 자본수요가 증가한다. 이에 따라 자본임대료가 상승하고 자본가의 소득이 증가한다. 반면 X재 생산량의 감소에 따라 노동자의 소득은 감소한다. 이처럼 교역으로 인해 국민경제의 소비가능영역이 넓어졌다고 해서 모든 개인의 소비가능영역이 넓어진 것은 아니다.

　　일반균형분석의 결론은 교역을 통해서 국민경제의 모든 구성원의 후생을 증진시킬 가능성이 있다는 것을 보여 주고 있을 뿐이다.

_요약 SUMMARY

❶ 일반균형모형이란 상호관련된 여러 시장을 동시에 고려하는 경제모형을 말한다. 일반균형상태는 국민경제 내의 모든 시장이 동시에 균형을 이루고, 모든 경제주체들의 최적행동이 상충되지 않고 유지되고 있는 상태이다.

❷ 계약곡선 혹은 갈등곡선은 두 사람의 무차별곡선이 접하는 점들의 자취 혹은 두 사람의 MRS가 일치하는 점들의 자취이다. 임의의 계약곡선상의 한 점에서는 교환의 이익이 고갈된다. 순수교환경제에서의 일반균형상태는 계약곡선상의 한 점에서 달성된다.

❸ 완전경쟁시장경제하의 일반균형상태를 경쟁적 일반균형상태라고 부른다. 경쟁적 일반균형상태에서는 다음과 같은 두 가지 조건이 동시에 충족되어야 한다. 첫째, 모든 소비자가 최적상태에 있어야 한다. 둘째, 모든 시장의 균형이 동시에 충족되어야 한다.

❹ 오퍼곡선은 가격소비곡선을 순교역량의 관점에서 표현한 곡선이다. 오퍼곡선은 다음과 같은 특징을 갖는다. 첫째, 오퍼곡선상의 임의의 한 점은 개별 소비자의 최적상태를 반영하고 있다. 둘째, 오퍼곡선상의 임의의 한 점은 주어진 상대가격하에서의 수요량과 공급량을 나타낸다.

❺ 경쟁적 일반균형은 경제주체들의 오퍼곡선이 서로 만나는 점에서 달성된다. 경쟁적 일반균형점은 계약곡선상의 한 점이다. 경쟁적 일반균형상태에서 효율적 자원배분이 실현되고 있다는 '후생경제학의 제1정리' 혹은 '보이지 않는 손의 정리'는 바로 이 점을 지적하고 있다.

❻ 왈라스법칙은 임의의 가격체계하에서 총수요와 총공급의 시장가치가 일치함을 말한다. 이는 모든 시장의 초과수요의 총가치는 항상 0이 된다는 것을 의미한다.

❼ 왈라스법칙은 경제 내에 존재하는 n개의 시장 중 $(n-1)$개의 시장이 균형상태에 있다면 나머지 한 개의 시장도 균형상태에 있음을 시사한다. 그리고 왈라스법칙은 한 시장에 초과공급이 존재하면 다른 시장에는 반드시 초과수요가 존재함을 말해 준다.

❽ 클라우어의 재결정가설은 노동시장이 불균형상태에 있을 경우 소비자들은 처음 계획대로 소비계획을 집행하지 못하고 실현된 소득에 입각하여 소비계획을 재조정한다는 가설이다. 이 가설은 소비자가 생산물의 유효수요에 의해 행동하면 왈라스법칙이 성립하지 않을 수 있고 장기적 실업이 나타날 수 있음을 보여 주고 있다.

❾ 일반균형이 항상 존재하려면 첫째, 가격이 0일 때 초과수요가 존재해야 하고 둘째, 초과수요함수가 가격에 대해 연속적이어야 한다.

❿ 왈라스의 조정과정은 시장에 초과수요나 초과공급이 존재할 때 재화의 가격이 변동함으로써 시장의 불균형상태를 청산해 나가는 과정을 말한다.

_연습문제 QUESTION

01 일반균형분석과 부분균형분석의 차이점은?

02 철수는 사과 10개와 배 10개를 갖고 있고, 영희는 사과 10개와 배 20개를 갖고 있다. 에지워드 상자와 초기 부존점을 그려 보라.

03 철수는 사과와 배를 1:1의 완전 대체재로 간주하고 있고, 영희는 사과와 배를 2:1의 완전 보완재로 간주하고 있다. 초기 부존점은 문제 02와 같다.
   (a) 파레토 최적 자원배분점을 에지워드 상자에 그려 보아라.
   (b) 계약곡선을 그려 보아라.

04 "상품시장이 두 개일 경우 부분균형분석은 일반균형분석과 동일해진다." 이 명제를 설명하라.

05 현실의 자원배분이 계약곡선상에 있겠는가? 없다면 그 이유는?

06 왈라스법칙의 내용과 그 시사점은?

07 "왈라스법칙이 항상 법칙인 것은 아니다." 이 명제를 재결정가설에 입각하여 설명하고 이를 지지해 주는 예를 들어 보아라.

08 경쟁적 일반균형상태란?

09 경쟁적 일반균형가격이 존재하지 않을 경우를 그래프로 설명하라.

10 후생경제학의 제 1 정리의 내용과 그 의의를 설명하라.

CHAPTER

18

후생경제이론

이 장에서는 후생경제이론을 설명한다. 후생경제이론은 여러 가지 경제상태 중에서 어느 쪽이 사회적 관점에서 보다 바람직한 것인가를 판단해 주는 이론이다. 완전경쟁시장 혹은 독점시장의 자원배분에 대한 후생적 평가를 이미 내린 바 있다. 지금까지의 후생적 평가는 부분균형분석에 입각한 것이다. 본장에서는 제19장에서 설명한 일반균형분석에 입각하여 자원배분의 후생적 의미를 논의하게 된다.

18.1
후생경제이론이란

한미 자유무역협정(FTA) 체결과 비준 거부 중 어느 쪽이 사회적 관점에서 보다 바람직할까? 토지와 부동산에 중과세하여 사회보장제도를 강화하는 적극적 경제정책과 기존의 세제(税制)를 유지하는 소극적 경제정책 중 어떤 정책이 보다 바람직할까? 지금까지 배운 많은 경제이론들은 경제현상을 설명·예측하는 데에는 큰 도움을 준다. 그러나 어느 경제정책이 사회적 관점에서 보다 바람직한지 비교·평가할 수 있는 판단기준을 제시해 주지는 않는다.

후생경제학(厚生經濟學)이란 사회적 관점에서 경제정책들의 우열을 판단해 주는 정책이론(政策理論, theory of policy)이라고 말할 수 있다. 서로 다른 경제정책들은 상이한 경제상태를 낳는다. 이런 의미에서 후생경제학은 서로 다른 경제상태의 평가기준을 제시해 주는 이론 분야라고도 말할 수 있다.

경제정책의 평가기준은 통상 가치판단에 입각한 규범적 분석(normative analysis)과 현실에서 그 타당성을 검증할 수 있는 실증적 분석(positive analysis)을 통하여 마련된다. 앞의 예를 계속 이용해 보자. 쌀시장 개방정책과 수입금지정책 중 한 가지 정책을 선택하고자 한다면 우선 각 정책들에 대한 실증분석이 먼저 이루어져야 한다. 실증분석을 통해서, 쌀시장을 개방하면 그렇지 않았을 때보다 전체 GNP는 올라가지만 농민들의 생활수준은 더 어려워진다는 것을 알아냈다고 하자. 이러한 실증분석에 입각하여 어떤 정책이 보다 바람직한지를 판단할 수 있을까? 물론 아니다. 어느 정책이 더 바람직한지 판단하려면 실증분석의 토대 위에서 불리해진 계층의 후생손실과 유리해진 계층의 후생증진을 비교할 수 있어야 한다. 계층간의 이익과 손실을 비교하자면 도덕적·철학적 믿음에 입각한 가치판단(價値判斷, value judgement)이 개입되지 않을 수 없다. 그러므로 후생경제학은 실증경제학적 요소는 물론 규범경제학적 요소도 동시에 가지고 있다.

이제 서로 다른 경제상태 혹은 경제정책들의 우열을 판단해 줄 수 있는 기준 중에서 가장 기본적인 파레토최적 혹은 파레토효율을 살펴보기로 하자.

18.2
파레토효율

어떤 경제상태에서의 자원배분이 더 바람직한지를 판정할 때 가장 흔히 사용되는 기준은 파레토효율이다. 파레토효율은 19장에서 보았듯이 다른 구성원의 효용을 감소시키지 않고서는 나머지 구성원들의 효용이 더 이상 증진될 수 없는 자원배분상태에서 달성된다. 파레토효율이 달성되지 못한 상태를 파레토비효율 상태라고 한다. 파레토비효율 상태에서 모든 구성원의 효용은 보다 증진될 수 있다. 모든 구성원은 파레토비효율 상태보다 파레토효율 상태를 선호한다. 그러므로 사회적 관점에서 파레토효율 상태가 파레토비효율 상태보다 바람직하다고 평가할 수 있다. 이는 파레토효율성의 달성 여부가 자원배분의 평가기준이 된다는 것을 말해 주고 있다. 일반적으로 사회 구성원 모두가 A라는 경제상태를 B라는 경제상태보다 더 좋아하면, 사회적 관점에서 A가 B보다 바람직하다고 평가할 수 있는데, 이 때의 평가기준이 바로 파레토효율이다. 이러한 의미에서 파레토효율이란 판단기준은 만장일치원리(unanimity principle)에 입각하고 있다.

파레토효율은 파레토최적(Pareto optimality)이라고도 한다. 파레토효율 상태가 실현되기 위해서는 효율적 소비조건과 효율적 생산조건, 그리고 효율적 생산과 효율적 소비의 종합적 효율성으로 구성되는 소위 파레토효율조건을 모두 충족해야 한다. 차례로 살펴보기로 한다.

파레토효율
다른 구성원의 효용을 감소시키지 않고서는 나머지 구성원들의 효용이 더 이상 증진될 수 없는 자원배분상태

18.2.1 효율적 소비조건

효율적 소비조건은 효율적 교환조건이라고도 불린다. 효율적 소비조건에만 분석을 국한시키기 위해 순수교환경제(純粹交換經濟, exchange economy)를 상정해 보자. 순수교환경제(純粹交換經濟)란 생산은 없고 물물교환만 가능한 경제를 말한다. 순수교환경제에서 효율적 소비가 이루어지려면 초기 부존량을 어떤 원리에 입각하여 배분하여야 할까?

2인-2재(二人-二財)모형을 가지고 논의해 보자. A와 B 두 사람의 소비자로 구성된 단순교환경제에 X, Y 두 종류의 상품만 존재한다. X재와 Y재의

총부존량은 각각 $\overline{X}$, $\overline{Y}$로 주어져 있다. 이러한 상황은 [그림 18-2-1]과 같이 상품공간에 에지워드 상자로 표현할 수 있다. 에지워드 상자 속에 A, B 두 소비자의 무차별곡선을 그려 넣은 다음, 19장에서 본 것과 똑같은 과정을 반복하면 곡선 $O_A abcd O_B$의 계약곡선을 구할 수 있다.

효율적 소비조건을 따져 보기 위해 소비자 A, B의 초기 부존상태가 에지워드 상자 내의 임의의 한 점, 예컨대 E점으로 주어져 있다고 하자. 초기상태 E에서 A의 효용수준은 U_0^A이고 B의 효용수준은 U_0^B이다. U_0^A와 U_0^B는 E점과 K점에서 교차하고 있다. E점은 소비의 효율성을 달성하고 있을까? 이에 답하기 위해 E점에서 두 사람이 누리는 효용수준보다 같거나 더 높은 만족을 얻을 수 있는 에지워드 상자 내의 다른 점이 있는지를 따져 보자.

A가 U_0^A보다 큰 만족을 얻을 수 있는 자원배분은 무차별곡선 U_0^A의 윗부분이다. 한편 B가 U_0^B보다 큰 만족을 얻을 수 있는 영역은 무차별곡선 U_0^B의 아래쪽 영역이다. 이들의 공통영역은 고구마 모양의 $EbKc$이다. $EbKc$ 내의 임의의 점에서 A, B의 효용수준은 E점의 효용수준인 U_0^A, U_0^B보다 높다. 따라서 초기 부존점 E로부터 고구마 모양 내의 임의의 한 점, 예컨대 n으로 이동하면 A, B 두 사람의 효용수준은 모두 높아진다. 그러므로 초기 부존점 E점은 효율적 소비점이 아니다. 마찬가지 이유로 n점도 효율적 소비점이 될 수

[그림 18-2-1] 효율적 소비조건

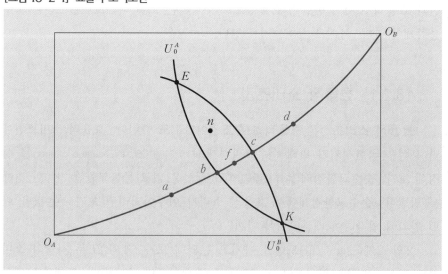

없다. A, B 두 사람의 만족수준이 동시에 높아질 수 없는 자원배분 상태는 고구마형 $EbKc$ 내의 계약곡선 bc상의 점들뿐이다. 계약곡선상의 bc선의 임의의 한 점, 예컨대 f로부터 다른 어떤 점으로 이동하여도 A, B 모두의 효용이 증가할 수 없다.

이상의 논의는 초기 부존점이 E라는 가정하에서 진행된 것이다. 초기 부존점을 E점 외의 다른 점으로 잡는다고 해도 우리는 똑같은 과정을 거쳐서 결국 계약곡선상의 점들만이 효율적 소비점이라는 사실을 확인하게 된다. 그런데 계약곡선은 A와 B의 무차별곡선의 접점의 자취이다. 따라서 소비의 효율성이 충족되려면 A와 B의 한계대체율이 일치해야 한다. 즉,

효율적 소비 조건

모든 소비자의 한계대체율이 같아야 한다.

(18.2.1) A의 한계대체율($MRS_{x, y}^{A}$)

$=B$의 한계대체율($MRS_{x, y}^{B}$)

계약곡선상의 임의의 점은 모두 효율적 소비조건을 만족하므로 주어진 부존량하에서 파레토효율적인 배분은 무수히 존재한다. 예컨대 그림의 a, b, c, d 모두 파레토효율적 배분이다. 다만 파레토효율을 위한 효율적 소비조건은 소비자들간의 한계대체율이 일치하면 충족되므로 초기 부존점과는 무관하다는 점에 주의할 필요가 있다.

[그림 18-2-2] 효용가능곡선

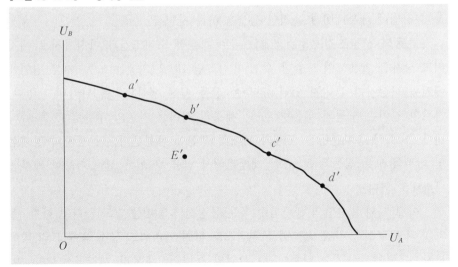

이제 [그림 18-2-1]의 계약곡선을 효용평면에서 표현해 보자. 계약곡선 상의 점들은 A, B 두 소비자의 효용수준을 반영하므로 이를 효용공간으로 옮기면 [그림 18-2-2]에서 보는 바와 같은 **효용가능곡선**(效用可能曲線, utility possibility curve)을 도출할 수 있다. 효용곡선상의 a', b', c', d'는 계약곡선상의 a, b, c, d에 상응하는 점들이다.

[그림 18-2-2]에서 보듯이 효용가능곡선의 기울기는 음(−)이며 울퉁불퉁한 모양을 하고 있다. 음의 기울기는 [그림 18-2-1]에서 $a{\to}b{\to}c$로 자원 배분이 바뀔 때 A의 효용은 증가하고 B의 효용은 감소한다는 것을 반영한다. 효용가능곡선이 울퉁불퉁한 것은 소비자의 효용함수가 기수적이 아니고 서수적이므로 A의 효용은 체증적으로 증가하다가 증가율이 감소할 수도 있기 때문이다. 효용가능곡선의 내부점들은 파레토효율조건을 충족시키지 않는 점들로서 계약곡선 밖의 점들에 대응된다. 예컨대 효용가능곡선 내부의 점 E'은 에지워드 상자의 E점에 상응한 점이다.

18.2.2 효율적 생산조건

효율적 생산조건에만 분석을 국한시키기 위해 2재−2요소로 이루어진 경제를 생각해 보자. 노동(L)과 자본(K) 두 가지 생산요소만 존재하고, 부존량(賦存量)이 각각 $\overline{L}$, $\overline{K}$로서 일정하다. 각 요소의 부존량을 어떤 원리에 따라 X, Y산업에 배분해야 효율적인 생산을 하는 것일까?

효율적 생산조건(效率的 生産條件)은 효율적 소비조건과 마찬가지로 에지워드 상자를 활용하여 도출할 수 있다. [그림 18-2-3]에는 노동−자본 평면에 에지워드 상자가 그려져 있다. 양축은 상품 대신 생산요소를 나타내고 있다. 가로의 길이는 노동의 부존량($\overline{L}$)을, 세로의 길이는 자본의 부존량($\overline{K}$)을 나타낸다. 요소의 총부존량은 X재와 Y재의 생산에 배분된다. 이 상자의 경계선 및 내부의 모든 점들은 $\overline{K}$, $\overline{L}$를 재배분해서 얻을 수 있는 실현 가능한 배분을 나타내고 있다.

이제 X와 Y산업의 생산함수 혹은 등량선(等量線)을 알고 있다고 하자. X와 Y의 등량선을 각각 O_X, O_Y를 원점으로 하여 에지워드 상자 속에 그려 넣어 보자. 그림에서 볼 수 있듯이 두 산업의 등량선으로부터 계약곡선(契約曲線,

[그림 l8-2-3] 효율적 생산

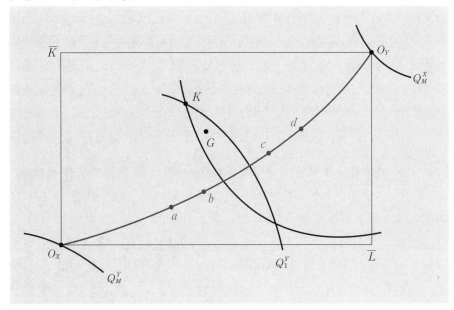

$O_X abcd O_Y$)을 도출할 수 있다.

계약곡선을 벗어난 임의의 한 점에서의 생산이 효율적인지를 생각해 보자. 예컨대 계약곡선 밖의 K점은 그림에서 보듯이 등량선 Q_3^X와 Q_1^Y이 교차하는 점이다. K점에서 생산의 효율성이 달성되고 있을까? 먼저 X, Y 두 상품 모두의 생산량이 K점에서의 생산수준보다 같거나 더 많아질 수 있는 생산방법이 있는지 확인해 보자.

K점을 지나는 두 개의 등량선, 즉 Q_3^X와 Q_1^Y이 만들어 내는 고구마 모양의 영역 내의 어떤 점을 선택하더라도 X재와 Y재의 생산량은 모두 증가한다. 예컨대 G점에서 생산할 경우 X재와 Y재의 생산량을 K점에서보다 증가시킬 수 있다. 따라서 K점의 생산방식은 파레토최적이 아니다. 마찬가지 이유로 G점에서의 생산도 효율적이지 않다.

요컨대 계약곡선 밖에 있는 점에서의 생산은 효율적이지 않다. 이는 계약곡선 밖에서 생산이 일어날 경우 두 산업의 한계기술대체율이 일치하지 않는데서 기인한다. 결국 계약곡선상에서 생산이 일어날 때만 그 생산은 효율적이다. 계약곡선은 어느 한 산업의 생산량을 감소시키지 않고서는 다른 산업의 생산량을 증대시킬 수 없는 X 와 Y 생산량의 조합들을 보여 주고 있다. 계약곡선은 X, Y 의 산업의 등량선의 접점의 자취이다. 그러므로 생산효율성(生産效率性, production efficiency)은 두 산업의 한계기술대체율이 일치할 때 충족된다. 효율적 생산조건은 다음 등식으로 나타낼 수 있다.

효율적 생산 조건
모든 산업의 한계 기술대체율이 일치해야 한다.

(18.2.2) X 산업에서의 한계기술대체율($MRTS^X$)
=Y 산업에서의 한계기술대체율($MRTS^Y$)

노동−자본의 요소평면에 계약곡선(契約曲線)으로 표현된 효율적 생산조건을 이번에는 상품공간에 표현해 보자. [그림 18-2-3]을 보자. O_X는 부존된 모든 생산요소를 Y 산업에 투입했을 때 Y 재의 생산량은 Q_M^Y, X 재의 생산량은 0이 된다는 것을 나타낸다. O_Y는 부존된 모든 요소를 X 산업에 투입했을 경우 X 재의 생산량은 Q_M^X, Y 재의 생산량은 0이 된다는 것을 나타내고 있다. X 산업의 원점이자 계약곡선의 끝점인 O_X에서 출발하여 a-b-c-d-O_Y순으로 계약곡선을 따라 올라가면 X 재의 생산량은 증가하는 반면 Y 재의 생산량은 감소한다.

요소평면상에 표현된 계약곡선을 상품공간(X-Y평면)에 표현해 놓은 것이 바로 [그림 18-2-4]의 생산가능곡선(生産可能曲線, production possibility curve)이다. 이 곡선의 경계선과 내부점은 주어진 노동과 자본으로 생산할 수 있는

[그림 18-2-4] 생산가능곡선

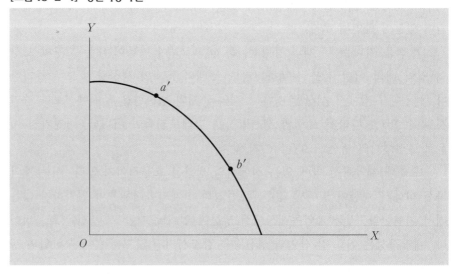

X 재 산출량과 Y 재 산출량의 조합을 나타낸다. 이 곡선의 내부점에서 생산이 일어날 경우 두 재화의 산출량을 모두 증가시킬 수 있다. 따라서 내부점에서의 생산은 비효율적 자원배분을 나타낸다. 반면 생산가능곡선의 경계선상의 한 점에서 생산이 일어날 경우 X 재의 산출량을 늘리려면 Y 재의 산출량은 반드시 감소해야 하므로 이러한 생산점은 효율적 자원배분을 나타낸다. 생산가능곡선은 X 재가 Y 재로 전환 혹은 변환될 수 있다는 것을 나타내 주는 곡선이라는 의미에서 **변환곡선**(變換曲線, transformation curve)이라고 부르기도 한다.

생산가능곡선의 기울기가 음(−)인 것은 계약곡선상의 점들이 생산의 효율성 조건을 충족하고 있음을 반영한다. 만일 $a'-b'$까지의 생산가능곡선의 기울기가 음(陰)이라면 b'의 생산방식을 채택했을 때 두 산업의 생산량은 동시에 증가할 것이다. 이는 생산방식 a'은 효율적 생산이 아님을 의미한다. 따라서 a'이 효율적 생산점이라면 b'은 반드시 a'의 동남방향에 위치해야 한다.

생산가능곡선의 기울기의 절댓값을 한계변환율(限界變換率, marginal rate of transformation: MRT)이라 한다. 한계변환율은 X 재 1단위를 생산하기 위해서 희생해야 될 Y 재의 양을 말한다. [그림 18-2-4]에서 보듯이 생산가능곡선이 원점에 대하여 오목할 경우 X 재 생산량이 늘어나면 MRT도 증가한다.[1] 이는 X 재의 한계생산비가 체증함을 의미한다.

한계변환율

1단위의 X재를 생산하기 위해 포기해야 하는 Y재의 양으로서 생산가능곡선 혹은 변환곡선의 기울기의 절댓값으로 나타난다.

18.2.3 생산과 소비의 종합적 효율조건

지금까지 효율적 소비조건에 관한 논의에서 주어진 생산물을 적절히 재배분(再配分)하면 모든 소비자의 후생이 증대될 수 있다는 것을 살펴보았다. 그리고 효율적 생산조건에 관한 논의로부터 주어진 생산요소를 적절히 배분하면 모든 산업의 생산물이 증대될 수 있음을 보았다.

그러나 소비와 생산의 효율성조건이 모두 충족되더라도 파레토효율조건이 달성되는 것은 아니다. 각 생산물의 한계비용과 한계혜택(가치)이 일치하도록 생산물 조합이 선택되지 않는다면 사회후생은 극대화될 수 없기 때문이다.

---

1 생산가능곡선은 규모의 경제가 존재하면 원점에 대해 볼록한 모양을 하고, 기회비용이 일정하면 음(−)의 기울기를 갖는 직선이 된다. 만일 생산기술이 초기에 규모의 경제를 보이다가 규모에 대한 수확체감을 보이면 생산가능곡선은 울퉁불퉁한 모양으로 나타날 수 있다.

파레토최적을 달성하기 위한 마지막 조건은 생산물 조합의 최적조건(optimum conditions of product composition)이다. 이 조건이 충족되려면 생산물의 한계비용인 한계변환율과 소비자가 생산물에 대해 평가하는 한계가치인 한계대체율이 일치해야 한다.

이 조건이 왜 필요할까? 이를 이해하기 위해 효율적 소비조건과 효율적 생산조건이 모두 충족되고 있지만 X재의 한계비용(MRT)과 소비자의 한계대체율(MRS)이 일치하지 않는 배분상태를 생각해 보자. [그림 18-2-5]에서 생산은 P점, 소비는 C점에서 행해지고 있다고 하자. C점의 한계대체율(MRS)은 3, P점의 한계변환율(MRT)은 0.5이다. 이러한 상황하의 자원배분은 효율적 소비조건과 효율적 생산조건이 모두 충족되고 있지만 파레토효율성을 충족하고 있지 않다. P점에서 $MRT=0.5$이므로 P점에서 Y재 1단위의 생산을 줄이면 2단위의 X재를 추가로 만들 수 있다. 그런데 모든 소비자들의 $MRS=3$이므로 실질소득(효용수준)을 일정하게 유지시켜 줄 때 소비자들이 평가하는 X재 1단위의 한계효용은 Y재 3단위에 해당한다. 따라서 Y재를 1단위 줄이고 X재를 2단위 더 생산하면 효용은 5단위의 Y재만큼 증가한다.

이상에서 보았듯이 한계변환율보다 한계대체율이 크다는 것은 국민경제가 X재를 너무 적게 생산하는 반면 Y재를 지나치게 많이 생산하고 있다는

[그림 18-2-5] 종합적 효율성이 달성되지 않는 자원배분

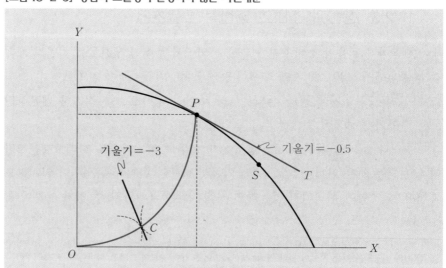

것을 말해 주고 있다. 만일 생산점을 P점에서 S점으로 이동시키면 모든 소비자들의 효용을 동시에 증가시킬 수 있다. 따라서 P점은 효율적 자원배분이 아니다. 효율적 자원배분이 달성되려면 한계변환율과 모든 소비자들의 한계대체율이 일치해야 한다. 이 조건을 생산과 소비의 종합적 효율성을 위한 조건이라 한다. 이는 다음과 같이 나타낼 수 있다.

생산과 소비의 종합적 효율조건
각 상품의 한계변환율과 모든 소비자들의 각 상품에 대한 한계대체율이 일치해야 한다.

(18.2.3) A의 한계대체율$(MRS^A_{X,\ Y})$
$= B$의 한계대체율$(MRS^B_{X,\ Y})$
$= $ 한계변환율$(MRT_{X,\ Y})$

생산과 소비의 종합적 효율성을 위한 조건은 소비자들이 특정 상품에서 얻는 한계적 혜택과 그 상품의 한계생산비를 일치시킴으로써 경제적 효율성을 달성하기 위한 것이라고 할 수 있다.

[그림 18-2-6]은 생산과 소비의 종합적 효율성을 보여 주고 있다. FF곡선은 생산가능곡선이다. 생산가능곡선상의 K점에서 X재는 X_0, Y재는 Y_0만큼 생산되고 있다. 생산가능곡선 위의 한 점에서 생산이 이루어지고 있다는 것은 이미 효율적 생산조건이 충족되어 있음을 뜻한다.

생산점이 K점일 때 생산과 소비의 종합적 효율성이 충족되려면 K점의

[그림 18-2-6] 생산과 소비의 종합적 효율성

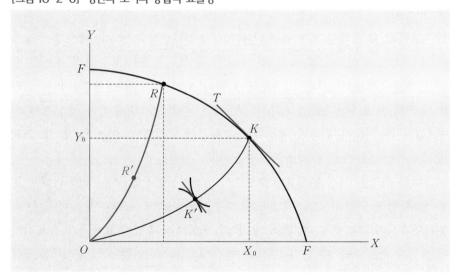

한계변환율과 동일한 한계대체율을 갖는 점에서 소비가 이루어져야 한다. K 점에서의 한계변환율은 접선 T 의 기울기의 절댓값이다. 한계대체율이 K 점에서의 한계변환율과 일치하는 소비점을 K' 라 하자. 종합적 효율성은 생산점이 K 이고 소비점이 K' 일 때 달성된다. $OK'K$ 의 계약곡선상의 모든 점들은 소비(교환)의 효율성을 지니고 있지만 K' 점을 제외한 나머지 점들에서는 종합적 효율성의 조건이 충족되지 않는다. 지금까지 [그림 18-2-6]의 생산가능곡선상의 K 점에서 생산이 일어날 때 경제적 효율성인 종합적 효율성까지 달성시켜 주는 유일한 소비점은 K' 임을 보았다.

종합효용가능곡선

지금까지 종합적 효율성의 조건을 충족시키는 자원배분을 상품공간에 표현하였다. 이제 종합적 효율성의 조건을 효용공간에 표현해 보자. 이를 위해 효용가능곡선의 도출과정을 상기할 필요가 있다. 효용가능곡선은 초기 부존 상품조합하에서 상품공간에 표현된 계약곡선을 효용공간에 옮김으로써 도출되었다. 생산가능곡선상의 임의의 생산점을 초기 부존 상품조합으로 해석하면 생산가능곡선상의 각 점마다 새로운 에지워드 상자와 이에 상응한 계약곡선(契約曲線)을 도출할 수 있고 이로부터 효용가능곡선(效用可能曲線)을 얻을 수 있다. 생산점이 K 일 때 도출된 효용가능곡선은 [그림 18-2-7]의 $G_K G_K'$ 곡선이고 생산점이 R 일 때의 효용가능곡선은 $G_R G_R'$ 곡선이다.

그런데 앞 절의 논의에서 우리는 생산가능곡선상의 한 점, 예컨대 K 점에서 생산이 일어날 때 계약곡선 중 오직 K' 점만이 종합적 효율성의 조건을 충족시킨다는 것을 보았다. [그림 18-2-6]의 소비점 K' 에 상응한 점이 [그림 18-2-7]의 효용가능곡선 $G_K G_K'$ 상의 K'' 이다. 마찬가지로 R 점이 생산점이 되면 [그림 18-2-6]의 R' 점만이 종합적 효율성을 달성한다. 이는 [그림 18-2-7]의 효용가능곡선 $G_R G_R'$ 상의 R'' 에 해당한다.

이와 똑같은 과정을 되풀이함으로써 생산가능곡선의 모든 점에 대해서 효용가능곡선을 구할 수 있다. [그림 18-2-7]에는 이렇게 도출된 무수히 많은 효용가능곡선이 그려져 있다. 각 효용가능곡선상에서 종합적 효율성을 충족시키는 유일한 점을 구할 수 있다. 종합적 효율성을 달성시키는 K'' 점과 R'' 점 등을

[그림 18-2-7] 종합효용가능곡선의 도출

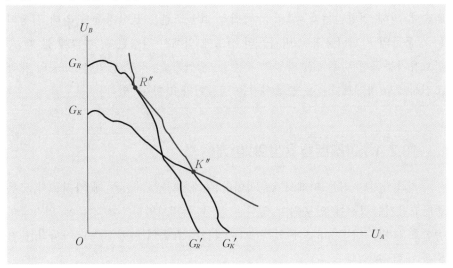

연결하면 효용가능곡선들을 감싸는 하나의 포락선(包絡線)을 도출할 수 있다. 이 포락선을 우리는 종합효용가능곡선(綜合效用可能曲線, overall utility possibility frontier), 효용가능경계(效用可能境界, utility possibility frontier), 혹은 대효용가능곡선(大效用可能曲線, grand utility possibility curve)이라고 부른다.[2]

    종합효용가능곡선상의 임의의 한 점은 지금까지 논의한 효율적 소비, 효율적 생산, 그리고 종합적 효율성이라는 세 조건을 모두 만족시키는 자원배분을 나타낸다. 생산이 생산가능곡선상에서 이루어지므로 효율적 생산조건이 충족되었다. 또 소비가 계약곡선상에서 행해졌으므로 효율적 소비조건도 충족되었다. 종합효용가능곡선은 생산가능곡선의 접선(接線)의 기울기와 소비점에서의 한계대체율(限界代替率)이 일치하는 점들의 자취이므로 당연히 종합적 효율조건도 만족시킨다. 이 세 가지 조건 중 어느 하나라도 충족되지 못하면 두 사람이 얻는 효용수준의 조합은 종합효용가능곡선의 안쪽에 위치하게 될 것이다.

    지금까지의 종합효용가능곡선에 대한 논의를 정리해 보자. 종합효용가능곡선상의 모든 점은 효율적 소비조건, 효율적 생산조건, 종합효율조건을 모두 충족시키는 점들이다. 효율적 소비조건은 소비자들의 선호와 자원의 부존량

종합효용가능 곡선

효율적 소비조건, 효율적 생산조건 그리고 생산과 소비의 종합적 효율 조건의 세 가지 조건이 모두 충족된 배분상태

---

2 어떤 교과서에는 총효용가능곡선이라고도 번역되어 있다. 총효용은 total utility로 오해될 가능성이 있으므로 이는 적절한 번역이 아니라고 생각된다.

(혹은 생산량)에 의해 영향받고, 효율적 생산조건은 요소부존량과 산업의 생산기술에 의해 영향받는다. 그리고 종합적 효율조건은 생산기술에 의해 결정되는 상품들의 기회비용과 소비자들의 선호에 의해서 결정된다. 이렇게 볼 때 종합효용가능곡선은 주어진 자원의 부존량, 생산기술, 각 개인의 선호 등의 제약조건하에서 파레토효율을 충족시키는 점들이라고 할 수 있다.

18.2.4   파레토효율성의 한계

지금까지 우리는 파레토효율성이라는 가치판단 기준은 세 가지로서 모두 종합효용가능곡선에 압축되어 있다는 것을 살펴보았다. 이 기준에 입각하여 종합효용가능곡선의 내부에 있는 모든 점들은 효율적 자원배분이 아니라는 결론을 내릴 수 있다.

그러면 모든 자원배분상태의 우열을 파레토효율성이란 기준으로 판단할 수 있을까? 아니다. 문제는 파레토효율성의 세 가지 조건을 모두 다 충족하는 점이 무수히 많다는 데에 있다. 종합효용가능곡선상의 모든 점은 파레토효율성의 제(諸)조건을 만족시킨다. 파레토효율성이라는 기준으로는 종합효용가능곡선상의 무수히 많은 점들 중에서 어떤 점이 사회적으로 가장 바람직한지는

[그림 18-2-8] 파레토효율성의 한계

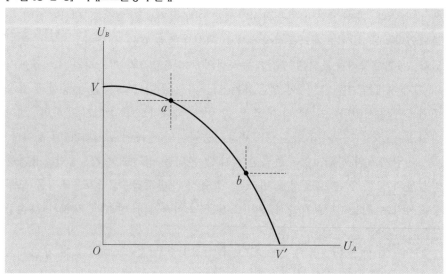

판단할 수 없다.

　자원배분상태의 판단기준으로서 파레토효율성이 지닌 한계를 그래프로 설명해 보자. [그림 18-2-8]에서 VV'은 종합효용가능곡선을 나타낸다. 이 곡선상의 두 점을 a, b라 하자. 파레토기준을 가지고는 a와 b 중 어느 것이 더 나은지 판단할 수 없다. 배분상태 a와 b의 우열을 파레토기준으로 판단하려면 비교대상이 되는 배분상태 b가 비교기준점 a의 북동방향이나 남서방향에 위치해야 한다. 그 밖의 방향에 배분점이 놓이면 파레토기준으로는 배분상태의 우열을 평가할 수 없다. 이상에서 보듯이 파레토기준은 특수한 상황에서 자원배분의 우열을 가려 주는 시금석일 뿐 모든 대상의 우열을 판단해 주지는 않는다.

　왜 파레토기준은 제한적 영역에서만 유효할까? 이는 파레토기준이 만장일치원리에 입각하고 있기 때문이다. 어떤 자원배분이 비교 기준점의 북동 혹은 남서방향에 위치할 경우에는 만장일치에 의해 우열이 가려진다. 만장일치에 의해 우열이 가려지지 않을 때 파레토기준은 무용지물(無用之物)이 된다. 사회 구성원 대다수의 생활수준이 아무리 크게 증가해도 단 한 사람의 생활수준만 떨어지면 파레토기준으로 우열이 가려지지 않는다. 이는 파레토기준은 개인별 효용비교를 거부하고 있다는 것을 시사한다. 이러한 소극적 특성 때문에 파레토기준은 현상 유지정책을 옹호하는 경향이 있으며 보수주의자들에게 애용되고 있다.

　파레토기준의 한계를 극복할 수 있는 방법은 무엇일까? 파레토기준의 한계를 극복한 보다 일반적 평가기준은 파레토기준에 결여된 서로 다른 개인의 효용을 비교할 수 있어야 한다. 개인별 효용비교는 파레토기준과는 또 다른 가치판단에 입각하고 있다. 본장의 5절에서 다루고 있는 사회후생함수(社會厚生函數)는 일반적 평가기준으로서 이러한 가치판단을 반영하고 있다. 사회후생함수를 논하기 전에 먼저 완전경쟁시장체제의 자원배분은 지금까지 논의한 파레토최적조건을 달성하는지 확인해 보자.

18.3
파레토효율과 완전경쟁

지금까지 파레토효율을 위한 세 가지 조건은 국민경제의 후생극대화를 위한 필요조건이라는 것을 보았다. 이 절(節)에서는 완전경쟁시장체제는 이 세 가지 조건을 모두 만족시키고 파레토효율을 달성한다는 것을 보이고자 한다.[3]

효율적 소비조건

앞 절에서 모든 소비자의 한계대체율(限界代替率)이 같을 때 효율적 소비조건이 충족된다는 것을 보았다. 효율적 소비조건은 다음과 같다.

(18.3.1) $MRS^A_{X, Y} = MRS^B_{X, Y}$

완전경쟁시장에서 모든 소비자는 가격순응자이다. 모든 소비자는 누구나 동일한 상대가격에 직면한다. 즉,

(18.3.2) $\left(\dfrac{P_X}{P_Y} \right)_A = \left(\dfrac{P_X}{P_Y} \right)_B = \dfrac{P_X}{P_Y}$

소비자는 상품의 상대가격과 자신의 한계대체율을 일치시킴으로써 효용을 극대화한다. 한 소비자의 효용극대화는 균형가격하에서 다른 소비자의 효용극대화와 양립가능하다. 따라서 다음 관계가 성립한다.

(18.3.3) $\left(\dfrac{P_X}{P_Y} \right)_A = MRS^A_{X, Y}$

(18.3.4) $\left(\dfrac{P_X}{P_Y} \right)_B = MRS^B_{X, Y}$

식 (18.3.2), 식 (18.3.3)과 식 (18.3.4)로부터 다음 관계가 성립한다.

(18.3.5) $MRS^A_{X, Y} = MRS^B_{X, Y} = \dfrac{P_X}{P_Y}$

따라서 효율적 소비조건인 식 (18.3.1)이 성립한다.

---

3 완전경쟁시장체제란 모든 생산물시장과 요소시장이 완전경쟁시장인 국민경제를 말한다.

이상에서 본 것처럼 완전경쟁시장체제의 균형상태에서는 효율적 소비조건이 충족된다.

효율적 생산조건

완전경쟁시장하에서 노동과 자본의 가격은 고정되어 있다. 노동의 가격을 w, 자본의 사용료를 r로 표시할 때 X산업의 생산자가 직면하게 되는 요소의 상대가격 $\left(\dfrac{w}{r}\right)_X$와, Y산업의 생산자가 직면하게 되는 요소의 상대가격 $\left(\dfrac{w}{r}\right)_Y$는 동일하므로 다음 관계식이 성립한다.

$$(18.3.6) \quad \left(\frac{w}{r}\right)_X = \left(\frac{w}{r}\right)_Y = \frac{w}{r}$$

그런데 완전경쟁시장하의 생산자들은 비용을 극소화한다. 비용을 극소화하려면 모든 산업과 모든 기업에 걸쳐 두 생산요소간의 한계기술대체율($MRTS$)과 생산요소의 상대가격이 일치해야 하므로 다음 관계가 성립한다.

$$(18.3.7) \quad MRTS^X = \left(\frac{w}{r}\right)_X$$

$$(18.3.8) \quad MRTS^Y = \left(\frac{w}{r}\right)_Y$$

식 (18.3.6), 식 (18.3.7)과 식 (18.3.8)로부터 다음 관계가 성립함을 알 수 있다.

$$(18.3.9) \quad MRTS^X = MRTS^Y = \frac{w}{r}$$

식 (18.3.9)는 완전경쟁시장체제하의 자원배분이 효율적 생산조건을 충족시키고 있다는 것을 보이고 있다.

종합적 효율성

한계변환율($MRT_{X,\,Y}$)은 생산가능곡선상의 한 점에서의 기울기로서 다음과 같이 정의한다.

$$(18.3.10) \quad MRT_{X,\ Y} = -\frac{\Delta Y}{\Delta X}$$

ΔX만큼의 X재를 추가생산하려면 ΔY만큼의 Y재 생산을 포기해야 한다고 하자. X재의 한계생산비를 MC_X, Y재의 한계생산비를 MC_Y라고 하면, 다음 등식이 성립해야 한다.

$$(18.3.11) \quad MC_X \cdot \Delta X + MC_Y \cdot \Delta Y = 0$$

이 등식은 X산업의 추가생산비와 Y산업의 절감된 생산비가 일치해야 한다는 것을 뜻한다. 이는 자원제약조건을 반영하고 있다. 이 등식을 다시 쓰면 다음과 같다.

$$(18.3.12) \quad -\frac{\Delta Y}{\Delta X} = \frac{MC_X}{MC_Y}$$

식 (18.3.11)과 식 (18.3.13)으로부터 한계변환율을 한계비용의 비율로 표현할 수 있다. 즉,

$$(18.3.13) \quad MRT_{X,\ Y} = \frac{MC_X}{MC_Y}$$

그런데 제11장에서 보았듯이 완전경쟁시장의 균형상태에서 한계비용은 상품의 가격과 일치($P_X = MC_X$, $P_Y = MC_Y$)한다. 따라서 완전경쟁시장의 균형상태에서는 다음 관계가 성립한다.

$$(18.3.14) \quad \frac{P_X}{P_Y} = \frac{MC_X}{MC_Y}$$

한편, 식 (18.3.5)의 효율적 소비조건에서 본 것처럼 소비자들은 완전경쟁하에서 한계대체율과 재화의 상대가격을 일치시킨다. 따라서 식 (18.3.13), (18.3.14)와 (18.3.5)를 종합하면 다음 식을 얻는다.

$$(18.3.15) \quad MRS_{X,\ Y} = \frac{P_X}{P_Y} = MRT_{X,\ Y}$$

식 (18.3.15)는 완전경쟁체제하에서 종합적 효율조건이 만족되는 것을 말해 주고 있다.

이상의 논의를 통해서 완전경쟁시장체제는 파레토효율을 달성한다는 것을 입증하였다. 완전경쟁시장에서 가격은 자원을 효율적으로 배분하는 보이지 않는 손의 기능을 한다.

그러나 완전경쟁체제의 미덕을 칭송하기에 앞서 몇 가지 유의해야 할 사항이 있다. 첫째, 완전경쟁체제만이 파레토효율을 달성할 수 있는 유일한 체제는 아니라는 것이다. 사회주의체제에서도 생산물 및 요소들의 잠재가격(潛在價格, shadow prices)[4]이 주어지면 완전경쟁체제와 같은 효율적 자원배분을 달성할 수 있다는 것이 밝혀져 있다.

둘째, 완전경쟁이 종합적 효율조건을 달성시켜 주는 것은 사실이지만, 종합적 효율조건을 충족시켜 주는 배분점은 무수히 많이 존재한다. 이는 종합효용가능곡선을 논하면서 설명한 바 있다. 무수히 많은 효율적 배분점들 중에서 완전경쟁시장이 사회적으로 가장 바람직한 배분을 실현시켜 준다는 보장은 없다. 독자 여러분은 완전경쟁시장체제가 효율적인 자원배분(資源配分)을 달성하지만 그 사회에 가장 바람직한 자원배분은 달성할 수 없다는 한계점을 명확히 인식하기를 바란다.

18.4
불가능성 정리

18.4.1 불가능성 정리

지금까지 논의한 파레토기준은 효율적 자원배분의 조건을 밝혀 주었다. 그러나 파레토기준은 만장일치원리에 입각하고 있기 때문에 실현가능한 여러 가지 정책들 중 어떤 정책이 가장 바람직한지를 판단하는 데는 별 도움이 되지 않는다. 파레토기준은 모든 사람의 후생수준을 높일 수 있는 자원배분(資源配分)을 보다 우월한 자원배분으로 판단할 뿐이다. 그러나 모든 계층의 생활수준을 향상시켜 주는 경제정책은 거의 없다. 경제정책에는 당연히 피해자층과 수

---

4 잠재가격은 완전경쟁하의 시장가격에 상응한 가격으로 요소부존량 제약하의 최적화(후생극대화)문제를 풀어서 구한 요소의 한계가치를 말한다.

혜자층이 존재한다. 파레토기준을 가지고 정책의 시행 여부를 결정한다면 채택되는 경제정책은 거의 없을 것이다. 피해자들의 손실과 수혜자들의 이익을 어떤 방법으로든 비교하지 않고서는 정책 선택이 불가능하다.

만일 사회후생함수(혹은 사회적 의사결정과정)가 존재한다면 여러 경제상태 중에서 어느 상태가 가장 바람직한 것인가를 사회적 관점에서 판단할 수 있을 것이다.[5] 사회후생함수란 사회적 선호를 도출하는 제도적 장치를 말한다.

불가능성 정리

파레토원리나 선호의 일관성 등의 합리적 조건을 모두 충족시키는 사회적 선호 혹은 사회후생함수는 존재하지 않는다.

애로우(K. Arrow)는 사회적 우선순위(사회적 선호)를 판단할 수 있는 사회후생함수의 존재 문제에 의문을 품었다. 그는 몇 개의 합리적 조건을 충족시켜 주는 사회후생함수가 존재하지 않는다는 것을 증명하였다. 이를 애로우의 불가능성 정리(不可能性 定理, impossibility theorem)라고 한다.

우선, 이 정리의 의미를 이해하기 위해 다수결제도에서의 **투표의 역설**(paradox of voting)을 예로 들어 보자. A, B, C 세 명이 x, y, z 세 개의 대안에 대해 투표하려고 한다. 3명의 선호는 [표 18-4-1]과 같이 주어져 있고 사회적 선택은 다수결로 하기로 하였다.

다수결제하의 투표결과에 의하면 이 사회는 x를 y보다 선호한다. 왜냐하면 x와 y에 대해 투표에 부쳤을 때 A와 B는 x에 투표하고 C는 y에 투표할 것이므로 x가 과반수(2표)를 얻어 당선될 것이기 때문이다. 마찬가지로 이 사회는 y를 z보다, z를 x보다 선호한다. 그런데 이와 같은 사회적 선호는 이행성(移行性, transitivity)이 없다. 이 사회는 x를 y보다 선호하고 y를 z보다 선호하므로 이행성이 충족된다면 x를 z보다 선호해야 한다. 그러나 실제로 이 사회는 z를 x보다 선호한다. 이 예는 '다수결제(多數決制)'라는 사회후생함수가 선호(우열의 판단기준)로서 갖추어야 할 선택의 일관성을 갖추지 못한 결함 있

[표 18-4-1] 투표의 역설

사 람 ＼ 서 열	1	2	3
A	x	y	z
B	z	x	y
C	y	z	x

---

5 특정한 경제정책은 특정한 자원배분상태를 시사하므로 '경제상태'와 '경제정책'은 호환적으로 사용된다.

는 제도임을 보여 주고 있다.

　애로우의 불가능성 정리는 다수결제(多數決制)에서 볼 수 있는 것처럼 어떠한 사회적 의사결정 방식도 나름대로의 결함을 갖고 있다는 것을 보여 준다. 사회적 의사결정에 관한 어떠한 제도나 방식도 사회후생함수(사회적 선호)로서 갖추어야 할 합리적 조건들을 모두 만족시킬 수 없다는 것이다. 애로우가 제시한 사회적 선호체계가 가져야 할 합리적 조건들은 다음 다섯 가지의 공리이다.

　① 비교가능성(completeness)과 이행성(transitivity): 임의의 두 사회상태에 대하여 사회선호는 서열(序列)을 매길 수 있어야 하며, 그 서열(序列)들은 일관성(一貫性)을 유지해야 한다.

　비교가능성은 사회적 선호체계가 특정한 사회상태에 국한되지 않고, 있을 수 있는 모든 사회상태에 대해 서열을 매길 수 있어야 함을 요구한다. 비교가능성과 이행성의 공리가 의미하는 내용은 소비자의 선호체계(제3장)에서 본 것과 동일하므로 여기서는 생략하겠다.

　② 개인선호의 무제약성(universality): 사회적 선호는 논리적으로 존재가능한 개인선호로부터 도출될 수 있어야 한다. '논리적으로 존재가능한 모든 개인선호'란 '선호의 비제한성'을 요구한다.

　이는 개인은 어떠한 선호구조도 가질 수 있다는 것을 의미한다. 예컨대 어떤 개인이 자본주의체제를 사회주의체제보다 반드시 선호해야만 한다는 제약은 선호의 무제약성을 위반하는 것이다. 개인선호에 제약이 가해지면 사회적 선호에 관한 논의가 무의미해질 수 있다. 예컨대 모든 개인의 선호가 동일한 경우에는 개인적 선호와 사회적 선호가 일치할 것이다. 개인선호의 무제약성의 공리는 개인의 다양한 선호를 허용함으로써 개인의 선택문제와 사회적 선택문제를 별개의 문제로 만들어 주는 역할을 한다.

　③ 파레토원칙(Pareto principle): 사회의 모든 구성원이 두 사회상태 x, y에 대하여 x를 y보다 더 선호하면 사회도 x를 y보다 더 선호해야 한다.

　파레토 원리는 사회적 선호가 그 사회 구성원들의 선호를 반영해야 하며 사회의 모든 구성원이 만장일치로 선호하는 사회상태는 전체 사회에서도 선택되어져야 한다는 것을 의미한다.

④ 비독재성(non-dictatorship): 어느 한 구성원(독재자)의 선호가 사회적 선호를 결정해서는 안 된다.

비독재성 공리는 사회적 선호가 특정인(독재자)의 선호가 아니라 사회 구성원들의 선호를 반영해야 한다는 것으로서 민주사회의 사회적 선호체계라면 당연히 갖추어야 할 요건이라고 할 수 있다.

⑤ 무관한 선택대상으로부터의 독립(independence of irrelevant alternatives): 두 사회상태 x와 y를 비교할 때, 사회적 선호는 제3의 사회상태 z에 의해서 영향받지 않아야 한다. 이 가정은 별도의 설명을 필요로 한다.

무관한 선택대상으로부터의 독립

무관한 대상으로부터의 독립조건은 다음 두 가지 의미를 내포하고 있다.

첫째, 어떤 대안에 대한 사회적 서열은 '그 대안'에 대한 개인들의 선호서열(選好序列)에만 의존해야지 '제3의 대안'에 대한 개인선호에 의존해서는 안 된다는 것을 의미한다.

예컨대 x, y 두 대안에 대한 사회적 선택을 생각해 보자. 갑의 선호가 $x > y > z$일 때 x, y 중에서 y가 사회적으로 선택되었다 하자. 즉, 갑은 x를 지지하지만 사회는 y를 선택하였다. 무관한 선택대상으로부터의 독립은 갑의 선호가 $z > x > y$로 바뀌었을 때도 x와 y에 대한 갑의 선호서열이 불변이면 무관한 선택대상 z에 대한 선호서열에 상관없이 x, y 중에서 여전히 y가 사회적으로 선택되어야 한다는 것을 의미한다.

둘째, 사회적 서열은 후보들(선택대상)에 대한 개인선호의 우선 순위(서열)에 의해 결정되어야지 선호의 강도에 의해 달라져서는 안 된다는 것을 의미한다. 다시 말해 개인선호의 서열은 불변인 상태에서 선호의 강도만 바뀌었다고 선거 결과가 달라져서는 안 된다는 것을 의미한다. 이 의미를 이해하기 위해 다음과 같은 점수투표제(point voting) 혹은 보다 카운트(Borda Count)하에서 사회적 선택이 어떻게 이루어지는지 알아보자.

점수투표제하에서 각 유권자는 일정한 점수, 예컨대 총 10점을 갖고 그들의 선호에 따라 후보 x, y, z에 대해 점수를 배분한다. 각 투표자가 각 후보에게 준 점수를 합산하여 최고득표자가 선택된다. 세 사람이 배분한 점수는 [표

[표 18-4-2] 점수투표에 의한 사회적 선택

개 인 선택대상	A	B	C	총득점
x	5	3	2	10
y	2	1	4	7
z	3	6	4	13

[표 18-4-3] 점수투표와 애로우의 독립성 조건

개 인 선택대상	A	B	C	총득점
x	3	3	2	8
y	2	1	6	9
z	5	6	2	13

18-4-2]에 나타나 있다. 투표자 A는 x에 5점, y에 2점, 그리고 z에 3점을 배분하고, 투표자 B는 각각 3, 1, 6점을, 그리고 투표자 C는 각각 2, 4, 4점을 배분하고 있다. 세 사람이 x에 배분한 점수의 합계는 10점인 데 비해 y의 총득점은 7점이고, z는 13점이므로 x, y, z에 대한 사회적 서열은 $z > x > y$이다.

이제 점수투표제가 애로우의 무관한 선택대상으로부터의 독립조건을 위배하는지 알아보기 위해 다음 경우를 생각해 보자. 투표자 A와 투표자 C의 x와 y에 대한 선호는 불변인 채 x와 z(x와 y의 선택차원에서 볼 때 무관한 선택대상)에 대한 선호만 [표 18-4-3]과 같이 뒤바뀌었다. [표 18-4-3]과 같이 투표자의 선호가 주어질 때 점수투표에 의한 사회적 선호는 $z > y > x$가 된다. 이 결과는 x와 y에 대한 세 사람의 선호가 변하지 않았음에도 불구하고 x와 y에 대한 사회적 선호가 달라질 수 있다는 것을 보이고 있다. 이상의 예에서 보듯이 점수투표제는 애로우의 독립성 조건을 충족시키지 않는다.

점수투표제가 독립성의 조건을 위배하는 근본적 이유는 무엇일까? 이는 애로우의 독립성의 공리가 개인선호의 강도와 무관하게 사회적 선택이 결정될 것을 요구하고 있는 반면 점수투표제는 선호의 강도를 반영한다는 데에 기인한다. 그러나 선호의 강도를 반영하는 사회적 선택방법과 반영하지 않는 사회적 선택방법 중 어느 것이 보다 바람직한 것인지에 대해서는 이론이 분분하다.

18.4.2 불가능성 정리의 시사점

애로우의 불가능성 정리(不可能性 定理)는 사회후생함수를 도출하고자 하는 많은 후생경제학자들에게 절망과 희망을 동시에 안겨 주었다. 애로우의 불가능성 정리는 한편으로 사회후생함수의 부재(不在)를 증명하고 있지만 다른 한편, 사회후생함수가 존재할 수 있는 조건을 우리에게 제시해 주고 있다. 애로우의 불가능성 정리가 발표된 이후 사람들은 애로우의 공리들 중에서 어떤 조건을 완화했을 때 사회후생함수를 도출할 수 있을지를 연구하기 시작하였다. 애로우의 공리들 중에서 최소한 한 가지 조건을 완화하거나 포기하면 다음 절에서 소개하는 사회후생함수들을 얻을 수 있다.

18.5
사회후생함수

사회후생함수

사회구성원의 선호체계를 실수값으로 나타낸 함수

사회후생함수란 사회 구성원들의 선호체계(효용함수)를 실수값으로 나타내는 함수이다. 이 함수는 여러 가지의 분배상태에 관한 사회적 선호의 서열을 보여 준다. A와 B의 두 사람으로 이루어진 사회에서 A와 B의 효용수준이 U_A와 U_B로 주어지면 사회후생함수는 다음과 같이 정의된다.

(18.5.1) $W = W(U_A, U_B)$

여기서 U_A, U_B는 두 사람의 효용함수

사회후생함수 W는 A와 B의 효용수준을 종합하여 사회후생수준으로 평가한다. A와 B의 효용수준에 대한 종합적 평가는 A와 B의 효용수준에 대한 상대적 평가로서 앞서 말했듯이 가치판단의 문제이다.

이상의 사회후생함수에 관한 논의는 애로우의 불가능성 정리에 비추어 볼 때 일견 모순된 것처럼 보인다. 그러나 사회후생함수의 존재는 결코 불가능성의 정리와 모순되지 않는다. 왜냐하면 식 (18.5.1)과 같은 후생함수는 애로우의 조건들 중에서 두 가지를 위반하고 있기 때문이다.

첫째, 개인별 효용을 종합하는 과정에서 대인간 효용(對人間 效用)을 비교하고 있다. 대인간 효용을 비교한다는 것은 사회적 선택이 개인선호의 강도에 따라 달라진다는 것을 의미한다. 이는 독립성의 가정에 위배된다. 둘째, 사회후생함수는 개인별 효용의 상대적 비중에 관한 사회적 합의를 전제하고 있다. 이러한 전제는 분배에 관한 개인선호에 제약을 가하고 있다. 이는 개인선호의 무제약성(無制約性)에 위배된다.

사회후생함수는 동일수준의 사회후생을 주는 사회무차별곡선(社會無差別 曲線)에 의해서도 나타낼 수 있다. 사회무차별곡선(community indifference curve: CIC)은 개인의 효용함수에서 무차별곡선을 도출했던 것과 마찬가지로 사회후생함수로부터 도출할 수 있다. 사회무차별곡선은 사회후생수준이 일정한 U_A와 U_B의 조합으로서 U_A와 U_B의 효용평면에 표현된다.

대인간(對人間) 효용비교에 관한 가치판단이 달라지면 사회무차별곡선의 모양도 달라진다. 이 점을 보다 명확히 하기 위해 앞에서 정의한 사회후생함수를 효용평면에 사회무차별곡선으로 나타내 보자. 사회후생수준이 W^0인 사회무차별곡선은 다음과 같이 정의된다.

(18.5.2) $W^0 = W(U_A,\ U_B)$

그런데 사회무차별곡선상에서 움직일 때 사회후생수준의 변화분 $dW=0$이므로 사회무차별곡선의 기울기는 다음과 같이 나타낼 수 있다.[6]

(18.5.3) $-\dfrac{dU_B}{dU_A} = \dfrac{W_A}{W_B}$

식 (18.5.3)에 의하면 사회무차별곡선의 기울기의 절댓값(사회무차별곡선의 한계대체율)은 $\dfrac{W_A}{W_B}$이다. W_A, W_B는 각각 A와 B의 효용이 사회후생에 미치는 절대적 영향력을 말한다. 예컨대 $W_A\left(=\dfrac{\partial W}{\partial U_A}\right)$는 A의 효용의 1단위 증가가 사회후생수준에 미치는 영향을 나타낸다. 따라서, $\dfrac{W_A}{W_B}$는 A의 효용과 B의 효용에 대한 사회의 상대적 비중을 반영한다.

---

6 사회무차별곡선의 기울기를 위해 $W=W(U_A,\ U_B)$을 U_A와 U_B에 관해서 전미분하면 다음 식을 얻는다.

　　　$dW = W_A \cdot dU_A + W_B \cdot dU_B$

여기서 $W_A = \dfrac{\partial W}{\partial U_A}$, $W_B = \dfrac{\partial W}{\partial U_B}$ 이다. $dW=0$을 대입하고 이 식을 정리하면, 식 (18.5.3)을 얻을 수 있다.

사회후생함수는 개인의 효용에 관한 상대적 비중을 어떻게 두느냐에 따라 여러 가지 형태를 띠게 된다. 각 개인의 후생수준에 관한 상대적 평가방식은 W_A와 W_B의 구조에 반영된다.

후술하는 버그송-사무엘슨 사회후생함수는 사회 구성원의 상대적 비중이 그 사회의 의사결정방식에 따라 다양한 값을 취할 수 있도록 허용하고, 벤담의 사회후생함수는 모든 사회 구성원의 상대적 비중을 동일시한다. 반면 평등주의적 사회후생함수는 빈자(貧者)에게 보다 높은 가중치를 부여한다. 극단적으로 롤즈의 사회후생함수는 최빈자(最貧者)에게 1의 가중치를 부여한다. 주요 후생함수의 특징을 하나씩 고찰해 보기로 한다.

버그송-사무엘슨 사회후생함수

사회후생함수 중에서 가장 일반적인 것은 버그송-사무엘슨 사회후생함수 (Bergson-Samuelson: BS SWF)이다. 버그송-사무엘슨 사회후생함수에서 사회후생 수준은 개인들의 서수적 효용의 함수로서 다음과 같이 표현된다.

(18.5.4)　　$W = W(U_A, U_B)$

여기서 U_A, U_B는 각각 A와 B의 서수적 효용함수

통상 BS SWF는 다음 몇 가지 특성을 지닌다. 첫째, 효용공간(效用空間, utility space)에서 정의된다. 따라서 BS SWF는 [그림 18-5-1]에서 보인 것과 같이 효용평면에 사회무차별곡선(社會無差別曲線)으로 나타낼 수 있다.

둘째, 버그송-사무엘슨 사회후생함수는 파레토원리를 반영하고 있다. 이는 버그송-사무엘슨 후생함수에서 다른 사람의 효용이 변하지 않고 어떤 개인의 효용이 증가하면 사회후생이 증가($\partial W / \partial U_i > 0$)한다는 것을 말한다. 따라서 버그송-사무엘슨의 사회무차별곡선은 [그림 18-5-1]에서 보듯이 우하향하고 원점에서 멀어질수록 후생수준은 증가한다($W_1 < W_2 < W_3$). 이는 버그송-사무엘슨 후생함수가 파레토원리를 반영하고 있다는 것을 보이고 있다. 이러한 특성 때문에 버그송-사무엘슨 사회후생함수는 파레토류(類) 사회후생함수(Paretian SWF)라고도 불린다.

셋째, 개인의 효용은 서수적 의미를 지닌다. 따라서 이 사회후생함수는

[그림 l8-5-l] 버그송-사무엘슨 사회무차별곡선

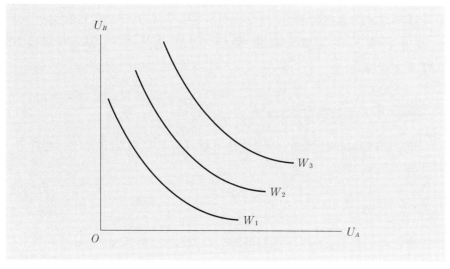

개인효용함수의 합이나 곱의 꼴로 표현되지 않는다.

넷째, 사회후생함수의 형태가 구체적으로 주어져 있지 않다. 버그송-사무엘슨 사회후생함수에서 서로 다른 개인의 후생수준에 부여되는 비중(W_A와 W_B)은 사회적 의사결정 방식에 따라 결정된다. 사회적 의사결정은 관습, 일관성 있는 다수결제, 특수계층의 선호, 절대군주 그리고 독재자의 선호 등 여러 가지 방법에 의해 행해질 수 있다. 따라서 BS SWF는 다양한 형태의 함수일 수 있다.

버그송-사무엘슨 사회후생함수는 다음과 같은 몇 가지 장점을 지니고 있어 후생경제학에서 자주 사용된다. 첫째, 사회무차별곡선은 교차하지 않는다.[7] 버그송-사무엘슨의 사회무차별곡선이 교차하지 않는 것은 사회무차별곡선의 기울기가 현재의 분배상태가 아닌 '최적' 분배상태를 전제하고서 도출된 것이기 때문이다. 둘째, 버그송-사무엘슨 사회무차별곡선은 원점에 대해 볼록하다. 이 가정은 개인간 효용격차는 바람직하지 않다는 평등주의적 윤리를 반영하고 있다.

그러나 버그송-사무엘슨 사회후생함수는 함수의 형태를 정확히 알기 위

---

7 스키토프스키의 사회무차별곡선은 '주어진' 소득배분상태에서 도출된 사회무차별곡선이므로 소득배분상태가 바뀌면 교차하는 단점을 지닌다. 보다 상세한 것은 다음 문헌을 참고하기 바란다. Y. Ng, *Welfare Economics*, Macmillan Press, 1983.

해서는 많은 정보를 알아야 한다는 단점도 지니고 있다. 즉, 서로 다른 개인의 효용에 대한 사회적 비중과 각 개인의 사회상태에 대한 선호에 관한 정보를 모두 알아야 한다. 곧 설명하게 될 벤담의 후생함수의 경우 정보요구량이 BS SWF보다 적다.

벤담의 사회후생함수

벤담(J. Bentham)은 사회후생함수를 개인의 효용을 합한 꼴로 정의한다.[8] 즉,

(18.5.5) $W = U_A + U_B$

벤담의 사회후생함수는 공리주의자의 사회후생함수(utilitarian SWF)라고도 불린다. 벤담의 사회후생함수는 다음의 특성을 지닌다.

첫째, 개인의 효용을 기수적(基數的)인 것으로 가정하고서 대인간 효용(對人間 效用)을 비교하고 있다. 이는 서로 다른 개인의 효용을 더할 수 있다는 데에서 알 수 있다.

둘째, 함수는 효용이 두 사람 사이에서 어떻게 분배되는가에 관계없이 개인효용의 합에 의해서만 결정된다. 이는 공리주의자들이 분배문제에 관심이 없다는 것을 반영하고 있다. 이러한 공리주의자의 사회후생함수는 소득수준이 낮은 사람이거나 높은 사람이거나 동일한 가중치를 부여한다. 따라서 벤담의 사회무차별곡선(CIC)은 [그림 18-5-2]에서 보는 바와 같이 -1의 기울기를 갖는 직선이 된다.

기수적 효용함수에 입각하여 선호의 강도를 고려하는 것은 애로우의 독립성의 가정에 위배된다는 것을 앞에서 보았다. 소비자이론에서 이미 공부했듯이 효용함수의 기수성을 가정한 것은 매우 제약적인 조건으로서 벤담의 사회후생함수의 커다란 약점이 되고 있다.

---

8 보다 일반화된 공리주의의 사회후생함수는 서로 다른 소비자의 효용의 가중평균으로서 다음과 같이 정의된다.

$$W = a_A U_A + a_B U_B$$

여기서 a_A와 a_B는 소비자 A와 B의 가중치를 나타낸다.

[그림 18-5-2] 공리주의자의 사회무차별곡선

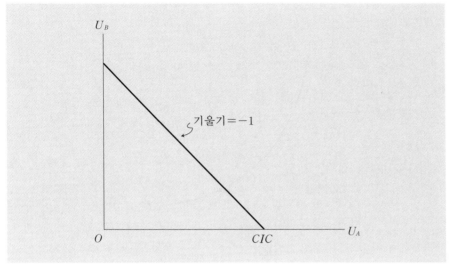

베르누이 – 내쉬 사회후생함수

베르누이-내쉬 사회후생함수(Bernoulli-Nash SWF: BN SWF)는 높은 수준의 효용을 누리고 있는 사람의 효용에는 상대적으로 낮은 가중치(加重値)를 부여하고, 낮은 효용수준을 누리고 있는 사람의 효용에는 상대적으로 높은 가중치를 주어 사회후생수준을 종합적으로 평가한다. BN SWF는 개인효용의 곱의 꼴로 표현된다.[9] 즉,

(18.5.6) $W = U_A \cdot U_B$

BN SWF는 평등주의적 이념을 반영하고 있기 때문에 평등주의자의 사회후생함수라고도 불린다.

평등주의자의 사회후생함수는 부자(富者)로부터 빈자(貧者)에게로 소득을 재분배해야 한다는 주장의 유력한 근거가 되고 있다. 피구(Arthur Pigou)와 같은 고전파 경제학자는 부자로부터 빈자에게로 소득을 이전해야 하는 이유는 너무도 자명한 것이라고 했다. 왜냐하면 빈자가 생존유지에 사용한 1원의 효용이 부자가 향락에 사용한 1원의 효용보다 클 수밖에 없기 때문이다.

---

[9] BN SWF는 U_A와 U_B의 합이 특정한 값으로 고정된 경우, $U_A = U_B$일 때 $U_A \cdot U_B$의 값이 극대가 된다는 데에 착안하고 있다.

[그림 18-5-3] 평등주의자의 사회무차별곡선

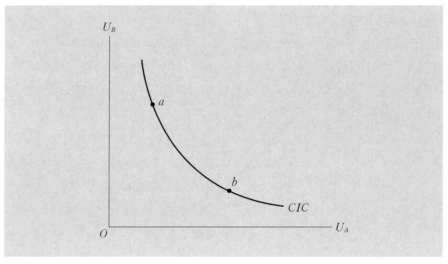

평등주의적 사회후생함수에서 도출되는 사회무차별곡선(CIC)은 [그림 18-5-3]에서 보는 바와 같이 원점에 대해 볼록한 모양을 하고 있다. 이는 불평등(不平等)은 다른 조건이 동일하다면 사회적 관점에서 바람직하지 않다는 것을 반영하고 있다.

그림에서 사회무차별곡선을 따라 내려갈수록 곡선의 기울기의 절댓값이 점점 작아지는 것을 볼 수 있다. a점에서 b점으로 내려가면서 평등주의적 사회무차별곡선의 기울기$\left(\dfrac{W_A}{W_B}\right)$가 감소하는 것은, A의 효용이 증가하고 B의 효용이 감소함에 따라 A의 사회적 중요도(W_A)는 상대적으로 감소하는 반면 B의 사회적 중요도(W_B)는 점차 증가한다는 것을 나타낸다.

롤즈류의 사회후생함수

사회학자 롤즈(J. Rawls)는 '분배적 정의'(distributive justice)를 논하면서 가장 바람직한 분배상태는 그 사회에서 가장 가난한 자의 만족수준이 극대화되는 상태라고 주장하였다. 이와 같이 최빈자(最貧者)의 후생을 극대화하는 롤즈의 목표는 최소극대화원칙(最小極大化原則, maxmin principle)이라고도 불린다.

롤즈는 가장 바람직한 사회적 배분상태는 그 사회 구성원 모두가 합의한 원칙에 의해 결정되는 것이 바람직하다고 믿었다. 롤즈는 분배의 원칙을 확립하기 위해 가상적 상태, 소위 원초적 상태(原初的 狀態, original position)를 상정했다. 원초적 상태란 사회구성원들이 태어나기 이전의 상태를 말한다.

원초적 상태에서 각 구성원은 자신의 능력, 계층, 선호 등을 전혀 알지 못하고 오직 확률분포(確率分布)로서만 파악하고 있다. 롤즈는 원초적 상태에서 사람들이 가장 바람직하다고 생각하는 분배기준을 최소극대화(最小極大化)로 보았던 것이다.[10, 11] 이와 같은 롤즈의 최소극대화원칙은 다음과 같은 형태의 사회후생함수로 표현될 수 있다.

(18.5.7) $W = \min(U_A, U_B)$
여기서 $\min(\ ,\ )$은 괄호 속의 두 원소 중에서 작은 쪽을 택하라는 의미이다.

식 (18.5.7)에서 보듯이 롤즈의 사회후생함수에서 사회후생은 최빈자(最貧者)의 효용이다. 이와 같은 형태의 사회후생함수는 레온티에프의 생산함수와 같은 형태이다. 따라서 사회무차별곡선도 [그림 18-5-4]에서 보듯이 L자 모양을 띤다.

그림에서 보듯이 a에서 b나 c점으로 이동하더라도 최빈자의 효용수준이 불변이므로 사회후생수준 역시 불변이다. 사회후생수준이 증가하려면 반드시 최빈자의 효용수준이 증가해야 한다. b점과 d점을 비교해 볼 때 d점의 후생이 더 크다.

롤즈의 사회무차별곡선은 극단적 평등주의의 가치관을 담고 있다. 최빈자를 위한 것이라면 고소득층의 어떠한 희생도 정당화될 수 있다.

이러한 롤즈의 주장은 어떤 조건에서 정당화될 수 있을까? 다음과 같은 상황을 생각해 보자. 두 사람으로 구성된 사회가 있다. 한 사람은 건강한 노동자이고 다른 한 사람은 노동력이 없는 장님이다. 사람들은 자기가 정상인으로 태어날지 아니면 장님으로 태어날지 모르는 상태에 있다. 다만 그들은 자신이 $\frac{1}{2}$이 확률로 장님으로 태어날 수도 있고 $\frac{1}{2}$의 확률로 건강한 노동자로 태어날 수도 있다는 사실과, 장님이 되면 생산력이 0이고 건강한 노동자로 태

---

10 롤즈는 절대적 평등을 주장하지는 않았다. 그는 경제적 불평등이 필요하며, 이는 차등의 원칙(difference principle)에 입각해야 한다고 말한다. 차등의 원칙은 가난한 자에게 도움이 될 때만 불평등이 인정될 수 있다는 원칙이다.

11 이러한 의미에서 롤즈 분배론은 사회계약설의 입장에 서 있다.

[그림 18-5-4] 롤즈의 사회무차별곡선

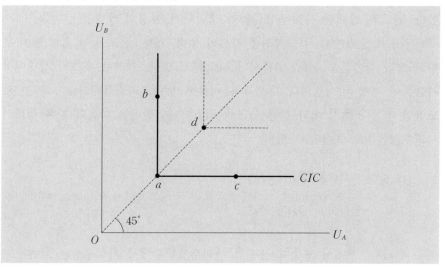

어나면 생산력이 100이라는 사실을 알고 있다. 이와 같이 자신이 어떻게 태어날지 알 수 없는 탄생 이전의 상황이 롤즈의 원초적 상황이다.

이러한 원초적 상태에서 장님의 몫은 얼마가 되어야 할까? 사람들은 장님의 일을 남의 일로만 여기지는 않을 것이다. 사람들이 극단적인 위험기피자(危險忌避者)라면 장님의 몫은 50이 될 것이다. 이러한 상황은 불확실성하의 위험의 배분문제와 본질적으로 같다. 이러한 상황이라면 우리는 롤즈의 최소극대화원칙(最小極大化原則)에 기꺼이 동의할 것이다.

롤즈의 분배원리(分配原理)는 사회보장제도의 기초이념을 제시했다는 데 큰 의의가 있다. 그러나 롤즈의 최소극대화원칙은 극단적 위험기피자를 전제하고 있다는 점에서 설득력 있는 이론이라고 할 수 없다. 이를 이해하기 위해 다음과 같은 상황을 생각해 보자.

100명으로 구성된 사회가 있다. 롤즈의 원초적 상태에서 정상인으로 태어날 확률이 0.99이고 장님으로 태어날 확률이 0.01이라 하자. 장님의 생산력은 0이다. 정상인의 생산력은 그 사회의 분배원칙에 따라 달라진다고 하자. 최소극대화원칙하에서 정상인의 생산력은 1,000이고, 사유재산제하에서 10,000이 된다고 하자. 이러한 생산성의 차이는 일하고자 하는 유인(誘引)의 차이 때문에 발생한다.

이러한 상황에서 최소극대화원칙을 선택하면 정상인으로 태어나건 장님으로 태어나건 소득은 990(=1,000 · 0.99)원이 될 것이다. 이제 무지의 장막 속에서의 고민은 990원의 소득이 확실히 보장된 사회상태와 99% 확률로 10,000원을 받고 1% 확률로 0원을 받게 되는 불확실한 사회상태 중에서, 어느 쪽을 선택할 것인지이다. 극단적 위험기피자가 아니라면 후자를 택할 가능성이 높다.

이러한 논의는 사람들이 극단적인 위험기피자가 아니라면 원초적 상황에서도 최소극대화원칙이 선택될 가능성이 희박하다는 것을 말해 주고 있다.

18.6
사회적 최적선택

사회후생함수 혹은 사회무차별곡선이 주어져 있다면 사회적 최적선택(社會的 最適選擇)을 할 수 있다. [그림 18-6-1]에는 효율적인 자원배분을 나타내는 종합효용가능곡선(GG')과 사회무차별곡선(CIC)이 나타나 있다.

사회후생이 극대화되는 사회적 최적선택은 사회무차별곡선(CIC)과 종합효용가능곡선(GG')이 접하는 E점에서 이루어진다. E점에서 A는 $U_A{}^*$의 효용수준을, B는 $U_B{}^*$의 효용수준을 누린다. E점은 사회무차별곡선상에 위치하고 있으므로 분배(分配)에 관한 사회적 가치판단을 반영하고 있을 뿐 아니라, 종합효용가능곡선상에 있으므로 파레토효율을 위한 세 가지 조건을 모두 충족시킨다.

[그림 18-6-2]는 사회후생함수에 따라 사회적 선택이 어떻게 달라지는지를 나타내고 있다. 그림에서 곡선 GG'는 종합효용가능곡선을 나타내고, W_B, W_R, W_S는 각각 벤담, 롤즈, 버그송-사무엘슨의 사회후생함수를 나타낸다. 종합효용가능곡선은 GR구간과 MG'구간에서 양(陽)의 기울기를 갖는다. 이 구간에서는 두 사람의 효용이 같은 방향으로 변한다. 따라서 파레토효율 기준으로 볼 때 이 구간은 선택의 대상에서 제외시킬 수 있다. 종합효용가능곡선의 제약하에서 사회후생의 극대화점은 사회후생함수에 따라 다르게 나타나고 있다.

사회적 최적 선택

종합효용가능곡선의 제약하에 사회후생수준이 극대화되는 자원배분

[그림 18-6-1] 사회적 최적선택

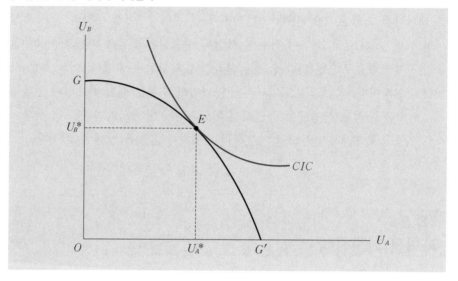

[그림 18-6-2] 사회후생함수와 사회적 선택

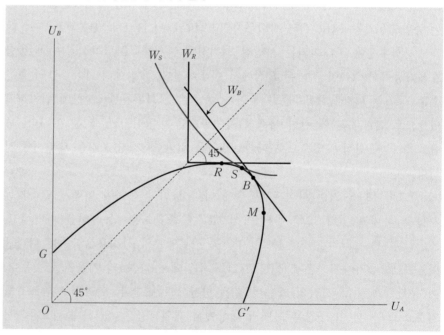

벤담의 사회후생함수의 경우 사회후생은 사회무차별곡선 W_B가 종합효용 가능곡선과 접하는 B점에서 극대화된다. B점에서는 두 사람의 효용의 합이

극대화되고 있다. 벤담의 사회후생함수는 분배문제를 무시하고 있으므로 B점은 완전평등(完全平等)을 나타내는 45도 선에서 가장 멀리 떨어져 있다.

롤즈의 사회후생함수는 R점에서 극대화된다. R점에서 최빈자(最貧者)의 효용이 극대화되고 있다. R점은 완전평등을 나타내는 45도 선에서 가장 가까이 위치하고 있다.

버그송–사무엘슨 사회후생함수는 S점에서 극대화된다.[12] S점은 R점과 B점의 중간에 위치하고 있다. 이는 롤즈의 후생함수는 최빈자의 비중을 1로 두고 벤담의 사회후생함수는 최빈자나 부자의 후생에 동일한 비중을 부여하고 있음에 반해 버그송–사무엘슨의 사회후생함수는 그 중간에 위치하고 있음을 반영한다.

1. 파레토효율	2. 효율적 소비조건
3. 효용가능곡선	4. 효율적 생산조건
5. 생산가능곡선	6. 종합적 효율조건
7. 종합효용가능곡선	8. 불가능성 정리
9. 사회후생함수	10. 사회적 최적선택

_요약 SUMMARY

❶ 후생경제학이란 사회적 관점에서 경제정책들의 서열을 밝혀 주는 정책이론이다. 이러한 후생경제학은 실증경제학적 요소뿐만 아니라 규범경제학적 요소도 동시에 가지고 있다.

❷ 파레토 효율상태란 다른 구성원의 효용을 감소시키지 않고서는 나머지 구성원들의 효용이 더 이상 증진될 수 없는 자원배분 상태를 뜻한다. 파레토 기준은 만장일치원리에 입각하고 있다. 파레토기준은 소득분배문제를 전연 고려하지 않는다.

❸ 파레토 효율상태가 실현되기 위해서는 효율적 소비조건과 효율적 생산조건, 그리고 생산과 소비의 종합적 효율성의 조건이 모두 충족되어야 한다. 효율적 소비조건은 모든 소비자의 한계대체율이, 효율적 생산조건은 모든 기업과 산업의 한계기술대체율이 같을 때 충족된다. 생산과 소비의 종합적 효율성의 조건은 각 상품의 한계변환율과 소비자의 한계대체율이 일치할 때 충족된다.

❹ 효율적 소비조건, 효율적 생산조건과 생산과 소비의 종합적 효율성 조건의 세 가지 조건이 모두 충족되는 배분상태를 나타내고 있는 것이 종합효용가능곡선이다. 종합효용가능곡선은 주어진 자원의 부존량, 생산기술조건과 개인들의 선호 등의 제약조건하에서 파레토효율을 충족시키는 점들이다.

❺ 파레토효율성만으로는 종합효용가능곡선상의 어떤 점이 사회적으로 가장 바람직한지 판단할 수 없다. 어떤 점이 사회적으로 가장 바람직한가를 판단하려면 사회후생함수를 알아야 한다.

❻ 완전경쟁시장으로 구성되는 시장경제체제하의 자원배분은 파레토효율조건을 달성하고 있다. 그러나 완전경쟁시장체제가 사회적으로 가장 바람직한 배분을 실현시켜 준

다는 보장은 없다.

❼ 애로우는 사회적 선호체계가 가져야 할 몇 가지 합리적 조건들을 충족시켜 주는 사회 후생함수가 존재하지 않는다는 불가능성 정리를 증명하였다. 이 합리적 조건들은 비교가능성과 이행성, 개인선호의 무제한성, 파레토원칙, 비독재성, 그리고 무관한 선택대상으로부터의 독립이다. 불가능성 정리는 사회후생함수가 정의될 수 있는 조건을 시사하고 있다.

❽ 사회후생함수란 사회 구성원들의 선호체계(효용함수)를 실수값으로 나타내는 함수이다. 이 함수는 여러 가지의 분배상태에 관한 사회적 선호의 서열을 보여 준다. 사회후생함수는 사회 구성원의 효용의 상대적 비중을 어떤 방식으로 평가하느냐에 따라 여러 가지 형태를 띠게 된다.

❾ 버그송-사무엘슨 사회후생함수는 개인들의 서수적 효용의 함수로서 파레토원리를 반영하고 있다. 버그송-사무엘슨 사회무차별곡선은 교차하지 않고 원점에 대해 볼록하다는 장점으로 인해 후생경제학에서 자주 사용된다.

❿ 공리주의의 사회후생함수, 혹은 벤담의 사회후생함수는 각 개인의 효용을 합한 꼴로서 사회후생함수를 정의한다. 이 함수는 개인의 효용을 기수적인 것으로 가정하고 서로 다른 개인의 효용을 비교한다. 공리주의 사회후생함수는 분배문제를 무시하고 있다.

⓫ 평등주의적 사회후생함수는 높은 수준의 효용을 누리고 있는 사람의 효용에는 보다 낮은 가중치를 부여하고 반면에 낮은 효용수준을 누리고 있는 사람들의 효용에는 보다 높은 가중치를 주어 사회후생 수준을 평가한다.

⓬ 롤즈의 사회후생함수는 최빈자의 효용함수로서 최소극대화원칙에 입각하고 있다. 사회무차별곡선은 효용평면에서 L자 모양을 나타낸다. 롤즈의 분배원리는 사회보장제도의 기초이념을 제시했다는 데 큰 의의가 있지만 극단적 위험기피자를 전제하고 있다는 점에서 설득력이 떨어진다.

⓭ 사회후생함수 혹은 사회무차별곡선이 주어지면 사회적 최적선택을 할 수 있다. 사회후생이 극대화되는 최적 선택은 사회무차별곡선과 종합효용가능곡선의 접점에서 이루어진다. 이 점은 종합효용가능곡선상에 위치하고 있으므로 파레토효율을 위한 세 가지 조건을 모두 충족시킨다. 또한 이 점은 사회무차별곡선상에 위치하고 있으므로 분배에 관한 사회적 가치판단을 반영하고 있다.

_연습문제 QUESTION

01 사회후생의 평가기준으로서 파레토효율의 의미와 그 한계를 설명하라.

02 2인-2재로 구성된 국민경제가 있다. 두 사람의 효용함수는 다음과 같다.

$$U_I = 6X_1 + 4Y_1$$
$$U_{II} = X_2 Y_2$$

초기 상태에 개인 I은 X재 10단위 Y재 9단위, 개인 II는 X재 0단위 Y재 1단위를 갖고 있다.

(a) 초기 상태와 각 개인의 선호를 에지워드 상자에 그려 넣어라.

(b) 파레토 최적인 자원배분의 자취를 구하라.

03 문제 02와 동일한 선호를 갖고 있는 2인-2재 경제를 가정하자. 초기 상태에 개인 I은 X재 2단위 Y재 1단위, 개인 II는 X재 1단위 Y재 1단위를 갖고 있다.

(a) 경쟁적 균형상태를 구하라.

(b) 경쟁적 균형상태는 파레토 최적상태임을 입증하라.

04 "애로우의 불가능성 정리는 사회후생함수의 논의에 관한 종언을 의미한다." 이 명제를 논평하라.

05 버그송-사무엘슨 사회후생함수는 애로우의 불가능성 정리의 어떤 가정을 위배하는가?

06 점수투표제는 애로우의 불가능성 정리의 어떤 가정을 위배하는가?

07 "버그송-사무엘슨 사회후생함수는 분배에 대한 어떠한 윤리적 믿음도 무차별적으로 수용하고 있다." 이 명제를 논평하라.

08 버그송-사무엘슨 사회무차별곡선은 교차하지 않는다. 교차하지 않는 이유를 설명하라.

09 벤담의 사회후생함수와 버그송-사무엘슨 사회후생함수의 차이를 설명하라.

10 두 사람으로 구성된 사회를 상정해 보자. 그림과 같이 총소득(GNP)은 그림의 OM으로 주어져 있다. 두 사람의 소비능력이 동일하고 한계효용이 체감할 경우 공리주의의 사회후생함수를 극대화할 수 있는 배분점을 찾아 보아라. 그림에서 O는 A의 원점을, M은 B의 원점을 나타낸다.

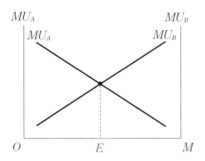

11 롤즈의 사회후생함수의 내용과 그 한계를 설명하라.

12 "롤즈의 사회후생함수하에서도 완전히 평등한 배분은 실현되지 않을 수 있다." 이 명제를 그래프로 설명하라.

13 (a) 사회후생함수가 주어져 있을 때 사회적 선택의 제약조건은 무엇인가?

   (b) 사회후생함수가 벤담의 사회후생함수로 주어져 있을 때 사회적 선택점을 그래프로 나타내 보아라.

시장실패와 정부실패

개 요___

시장조직이론과 일반균형이론에서 완전경쟁시장은 파레토효율적 자원배분을 달성한다는 것을 고찰한 바 있다. 그러나 현실에는 빈부격차, 교통체증 및 환경공해, 주기적 불황과 실업 등의 문제가 발생하고 있다. 현실의 시장에는 보이지 않는 손이 제대로 작동할 수 없는 요인들이 존재하기 때문이다.

시장기구의 장점과 한계는 무엇인가? 국민경제의 자원배분의 역할을 수행하는 장치로써 시장기구는 신뢰할 만한 것일까? 시장실패의 치유책으로서 정부개입은 과연 신뢰할 만한 것일까? 본편은 이러한 질문에 대한 해답을 제시하는 데에 목표를 두고 있다.

19장에서는 시장실패의 원인과 정부개입의 필요성을 논한다. 20장은 시장실패의 요인 중 하나로서 최근 활발히 논의되고 있는 비대칭적 정보의 상황을 다룬다. 마지막 장에서는 정부행동에 관한 이론을 소개하고 정부도 효율적인 자원배분에 실패하는, 소위 정부실패(政府失敗)를 설명한다.

CHAPTER 19

시장실패

본장 에서는 어떤 영역에서 시장기구가 효율적 자원배분을 이루지 못하는가를 다룬다. 효율적 자원배분을 달성하지 못할 경우 그 근본적 이유를 분석하고 해결책을 설명해 보고자 한다.

제18장에서 완전경쟁하의 자원배분이 효율적임을 보았다. 그러나 현실에 있어서 시장기구에 의한 자원배분은 교통체증 및 환경오염, 만성적 적자에 시달리는 사학(私學)의 문제, 소득과 부의 공평한 분배문제(특히 빈곤의 문제), 주기적 불황 등을 초래하고 있다.

시장기구가 효율적 자원배분을 달성하지 못할 때 시장실패(市場失敗, market failure)가 존재한다고 한다. 시장실패는 현실의 시장이 완전경쟁시장의 조건을 충족하지 않는 데에서 비롯된다. 시장이 실패하는 요인은 크게 보아 다음 여섯 가지가 있다.

첫째, 독점·과점 및 독점적 경쟁시장 등의 불완전경쟁시장, 둘째, 외부경제, 셋째, 공공재, 넷째, 공유재, 다섯째, 불확실성, 여섯째, 경제질서의 부재이다. 시장실패의 요인들을 차례로 살펴보기로 하자.

19.1
불완전경쟁시장

불완전경쟁시장하의 자원배분이 비효율적이라는 것을 그림을 이용하여 설명해 보자. [그림 19-1-1]의 X축은 컴퓨터, Y축은 탱크를 나타낸다. 그림에서 원점에 오목한 곡선은 생산가능곡선이다.

우선 완전경쟁시장하의 자원배분을 생각해 보자. X재의 시장가격이 P_{XC}이고 Y재의 시장가격이 P_{YC}로 주어져 있다. 완전경쟁시장하의 균형가격은 한계비용과 일치한다. 생산가능곡선의 기울기의 절댓값은 X재의 한계비용을 나타내기 때문에 완전경쟁시장하의 균형점은 그림의 C점으로 나타낼 수 있다.

불완전경쟁시장에서는 가격(P_X)이 한계비용(MC_X)보다 높다는 것을 제12장부터 제14장에서 보았다.[1] 가격(P_X)이 한계비용(MC_X)과 일치하지 않으면 효율적 자원배분이 실현되지 않는다. 이를 확인하기 위해 X재 시장은 독점이고 Y재 시장은 완전경쟁시장이라고 하자. 독점산업의 생산량은 완전경쟁시장의

---

1 불완전경쟁시장형태에서의 가격결정은 제12장부터 제14장까지 상세히 다루었으므로 여기서는 간략히 다룬다. 다만 제12장부터 제14장까지의 분석은 부분균형분석의 기법을, 이 장에서의 분석은 일반균형분석의 기법을 사용하고 있다. 결론은 동일하다.

[그림 19-1-1] 불완전경쟁시장하의 자원배분

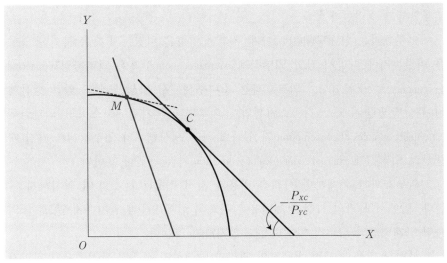

생산량보다 적을 것이므로 국민경제의 생산점은 그림의 C점에서 M점으로 이동할 것이다. M점에서 X재의 상대가격(파란색 실선의 기울기의 절댓값)은 X재의 한계비용(점선의 기울기의 절댓값)보다 높다. 이상의 논의는 독점시장이 존재할 경우 시장기구가 효율적 자원배분 달성에 실패한다는 것을 말해 준다.

19.2
외부효과

19.2.1 외부효과의 본질

유명한 미이드(J. Meade)의 예를 들어 보자. 양봉장(養蜂場)과 사과 과수원이 인근지역에 위치하고 있다. 사과꽃이 많이 피면 벌들이 화밀(花蜜)을 빨고 꿀 생산량은 증가한다. 또한, 양봉업자가 치는 벌이 많아지면 사과꽃이 많이 핀다. 이 경우 양봉업자는 과수원 주인이 심은 사과나무로부터 혜택을 입고 있으나 대가를 치르지 않고 있고, 마찬가지로 과수원 주인은 양봉업자가 치는 벌로부터 혜택을 입고 있으나 대가를 치르고 있지 않다.

이와 같이 일방(一方)의 경제행위가 다른 경제주체에게 혜택(피해)을 주고

외부효과

일방(一方)의 경제 행위가 다른 경제 주체에게 혜택(피해)을 주고서도 일방이 이에 대한 대가를 받지(치르지) 못하는 경우로서 사적 비용과 사회적 비용간에 괴리가 있는 상황

서도 일방이 이에 대한 대가를 받지(치르지) 못하는 경우 외부효과(外部效果)가 존재한다고 정의한다.[2]

외부효과는 상대방(相對方)에게 유리한 영향을 미쳤는지 혹은 불리한 영향을 미쳤는지에 따라서 각각 외부경제(external economy) 혹은 외부불경제(external diseconomy)로 구분한다.[3] 외부효과는 소비행위에서 발생할 수도 있고 생산행위에서 발생할 수도 있다. 소비행위가 외부경제를 가질 때 소비의 외부경제(external economies of consumption)가 있다고 하고 생산행위가 외부경제를 가질 때 생산의 외부경제(external economies of production)가 존재한다고 한다.

외부효과가 존재하면 사회적 비용과 사적 비용(私的 費用)이 일치하지 않는다. 앞에서 사과의 사적 한계비용은 사회적 한계비용과 일치하지 않고, 벌의 사적 한계비용과 사회적 한계비용도 일치하지 않는다.

사회적 비용과 사적 비용간의 괴리가 발생하면 사회적 관점에서의 최적자원배분과 시장기구에 의한 자원배분은 일치하지 않는다. 시장기구에 자원배분을 맡겼을 때 기업들은 사회적 비용이 아닌 사적 비용에 입각하여 의사결정을 할 것이기 때문이다. 예컨대, 방출된 공해물질로 인해 제3자가 입는 피해를 기업이 보상하지 않는다면 기업은 오염물질을 과다하게 방출할 것이다.

이제 외부효과가 존재할 경우 경쟁적 시장균형이 사회적 관점에서 효율적이지 않다는 것을 그래프를 이용하여 살펴보자.

[그림 19-2-1]에서 직선 MV_A는 A가 누리는 담배(X)의 한계가치(marginal value)를 나타낸다. MC_B는 B가 부담하는 담배(X)의 한계비용을 나타낸다. MV_A는 X_C점에서 X축과 만난다. 분석의 편의상 담배가격을 0이라 하자.[4] 이러한 상황에서 효용을 극대화하는 A는 X_C점까지 소비할 것이다. X_C점에서 MV_A는 0이 되기 때문이다. 그러나 A는 B에게 폐를 끼치고 있다. 그러므로 X_C점에서 사회후생은 극대가 되지 않는다. 사회후생은 MV_A와 MC_B가 교차하는 E점의 소비량 X_E를 소비할 때 극대가 된다.

이상의 논의로부터 외부효과가 존재할 경우 시장기구에 의한 자원배분, 즉 경쟁적 균형상태는 효율적 자원배분상태가 아니라는 것을 알 수 있다. 시장

---

2 외부적(external)이란 수식어는 가격기구의 테두리 밖에서 주고 받는 영향임을 의미한다.

3 외부경제는 양의 외부경제(positive externality), 외부불경제는 음의 외부경제(negative externality)라고도 한다.

4 담배가격을 $k(>0)$라 하여도 분석의 결론은 동일하다.

[그림 19-2-1] 외부불경제하의 자원배분

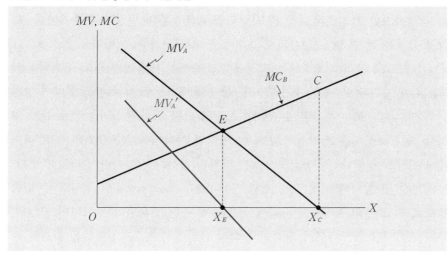

기구는 파레토 최적상태를 실현하는 데에 실패하고 있다.

19.2.2 외부효과의 치유책

조세 및 보조금 정책

[그림 19-2-1]을 이용하여 조세 및 보조금 정책을 설명해 보자.

피구세(Pigovian tax)는 외부효과를 내부화(internalization)하기 위해 외부불경제(혹은 외부경제)를 유발하는 경제활동에 부과하는 한계조세(한계보조금)이다. 담배의 경우 피구세는 A의 흡연에 한계조세를 부과하는 것이다. 피구세율은 B가 부담하는 담배의 한계비용곡선(MC_B)이다. 피구세가 부과된 이후 A가 누리는 담배(X)의 순한계가치는 그림의 MV_A'가 된다.[5] 이 때 A는 사회적 최적 소비량인 X_E를 소비할 것이다.

자발적 흥정

A와 B가 자발적으로 흥정을 벌이는 경우를 생각해 보자. 만일 A가 자발

---

5 피구세의 부과로 인한 소득효과는 무시한다. 만일 소득효과를 고려한다면 MV_A' 곡선은 피구세로 인해 약간 더 이동할 것이다.

적으로 담배를 X_E까지만 피운다면 A의 후생수준은 삼각형 $X_E E X_C$의 면적만큼 감소하지만 B의 후생수준은 사다리꼴 $X_E E C X_C$의 면적만큼 증가한다. 따라서 흥정을 잘 할 경우 양자의 후생수준은 모두 증가할 수 있다.

그러므로 합의를 도출하는 과정에서 소요되는 비용과 합의의 이행비용(履行費用)이 크지 않을 경우 A가 담배를 삼가한 대가로 B가 보상을 한다면 양자의 후생수준은 모두 증가할 수 있다.[6] $X_C - X_E$만큼 소비를 줄인 대가로 B가 치러야 되는 보상액은 삼각형 $X_E E X_C$의 면적과 사다리꼴 $X_E E C X_C$의 면적 사이에서 결정될 것이다. 정확한 보상액은 양자의 협상기술에 따라 달라질 것이다.

협상 및 합의의 이행비용, 소위 거래비용(transaction cost)이 무시할 수 있을 정도로 적고 A와 B 중 한 사람에게 공기에 관한 소유권이 부여되어 있다면, 누가 소유권을 갖느냐에 상관없이 사회적 관점에서 최적자원배분을 실현할 수 있다. 따라서 소유권의 확보가 중요할 뿐 누가 보상을 받을 권리를 갖느냐 하는 소유권의 소재는 효율성의 관점에서 중요하지 않다.

[그림 19-2-1]에서 A가 공기를 소유한다면(흡연권을 갖는다면) A는 X_C까지 소비한다. 그러나 거래비용이 0이면 B는 A에게 보상을 전제로 X_E까지 흡연량을 줄여 주도록 요구할 것이다. 반면, A에게 흡연권이 없다면(즉 B가 공기를 소유한다면), A는 B에게 흡연을 허용해 주면 그에 대한 보상을 해 주겠다고 제의할 것이다. 어느 경우에든지 최적소비량이 달성될 것이다. 물론 협상과정에서 소득효과가 존재하면 소유권의 소재에 따라 자원배분은 달라질 것이다. 만일 소득효과를 고려한다면 MV_A곡선과 MC_B곡선은 소득이전으로 인해 약간 이동할 것이다. 이상의 논의는 코오즈 정리(Coase theorem)로 요약될 수 있다.

코오즈 정리를 이해하기 위해 계속 담배의 예를 들어 보자. 흡연으로 인한 외부불경제가 있는 경우, 코오즈 정리는 공기에 대한 소유권을 확립하면 외부경제를 내부화(內部化, internalization)할 수 있다는 것을 의미한다. 공기의 소유권이 흡연자에게 있다면 흡연자는 '흡연권'을 보유하고 자신이 원하는 만큼 담배를 피울 수 있다. 반면, 공기의 소유권이 비흡연자에게 있다면 비흡연자가 '환경권'을 갖고 흡연자가 공기를 오염시켰을 경우 보상을 청구할 수 있다. 전자(前者)의 경우 비흡연자가 흡연자에게 담배소비의 자제에 대해 보상하고 후

---

6 흡연의 피해자인 B가 보상을 하는 것은 형평성의 원리에 어긋날 수도 있다. 그러나 이는 효율성과는 직접적으로 관계가 없는 문제이다.

> **■ 코오즈 정리**
>
> (i) 이해당사자들간의 거래비용이 무시할 수 있을 정도로 적고, (ii)협상 결과 나타나는 보상으로 인한 소득효과가 없을 경우, 외부효과를 유발하는 재화의 소유권을 명확히 확립해 주면 소유권이 어느 쪽에 귀속되었느냐에 상관없이 자발적 합의에 의해 동일한 효율적 자원배분이 실현된다.

자(後者)의 경우 흡연자가 흡연의 허용대가로 비흡연자에게 보상한다.

코오즈의 정리는 정부의 개입 없이 외부효과를 치유할 수 있다는 점을 지적하고 있다. 외부성을 일으키는 재화(담배의 경우, 공기)의 주인을 만들어 주면 이해 당사자들의 자발적 합의에 의해 외부효과의 문제를 해결할 수 있다는 것이다. 정부는 외부성을 일으키는 재화에 대해 소유권을 명확히 하고 거래비용이 적어지도록 제도적·행정적으로 뒷받침하는 역할만 수행하면 된다. 이러한 코오즈 정리는 '작은 정부'를 지지하고 있다고 볼 수 있다.

그러나 현실에서 코오즈 정리가 적용될 수 있는 영역은 다음 세 가지 이유로 인해 극히 제한된다. 첫째, 현실에서 보는 외부효과의 문제에서는 이해 당사자가 누구인지 정확히 판별하기 힘든 경우가 많다. 예컨대 낙동강이 오염되었을 경우 오염의 주범을 식별하는 것은 쉽지 않다. 둘째, 외부경제가 존재하는 경우 거래비용이 적지 않다. 현실에서 외부효과가 존재하는 경우 이해 당사자의 수(數)가 매우 많다. 이해 당사자의 수가 많아지면 협상비용이 커지므로 코오즈 정리의 조건이 충족되지 않게 된다. 이해 당사자의 수가 무수히 많은 교통체증 문제의 경우 코오즈 정리는 적용될 수 없을 것이다. 셋째, 소유권을 명확히 확립한다는 것은 쉬운 일이 아니다. 소유권을 확립하려면 정보수집 비용과 사법적 비용 등 많은 비용이 소요된다. 예를 들어, 공기의 소유권을 누군가가 침해했을 경우(공기를 오염시켰을 경우), 오염의 주체와 피해액을 정확히 알았다 하더라도 소유권 침해자로부터 보상을 받아내는 것도 쉽지 않다. 가해자가 보상을 이행하지 않을 경우 보상을 강제하려면 사법적 절차를 밟아야 하기 때문이다.

이상의 논의는 외부경제를 자발적 협상에 의해 해결하는 것이 매우 어렵다는 것을 시사한다.

통   합

많은 경우 외부경제는 소유권의 재조정을 통하여 치유할 수 있다. 예컨 대, 양봉업자와 과수원 주인간의 외부경제는 어느 한 사람이 이 두 산업을 모 두 소유함으로써 쉽게 해결될 수 있다. 통합된 기업의 소유자는 두 기업에서 발생하는 이윤의 합을 극대화할 것이고 이는 사회적 관점에서 최적자원배분이 다. 두 기업이 통합된다면 외부효과는 내부화(內部化)되고 시장실패가 치유될 수 있다. 통합 이후 기업조직의 확장으로 인한 정보 및 조직 통제비용이 크게 증가하지 않는다면 통합의 유인은 클 것이다.

직접통제

외부경제의 문제는 외부효과를 갖는 경제행위를 금지하거나 활동수준의 한계를 설정함으로써 해결할 수 있다. 금연지역을 설정하는 것은 직접통제의 좋은 예이다.

19.3 공 공 재

19.3.1 공공재의 본질

공공재

비경합성과 비배 제성을 특성으로 하는 재화

공공재는 비경합성(非競合性, non-rivalry)과 비배제성(非排除性, non-exclud-ability)을 기본 특성으로 하는 재화이다. 이 두 가지 특성을 모두 충족시키는 재화를 순수공공재(pure public goods)라 한다.

비경합성(non-rivalry)이란 동일한 재화를 여러 사람이 경합을 벌이지 않고 동시에 소비할 수 있는 재화의 특성을 말한다. 사과와 같은 민간재의 경우에 어떤 사람이 먹는 사과를 다른 사람이 동시에 먹을 수 없다. 사과를 나누어 먹 을 수는 있어도 동시에 소비할 수는 없다. 이러한 의미에서 사과는 경합적이 다. 그러나 방송, 국방, 등대 등의 서비스는 여러 사람이 동시에 소비할 수 있 다. 이러한 재화는 혼잡(congestion)이 일어나지 않는다. 일단 등대가 건설되면 지나가는 외국선박도 등대 서비스를 이용할 수 있다. 비경합적인 재화의 경우 추가적 소비의 한계비용은 0이다.

비배제성은 재화를 소비하고도 그 대가를 치루지 않는 사람을 배제할 수 없는 특성을 말한다. TV시청료를 지불하지 않는 가구에게도 TV시청을 허용할 수밖에 없다면 TV서비스는 비배제성의 특성을 충족시킨다.[7]

공공재를 정부부문에 의해서 생산되어 공급되는 재화와 서비스라고 생각하는 저자들도 있는데 이것은 오류이다. 정부가 공급하는 것 중에는 민간재도 많으며, 공공재가 민간부문에 의해 생산되는 경우도 있다. 예컨대 담배는 우리나라의 경우 공공부문이 공급하지만 민간재인 반면, 민영 방송국이 공급하는 방송서비스는 공공재이다. 공공재란 생산주체가 아닌 재화의 특성에 따라서 정의되는 개념이다.

19.3.2 시장기구에 의한 공공재의 공급

공공재의 경우 시장기구가 최적자원배분을 실현할 수 있는지 살펴보자. 시장기구에 의한 자원배분이 효율적이려면 가격은 한계비용수준에서 책정되어야 한다. 이 때 가격과 한계비용은 그 재화의 사회적 한계가치와 한계생산비를 제대로 반영해야 한다. 그러나 공공재의 경우 다음 두 가지 이유로 시장기구에 의해 효율적 자원배분이 이루어지지 않는다.

첫째, 공공재는 소비의 한계비용수준에서 가격을 책정할 수 없다. 비경합성 때문에 공공재 소비의 한계비용은 0이다(소비의 한계비용과 생산의 한계비용은 다른 개념이다. 예컨대, 등대 소비의 한계비용은 0이지만 등대 생산의 한계비용은 양(陽)이다). 공공재 소비의 가격이 0일 경우 공공재를 공급할 민간기업이 있을 리 없다. 공공재 생산의 재원조달이 가능하려면 가격이 양(陽)이 되어야 하는데 양(陽)의 가격은 공공재 소비의 한계비용수준과 일치하지 않게 된다. 따라서 사회적 관점에서 최적량이 소비되기 어렵다. 결국 재원조달과 최적자원배분의 달성은 배반관계에 있다.

둘째, 공공재의 경우 소비자들이 지불하는 가격이 공공재의 사회적 한계

---

7 특수 수신기를 통해서 케이블(cable) 가입자들만이 시청할 수 있도록 만든다면 배제가 가능해질 수 있다.

가치와 일치하기 어렵다. 왜냐하면 비배제성으로 인해 공공재의 공급자는 소비자로부터 사용료를 받아낼 수 없고, 따라서 일부 소비자는 공공재의 생산비용을 부담하려 하지 않기 때문이다.

이상의 논의는 비경합성과 비배제성의 특성으로 인해 공공재가 시장기구에 의해 공급될 경우, 전혀 공급되지 않거나 사회적 최적 수준보다 적은 양이 공급될 것이라는 것을 시사하고 있다. 이상의 논의를 그림으로 설명해 보자.

대형 선박 소유주(A)와 소형 선박 소유주(B) 두 사람으로 구성된 섬경제를 가정하자. 등대 건설의 한계비용은 c로서 일정하다. [그림 19-3-1]에서 보듯이 대형 선박 소유주의 등대에 대한 수요곡선은 d_A, 소형 선박 소유주의 수요곡선은 d_B로 나타나 있다. d_A와 d_B는 각각 대형 선박 소유주와 소형 선박 소유주의 등대로부터의 한계혜택(marginal benefit)을 나타낸다. 이 경우 균형상태는 무엇일까? 경쟁적 균형상태를 설명하기 위해 우선 무임승차(無賃乘車)의 개념을 도입해 보자.

무임승차

소형 선박주는 등대의 건설비를 자신이 부담하지 않아도 대형 선박주가 등대를 건설하리란 것을 알고 등대 건설에 수수방관하고 있다고 하자. 이는 소형 선박주가 등대에 대한 자신의 한계가치를 0으로 보고하여 등대 건설비를 전혀 부담하지 않고 대형 선박주가 등대를 건설하면 공짜로 등대 서비스를 이용하려는 태도로 해석할 수 있다. 이와 같이 공공재의 공급비용을 전혀 부담하지 않고 공공재를 이용하는 행동을 무임승차(無賃乘車, free-rider)라고 하고 공짜로 이용하는 사람을 무임승차자(無賃乘車者, free-rider)라고 한다.

무임승차
공공재의 공급비용을 부담하지 않고 공공재를 이용하려는 행동

어떤 경우에 B가 무임승차자가 되는지 [그림 19-3-1]을 통해서 살펴보자. 그림에서 B가 자신의 선호(選好)를 정직하게 보고하면 사회적 한계가치곡선 D_T와 한계비용곡선 c가 만나는 S점이 선택될 것이다. B는 한계가치(OW) 만큼을 단위당 비용으로 부담하고 q_S의 등대가 건설된다. 이 때 소비자잉여는 $\triangle WTR$의 면적이다.

반면 무임승차시 d_A와 c가 만나는 점이 나타내는 q_A의 등대가 건설된다. 다시 말해서 B가 무임승차할 경우 A는 혼자서 q_A만큼의 등대를 건설할 것이

[그림 19-3-1] 공공재의 최적공급수준

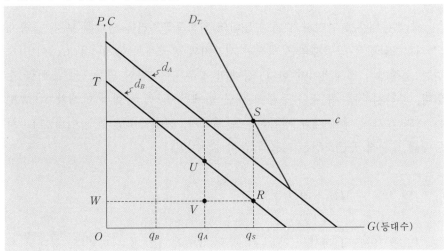

다. 이때 B의 소비자잉여는 사다리꼴 $OTUq_A$의 면적이다. 만일 사다리꼴 $OTUq_A$의 면적이 $\triangle WTR$보다 크다면 B는 무임승차할 것이다. 결국 무임승차 여부는 $\triangle UVR$과 $\square OWVq_A$의 면적 중 어느 것이 크냐에 따라 결정된다. B가 정직하게 보고할 경우 얻는 부분은 $\triangle UVR$이고 잃는 부분은 자신이 납부해야 할 세액인 $\square OWVq_A$이다.

　　사회 구성원의 숫자가 늘어날수록 한 사람이 무임승차를 했을 경우의 공공재의 최적공급량 q_A와 모든 구성원이 무임승차를 하지 않았을 경우의 최적공급량 q_S의 차이(삼각형의 밑변 VR의 길이)는 적어지는 경향을 보일 것이다. 따라서 구성원의 숫자가 늘어날수록 무임승차 경향은 두드러진다.

경쟁적 균형상태

　　소형 선박주가 무임승차자로 행동할 경우 경쟁적 균형상태에서는 대형 선박주 혼자서 등대를 건설할 수밖에 없다. 대형 선박주는 공공재에 대한 자신의 수요곡선과 한계비용곡선이 교차하는 [그림 19-3-1]의 q_A만큼의 등대를 건설할 것이다. 결국 경쟁적 균형상태에서는 q_A의 등대가 건설된다.

공공재의 최적공급조건

최적등대수를 파악하기 위해 등대의 최적공급조건을 생각해 보자. 공공재의 최적공급량은 공공재의 사회적 한계가치와 공공재의 한계비용(MC)이 일치하는 수준에서 결정되어야 한다. 등대의 경우 두 사람이 공동으로 소비할 수 있다. 따라서 사회 전체의 등대에 대한 한계가치, 즉 사회적 한계가치(SMB)는 A와 B가 등대에 대해 평가하는 한계가치, MB_A와 MB_B의 합이다. 따라서 등대의 효율적 공급조건은 다음과 같이 쓸 수 있다.

(19.3.1) $MB_A + MB_B = MC$

[그림 19-3-1]에서 d_A와 d_B는 각각 MB_A와 MB_B를 나타낸다. 등대의 사회적 한계가치(SMB)는 MB_A와 MB_B의 수직적 합인 D_T로 나타나 있다. 따라서 공공재의 최적공급조건은 D_T와 공공재의 한계비용(MC) c가 일치하는 S점에서 성립한다. 최적공급량은 q_S이다.

그런데 q_S는 경쟁적 균형상태에서의 공공재의 공급량인 q_A보다 크다. q_A가 q_S보다 작다는 것은 시장기구가 사회적 관점에서 최적수준의 공공재 공급에 실패한다는 것을 보여 주고 있다.

게임이론에 의한 설명

공공재 공급에 있어서의 시장실패문제는 게임이론으로도 설명할 수 있다.

설명의 편의상 등대의 건설비는 500만원이고 A의 등대에 대한 한계가치(MB_A)는 400만원, B의 등대에 대한 한계가치(MB_B)는 200만원이라 하자. 각자는 자신의 한계가치만 알고 상대방의 한계가치는 알지 못한다. 상대방이 비용부담을 할 경우 각자는 무임승차가 가능하다고 믿고 있다. 즉, 상대방의 비용만으로 등대가 건설될 것으로 믿고 있다.

이제 두 사람이 비용분담비율(α)에 합의하지 못할 경우 등대가 쉽게 설치되지 못하는 현상을 게임이론의 내쉬균형으로 설명해 보자. 이를 위해 두 사람이 직면한 상황을 정규형으로 나타내 보자. 각자는 무임승차전략(F)과 비용분담전략(P) 중 어느 하나를 선택할 수 있다. [표 19-3-1]은 무임승차전략(F)과

[표 19-3-1] 무임승차와 내쉬균형

		B	
		F	P_B
A	F	$(0, \quad 0)^*$	$(400, 0)$
	P_A	$(0, 200)$	$(400-500\alpha, 200-500(1-\alpha))$

* : 내쉬균형
α : A의 비용분담비율

비용분담전략(P)을 선택했을 경우 각자의 보수행렬을 보이고 있다. A와 B가 모두 F전략을 선택할 경우 등대는 설립되지 않으므로 A와 B의 보수는 모두 0이 된다. A가 F전략을, B가 P_B전략($=500(1-\alpha)$)을 선택할 경우 A는 무임 승차가 가능하다고 믿기 때문에 자신의 보수를 400으로 인식한다. 반면 B만 P를 선택할 경우(즉, B를 제외한 사회의 모든 구성원이 무임승차를 할 경우) 조달 된 공사비는 $500(1-\alpha)(<500)$이므로 등대가 건설되지 않게 된다. 따라서 B는 자신의 보수를 0으로 인식한다. 마찬가지로 A가 P_A, B가 F전략을 택할 경우 A의 보수는 0이지만 B의 보수는 200이 된다. 마지막으로 A가 $P_A(=500\alpha)$를, B가 $P_B(=500(1-\alpha))$를 선택할 경우 등대는 건설된다. 이 때 A의 보수는 $400-500\alpha$이고 B의 보수는 $200-500(1-\alpha)$가 된다. 그러나 (P_A, P_B)는 내쉬균 형전략이 아니다. 각자는 F전략을 선택하고자 하는 유인을 갖고 있기 때문이 다. 따라서 내쉬균형전략은 (F, F)이다.[8]

　　이상의 논의는 경기자들이 경쟁적(비협조적)으로 행동할 경우 등대라는 공 공재가 쉽게 공급될 수 없다는 것을 보여 주고 있다.

---

8 내쉬균형의 개념에 관해서는 15.3.4절을 참조하라.

19.4
공유재

19.4.1 공유재의 본질

공유재(共有財, common resource)는 공동소유인 재화를 말한다. 공유재는 통상 주인이 없고(unowned) 가격을 매길 수 없는(unpriced) 재화이다. 사실상 주인이 없기 때문에 아무나 접근가능하고 가격이나 요금을 부과할 수 없기 때문에 아무도 돌보지 않는 재화를 말한다. 예컨대 동해 어장의 물고기, 백두산의 호랑이, 흑산도의 풍란 등이다.

경제학적으로 정의하자면 공유재는 공공재의 특성 중에서 비배재성 조건을 충족하면서 경합적인 재화를 말한다. 경합재는 집단으로 동시에 소비할 수 없는 재화를 말한다. 공유재는 공동사용 과정에서 동시에 소비할 수 없기 때문에 체증(congestion)이 일어난다.

공유재의 경우 소위 '공유재의 비극(the tragedy of the commons)' 즉, 남용(overuse) 혹은 남획(overcatch)의 문제가 발생한다. 멸종을 걱정하고 있는 백두산 호랑이, 흑산도 풍란은 바로 공유재의 비극 문제이다. 일찍이 아리스토텔레스는 공유재의 비극을 갈파했다. "다수가 공유하는 것에는 최소한의 배려만 주어진다. 사람들은 공익보다는 자신의 이익을 생각하기 마련이다."

공유재 문제의 본질을 이해하기 위해 가격을 매길 수 없는 어장의 물고기를 생각해 보자. 어장의 물고기는 누구나 공짜로 잡을 수 있다. 또 경합적이기 때문에 한 어부가 물고기를 잡으면 다른 어부는 그 물고기를 잡을 수 없다. 어장은 공동으로 사용하기 때문에 한 어부가 물고기를 잡으면 다른 어부는 물고기를 잡기가 그만큼 더욱 어려워진다. 즉, 어장에 체증현상이 발생한다. 체증현상으로 인해 한 어부가 물고기를 잡으면 다른 어부가 치러야 되는 물고기의 한계생산비는 더 높아진다.[9] 즉, 개별 어부가 물고기를 잡는 사적 한계생산비가 사회적 한계생산비보다 낮다. 그런데 어부는 개인적 관점에서 체증으로 인해 다른 사람이 추가로 치르는 한계생산비에 관심이 없다. 따라서 이 어장에서 물고기는 남획된다.

---

9 어장 내의 물고기 총량이 일정하다고 가정한다.

이상의 논의를 [그림 19-4-1]을 가지고 설명해 보자. 물고기에 대한 수요 곡선은 D이다. 이는 물고기의 한계 가치(marginal value)를 말한다. 물고기에 대한 시장공급곡선(S)은 마지막 어부의 사적 한계생산비 (PMC)를 반영하고 있다.[10] 이때 사회적 한계비용곡선(SMC)은 시장공급곡선 (PMC)보다 빠르게 증가한다. 사회적 한계비용은 사적 한계비용과 외부불경제로 인한 사회적 한계비용(체증으로 인한 한계비용)을 합한 값이기 때문이다.

경쟁적 균형상태에서 물고기의 총거래량은 시장공급곡선(S)과 수요곡선 (D)이 만나는 Q_c가 된다. 시장가격과 마지막 어부의 사적 한계생산비(PMC)가 일치하는 점이다. 그러나 사회적 관점에서 최적 생산량은 사회적 한계비용곡선(SMC)과 수요곡선이 만나는 Q_s가 된다. 경쟁적 균형상태와 사회적 최적상태의 괴리는 사회적 한계비용곡선(SMC)과 공급곡선(PMC)과의 차이에 기인한다. Q_c가 Q_s보다 크다는 것은 어장에서 물고기의 남획이 일어났다는 것을 말해주고 있다. 시장기구가 사회적 관점에서 최적수준의 공유재 공급에 실패한다는 것을 보여 주고 있다. [그림 19-4-1]에서 빗금 친 삼각형 영역은 물고기의 남획으로 인한 사회적 후생손실의 크기를 보여준다. 공유재의 비극으로

[그림 19-4-1] 공유재의 남용

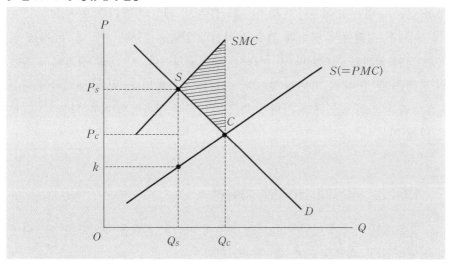

---

10 시장공급곡선은 비용불변산업일 경우 기업들의 한계비용곡선의 수평합이다. 또한 시장공급곡선은 모든 어부의 평균생산비용(AC)을 나타내기도 한다. 마지막 어부의 관점에서는 한계생산비용이고 어장에서 물고기를 잡는 모든 어부의 관점에서는 평균비용임에 유의하라.

[표 19-4-1] 공유재의 비극과 내쉬균형

		영희	
		어선 두 척	어선 한 척
철수	어선 두 척	(6만, 6만)*	(8만, 4만)
	어선 한 척	(4만, 8만)	(7만, 7만)

*는 내쉬균형

인한 사회적 손실을 말해준다.

19.4.2 내쉬균형과 공유재의 비극

공유재의 비극은 내쉬균형 혹은 죄수의 딜레마 게임으로도 설명할 수 있다. 철수와 영희 두 어부가 어장을 공유하고 있다. 두 어부는 배를 두 대까지 띄울 수 있다. 철수와 영희가 배 한 척씩을 띄운다면 철수와 영희는 각각 물고기 900마리를 잡을 수 있다. 어장에 배 3척이 조업하면 배 한 척당 600마리를, 배 4척이 조업하면 배 한척 당 500마리를 잡을 수 있다. 물고기 한 마리는 100원이고 배 한척이 조업하는 데는 2만원이 든다고 하자. 표는 이 게임의 두 어부가 얻는 수익을 보여준다. [표 19-4-1]은 이 게임의 결과를 보여준다.

이러한 상황에서 영희와 철수의 최선의 전략은 무엇일까? 배 두 척을 띄우는 것이 최선의 전략이다. 이 상태는 내쉬균형이다. 두 사람 관점에서 최선의 선택은 배 한 대씩 띄우는 것이다. 어장은 황폐화된다. 공유재 비극이 내쉬균형이라는 것은 개인은 혼자의 노력으로 비극적 상황에서 빠져 나올 수 없음을 말해준다,

19.4.3 공유재 비극의 치유책

공유재의 비극에 대한 치유책은 공유재 비극의 본질을 무엇으로 보느냐에 따라 달라진다. 대안은 크게 세 가지가 있다.

첫째, 공유재에 사적 소유권을 부여한다. 공유재 비극은 소유권 부재에서 비롯된다고 보기 때문이다. 어장에 소유권을 부여하면 어장 소유자는 조업 허

가증(licenses) 혹은 입장권을 판매할 것이다. [그림 19-4-1]에서 Q_s만큼의 어장 사용 허가증을 P_s-k에 발매하면 Q_s가 실현되고 독점이윤을 얻을 수 있을 것이다.

둘째, 피구세(pigouvian tax)를 부과한다. 공유재 문제의 핵심을 외부불경제 문제로 보기 때문이다. 피구세의 경우 생산의 외부불경제에 입각하여 한계조세를 부과할 수 있다. [그림 19-4-1]에서 P_s-k만큼의 한계조세를 부과하면 Q_s가 실현될 것이다.

셋째, 공유자원을 이용할 수 있는 합의체제를 만든다.[11] 공유재 비극은 협력 및 소통을 통한 합의 실패(coordination failure) 문제이기 때문이다. 어부들이 협력을 통해서 공동체 전체에 이익이 되는 행동을 공동으로 결정하고 이를 이행할 수 있는 구속력 있는 계약을 맺을 수 있다면 공유재의 비극은 발생하지 않을 것이다. 삼림, 어장, 관개수로 등 공유재의 이용을 위한 합의의 도출과 집행 그리고 감독은 국가가 하는 것보다. 지역 공동체가 하는 것이 거래비용이 크게 절감된다는 사례가 많다.

19.5
불확실성

많은 경우 불확실한 정보하에서의 시장거래는 효율적 자원배분을 달성시켜 주지 않는다. 예컨대, 완전경쟁시장이라도 완전정보의 조건이 충족되지 않을 경우 가격은 한계비용수준에서 결정될 수 없다. 따라서 경쟁시장의 자원배분이 효율적일 수 없을 것이다.

그러나 불확실성이 존재한다고 해서 반드시 시장의 실패가 발생한다고는 할 수 없다. 애로우(K. Arrow)는 불확실성이 존재한다 하더라도 효율적 자원배분이 가능하다는 것을 증명한 바 있다. 애로우에 의하면 일어날 가능성이 있는 모든 상황하의 상품(즉, 상황조건부상품)이 거래되는 완전조건부시장(完全條件附市場, perfect contingency market) 혹은 완전시장(完全市場, complete market)이 존재

---

11 Elinor Ostrom(1990), 윤홍근 안도경 옮김(2010), 공유의 비극을 넘어 Governing the Commons, 랜덤하우스 44-49

하면 불확실성하에서도 경쟁시장은 효율적 자원배분을 성취한다는 것이다.**12** 상황조건부시장이란 상황조건부상품이 거래되는 시장을 말한다. 보험시장은 상황조건부시장의 한 예이다.

만일 완전시장이 개설되어 있다면 소비자들은 가능한 모든 상황하에서 각 상품의 소비량을 현재의 시점(즉 불확실성을 안고 있는 시점)에서 확실히 정할 수 있다. 그러므로 불확실성은 실질적으로 제거된 셈이다. 따라서 불확실성하에서도 시장기구에 의한 자원배분이 효율적일 수 있다. 그러나 현실적으로 모든 상황조건부 상품시장을 개설한다는 것은 거의 불가능하다. 그러므로 불확실성의 존재는 불가피하게 자원배분의 비효율성(非效率性)을 초래하게 된다.

시장에서의 정보수집비용은 거래의 패턴에 따라 달라진다. 만일 정보전달 (공급)을 통해서 정보 공급자나 수요자가 모두 이익을 볼 수 있는 경우라면 정보문제는 그리 심각하지 않을 것이다. 그러나 정보 공급자와 수요자의 이익이 상충될 경우 일방(一方)에서는 정보를 탐색하지만 타방(他方)에서는 정보를 노출시키려 하지 않을 것이다. 이 경우 비대칭 정보문제는 매우 심각하게 된다.

어떤 상황에서 비대칭 정보문제가 심각해지는지를 이해하기 위하여 소비자가 반복해서 구입하는 비누나 치약과 같은 상품을 생각해 보자. 이러한 상품의 경우, 소비자들은 반복구입을 통해서 비교적 적은 비용으로 상품의 특성을 정확히 파악할 수 있다. 따라서 생산자들은 자기제품의 특성에 관한 정보를 은폐하거나 왜곡시킬 이유가 없다. 반면 상품의 품질을 평가하기 힘든 자동차나 오디오 같은 상품의 경우 생산자들이 정보를 은폐하거나 경우에 따라서 품질을 속이는 기회주의적 행동을 할 유인이 존재한다. 생산자가 기회주의적 행동을 하면 결국 시장에는 저질상품이 횡행(橫行)하게 되고 소비자들은 현행 가격이 품질에 비해 너무 비싸다고 인식할 것이다. 이러한 과정을 거쳐 거래량은 점점 감소하고 결국에는 시장의 존립마저 위협받게 된다. 교환의 이익이 존재함에도 불구하고 거래가 일어나지 않는 것이다. 요컨대, 불확실성의 존재는 잠재적 교환의 이익이 있음에도 불구하고 시장거래(市場去來)를 위축시키거나 시장을 폐쇄시킬 수 있다.

비대칭정보하의 자원배분의 문제에 관해서는 보다 자세한 설명이 필요하

---

12 상황조건부 상품에 관한 상세한 논의는 제7장의 상황선호접근을 참조하라.

므로 이 문제는 제20장에서 설명하겠다.

19.6
빈약한 시장경제 토대

　지금까지 살펴본 시장실패 요인은 시장경쟁을 위협하거나 보이지 않는 손이 제대로 작동할 수 없는 조건(거래되는 상품 및 시장조직의 특성)을 말해 주고 있다. 한마디로 시장경쟁 혹은 경쟁질서(競爭秩序)를 위협하는 조건이라고 할 수 있다.

　그런데 완전경쟁시장체제가 확립되기 위해서는 경쟁질서는 물론 경쟁시장이 작동할 수 있는 시장경제의 토대, 즉 경제질서(經濟秩序)가 확립되어 있어야 한다. 시장경제의 토대란 사유재산제도, 사적 계약(私的 契約)의 자유 및 시장경제에 걸맞는 시장윤리 등 시장경제의 하부구조(infrastructure)를 말한다. 사유재산제도나 계약의 자유가 보장되지 않고서는 기업간 경쟁은 불가능하고 따라서 시장경쟁은 무의미하다. 시장윤리란 공동체의 다른 모든 사람의 이익을 고려하면서 개인의 이익(self-interest considered on the whole)을 추구하는 것을 말한다. 사익추구행위가 공익을 극대화한다는 아담 스미스의 역설적인 명제는 공동체 구성원의 이익을 고려하면서 사익을 추구할 때 성립한다.[13]

　자본주의 선진국의 경우 사유재산제도, 계약의 자유 및 시장윤리 등 시장경제 토대는 역사적으로 자본주의의 발달과 함께 구축되어 왔다. 우리나라는 자본주의가 기본적으로 미국으로부터 이식되었다. 따라서 계약의 자유, 사적자치, 시장윤리 등 시장경제 토대가 선진국만큼 튼튼하다고 보기 어렵다. 예컨대 대기업과 하도급업체간 거래, 구체적으로 납품단가 결정과정을 보면 계약의 자유가 보장되어 있지 않다.

　우리나라는 시장윤리도 제대로 확립되어 있다고 보기도 어렵다. 장시간 과로근무, 안전사고 방지에 대한 기업의 과소투자 등 반시장윤리적 기업행위는 주변에서 쉽게 볼 수 있다. 윤리경영을 강조하는 한국 기업은 아직은 극소수에 불과하다.

---

13 Stephen Young, *Moral Capitalism*, Berrett-Koehler Publishers, Inc., 2003, p.34.

이상의 논의는 사적 계약의 자유와 시장윤리 등 시장경제 토대가 허약한 경우 경쟁시장이 제대로 작동할 수 없다는 것을 말하고 있다.

19.7
거래비용과 시장실패

시장실패의 궁극적 원인은 거래비용의 존재로 귀착시킬 수 있다. 거래비용(去來費用)이란 거래를 위한 정보수집 및 흥정비용 그리고 소유권 확립에 소요되는 비용을 말한다. 거래비용이 없는 경우 교환의 이익이 존재하면 반드시 거래가 발생하게 되어 있다. 이러한 거래비용에 입각한 시장실패의 해석은 코오즈(R. Coase)와 허쉬라이퍼(J. Hirshleifer) 등에 의해 주장되고 있다.

독점산업의 존재로 인한 시장실패를 예로 들어 보자. 흥정비용이 공짜이고 수요곡선과 비용곡선에 관한 정보를 소비자와 생산자가 모두 알고 있다면, 독점가격(P_m)과 완전경쟁가격(P_c) 사이에서 구입할 용의가 있는 소비자들이 독점기업과 흥정을 벌여 자중손실(自重損失, deadweight-loss)[14]을 완벽하게 제거할 수 있다. 외부효과의 존재로 인한 시장실패의 경우에도 소유권 확립에 소요되는 비용과 정보수집 비용이 없다면 외부효과를 내부화할 수 있다. 또 거래비용 접근은 공공재의 존재로 인한 시장실패의 경우도 본질적으로 공공재를 수요하는 사회의 구성원들간의 정보교류의 실패(coordination failure)에 기인한다고 본다. 공공재에 대한 구성원들의 수요함수를 정확히 파악할 수 있다면 공공재 공급에 대한 비용부담의 문제 및 최적공급수준의 문제는 쉽게 해결될 수 있기 때문이다.

이상의 논의는 시장실패가 궁극적으로 거래비용의 존재로 인하여 발생하고 있다고 해석하고 있다.

---

14 자중손실에 관해서는 제12장을 참고하라.

19.8
시장실패의 시사점

시장실패에 관한 논의는 우리에게 무엇을 시사하는가?

첫째, 시장실패에 관한 논의는 시장실패는 예외적인 상황의 일이 아니고 일반적 현상이라는 것을 말해 주고 있다. 주류 경제학자들은 대부분 시장실패는 예외적인 경우이고 시장의 보이지 않는 손이 잘 작동되어 효율적 자원배분을 달성한다고 믿는다. 시장이 실패하는 경우 정부개입으로 얼마든지 해결가능한 것으로 믿고 있다.

그러나 일자리 위기를 겪고 있는 한국경제나 2008년 금융위기를 경험한 미국경제의 현실은 시장실패가 시장경제의 본질이자 핵심임을 직관적으로 말해 주고 있다.

시장실패가 일반적 현상이라는 것은 이론적 관점에서도 입증할 수 있다. 시장이 실패하지 않기 위해서는 독점이 존재하지 않아야 한다. 그런데 진입규제로 인한 독점은 규제철폐를 통해 제거할 수 있지만 규모의 경제로 인한 독점기업은 제거할 수 없다. 규모의 경제로 인한 자연독점은 용인할 수밖에 없다.

그런데 규모의 경제로 인한 독점은 예외적 현상이 아니다. 자동차, 철강, 반도체, 휴대폰 산업, 선박 등 우리나라 성장전략 산업은 모두 규모경제가 나타나는 산업이다. 지식과 아이디어가 핵심 생산요소인 제조업과 서비스업도 모두 규모의 경제가 나타난다.[15] 특히, 지식 혹은 새로운 아이디어 자체가 상품인 경우 경쟁적 시장이 지식을 효율적으로 배분한다는 것은 쉬운 일이 아니다. 지식과 아이디어는 비경쟁재(非競爭財, non-rival goods)이기 때문이다.[16] 비경쟁재는 일종의 공공재로서 시장이 실패하는 영역이다.

시장윤리를 준수하는 것도 쉬운 일이 아니다. 장시간 노동은 시장윤리에 반하는 행위이다. 장시간 노동은 산업 재해율을 높이고 다른 사람의 일자리를 빼앗는 행위이기 때문이다.[17]

---

15 왜냐하면 지식과 아이디어 개발에는 고정비용이 투입되기 때문이다.

16 비경쟁재란 한계소비가격이 영(zero)인 재화, 즉 모두가 함께 동시에 집단으로 소비할 수 있는 집단재(collective goods)를 말한다.

17 예컨대 주당 60시간 일하는 근로자가 주당 30시간만 일하면 추가적으로 일자리 한 개가 더 생겨난다. 결과적으로 장시간 근로가 남의 일자리 한 개를 빼앗은 셈이다. 장시간 과로근무시간을 줄여서 만들어진 한 개의 일자리에 청년 실업자가 취업이 될 경우 사회적 혜택을 생각해 보라.

규모의 경제와 시장윤리에 관한 이상의 논의는 시장의 실패영역이 얼마나 광범위하게 나타날 것인가를 말해 준다. 시장경제체제가 제대로 작동하기에는 너무도 많은 조건이 동시에 충족되어야 한다. 현실에서 시장실패가 일어나지 않는다면 놀랄 일이다.

둘째, 시장실패에 관한 논의는 정부의 역할과 정부개입의 범위를 시사한다. 완전경쟁시장체제를 확립하기 위해서 정부는 시장경제의 토대, 즉 경제질서(經濟秩序)를 구축해야 한다. 예컨대 계약의 자유를 실질적으로 보장해야 한다. 시장실패 요인이 존재할 경우 정부가 시장실패를 직접 교정해야 할 경우가 있을 수 있다. 그러나 시장실패의 존재는 정부개입의 필요조건이지 충분조건은 아니다. 정부개입시에도 정부실패(政府失敗, government failure)가 나타날 수 있기 때문이다. 정부개입으로 인한 비효율성이 시장자원배분의 비효율성보다 더 적을 때 정부개입은 정당성을 얻을 수 있을 것이다.

시장에 의한 자원배분도 비효율적이고 정부개입도 좋은 결과를 얻는다는 보장이 없을 때 해법은 무엇일까? 일반적인 해를 말할 수는 없지만 민주주의가 확립되어 있다면 정부개입이 보다 바람직하다고 말할 수 있다. 왜냐하면 시장 권력은 사적 권력이고 정부 권력은 공적 권력인데 사적 권력은 제거하고 약화시키는 것이 쉽지 않으나 공적 권력은 민주주의와 선거에 의해 단기간에 대체될 수 있기 때문이다.[18] 정부실패는 민주주의가 확립되어 있다면 단기에 스스로 교정될 수 있다.

완전경쟁시장체제의 이념

완전경쟁시장체제를 옹호하는 학자들은 시장실패 요인이 제거된 자유시장경제 혹은 단순히 시장경제 혹은 경쟁적 시장질서를 추구한다. 주류 경제학자들은 대부분 완전경쟁시장체제가 효율적 자원배분을 달성한다고 믿는다. 완전경쟁시장체제를 옹호한다고 주장할 때 그 의미는 무엇인가?

첫째, 완전경쟁시장체제에 대한 옹호가 자유방임주의(the principle of laissez-faire)[19]를 정당화하는 것은 결코 아니다.

---

18 경험적으로 공적 권력이 사적 권력에 의해 포획되는(captured) 경향은 사적 권력을 제거하거나 약화시키는 것이 공적 권력을 바꾸는 것보다 상대적으로 더 어렵다는 것을 입증하고 있다. 독점규제에 대한 실패, 부패로 인한 시장규제에 대한 국가의 실패 등은 정부의 포획 가능성을 말해 준다.

19 자유방임주의는 고전적 자유주의 경제정책으로서 국가의 역할을 개인의 사유재산과 생명을 보호하는 공정한 법질서 확립과 경제규제 철폐에 국한시키고 있다.

완전경쟁시장체제를 확립하기 위해서는 적극적 경제정책이 필요하다. 공정한 경쟁규칙을 제정하고 독점을 금지하는 등 자유주의적 시장개입정책(market policy)이 필요하다. 왜냐하면 자유방임 시장경제에서는 경쟁시장이 형성되는 것이 아니라 독점시장이 형성되는 경향이 있기 때문이다. 따라서 완전경쟁시장체제에 대한 옹호가 결코 자유방임주의에 대한 믿음과 동일시되어서는 안 된다.

둘째, 완전경쟁시장체제를 옹호한다고 자본주의를 옹호하는 것은 아니다. 시장경제는 자본경제와 같지 않기 때문이다. 우선 완전경쟁시장체제는 시대와 역사를 초월하여 유일하지만 자본주의는 국가와 시대에 따라 다양한 형태를 띤다. 영미식 자본주의와 대륙자본주의, 북구자본주의 등 다양하다. 자본주의란 그 시대의 역사, 경제적 · 사회적 · 문화적 요소 등 제약조건하에서 현실에 나타난 '제약하의' 시장경제체제이다.

19.9
응용 예

[응용 예 I] 교통체증의 문제

교통문제의 본질

교통체증의 본질이 외부효과(外部效果)라는 것은 나이트(Frank Knight)에 의해 밝혀졌다. 교통체증이 없을 때에는 도로의 사적 사용비용(私的 使用費用)이 도로의 사회적 사용비용(社會的 使用費用)과 같다. 교통체증이 없을 때 이용차량이 한 대(臺) 더 늘었다고 해서 다른 차량의 통행시간에 영향을 미치지는 않는다. 그러나 교통체증이 시작되면 상황은 달라진다. 교통체증이 발생한 이후 한 대가 도로에 진입해 들어오면 다른 차량의 통행속도가 떨어지므로 도로의 사적 사용비용과 사회적 사용비용은 같지 않다.

교통체증 문제의 본질을 이해하기 위해 다음과 같은 상황을 생각해 보자. 서울과 인천간에 경인고속도로와 국도의 두 가지 길이 있다. 국도를 이용할 경우 서울에서 인천까지 1시간이 걸린다. 교통체증이 없을 경우 고속도로를 이

[표 19-9-1] 고속도로 이용시 차량대수와 통행시간　　　　　(단위 : 대, 분)

차량대수	24	25	26	27	28	29	30	31	32	33
평균통행시간	30	30	31	32	33	35	40	44	50	60
총통행시간	720	750	806	864	924	1,015	1,200	1,364	1,600	1,980
한계통행시간		30	56	58	60	91	185	164	236	380

용하면 30분이 소요된다. 분석의 편의상 국도에는 교통체증이 발생하지 않는다고 하자. 고속도로상의 차량대수와 평균통행시간은 [표 19-9-1]의 1번째 행(行)과 2번째 행에 나타나 있다. 평균통행시간과 차량대수를 곱하여 3번째 행의 총통행시간을 구하였다. 표에서 보듯이 고속도로는 25대의 차량이 운행될 때까지 교통체증이 발생하지 않는다. 고속도로에 25대의 차량이 운행되고 있을 경우, 목적지까지 30분이 소요된다. 26번째 차량부터 교통체증이 나타나고 이에 따라 한계통행시간은 평균통행시간을 상회하기 시작한다. 26번째 차량은 기존의 25대의 차량에 소위 외부불경제를 부과하고 있는 것이다. 26번째 차량의 한계통행시간은 얼마나 될까? 26대의 차량이 도로에 진입할 경우 평균소요시간은 31분이 된다. 이 때 기존의 25대의 차량은 1분만큼 소요시간이 길어진다. 따라서 26번째 차량으로 인한 사회적 한계통행시간(SMC)은 56(=31+1×25)분이 된다. 4번째 행은 이와 같은 방식으로 계산된 값들이다.

　　[그림 19-9-1]은 [표 19-9-1]을 그래프로 그린 것이다. AC는 평균통행시간을 나타낸다. AC는 25대까지는 수평선이다. 이는 고속도로에 25대의 차량이 운행될 때까지 교통체증이 없다는 것을 나타낸다. 25대 이후에서 AC가 우상향하는 것은 교통체증을 반영한다. SMC는 사회적 한계통행시간을 나타낸다. BB는 일반국도를 이용할 때 소요시간으로서 고속도로 이용의 기회비용을 보이고 있다. 일반국도의 소요시간은 차량대수와 상관없이 60분이다.

　　고속도로의 통행료가 공짜일 경우 고속도로에는 몇 대의 차량이 운행될까? 국도의 소요시간(BB)과 고속도로의 소요시간(AC)이 같아질 때 고속도로의 차량대수는 늘지도 줄지도 않을 것이다. 국도의 소요시간과 고속도로의 소요시간은 33대일 때 같아진다. 이러한 상태가 바로 경쟁적 균형상태이다. 33대는 도로서비스를 시장기구에 맡겼을 때의 균형상태에서 운행되는 고속도로의 차량대수이다.

[그림 19-9-1] 평균통행시간과 한계통행시간

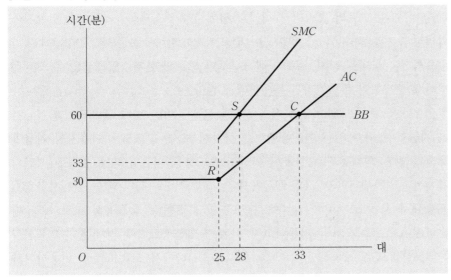

그러면 이러한 경쟁적 균형점(競爭的 均衡點)은 사회적 관점에서 최적일까? 사회적 최적은 고속도로 이용의 사회적 한계비용(SMC)과 국도 이용의 한계비용(BB)이 일치하는 수준에서 결정된다. 이러한 조건은 28대의 차량에서 충족되고 있다. 따라서 경쟁적 균형점은 사회적 최적점보다 높은 수준에 있다(즉 33 > 28). 이는 도로 이용을 시장기구에 맡기면 고속도로가 과용(過用)된다는 것을 의미한다.

왜 이러한 결과가 발생할까? 이는 각 차량이 사회적 한계비용인 사회적 한계통행시간(SMC)을 비용으로 지급하지 않고 그 중의 일부인 평균통행시간(AC)만을 사적 한계비용으로 지급하고 있기 때문이다. 예컨대 28번째 차량이 고속도로에 진입할 때 사회적 한계비용은 60분이지만 사적 한계비용은 33분에 불과하다. 경제적 효율성을 실현시키기 위해서는 진정한 선택비용인 사회적 한계비용에 입각해서 행동해야 한다. 그러나 개인들은 평균비용에 입각해서 선택하고 있다.

교통정책

교통체증 문제의 본질은 외부불경제(外部不經濟)이다. 따라서 교통체증 문제는 도로의 사유화(私有化) 혹은 도로에 대한 소유권 부여로써 해결할 수 있다. 사유화된 도로의 모습이 사회적 관점에서 최적상태를 가져올 수 있는지를 확인해 보기로 하자. 이를 위해 고속도로(정확히 말해서 고속도로 서비스)에 대한 수요곡선을 도출해 보자. 수요곡선으로부터 도로의 한계수입곡선을 유도한 뒤 최적 교통정책이 무엇인지를 논의하기로 한다.

우선 도로에 대한 수요곡선을 도출해 보자. 이를 위해 고속도로의 이용자가 지급할 용의가 있는 최대통행료를 생각해 보자. 고속도로 이용자가 지급할 용의가 있는 최대통행료는 국도 대신 고속도로를 이용했을 때 절약된 시간의 가치이다. [그림 19-9-2]의 DD곡선은 [그림 19-9-1]의 국도 이용시간(BB곡선)에서 고속도로 이용시간(AC곡선)을 뺀 곡선이다. DD곡선은 각 차량 대수하에서 도로이용자가 지불하고자 하는 최대통행료를 나타내는 수요곡선이다. 통상적으로 해석하면 주어진 가격(통행료)하에서 고속도로를 이용하고자 하는 차량대수를 말한다. [그림 19-9-1]에서 보듯이 고속도로에 차량이 25대 이하일 경우 이용자들이 지급할 용의가 있는 최대통행료는 30분(=60분－30분)이다. 이는 [그림 19-9-2]의 DR'에 반영되어 있다. 26대부터 체증이 시작되면 고속도로 이용시 절약된 시간이 감소하고 지급할 용의가 있는 최대통행료도 감소한다. 따라서 DD곡선은 차량이 26대 이상일 경우 우하향한다. 이용 차량이 33대일 때 최대통행료는 0이 된다. 절약된 시간이 0이 되기 때문이다.

[그림 19-9-2] 수요곡선

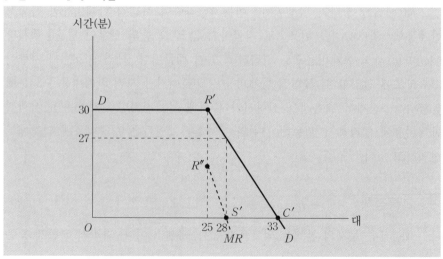

이제 도로 소유주의 사적 한계수입(私的 限界收入)곡선을 생각해 보자. 사적한계수입은 마지막 차량의 진입을 허용했을 때 얻는 추가 통행료 수입이다. [그림 19-9-2]에서 보듯이 수요곡선 DD에 상응한 한계수입곡선을 구해 보면 $DR'R''S'$가 된다. 차량대수가 25대일 때까지 도로 이용료(통행료)는 30분으로서 불변이다. 따라서 한계수입은 30분으로 불변이고 한계수입곡선은 수평선 DR'이 된다. 26대 이상일 경우 체증이 시작되면(수요곡선이 $R'C'$로서 우하향하는 영역) 고속도로 이용료는 인하될 수밖에 없고 따라서 한계수입곡선은 더 빠르게 하락한다. 한계수입곡선은 $R''S'$가 된다. S'점이 나타내듯이 28번째 차량을 진입시킬 경우 한계수입은 0(零)이 된다.

28번째 차량진입에서 얻는 한계수입은 0(零)이라는 것은 다음과 같이 확인해 볼 수 있다. 28번째 차량을 진입시킬 경우 한계수입은 해당 차량으로부터 받은 통행료 수입과 통행료 인하(가격인하에 해당)로 인한 수입 감소분을 합한 값이다. 우선 28번째 차량에서 받은 통행료 수입은 해당차량의 시간절약분인 27분(=60분-33분)이 된다. 다른 한편 28번째 차량을 진입시킬 경우 기존 27대의 차량은 1분만큼 지체된다(통행시간이 32분에서 33분으로 늘어남). 28번째 차량을 진입시키려면 1분의 통행료 인하(28분에서 27분으로 인하)가 필요하다. 1분의 통행료 인하로 인해 27대의 기존 차로부터 수입 감소분은 27분(=1분×27대)이다. 결국 28번째 차량의 진입으로 인한 사적 한계수입은 0(=27분-27분)이 된다.

도로 소유주의 사적 한계수입을 [그림 19-9-1]을 가지고 설명해 보자. 그림에서 도로 소유주의 사적 한계수입은 28대에서 0이 된다. [그림 19-9-1]에서 BB와 AC간의 갭(gap)은 마지막 차량이 지불할 용의가 있는 최대통행료를 나타낸다. 28대일 때 27분이다. 다른 한편 SMC와 AC곡선간의 갭은 체증으로 인한 사회적 비용을 나타낸다.[20] 즉, 기존 차량 27대가 치러야 하는 지체비용의 총합을 나타낸다. 28대일 때 SMC와 AC곡선간의 갭은 27분이다. [그림 19-9-1]에서 28대 일 때 BB와 AC간의 갭과 SMC와 AC곡선간의 갭은 일치한다. [그림 19-9-1]의 S점에서 두 갭은 일치한다. 따라서 28대일 때 도로 소유주의 한계수입은 0이 된다. 이는 [그림 19-9-2]의 S'점으로 나타나 있다.

고속도로 서비스의 한계비용은 분석의 편의상 0이라 하자(즉, 도로의 유

---

20 이는 가격(통행료) 인하로 인한 수입의 감소분을 나타낸다.

지 · 보수비가 없다). 이 때 고속도로의 한계비용곡선은 횡축이 된다.

수요조건과 비용조건이 이렇게 주어진 상황에서 이윤을 극대화하는 고속도로 소유주는 사적 한계수입(MR)과 한계비용(횡축)이 일치하는 수준까지 차량의 진입을 허용할 것이다. 따라서 이윤극대화는 [그림 19-9-2]의 MR곡선과 횡축이 교차하는 S'점에서 달성된다. 이 때 차량수는 28대이고 고속도로의 평균통행시간은 33분이다. 28대의 진입을 허용하기 위한 통행료는 국도의 평균통행시간인 60분에서 고속도로의 평균통행시간 33분을 뺀 27분이 된다. 독자 여러분은 이윤을 극대화하는 28대의 차량이 사회적 관점에서 가장 효율적인 수준이라는 것을 확인하기 바란다.

이상의 논의는 외부불경제를 유발하는 재화인 고속도로에 대한 소유권이 설정되면, 교통체증이라는 외부불경제 문제가 해결될 수 있음을 보여 주고 있다.

1. 시장실패	2. 외부효과
3. 코오즈 정리	4. 피구세
5. 비경합성	6. 비배제성
7. 공공재	8. 무임승차
9. 공유재	10. 공유재의 비극
11. 거래비용	12. 완전시장

_요약 SUMMARY

❶ 시장기구가 효율적 자원배분을 달성하지 못할 때 시장실패가 존재한다고 한다. 시장이 실패하는 요인은 독과점 및 독점적 경쟁시장 등의 불완전경쟁시장, 외부경제, 공공재, 그리고 불확실성 등이다.

❷ 불완전경쟁시장의 균형가격은 한계비용보다 높다. 가격이 한계비용보다 높으면 효율적인 자원배분은 실현될 수 없다.

❸ 일방(一方)의 경제행위가 다른 경제주체에게 혜택을 주고서도 이에 대한 대가를 받지 못하거나 타인에게 피해를 입히고서도 이에 대해 보상하지 않는 경우 외부효과가 존재한다고 한다. 외부효과가 존재하면 사회적 비용과 사적 비용간에 괴리가 발생한다.

❹ 외부경제가 존재할 경우 사회적 관점에서의 최적자원배분과 시장기구에 의한 자원배분은 일치하지 않는다. 외부불경제로 인한 시장실패는 조세 및 보조금 정책, 자발적 흥정, 통합 그리고 직접적 통제에 의해 치유할 수 있다.

❺ 코오즈 정리는 이해당사자들간의 거래비용이 무시할 수 있을 정도로 적고 협상결과 이루어지는 보상으로 인한 소득효과가 없을 경우, 외부효과를 유발하는 재화의 소유권을 명확히 확립해 주면 소유권이 어느 쪽에 귀속되었느냐에 상관없이 자발적 합의에 의해 효율적 자원배분이 실현된다는 것을 말한다.

❻ 코오즈 정리는 정부의 개입 없이 당사자들의 자발적 흥정에 의해 외부효과를 치유할 수 있다는 점을 지적하고 있다. 그러나 거래비용이 큰 현실에서 코오즈 정리가 적용될 수 있는 영역은 극히 제한된다.

❼ 공공재란 비경합성과 비배제성을 특징으로 하는 재화이다. 방송, 국방, 등대는 공공 재의 예이다. 비경합성이란 동일한 재화를 여러 사람이 경합을 벌이지 않고 동시에 소비할 수 있는 재화의 특성을 말한다. 비배제성은 재화를 소비하고도 그 대가를 치루지 않는 사람을 배제할 수 없는 재화의 특성을 말한다.

❽ 무임승차란 공공재의 공급비용을 부담하지 않고 공공재를 이용하는 행동을 말한다. 무임승차가 나타나면 시장기구에 의한 공공재의 공급수준은 사회적 최적수준보다 적다. 사회 구성원의 숫자가 늘어날수록 무임승차는 증가하는 경향을 보인다.

❾ 불확실성의 세계하에서 시장기구의 자원배분은 비효율적이다. 다만, 완전조건부시장 이 존재할 경우 불확실성하에서도 경쟁시장은 효율적 자원배분을 성취할 수 있다. 그러나 현실적으로 모든 상황조건부 상품시장이 존재하는 것은 불가능하다.

❿ 시장실패의 요인들은 가격기구가 효율적 자원배분을 실현시키기 위해 얼마나 까다로운 조건들이 동시에 충족되어야 하는지를 시사한다. 시장실패의 요인은 시장실패로 인한 정부개입의 정당성을 제공하는 근거가 될 수 있다.

_연습문제 QUESTION

01 환경문제는 국가와 개인을 초월한 모든 인류의 문제로 대두되었다. 그럼에도 불구하고 선진국과 후진국의 환경문제에 대한 기본 시각에는 큰 차이가 있다. 이를 경제학적으로 설명하라.

02 도시민, 농부, 어부, 사냥꾼이 직면하는 환경문제의 본질을 설명하고 그 예를 들라.

03 자동차의 한 단위 생산에 10단위의 아황산이 배출된다. 1단위의 아황산은 국민경제에 1만원의 피해를 입힌다.
   (a) 자동차시장이 완전경쟁적일 때 균형가격을 그래프로 나타내 보아라.
   (b) 사회적 최적 자동차생산량을 그래프로 나타내 보아라.

04 피구세(Pigouvian tax)란? 피구세의 문제점은?

05 코오즈 정리란? 코오즈 정리의 시사점은?

06 교통체증현상이 흔히 관찰된다. 이러한 현상의 본질과 발생이유를 설명하라. 코오즈 정리를 교통체증현상의 해법을 찾는 데 적용하기 곤란한 이유는?

07 국유어장이 있다. 이 어장은 100척 이상의 어선이 조어(釣魚)할 때 평균생산성이 떨어지기 시작한다. 모든 어선은 동일하다. 생선은 경쟁적 시장에서 판매된다.
   (a) 완전경쟁시장에 의한 자원배분, 즉 경쟁적 균형상태를 그림으로 설명하라.
   (b) 사회적 관점에서 최적 자원배분을 그림으로 설명하라.
   (c) 경쟁적 균형상태를 사회적 최적 자원배분으로 바꿀 수 있는 경제정책을 설명하라.

08 다음 문제의 해(解)를 그래프를 이용하여 도출하라.

(단위 : 마리, 원)

사 육 소	사적 한계비용	한계피해	사회적 한계비용
1	10만원	10만원	
2	15만원	10만원	
3	20만원	10만원	
4	25만원	10만원	
5	30만원	10만원	
6	35만원	10만원	

제1열은 방목된 소의 수를, 제2열은 목장 소유주가 치러야 하는 사적 사육비용을

나타낸다. 이는 사료비, 관리인 급료 및 소의 판매에 따른 거래적 비용을 포함한다. 제 3 열은 인근에 위치한 농장주인이 소의 방목으로 입는 한계피해액을 나타낸다. 소 한 마리가 일생 동안 농장에 입히는 피해액은 10만원으로 일정하다.

(a) 제 4 열의 빈 칸을 채워 넣어라.

(b) 소 한 마리의 시장가격이 30만원이고 목장 소유주에게 농장물 피해액의 보상의 무가 없을 경우 목장 소유주는 몇 마리의 소를 사육하겠는가?

(c) 소 한 마리의 시장가격이 30만원이고 목장 소유주에게 농장물 피해액의 보상의 무가 있을 경우 목장 소유주는 몇 마리의 소를 사육하겠는가?

(d) 목장 소유주와 농장 소유주간의 협상비용이 무시할 수 있을 정도로 적을 경우 (b), (c)의 해답은 어떻게 달라지겠는가?

(e) 소유권의 배정(assignment)이 자원배분에 미치는 영향을 설명하라.

09 상류에서 오염물질을 방출하는 기업 A는 하류에 위치한 기업 B의 생산에 악영향을 미침으로써 외부불경제를 일으키고 있다. 기업 B에 끼치는 피해를 고려한 A의 사적 한계비용과 사회적 한계비용은 각각 다음과 같다. $PMC_A = 10Q$, $SMC_A = 20Q$, 기업 A가 생산하는 제품의 시장가격은 3,000원으로 일정하다. 물 이용권(오염물질 방출권)이 A에게 주어져 있다.

(i) 경쟁적 균형상태 및 균형상태의 조건은? 그래프로 설명하라.

(ii) 사회적 최적 상태 및 사회적 최적상태의 조건은? 그래프로 설명하라.

(iii) 사회적 최적 자원배분을 만들어주는 최적 오염세를 계산하라.

(iv) 소유권(오염권)이 A에게 있는 경우 자발적 흥정을 통하여 사회적 최적 생산량 이 달성될 수 있는 이유를 그림으로 설명하라.

CHAPTER

20

비대칭정보이론

*본장*에서는 정보가 불확실한 상황 중에서 특히 거래당사자 사이에 비대칭정보가 존재할 경우에 시장은 효율적 자원배분에 실패한다는 것을 보여 주는 비대칭정보이론을 소개한다. 비대칭정보이론은 시장실패가 광범위하게 일반적으로 나타나는 현상임을 보여 주고 있는 미시이론의 첨단 분야 중의 하나이다. 비대칭정보이론은 경제학의 초점을 완전경쟁이론에서 독점적 경쟁이론으로 바꾸어 놓고 있다. 비대칭적 정보이론은 정책적 처방에 있어서도 정부의 적극적 역할을 주장함으로써 완전경쟁이론과 근본적으로 시각을 달리한다.

비대칭정보가 존재할 경우 시장기구의 자원배분이 갖는 특성을 역선택과 도덕적 위해문제를 중심으로 고찰한다. 비대칭정보하에서의 시장기구의 자원배분을 이해하면 기업이 신규채용시에 학력을 제한하는 현상, 학점이 좋은 구직자를 더 선호하는 경향, 구직자들이 TOEFL이나 TOEIC과 같은 공인시험 점수를 잘 받고자 노력하는 취업경쟁 등을 더 잘 이해할 수 있다. 또 제조업자들이 제공하는 품질보증서, 국민의료보험 제도의 역할과 존재이유를 이해할 수 있을 것이다.

20.1
비대칭정보의 유형

일반적으로 정보의 보유량은 거래당사자마다 다르다. 거래의 일방이 상대방보다 우월한 정보를 보유하고 있을 때 거래 당사자간에 정보의 비대칭성이 존재한다고 한다. 예컨대 중고차시장에 진열되어 있는 자동차의 품질에 대해서 중고차의 수요자와 중고차시장의 중개상인들은 각각 서로 다른 양의 정보를 보유하고 있다.

이러한 비대칭적 정보의 상황은 자동차의 판매자와 수요자, 변호사와 소송의뢰인, 의사와 환자, 보험회사와 보험가입자, 주주와 경영자, 고용인과 피고용인, 지주와 소작인, 은행과 대출을 희망하는 기업 등 거의 모든 계약관계에서 나타난다. 주의할 점은 계약 혹은 거래 상대방의 의도를 안다고 해서 정보의 비대칭성이 사라지지는 않는다는 점이다. 중요한 것은 거래 상대방의 의도가 아니라 거래대상인 상품의 특성에 관한 정보이다.

비대칭적 정보의 상황은 정보의 비대칭성이 계약체결 시점을 기준으로 언제 발생하느냐에 따라 은폐된 특성(hidden characteristics)으로 인한 비대칭적 상황과 은폐된 행동(hidden action)으로 인한 비대칭적 상황의 두 가지로 분류된다. 전자는 계약체결 이전의 상태에서 상품 혹은 거래의 특성을 계약 당사자 중 어느 한쪽만 알고 있는 상황을 말하고, 후자는 계약체결 이후 계약자 중 어느 한쪽이 취한 행동을 상대방이 알 수 없는 상황을 말한다.

은폐된 특성으로 인한 비대칭적 상황

계약체결 이전의 상태에서 상품(일반적으로 거래)의 특성을 계약 당사자 중 어느 한쪽만 알고 있는 상황

은폐된 행동으로 인한 비대칭적 상황

계약체결 이후 계약자 중 어느 한쪽이 취한 행동을 상대방이 알 수 없는 상황

은폐된 특성으로 인한 비대칭적 상황은 자동차시장, 금융시장과 보험시장 등에서 흔히 나타난다. 은폐된 행동으로 인한 비대칭적 상황은 보험계약, 고용계약 등 계약이 체결된 이후에 나타나는 상황이다. 예컨대 자동차보험 계약을 체결한 뒤 피보험자가 사고를 냈을 경우 피보험자가 사고 당시 취한 행동(음주운전을 했는지, 졸았는지)에 따라 보상액은 달라져야 한다. 그러나 사고 당시의 정확한 진상을 파악하기는 어려운 일이다. 이 경우 사고 당시 운전자가 취한 행동은 보험회사의 입장에서는 은폐된 행동이 된다. 또 다른 예로서 주주와 경영인이 고용계약을 체결한 후 현실적으로 주주가 경영인의 일거수 일투족(一擧手 一投足)을 파악할 수 없기 때문에 경영인의 행동은 주주에게 은폐된 행동이 된다.

비대칭정보가 존재할 때 우월한 정보를 가진 쪽은 수요자측일 수 도 있고 생산자측일 수도 있다. 신형 자동차의 수요자는 신형의 장점과 단점을 제조업자만큼 알지 못한다. 기업이 은행에 융자를 신청할 경우 은행의 대출 담당자(자금 공급자)는 기업주(자금 수요자)만큼 해당 기업의 상환능력을 정확히 알 수 없다. 또 생명보험 계약을 하는 경우에 피보험자가 가까운 장래에 사망할 확률이 얼마나 되는지 보험회사(보험공급자)는 피보험자(보험수요자)만큼 정확히 알지 못한다. 신형 자동차의 예는 공급자측이 수요자측에 비해 더 우월한 정보를 가진 경우이고 은행의 대출과 생명보험의 예는 수요자측이 더 우월한 정보를 가진 경우이다.

20.2
역 선 택

직관적 이해

은폐된 특성으로 인한 비대칭정보가 존재할 때 시장균형상태는 어떠한 모습일까? 직관적 이해를 위해 중고차시장을 생각해 보자.

국민경제에 존재하는 중고차 전체 모집단 중에 레몬[1]의 비율이 50%라고 하자. 구매자는 중고시장에 나와 있는 차 중에서 50%가 레몬일 것으로 예상하고 있다. 이러한 예상하에서 중고차시장에 나와 있는 차의 기대가치 P_0(예컨대 450만원)이다. 따라서 구매자는 중고차 구입에 가격 P_0를 지불할 용의가 있다. 그리고 중고차가 P_0에서 거래되고 있다고 하자. P_0하에서 정상차로부터 얻는 판매자의 이윤보다 레몬으로부터 얻는 이윤이 더 크므로 중고차시장에는 레몬이 우선적으로 공급된다. 이러한 상황의 중고차시장에서 레몬을 구입하게 될 확률은 중고차의 모집단에서 레몬이 차지하는 확률(50%)보다 더 커질 것이다. 따라서 구매자가 평가하는 중고차의 기대가치는 P_0보다 떨어지게 된다. 구매자가 치르고자 하는 가격이 떨어지면 중고차의 거래가격도 떨어질 것이다. 중고차의 거래가격이 떨어지면 정상차의 공급(판매)비율은 더욱 떨어지고 이에

---

[1] 일반적으로 외형은 그럴 듯하지만 실속이 없는 상품을 가리키는 말로써 자동차의 경우 불량차를 레몬(lemon)이라고 한다.

따라 중고차시장에 나오는 중고차의 평균가치는 점점 더 하락한다. 이러한 과정이 되풀이되면 결국 중고차시장에는 레몬만 거래될 것이다. 극단적인 경우에는 거래가 중단되고 시장이 붕괴될 것이다.[2]

이와 같이 자동차에 관한 특성을 소비자들이 판매자들만큼 잘 알지 못하는 비대칭정보의 상황하에서 소비자들이 열등한 상품만을 선택하게 되는 현상을 역선택(adverse selection) 혹은 쭉정이 선택이라고 한다.

역선택문제는 수요자나 생산자 어느 쪽에서도 나타날 수 있다. 수요자의 역선택은 중고차시장과 노동시장에서, 그리고 공급자의 역선택은 보험시장에서 흔히 나타난다. 수요자 측면과 공급자 측면에서 나타나는 역선택문제를 순서대로 살펴보기로 한다.

역선택

비대칭정보의 상황하에서 열등한 정보를 보유한 쪽이 자신들의 입장에서 볼 때 불리한 상품을 선택하는 현상

20.2.1 수요자의 역선택: 중고차시장

유일한 정보의 비대칭성은 중고차의 품질에서 나타난다고 하자. 비대칭적 정보하에서 중고차 판매자는 자신이 판매하려는 중고차가 정상차인지 저품질의 레몬인지를 정확히 알고 있지만 중고차 구매자는 자신이 구입하려는 차가 정상차인지 레몬인지를 정확히 알지 못한다.

분석의 편의를 위해 중고차시장은 중고차 판매자와 구매자로만 구성되어 있고 중간 브로커(broker)들은 없다고 하자. 중고차는 제작연도나 모델 등의 외형은 동일하고, 정상차와 레몬의 두 가지 유형만 존재한다. 중고차시장의 잠재적 구매자는 100명이다. 중고차 시장에 공급될 잠재적 중고차는 최대 100대이다. 100대 중에서 50대는 정상차이고 나머지 50대는 레몬이다. 차의 품질을 정

[표 20-2-1] 정상차와 레몬에 대한 평가액 : 품질을 정확히 알 경우 (단위: 만원, 대)

품 질	판매자 평가액 (*MES*)	수요자 평가액 (*MEB*)	대 수
정 상 차	500	750	50
레 몬	100	150	50

---

2 이상의 예는 일종의 그레샴의 법칙(Gresham's law)이라고 할 수 있다. 악화가 양화를 구축하듯이 레몬이 정상차를 시장에서 구축한다.

확히 알고 있는 공급자의 정상차에 대한 평가액(Marginal Evaluation of Sellers: MES)은 500만원, 레몬에 대한 평가액은 100만원이다. 즉, 정상차(plumb) 소유자는 500만원에, 레몬 소유자는 100만원에 기꺼이 팔 용의가 있다.

반면 구매자는 레몬이 확실할 경우 150만원까지, 정상차가 확실한 경우 750만원까지 치를 용의가 있다.[3] 즉, 구매자의 정상차에 대한 평가액은 750만원, 레몬에 대한 한계평가액(Marginal Evaluation of Buyers: MEB)은 150만원이다. 이러한 상황은 [표 20-2-1]에 정리되어 있다.

그런데 구매자가 품질정보를 정확히 알지 못할 경우(품질을 관찰할 수 없는 불확실한 경우) 구매자는 어떤 원리에 따라 선택할까? 구매자는 품질에 대한 예상을 하고 이에 따라 구입여부를 결정하게 될 것이다. 분석의 편의를 위해 구매자가 위험중립적이라고 가정하자. 즉, 레몬과 정상차에 대한 평가액의 기대값에 따라 구매여부를 결정한다고 하자.

이와 같은 상황하에서 중고차의 거래가격과 거래율은 얼마나 될까? 이를 위해 먼저 중고차의 수요곡선과 공급곡선을 도출해 보자.

공급곡선

품질 차이가 있는 경우 공급곡선은 주어진 품질의 중고차가 공급되도록 유도하는 데 필요한 최소가격을 나타낸다. 공급곡선을 나타내기 위해 [그림 20-2-1]과 같이 가로축에 공급량을, 세로축에 가격을 나타내자.[4] 레몬(열등품)이 공급될 수 있는 최소가격은 100만원이다. 즉, 처음 50대가 공급될 수 있는 최소가격은 100만원이다. 정상차가 공급될 수 있는 최소가격은 500만원이다. 즉, 50대부터 100대까지 공급될 수 있는 최소가격이 500만원이다. 이상의 논의에서 시장의 공급곡선은 판매자의 한계평가액(marginal evaluation of sellers: MES)을 나타내는 한계평가액곡선과 일치한다는 것을 알 수 있다.[5] 시장의 공

---

[3] 여기서 동일한 품질의 중고차에 대한 구매자의 평가액은 판매자의 평가액보다 더 높게 설정하였다는 점에 주의하기 바란다. 예컨대 레몬에 대해 구매자가 치르고자 하는 최대가격(150만원)은 레몬에 대해 공급자가 기꺼이 공급하려 하는 가격(100만원)보다 높다. 이는 교환의 이익이 존재하기 위한 조건이다.

[4] 가로축에 나타낸 공급량을 품질로 해석할 수 있다. 레몬부터 공급되다가 정상차는 나중에 공급되기 때문이다.

[5] 공급곡선은 주어진 품질의 중고차가 공급될 수 있는 최소가격을 나타내므로 공급자가 기꺼이 선택하고자 하는 영역은 MES곡선 위쪽의 영역이다.

[그림 20-2-1] 중고차의 공급곡선(*MES*)

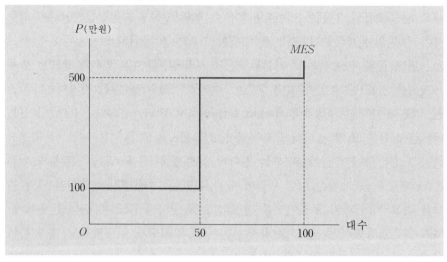

급곡선은 [그림 20-2-1]처럼 계단모양을 띠며 우상향(右上向)한다.

수요곡선

이제 중고차의 수요곡선을 생각해 보자. 일정 가격하에 수요량은 소비자가 예상하는 중고차의 품질에 의존한다. 따라서 수요곡선을 파악하려면 중고차의

[그림 20-2-2] 중고차의 수요곡선

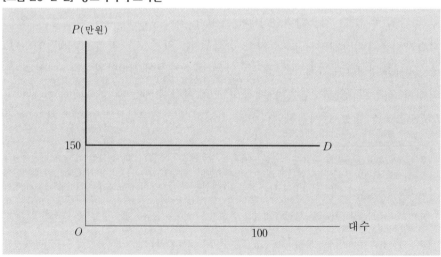

기대가치를 계산해 보아야 한다. 중고차의 품질은 중고차 가격에 따라 달라진다.

첫째, 가격이 150만원 이하일 경우 정상차는 자취를 감추고 레몬만 시장에 나타나게 될 것이라고 소비자는 예상할 것이다. 이 때 소비자의 예상가치는 150만원이므로 소비자는 얼마든지 구입할 용의가 있게 된다.

둘째, 가격이 150만원보다는 높고 500만원 미만일 경우를 생각해 보자. 이 경우 정상차는 판매되지 않고 레몬만 판매되리라고 소비자는 생각할 것이다. 이 때 수요자가 평가하는 중고차의 가치는 150만원에 불과하다. 따라서 $150<P<500$일 경우 수요량은 0이 된다.

셋째, 가격이 500만원 이상일 때 중고차시장에는 정상차와 레몬이 동일한 확률로 섞여 있게 된다. 이 때 수요자가 평가하는 중고차의 기대가치는 450만원$\left(=750\times\frac{1}{2}+150\times\frac{1}{2}\right)$으로서 가격보다 낮다. 따라서 소비자의 수요량은 역시 0이 된다.

이상의 논의에서 중고차의 수요곡선은 [그림 20-2-2]와 같이 우하향한다.[6] 수요곡선은 150만원에서 꺾이는 L자 모양으로 나타난다는 것을 알 수 있다.

비대칭정보하의 시장균형

이제 지금까지 논의한 수요곡선과 공급곡선을 결합해 중고차시장에서의 균형을 살펴보자. 시장균형은 수요곡선과 공급곡선(MES곡선)이 교차하는 점에서 성립한다. 균형가격은 [그림 20-2-3]에서 보는 바와 같이 두 곡선이 교차하는 100만원과 150만원 사이에서 결정되고 거래량은 50대가 된다.[7] 물론 균형가격에서 거래되는 것은 레몬뿐이다. 비대칭정보하의 균형상태에서 정상차는 거래되지 않고 레몬만 거래되고 있다.

이러한 균형상태에서는 열등한 정보를 소유한 중고차의 수요자는 정상차를 선택할 수 없다. 오직 레몬만을 선택할 뿐이나. 이제 독자 여러분은 이러한 상황을 역선택(adverse selection) 혹은 쭉정이 선택이라고 부르는 이유를 이해했

---

6 수요곡선이 우상향할 수 있다. 높은 가격에서 중고차의 기대품질이 높아지고 기대품질이 높아지면 수요량은 늘어날 수 있기 때문이다. 수요곡선이 우상향할 경우 시장균형점이 존재하지 않을 수 있다. 이 경우 시장이 개설되지 않거나 붕괴된다. 수요곡선이 우상향하여 시장균형이 존재하지 않는 경우는 연습문제 13을 참조하라.

7 균형가격이 100만원과 150만원 사이에서 결정되는 것은 수요곡선은 D곡선 아래족 영역을, 공급곡선은 S곡선 위쪽을 포함하기 때문이다.

[그림 20-2-3] 비대칭정보하의 중고차시장 균형

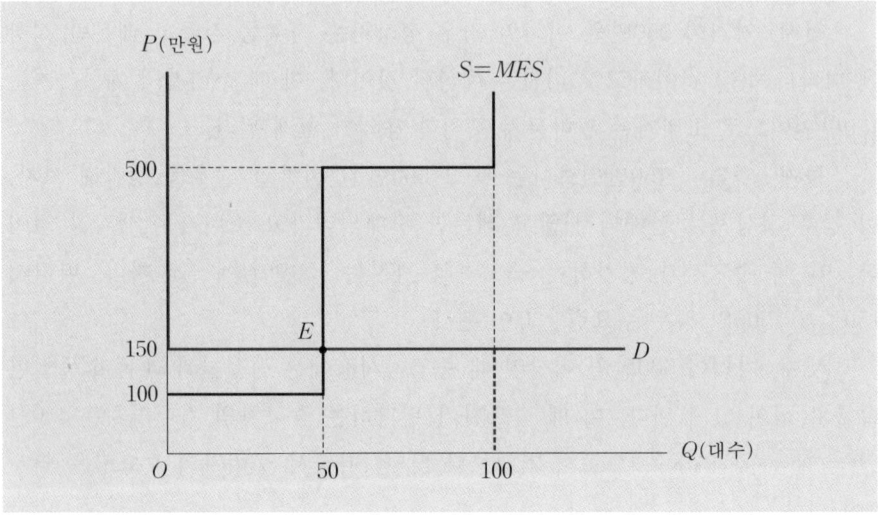

으리라고 믿는다.

이제 비대칭정보하의 시장균형을 후생경제학적 관점에서 평가해 보자. 이를 위해 먼저 완전정보하의 시장균형의 모습을 고찰해 보자.

완전정보하의 시장균형

구매자와 판매자 모두 필요한 정보를 정확히 알고 있는 완전정보하에서라면 시장균형상태는 어떠한 모습일까? 상황이 [표 20-2-1]과 같이 주어진 경우 완전정보하에서라면 모든 중고차가 거래된다. 모든 중고차가 등급별로 서로 다른 가격에 거래될 것이다. 정상차나 레몬이나 모두 교환의 이익이 존재하기 때문이다. 정상차의 경우 수요자가 지불하고자 하는 최대금액(750만원)이 정상중고차가 받고자 하는 최소금액(500만원)보다 높고, 레몬의 경우 수요자가 지급하고자 하는 최대금액(150만원)이 판매자가 받고자 하는 최소금액(100만원)보다 높다. 따라서 소비자와 생산자가 완전정보를 갖고 있을 경우 레몬은 100만원과 150만원 사이에서, 정상차는 500만원과 750만원 사이에서 각각 50대씩 거래될 것이다.

역선택과 시장실패: 자원배분의 비효율성

완전정보하에서라면 모든 등급의 차에 대해 교환의 이익이 존재하므로 모든 중고차가 거래될 수 있다. 그러나 비대칭정보하의 균형상태에서는 100대 중에서 오직 50대의 레몬만 거래될 뿐 정상차는 거래되지 않는다.

이상의 논의는 비대칭정보하에서는 교환의 이익이 존재함에도 불구하고 레몬만 거래될 뿐 정상차가 전혀 거래되지 않는 소위 '시장실패'가 일어나고 있다는 것을 보여 주고 있다.

시장실패의 근본적 원인: 레몬시장의 본질

왜 중고차 시장은 실패할까?

레몬시장의 본질은 무엇일까?

외부불경제 문제이다. 좀더 정확히 말하면 중고차의 품질정보에 관한 거래비용 때문에 발생하는 외부불경제이다.[8]

이를 이해하기 위해 먼저 역선택하의 균형상태에서 정상차는 왜 거래되지 않을까를 생각해 보자.

정상차가 시장에 나오도록 유도하려면 가격이 최소한 500만원은 되어야 한다. 그러나 비대칭정보하에서는 균형가격이 500만원 이상이 될 수 없다. 가격이 500만원일 경우 정상차뿐만 아니라 레몬도 시장에 공급된다. 레몬이 일부 공급되는 것이 아니라 정상차보다 더 큰 비중을 차지한다. 레몬 판매자의 이익이 정상차보다 더 크기 때문이다. 그런데 이처럼 레몬이 시장에서 더 큰 비중을 차지할 경우 구매자들은 500만원까지 치르려 하지 않는다. 가격이 500만원 미만으로 내려가면 정상차는 시장에 나오지 않을 것이다. 결과적으로 정상차 판매자는 손해를 입게 되기 때문이다. 결국 레몬 소유주의 판매행위가 정상차의 공급을 방해하고 있다고 해석할 수 있다. 레몬 소유주의 판매행위로 정상차의 시장진출이 봉쇄되어 있다. 만일 레몬의 소유주들이 정직하게 자기차가 레몬임을 알리고 레몬 가격으로 거래한다면 이러한 역선택문제는 일어나지 않는다. 결국 레몬 판매자가 정상차 판매자에게 외부불경제를 부과함으로써

---

8 거래비용의 존재를 궁극적인 시장실패의 원인이라고 볼 수도 있다. 외부불경제가 궁극적으로 품질정보에 관한 거래비용에 기인하기 때문이다. Jack Hirshleifer, *Price Theory and Application*, 1988, Prentice Hall, pp. 403~408 참조.

정상차의 거래를 방해한 셈이 된다. 결국 레몬 소유자의 부정직한(묵시적인) 판매행위가 만들어내는 외부불경제가 시장실패의 근본적 원인이다.

이러한 레몬시장의 상황은 교통체증 상황과 본질적으로 동일하다. 고속도로에 차량이 추가로 진입하면 고속도로의 정체가 심해져 진입차량이 운행중인 기존 차량에 외부불경제를 초래하는 것과 레몬 판매행위는 동일한 현상이다.

역선택으로 인한 시장실패의 경제학적 의미

레몬시장의 예는 비대칭정보가 존재할 경우 서로 다른 품질의 상품이 동일한 가격에 거래될 수 있음을 말해 주고 있다. 한마디로 일물일가(一物一價)의 법칙이 성립하지 않을 수 있다. 수요공급의 법칙이 성립하지 않을수 있다. 이는 레몬 문제가 나타날 경우 완전경쟁시장 모델은 현실 설명력이 떨어진다는 것을 의미한다.

역선택문제가 여러 시장에서 광범위하게 나타나는 일반적인 문제임을 고려하면 역선택문제는 완전경쟁이론이 갖는 현실설명력의 한계가 심각하다는 것을 말해 준다. 역선택문제는 품질차별과 시장지배력을 전제로 하는 독점적 경쟁시장 모형이 현실 설명력을 갖는 유력한 이론이 될 수 있다는 것을 시사해 주고 있다.

20.2.2 공급자의 역선택: 보험시장

자동차보험의 예를 들어 보자. A와 B는 외형상 사고확률이 동일한 운전자이다. 그러나 실제로는 A의 사고확률이 B보다 낮다고 하자. 따라서 보험에 가입하였을 경우 A가 보상금을 청구할 확률이 B보다 낮다. 보험시장에서의 정보의 비대칭성은 보험계약 체결시점에서 보험회사가 보험가입자인 운전자들의 사고확률을 정확히 알지 못하는 데 반해 운전자 본인은 자신의 사고확률을 정확히 알고 있다는 데에 있다. 이러한 상황에서 보험회사는 A와 B에게 차등보험료를 부과할 수 없다.

보험회사가 동일한 보험료율을 적용시킬 때 사고율이 높은 운전자 B는 보험료가 싸다고 생각하여 A보다 더 많은 보험상품을 구입할 것이다. 이와 같

[그림 20-2-4] 유형별 한계대체율

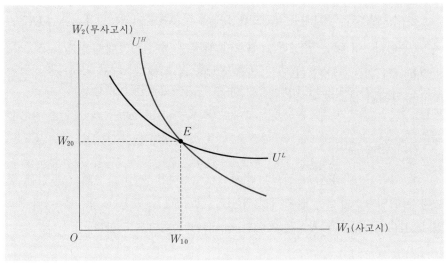

은 보험수요자들의 선택은 보험회사의 입장에서는 역선택을 의미한다. 보험회사는 불리한 상품(사고율이 높은 고객)을 선택하고 있기 때문이다.

　보험시장에서 나타나는 역선택문제는 무차별곡선 분석을 이용하면 보다 명확하게 이해할 수 있다. 다음과 같은 구체적 상황을 설정해 보자. 사고율이 높은 운전자를 H 유형의 수요자, 사고율이 낮은 운전자를 L 유형의 수요자라고 하자. 그리고 각각의 사고확률은 P_H와 P_L로 주어져 있다. 운전자의 자산은 사고시 W_{10}, 무사고시 W_{20}이다.

　[그림 20-2-4]의 가로축과 세로축에 나타난 W_1과 W_2는 각각 사고시와 무사고시의 자산액수(資産額數)를 나타낸다. 그림에서 U^H와 U^L은 각각 H 유형과 L 유형의 무차별곡선을 나타낸다. 설명의 편의상 위험기피자를 가정하여 무차별곡선이 원점에 대해 볼록하도록 그렸다.

　한계대체율(MRS)은 다음과 같은 두 가지 특징을 갖고 있다. 첫째, 서로 다른 유형의 무차별곡선이 교차하는 임의의 점에서 H 유형의 MRS가 L 유형보다 크다. 예컨대 그림의 E 점(W_{10}, W_{20})에서 H 유형의 MRS가 L 유형보다 크다. 일반적으로 임의의 한 점에서 평가한 MRS는 사고확률이 높을수록 커진다. 이는 1원의 보험료(무사고시의 1원)를 기꺼이 지불하도록 유도할 수 있는 최소보상금의 액수(사고시의 최소보상금)가 사고율이 높을수록 감소한다는 것을 반영한다.

둘째, 원점을 통과하는 45°도선상에서 사고확률이 P_i인 유형의 MRS는 $\dfrac{P_i}{(1-P_i)}$이다. 이 값은 공정한 보험료가 책정될 경우 등기대이윤선(iso-expected profit line)의 기울기와 일치한다. 이를 이해하기 위해 45°선과 등기대이윤선의 의미를 차례로 생각해 보자.

45°선의 의미

45°선은 어떤 상황이 실현되건(사고가 발생하건 않건) 자산액이 동일한 점들의 자취이다. 이것은 불확실성(위험)이 전혀 없는 확실한 상황을 나타내고 있다. 따라서 45°선을 확실선(確實線, certainty line)이라고도 한다.

등기대이윤선의 의미

사고확률이 P_i인 운전자에게 a원의 보험료를 받고 사고시 b원을 보상해주는 보험상품으로부터 얻는 기대이윤 Π_0는 다음과 같이 나타낼 수 있다.

(20.2.1) $\Pi_0 = a - bP_i$

[그림 20-2-5] 45°선상에서의 한계대체율

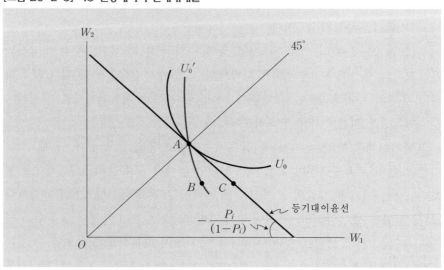

이윤이 $\prod_0$인 등기대이윤선은 식 (20.2.1)을 충족시키는 (a, b)의 조합이다.

이제 공정한 보험료율하의 등기대이윤선을 생각해 보자. 공정한 보험료율은 기대이윤이 0이 되는 보험료율이다. 즉, 보험사가 초과이윤을 누릴 수 없는 보험료율을 말한다. 공정한 보험료율하의 등기대이윤선의 기울기를 구하기 위해 공정한 보험료율을 계산해 보자. 공정한 보험료율하에서 $\prod_0$는 0이어야 하므로 공정한 보험료율$\left(\dfrac{a}{b}\right)$은 다음 조건에 의해 결정된다.

$$(20.2.2) \quad \frac{a}{b} = P_i$$

식 (20.2.2)는 보상금 1원당 공정한 보험료율$\left(\dfrac{a}{b}\right)$은 사고확률$(P_i)$과 일치하여야 한다는 것을 말해 준다. 즉 H유형의 소비자에게 P_H를, L유형에게는 P_L을 책정하면 공정 보험료율이다. 공정 보험료율을 순보상금 기준으로 표현하면 순보상금 $(1-P_i)$원당 보험료는 P_i원이 된다.[9] 이는 사고시 $(1-P_i)$원과 무사고시 P_i원이 보험시장에서 서로 교환된다는 것을 의미한다. 따라서 공정 보험료율하의 등기대이윤선의 기울기는 $-\dfrac{P_i}{1-P_i}$가 된다.

이제 공정한 보험료율하의 등기대이윤선과 위험 기피자의 무차별곡선이 $45°$선상에서 접한다는 것을 직관적으로 생각해 보자. 위험 기피자인 운전자는 기대이윤이 0인 직선상의 점에서 $45°$선상에 있는 점을 가장 선호해야 한다. 왜냐하면 $45°$선상에 있는 점은 기대이윤이 0인 점 중에서 유일하게 확실선상에 있는 점이다. 만일 기대이윤이 0이면서 $45°$선상 밖에 있는 점을 선호한다면 이 운전자는 위험 기피자가 아니다. 위험을 더 선호한다. 따라서 공정한 보험료율하의 등기대이윤선과 위험 기피자의 무차별곡선은 $45°$선상에서 접한다.[10]

이상의 논의를 종합해 보면 원점을 통과하는 $45°$선상에 있는 임의의 한 점에서의 한계대체율(MRS)과 공정한 보험료율하의 등기대이윤선의 기울기

---

9 순보상금이란 보상금에서 보험료를 공제한 금액을 말한다. 따라서 보상금 1원에 대한 순보상금이란 보상금 1원에서 보험료율인 P를 뺀 금액, 즉 $(1-P)$원을 말한다.

10 이는 귀류법으로도 엄밀히 증명할 수 있다. [그림 20-2-5]에서 보듯이 양자가 $45°$선상에서 접하지 않고 교차한다고 가정해 보자. 그림에서 A점과 C점은 공정한 보험료율하의 등기대이윤선상에 있으며, A점과 B점은 동일한 무차별곡선(U_0)상에 있다. 이 운전자는 A점보다 C점을 선호한다. 그러나 A점과 C점의 기대이윤은 모두 0으로 동일하지만 A점은 위험에 전혀 노출되어 있지 않고 C점은 위험에 노출되어 있다. 위험에 노출되어 있는 C점을 더 선호한다는 것은 모순이다. 따라서 공정한 보험료율하의 등기대이윤선과 무차별곡선은 교차하지 않는다.

의 절댓값은 모두 $\dfrac{P_i}{1-P_i}$ 로서 동일한 값을 갖는다.

보험시장에서의 역선택

비대칭정보의 상황에서 보험회사는 모든 유형의 보험 가입자에게 동일한 보험료율을 적용시키는 수밖에 없다. 보험회사가 모든 운전자에 대해서 두 유형의 평균사고율을 보험료로 책정하려고 한다. 전체운전자 중 H유형의 비율을 λ, L유형의 비율을 $1-\lambda$라고 하자.[11] 이러한 상황에서 평균사고율(P_m)을 다음과 같이 나타낼 수 있다.

(20.2.3) $P_m = \lambda P_H + (1-\lambda) P_L$

[그림 20-2-6]에서 보험에 가입하기 이전 두 유형의 초기 상황은 I점으로 나타나 있다.[12, 13] P_m의 보험료율이 책정되면 L유형의 운전자는 완전보험

[그림 20-2-6] 보험시장에서의 역선택

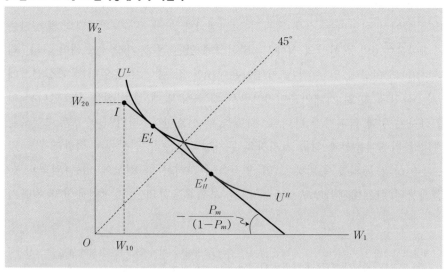

---

11 이는 보험 가입자가 아닌 전체 모집단에서 각 유형의 운전자가 차지하는 비율을 말한다.
12 초기 상태란 보험에 가입하기 이전 위험에 노출된 상태이다. 즉 사고시 W_{10}, 무사고시 W_{20}의 자산을 갖는 상태를 말한다.
13 무차별곡선과 등기대이윤선이 45°선에서 접하지 않는 것은 공정보험료율이 아니기 때문이다.

수준보다 낮은 E_L'을 선택함으로써 약간의 위험을 스스로 부담하는 반면, H 유형의 운전자는 완전보험수준을 초과하는 E_H'까지 보험을 구입한다.[14] L유형의 운전자들은 보험료(P_m)가 자신의 사고율(P_L)에 비하여 높다고 생각하고, H유형의 운전자들은 보험료가 싸다고 인식하기 때문이다. 흥미롭게도 H유형 운전자들의 자산수준은 무사고시보다 사고발생시 더 높아진다. 이는 그림에서 E_H'가 45°선의 아래쪽에 위치하고 있다는 데에서 확인할 수 있다. 보험가입자가 고의적으로 사고를 내는 경우가 이러한 상황의 극단적인 예이다.

H유형의 보험구입량이 L유형보다 많다는 것은 보험회사가 죽정이 선택문제에 시달리고 있다는 것을 의미한다. 평균사고율(P_m)을 보험료로 책정할 경우 보험회사가 적자를 볼 수밖에 없다. 경쟁적 균형조건에서 후술하듯이 이러한 상황은 균형이 될 수 없다.

완전정보하의 경쟁적 시장균형

지금까지 논의한 예산선과 무차별곡선을 결합하면 완전정보하에서 보험가입자들의 행동과 시장균형을 분석할 수 있다.

[그림 20-2-7]의 I점은 초기상태를 나타낸다. 두 유형의 초기상태는 동일하다. 완전정보하의 경쟁적 균형상태에서는 각 유형별로 공정보험료율이 책정된다. H유형에게는 P_H가 책정되고 L유형에게는 P_L이 책정된다. 직선 IM은 H유형의 예산선을 나타내고 그 기울기의 절댓값은 $\dfrac{P_H}{1-P_H}$이다.[15] 직선 IN은 L유형의 예산선을 나타내고 그 기울기의 절댓값은 $\dfrac{P_L}{1-P_L}$이다.

앞서 말했듯이 45°선상에서 공정보험료율하의 예산선의 기울기와 MRS는 일치한다. 따라서 L유형과 H유형은 45°선과 예산선이 교차하는 E_L과 E_H에서 효용을 극대화한다. L유형이 E_L을 구입하고 H유형이 E_H를 구입할 때 보험회사의 이윤은 0이다. 따라서 E_L과 E_H는 완전정보하의 보험산업의 경쟁적 균형상태를 나타내고 있다.

완전정보하의 경쟁적 시장균형의 특징은 다음과 같다. 첫째, 각 유형별로 공정한 보험료율이 부과된다. 둘째, 균형상태에서 두 유형의 소비자는 45°선상

---

14 완전보험이란 보험을 통해 위험을 100% 제거해 버린 상태를 말한다.
15 예산선이 반직선 IM으로 나타나는 것은 소비자가 보험을 살 수는 있지만 팔 수는 없는 상황을 반영한다.

[그림 20-2-7] 완전정보하의 경쟁적 균형

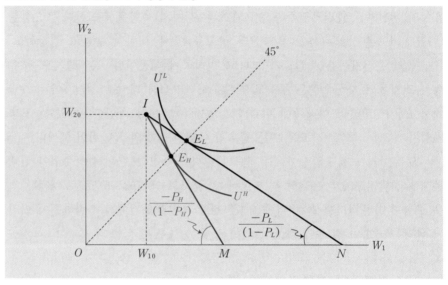

의 한 점을 선택함으로써 위험을 완전히 제거하고 있다. 이와 같이 보험을 통하여 위험을 100% 제거해 버린 상태를 완전보험(full insurance)을 선택하고 있다고 말한다. 셋째, 초기 상태에서는 동일한 효용수준을 누렸다 하더라도 균형상태에서는 L 유형에게 적용되는 보험료율이 H 유형보다 더 낮기 때문에 L 유형의 소비자가 H 유형보다 더 큰 만족을 누리게 된다.

비대칭정보하의 경쟁적 시장균형

보험시장의 균형조건은 앞서 살펴본 중고차시장의 경우와는 다르다. 중고차시장의 경우 상품 공급자가 가계이다. 그러나 보험시장의 경우 상품 공급자는 기업이다. 상품 공급자가 가계일 경우 진입과 퇴출이라는 장기균형조건이 필요 없지만, 상품 공급자가 기업일 경우 장기균형조건을 확인해야 한다. 비대칭정보하의 경쟁적 보험시장 균형을 분석하기 위해 시장의 장기균형 조건과 균형개념을 명확히 해 보자.

(1) 경쟁적 장기균형조건

경쟁적 시장균형이 성립하려면 다음 두 가지 조건이 모두 충족되어야 한다. 첫째, 소비자의 균형조건으로서 모든 소비자의 효용이 극대화되어야 한다.

둘째, 공급자의 장기균형조건으로서 진입과 퇴출이 발생하지 않아야 한다. 이를 위해서는 개별기업의 이윤이 0이 되어야 한다.

(2) 균형의 유형 : 공동균형과 분리균형

노동시장에서는 동일한 임금하에서 유능한 자와 무능한 자가 함께 채용될 수 있다. 이처럼 서로 다른 유형의 노동자가 동일 조건하에 고용(거래)되는 시장균형을 공동균형(pooling equilibrium)이라고 한다. '공동'이라 불리는 것은 유능한 자와 무능한 자가 동일한 임금에 함께 고용되고 있기 때문이다.

기업주가 노동자의 유형을 가늠할 수 없는 경우라 할지라도 노동자들이 기업주에게 자신들의 능력에 관한 정보를 제공해 줄 경우 균형상태에서 유능한 자와 무능한 자가 서로 다른 임금을 받으면서 모두 고용될 수 있다. 이처럼 두 유형의 노동자가 서로 다른 조건에 고용되는 시장균형을 분리균형(separating equilibrium)이라고 부른다. 보험시장의 경우 동일 보험료율하에서 L유형과 H유형의 보험구입량이 서로 다른 상황이나, 두 유형이 서로 다른 요율의 보험상품을 구입하는 상황은 분리균형의 예이다.

(3) 경쟁적 균형

이제 비대칭적 정보하의 경쟁적 균형상태에서 보험 가입자의 행동을 분석해 보자. 먼저 공동균형의 가능성을 확인해 보자. 비대칭적 정보의 상황에서 보험회사가 두 유형의 평균사고율을 보험료로 책정한다고 하자. 앞에서와 같이 운전자 중 H유형의 운전자의 비율이 λ, L유형의 운전자의 비율이 $1-\lambda$인 상황에서 평균사고율(P_m)은 식 (20.2.3)과 같다.

(20.2.3) $P_m = \lambda P_H + (1-\lambda) P_L$

이제 보험회사가 평균사고율(P_m)을 보험료로 책정했을 때 서로 다른 유형의 소비자들이 동일한 양의 보험을 구입하고 있는 공동균형상황을 [그림 20-2-8]에 나타내 보자. 이를 위해 보험료율 P_m을 반영하는 직선 IJ상의 임의의 한 점인 K점이 보험상품으로 공급된다고 하자. 만일 두 유형이 모두 K점을 선택하고 진입과 퇴출이 발생하지 않는다면 K점에서 공동균형이 성립한다. 그러나 K점이 공급될 경우 진입이 발생한다면 K점은 경쟁적 균형상태일 수 없다.

공동균형
서로 다른 유형의 상품이 동일 조건하에서 거래되는 시장균형

분리균형
다른 유형의 상품이 서로 다른 조건에 거래되는 시장균형

[그림 20-2-8] 실현불가능한 공동균형상태

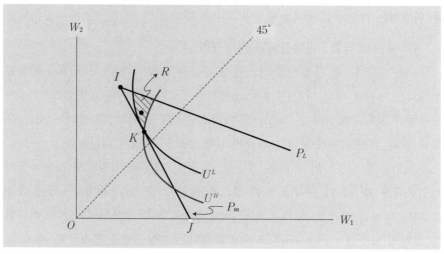

진입이 발생하는지 확인하기 위해 [그림 20-2-8]의 빗금친 영역 내부에 존재하는 임의의 한점 R을 생각해 보자. 만일 신규 보험회사가 R점을 제공하면 L유형의 소비자만 K점에서 R점으로 이동할 것이다. 상품 R의 보험료율은 P_L보다 높으므로(R점은 P_L하의 예산선 아래쪽에 위치하고 있음을 확인하라.) 신규 보험회사는 흑자를 보게 된다. 따라서 진입은 발생한다.

반면에 L유형이 R점으로 이동하면 K상품은 H유형만 구입하게 되고 K상품을 파는 보험회사는 적자를 보게 된다.[16] 그러므로 K점은 경쟁적 균형상태가 아니다.

그런데 K점은 직선 IJ상에서 선택한 임의의 한 점이다. 그러므로 예산선 IJ상의 모든 점은 경쟁적 균형상태가 아니다. 이상의 논의를 다음과 같은 명제로 요약할 수 있다.

> **공동균형의 존재**
> 경쟁적 시장에서 공동균형은 존재하지 않는다.

이 명제는 경쟁적 균형상태가 존재한다면 두 유형의 소비자가 서로 다른

---

16 새로운 상품 R의 개발로 인해 K상품을 판매하는 보험회사는 쭉정이 선택 문제에 시달리고 있다.

선택을 행하고 있는 분리균형이라는 것을 시사한다. 가능한 분리균형은 동일
보험료율하에서 L유형과 H유형의 보험 구입량이 서로 다른 상황과, 두 유형
이 서로 다른 요율(料率)의 보험상품을 구입하는 상황 중 하나이다.

[그림 20-2-9]는 첫 번째 상황의 분리균형을 보이고 있다. 그림에서 보험
료율 P_W는 평균보험료율(P_m)보다 높다. 동일 보험료율 P_W하에서 H유형은 E_H
를, L유형은 E_L을 구입하고 있다. 동일 보험료율하에서 두 유형의 보험 구입
량이 다르므로 이러한 상황은 분리균형이다. H유형이 완전보험을 초과한 보
험을 구입하고 있고 L유형은 부분보험(partial insurance)에 가입하고 있다.

이와 같이 역선택문제가 나타나고 있음에도 보험회사의 이윤이 0일 수
있는 것은 L유형에게 공정보험료율 P_L보다 높은 P_W를 부과하고 있기 때문이
다. 일반적으로 P_W는 P_m보다 높다.[17]

혹자는 [그림 20-2-10]에서와 같이 L유형은 전혀 보험에 가입하지 않고
H유형만 보험에 가입하는 극단적인 상황도 비대칭정보하의 균형이라고 설명
하고 있다. 보험회사의 이윤이 0이고 두 유형의 소비자가 효용극대화를 달성
하고 있으므로 이러한 상황도 비대칭정보하의 균형이라고 생각하기 쉽다. 그
러나 이는 오류이다. 이러한 균형상태는 존재할 수 없다. 그 이유를 그림으로

[그림 20-2-9] 분리균형 Ⅰ: 동일 보험료율이 적용되는 경우

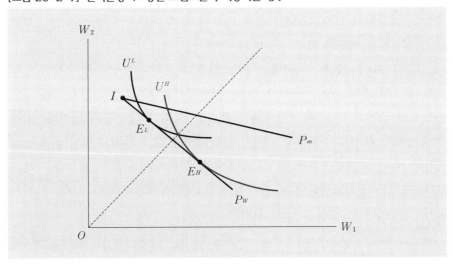

---

17 평균보험료율(P_m)하에서 역선택문제가 일어나지 않고 공동균형이 존재한다면 보험회사의 이윤은 0
이 된다. 그러므로 역선택하에서 보험회사의 이윤이 0이 되려면 보험료율은 P_m보다 높아야 한다.

[그림 20-2-10] 분리균형이 아닌 경우: H 유형만 가입

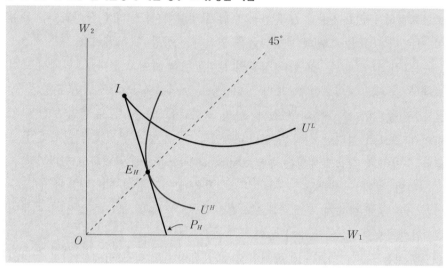

설명해 보자.

[그림 20-2-11]의 빗금친 영역 내부에 존재하는 새로운 보험상품 T 점을 생각해 보자. 빗금친 영역은 U^H와 U^L보다 위쪽에 위치하고 P_m하의 예산선의 아래쪽에 위치한 점들의 집합이다. T 점이 공급되면 H 유형과 L 유형은 모두 T 점을 선택할 것이다. 두 유형이 모두 T 점을 선택할 때 보험회사의 이윤은 역이다. 왜냐하면 T 점의 보험료율은 P_m보다 높기 때문이다. 따라서 H 유형만 E_H를 선택하는 상황은 균형상태가 될 수 없다.

[그림 20-2-12]는 두 유형이 서로 다른 요율의 보험상품을 구입하는 두 번째 유형의 분리균형을 보이고 있다. 보험회사는 두 종류의 보험상품 S_L과 S_H만을 공급한다.[18] S_L의 보험료율은 P_L이고 S_H의 보험료율은 P_H이다. 이러한 상황에서 H 유형은 S_H, L 유형은 S_L을 택하게 된다.[19] H 유형이 선택한 보험상품 S_H의 보험료율은 P_H가 되고, L 유형이 선택한 S_L의 보험료율은 P_L이 된다. 이들은 공정보험료이다. 따라서 보험회사의 이윤은 0이 된다. 그러므로 그림의 상황은 경쟁적 균형상태이다.

---

18 이는 주어진 보험료율하에서 소비자가 구입량을 선택하는 경우와 전혀 다른 가격책정방법이다. 이는 제11장에서 다룬 제2도가격차별의 한 예이다.

19 L 유형의 효용수준은 S_H보다 S_L을 선택할 때 더 높다. 따라서 L 유형은 S_L을 선택한다. 반면에 H 유형의 효용수준은 S_H를 선택하거나 S_L을 선택하거나 상관없이 동일하다. 따라서 H 유형이 S_H를 선택한다고 해도 무방하다.

[그림 20-2-11] *H*유형만 구입할 경우의 진입가능성

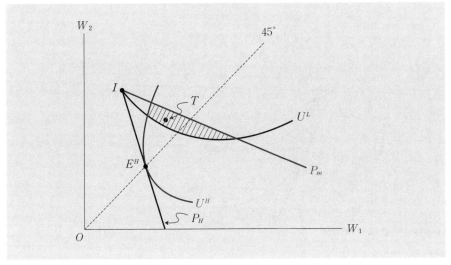

비대칭정보하의 시장균형의 후생평가

완전정보하의 균형상태와 비대칭정보하의 균형상태에서의 자원배분의 효율성을 [그림 20-2-7]과 [그림 20-2-12]를 이용하여 평가해 보자. *H*유형의 후생수준은 완전정보하에서나 비대칭정보하에서나 동일하다. 어느 경우에나 P_H의 요율하에서 완전보험을 선택하고 있다. 그러나 *L*유형의 후생수준은 비대칭정보하에서보다 완전정보하에서 높다. 비대칭정보하에서 *L*유형의 선택점인 [그림 20-2-12]의 S_L에서의 효용수준은 완전정보하의 선택점인 [그림 20-2-7]의 E_L에서의 효용수준보다 낮다. 요컨대 *H*유형의 후생수준은 어느 상황에서나 동일하지만 *L*유형의 후생수준은 비대칭정보하에서 감소한다.

이상의 논의는 중고차시장에서 역선택하의 자원배분이 비효율적이었듯이 보험시장에서의 경쟁적 균형상태도 비효율적이라는 것을 말해 주고 있다.

비대칭정보하의 경쟁적 균형상태에서 자원배분이 비효율적이라는 결론은 완전정보하의 자원배분을 기준으로 한 것이었다. 만일 정보의 비대칭성이 경제적으로 극복할 수 없는 제약조건이라면 이러한 평가는 무의미해진다. 비교의 기준이 실현불가능한 이상(理想) 상태일 수는 없기 때문이다.

[그림 20-2-I2] 분리균형 II: 차등 보험료율이 적용되는 경우

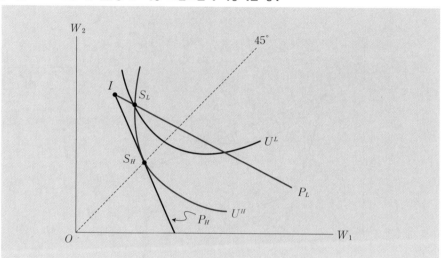

20.2.3 역선택문제의 해결책

지금까지 우리는 비대칭정보하의 시장균형이 비효율적이라는 것을 논의하였다. 중고차시장에서 정상차의 매매가 위축되거나 단절되고, 보험시장에서 레몬문제로 적자에 시달리거나 보험산업이 붕괴될 수 있다는 것을 보았다.

그러나 현실의 중고차시장과 보험시장은 잘 작동되고 있다. 이것은 때로는 시장기구가, 때로는 정부가 만든 제도가 역선택문제를 어느 정도 해결하고 있음을 시사한다. 예컨대 특정질병에 대한 보험상품의 경우에도 보험에 진짜로 가입해야 할 노약자는 건강보험에 들기 어렵다. 이러한 현상의 이면에는 역선택문제에 대한 시장기구의 대응이 있다. 역선택문제를 해결하기 위해 보험사가 질병 발생률이 높은 고객의 가입을 사실상 거절하고 있는 것이다.

역선택문제를 극복할 대안의 기본정신은 품질에 대한 비대칭성을 제거하는 것이다. 품질의 불확실성을 제거하는 방법은 품질정보를 직·간접으로 제공하거나, 품질의 불확실성에서 오는 위험을 공유(risk pooling)하는 것이다.

역선택문제는 계약 당사자에 의해 해결되기도 하고 제 3 자나 정부에 의해 해결되기도 한다. 신호는 계약 당사자 중 우월한 정보의 소유자가 불확실성을 해결하는 방법이고 선별은 열등한 정보의 소유자가 해결하는 방법이다. 국가보험 등 강제보험은 위험을 공유하기 위한 정부 제도이다. 역선택문제를 극

복하기 위한 구체적 대안을 차례로 살펴보기로 하자.

신   호

역선택문제는 우월한 정보의 소유자에 의해 해결되기도 한다. 우월한 정보의 소유자는 간접적 수단을 이용하여 자신만이 갖고 있는 우월한 정보를 열등한 정보를 갖고 있는 상대방에게 알림으로써 역선택문제를 해결하려고 한다. 상품시장에서의 품질보증서, 노동시장에서의 학력, 학위, 각종 자격증 등은 좋은 예이다. 품질보증서나 각종 자격증과 같이 상대방이 모르는 정보가 담긴 관찰 가능한 지표를 신호(信號, signal)라 하고 신호를 전달하는 행위를 신호보내기(signalling)라고 한다.

특정상품에 대한 막대한 광고지출, 상표에 대한 평판(brand-name), 유명체인, 점포의 위치, 의사, 변호사, 미용사, 자동차 정비사 등 각종 자격증 및 면허증 등도 상품 및 서비스의 품질을 간접적으로 알려주는 신호의 역할을 한다. 각종 숙련 노동 혹은 전문 서비스의 숙련도와 안전성을 보증한다. 예컨대 특정 세척제에 대한 막대한 광고는 소비자에게 간접적으로 정보를 전달한다. 거액의 광고비를 투자했다는 사실 그 자체가 세척제의 품질이 훌륭하다는 정보를 소비자에게 알려 주고 있다. 품질이 형편 없는 세척제라면 막대한 광고비를 뽑아낼 수 없기 때문이다.

신호보내기
우월한 정보 소유자가 상대방이 모르는 정보가 담긴 신호를 전달하는 행위

⑴ 중고차시장에서의 신호: 품질보증서

중고차 시장모형에서 정상차는 중고차시장에서 거래되지 않는다는 것을 앞에서 보았다. 이러한 결론은 정상차의 소유자는 주어진 시장가격에서 오직 판매 여부만 결정한다는 것을 전제하고 있다. 현실에서 정상차 소유자가 이처럼 수동적으로 행동할까? 정상차 소유자가 구입자에게 품질보증을 해 주는 경우를 생각해 보자. 여기서 품질보증이란 부품 고장시 판매자 비용으로 수리해 주는 것을 말한다.

품질보증서의 경제적 의미는 무엇일까? 그 의미를 이해하기 위해 레몬을 품질보증한 경우를 생각해 보자. 만일 레몬을 품질보증할 경우 수리비가 많이 들어 판매자의 입장에서 타산이 맞지 않을 것이다. 따라서 품질보증을 할 수 있는 차는 품질이 우수한 차뿐이다. 이러한 사실로부터 품질보증서가 부착된

차는 품질이 우수한 차라는 결론을 추론할 수 있다. 결국 품질보증서는 우월한 정보를 가진 측이 상대방에게 자신이 지닌 우월한 정보를 간접적으로 알려주는 신호의 역할을 한다. 품질보증서라는 신호가 존재할 경우 품질보증서가 부착된 품질이 좋은 차는 비싼 값에, 레몬은 싼값에 거래될 것이다.

품질보증(guarantee)은 특히, 컴퓨터나 핸드폰과 같은 내구재의 경우 위험부담을 판매자가 부담하는 제도이다. 품질보증을 함으로써 불량품이었을 경우 AS를 보증하여 품질에서 오는 위험을 공급자가 부담한다. 공급자는 고품질 상품으로서 가격을 책정할 수 있고 소비자는 고품질 상품으로 인식하고 안심하고 구매할 수 있다.

(2) 브랜드 네임(brand-name)과 유명체인

유명상표를 달고 있는 상품은 소비자가 고품질의 상품으로 인식하는 경향이 있다. 이러한 상품을 공급하는 판매자는 자신의 상품이 고품질이라는 신뢰를 소비자에게 심어주기 위해 품질관리, 판매 후 서비스(after-service) 등에 투자한다.

브랜드 네임을 부착하기 힘든 서비스의 경우 레몬문제는 체인 혹은 평판(reputation)을 이용해 해결할 수 있다. 유명 체인의 브랜드 네임에서 오는 평판이 브랜드 네임과 유사한 역할을 한다. 예컨대 관광지의 유명 체인 호텔 혹은 콘도를 찾는 고객은 자신의 기대와 크게 다르지 않은 고품질의 서비스를 즐길 수 있다. 맥도날드 체인에 가면 세계 어디서나 크게 실망하지 않을 햄버거를 먹을 수 있다. 명성을 유지하기 위해 맥도날드는 햄버거의 재료 및 제품을 관리하고 표준화한다. 다른 무명 음식점에서 위험을 무릅쓰고 식사를 할 경우 식사의 품질이 기대와 크게 달라질 수 있지만 맥도날드에서 햄버거를 먹을 경우 기대하는 품질의 햄버거를 먹게 될 가능성이 높다.

선 별

역선택 문제는 열등한 정보의 소유자에 의해 해결되기도 한다. 열등한 정보의 소유자는 선별장치, 즉 상대방의(자발적) 선택으로부터 정보를 유추할 수 있는 장치를 개발하여 역선택문제를 극복한다. 열등한 정보의 소유자가 자발적 선별장치(self-selection device)를 이용하여 자신이 모르는 정보를 추론하는 행위를 선별행위(screening)라고 한다. 예컨대 전화요금의 경우 전화이용시간대(소비자의 선택)를 보고서 전화서비스의 공급자는 소비자의 선호강도 혹은 탄력성을 추론할 수 있다. 심야전화서비스 이용자의 가격탄력치가 비심야보다 높다. 주의할 것은 연령, 성별 등에서 거래자 정보를 추론하는 것은 선별이 아니라는 점이다. 선별은 객관적 지표가 아닌 소비자의 선택으로부터 정보를 추론한 것이다.

⑴ 보험시장의 선별

보험회사의 선별행위를 [그림 20-2-12]를 이용하여 살펴보자. 보험회사는 두 종류의 보험상품 S_L과 S_H만을 공급한다. 이 경우 소비자의 선택은 두 상품 중 하나를 구입하거나 구입을 포기하는 것뿐이다. 이러한 상황에서 H 유형은 S_H, L 유형은 S_L을 자발적으로 선택할 것이다. H 유형은 S_L을 택해야 할 이유가 없고 L 유형은 S_L을 S_H보다 선호한다. 따라서 보험회사는 S_H를 선택하는 소비자는 H 유형이고 S_L을 선택하는 소비자는 L 유형이라고 추론할 수 있다.

이와 같이 보험 가입자(우월한 정보를 가진 자)들의 자발적 선택을 보고 이들의 특성이나 유형을 유추하는 보험회사의 행위를 선별행위(screening)라고 한다. 두 종류의 보험상품 S_L과 S_H가 우월한 정보를 가진 보험 가입자들의 유형을 식별할 수 있는 자발적 선별장치(self-selection mechanism)의 역할을 하고 있다.

보험회사의 자발적 선별장치는 11장에서 설명한 제2도가격차별(second-degree price discrimination)의 한 예이다. S_L의 보험료율은 P_L, S_H의 보험료율은 P_H로서 서로 다른 유형에게 서로 다른 보험료율이 적용되고 있다는 것을 확인하기 바란다.

선별행위
열등한 정보의 소유자가 자발적 선택장치를 이용하여 우월한 정보의 소유자가 갖고 있는 정보를 유추하는 행위

⑵ 취업시장의 신호와 선별

노동시장에 유능한 취업 희망자와 보통의 취업 희망자가 섞여 있다고 하자. 설명의 편의상 계약기간은 종신이다. 생산성을 제외하면 모든 특성은 동일하다.

[표 20-2-2]에 요약된 것처럼 유능한 자가 일생 동안 만들어 낸 한계생산물의 현재가치는 1억원이고 보통인 자는 8천만원이라고 하자. 유능한 자와 보

[표 20-2-2] 유형별 한계생산물

유 형	구성비(%)	한계생산물
유능한 자	50	1억원
보통인 자	50	8천만원

통인 자는 각각 전체 취업희망자의 50%를 차지한다.

우선 완전정보하에서 유형별 임금은 얼마나 될까? 노동시장이 완전경쟁적일 경우 완전정보하에서 기업주는 각 유형의 한계생산물 가치 만큼을 유형별 보수로 지불할 것이다. 유능한 자의 일생 노동소득은 1억원, 보통인 자의 일생소득은 8천만원이 된다.

이제 취업 희망자 본인은 자신의 능력을 정확히 알고 있지만 기업주는 정확히 알지 못하는 비대칭적 정보의 상황을 상정해 보자. 이같은 상황에서 기업주가 평균한계생산물가치를 모든 취업자에게 임금으로 지불한다고 하자.[20]

이 경우 이들의 임금은 9천만(=1억×0.5+8천만×0.5)원이다. 만일 평균한계생산물가치인 9천만원의 임금이 지급된다면 유능한 자는 생산성에 비해 1천만원만큼 손해를 보게 된다. 따라서 유능한 자는 가능하다면 자신의 비용을 들여서라도 자신의 유능함을 기업주에게 입증시킬 수 있는 방법을 모색하고자 할 것이다.

이제 기업주의 선별장치를 생각해 보자. 기업주는 대졸자는 유능하다고 보고 고임금(1억원)을, 고졸자는 능력이 보통인 것으로 보고 저임금(8천만원)을 주는 두 가지 임금 메뉴(이는 기업의 입장에서 임금 결정원칙이 된다.)을 제시하였다.

이러한 상황에서 두 유형의 최선의 선택은 무엇일까? 유형별로 대학진학의 득실을 따져 보자. 분석의 편의를 위해 대학교육은 생산성에 아무런 영향을 미치지 못한다고 가정한다. 사람들이 대학에 진학하는 유일한 이유는 임금 때문이다. 학위취득의 혜택은 능력과 상관없이 2천만원(=1억원−8천만원)이다. 학사학위 취득 비용은 능력에 따라 다르다고 하자. 유능한 자의 학위취득 비용은 1천만원, 보통인 자의 학위취득 비용은 3천만원이라고 하자. 이러한 비용차이는 유능한 자는 빠른 시일 내에 학위를 마칠 수 있거나, 비싼 과외를 하지 않고도 대학에 입학할 수 있는 현실을 반영한다. 이러한 상황에서 시장균형상태는 어떤 모습일까?

시장균형

시장균형 조건은 첫째, 두 유형의 노동자가 최적선택을 하고 있어야 한

---

20 평균한계생산물가치는 한계생산물가치의 평균을 의미한다.

다. 둘째, 기업주의 예상이 적중해야 한다. 즉, 대졸자에게 고임금을, 고졸자에게 저임금을 주었을 때 대졸자는 유능한 노동자이고 고졸자는 보통인 노동자로 판명되어야 한다.

　　우선 첫째 조건을 살펴보자. 두 유형의 최선의 선택은 무엇일까? 유형별로 대학진학의 득실을 따져 보자. 학위취득의 혜택은 능력과 상관없이 1천만원이다. 유능한 자의 학위취득 비용은 1천만원이므로 유능한 자가 대학졸업을 하면 1천만원(=2천만원−1천만원)만큼 이득이다. 반면 보통사람은 대학을 마칠 경우 1천만원(=2천만원−3천만원)만큼 손해를 본다. 따라서 유능한 자의 최선의 선택은 대학진학이고, 보통사람의 최선의 선택은 대학에 진학하지 않는다.

　　이제 시장균형의 두 번째 조건으로 기업주의 예상이 적중하고 있는지 확인해 보자. 기업주는 학위라는 신호에 입각하여 대졸자에게는 1억원의 임금을, 대졸자가 아닌 자에게는 8천만원의 임금을 지불할 것이다. 유능한 자만이 대학에 진학하는 상황에서는 어떤 사람이 학위를 취득했다는 사실 자체가 그가 유능한 자라는 것을 말해 준다. 학위가 능력에 관한 신호의 역할을 하고 있다. 이 때 학위취득자가 유능한 사람이라는 기업주의 예상은 적중된다.

　　따라서 유능한 자의 최선의 선택이 대학진학이고, 보통 사람의 최선의 선택이 대학에 진학하지 않는 상황은 시장균형상태이다.

　　요약하면 유능한 자는 학위라는 신호를 통해서 자신의 우수성을 기업주에게 전달하고, 기업주는 그 신호에 입각하여 취업희망자를 선별하고 학위취득 여부에 따라 임금을 지급한다. 이 때 학위취득자가 유능한 자라는 기업주의 예상은 적중한다. 우수한 자, 보통인 자 그리고 기업주 모두 균형상태에 있다. 이와 같은 상황은 앞서 말한 분리균형의 한 예이다. 이 균형이 '분리'균형인 것은 균형상태에서 우수한 자와 보통인 자가 서로 다른 행동을 하고 있기 때문이다. 이상은 학위가 유능함의 신호로서, 임금 결정원칙은 능력을 가려내는 선별장치로서 역할을 성공적으로 수행하는 경우를 논의한 것이다.

　　학위가 신호로서 역할을 잘 할 수 있는지의 여부는 학위취득에 따른 임금격차와 학위취득 비용, 즉 교육비에 의존한다. 학력간 임금격차나 학위취득 비용이 달라지면 학위가 신호의 역할을 못할 수도 있다. 이를 이해하기 위해 이제 학력간 임금격차가 더 커진 경우를 생각해 보자. 대졸자의 임금을 1억 2천만원, 고졸자의 임금을 8천만원이라고 하자. 학위취득 비용은 앞의 경우와 같이 유능한 자의 경우 1천만원, 보통인 자의 경우 3천만원이다. 이러한 상황에서는 유능한 사람이건 보통사람이건 모두가 진학한다. 학위취득 여부로 인한 임금격차가 4천만원일 경우 보통인 자도 기꺼이 3천만원의 교육비를 투자할 것이다. 이는 공동균형의 한 예이다. 두 유형이 모두 동일한 선택을 하고 있다. 이러한 상황에서 학위는 신호로서의 역할을 전혀 하지 못한다.

이상의 신호모형은 몇 가지 약점을 지닌다. 우선 교육이 생산성에 전혀 영향을 미치지 않는다는 가정은 비현실적이다. 인적 자본이론(人的 資本理論)의 실증분석에 의하면 교육은 분명히 인간의 생산성을 높여주는 기능을 한다. 둘째, 신호이론은 조건부계약의 가능성을 고려하지 않고 있다. 채용당시에 피용자에 대한 충분한 정보는 없을지라도 시간이 지남에 따라 기업주는 피용자의 능력을 보다 정확히 파악할 수 있다. 기업주는 이러한 사정을 고려하여 초기에는 저임금을 주다가 유능하다고 인정되면 고임금을 지급하는 조건부계약으로 노동시장의 비대칭정보문제를 극복할 수도 있다.

이러한 비판에도 불구하고 신호이론은 교육이 지닌 신호로서의 역할을 날카롭게 지적하고 있다. 이는 교육이 신호기능을 하는 만큼 교육기간이 지나치게 길어질 수 있고 따라서 교육투자가 사회적 관점에서 낭비일 수 있다는 점을 함축하고 있다.

제 3 자에 의한 정보제공

역선택문제를 유발하는 정보의 비대칭문제는 제3자 혹은 정부에 의해 제공된 정보를 통해서 해결되기도 한다. 중개 및 알선, 상품의 표준화 및 강제계약 등이 그 예이다.

(1) 중개 및 알선

중고차시장의 딜러(dealer)나 부동산시장의 공인중개사 등은 해당시장에서의 비대칭문제를 제3자에 의한 정보를 통해서 완화하는 예이다. 또 금융시장에서 은행, 증권회사 및 신용평가회사 등을 자금시장의 정보비대칭문제를 완화하는 기관이라고 볼 수 있다. 금융시장에서 특정기업이 회사채를 발행하는 경우 기업에 대한 신용도를 채권발행자(자금수요자)는 상대적으로 정확히 알고 있지만 채권구입자(자금공급자)는 잘 알지 못한다. 은행이나 신용평가기관은

기업의 경영실태 및 기업의 장래성을 전문적으로 평가함으로써 정보의 불완전
성문제를 해소하고 있다.

⑵ 상품의 표준화

역선택문제는 판매자는 품질을 잘 알고 있지만 수요자는 품질을 잘 모른
다는 데에 있다. 상품의 표준화는 바로 이점에 착안하여 역선택문제를 해결해
보려는 시도이다. 체인화된 각종 편의점 등은 레몬시장의 문제를 규격화된 상
품을 공급함으로써 해결하려는 시도로 볼 수 있다. 각종 인증제도도 상품의 품
질차이를 줄임으로써 역선택문제를 해결하는 제도로 볼 수 있다.

강제계약을 통한 시장왜곡 방지

역선택문제의 핵심 중 하나는 양질(良質)의 정상상품 혹은 저위험 유형의
거래자가 시장에서 퇴출됨으로써 시장이 엷어지는 것이다. 다시 말해서 시장
이 축소되고 왜곡되는 문제이다.

엷은 시장(thin market)의 문제는 강제계약을 통하여 극복할 수 있다. 정보
는 양질의 거래자가 시장에서 퇴출하지 못하도록 모든 유형의 거래당사자에게
계약을 강제한다. 계약을 강제함으로써 저위험 유형의 거래자가 시장에서 퇴
출하는 것을 방지한다. 강제계약하에서 시장에는 '고위험 유형'과 '저위험 유
형'이 모두 남아 있게 된다. 시장에는 모든 유형의 위험이 공존(risk pooling)한
다. 두꺼운 시장(thick market)이 유지된다. 의료보험제도, 자동차의 책임보험제
도는 강제계약의 예이다.

의료보험의 경우 정부는 모든 국민에게 보험가입을 강요하고 있다. 건강
보험공단은 모든 직장과 모든 지역에 있는 대한민국 국민에게 직장보험이나
지역보험을 통해서 보험가입을 강제한다. 노약자이건 건강한 청년이건, 취업
자이건 실업자이건 누구나 보험에 가입해야 한다. 모두가 가입해야 하기 때문
에 건강보험공단은 레몬문제를 겪지 않게 된다. 유형에 관계없이 모두가 의무
적으로 건강보험에 가입하면, '저위험 유형'(건강한 자)은 다소 손해를 보겠지
만 국가 전체적으로 이득이 된다고 볼 수 있다. 결코 완전하지는 않지만 강제
계약에 의해서라도 건강보험이 제공되는 것이 역선택으로 인해 보험시장이 완
전히 붕괴되어 존재하지 않는 경우보다 국가 전체적으로 이득이 될 것이다.

자동차보험의 경우 책임보험은 모든 운전자에게 보험 구입이 강제되어 있다. 보험회사는 동일 보험료율을 징수하고 모든 유형의 운전자는 의무적으로 동일한 보험상품을 구입할 수밖에 없다. 보험회사는 레몬문제를 겪지 않게 된다.

20.3
도덕적 위해

지금까지 우리는 은폐된 '특성'으로 인한 정보의 비대칭문제를 중심으로 논의하였다. 그러나 정보의 비대칭문제는 은폐된 '행동'으로 인해 발생하기도 한다.

다음과 같은 경우을 생각해 보자. 어떤 소설가와 출판사가 특정제목하에 출판계약을 맺으려 한다. 출판사측은 계약 전에 소설가의 자질과 실적을 잘 알아본 뒤 우수한 소설가와 계약을 체결하는 데 성공하였다. 훌륭한 소설가와 계약을 체결했다고 해서 훌륭한 작품이 만들어진다고 보장할 수 있을까? 아니다. 작품의 질은 소설가의 자질의 함수이기도 하지만 계약체결 이후 소설가가 쏟는 심혈의 크기에 의해서도 결정된다. 만일 소설가가 형편없는 작품을 쓴 뒤 최선을 다했지만 작품의 주제가 워낙 어려워서 그렇게 되었노라고 한다면 출판사측은 계약위반을 주장하기 힘들 것이다.

이 예에서 출판계약을 체결하기 전에 출판사측이 소설가의 특성을 정확히 알지 못하는 상황은 지금까지 우리가 살펴본 은폐된 특성에서 비롯되는 비대칭적 정보의 상황이다. 반면 계약체결 후 소설가가 얼마나 심혈을 기울였는지 출판사측이 알 수 없는 상황은 은폐된 행동으로 인한 비대칭적 정보의 상황이다. 화재보험 가입자가 선량한 관리자로서의 의무를 이행했는지의 여부를 보험회사측이 알 수 없는 상황, 주주가 경영자의 근무태만(행동)을 관찰할 수 없는 상황, 그리고 건강보험 가입자의 흡연행위를 보험회사가 관찰할 수 없는 경우 등은 이러한 예이다.

은폐된 행동으로 인한 비대칭정보하의 상황에서 행동을 취하는 계약 당사자(소설가)는 상대방(출판사)에게 불리한 행동을 취할 수 있는데 이를 도덕적 위해(moral hazard)라고 부른다.

은폐된 행동으로 인한 비대칭정보하에서 행동하는 자를 대리인(agent), 대리인의 행동에 의해 이해가 달라지는 자를 본인(principal)이라 한다. 본인과 대리인간의 계약관계를 본인-대리인 관계(principal-agent relationship)라 한다. 그리고 이러한 관계로부터 발생하는 도덕적 위해문제를 본인-대리인 문제(principal-agent problem)라 한다.

역선택문제와 도덕적 위해가 발생하는 상황의 본질적 차이점은 무엇일까? 양자는 비대칭적 정보의 상황이라는 점에서 동일하지만 전자(前者)는 계약체결 이전의 시점에서 발생하는 문제이고, 후자(後者)는 계약체결 이후에 나타나는 문제라는 점에 그 차이가 있다. 또 전자(前者)는 특성에 관한 정보수집 비용 때문에 발생하고, 후자(後者)는 행동을 취하는 대리인에 대한 감독비용의 존재로 인하여 발생한다.

따라서 은폐된 특성으로 인한 비대칭정보의 문제를 해결하기 위해서는 신호발송이나 선별장치가 필요하다. 반면 은폐된 행동으로 인한 비대칭정보 문제의 해결책의 핵심은 유인부여(incentive design)에 있다. 대리인을 감독할 수 없을 경우 본인은 대리인이 본인(principal)을 위해서 일하도록 유인을 부여해야 한다. 보험시장에서의 운전보험계약과, 노동시장에서의 기업주와 피고용인간의 고용계약을 예로 들어 설명해 보기로 한다.

20.3.1 보험시장에서의 도덕적 위해

먼저 자동차 보험계약에서 도덕적 위해가 발생하는 이유를 분석해 보자.

보험가입자는 사고예방을 위해 주기적으로 자동차의 수리, 검사 등을 함으로써 사고율을 줄일 수 있다. 이러한 사고예방을 위한 운전자의 노력을 '사고예방투자'라고 정의하자. 분석의 편의상 사고가 일단 발생하면 사고예방투자 수준에 상관없이 차체 손상으로 인한 피해액은 100만원으로 일정하고 운전자에게 10만원의 벌금이 부과된다고 하자. 또 사고예방투자를 강화할수록 사고확률은 감소하고 사고확률의 감소율은 체감한다고 하자. 이러한 상황에서 사고예방투자를 많이 기울일수록 사고율 감소를 통해 총편익은 증가하지만 그 증가율은 감소하게 된다. [그림 20-3-1]은 이상의 논의를 한계편익과 사고예

도덕적 위해
은폐된 행동으로 인해 비대칭적 정보하의 상황에서 상대방을 불리하게 하는 계약 당사자의 행동

[그림 20-3-1] 한계편익곡선

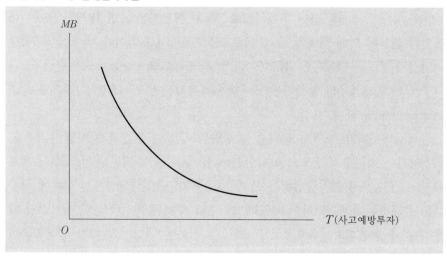

방투자 수준간의 관계로 표현하고 있다.

분석의 편의를 위해 사고예방을 위한 사고예방투자 한 단위의 한계비용은 C로서 일정하다고 하자. [그림 20-3-2]는 한계편익(MB)과 사고예방투자의 한계비용(MC)을 나타내고 있다. 이제 [그림 20-3-2]를 이용하여 이 운전자가 보험에 가입하지 않았을 경우와 가입했을 경우 행동이 어떻게 달라지는지 살펴보자.

보험에 가입하지 않았을 경우 운전자는 한계편익(MB)과 한계비용(MC)이 만나는 T_0만큼의 사고예방투자를 하게 될 것이다. 사고예방투자 수준이 T_0보다 낮을 때는 한계편익이 한계비용보다 크므로 사고예방투자의 강도를 더 높이면 순편익이 증대된다. 반면 사고예방투자 수준이 T_0보다 클 경우에는 사고예방투자 수준을 낮추는 것이 이득이 된다.

보험가입 이후 운전자가 선택하는 사고예방투자 수준은 어떻게 달라질까? 먼저 운전자의 한계비용곡선과 한계편익곡선이 보험가입으로 인해서 어떻게 달라지는지를 알아보자. 사고예방투자 한 단위의 한계비용은 보험가입 여부에 상관없이 일정하다. 따라서 [그림 20-3-2]의 MC곡선은 불변이다. 그러나 MB곡선은 보험가입으로 인해 달라진다. MB곡선의 이동폭은 사고시 피해액의 보상비율에 따라 달라질 것이다. 분석의 편의상 사고시 보험회사가 보

[그림 20-3-2] 보험가입 전의 최적사고예방투자 수준

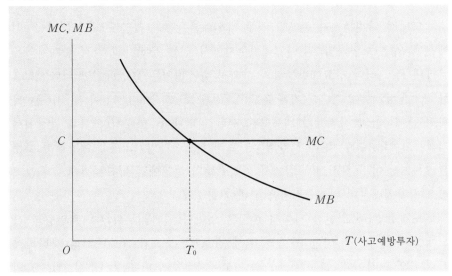

험가입자에게 피해액의 100%를 보상하고 벌금은 보험대상이 되지 않는다고
하자.

이 때 보험가입자의 한계편익곡선은 [그림 20-3-2]의 MB_1으로 하향 이
동한다. 피해액 전액보상에도 불구하고 MB_1이 양의 값을 갖는 것은 가정에
의해 벌금은 보험으로 보상되지 않기 때문이다. 이러한 상황에서 보험가입자
의 사고예방투자 수준은 보험에 가입하기 이전의 T_0에서 보험가입 이후 T_1으
로 감소한다. 이 결과는 보험가입 후 본인 비용부담이 감소한 보험가입자가
사고예방투자를 소홀히함을 보여 주고 있다. 물론 T_1만큼의 사고예방투자를
했을 때 사고율은 T_0 때보다 높아질 것이고 이는 보험회사의 입장에서 볼 때
손해이다. 이러한 운전자의 행동변화는 보험회사의 입장에 볼 때 도덕적 위해
현상이다.[21]

---

21 그러나 엄밀한 의미에서 '도덕적 위해'란 용어는 객관적이지 않다. 단위당 사고예방투자의 효과가
떨어졌을 때, 즉 보험가입자가 부담하는 사고보상 비용 1원을 줄이기 위한 사고예방 노력이 비싸
졌을 때(늘어날 때) 사고예방투자 수준이 떨어진 것은 수요법칙에 따른 현상일 뿐이다. 사과가 비
싸지면 사과수요량이 줄어드는 것과 다를 게 없다. 도덕적 위해는 보험가입자의 입장에서 수요의
제1법칙에서 비롯되는 수많은 현상 중의 하나일 뿐이다.

도덕적 위해와 효율성

도덕적 위해문제가 존재할 경우 자원배분은 효율적인가? [그림 20-3-3]에서 MB_1은 보험가입 후 사고예방투자에서 얻는 운전자의 사적 한계편익을 나타낸다. 그러나 사고예방투자의 사회적 한계편익은 MB_0곡선이 된다(사고율이 감소할 때 혜택을 누리는 자는 운전자 자신과 보험회사이기 때문이다). MC는 사회적 한계비용과 사적 한계비용을 동시에 나타낸다. 따라서 사회적 관점에서 최적사고예방투자 수준은 T_0가 된다. 그러나 보험가입자의 사고예방투자 수준은 T_1이다. 이는 사회적 관점에서 최적수준의 사고예방투자가 행해지지 않고 있으며 자원배분이 비효율적임을 의미한다.

도덕적 위해로 인한 사회적 손실은 얼마나 될까? 우선 $T_0 - T_1$만큼의 사고예방투자 감소로 인한 사회적 후생 감소분은 [그림 20-3-3]의 사다리꼴 $T_1 SUT_0$의 면적이다. 한편 $T_0 - T_1$의 사고예방투자의 비용은 사각형 $T_1 RUT_0$의 면적이다. 따라서 도덕적 위해로 인한 사회적 순손실액은 빗금친 삼각형 RSU의 면적이다.

[그림 20-3-3] 보험가입 후의 최적사고예방투자 수준

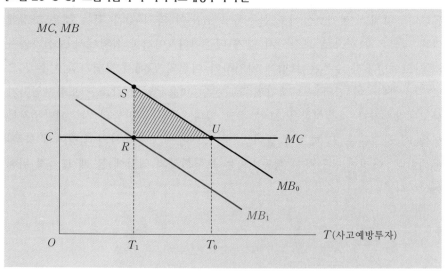

도덕적 위해와 위험의 효율적 배분

도덕적 위해 문제를 완벽하게 해결하자면 보험가입자에게 100%의 비용부담을 지워야 한다. 그것은 보험시장의 폐쇄를 의미한다. 보험시장이 존재하지 않으면 개인들은 위험에 노출될 수밖에 없고 위험의 효율적 배분은 불가능해진다. 반면에 효율적 위험배분은 위험기피자가 완전보험을 선택할 때 실현된다. 그러나 완전보험은 도덕적 위해 문제를 발생시킨다.

요컨대 도덕적 위해 문제와 위험의 효율적 배분 문제간의 딜레마(dilemma)가 있다. 사회적 관점에서 어느 한 쪽을 희생시키지 않을 수 없다.

20.3.2 노동시장에서의 도덕적 위해

본인-대리인 문제는 지주와 소작인의 계약관계에서 극명하게 두드러진다. 지주와 소작계약을 맺은 후 소작인은 은폐된 행동을 할 수 있다.[22] 소작인의 도덕적 위해를 논의하기 위해 완전정보하의 소작인의 행동과 비대칭정보하의 소작인의 행동이 어떻게 다른지 비교해 보자.

완전정보하의 최적선택

완전정보하에서 지주는 소작인의 노동시간을 관찰할 수 있다. [그림 20-3-4]에서 MP_L은 노동의 한계생산성을 나타낸다. 노동의 한계생산성(MP_L)은 체감한다. 노동의 기회비용, 즉 실질임금은 w라고 하자.

지주의 이윤을 극대화하는 지주의 관점에서 최적노동투입량은 L_{FB}이다. 실제 한계생산물가치와 노동의 기회비용(w)이 일치하기 때문이다. 지주는 시간당 임금률 w를 제공하면서 L_{FB}만큼의 노동을 고용한다. 소작인의 노동시간은 L_{FB}이다. 이 때 지주의 이윤은 삼각형 FGS의 면적이다.

비대칭정보하의 최적선택

불완전정보하에서 지주는 소작인의 노동시간을 관찰할 수 없다. 따라서

---

22 지주와 소작인의 계약관계는 주주와 전문경영인간 계약관계와 같다. 따라서 본절(本節)의 분석은 전문경영인의 도덕적 해이 문제에도 그대로 적용된다.

[그림 20-3-4] 완전정보하의 최적선택

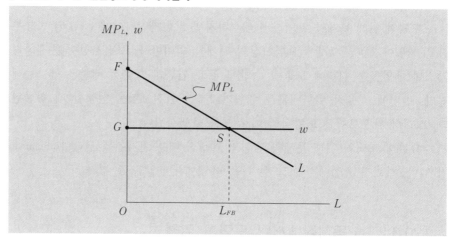

지주는 노동시간(L_{FB})을 조건으로 소작인과 계약을 체결할 수 없다.[23] 이러한 상황에서 지주는 소작인과 정률제 계약을 체결했다고 하자. 정률제(定率制)란 소작인이 보수로서 미리 정해진 고정 금액을 지급받지 않고 생산량 중 일정비율을 지급받는 것을 말한다.

[그림 20-3-5] 불완전정보하의 최적선택: 정률제

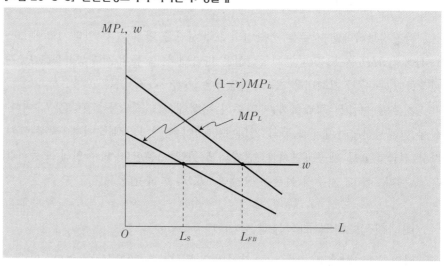

---

23 지주가 소작인의 노동시간을 관찰할 수 없다는 것은 산출물 수준에서 노동투입량을 직접 추론할 수 없다는 것을 말한다. 예컨대 쌀 수확량이 노동투입량 이외에 날씨 등에 의해서도 영향을 받기 때문이다.

정률제하의 선택을 생각해 보자.

정률제하에서 소작인은 총생산물 중 일정률 $1-r$(예컨대 0.6)을 갖는다. 생산물 중에서 r(예컨대 0.4)은 지주가 토지 이용료로 받는 렌트이다. 이 경우 소작인에게 귀속되는 순한계생산물가치는 [그림 20-3-5]의 $(1-r)MP_L$이 된다. 정률제하에서 소작인은 L_S에서 생산한다. L_S에서 노동의 한계생산물가치는 노동의 기회비용인 임금(w)보다 높다.

정률제하에서 소작인은 L_S에서 생산하지만 이윤을 극대화하는 최선의 선택은 실제 한계생산물가치와 노동의 기회비용(w)이 일치하는 L_{FB}이다. 소작인은 $L_{FB}-L_S$만큼 덜 일한다. 소작인이 자신 소유의 농장이었다면 L_{FB}만큼 일했을텐데 자신의 몫이 $(1-r)$에 불과하기 때문에 일을 게을리하게 된다.

이상의 논의는 정률제하에서 소작인이 도덕적 위해를 행하고 있음을 말해 주고 있다.

20.3.3 유인제도: 도덕적 위해의 해결

도덕적 위해 문제는 본인과 대리인의 이해 상충으로 발생하는 현상이다. 따라서 도덕적 위해 문제는 본인과 대리인의 이해가 합치되도록 대리인에게 유인을 제공함으로써 방지할 수 있다. 보험산업과 노동시장의 유인제도를 살펴 보기로 하자.

보험산업에서의 유인제도

보험산업에서의 도덕적 위해 문제는 보험가입 이후 보험가입자가 사고예방투자할 유인이 감소한다는 데에서 발생한다. 따라서 이를 해결하려면 가입자가 사고예방투자할 유인을 제공해야 한디. 보험산업에서 흔히 사용되는 유인제도로는 공동보험제도(共同保險制度, co-insurance)와 기본공제제도(deductibles)가 있다.

공동보험제도란 보험가입자와 보험회사가 공동으로 피해액을 부담하는 제도이다. 공동보험제하에서 사고예방투자 수준이 어떻게 달라지는지 [그림 20-3-6]을 통해서 살펴보자. 그림의 MB_0곡선은 보험에 가입하지 않았을 경

[그림 20-3-6] 공동보험제하의 최적사고예방투자 수준

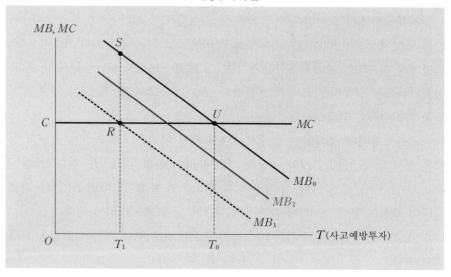

우의 한계편익곡선을 나타내고 MB_1곡선은 보험으로 100% 보상이 가능한 경우의 한계편익곡선으로서 [그림 20-3-3]의 상황과 똑같다. 공동보험제도하에서 한계편익곡선(MB_2)은 MB_0와 MB_1 사이에 위치한다. 따라서 사고예방투자 수준은 T_1에서 T_0쪽으로 늘어날 것이다.

기본공제제도란 피해액 중 기본액, 예컨대 30만원까지는 우선적으로 보험가입자가 부담하고 나머지 부분만을 보험회사가 보상하는 방법을 말한다. 예컨대 피해액애 100만원인 자동차 사고시 30만원은 보험가입자가 부담하고 나머지 70만원만 보험회사가 보상한다. 기본공제제도는 운전자의 사고예방투자 강화를 통해서 사고를 방지하려는 제도라고 볼 수 있다.

공동보험제도나 기본공제제도가 도덕적 위해 문제를 완화시켜 주는 것은 사실이지만 완전히 근절시켜 주지는 않는다. 보험가입자의 부담비율이 100%가 되지 않는 한 공동보험제도하에서도 도덕적 위해 문제는 여전히 존재할 것이다.

노동시장에서의 유인제도

노동시장에서의 도덕적 위해는 지주와 소작인간, 주주와 경영자간의 고용계약에서 나타난다. 지주와 소작인이 체결하는 고용계약에서의 유인제도를 중심으로 살펴보자. 정률제하에서는 소작인이 노동할 유인이 감소한다는 데에서 발생한다. 따라서 이를 해결하려면 소작인이 자기 토지를 경작할 때처럼 노동할 유인을 지주는 소작인에게 제공해야 한다. 지주와 소작인간 계약에서 흔히 사용되는 유인제도로는 도조제가 있다.[24] 도조제하의 소작인의 선택을 생각해 보자.

지주−소작인의 유인제도: 도조제

도조제(賭租制)하에서는 지주가 일정액(F)만 갖고 나머지 잔액 전부를 소작인이 갖는 제도이다. 도급제하에서 소작인은 산출물 잔여분에 대한 권리의 무자(residual claimant)로서 행동하게 된다. 이러한 급료체계는 소작인이 토지나 농장의 사용료로 일정액의 임대료(R)를 지급하고 일정기간 동안 토지나 농장을 임대한 것과 같다.[25] 이러한 계약하에서 소작인의 행동을 [그림 20-3-7]을 가지고 분석해 보자.

[그림 20-3-7] 도조제하에서의 최적선택

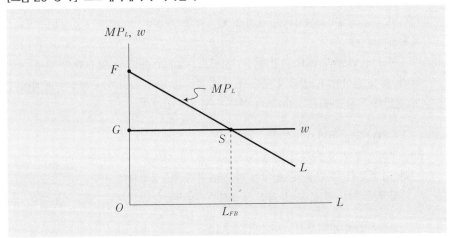

---

24 지주와 소작인간의 고용계약 관계에는 정률제, 도조제 이외에도 산출물 수준과 상관없이 소작인이 고정급을 받는 고정급제도 있다. 그러나 고정급제의 경우 소작인이 일할 유인이 전혀 없다. 소작인의 최적노동시간은 0이 될 것이다. 소작인의 도덕적 위해가 가장 극심해진다. 왜냐하면 소작인의 노력여하에 상관없이 무조건 고정액을 받기로 정해져 있기 때문이다.

25 정률제하의 소작인의 몫은 일반적으로 $rf(L)+k$로 표현할 수 있다. 여기서 r은 1보다 작은 상수이고 k는 계약에 의해 정해진 상수이다. $f(L)$은 총생산물이다.

이 경우 소작인이 얻는 한계생산물가치는 완전정보하의 지주의 한계생산물가치와 일치한다. 지주에게 지급하는 지대(R)는 소작인이 얻는 한계생산물가치에 아무런 영향을 미치지 않는다.[26] 소작인의 몫을 극대화하는 최적 노동투입량은 L_{FB}이다. 자신이 얻는 한계생산물가치와 노동의 기회비용(w)이 일치하기 때문이다. 도조제하에서 소작인은 잔여분 권리의무자로서 행동한다. 완전정보하에서 지주가 선택한 노동투입량 L_{FB}와 동일한 자원배분이 실현되었다.

이상의 논의는 적절한 유인제도가 비대칭정보하의 도덕적 위해 문제를 해결할 수 있음을 말한다.

[사례] 왜 '노블레스 오블리주'인가

'노블레스 오블리주(Noblesse Oblige)'란 프랑스 말의 원 뜻은 '귀족 혹은 사회지도층이 사회적 책임을 이행한다'라는 의미이다. 사회지도층의 사회적 의무에 대한 솔선수범을 요구하고 있다.

로마의 귀족은 전쟁이 일어나면 자신의 재산을 사회에 환원하고 싸움터로 나갔다. 로마가 거대한 문명권을 구축하고 오랫동안 대제국을 유지할 수 있었던 것은 사회지도층의 사회적 책임이 높았기 때문이다. 로마인 이야기의 저자 시오노 나나미는 로마제국 1,000년의 토대를 제공해 준 철학은 '노블레스 오블리주'라고 지적하고 있다.

영국의 앤드루(Andrew)왕자(엘리자베스 여왕의 아들)는 포클랜드 전쟁(1892년)에 직접 참여했다. 영국의 명문 이튼 칼리지에 있는 교회에는 제1차 세계대전에 참전해 목숨을 잃은 1,157명의 이름이 새겨져 있다.[27]

우리나라는 어떤가?

정치자금 거래를 통한 정경유착, 지도층 및 지도층 자녀의 병역면제, 지도층 비리, 유전무죄, 무전유죄, 휠체어 타고 병원 입원, 집행유예 ……

한국사회가 '반(反) 노블레스 오블리주' 사회임을 보여 주는 핵심어이다.

한국사회와 서구사회는 서로 다른 철학이 지배하고 있다.

어떤 철학이 사회를 지배하는 것이 보다 효율적일까?

이 문제의 본질은 누가 국가의사를 결정하고 그 국가의사 결정에 누구의 이해가 가장 민감한가에 대한 문제이다. 예컨대 전쟁 선포라는 국가의사 결정의 결과, 귀족과 평민 중 누구의 몫이 가장 크게 달라지느냐의 문제이다. 말할 것도 없

---

26 이 때 소작인의 이윤은 삼각형 FGS 면적에서 지주에게 지급된 도조(賭租), F를 뺀 값이 된다.
27 최연구, 「노블레스 오블리주 혁명」, 한울, 2007, p.139.

이 귀족의 몫이 크게 달라진다. 전쟁이 나서 패배할 경우 귀족의 재산은 초토화하고 귀족은 노예로 전락할지도 모른다. 전쟁에 이길 경우 귀족의 재산은 늘어나고 더 높은 소득을 누릴 가능성이 크다. 한마디로 전쟁의 승패는 귀족의 사활이 걸린 문제이다. 반면에 일반 평민의 경우 전쟁에 진다고 해도 잃을 재산도 소득도 거의 없다.

전쟁으로 인해 몫이 가장 크게 달라지는 계층이 의사결정을 하고 의사결정에 책임지는 사회가 효율적 사회가 될 것이다. 평민만 전쟁에 참여하고 귀족은 참전하지 않고 후방에서 전쟁의 과실을 따먹길 기다리고만 있다면 이는 의사결정에 대해 책임을 지는 것이 아니다. 물론 전쟁도 이기기 어려울 것이다.

'노블레스 오블리주'가 실천되지 않는 사회는 결국 도태될 것이다. '노블레스 오블리주'는 효율적 사회를 위한 필요조건이다. '노블레스 오블리주'는 지도층의 도덕적 해이를 방지하는 해법(solution)이다. 사회지도층의 도덕적 해이가 팽배한 사회는 결코 통합될 수 없고 통합되지 않은 사회는 지속가능한 발전을 이룩할 수 없다.

유인제도의 한계

현실에서 유인제도는 흔히 관찰되지 않는다. 회사의 경영자나 사무원의 임금은 대체로 고정되어 있다. 유인제도를 통해서 주주와 피고용인 모두의 보수를 증대시킬 수 있는 데도 현실에서 성과급제도가 채택되지 않는 것은 다음과 같은 요인들 때문이다.

첫째, 유인제도는 도덕적 위해 문제를 완화시켜 주지만 종업원들간의 지나친 경쟁을 촉발할 수 있다. 특히, 종업원들간의 협조를 통한 팀생산성 제고가 기업의 경쟁력을 결정하는 중요한 요인일 경우 성과급제도는 비효율성을 초래할 수 있다. 예를 들어 자동차 정비소에서 정비공 A가 수리과정에서 어려움을 겪고 있다고 하자. 만일 정비소 선체의 생산성에 따라 보수가 지급될 경우 동료들이 협조하여 A의 어려움을 해결해 주려 하겠지만 개인의 성과에 따라 보수가 결정되면 동료들이 협조하지 않을 수 있다.

둘째, 유인제도는 경영진과 종업원간 불신을 초래할 수 있다 본인-대리인이론(principal-agent theory)은 근로자 순응을 위한 유인계약 체계를 제시하지만 경영진과 종업원간 불신을 전제하고 있다. 근로자의 열정과 헌신에 입각한 사람 경쟁력은 지식경제시대에 기업의 핵심적 경쟁력이 된다. 근로자의 열정과 헌신은 자율경영팀제, 권한의 위임과 분산 등 상호신뢰와 협력적 노사관계의 산물이다. 유인제도를 통해 통제(예컨대 엄격한 출근통제)를 강화하면 근로자의 열정과 헌신이 사라질 수 있다.

셋째, 성과급제도는 종업원의 담보능력이 충분할 경우에만 실현 가능하다. 성과급제도의 기본생각은 종업원에게 상벌을 주는 것이다. 그러므로 종업원의 재력이 충분할 경우에만 작동될 수 있다. 예컨대, 근무태만이나 과실로 인해 어떤 종업원이 회사에 큰 피해를 끼쳤을 경우 성과급제하에서는 벌금을 부과해야 한다. 그러나 종업원의 재력이 충분치 않다면 성과급은 실현 불가능하다.

넷째, 성과급제도는 현실에서 보수정책이 아니라 인사정책을 통해서 채택되고 있다. 성과가 좋은 종업원을 좋은 부서에 배치하거나 승진시키고 성과가 좋지 않은 자를 파면시킬 수도 있다는 것은 동태적 관점에서 부분적으로나마 성과급제도를 반영하고 있다고 볼 수 있다.

20.4
응 용 예

[응용 예 I] 부정직과 부패의 비용

어떤 기업이 불량품을 경쟁자들보다 저렴한 가격에 판매하였다. 어떤 사람이 탈세를 하고 저렴한 가격에 물건을 공급했다. 어떤 향수 수입업자는 부정한 방법으로 관세를 내지 않고 수입한 뒤 경쟁자들보다 저렴한 가격에 향수를 판매했다. 어떤 지방자치 단체장은 부정한 방법으로 선거에 당선되었다. 어떤 대회사의 직원은 뇌물을 주고 승진하였다.

불량품을 불량품이 아닌 것처럼 속이고 저가에 파는 특정 기업의 부정직한 행동, 특정 정치인의 부패 등 부정직한 거래의 피해는 얼마나 될까?

부정직한 거래의 피해는 불량품인지 모르고 속아 산 구매자에게만 피해가 가는 것은 아니다. 이러한 부정직한 거래에는 레몬시장의 원리에서 보았듯이 시장전체에 영향을 미칠 수 있다. 즉, 악화가 모든 양화를 구축한다. 부정직한 공급업자는 최소한 시장거래를 위축시키고 극단적인 경우 시장을 붕괴시킬 수 있다. 시장의 붕괴는 소비자 후생과 생산자의 이윤을 파괴한다. 시장거래에서 만들어지는 많은 일자리도 파괴한다.

탈세한 업자는 법대로 세금을 낸 기업을 망하게 한다. 관세를 포탈한 업자는 정직한 수입업자를 도태시킨다. 뇌물을 주고 승진한 회사는 정직하고 유능한 회사원을 도태시킨다. 기업 경쟁력을 약화시킨다. 나아가 국가 경쟁력을 약화시킨다. 부정한 방법으로 당선된 단체장은 선량하고 유능한 정치인을 도태시킨다. 뇌물을 주고 승진한 군인은 정직하고 유능한 군인을 도태시킨다. 평화를 위협한다.

부정직의 사회적 비용은 개인이 당하는 부패의 사적 비용을 훨씬 능가한다. 사회후생을 감소시키고 일자리를 파괴한다. 국가 경쟁력을 약화시킨다.

[응용 예 II] 공적자금에 의한 기업보유토지 매입 확대정책

1997년 말 IMF 외환위기로 우리나라의 많은 중소기업이 흑자부도 상태에 직면했다. 흑자부도를 막기 위해 1998년 정부는 T공사 등이 기업보유 부동산을 매입하는 정책을 수립하였다. 이 정책의 목적은 기본적으로 흑자부도를 막기위한 흑자기업에 대한 자금지원 정책이었다.

기업은 희망 매각 토지가격을 공개 입찰한다. 정부는 공시지가를 기준으로 희망 매각 가격의 비율이 가장 낮은 토지부터 매각한다. 매각대금은 1조원의 예산 범위 내에서 T공사 채권(연리 5%, 5년 만기 일시상환)으로 지급하고 T공사가 부담하는 채권이자 비용과 관리유지비는 재정에서 지원해 준다는 전제였다.

이러한 정책은 어떠한 결과를 낳았을까?

이 정책으로 T공사 및 정부의 재정부담이 크게 증가하였음은 자명한 일이다. 단순한 토지 매입에 사용된 채권이자 부담은 크게 문제가 되지 않았다. 문제는 역선택문제에서 오는 재정부담이었다. T공사는 그 토지를 이용하기도 재매각하기도 쉽지 않았다. 매각하기 어려운 토지는 채권 일시상환일 시점에서 보면 T공사의 재정부담으로 작용할 것이다. T공사의 역선택문제 때문이었다.

이를 이해하기 위해 입찰경쟁에서 승자를 생각해 보자. 어떤 기업이 입찰가를 가장 낮게 쓸 수 있을까?

가장 낮은 희망 판매가격을 쓸 수 있는 토지는 공시지가가 같다면 시장가격이 가장 낮은 토지일 것이다. 즉, 같은 공시가격이면 레몬 토지가 경매에서 승리할 가능성이 높다. 결국 T공사는 레몬 토지를 매입할 가능성이 높다. 그러나 레몬 토지는 개발가치도 낮고 재판매도 쉽지 않을 것이다. 채권으로 인한 빚은 늘어나고 레몬 토지는 팔리지 않을 것이다. T공사 및 정부의 재정부담이 크게 증가할 것이다.

이 정책은 흑자부도 기업을 살리기 위한 대책이 아닌 레몬 토지 소유주 살리기 정책이었다고 볼 수 있다. 레몬토지를 가득 사들인 T공사가 그 토지를 이용하기도 재매각하기도 쉽지 않은 것은 당연한 일이었다.

역선택문제 방지를 위한 대안은 무엇일까?

예컨대 환매조건부 매입이다. 환매조건부 매입이란 일정기간 후(예컨대 3년 후) T공사가 해당 토지를 판매할 때 당초의 소유자에게 최우선 매입권, 즉 환매권을 준다는 조건부로 토지 매입을 하는 것이다. 판매가격은 매입원가에 법정이자 정도로 싸게 판매한다. 환매권이 보장될 경우 양질의 토지 소유자도 싼 값에(낮은 시장가격/공시지가 비율) 입찰에 참여할 유인이 생긴다. T공사의 역선택문제는 크게 완화될 수 있었을 것이다.

[응응 예 III] '대마불사' 신화와 또 다른 위기의 씨앗

'대마불사'(大馬不死, too big to fail)란 큰 기업 혹은 큰 은행은 죽지 않는다는 말이다. 시장에서 적자가 살아남는 것(the survival of the fittest)이 아니라 큰 것이 살아남는다는 것을 의미한다. 대마불사란 원래 '큰 말은 잘 죽지 않는다'는 바둑 경험칙이다. 대마불사는 현실경제에서도 거의 진리에 가깝다. 대마불사는 한국경제에서만 나타나는 현상이 아니라 미국 및 유럽경제에서도 흔히 나타나는 현상이다.

한국경제의 경우 대마는 줄곧 살아남았다. 초대형 대마일수록 더욱 그랬다. 1997년 외환위기 이전까지 은행이 파산된 사례가 없다. 국제그룹(1985년), 한보철강(1997년) 등 부실기업을 정부가 파산시킨 적은 있지만 대형 재벌기업을 정리한 적은 없다. 1997년 외환위기 이후에도 대부분의 대형은행과 부실대기업에 공적자금이 투입되었다.

미국의 경우도 마찬가지이다. 2008년 금융위기시 금융시장 붕괴과정에서 미국 오바마 정부는 투자은행인 리먼 브러더스는 파산을 방치하였으나(2008년 9월), 세계최대 보험회사 AIG와 세계최대 자동차 회사 GM에는 구제금융을 투입하였다. AIG는 850억불의 막대한 정부지원을 받았다(2008. 9).

그런데 대마불사의 해법은 경제위기에 대한 진정한 해법이 아니다. 오히려 또 다른 경제위기의 원인이 된다. 대마불사의 해법은 유인구조가 잘못되었기 때문이다. 대마불사의 유인구조를 단순화하면, '사업에 성공하면 대박이고 사업에 실패하면 구제금융을 정부에 요청한다'이다. 구제금융이란 국민세금(공적자금)을 기업이나 은행에 지원하는 것을 말한다. 기업이나 은행의 입장에서 보면 잘 되면 투자자와 같이 나눠먹고 망하면 국민세금으로 적자를 메우는 꼴이다. 사업실패에 대한 책임과 사업성공에 대한 권리가 따로 따로이다.

한국경제는 외환위기(1997년)를 겪으면서, 미국 및 유럽경제는 금융위기(2008년)를 겪으면서, '대마불사'는 신화(?)가 되었다. 대마불사가 정설이 되면서 대기업과 금융기관 경영진은 회사의 몸집을 키워야 생존한다는 왜곡된 교훈을 배우게 된 것이다. 대마불사의 유인구조가 대기업과 금융기관 경영진에게 잘못된 메시지를 보냈기 때문이다. 사업실패에 대해 책임지지 않는 유인구조하에서 금융기관과 대기업 임원은 큰 리스크를 굳이 피할 이유가 없을 것이다. 고위험 고수익(high risk high return)을 가져다주는 사업에 기꺼이 투자할 것이다. 위험(risk)과 수익성이 큰 제2의 파생금융상품과 같은 투자 프로젝트를 선호할 것이다. 사업이 실패할 경우에 대비해서 외형성장전략과 차입경영전략을 추구할 것이다.

결국 대마불사 신화는 도덕적 해이 문제를 더욱 부추긴다. 대마불사의 신화는 금융위기를 해결하는 것이 아니라 또 다른 위기를 잉태하고 있다.

_요약 SUMMARY

❶ 비대칭정보의 상황은 은폐된 특성으로 인한 비대칭적 상황과 은폐된 행동으로 인한 비대칭적 상황으로 구분된다. 전자는 계약체결 이전의 상태에서 상품(일반적으로 거래)의 특성을 계약당사자 중 어느 한쪽만 알고 있는 상황을 말하고 후자는 계약체결 이후 계약자 중 일방이 취한 행동을 타방(他方)이 알 수 없는 상황을 말한다.

❷ 역선택 혹은 쭉정이 선택은 비대칭정보의 상황하에서 열등한 정보를 보유한 쪽이 자신들의 입장에서 볼 때 불리한 상품을 선택하는 현상을 말한다. 역선택문제는 수요자나 생산자 어느 쪽에서도 나타날 수 있다. 수요자의 역선택은 중고차시장과 노동시장에서, 그리고 공급자의 역선택은 보험시장에서 흔히 나타난다.

❸ 중고차시장에서의 균형은 판매자의 한계평가액(MES)을 나타내는 공급곡선과 수요곡선이 교차하는 점에서 성립한다.

❹ 비대칭정보의 상황에서 보험회사가 평균사고율과 같은 수준의 보험료율을 모든 유형의 보험가입자에게 적용시킨다면 역선택문제가 발생한다. 이 경우 사고율이 낮은 유형은 완전보험수준보다 낮은 부분보험을, 사고율이 높은 유형은 완전보험수준을 초과한 보험상품을 구입할 것이다.

❺ 완전정보하의 보험시장에 각 유형별로 공정한 보험료율이 부과되면 균형상태에서 모든 소비자(위험기피자)는 완전보험을 선택함으로써 위험을 완전히 제거한다.

❻ 비대칭정보하의 균형에는 공동균형과 분리균형이 있다. 공동균형은 서로 다른 유형의 상품이 동일 조건하에 거래되는 시장균형을 말하고, 분리균형은 서로 다른 유형의

상품이 서로 다른 조건에 거래되는 시장균형을 의미한다.

❼ 경쟁적 장기균형상태는 소비자의 효용이 극대화되고 기업의 진입과 퇴출이 없는 상태(기업의 0이윤조건이 충족된 상태)이다. 보험시장이 경쟁적일 경우 비대칭정보하의 공동균형상태는 존재하지 않는다. 경쟁적 균형상태는 분리균형뿐이다.

❽ 역선택문제는 신호보내기나 선별행위를 통하여 극복되거나 완화될 수 있다. 신호보내기는 우월한 정보의 소유자가 상대방이 모르는 정보가 담긴 신호를 상대방에게 전달하는 행위이다. 선별행위는 열등한 정보의 소유자가 자발적 선택장치를 이용하여 정보를 추론하는 행위이다.

❾ 도덕적 위해란 은폐된 행동으로 인한 비대칭적 정보하의 상황에서 본인을 불리하게 하는 대리인의 행동이다. 은폐된 행동으로 인한 비대칭정보 상황에서 행동하는 자를 대리인, 대리인의 행동에 의해 이해가 달라지는 자를 본인이라 한다.

❿ 본인과 대리인간의 계약관계를 본인-대리인 관계라 하고 본인-대리인 관계로부터 발생하는 도덕적 위해 문제를 본인-대리인 문제(principal-agent problem)라 한다.

⓫ 도덕적 위해 문제의 존재는 비효율적 자원배분이 이루어지고 있음을 의미한다. 도덕적 위해 문제를 해결하기 위해서는 본인과 대리인의 이해가 일치될 수 있는 적절한 유인을 대리인에게 제공해야 한다. 보험시장에서의 공동보험제도와 공제제도는 유인제도의 예이다.

⓬ 기업주와 경영자가 고용계약을 맺은 후 피고용자는 고용자에게 도덕적 위해를 행할 수 있다. 비대칭정보하의 상황에서 고정급제도나 정률제하에서의 자원배분은 완전정보하의 경우보다 비효율적이다. 그러나 비대칭정보하의 상황에서도 적절한 성과급제도를 도입하면 완전정보하의 자원배분과 동일한 결과를 얻어 낼 수 있다. 이는 적절한 유인제도로 도덕적 위해를 해결할 수 있다는 것을 의미한다.

01 대기업체에서 소사장제가 자생적으로 탄생하고 있다. 소사장제란 기업체 내의 특정 부서가 독립단위로서 활동하는 제도를 말한다. 이와 같은 소사장제의 존재이유를 설명하라.

02 재래시장에서 구입한 상품은 값이 싸지만 유명백화점에서 구입한 상품은 값이 비싼 대신 품질보증이나 판매 후 서비스가 되는 경우가 많다. 외형적으로 동일해 보이는 상품일지라도, 품질보증서가 부착되었다는 사실, 혹은 판매 후 서비스가 가능하다는 사실 자체를 품질이 우수하다는 신호로 해석할 수 있는가? 있다면 왜 그런가?

03 중고차시장이나 부동산시장에 매매 알선업자가 존재하는 이유는 무엇일까? 대규모의 매매 알선업자가 받는 수수료가 소형 매매 알선업자의 수수료보다 비싸다면 그 이유는 무엇이겠는가?

04 최근 인턴사원제가 대기업들 사이에 정착화되어 가고 있다. 인턴사원제는 정식채용 전 재학중에 신입사원을 내정하는 것이다. 인턴사원은 필기시험을 거치지 않고 대개 본인 희망에 따라 인턴과정중 근무성적을 기초로 정식채용된다. 취업자 입장에서는 직장이 미리 내정되는데, 회사 분위기를 미리 익힐 수 있고 방학중 아르바이트를 겸할 수 있어 대학생들의 인기를 끌고 있다고 한다.
기업주의 입장에서 인턴사원제를 도입하는 이유는 무엇일까? 인턴사원제가 도입될 수 있는 조건을 설명하라.

05 90년대 미국 자동차업계에서는 고학력 생산직 사원, 소위 '고학력 블루컬러'가 새로운 고용풍토로 정착되고 있다고 한다. 얼마 전 포드자동차가 루이빌(켄터키州) 트럭공장에서 일할 근로자 1천 3백명을 모집했는데, 회사측은 채용인원 중 3분의 1을 고학력자들로 채웠다. '고학력 블루컬러'化는 일시적 현상일까? 항구적으로 지속될 수 있는 현상일까?

06 일상생활에서 접할 수 있는 분리균형과 공동균형의 예를 들어 보라.

07 (a) 도덕적 위해문제란 무엇인가? 예를 들어 보라.
   (b) 도덕적 위해의 사회적 비용을 그림으로 설명하라.
   (c) 도덕적 위해문제의 해결책은?

08 생산력이 높은 자의 생산력은 2 이고, 낮은 자의 생산력은 1 이다. 생산력이 높은 자의 1 년 교육비는 1/2이고 생산력이 낮은 자의 1 년 교육비는 1 이다. 노동자의 개인

적 특성을 모르는 기업주는 다음과 같이 피교육기간(y^0)에 따라 임금(W)을 지불하고 있다.

$$W(y) = \begin{cases} 1, & y < y^0 \\ 2, & y \geqq y^0 \end{cases}$$

단 y와 y^0는 각각 노동자의 피교육기간과 기업주가 임금책정의 기준으로 삼고 있는 피교육기간을 나타낸다.

(a) $y^0 = 1.5$일 때 생산력이 높은 자와 낮은 자의 최적 교육기간은?

(b) $y^0 = 2.5$일 때 생산력이 높은 자와 낮은 자의 최적 교육기간은?

(c) 어떤 조건하에서 생산력이 높은 자와 낮은 자의 최적 교육기간이 같아지겠는가?

09 본장에서 설명한 중고차시장에 관한 역선택모형에서는 두 종류의 자동차유형만 존재한다고 가정했다. 이제 최우량차(1등급)로부터 레몬(4등급)에 이르기까지 네 가지 유형이 존재한다고 하자. 중고차시장의 잠재적 공급자와 수요자는 각각 100명이다. 중고차시장에 공급될 중고차는 최대 100대로서 각 등급별 자동차 대수는 25대이다. 판매자는 최악의 레몬인 4등급에 대해 100만원, 3등급에 대해 200만원, 2등급에 대해 300만원, 최우량 1등급에 대해 400만원으로 평가하고 있다. 반면 수요자는 최악의 레몬인 4등급에 대해 150만원, 3등급에 대해 300만원, 2등급에 대해 450만원, 최우량 1등급에 대해 600만원으로 평가하고 있다. 판매자와 소비자들의 등급별 평가액이 [표]에 나타나 있다.

등 급	대 수	판매자 한계평가액 (MES)	수요자 한계평가액 (MEB)
4	25	100만원	150만원
3	25	200만원	300만원
2	25	300만원	450만원
1	25	400만원	600만원

(a) 중고차의 공급곡선을 그래프로 나타내고 공급곡선의 경제적 의미를 해석하라.

(b) 중고차의 수요곡선을 그래프로 나타내고 수요곡선의 경제적 의미를 해석하라.

(c) 균형가격(거래가격)과 거래량을 구하라.

10 위험중립적인 기업주가 노동자를 신규채용한다고 하자. 노동시장에 공급되는 노동자의 절반은 유능하고 절반은 무능하며 유형별 한계생산물과 기회비용은 다음과 같다.

유형별 한계생산물과 기회비용 (단위: 명, 원)

유 형	인 원	한계생산물 가치	기회비용
유 능	50명	100만	70만
무 능	50명	50만	30만

노동시장에서 정보의 비대칭적 상황은 노동자는 자신의 생산성을 알고 있는 데 반하여, 기업주는 누가 유능한지, 무능한지를 식별할 수 없다는 데에 있다. 이 경우 기업주는 모든 노동자에게 동일한 임금율을 제공하는 수밖에 없다.

이러한 비대칭정보하의 상황에서,

(a) 노동에 대한 수요곡선과 공급곡선을 도출하라.

(b) 균형임금률과 고용량을 구하라.

11 역선택문제와 도덕적 위해문제의 공통점과 차이점을 약술하라.

12 20.2.2절에서와 같이 보험시장에서 역선택문제가 나타나 P_H의 보험료가 부과되면 H유형만 완전보험에 가입하고 L유형은 보험에 전혀 가입하지 않을 것이다. 그러나 이는 장기균형상태가 아니다. 그 이유를 설명하라.

13 시장붕괴, 즉 시장균형이 존재하지 않은 경우 판매자의 평가액은 μ이고 구매자의 평가액은 1.5μ라고 하자. 구매자가 파악하는 품질은 평균품질 혹은 기대품질이다. 중고차의 [0, 600만원] 사이에 uniformly 분포되어 있다고 하자. 이 때 중고차시장의 균형상태를 구하라.

14 토지소작 문제에 다음 세 가지 방법, 즉 정률제, 고정급제, 임대제를 적용시켜 보자. 단, 노동의 한계생산력곡선은 우하향한다고 가정하자.

(a) 세 제도하의 노동수요량과 생산량을 비교하라.

(b) 어느 제도하에서 도덕적 위해가 가장 심각하겠는가?

(c) 도덕적 위해가 심각함에도 그 제도가 존재하는 이유는?

(d) 정률제하에서 나타나는 도덕적 위해를 근절할 수 있는 방법을 생각해 보라.

15 금융산업의 경우 자금에 대한 초과수요가 존재할 때 금리인상 대신 신용할당(credit rationing)을 시행하는 경향을 보인다. 일견 초과수요가 존재할 경우 금리를 인상시키면 은행의 이윤이 증가할 것으로 생각된다. 그럼에도 불구하고 신용 할당제가 채택되는 이유를 비대칭정보문제와 관련하여 설명하라.

16 회사에는 주주, 직원, 채권자, 납품회사 등 많은 이해관계자가 있다. 이 중에서 누가 회사를 지배하는 것이 보다 효율적일까? 구체적으로 누가 CEO 선임 등 회사의 중요한 의사결정권을 갖는 것이 효율적일까?

CHAPTER

21

정부행동과
정부실패

지금까지 논의한 시장의 실패는 정부개입의 정당성을 시사하고 있다. 우리

경제에서도 정부의 몫은 적지 않다. 정부는 GNP의 많은 부분을

생산하고 있으며 시장경제의 운용규칙을 제정하고 경우에 따라 기업들의 행동을 규제하거

나 교정하기도 한다. 따라서 국민경제의 자원배분을 보다 정확히 인식하려면 정부의 행동

원리를 이해할 필요가 있다.

정부의 행동원리는 무엇이며 정부의 의사결정은 어떠한 특성을 지니는가? 정부가 특정 산

업이나 특정 분야에는 개입하면서 또 다른 산업과 분야에는 개입하지 않는 이유가 무엇일

까? 정부는 어떤 경우에 효율적 자원배분에 성공하고 어떤 경우에 실패하는가? 본장은 이

러한 문제에 해답을 제시하고자 한다.

21.1
정부행동

제2차 세계대전 후 자본주의를 채택한 대부분의 나라들은 대의민주주의
(representative democracy)를 정치적 의사결정의 원칙으로 삼고 있으며 예외적인
경우에 직접민주주의를 채택하고 있다. 구체적으로 말하면, 대부분의 정치적
선택은 정치인 혹은 정치인으로부터 권한을 위임받은 관료들이 행하고 대통령
이나 국회의원 선거 등 중요한 사안에 한해서 국민이 직접 선택한다. 본장에서
는 이와 같은 간접민주주의하에서의 정부행동을 분석하기로 한다.

21.1.1   정치시장

정치시장은 정책이 결정되고 법률이 제정되는 곳을 말한다. 정책과 법률
은 대통령, 국회의원 등의 정치가에 의해 공급된다. 반면 정책과 법률의 수요
자는 유권자와 압력단체이다. 따라서 정치시장은 유권자, 이익단체, 정치인으
로 구성된다고 볼 수 있다. 민주주의 국가에서 유권자가 정치인을 선출하고 이
익단체는 정치인과 유권자를 대상으로 로비활동을 행한다. 정치인은 직접적으
로 혹은 대리인을 통하여 정책을 결정 · 수행한다. 민주주의 국가에서 정부의
활동은 이들 정치시장 구성원들간의 상호작용의 결과로 볼 수 있다.

공공선택이론(公共選擇理論)은 정치시장의 구성원들이 합리적이라고 가정
하고서 경제학의 대전제(大前提)라고 할 수 있는 사익추구가설(私益追求假說)에
입각하여 정치시장에서의 의사결정을 설명한다. 이 이론은 정치시장의 구성원
은 금전적 부, 비금전적 부(명예), 권력 등을 추구한다고 전제하고 이들의 행동
을 설명한다.

물론 모든 정치인들이 이익을 추구한다고 보는 공공선택이론의 대전제가
반드시 성립하지는 않을 것이다. 태국의 쨤롱과 같은 정치가가 세상에 없는 것
은 아니다. 그러나 다른 조건이 같고 목표만 다르다면 장기적으로 볼 때, 특정
이념이나 가치를 실현하고자 하는 정치가는 득표를 극대화하는 정치가에 의해
도태될 것이다. 이는 마치 장기적으로 이윤을 극대화하지 않는 기업은 이윤을
극대화하는 기업에 의해 도태당하는 것과 마찬가지이다. 이렇게 볼 때 정치가

의 사익추구가설은 설득력 있는 가설로 받아들일 수 있다.

사익추구가설에 입각하여 정치시장 내에서의 각 구성원의 행동을 다음과 같이 묘사할 수 있다. 유권자 및 이익단체는 정책에 대한 수요자이다. 이들은 자신들의 표, 정치적 지원금, 기타의 방법으로 자신들이 원하는 정책에 대한 수요를 표출한다. 정치인과 관료는 정책의 공급자이다. 정치인은 상품시장에서의 기업인처럼 당선확률(혹은 지지표나 재임확률)을 극대화할 수 있는 법률 혹은 정책을 입안하여 공급한다. 관료들은 정책결정 권한을 정치인으로부터 위탁받아 대리인(agent)으로서 업무를 수행한다. 정치시장의 행태를 분석하기 위해 각 집단들이 어떤 방식으로 행동하는지를 살펴보자.

21.1.2 유권자의 행동

유권자의 선호

유권자의 정치적 선호는 여론조사에 의하면 선거 직전의 경제상황이 결정한다고 한다. 미래는 불확실하고 정보수집은 비용이 드는 일이므로 유권자들은 현재의 상황을 가지고 적당히 미래를 예측한다고 해석할 수 있다.

유권자들의 이러한 선호 때문에 장기투자효과를 갖는 백년대계(百年大計)의 사업들이 적시에 투자되지 못하고 문제점이 현저하게 노출되는 위기상황이나 대참사가 일어난 후에서야 황급히 채택되곤 한다.

유권자의 행동

유권자의 행동원리는 무엇인가? 유권자의 행동은 투표와 기권의 선택문제, 그리고 투표를 할 경우 어떤 후보를 선택할 것인지에 관한 대안의 선택문제, 이 두 가지로 나누어 볼 수 있다.

(1) 투표와 기권의 선택

유권자는 투표의 비용과 편익(혜택)을 비교하여 투표와 기권 중 한쪽을 선택할 것이다. 그러면 투표로부터 얻는 혜택은 무엇일까? 투표의 혜택은 자신이 던진 한 표가 선거에서 어떤 역할을 하느냐에 따라 달라진다. 만일 자신이 던진 한 표가 후보의 당락에 결정적 역할을 할 경우, 즉 낙선될 후보가 자기가 행사한 한 표로 당선될 경우 투표의 혜택은 상당히 클 것이다. 반면 자기의 한 표가 선거 결과에 아무런 영향을 미치지 못하는 경우 투표의 혜택은 0이다.

유권자의 한 표가 선거결과를 뒤바꿔 놓을 확률은 얼마나 될까? 대부분의 경우 그 확률은 0일 것이다. 특히, 유권자가 다수일수록 유권자의 한 표가 선거결과를 뒤바꿔 놓을 확률은 희박하다. 따라서 대부분의 선거에 있어서 기대혜택은 0이라고 볼 수 있다.

그렇다면 투표권의 행사비용은 얼마나 될까? 투표권을 행사하기 위해서는 후보의 선거공약에 관한 내용 및 후보의 인품 등에 관한 충분한 정보를 수집해야 한다. 또 투표 당일 투표권을 행사하기 위해서 투표장까지 가고 오는 시간, 기표를 할 때까지 기다리는 시간의 비용도 치러야 한다. 이와 같은 투표권의 행사비용은 적지 않다.

이러한 상황에서 순혜택을 극대화하는 유권자의 최적 행동은 무엇일까? 자신의 한 표의 기대편익이 0일 경우 유권자들은 기권해 버리거나 혹은 정보수집을 포기하고 후보에 관해 아예 모르는 상태에서 투표에 임하게 될 것이다. 이러한 상황을 앤토니 다운스(Anthony Downs)는 '합리적 무지(rational ignorance)'라고 불렀다.[1]

실제로 많은 사람들은 정치에 대해 무관심하다.[2] 사람들은 정당별 정강(政綱)의 내용과 차이점을 알지 못하며 관심도 없다. 예컨대, 금융실명제의 도입여부를 두고 논쟁이 한창이던 1993년에 많은 유권자들이 자기가 지지하는 정당의 입장을 제대로 파악하지 못하고 있었다는 것은 정치적 무관심의 한 예이다.

무지가 합리적인 것은 유권자에게 정보수집의 유인이 존재하지 않기 때문이다. 무지한 상태에서의 후생수준이 유식한 상태보다 더 높다. 이러한 사실은 상품시장에서 정보수집의 유인이 존재하는 것과 대조를 이룬다. 상품시장에서 불완전한 정보에 입각하여 냉장고나 컴퓨터를 구입했을 때 자기 자신이 입는 피해는 크다. 반면 대통령 선거에서 어느 한 유권자가 잘못된 선택을 했을 때 자신이 입는 기대손실(혹은 이익)은 0이다.

유권자의 행동원리는 비용–혜택분석에 입각하고 있다는 점에서 상품시

---

1 Anthony Downs, *An Economic Theory of Democracy*(New York: Harper & Row: 1957).
2 물론 현실에 있어서 투표에 참여하는 유권자도 많이 있다. 그렇다면 이들은 왜 투표하는가? 이들의 투표행위를 어떻게 설명할 수 있을까? 대부분의 유권자들은 이해관계와 민주시민으로서의 의무감 때문에 투표한다고 한다.

장에서의 소비자의 행동원리와 동일하다. 그러나 유권자의 행동과 소비자의
행동에는 근본적 차이가 있음을 간과해서는 안 된다. 상품시장에서 소비자의
선택대상은 민간재이지만 정치시장에서 유권자의 선택대상은 공공재이다. 유
권자와 소비자의 정보수집의 유인의 차는 정치적 의사결정이 비경합적인 공공
재적 성격을 지니고 있기 때문에 발생한다. 공공재로서의 성격으로 인해 사람
들은 자기의 선호를 제대로 현시하지 않고 무임승차를 하고자 하는 것이다. 유
권자의 무임승차는 공공재수준의 결정에서와 같이 선호의 과대 혹은 과소 보
고로 나타나는 것이 아니고 정보수집비용에 대한 과소 지출로 나타난다. 지금
까지 투표의 기대혜택이 0인 경우의 유권자의 행동을 분석하였다.

그러면, 자신의 한 표가 선거결과를 뒤바꿔 놓을 수 있는, 기대혜택이 큰
백중선거의 경우 유권자는 어떻게 행동할까? 다른 조건이 동일하다면 백중선
거의 경우 투표율도 높아질 것이고 정보수집에 투자하는 비용도 증가하는 경
향을 보일 것이다. 자신의 투표권이 결정적인 역할을 할 확률이 높아졌기 때문
이다. 투표율에 관한 실증분석에서도 이러한 현상은 확인되고 있다.

(2) 대안의 선택

합리적 투표행위는 효용극대화를 위한 소비자 선택과 유사하다. 유권자는
각 후보 중에서 자신의 만족을 극대화할 수 있는 후보를 선택할 것이다. 유권
자는 각 후보가 제시한 정책에서 얻을 수 있는 소비자잉여의 크기에 입각하여
각 후보를 평가할 것이다. 예컨대 장기투자사업을 공약으로 내세운 A후보와
단기투자사업을 공약으로 내세운 B후보 중 유권자는 B후보를 지지하는 경향
을 보인다. 왜냐하면 유권자는 단기투자사업으로부터 얻는 소비자잉여가 더
크다고 믿기 때문이다. 이러한 소비자의 선택은 장기정책의 경우 비용의 부담
자는 유권자인 현세대이지만 수혜자는 투표권이 없는 미래의 세대임에 반해
단기 정책의 경우 수혜자가 유권자 자신일 가능성이 크다는 데에 기인한다.[3]

---

3 이와 같이 현재를 중시하는 유권자의 선호는 정책의 비용을 지불해야 하는 세대와 정책의 수혜자
세대간의 이권추구행위라고 볼 수 있다.

21.1.3 압력단체의 행동

기업들이 담합을 통해서 독점이윤을 얻을 수 있는 것처럼 정치시장에서 이해를 같이하는 당사자들이 정치적 결탁을 통해서 정책에 실질적 영향을 미칠 수 있다. 정치적 이해를 같이 하는 당사자들이 집단의 이익을 위해 결성한 조직을 압력단체 혹은 이익단체(利益團體)라 한다. 압력단체는 자기 집단에 유리한 정책결정이 채택되도록 정치가에서 각종 로비활동을 벌인다. 각종 협회가 정치인 혹은 관료에 대하여 행하는 각종 형태의 로비활동, 특정 후보에 대한 지지의사 표명 등이 그 예이다.

압력단체의 로비활동과 같이 직접적 생산활동이 아니면서 자기(혹은 자기가 속한 집단) 이익을 추구하는 행위를 지대추구행위(地代追求行爲) 혹은 이권추구행위(利權追求行爲, rent-seeking activity)라고 한다.[4] 이권추구행위는 사회적 관점에서 비생산적인 활동으로서 사회적 관점에서 생산적 활동인 이윤추구행위(profit-seeking activity)와 구분되는 개념이다. 예컨대 수입쿼터를 따내기 위한 로비활동은 이권추구행위이지만 경쟁산업에의 기업의 진입은 이윤추구행위이다.

이권추구행위는 개인적 관점에서는 지극히 합리적인 경제행위이지만 사회적 관점에서 기본적으로 낭비적 행위이다. 물론 로비활동이 입법과정에서 이해 당사자의 의견수렴과 여론을 환기시켜 주는 긍정적인 역할도 하는 것이 사실이다. 그러나 로비활동의 본질은 사회적 관점에서 소득창출이 아닌 소득이전을 위한 지대추구행위로서 사회적 관점에서 낭비이다. 압력단체의 이권추구행위의 존재는 당연히 정부의 실패를 시사한다.

압력단체의 로비활동수준을 결정하는 요인은 무엇일까? 이를 분석하기 위해 로비활동 한 단위의 기회비용, 즉 한계비용(MC)은 c_0로 일정하고, 로비활동으로부터 발생하는 한계수익(MB)은 체감한다고 하자. 이러한 상황은 [그림 21-1-1]에 나타나 있다.

최적로비활동수준은 [그림 21-1-1]에서 보듯이 MB와 MC가 일치하는 L^*에서 결정된다. 로비 제한법이 도입되었을 경우 최적로비활동수준은 어떤 방향으로 변할까? 로비활동이 규제될 경우 MC는 상승할 것이고 이에 따라 최

---

4 이권추구행위는 간접적 생산활동일 수 있다. 예를 들어 어떤 잠재기업이 기존의 독점산업으로 진입하기 위하여 로비를 통해 설립인가를 받았다면 이는 간접적 생산활동이라고 말할 수 있다.

[그림 21-1-1] 최적로비활동수준의 결정

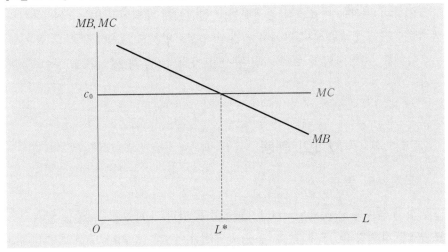

적로비활동수준 L^*는 감소할 것이다.

　만일 어느 압력단체가 자기 집단의 기득권을 옹호하기 위해서 정치가에게 로비활동을 벌인다면 그 기득권이 폐지되었을 경우 이익을 볼 다른 집단들도 로비활동을 벌일 것이다. 예를 들어 수입대체상품을 생산하는 사람들이 보호관세율을 높여 주도록 로비활동을 벌일 때 수입품을 부품으로 사용하는 국내 생산업자들은 관세율을 인하해 주도록 로비활동을 벌일 수 있다. 이와 같이 서로 이해가 대립되는 두 집단(혹은 산업)이 이권추구에 투자함으로써 특정 수준의 관세율이 유지되는 상태는 분명히 파레토최적이 아니다. 사회적 관점에서 볼 때 각 집단이 이권추구에 투자를 하는 만큼 자원은 낭비된다.

　압력단체의 이권추구행위로 인하여 경제적 효율성이 전혀 없음에도 불구하고 단지 소득재분배나 소득이전을 목표로 채택되는 정책도 적지 않다. 소득이전정책이란 수혜자 계층의 소득을 증진시키는 정책이지만 사회적 관점에서 부를 창출하는 정책은 아니다. 소득재분배정책은 21.2절에서 논의하겠지만 ([표 21-2-1] 참조) 수혜자들이 소수이고 비용부담자가 다수인 경우에 채택될 확률이 가장 높다. 현실에서 이권추구행위가 관찰되는 상황은 대부분 이 경우이다. 소비자들은 관세 혹은 규제가격인상으로 인해서 자기들의 생활수준이 크게 달라지지 않으므로 정치가의 이러한 소득재분배정책에 무관심하게 된다. 소비자들의 정치적 무관심은 특히 정치문제가 복잡하게 얽혀서 비용부담자를 식별하기 어려울수록 심각해질 것이다.

이상의 논의는 비효율적 경제정책이 현실에서 채택되고 있는 이유를 설명해 준다. 경제적 효율성 측면에서 정당성이 없으면서도 철폐되지 않고 있는 보호무역관세, 사양산업의 보호정책, 농산물 가격지지정책(2중곡가제) 등이 그 예이다.

21.1.4 정치가의 행동

정치가의 목표

정치가는 통상 득표의 극대화를 목표로 한다고 가정한다. 물론 궁극적으로 공익, 사회정의, 명예 및 부 등을 추구할 수 있다. 그러나 당선되거나 재선되지 않으면 그들의 궁극적 목표는 무의미하다. 투표의 주체는 유권자이다. 유권자는 다양한 이해관계를 갖고 있다. 독점산업에 대한 가격규제정책을 예로 들어 보자. 유권자는 소비자와 생산자 그룹(group)으로 구성된다.

소비자는 가격이 낮을수록 더 많은 소비자잉여를 끌어낼 수 있다. 그러므로 소비자는 규제가격이 낮을수록 정치가에게 더 많은 지지를 보낸다. 반면에 생산자는 규제가격이 높을수록(즉 독정이윤이 클수록) 더 많은 지지표를 정치가에게 몰아 준다.

이상의 논의는 [그림 21-1-2]의 등표곡선(等票曲線)으로 나타낼 수 있다. 그림의 가로축은 규제가격(P), 세로축은 독점이윤(R)을 나타낸다. 그림에서 V_0와 V_1곡선은 등표곡선(iso-vote curve)을 표현하고 있다. V_0곡선상의 임의의 점들, 예컨대 a점과 b점은 동일수준의 득표를 나타낸다. 그림에서 V_1곡선은 V_0곡선보다 높은 지지를 나타낸다. 왜냐하면 독점이윤(R)을 일정하게 유지하면서 P가 낮아지면 소비자로부터 보다 많은 지지표를 얻을 수 있기 때문이다.

일반적으로 V함수는 북서쪽(그림의 화살표 방향)으로 이동함에 따라서 유권자의 지지가 증가한다. 등표곡선은 양(陽)의 기울기를 갖는다. 이는 이윤이 클수록 생산자 집단으로부터 많은 표를 얻을 수 있음에 반하여, 가격이 높을수록 소비자 그룹의 표가 감소한다는 것을 반영한다. 등표곡선은 가격에 대해 볼록하다고 가정한다.

[그림 2l-l-2] 등표곡선

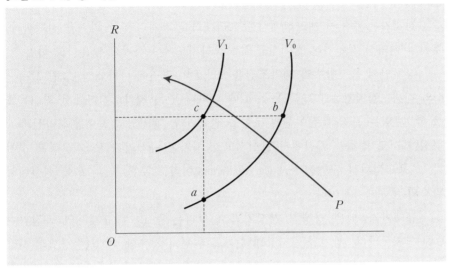

정치가의 제약조건

정치가 선택한 정책은 소비자와 생산자의 후생수준을 결정한다. 예컨대, 정치가가 규제가격수준을 결정하면 이에 상응한 독점이윤과 소비자잉여가 결정된다. 이러한 논의는 정치가가 선거공약으로 선택할 수 있는 규제가격수준과 독점이윤, 소비자잉여가 서로 독립적이지 않고 이 세 가지 중에서 어느 하나를 선택하면 나머지 둘은 자동적으로 결정된다는 것을 말한다. 이는 마치 기업이 가격과 산출량을 따로 따로 선택할 수 없는 것과 같다.

분석의 편의상 정치가가 선택할 수 있는 정책의 조합을 독점이윤-가격평면에 표현해 보자. [그림 21-1-3]은 규제가격과 독점기업이 얻을 수 있는 이윤과의 관계, 즉 이윤함수를 나타내고 있다. 이윤은 독점가격(P_M)에서 극대화되고 완전경쟁시장하의 균형가격(P_c)에서 0이 됨을 보여 주고 있다. 이윤의 증가율은 모든 구간에 걸쳐 감소한다고 가정한다. 즉 이윤함수는 [그림 21-1-3]에 나타나 있듯이 가격에 대해 오목하다고 가정한다.

정치가의 균형

정치가는 주어진 제약하에서 득표극대화를 가져다 주는 가격을 선택한다. 분석의 편의상 정치가는 정치성금을 모금하지도 살포하지도 않는다고 하자.[5]

정치인의 목적함수와 제약조건을 R과 P의 평면에 나타내면 [그림 21-1-4]와 같다. 정치가는 [그림 21-1-4]에 나타나 있는 제약조건하에서 최대득표를 할 수 있는 가격-독점이윤의 조합을 선택한다. 정치가의 균형은 V곡선과 R곡선이 서로 접하는 E점에서 달성되고 정치가는 규제가격 P_R을 선택할 것이다. P_R을 '정치적 균형점'(political equilibrium)이라고 부른다. 이 P_R이 현실에서 관찰되는 규제가격이다.

규제가격(P_R)은 경쟁적 시장가격(P_C)보다는 높고, 비규제하의 독점가격 (P_M)보다는 낮다. 정치가는 시장의 실패를 완전히 치유할 수 있는 경쟁적 시장가격 P_C를 택하지 않는다. 그렇다고 독점가격을 그대로 옹호하지도 않는다. 정치가에 의한 독점산업의 규제는 정부가 전혀 개입하지 않는 경우보다는 자원배분의 효율성을 증진시키지만 극대화시키지는 못한다.

[그림 21-1-3] 정치가의 제약조건

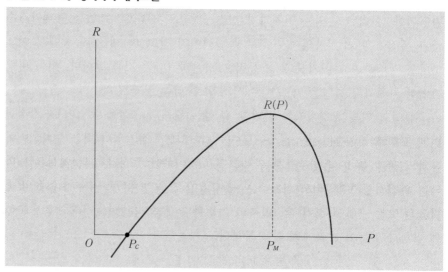

[그림 21-1-4] 정치가의 균형

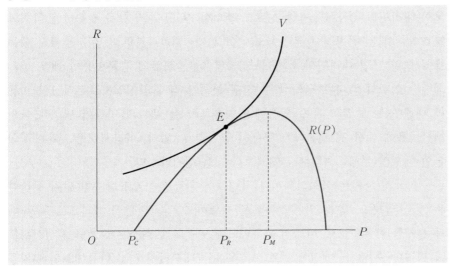

21.1.5 관료의 행동

관료란 정부의 구성원 중에서 정책을 시행하는 자들을 말한다. 이들은 입법이나 정책을 입안하는 정치가와 구별된다. 관료는 통상 정치가나 국회의 지시·감독을 받는다. 분석의 편의상 각 부처의 장을 관료라 하자.

관료의 목표

관료의 행동목표는 무엇일까? 니스카넨(Niskanen, 1971, 1975)에 의하면 관료는 봉급, 상여금, 명예, 승진 및 조직 관리의 용이성(容易性)을 주요 목표로 하고 있다고 한다. 이들 중 조직관리의 용이성을 제외한 모든 목표는 조직에 배정된 예산의 크기에 따라 증대하는 경향을 보인다. 이는 관료의 보수수준이 효율성과 무관하거나 직접적으로 연결되어 있지 않다는 것을 반영한다. 이러한 보수체계하에서 관료는 효율성을 추구하지 않고 예산을 극대화하는 경향을 갖는다는 것을 예산극대화 가설(豫算極大化 假說)이라 한다.

니스카넨의 가설은 관리경제학(managerial economics)의 논리를 원용하고 있다고 볼 수 있다. 관리경제학에 의하면 대기업의 경영인은 소유와 경영의 분리 때문에 이윤을 극대화하지 않고 매출액 혹은 성장률을 극대화하게 된다고 본다.

관료가 효율성을 극대화하지 않고 나름대로의 이익을 추구한다는 가설은 본인-대리인의 문제(제20장 참조)로도 분석할 수 있다. 관료를 감독하는 국회와 관료의 관계는 전형적인 본인-대리인의 관계이다. 관료의 경우 감추어진 행동으로 인한 본인-대리인의 문제가 심각한 것은, 관료의 감독비용이 매우 높은 데에 기인한다. 민간부문의 경우 경쟁사 혹은 잠재적 진입자로부터 생산비용에 대한 정보를 끌어낼 수 있음에 반하여 국회는 관료가 만들어 낸 생산물의 생산비용에 대한 정보를 다른 곳에서 끌어낼 수 없다. 따라서 정부부문에서의 본인-대리인 문제는 민간부문에서보다 더욱 심각해진다.

이상의 논의는 국회의원이나 국민들이 관료만큼 비용함수를 알지 못한다는 것을 말하고 있다. 비용함수를 알지 못하므로 국회는 독자적으로 비용-혜택 분석을 할 수 없고, 따라서 관료에게 효율을 극대화하는 산출량을 생산하도록 명령할 수 없다. 반면에 관료는 효율을 극대화하지 않고 나름대로의 이익을 추구할 수 있게 된다.

관료의 제약조건

관료의 행동을 제약하는 요인은 법률, 조례, 시행세칙, 관습, 예산, 생산기술 조건 등 다양하다. 이러한 요인들 중에서 예산과 생산기술 조건을 살펴보자.

예산은 국회(정치가)가 배정한다. 국회는 통상 관찰가능한 어떤 변수에 입각하여 각 부처의 예산을 배정한다. 관찰할 수 있는 변수를 분석의 편의상 각 부처의 산출량(Q)이라 하자. 예산은 각 부처의 산출량으로부터 국민이 얻는 혜택만큼 배정된다고 하자. 산출량이 증가할수록 국민이 누리는 혜택(B)은 늘어나고 그 증가율은 감소한다고 하자. 이상의 논의는 예산함수(B)로 나타낼 수 있다.

(21.1.1) $B = B(Q)$ $B' > 0, \ B'' < 0$

여기서 B는 배정된 예산액 혹은 화폐단위로 평가한 국민들의 혜택이다. 예산함수는 관료 및 국회 모두에게 알려져 있다고 가정한다.

생산자로서의 관료는 생산요소를 구입하여 생산물을 공급한다. 생산물의 한계생산비는 체증한다고 가정한다. 즉,

(21.1.2) $C = C(Q)$ $C' > 0, C'' > 0$

그러나 관료는 예산범위 내에서 생산요소를 구입하여 생산물을 공급하되 예산을 초과하여 생산할 수 없다. 이와 같은 예산제약은 다음 식으로 나타낼 수 있다.

(21.1.3) $B(Q) \geqq C(Q)$

관료의 예산제약식 (21.1.3)은 관료가 선택할 수 있는 생산물의 집합을 나타낸다.

관료의 균형

관료는 제약조건하에서 예산배정액을 극대화하는 산출량을 결정한다. 앞에서 논의한 관료의 제약조건을 다시 써 보면 다음과 같다.

(21.1.1) $B = B(Q)$ $B' > 0, B'' < 0$

(21.1.2) $C = C(Q)$ $C' > 0, C'' > 0$

(21.1.3) $B(Q) \geqq C(Q)$

이러한 상황에서 일정한 산출수준을 생산했을 때 배정받을 수 있는 예산 규모가 그 산출량의 총생산비보다 크다면 관료는 기꺼이 그러한 산출수준 이상을 생산하려 할 것이다. 결국 관료는 예산배정액과 총비용이 일치되는 산출수준을 생산하게 된다.

관료가 한계비용과 한계혜택이 일치하는 산출수준을 선택하지 않고 예산 배정액과 총비용이 일치하는 산출수준을 선택하는 것은 관료가 사회후생을 극대화하지 않고 예산을 극대화하고 있다는 데에서 비롯된다.

이러한 관료의 행동을 그래프로 설명해 보자. [그림 21-1-5]의 B'와 C'는 각각 한계혜택곡선과 한계비용곡선을 나타낸다. B'곡선의 아래쪽 면적은 총예산배정액이 되고 C'곡선 아래쪽의 면적은 총생산비가 된다. 빗금친 삼각형의 면적 E와 F가 동일하다고 가정한다면, 총혜택과 총비용이 일치되는 산출수준은 Q_B가 된다. 예산을 극대화하는 관료는 Q_B를 택하게 된다.

[그림 21-1-5] 관료의 의사결정

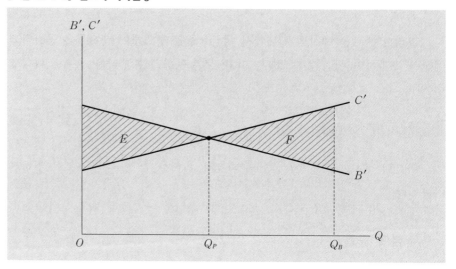

그러나 경제적으로 가장 효율적인 산출수준은 한계혜택과 한계비용이 일치하는 점, 즉 $B'(Q)=C'(Q)$가 성립되는 Q_P가 될 것이다. 사회적 관점에서 최대생산량(Q_P)은 관료의 균형생산량(Q_B)보다 작다.

니스카넨 모형은 관료에 의해 자원배분이 될 경우 경제적 효율성이 극대화되지 않을 수 있다는 것을 보여 준다. 관료가 결정한 산출수준(Q_B)이 파레토 최적산출수준(Q_P)보다 크다는 것은 정부부문이 필요 이상으로 확대되는 경향을 설명해 주고 있다. 정부부문의 비대로 인한 경제적 비효율성은 부처와 국회의 해당 상임위원회 모두가 예산을 증대하는 데 이해를 같이할 때 더욱 심각해진다.

21.2 정부실패

21.2.1 정부실패의 의미

지금까지 정치가나 관료의 행동은 파레토 효율적인 자원배분을 하는 데 실패할 가능성이 크다는 것을 논의하였다. 현실에 있어서 정부는 많은 경우 국민 전체의 입장보다는 압력단체 및 유권자의 이익을 옹호하는 경향을 보인다. 이와 같이 정부가 자원을 효율적으로 배분하는 데 실패하는 현상을 정부실패 (government failure)라 한다.

많은 실증분석은 정부실패로 인한 자원배분의 왜곡이 시장실패로 인한 왜곡보다 훨씬 심각하다고 지적하고 있다. 미국의 항공산업, 해운산업 등이 이 경우에 해당된다. 정부실패 문제가 심각해지자 1980년대 이후 미국의 운송산업에서부터 규제완화 및 규제해제의 물결이 일기 시작했다. 우리나라도 1980년대 후반부터 석유, 주류, 연탄, 운수 및 의약산업에 이르기까지 각종 규제해제조치들이 취해지고 있다. 최근(1998년) DJ정부가 1만여 건의 기존 규제건수 중에서 약 5천 건에 대한 규제를 해제한 것은 정부실패의 폐해가 시장실패의 폐해보다 크다는 것을 실증적으로 말해 주고 있다.

21.2.2 정부실패의 영역

상품시장에서 행해지는 소비자의 선택의 경우 선택의 대가(비용)를 치르는 사람과 혜택을 받는 사람이 일치한다. 그러나 정치시장에서 이루어지는 정치적 선택의 경우 정치적 선택의 비용부담자(피해자)와 수혜자가 일치하지 않는 경향을 보인다. 이와 같이 비용과 혜택을 연결하는 직접적인 고리가 없는 정치시장에서는 타인의 비용으로 자신의 이익을 증대시키려는 이권추구행위가 나타난다. 이러한 이권추구행위의 존재는 사회적 관점에서 자원의 낭비이며 정부의 실패를 의미한다.

어떤 조건하에서 비용과 혜택의 연결고리가 약해지는지 분석해 보자. 이를 위해 정부의 활동영역을 수혜자와 비용부담자 그룹의 구성원의 숫자에 따라 다음과 같이 네 가지 유형으로 나누어 보자.

[표 21-2-1] 정부실패의 영역: 제2영역과 제3영역

구성원	수혜자 다 수	수혜자 소 수
비용부담자 다 수	(1)	(2)*
비용부담자 소 수	(3)*	(4)

[표 21-2-1]의 제(1)영역은 수혜자와 비용부담자가 모두 다수로서 분산된 경우를 나타낸다. 제(2)영역과 제(3)영역은 수혜자와 비용부담자 중 한쪽은 다수이나 다른 한쪽은 소수인 경우를 나타낸다.

제(1)영역의 경우 수혜자와 비용 부담자가 고르게 퍼져 있다. 국방, 치안, 사법제도, 소유권제도 등의 공공재는 대체로 제(1)영역에 속한다고 볼 수 있다. 이러한 영역의 경제정책은 거의 모든 사람들이 수혜자인 동시에 비용부담자이므로 대체로 수혜자와 비용부담자가 일치한다. 이러한 경우 경제적 효율성을 갖는 정책은 채택되고 경제적 효율성이 없는 정책은 채택되지 않는 경향을 보인다. 예컨대, 총혜택보다 총비용이 더 큰 정책의 경우, 평균적으로 사람들이 순손실을 입게 될 것이므로 유권자들은 이러한 정책이 채택되지 못하도록 정치적 의사결정과정에서 압력을 행사할 것이다. 따라서 제(1)영역의 경우 정치적 의사결정은 대체로 경제적 효율성을 제고시킨다고 할 수 있다.

제(4)영역은 비용부담자와 수혜자가 모두 소수인 경우이다. 이 경우 수혜자와 비용부담자간의 연결고리를 만드는 것은 그리 어려운 일이 아니다. 수혜자와 비용부담자가 동일인일 경우에는 사용자 부담을 원칙으로 하면 된다. 또 수혜자와 비용부담자가 동일인이 아닐 경우, 경제적 효율성을 갖는 정책이라면 수혜자층이 비용부담자를 회유하고 정치가에게 여러 가지 유인을 제공할 수 있을 것이다. 따라서 이 경우에도 경제적 효율성을 지닌 정책은 채택될 수 있을 것이다.

제(2)영역은 수혜자 수가 적고 비용부담자 수가 많은 경우이다. 이 경우 경제적 관점에서 비효율적 정책도 채택되는 성향을 지닌다. 총수혜액이 총비용에 못 미치는 비효율적 경제정책이라도 1인당 수혜액이 크고 1인당 비용부담액이 작은 경우 수혜층은 조직적 로비활동을 할 수 있지만 비용부담층은 분산되어 로비활동이 어렵기 때문이다.

제(3)영역의 경우 효율적인 경제정책이라도 비용부담자 수가 적어 비용부담자들의 로비활동이 활발하여 채택되지 않는 성향을 지닌다.

요약컨대, 수혜자와 납세자(비용부담자)가 모두 다수이거나, 소수일 경우 정부행동은 경제적 효율성을 제고시키거나 파레토최적을 달성할 수 있다. 그러나 수혜자나 비용부담자 중에서 어느 한쪽은 소수인데 다른 한쪽은 다수인 경우(제(2)영역과 제(3)영역)에는 정부의 실패가 나타날 가능성이 크다.

21.3
정부실패의 치유책

　정부실패로 인한 폐해는 그 사회가 보유하고 있는 헌법, 정치적 의사결정 과정에 따라 달라진다. 따라서 정부실패의 처방은 국가마다 달라져야 할 것이다. 정부실패에 대한 대응책은 크게 다음 세 가지로 나누어 볼 수 있다.

　첫째, 정부에 의한 규제를 철폐하고 불완전할지라도 시장기구에 의존하는 방법이다. 이 방법은 특히 시장실패의 폐해가 크지 않을 경우 선택할 수 있을 것이다.

　둘째, 간접민주주의에 의한 사회적 선택(social choice)을 지양하고 직접민주주의에 의한 사회적 선택을 지향하는 방법이다. 다만 직접민주주의에 의한 사회적 선택의 경우 수반되는 거래비용이 적지 않고, 또한 경제적 효율성을 보장해 주는 것도 아니므로 이 방법은 극히 예외적인 경우에만 유효할 것이다.

　셋째, 간접민주주의에 의한 사회적 선택의 폐해를 개선하는 방안이다. 간접민주주의하의 정부실패의 근본적 이유는 수혜자와 비용부담자 사이의 연결고리의 부재(不在)라고 할 수 있다. 따라서 정부실패의 치유의 성패는 그 연결고리를 만들어 이권추구행위를 감소시킬 수 있느냐에 달려 있다. 예컨대, 이권추구행위를 감소시킬 수 있는 제도나, 유권자들이 선호를 솔직하게 드러낼 수 있는 유인을 부여할 수 있는 제도(예컨대, 지방자치제도)를 확립할 수 있다면 정부실패의 폐해는 크게 완화될 수 있을 것이다.

　우리나라와 같이 정치적 의사결정이 압력단체에 지나치게 민감한 정치구조에서 경제적 효율성을 증대시킬 수 있는 방안은 무엇일까? 이권추구를 억제하고 정치적 효율성을 증대시키기 위해서는 첫째, 정치권력의 권리·의무관계를 명확하고 세밀하게 규정해야 한다. 이는 권력의 남용 및 자의적 사용을 배제하기 위함이다. 둘째, 비용부담자와 수혜자간의 연결고리를 만들어 이권추구행위를 제한해야 한다. 정부가 수도사업에서 발생하는 적자를 일반조세로부터 충당하지 않고 수도료의 인상으로 보전하는 것은 그 예라 할 수 있다. 셋째, 경쟁체제의 도입을 통해 비용극소화의 유인을 부여해야 한다. 생산물을 여러 부처에서 생산하거나 민간부문에서 생산하도록 유도하는 것은 경쟁체제를 강화하는 방법이 될 것이다. 예컨대, 지방자치제도는 지방정부간 경쟁을 유도하는 제도라 할 수 있다.

결론적으로 정부실패에 대한 대응책은 대안으로 시장을 택했을 때 예상되는 시장실패의 폐해, 직접민주주의하의 사회적 선택의 비용과 간접민주주의하의 정부실패의 폐해 중 어느 쪽이 더 큰지에 따라 결정되어야 할 것이다.

POINTWORD 핵심용어

1. 합리적 무지	2. 압력단체
3. 이권추구행위	4. 이윤추구행위
5. 등표곡선	6. 정치적 균형
7. 예산극대화가설	8. 정부실패

_요약 SUMMARY

❶ 정치시장은 정책이 결정되고 법률이 제정되는 곳을 말한다. 정책과 법률은 대통령, 국회의원 등의 정치가에 의해 공급된다. 반면 정책과 법률의 수요자는 유권자와 압력단체이다.

❷ 민주주의 국가에서 정치시장은 유권자, 압력단체와 정치가로 구성된다. 유권자가 정치인을 선출하고 이익단체는 정치인과 유권자를 대상으로 로비활동을 행한다. 정치인은 직접적으로 혹은 대리인(관료)을 통하여 정책을 결정·수행한다. 정부의 행동은 정치시장 구성원들인 유권자, 압력단체, 정치가들 사이의 상호작용의 결과라고 볼 수 있다.

❸ 유권자는 선거의 기대수익이 0인 경우 기권하거나 후보에 대해 무지한 상태에서 투표를 하게 된다. 이렇게 계산된 무지를 합리적 무지라 한다. 무지한 상태에서의 투표 혹은 기권할 때의 후생수준이 정보수집 후 보다 정확한 정보를 가진 상태에서 투표했을 때보다 높기 때문이다. 유권자가 선거로부터 얻는 기대수익이 커지면 투표율이 높아지는 경향을 보인다.

❹ 유권자의 정치적 선호는 미래가 아닌 선거당시의 경제상황에 의해 결정되는 경향을 보인다. 이러한 선호로 인하여 정치가는 장기투자사업보다는 단기투자사업에 보다 관심을 두게 된다.

❺ 유권자의 투표행위는 효용극대화를 추구하는 소비자 선택과 유사하다. 유권자는 각 후보 중에서 자신의 만족을 극대화할 수 있는 후보를 선택한다. 각 후보에 대한 선택은 그 후보들이 제시한 정책에서 얻을 수 있는 소비자잉여에 따라 달라진다.

❻ 압력단체는 정치적 이해를 같이하는 당사자들이 결성한 조직이다. 압력단체의 로비활동은 비생산활동인 이권추구행위이다. 이는 개인적 관점에서는 합리적인 경제행위이지만 사회전체적 관점에서 보면 낭비적 행위이다.

❼ 정치가는 득표의 극대화를 목표로 한다고 볼 수 있다. 정치가가 독점산업의 가격을 규제하는 경우 정치적 균형점은 규제가격으로 나타난다. 규제가격은 경쟁적 시장가격보다는 높고 독점가격보다는 낮다.

❽ 관료는 특정 생산물을 독점적으로 공급하는 독점기업으로 묘사될 수 있다. 그러므로 독점기업처럼 관료는 비용극소화의 유인을 가지지 않는다. 관료가 공급하는 생산물의 비용함수에 관해서 국회나 국민은 관료만큼 알지 못한다. 이러한 비대칭정보문제 때문에 관료는 사익을 추구할 수 있다. 니스카넨(Niskanen)은 관료들이 예산극대화의 가설을 가지고 행동하고 있음을 설명하였다.

❾ 예산을 극대화하는 관료는 화폐로 표시된 총효용인 예산배정액과 총비용이 일치되는 수준에서 산출수준을 결정하게 된다. 이러한 관료의 균형생산량은 사회적 최적생산량보다 크게 나타난다. 이는 정부부문이 필요 이상으로 확대되는 경향을 설명해 주고 있다.

❿ 정부실패란 정부가 자원을 효율적으로 배분하는 데 실패하는 현상을 말한다. 정부의 실패는 정부정책의 수혜자나 비용부담자 중에서 어느 한쪽은 소수인데 다른 한쪽은 다수인 경우 나타날 가능성이 크다.

⓫ 정부실패의 근본적 이유는 수혜자와 비용부담자 사이의 연결고리의 부재라고 할 수 있다. 정부실패의 대응책은 그 연결고리를 만들어 이권추구행위를 감소시킬 수 있느냐에 달려 있다. 정부실패에 대한 대응책은 시장을 택했을 때 예상되는 시장실패의 폐해, 공공선택의 비용과 정부실패의 폐해 중 어느쪽이 더 큰지에 따라 결정되어야 할 것이다.

_연습문제 QUESTION

01 정부실패란?

02 정부실패가 흔히 나타나는 상황을 설명하고 그 구체적 예를 제시하라.

03 후보의 지지가 지나치게 높거나 지나치게 낮은 경우 유권자들의 투표참여율이 저조하다. 이 현상을 설명하라.

04 독점산업의 규제시 정치적 균형점의 특징을 설명하라.

05 합리적 무지란?

06 이권추구행위(지대추구행위)란?

07 관료가 예산극대화 등의 이익을 추구할 수 있는 이유를 설명하라.

08 정부실패의 치유책은 어떤 것이 있나?

국문색인

영문색인

저자약력

서울대학교 사회대학 경제학과(경제학사)
영국 뉴캐슬대학교(University of Newcastle upon Tyne) 경제학과(경제학 석사)
미국 워싱턴대학교(University of Washington, Seattle) 경제학과(경제학 박사)
대통령 비서실 기획조정비서관
한국개발원(KDI) 초빙연구원
한국노동연구원(KLI) 초빙연구원
서울시립대학교 정경대학 교수
현 서울시립대학교 명예 교수

논 문

"A Theory of Regulation under Political-Rent-seeking"(Ph.D. 논문), 1990
"금리규제하의 재벌의 금리차지대추구모형(공저)", 경제학연구, 1993
"환율변동의 가격전가도 결정요인에 관한 연구(공저)", 무역학연구, 1997
"정부지출 구조와 부패", 재정학연구, 2010
"산재율의 결정요인: 근로시간을 중심으로(공저)", 재정학연구, 2016
"기업교육훈련투자가 기업의 산업재해율에 미치는 영향", 생산성논집, 2018

저서 및 역서

잡메이킹 이코노믹스 Job-Making Economics, 메디치, 2012
이제는 사람이 경쟁력이다(공저), 한겨레신문사, 2005
한국의 부패와 반부패정책(편저), 한울 아카데미, 2000
경제학의 구조(공역), 진영사, 1993

제4판
미시경제학

초판발행	1996년 9월 25일
개정판발행	1999년 2월 28일
중판발행	2021년 7월 5일
지은이	신봉호
펴낸이	안종만 · 안상준
편 집	김효선 · 김명희 · 강민정
기획/마케팅	손준호
표지디자인	조아라
제 작	고철민 · 조영환
펴낸곳	(주) **박영사**
	서울특별시 금천구 가산디지털2로 53, 210호(가산동, 한라시그마밸리)
	등록 1959. 3. 11. 제300-1959-1호(倫)
전 화	02)733-6771
f a x	02)736-4818
e-mail	pys@pybook.co.kr
homepage	www.pybook.co.kr
ISBN	979-11-303-0558-5 93320

copyright©신봉호, 2018, Printed in Korea

정 가   38,000원